探究真谛

上海广播电视论文选

第八辑

上海市广播电视协会 编

文匯出版社

在负重前行中凤凰涅槃

在互联网新媒体迅猛发展的今天，传统广播电视媒体面临前所未有的挑战。正当人们议论广播电视媒体辉煌不再、优势式微之时，一场新冠疫情突然降临。在以习近平同志为核心的党中央坚强领导下，广播电视媒体以其主流媒体的责任与担当走在了抗击疫情宣传的最前线，快速传递权威声音、及时发布疫情信息、大力普及防控知识、充分满足“宅”家群众的文化需求，坚持用正确舆论引导人民群众同舟共济应对和抗击突如其来的新冠疫情，充分发挥了其他媒体不可替代的作用，彰显出广播电视主流媒体的价值。

媒体发展当随时代步伐。广电人清醒地认识到传统广播电视媒体必须改革转型，必须走媒体融合发展之路。媒体融合对于广电媒体而言是一次重大变革，且不可能一蹴而就，不管是市级广电媒体还是区级融媒体中心都需结合各自实际，自觉地、不断地进行探索和实践。为此，有这样一批广电人，面对媒体格局的深刻变化、面对新冠疫情的肆虐横行，他们没有消极观望，而是在做好疫情防控宣传、完成日常宣传工作的同时，依然潜下心来对广电改革和媒体发展进行深入思考和研究。本辑论文选中的论文就是他们在改革大潮中，负重前行、积极进取，在结合自身实践的基础上所进行的理论探索成果。我们有理由相信，有党中央推进媒体融合发展的正确方向指引，有广大广电工作者的坚守努力和探索创新，广电事业一定会呈现“凤凰涅槃”，在媒体融合中迎来新一轮的发展。

在本辑论文选出版之际，我谨代表论文选编委会向致力于广电事业改革发展并辛勤耕耘的同行们表示崇高的敬意！对论文选的全体作者和参与论文收集选编的全体工作人员表示衷心感谢！

上海市广播电视协会会长　林罗华

2020年7月

目 录

抗 疫 篇

融　媒　篇

广 播 篇

电 视 篇

综　合　篇

抗 疫 篇

突发公共卫生事件报道策略研究

——以上海新闻广播《990早新闻》新冠肺炎疫情报道为例

周仲洋

提　要：一场突发公共卫生事件会让传统媒体重新进入到公众注意力的焦点中来。在2020年年初的这场新冠肺炎疫情中，上海新闻广播《990早新闻》迅速开启疫情专题版面，成为畅通信息渠道的发布者、多元报道手段的策划者、调节社会舆论的引导者。疫情大考之中，作为上海广播最权威的新闻发布平台，《990早新闻》充分发挥主流媒体功能，从信息的告知解读，到议题的深化表意，不仅践行了社会责任和媒体使命，也实现了传播效果和社会效应的双赢。本文对《990早新闻》疫情期间报道策略予以较深入研究，这对于主流媒体如何进一步做好重大突发公共卫生事件的宣传报道具有参考价值。

关键词：新冠肺炎疫情　广播新闻报道策略

2020年的春天，新冠肺炎疫情在全国爆发，成为我国迄今传播速度最快、感染范围最广、防控难度最大的一次突发公共卫生事件。如何在这场疫情中用及时的信息传递满足受众需求，用权威的观点解读引导舆论，用创新的传播方式对事件进行更加全面地呈现，是这次疫情留给广播新闻媒体的一道必答题。

从"非典"疫情到禽流感疫情，再到这次新冠肺炎疫情，主流媒体报道实现了从标注功能、归因功能向表意功能的转变，在议程设置中更加注重运用综合性和整合性的传播方式来搭建公共信息平台。这种转变因传播观念之变而起，更是因报道策略的发展而实现。所以，在突发公共卫生事件中，思考媒体报道如何做好危机传播，提供符合社会需求的高质量传播，多点突破创新报道模式，是挖掘媒体价值潜力的重要路径。

上海新闻广播《990 早新闻》在新冠肺炎疫情期间，创新特色表现在：打破原有版面布局，针对疫情防控推出专题栏目板块，丰富传播方式、优化报道样态。

《990 早新闻》的疫情报道策略主要表现在畅通信息渠道、丰富编排方式、开设专栏板块、发挥新闻评论功能等四方面。下面逐一进行具体分析，总结其成功经验，思考其可行路径，这对于主流媒体如何进一步做好重大突发公共卫生事件的宣传报道具有参考价值。

一、畅通信息渠道，实现快速、准确、全面的传播

新冠肺炎疫情这一重大公共卫生事件突发后，全社会高度关注疫情信息和疫情的防控进展。我国迅速启动了重大突发公共卫生事件 I 级响应，国家卫生健康委员会以及各省、自治区、直辖市的卫健委向社会公布本地区的传染病疫情信息。从西方学者著名的传播模型，包括香农-韦弗的传播模式（图 1）和德弗勒的传播模式（图 2），可以发现，无论提出的模式假想如何变化，这其中“信息通

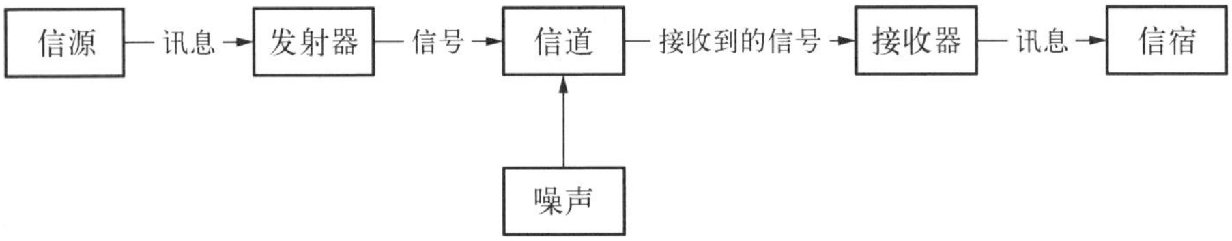

图 1　香农-韦弗的传播模式

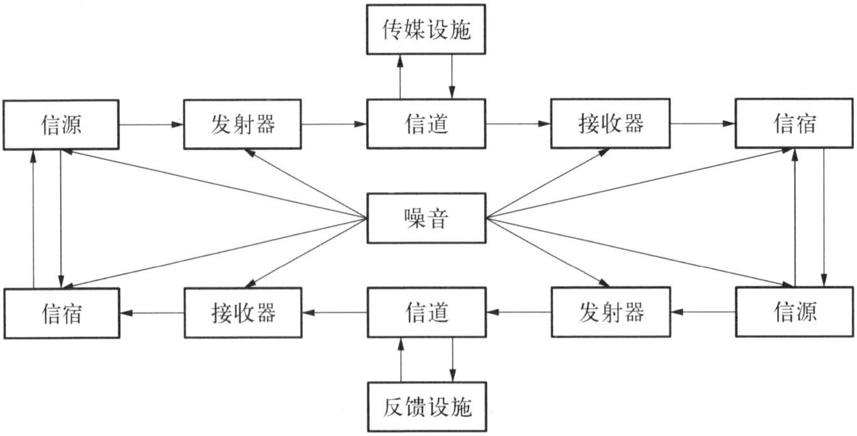

图 2　德弗勒的传播模式

道”和“噪声”是两个不变的元素。由于突发公共危机的到来，事态发展的不确定性日益增加，传播通道和载体较往常都更加混乱，组织与利益相关者对符号的选择、编码和解码都面临困境，因此会产生大量的“噪声”，公众亟待权威信息能填补他们的“信息通道”。上海新闻广播从疫情初期开始全天关注抗击疫情最新进展，《990 早新闻》利用两小时大版面聚焦疫情，密集报道全国和上海抗击疫情最新情况。第一时间插播最新消息或接入记者连线，打造 24 小时信息流。

1. 快速传递疫情最新数据

为了让受众掌握疫情最新数据，《990 早新闻》设立“最新消息”直播环节，第一时间公布上海、全国新增确诊病例等数据。在播报最新数据的过程中，并非将卫健委发布的数据直接播出，而是由编辑结合疫情进展的不同阶段进行筛选。例如，着重播报新增确诊病例、境外输入病例、湖北武汉数据、无症状感染者数据等，并将数据稿件按照广播化语态进行编辑，方便听众从海量数据中快速接收最重要信息。

在播报国际疫情最新数据时，出现了世界卫生组织和美国约翰斯·霍普金斯大学两组不同信源统计的数据。由于时差与发布的滞后性，世界卫生组织发布的数据要大幅小于霍普金斯大学实时发布的数据。《990 早新闻》在国际疫情报道中对两组数据的引用经历了一个变化过程，从原先采用霍普金斯大学最新数据并标注数据统计截止时间，过渡到全球疫情数字以世界卫生组织为准，美国疫情数字以霍普金斯大学数字为准。这样的操作既保证了数据权威性，也兼顾了重点地区疫情数据的时效性。

2. 准确解读疫情新闻热点

新冠肺炎病毒是人类从未遭遇过的新型病毒，疫情的发展也瞬息万变。广播新闻报道对于疫情中出现的新情况新问题，必须及时进行准确权威的解读，以此来消除受众的信息焦虑。这次疫情中，国家卫健委在 2 月 13 日发布的数据里，湖北确诊病例数较前一天大幅增加，一天内增加到 1.4 万多例，原因是将“临床诊断”病例纳入确诊病例，这样做有利于患者的早诊早治。《990 早新闻》对此进行深度报道和解读，播送中央指导组专家、医务人员讲解实况，第一时间将疫情数字增加对公众产生的焦虑降到最低。类似的情况还包括粪口传播、无症状感染者、境外输入性确诊病例增加、刑满释放人员离汉进京引发的疫情传播等突发公共卫生事件中的突发情况，早新闻都会及时抓住受众关心的热点，不惜篇幅进行全面报道。

同时,《990 早新闻》在两个小时的新闻节目中,还穿插播出了"科普 60 秒""听专家说"等科普类宣传片,帮助听众了解疫情期间注意事项,增强预防能力,破除因谣言产生的恐慌。

3. 信息快速精准发布带来的传播效果

无论是日常的岁月静好还是疫情的揪心挂肚,受众对信息推送、解疑释惑、情感陪伴的基本需求不会动摇,希望得到"全、快、准"的信息供给。上海新闻广播恰恰做对了这个。数据是最好的观察员。据赛立信的统计,上海新闻广播作为抗击疫情报道的"声"力军,在传统广播端近 4 周(1 月 27 日—2 月 23 日),覆盖听众人数 381 万人,收听率较去年同期上涨 21.74%;市场占有率达 14.69%,较去年同期上涨 23.76%。

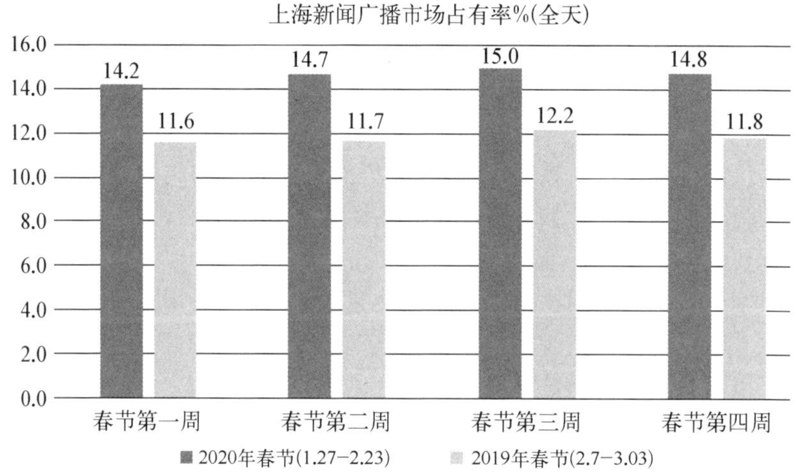

二、丰富编排方式,用专题策划理念提升疫情报道信息量和可听性

对于媒体在重大突发事件中的功能,有学者将其分为三个层面来考察:"标注功能,强调问题的严重性;归因功能,找到问题的罪魁祸首;表意功能,以统一图式将一系列看似不相关的事件联系起来,赋予新的意义。"参照其中的表意功能,《990 早新闻》疫情报道更加注重整合信息,跳出疫情事件本身,综合政治、经济、社会文化各方面因素,在议程设置上提供更有深度的内容。实现这一目标的路径,就是采用策划编排、整合传播等策略,最大限度提升信息量,增强可听性。

1. 大头条策划

3 月 12 日，上海发布了一份战斗在湖北抗疫一线的上海 1 649 名医护人员名单。当天各大新媒体、纸媒都不惜篇幅刊登了每个人的名字。考虑到广播新闻的传播特性和版面时间，无法播报每一位医护人员姓名，3 月 13 日的《990 早新闻》对此进行了特殊处理，并推出“闪亮的名字，上海的骄傲”专题策划。由采编播团队集体创意撰稿，进行全方位、立体化、多角度精彩呈现。首先通过一则综述报道，精心回溯上海医疗团队从除夕夜星夜驰援开始，在湖北工作的点滴片段。接着用一篇最高规格的“本台评论”向白衣天使致敬，重温他们的名字、话语、战役的瞬间，最后将议题的讨论上升到平日里的“尊医、信医、敬医”。整篇专题有深度、有细节、有评论，加上当天播音员采用感情化的播报方式深情演绎，听来令人动容，收获了极佳的收听和传播效果。相比简单公布医护人员姓名的方式，《990 早新闻》的特殊化处理更加体现出编辑报道的创新。

2. 系列、专题报道策划

突发公共卫生事件中媒体的表意功能应该表现在对事件的全景呈现上，具体到这次新冠肺炎疫情，媒体报道不是仅仅局限在疫情信息本身，而需要对疫情涉及的复工复产、新经济业态、社会治理机制、医护大爱等社会大环境背景中的议题进行全面报道。对此，综合运用系列报道、专题报道等形式，对相关议题进行组合式呈现，并通过报道+评论的方式引导舆论，将议题上升到更高层面的讨论，成为广播新闻重要的传播手段。

《990 早新闻》在疫情期间推出了《奋力夺取疫情防控和实现经济社会发展目标双胜利》专题报道、《危中寻机，化危为机》系列报道、《在线新经济、云端弄潮儿》系列报道、《一线战“疫”日记，来自上海社区的报告》系列报道、《别样的战“疫”》系列等多组专题系列报道。

以《别样的战“疫”》系列为例，报道聚焦 90 后、00 后年轻人奋战在医护、社区、道口等防控最前沿，汇聚成一股冲锋在前的青春力量。这个庞大群体中的更多人，正进行一场“别样的战役”——“饭圈”、视频网站、网络游戏等，年轻人在自己熟悉的互联网领域，通过自己的方式，为抗击疫情燃烧自己的“小宇宙”。《990 早新闻》连续三天播出系列报道，并配发晨间快评《别样的战“疫”，同样的温暖》，为年轻力量的“破圈”行动点赞，有力配合了宣传部门要求的，对 90 后参与抗击疫情事迹强化报道的舆论导向。除了在《990 早新闻》播出录音报道之外，《别样的战“疫”》系列结合了广播音频直播、视频群聊、微博微信和客户端推送、H5 海报等多种传播手段。除了上海广播旗下阿基米德 App、话匣子 FM、官方微博微信等自有平台，人民网官方微博、上海团市委官微“青春上海”等也给予推广宣传，进一步增加了这次特别策划的影响力和传播力。同时，系列策划在各大粉丝应援团、游戏网站等引发关注，相关微博 3 小时内阅读量达到 120 万，转发超过 2 000 次，评论超过 1 000 条。

《一线战“疫”日记》每天汇总近 20 篇连线报道内容进入《990 早新闻》，以贴地信源做到了从百姓身边、细处获取新闻，有效地和记者采访形成互补，成为基层获取、网络先发、回补传统广播的鲜活例证。习总书记说：“抗击疫情有两个阵地，一个是医院救死扶伤阵地，一个是社区防控阵地。”日记中一串串数字和一个个故事，记录的都是上海社区一线防控人员的坚守，展现基层联防联控的科学、创新与精细，传播企业复工复产遭遇急难愁时可以寻找的纾困途径。通过这样的系列报道，让街镇的一线防疫工作有了更高的协同性，让市民对疫情期间的社会管理有了更多认同，让战“疫”指挥力量有机会了解更为细致的基层回馈，进一步强化了媒体的表意功能。

三、开设专栏板块，固定化、切片化直击湖北疫情前线

疫情期间，《990 早新闻》在八点档开设《决战武汉，决胜湖北》专栏，其中又有相对固定的《武汉日记》小专栏，将一小时的直播节目，切分成可以单独收听的小板块、短音频，一方面有利于帮助听众固定收听时间，另一方面切片化的短音频上传融媒体平台也将方便受众快速找到自己关心的内容。

1.《决战武汉，决胜湖北》整合资源关注疫情最新动态

习近平总书记在视频连线武汉收治新冠肺炎患者医院时曾指出：“坚决打赢湖北保卫战、武汉保卫战。武汉胜则湖北胜，湖北胜则全国胜。”湖北武汉作为疫情初期的抗疫一线，每一则消息都牵动人心。《990 早新闻》为此开辟专栏《决战武汉，决胜湖北》，大篇幅聚焦报道湖北武汉疫情进展。该专栏包括了中央指导组对湖北武汉的最新指示、湖北省疫情防控工作指挥部新闻发布会的通报等各种时政要闻；对于类似“2 月 12 日湖北武汉确诊病例为何突然增加”“刑满释放人员离汉抵京事件”等热点新闻的权威解读；本台驻武汉记者的连线报道；湖北台、武汉台记者对于当地生活现状的报道；一组动态的疫情相关短消息；以及《武汉日记》等内容。可以说，在《决战武汉，决胜湖北》专栏中整合了多方资源，运用了包括消息、录音报道、实况音响、评论等多种传播方式，多视角呈现了湖北武汉的疫情进展。

2.《武汉日记》挖掘疫情背后的故事，为抗击疫情贡献记录的力量

以“纪实”之念，为战“疫”立传。作为现实生活的一面镜子，日记成为抗击疫情的一种方式，用文字关照疫情，用声音记录历史。在《决战武汉，决胜湖北》专栏中，又专门开设了《武汉日记》的小栏目，用“声音日记”的形式讲述抗击疫情背后的故事。

《武汉日记》邀请了上海援鄂医疗队的多位医生，以第一人称视角，记录前一天抗击疫情过程中的救援、治疗、鼓励、期盼、欢笑、悲伤。每一帧属于武汉抗疫一线的真实影像，通过前线医生娓娓道来，在电波中缓缓流转，直抵每一名听众内心。跟随每一篇日记，让人们感受到了医务工作者乐观向上的心态，了解更多救治一线不为人知的细节。这些记录的碎片，变为一股暖流，在疫情期间给予光芒和希望，在疫情过后留存记忆与温暖。从这样的角度来看，《武汉日记》更像是疫情“硬”新闻下的“柔”板块，在那段确诊病例持续攀升，与病魔战斗格外焦灼的日子里，为听众提供了一片寄托心灵的港湾。

《990 早新闻》疫情期间报道框架

7:00—7:30	提要
	时政要闻
	上海疫情防控动态消息＋系列报道、《晨间快评》
	上海复工复产动态消息＋系列报道、《晨间快评》
7:30—8:00	国内疫情＋疫情外其他消息
	国际疫情
8:00—8:30	要闻简讯
	提要
	今日关注聚焦上海疫情防控、复工复产动态消息＋报道
8:30—9:00	《决战武汉，决胜湖北》专题
	国内疫情
	《新闻地球村》专栏聚焦国际疫情
	疫情外其他消息
即时插播	上海市卫健委、国家卫健委发布的疫情最新数据

四、发挥新闻评论功能，配合宣传重点，有效引导舆论

新冠肺炎疫情发生后，习近平总书记做出“做好宣传教育和舆论引导工作”，

“更好强信心、暖人心、聚民心”等重要部署。一方面，随着疫情发展，舆论场上存在着各种情绪的波动，谣言的传播，需要媒体及时进行心理疏导和答疑解惑。另一方面，从疫情初期的严防严控，到社会经济发展两手抓有序复工复产，每一个阶段都有相应的宣传报道重点。这些都需要主流媒体及时发声，有效引导舆论。新闻评论具有引导、监督、表态和深化的功能。《990 早新闻》除了做好《人民日报》《解放日报》、新华社的重要评论摘编之外，还运用本台评论、快评、编者话等形式表达自己的观点。

从疫情初期开始，《990 早新闻》推出《晨间快评》抗击疫情系列评论，用温暖而有力的文字向疫情阻击战中每一位坚守岗位、贡献力量的人致敬。早新闻评论组高峰时期，能够每天推出一篇快评，与记者的一组报道配合形成舆论传播矩阵。

《晨间快评》涵盖了致敬医护、复工复产、城市大爱、90 后战疫等不同主题。其中《长存感恩之心，把“战时”礼遇化作“平日”的尊重》《闪亮的名字，上海的骄傲》《别样的“战疫”，同样的温暖》等评论文章都由记者报道引发，又跳出报道内容范畴，站在更高的角度深化主题。同时，每一篇《晨间快评》还都会在新媒体平台上分发，在新媒体端收获良好的传播效果，进入阿基米德 App 热度前三十。

这些评论有力支撑和丰富了《990 早新闻》版面，体现了特殊时期的重点宣传要求，为上海新闻广播发出带有自己思想观点的声音，为打赢疫情阻击战提供了精神动力。

结　语

在这场疫情防控阻击战中，上海新闻广播《990 早新闻》，充分发挥了媒体在突发公共卫生事件中的三大功能，从排除“噪声”、畅通信息传递的渠道，到热点解读、为民释疑解惑，再到深化主题、坚持正确有效的舆论导向，始终确保面对疫情防控进展时能够发挥新闻报道的前瞻性、权威性、专业性优势，不失声、不跟风，守住自身新闻阵地，全力打造快速响应、权威发布的新闻矩阵，创新推出因势而变的特别策划和版面，担当起守护公众安全的“守望者”，有力践行了社会责任和媒体使命，实现了传播效果和社会效应的双赢。

参考文献：

[1] 吕圣璞.《浅析电视媒体如何在危机报道中抢夺舆论阵地》，《广播电视研究》2020 年 4 月刊第 86 页。

[2] 范嘉春.《新冠时期的“爱情”——上海广播做对了什么》，《广播电视研究》2020 年 4 月刊

第 30 页。
[3] [美] 戴维·A.斯诺、岁伯特·D.本福特:《主框架和抗议周期》,《社会运动理论前沿》第 156～157 页。
[4] 曾宇衡、薛腾飞:《汇聚“互联网原住民”的力量,上海广播电台打响别样的战“疫”》,广电时评公众号。
[5] 王海滨:《疫情大考检验广播转型“支点”模式——上海广播的阿基米德路径》,《广播电视研究》2020 年 4 月刊第 75 页。

作者简介:

周仲洋,上海广播电视台(SMG)广播新闻中心要闻部编辑。

浅析在新冠疫情中电视新闻节目的收视"逆袭"

——以东方卫视《看东方》节目为例

陈艳明

提　要：本文从观众在新冠肺炎疫情期间的导向需求、节目的版面取舍与题材组合等方面着手，通过分析东方卫视晨间新闻节目《看东方》在1月20日—4月30日的内容及版面，探讨疫情发展、节目调整以及收视数据上升之间的关系。数据显示，观众基础深厚的公信力与及时全面的风险应对，是电视新闻节目在疫情时期吸引观众的主要因素。后疫情时期的电视新闻须大力提升专业水准，以应对网络自媒体的挑战。

关键词：议程设置　导向需求　媒介使用　收视率　电视新闻节目

引　言

从2020年初即开始专注于抗击新冠肺炎报道的电视新闻节目，在春节之后纷纷看到久违的收视率大幅度反弹。国家广电总局2月中旬公布的数据显示，1月25日至2月9日的春节延长假期中，新闻类节目"及时发布权威信息，满足人民群众的知情需求"，收视率涨幅最大，十二省份的上星频道晚间新闻收视率上升超过50%。在整个疫情期间，电视新闻节目的收视热度强势持续，实际上远超春节假期。

面对突如其来的新冠肺炎疫情，社会大众产生了强烈的导向需求。面对空前丰富的媒介选择，是哪些因素的合力促使他们回到电视机前收看新闻节目？

疫情过后，电视新闻节目在技术推动的媒体环境中，又该如何保持富有竞争力的特质，继续赢得观众呢？

本文选取上海东方卫视《看东方》节目为对象，对其收视数据结合版面编排实践及所在频道调整等方面进行分析与解读。《看东方》是一档日播的晨间新闻，2003 年开播至今已有 16 年时间，积累了一定的观众基础与社会影响力，具备常规新闻节目的共性。

本文选取 1 月 20 日至 4 月 30 日、横跨三个多月的时间进行数据分析。在此期间，《看东方》55 城收视率为 0.09，与 2019 年同期（0.05）相比，增长 80%，同时段排名上升一位，列全国第二。

一、新冠疫情引起强烈的导向需求

马克斯韦尔·麦库姆斯在《议程设置：大众媒介与舆论》中主张，认知空白会让我们感到不安；我们会去探索，弄清楚新的情景，不安的感觉才会消失。这种个体的“导向需求”可以通过“关联性”和“不确定性”两个次级概念来界定。对电视观众而言，新冠肺炎疫情正是这样一场导向需求高涨的重大公共卫生事件。

一方面，由新冠病毒引发的广泛疫情具有强烈的关联性，令个体感受到自身利益与公共利益的重合：1. 从社会维度说，病毒在占据九省通衢重要位置的千万人口城市武汉肆虐，而全国几乎所有的省份亦都有确诊病例发现，东方卫视所在的上海，在 1 月 24 日启动了应对重大突发公共卫生事件一级响应。这是与社会成员密切相关的重大危机。2. 置身于这场危机之中的个体，虽然有彻底了解的强烈需求，但亲身经历极其有限，并不能提供充分的指导。3. 就情感维度而言，疫情的变化导致了困惑、忧虑、恐慌等不安情绪。另一方面，新冠疫情还具有强烈的不确定性：无论是疾病治疗还是疫苗研发，都难有确切的时间表，疫情结束的时间似乎遥遥无期。

马克斯韦尔·麦库姆斯认为，“在公共事务领域，个人的导向需求越高，他或她就越有可能关注携带丰富政治与政府信息的大众媒介议程”。新冠疫情期间，电视新闻节目信息来源可靠、内容完整客观，显示出在重大事件新闻报道中必需的公信力；另一方面，电视新闻节目针对观众明确的导向需求及时全面地给予回应，令收视热度强势持续。

二、电视新闻的公信力助推收视率上升

新冠肺炎疫情期间，东方卫视以晨间、午间、傍晚和晚间四条直播线，滚动

播出动态消息与权威分析，这既是主流媒体提供公共服务的专业要求，亦是加大宣传力度，强信心、暖人心、聚民心，更好维护社会大局稳定的责任担当。频道开播十六年来一直秉持的“新闻立台”理念由此再度得到强化，在信息纷繁复杂、难辨真假的舆论场中，对观众具有强大的吸引力。索福瑞全国59城数据显示，武汉“封城”的两个月里，东方卫视的新闻类节目人均收看时长为64分钟，居各大省级卫视之首；同为稳定播出多年的新闻节目，晨间播出的《看东方》与傍晚主新闻《东方新闻》在疫情期间取得相似收视率升幅：1月20日—4月30日，《看东方》平均收视率为0.09，与2019年同期（0.05）相比上升80%；《东方新闻》平均收视率为0.42，与2019年同期（0.22）相比上升91%。观众对东方卫视新闻品牌的信任，在某种程度上助推了各档新闻在疫情期间收视率的上升。

电视媒体这种在与公众相互作用关系中赢得信任的能力，在重大事件发生时显得尤为珍贵。喻国明、杨颖兮在对《2019全国居民媒介使用与媒介观调查》的分析中指出，不同的媒介渠道与不同的心理诉求之间有一定的规律可循，在发生重大新闻事件时，电视的倚重份额达到25.3%，展现出重要的渠道意义。张洪忠、梁爽、王兢一选取新冠肺炎疫情中武汉“封城”前后两天这个时间点，对官方渠道、人际传播和自媒体等传播渠道的公信力进行分析，发现网民对官方渠道的信任程度远高于非官方渠道，原因是疫情中民众对政府更为依赖，官方渠道的主流媒体和单位传达是“更可信的信息来源渠道”。

从权力维度看，作为官方媒体的电视新闻机构的确更接近权威信息来源。比如，1月20日—4月30日期间上海市举办的72场疫情发布会，上海广播电视台融媒体中心记者均到现场提问采访；上海医疗队驰援武汉，融媒体中心的记者摄像获准随队采访；《上海首例新型冠状病毒感染肺炎确诊病例治愈出院》（1月25日《看东方》首播）等独家报道，也离不开医院及政府主管部门提供的信息。

来自政府部门、医疗机构等权威部门的“信息补贴”在电视新闻节目的议程构建上发挥了重要的作用。然而从专业维度看，这些信息仍需经过对其新闻价值的判断、内容的筛选以及版面的编排组合，才更完整客观，更具说服力与感染力。以1月25日（大年初一）的《看东方》版面为例。节目在头版位置播出市领导除夕检查疫情防控工作、上海启动重大突发公共卫生事件一级响应机制等两条消息之后，以12分钟的篇幅，播出了上海、广东、解放军等多支医疗队除夕之夜驰援武汉的成组报道。其中，上海医疗队辞别亲友的新闻特写来自随队出征的记者，广东和解放军医疗队的文字及画面则摘编自南方日报、解放军“学习军团”公众号，以及《人民日报》公众号等权威渠道。这组报道在7:42重播了一次，距离头版播出前后相隔不到20分钟。这不是节目常规的编排做法，但这样的引导着重体现了国家层面高效率的整体调度和强大的保障能力，让观众真切感受到政府战胜疫情的坚定决心。

三、满足疫情导向需求获得收视率正向反馈

丹尼斯·麦奎尔在《受众分析》中指出，媒介机构总是被受众的“不可见性”所困扰；广播电视节目的受众是差异颇大的个体，他们从来都不可测量，只能在事后进行“重构和评估”；然而在现实层面上，“视听率”这一源自媒介工业需要的粗略的量化手段，恐怕已是对受众概念最清晰明了的表述，“在任何一种媒介业的游戏规则中，即使不牵涉利润问题，视听率也为节目成功与否提供了主要标准”。

新冠肺炎疫情危急，影响范围广泛且深远，电视新闻节目承载了远超日常版面能量的大众期待。疫情期间，《看东方》打破常规设置、调整版面内容、增加直播比重，辅以主题高度集中的“特别节目”式编排，灵活高效地发送大量与疫情相关的信息，全面回应观众对资讯以及情感方面的导向需求，并由此赢得收视率、市场份额、收视时长等指标的大幅上升。

1. 议题多样性让位于疫情导向需求

作为一档常规新闻节目，《看东方》的播出时长、内容分布与板块设置都有固定的格式。它的播出时长为：周一到周五播出120分钟，周六、周日播出70分钟；根据频道的定位，主要报道上海、长三角及国内大中城市的新闻，国际新闻在7:15—7:30有固定时段；板块设置以15分钟为单位，以广告或片头间隔。

新闻媒介的注意力稀缺，议程设置容量有限，即使是非黄金时段的早新闻，也不可能无限制地追求议题的多样化。疫情当前，《看东方》将内容多样性的要求降至较低水准，迅速切换至类似“特别节目”的模式：板块内容全部围绕新冠肺炎疫情来设置，重要性或时效性强的疫情消息在节目时段内可反复播出；15分钟的板块长度可因应内容需求而延长；7:50和8:30的两次读报环节以及屏幕下方的游走字幕，都集中摘选新冠疫情相关的动态消息。

《看东方》这样的调整从1月20日开始一直持续到4月底，通过大幅的取舍使节目议题相对固定，相当于在早间时段迅速呈现一道主题明晰的收视带，吸引观众收看。表1、表2的数据显示，这一变化很快体现为春节小长假期间的收视率提升。

表 1 《看东方》55 城市春节小长假期间收视率

	除夕	初一	初二	初三	初四	初五	初六
2020 年	0.06	0.06	0.06	0.07	0.08	0.06	0.08
2019 年	0.06	0.10	0.04	0.04	0.05	0.03	0.03

数据来源：CSM，4＋

表 2 《看东方》上海地区春节小长假期间收视率

	除夕	初一	初二	初三	初四	初五	初六
2020 年	0.27	0.26	0.26	0.43	0.39	0.29	0.55
2019 年	0.26	0.55	0.25	0.23	0.36	0.17	0.18

数据来源：CSM，4＋

《看东方》节目在春节期间按惯例会缩版至 60 分钟。因为播出时长调整、假日里新闻内容平淡、观众作息时间改变或有出行活动等原因，往年春节小长假的收视率通常较平日偏低且不太稳定。通过数据比对发现，2020 年的春节假期收视率走势平稳，未见往年的“前高后低”情况，特别是初五、初六，在全国 55 城和收视贡献率最高的上海，收视率与 2019 年相比都出现了翻倍或更多的增长。在 1 月 31 日（初七）节目恢复 120 分钟正常时长的第一天，《看东方》CSM55 城收视率即达到 0.115，为 2020 年以来首次突破 0.1。

2. 筛选新闻议题形成持续收视期待

《看东方》拥有全频道最多的新闻时长，具备充分的条件将版面的架构从着眼于事件本身的“片段式框架”向“主题式框架”转变，将更加丰富的相关内容纳入议题范畴进行筛选，在大跨度的时间持续关注疫情的变化，因应观众的信息需求转换做出及时全面的回应。

1 月 20 日—4 月 30 日期间，《看东方》的国际新闻板块经历了“暂停—恢复—篇幅增加”的过程，就是对新闻议题进行筛选的结果。疫情初起时武汉告急，7:15 时段的国际新闻板块从春节假期起即告暂停，版面资源向医疗救助、救援物资分发、防控措施发布等热点信息倾斜。一个月之后，因为日本、意大利、美国等国家疫情相继升级，与之相关的留学生归国、边境防疫措施、国际旅行管控等方面信息越来越受到国内观众的关注，国际新闻板块随之恢复。驻美国记者每周二至周五通过固定的直播连线环节《华府观察》，报道美国疫情以及世卫组织等国际机构的最新发布与表态。驻日本记者也多次临时增加与早新闻的直播连线。如二月底有关“学校突然停课，日本家长面临两难选择”的连线报道，就令上海面临类似难题的观众感同身受。恢复之后的国际新闻板块长度有时会从平日的 15 分钟延长至 25 分钟甚至更多。部分内容还会安排在 8:40 左右重播。

图 1 数据显示，《看东方》版面上有关疫情的重点新闻交替轮换，保持了各个时段的热度，整体收视上扬趋势明显。国际新闻在 8:40 的重播带动了 8:30 原本收视较弱的读报环节，扭转了该时段收视率下滑的趋势。1 月 20 日—4 月 30 日，国际新闻板块所在的 7:15—7:40 时段收视率为 0.07，是去年同期收视率(0.035)的 200%；读报及国际新闻重播的 8:30—8:55 时段收视率为 0.13，是去年同期收视率(0.07)的 186%，均高于节目的整体收视率同比增长。

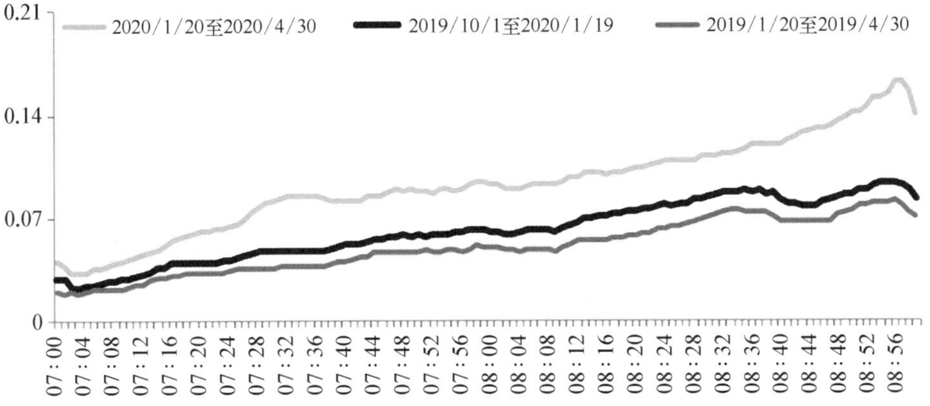

图 1 《看东方》55 城市 1 月 20 日—4 月 30 日分钟收视(同比和环比)

数据来源：CSM，4+

3. “居家令”不是收视率上升主要原因

2020 年的春节，因为受疫情影响，探亲访友、外出旅行的情况大为减少。这种前所未见的春节景象，客观上强化了电视使用的生活场景，增加了电视的接触率。然而从更长的时间段去分析，《看东方》的收视率上升并未局限在居家要求严格的春节延长假期。

本文将 1 月 20 日—4 月 30 日这段时间再细分为三个阶段进行分析。第一阶段：1 月 20 日—2 月 9 日，疫情的警钟正式响起，人们度过一个超长且居家的春节假期；第二阶段：2 月 10 日—4 月 10 日，从上海开始复工到武汉“解封”逐渐恢复正常秩序；第三阶段：国内疫情趋缓，国际疫情成为新焦点。表 3 数据显示，在三个阶段里，节目的收视率和市场份额持续上升，虽然第三阶段的涨幅放缓，但与第一阶段相比仍有加大幅度的增长。人均收视时长从第一阶段的 8 分钟增加到第二、第三阶段的 10 分钟，显示观众对节目的黏性增加。

表 3 《看东方》55 城市 1 月 20 日—4 月 30 日分时期收视率数据

	《看东方》				
	收视率	市场份额	排名	收视率（千人）	人均收视时长（分钟）
1 月 20 日—2 月 9 日	0.074	1.932	2	182.183	0.079
2 月 10 日—4 月 10 日	0.092	2.224	2	225.245	0.098
4 月 11 日—4 月 30 日	0.094	2.485	2	230.302	0.099

数据来源：CSM，4+

图 2 的分钟收视数据显示，第一、第二、第三阶段的收视起点渐次提高；越过 2019 年平均收视点（0.07）的时间分别为 7：43、7：27 和 7：14，三个月时间里提早了将近半小时。

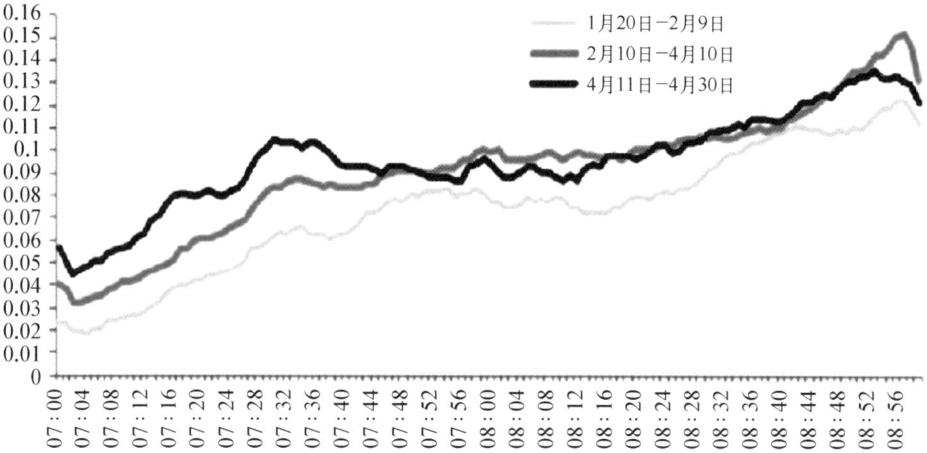

图 2 《看东方》55 城市 1 月 20—4 月 30 日分钟收视曲线（分时期）

数据来源：CSM，4+

在 2020 年的 2、3、4 月份，《看东方》55 城收视率超过 0.1 的有 31 天，其中 2 月份 6 天，3 月份 15 天，4 月份 11 天。相比 2019 年平均收视率 0.07，超过 0.1 可以看作收视率有实质性的增长。突破 0.1 的天数随月份增加，显示节目的收视热度并没有随着人们重新走出家门而迅速消减，直到国内疫情稳定的四月，仍有较以往更多的观众在收看节目。

《看东方》收视率在大跨度时间段内的稳定增长，说明其推动力不是短暂的居家令等因素，而是节目有针对性的版面调整保持了收视热度，以及节目公信力在疫情期间对观众具有持续吸引力。

四、与自媒体的同台竞争

电视新闻收视率普遍上升的乐观数据，似乎并没能抵消从业者心头的忧虑：在技术推动的新媒体环境下，社会大众的媒介使用更加复杂多变，难以用单一的数据或理论来阐释；他们的角色也正在经历从被动接收信息到主动搜寻、浏览乃至发布信息的转变。电视新闻机构要了解和吸引观众，正在变得愈加困难。

媒体的公信力是它的核心竞争力。然而在老百姓眼里，也许“媒体公信力更多是透过媒体对政府的一种信任”。这种赢得观众信任的重要特质正面临着被稀释的危险。有数据分析指出，疫情中自媒体的报道也得到网民一定程度的信任，随着自媒体使用渠道的普及和自媒体专业水准的提升，其公信力值得进一步关注。

一个名为“回形针视频”的自媒体在 2 月 2 日发布了视频《关于新冠肺炎的一切》，以精良的线框绘图和三维动画解释疫情如何爆发和传播、死亡率有多高、如何降低被传染可能性等问题，迅速收获超过一亿的播放量。《看东方》2 月 4 日选用了该视频约 4 分钟的片段。在给笔者的邮件回复中，“回形针视频”建议通过提高“信息密度”和“信息传递效率”这两方面来实现更好的可视化。

《看东方》3 月 6 日选用了一段名为《我去火神山医院带外婆回家》的短视频，由 27 岁的武汉姑娘阿念拍摄，以第一人称讲述了她与重症外婆的日常。阿念以这一主题拍摄的系列短视频，之前已经被经济日报、央视、新华社等主流媒体在网端选用。她在接受笔者采访时提到，视频发到网上后不少网友回馈称，在感觉最困难的时候，从她的视频里感受到了力量。她认为能引起这样的共鸣，是因为“这是由我自己拍摄的、我自己的故事”。

这些进入电视新闻版面的短视频，有的拍摄者离现场足够近，他们本就是目击者或者当事人；有的制作水准与发布速度已经超越本该更为专业的电视新闻机构。在社交媒体上的广泛传播，还使得创作者可以迅速收到网友的反馈，进行双向的交流。换言之，它们时效快，视角独特，而且从发布到与受众沟通，都不需要经过电视新闻媒体的“主场”渠道。

随着互联网平台渐成主流，网络自媒体逐渐参与到视频新闻的生产中，它们对电视新闻机构固有的工作节奏以及长久积累的公信力，都带来不小的冲击。竞争已经逐渐激烈起来。我们需要努力了解那些通过互联网渠道表达的观众需求，借助他们的视角完善议题设置，使之更加完整客观，更加具有打动人心的力量；我们还需要努力理解技术创新在新闻工作中的作用，在时效性、视觉呈现等方面跟上网络时代的更高标准。

结 语

在新冠肺炎疫情中的收视率上升是一个乐观的信号。作为提供公共服务的主流媒体,清晰了解观众的需求并给予积极的回应,以专业的水准提供完整、准确和权威的资讯,这样的努力已经被证明不会白费。

《看东方》在疫情期间做了较大的版面调整,并由此获得收视率等指标的明显提升。从这次的尝试中取得的经验是:要珍惜观众对于主流媒体公信力的依赖,在有重大公共事件发生的时候,迅速在版面上做出回应以形成收视期待;电视新闻的议题设置容量有限,要有所取舍;动态消息已经不是电视新闻节目的强项,对信息进行筛选和组合,以“主题框架”设置版面,可以呈现更完整客观的新闻图景,对观众形成更持久的吸引力。

专业性逐步提升的自媒体作品在疫情期间得到一定程度的信任。电视新闻节目在固有的规范而模式化的表达之外,应该向自媒体作品学习借鉴,借助技术创新,找寻更丰富细腻的呈现方式,积极继续提升专业水准,以期在未来的竞争中立于不败之地。

参考文献:

[1] 马克斯韦尔·麦库姆斯.《议程设置:大众媒介与舆论》[M].北京大学出版社 2018 年版。

[2] 喻国明,杨颖兮.《接触、时段、场景:中国人媒介使用场景扫描——基于“2019 全国居民媒介使用与媒介观调查”的分析》[J].《新闻记者》2020 年第 4 期。

[3] 张洪忠、梁爽、王競一.《官方渠道、人际传播、自媒体:有关新冠肺炎疫情的传播渠道公信力分析》[J].《新闻与写作》2020 年第 4 期。

[4] 丹尼尔·麦奎尔.《受众分析》[M].中国人民大学出版社 2006 年版。

作者简介:

陈艳明,上海广播电视台(SMG)融媒体中心直播总监。

新冠疫情危机中如何讲好中国故事
——以BBC英文纪录片《杜甫：中国最伟大的诗人》为例

沈 馨

提 要：近年来，我国的国际传播能力持续提升，但中国的形象在跨文化传播过程中一直面临着认同危机。疫情时期BBC推出的纪录片《杜甫：中国最伟大的诗人》在全球饱受焦虑的民众中产生了共鸣，重塑了西方对于中国的认知。其以人为本、横向类比、具象解析等叙事方式，成为讲好中国故事的有益样本。

关键词：跨文化传播　新冠疫情　杜甫

引 言

当前，全球化处于曲折发展阶段，中国面临着极为复杂的国际环境，向世界讲好中国故事已经从必要性上升为迫切性。近年来，我国的国际传播能力持续提升，但中国的形象在跨文化传播过程中一直面临着认同危机。如何才能缩小文化差异带来的传播鸿沟？如何以更宽广的国际视野、用与世界接轨的话语方式讲好中国故事？英国广播公司（BBC）近期播出的单集英文纪录片《杜甫：中国最伟大的诗人》（以下简称《杜甫》）也许能给我们一些启示。

这部纪录片由英国著名历史学家迈克尔·伍德主持。在他的带领下，影片回溯了杜甫从巩县、长安到成都、长沙，从他出生到入仕，从开元盛世到战乱流离的跌宕一生。从年少《壮游》意气风发的"开口咏凤凰"，到暮年绝笔之作《风疾舟中伏枕书怀三十六韵奉呈湖南亲友》的"无成涕作霖"，当英国国宝级演员伊恩·

麦克莱恩用英文一字一句念出这些诗的时候，千年前杜甫那沉郁顿挫的气韵穿越时空展现在观众眼前。BBC 给予这部纪录片的推广词是："如果有人想通过了解中国灿烂的文明来摆脱对病毒的恐惧，就看杜甫的纪录片吧！"中央纪委、国家监委对此发文称："它的播出让居家隔离抗疫、饱受疫情焦虑的民众产生了共鸣。"

新冠疫情肆虐全球之时，BBC 在此时推出这样一部纪录片，引发西方民众关注，也成为西方再次解锁中国的一把钥匙：既介绍了杜甫，又试图通过探访现代中国，找寻杜甫与我们当下生活的关联。作为跨文化传播的个案，纪录片用其独有的叙事形式，"具象化"地展现了一个真实的中国，由此引发的海内外共鸣超出想象。

一、以人为本，注重人与人之间的关联

学者孙英春认为："跨文化传播指不同文化背景的社会成员之间的交往与互动，涉及社会成员之间发生的信息传播与人际交往活动，以及各种文化要素在全球的流动、共享和渗透的过程。""人"永远是"故事"的主角。个体是最有力量的对外传播载体。杜甫"破圈"成功再次证明，国外受众习惯接受的是鲜活的个体故事，而不是生硬的说教和灌输。讲述个体鲜活的生命体验，将文化融入个体化，是跨文化传播成功的关键所在。

比如，纪录片将杜甫塑造成一位"儒家英雄"，以西方文化中的"漫游"为概念，将这位中国古代诗人用西方文化熟悉的神话史诗进行再演绎和重新诠释。用西方英雄史诗的叙事结构，讲述杜甫如何从一个贵族转变成英雄。迈克尔·伍德特意选用了"HERO 杜甫"这个概念，这样的"人设"很容易被西方观众接受。透过中西文化的重重屏障、阻隔，纪录片深入中国文化的肌理，点明了杜甫远超诗人范畴的伟大意义。这一点，从小熟读唐诗的你我或许已经遗忘。甚至，作为"儒家英雄"的杜甫对"经世致用"的厌倦，在晚年逐渐开始享受和赞美日常生活的点滴，都在纪录片中得到了展现。迈克尔·伍德以西方人的理解为我们展现出的更符合当代认同的杜甫，不是一种穿凿附会，而是这位"诗圣"本来就具有的人格面貌。

在纪录片中，团队重走了杜甫坎坷一生的几个重要城市，从巩义、西安、天水、三峡、成都到长沙……在已经成为热门景点的杜甫草堂，在一望无际的长江上，在中外学者的对话中，更在和中国老百姓的交流中，一步一步走近这位伟大的诗人——一个有着喜怒哀乐的普通人。而当受众走近杜甫个人生命的体验时，他背后的家国文化也随之进入人们的视线，从而发人深思。就像纪录片开头

所讲的那样:“在当代,往昔以前所未有的速度离我们远去,但寻旅者仍然可以在中国当代找到古老中国文化的价值。”

二、横向类比,在熟悉的语境中加深了解

不同于其他历史纪录片以时间为轴纵向解析的形式,《杜甫》较多地使用了西方观众熟知的内容语境来类比。比如,在介绍杜甫生活的公元8世纪时,主持人告诉观众这也是英国产生《贝奥武夫》的时代。在介绍中国三千年的诗歌传统时,用比荷马史诗《伊利亚特》和《奥德赛》更古老来形容。在介绍长安时,他这样说道:“长安,和谐之城,与君士坦丁堡和巴格达并列为8世纪的世界都市。”聊到杜甫处于漫长逃难生活中的心境时,他用了欧洲另一位流亡者但丁的名言——“我们的命运不能被移除,因为它是对我们的馈赠”来类比。更甚者,他把在安史之乱中偏安一隅的潭州,比作二战时期的卡萨布兰卡。对于西方观众来说,东方很遥远,但西方历史文明中的相似处,恰好能成为极佳的注解。

除此之外,片中优雅深沉的英文,熟悉的语言、艺术表演方式等,也都为西方观众提供了极具共情性的语境,这些都在一定程度上消解了不同文化间的理解隔阂。在这个小成本纪录片里,伊恩·麦克莱恩的加盟帮助增色不少。这位因《指环王》而被中国影迷熟悉和喜爱的英国戏剧演员,他在舞台上的形象就与杜甫有一定的相似度:一个饱经沧桑的、睿智的、意志力顽强的老者。对于西方社会来说,以这样一个形象去想象千年前的杜甫更直观也更容易亲近。加之麦克莱恩常年演出舞台剧,台词功力一流,尤其擅长大段独白。因此,借助他的声音,西方观众也更容易理解万里之外的唐诗,而中国的观众也会带着一种既熟悉又疏离的感觉,从一个崭新的角度欣赏我们的文化瑰宝。尽管在一些观众看来,片中的英语翻译无法完整确切地表现中国古典诗歌的韵味和节律,但从另一个角度来说,翻译版本提供了一个完全不同的视角,一种拉开距离式的“遥望”。当我们诵读古诗的时候,有时候还会不明其意,但当它被翻译成平实的英语之后,我们从另一个途径进入,反而更容易理解诗词本身的意思以及承载的情感。这些情感人类共通,跨越时间和空间。正如有观众所言,当听到“I have achieved nothing and my tears fall like rain.”(“无成涕作霖”)的时候,自己的眼泪也止不住了。

三、由浅入深,通过“具象”渗透内核

历史事件恢宏而厚重,而《杜甫》以一种非常轻巧的方式娓娓道来。片中有

些镜头并不很讲究，更谈不上精美绝伦，但让人觉得亲切，原来杜甫可以这样去谈论、去看待、去解读。文化学者格雷特·霍夫斯塔德在其著作《文化的结局》中，用"洋葱理论"将文化分为四个层次，即"符号""英雄人物""礼仪""价值观"。跨文化研究学者陈晓萍则在该理论的基础上，以"三大层次"对"文化"概念进行分解：表层文化——外在直观的事物；中层文化——社会规范；深层文化——宗教、哲学性的思考。纪录片《杜甫》虽涉及中国的历史和文化，但也以"表层文化"——杜甫这个人物的故事为主。"表层文化"的渗透性与传播力是三层文化中最强的，"表层文化"又为"中层文化"与"深层文化"所驱动，并在潜移默化中传递着它们。

调查显示，过去十年，BBC 生产了 30 多部有关中国题材的纪录片，其中对政治、经济、社会、文化四个层面的展示最为集中，这些元素也成为 BBC 塑造中国形象的主要着力点。即便近十年 BBC 对中国形象的塑造已经偏向于温和、客观，可这些影片的议题设置依然较为宏大且符号化，例如《中国新年：全球最大的庆典》《发现中国：美食之旅》《中国制造》《中国式教育》等。但《杜甫》的出现，大大有别于其一贯的风格：不再聚焦中国时代的大切面，真正跳脱出宏大的叙事，从某个"具象"着力中国形象的建构。正如 18 世纪时法国启蒙思想家们对中国文化表现出的前所未有的认同感一样，或许在今时今日的当下，在这样一个全球共度危机的时期，类似于杜甫坚忍不拔的中国文化形象更符合西方现代想象下的"他者"，他们急需利用这种东方文明去批判混乱的西方社会，进而体现出一种反思精神，以及对和谐大同的向往之心。

四、特殊时期展示"中国文化新叙事"

过去，西方讲述中国的作品，往往带有一定猎奇和想象的目光，没有真正把中国文化的内在本质讲述出来。但《杜甫》跳到了光谱的另一端，尤其是在疫情蔓延，一些人对中国有误解和偏见的时候，这样一部纪录片释放了足够的善意，将"人类作为命运共同体，面对病毒威胁时守望相助"的命题朴素地表达出来。这可以看作是一种"中国新叙事"，也就是"试图构建一种创新性的语言，阐述中国特色政治、经济体制的运行机制，使得中国道路和模式成为一种具有全球意义的叙事，用全世界听得懂的语言来讲中国的故事"。

如今的创作者对于中国文化的理解，更能够真正站在中国人的角度去理解。他们不仅仅单方面想象西方对于中国的影响，也强调了中国对于西方的影响。

再比如，片尾工作人员名单中，有很多中国名字，这在西方纪录片非常少见。以往，西方总带着俯视的、猎奇的目光，把山水拍得很美，人文却喜欢把镜头专对准一些落后的、乡土的、充满刻板印象的地方。此次变化，也证明创作者并非带着固有眼光审视东方，恰恰相反，他们也希望平等，真诚甚至谦卑地还原致敬大师作品。

正如迈克尔·伍德所言："现在外界关于中国的传闻甚嚣尘上，我对中国人的遭遇感同身受。攻克病毒需要的是合作，而非诘难。甚至放大了说，为了整个地球未来十年的命运，我们需要协同努力、友好互助，而非敌对。任何能够促进彼此了解的对话方式都是可取的。小小的纪录片似乎成不了什么大气候，但它也是将一种文化介绍给另一种文化，也起到了一定的作用。比如杜甫，英国观众就受到了不小的影响，很多中国观众也说这部片子来得真及时。"

五、思考与启示

迈克尔·伍德在《杜甫》的结尾这样说道："某些人在某些机缘下，不仅仅可以展现自己的感情，还能象征整个文明在道德上的感悟能力。"在杜甫的诗歌中，他在构建这个国家的价值观方面比任何皇帝做得更多，他用汉语中最伟大的语言，阐述了作为一个中国人意味着什么。

从这个角度来看，《杜甫》或许可以看作是中国文化认同开始走向明朗化、具象化的一个标志。在成都杜甫草堂门前读《春夜喜雨》的小女孩，每个月都要去一次杜甫草堂的成都老人，湖南读诗会的成员，给杜甫诗作谱曲演唱的大学生们……杜甫与我们当下的生活关联紧密：中国优秀的传统文化延绵不绝，中国人传承至今的行事准则代代相传，中国优秀思想更前所未有地被视为战胜人类共同挑战的思想智慧之一。它在疫情阴霾下发出微弱光芒，为西方观众提供新的视野，"让他们看到中国，去了解中国人的感受和想法"。

作为跨文化传播的个案，《杜甫》更给讲述者以示范：在讲好中国故事之前，先试着去倾听，试着去"看见"。我们在为中华文化自豪的同时，是否也会这样自问：我们的媒体会否制作一部名为《美国最伟大的诗人：惠特曼》，将之与白居易相比；又或者是以陶渊明并称的《英国大师：华兹华斯》。像BBC介绍杜甫一样解读他们，找出我们的国宝级演员来朗诵他们诗歌的中文翻译。这些有可能实现吗？跨文化传播交流中，主题严肃、表达方式晦涩的内容几乎没有市场。只有看到世界的多样性，予以实质的内涵解读，更加深入、细致地向受众填充对于世界的认知，我们才能拥有对于世界思考的扎实的立足点。

结　语

虽然中国媒体在讲好中国故事、传播好中国声音方面进行了创新探索，也取得了一定的成效，但是从整体上看，中国故事的讲述尚未达到理想程度。这一方面是因为全球议题设置的主导权一直掌握在少数资源大国手中，另一方面则是因为中国作为一个发展中大国主体意识的模糊性。有人说："西方人看待中国始终有一个'态度'。"当今世界，信息权力的不对等进一步加剧，如何提升媒体的跨文化传播能力，打破"态度"的边界，把自身发展模式的"中国特色"与"世界意义"讲清楚，是中国进一步打造国家软实力必须解决的重大现实问题。BBC的纪录片《杜甫》在特殊时期面世，引发出乎意料的反响，向我们展示了一种重塑世界对于当代中国认知的新途径。正如杜甫在《偶题》一诗中所写："文章千古事，得失寸心知。"愿我们继续努力探索新路径新方法，在国际传播中进一步切实提高跨文化传播能力！

参考文献：

[1] 孙英春.《跨文化传播学导论》，北京大学出版社，2008年版。
[2] 刘琛.《为世界呈现一个新的中国面孔》，《光明日报》，2020年5月13日，第13版。
[3] DOCO君看电影.《BBC为杜甫立传，中国文化认同开始走向具象化》，新浪网，http://k.sina.com.cn/article_2005928185_779008f902000s88b.html.
[4] 席天扬、姚洋.《中国新叙事：中国特色政治、经济体制的运行机制分析》，格致出版社，2018年版。
[5] 余雅琴.《是什么让杜甫"破圈"？专访BBC纪录片"杜甫"主持人》，新京报网，http://www.bjnews.com.cn/culture/2020/05/01/723400.html.

作者简介：
沈馨，上海广播电视台(SMG)广播新闻中心要闻部编辑。

如何用“小故事”反映“大主题”

——以新冠肺炎疫情防控阻击战为例

赵　健

提　要：用小故事反映大主题，已成为新闻宣传报道经常采用的表现手法。那么，用什么样的小故事来反映重大主题呢？本文以今年新冠肺炎疫情防控阻击战为例，分析这些抗疫小故事，发现它们具有真实性、大背景、大情怀的特质，一个个篇幅短小、情节简单、鲜活生动的小故事，真实准确地反映了全国人民团结一心、众志成城、甘于奉献、舍生忘死的抗疫精神这个大主题。而在收集挖掘抗疫精神大主题的小故事过程中，新闻记者心中须时刻保持人民情怀，沉下身心，到基层一线抓典型、抓细节，才能真正做好小故事反映大主题这篇文章。

关键词：小故事　大主题　疫情防控

引　言

抓“活鱼”，裁剪“大衣料”是新闻行业抓鲜活典型故事，表现重大主题的“行话”；如今，成了新闻记者用小故事反映大主题的“必修课”。虽然小故事篇幅短小、情节简单，但在表现抽象、深刻的“高大上”主题上，能够大处着眼，小处着笔，以小见大，平中见奇。本文试着从表现大主题的小故事具有的特质即真实性、大背景和大情怀三个方面，探讨分析小故事的特点特征，是如何表现重大主题的。把总结的一点经验运用到平时的新闻采写过程中，树牢“人民至上”的新闻观，时刻保持人民情怀，深入基层一线，脚下有泥，心中有光，为广大受众呈现一篇篇小故事反映大主题的精品力作。

一、小故事与大主题的关系

小故事是一种篇幅短小、情节简单而又富于哲理的故事，因其每个故事都能给人以启迪，阐述成功做人之道而受到广大读者特别是在校学生的喜爱。这是百度百科定义的小故事。而本文的小故事指的是新闻小故事。笔者认为，新闻小故事是记者围绕新闻主题，深入基层一线采访挖掘的短小精悍、情节简单、揭示背景的典型事例，做到见人见事见精神。像今年的新冠肺炎疫情发生后，全国14亿人民积极投身到疫情防控，以实际的言行叙写自己的抗疫故事，就属于新闻小故事的范畴。

何为大主题？大主题也叫重大主题，指一定历史时期的社会生活里有重大影响的事件中挖掘出的主题。《新闻学概论》中对重大主题宣传做了界定：新闻媒体为宣传党和政府的重大战略思想、重大战略任务、重大工作部署所进行的集中的、大规模的新闻宣传。结合今年爆发的新冠肺炎疫情，全国上下在党中央的领导下，坚持人民至上、生命至上的原则，体现出团结一心、众志成城、甘于奉献、舍生忘死的精神，就是这次抗击疫情的大主题。

党中央对做好新冠肺炎疫情宣传工作有明确指示，习近平总书记在今年"2·23"重要讲话中指出，加强宣传教育和舆论引导，营造强信心、暖人民、聚民心的环境氛围；深入宣传党中央决策部署，充分报道各地区、各部门联防联控的措施成效，生动讲述防疫抗疫一线的感人事迹。

讲好中国抗疫故事，强信心、暖人心、聚民心成为这次抗击疫情宣传的主要内容。从央媒、省市级媒体，到区(县、市)级融媒体中心组织精干力量，深入抗疫一线，发现挖掘先进人物的先进事迹，讲述抗疫感人小故事，表现伟大抗疫精神的大主题。

二、反映大主题的小故事必须真实、具有背景和情怀

据统计，新冠肺炎疫情发生以来，全国有445名新闻工作者主动请缨、直奔武汉，与当地媒体并肩作战，第一时间多角度、全方位报道疫情防控的情况，精心制作新闻作品50余万件。如果把中央媒体和地方媒体制作的新闻作品加在一起，新闻作品数量至少有几百万件。统计显示，这些抗疫新闻作品中，至少有三分之一的新闻作品包含有新闻小故事。

仔细研读其中优秀作品不难发现，这些作品经过精挑细选，杜绝了"装进篮子里都是菜"的现象。这些小故事具有真实性、大背景、大情怀的特质。这三大

特质决定了小故事的新闻价值的大小、表现力的强弱和境界的高低。

（一）小故事必须真实

刘少奇在《对华北记者团的谈话》中反复告诫记者：“你们做得好，对党和人民的帮助就大；做不好，帮助就不大；如做错，来个‘客里空’，故意夸大，反映的不真实，就害死人了。”

由此可见，新闻记者呈现给受众的新闻内容，应当讲求“真”，真实反映事件原委，贵在“实”，脚踏实地的采访调查，还原事件真相。真实是新闻的生命，更是讲好小故事的准则，是新闻工作者必须坚守的底线。

疫情就是命令，防控就是责任。党中央立即发出了坚决打赢疫情防控的人民战争、总体战、阻击战的号令。全国紧急响应，据央媒和省市级各级媒体报道，自 1 月 24 日除夕至 3 月 8 日，国家医疗队、各省市医务人员和公共卫生人员驰援武汉。一个个为保护人民生命安全牺牲奉献的真实感人故事广为传扬。

1 月 27 日，四川一位小伙在送别妻子时，隔着大巴车窗户立下了最直白的誓言：“只要你给我平安回来，一年的家务活我包了！”

2 月 11 日下午，火神山医院护士吴亚玲的母亲突发疾病过世，她面向家的方向三鞠躬，平复心情后继续投入工作当中。

今年 47 岁的王莉莉是山东省临沂市沂南县疾控中心的检验员，在抗击新冠肺炎疫情的“战役”中，主动请缨到流行病学调查队最危险的岗位，负责采集新冠肺炎密切接触者的鼻咽拭子。每天外出采集时，王莉莉和同事们都要穿上厚厚的防护服，为了减少“麻烦”，即便口干舌燥也尽量忍住不喝水；采集样本时，她与受采对象仅有半米之隔，受采对象鼻咽部由于受到刺激很容易出现打喷嚏或呕吐的情况，喷溅物会直接喷射到她的防护面屏上。一天下来，被防护服包裹严实的她几乎虚脱，脸上被口罩压出深深的印痕。

另外，钟南山、李兰娟等权威医学专家、许许多多叫不出名字的医护人员、社区工作者、公安民警、快递小哥等人的故事同样见诸各大媒体平台。

真实的报道运用小故事，不仅生动描写了故事主人公们宝贵的敬业精神，同时也具体塑造了艰辛付出、爱岗敬业的中国形象，使报道颇具感染力。

然而，在讲述抗击疫情的故事时，一些官方媒体却出现了低级的“假”新闻。

第一种是“张冠李戴”乌龙新闻。2 月 16 日，华商报头条号“华商汉中”刊发抗疫大事记，该文讲述了多名抗疫一线工作人员的故事，但文章内出现逻辑混乱，将一家庭出生不到 20 天孩子与另一户家庭不到两周岁的双胞胎混淆，造成文中“出生不到 20 天的双胞胎儿子”的错误，闹出了大笑话。

第二种是“无中生有”性新闻。2 月 15 日贵州综合广播和黑龙江卫视两家官方微博发布消息，称高福已被双规，还指名信息来源是中央纪委国家监委网站。两家广电媒体无中生有的重大违纪新闻引发轩然大波，给高福和社会造成极坏的影响。

第三种是“谣言”新闻。在新冠肺炎蔓延时，各种以假乱真的谣言也是层出不穷，像《丁香医生说童子尿可以预防新冠病毒》《国务院：暂停武汉红十字会的工作》《新冠肺炎来自武汉实验室？》等。虽然有些谣言不攻自破，有的很快被事实打脸，但仍然对广大受众造成心理上的不适和恐惧，扰乱了社会安全秩序和稳定局面，其危害可谓大矣。

那么如何在新闻工作中坚持真实性原则，守住底线，讲好故事呢？马克思主义新闻观强调：要根据事实来描述事实，不能根据希望来描写事实。事实是第一性的，是新闻的本源，新闻是第二性的，是对客观事实的如实报道。笔者认为，要做到宏观真实和微观真实的高度统一。具体来说，首要的就是事实的报道必须准确无误，包括构成新闻故事的“五个 W”要准确无误；事实的细节描述要有根据，符合实际；新闻中使用的背景材料要真实可靠等。其次，从总体上、本质上和发展趋势上反映事实，对事实的报道必须全面、客观、公正。再者就是坚持新闻报道客观性和倾向性的统一。

（二）小故事必须有背景

小故事反映大主题已经成为新闻记者进行新闻报道习惯采用的方法和技巧，精挑细选的小故事之所以能够“四两拨千斤”生动彰显背后的大主题，取得非常好的宣传效果，乃是因为小故事的背后有深层的背景。背景凸显了小故事的意义，彰显新闻事件本身的深刻内涵。

1. 疫情防控网细密如何体现：两起后备厢藏人故事四两拨千斤。

在上海新冠肺炎防控一级响应阶段，上海构建全民参与的严密防控体系，编织起细密的防控网，横向到边，纵向到底。在新闻报道中如何反映和体现？报道制定的疫情防控办法、建立防控组织体系、值班人员无缝衔接值守等常规套路并不难，难就难在没有具体的小故事做有力支撑，小切口切入表现大主题。

为了捕捉在疫情防控最吃紧阶段密织防控网的具体案例，松江区融媒体中心派出记者深入高速路道口和街镇社区采访，希望能够抓到鲜活的、表现力强的案例。功夫不负有心人，在 G60 沪杭高速枫泾道口和石湖荡镇一小区真的捕捉到了两起后备厢藏人事件。

第一起是发生在 G60 沪杭高速枫泾道口，藏身轿车后备厢的女子长期在上海工作，1 月 22 日其从上海回到疫情重点地区的老家过年。2 月 11 日清晨，她搭乘朋友的轿车回沪，由于听闻上海在各高速公路道口实施了非常严格的查控措施，为避免返沪后被隔离观察 14 天，所以藏匿在轿车后备厢内，企图蒙混过关。上海松江微信公众号以《上海首例！一湖北籍女性藏身轿车后备厢被松江民警查获》率先播出。第二起发生在松江区石湖荡镇一小区，小区保安接居民举报，有一名男子为和朋友一起吃顿饺子，躲在后备厢里混进了小区，物业、居委、民警接报后一起行动，找出了该男子。上海松江微信公众号以《躲在后备厢进小区照样找出来！上海松江小区管理真过硬》为题播发。

松江两例后备厢藏人故事发出后，先后被《新民晚报》《文汇报》《澎湃新闻》《人民日报》和今日头条等平台相继转发。讲述松江社区防疫阵地成为坚强堡垒的故事，介绍上海防疫战的“松江打法”。在故事娓娓道来后，继而引出成功报道的背后是松江采用“三全”（全流程管控、全行业保供全空间覆盖）工作机制、贯彻三个“一律”（对进入上海的人员一律测量体温、对来自重点地区的人员一律实施医学观察、对外来地区人员要求由其所在单位一律申报相关信息）的要求，严之又严、细之又细的实践和成效。

后备厢藏人的故事之所以引起高度关注，其实是因为当时防控新冠肺炎疫情的大背景，该大背景下高速道口和社区的检测防控值得聚焦和关注，运用生动的小故事凸显了松江乃至上海的防控措施抓得严抓得实抓得细，以小见大，故事情节简单但意义重大。

2. 医疗救治湖北省和武汉市“缺口”如何补：支援的故事和大数据成明证。

《健康时报》记者在今年的除夕夜采访武汉第九人民医院时一个医生介绍：他负责的病房区一层就有 40 多位患者，门诊的医生一天要看 100 多名患者，连口水都喝不上。

何以造成这一局面？21 世纪经济报道记者给出答案。据 21 世纪经济报道记者不完全统计，截至 1 月 28 日，向社会发布接受捐赠公告的医院已达 170 多家。其中湖北省内，武汉医院达到 32 家、黄冈达到 23 家、黄石 7 家、宜昌 11 家、咸宁 7 家、孝感 11 家、随州 8 家。

医疗资源极度紧缺，但生命重于泰山，救治刻不容缓。在这一大背景下，国家调动全国医疗资源和力量，自 1 月 24 日除夕至 3 月 8 日，全国共调集 346 支国家医疗队、4.26 万名医护人员、900 多名公共卫生人员驰援湖北。大量医护人员迅速驰援湖北省和武汉市的背后是当地医疗资源和物质的“缺口”。

医疗资源紧缺，医生只能吃泡面充饥，水都顾不上喝……短缺背后更深层次的问题是我国在应急医疗物资储备、采购、物流、保障等方面依然存在不足。只有了解这些背景后，才能讲清全国医护人员支援湖北省和武汉市的意义。支援小故事的背后是“缺口”，揭示的是支援的意义。

新冠肺炎疫情发生后，湖北省和武汉市的病床特别是重症患者的病床的大缺口是当时面临的紧迫而急需解决的难题。据央视记者讲述，为了提高收治率和治愈率、降低感染率和死亡率，从全国调集 4 万名建设者和几千台机械设备，建设火神山医院和雷神山医院。上海回天新材料有限公司获悉后，立即派出 6 名工作人员，冒着被传染的危险，奔赴现场，捐献了 10 吨物资结构胶运到现场，一定程度上保证了火神山、雷神山医院 10 天完成建设任务，让很多重症患者进入医院救治，体现了企业的担当作为。

据《人民日报》报道，杨留杰是中建三局绿投公司总承包事业部职工，也是一名退役军人。接到建设火神山医院通知后，他正月初二就从河南濮阳老家返回武汉。从濮阳到武汉，他开了十几个小时的车。一到工地，杨留杰就马不停蹄投身工地，一直干到晚上 11 点半。火神山医院建设完毕，立刻转战雷神山；雷神山收工，又立刻转战两个方舱医院。正是有了像杨留杰这样的战友在没日没夜作战，短短十多天建成 16 座方舱医院，共 1.4 万余张床位。实际累计收治患者 1.2 万多人，累计治愈出院 8 000 多人、转院 3 500 多人，实现“零感染、零死亡、零回头”。

透过这些感人小故事的背后，不难看出，当新冠肺炎在武汉爆发蔓延的时候，武汉的医院床位缺口是非常大的，在床位短缺带来深重影响的背景下，援建火神山医院、雷神山医院和方舱医院无异于雪中送炭，解决了当时的燃眉之急。

由此可见，小故事有了大背景才能更为生动，触动人心，背景应当是讲好新闻故事，传递正能量的根本前提。

（三）小故事必须有情怀

反映抗疫精神的小故事能够吸引人、感染人，主要原因是其内容具有大情怀。这次的新冠肺炎疫情防控报道，无论是央媒还是地方媒体，新闻故事中或多或少都含有家国情怀。

有国家的为民情怀。新冠肺炎疫情暴发时，党中央就发出了把人民生命安全和身体健康放在第一位。在救治过程中，我国是不惜一切代价抢救生命，全力以赴抢救每一位患者。据《解放军报》报道，1 月 27 日，中部战区总医院医护人员精心救治一名新冠肺炎确诊孕妇，婴儿平安出生未感染，守护生命 14 昼夜，爱的接力创造生命奇迹。《经济日报》载文，从 2 月 6 日至 4 月 13 日，经过辽宁、河南、福建 3 支援鄂医疗队和武汉大学人民医院东院医护人员两个多月的接力救治一名新冠肺炎危重症患者，用了 25 天 ECMO、上了 50 天呼吸机、被救治了 67

天，同样创造了生命的奇迹。

统计显示，截至5月31日，全国各级财政共安排疫情防控资金1 624亿元。全国确诊住院患者结算人数5.8万人次，总医疗费用13.5亿元，确诊患者人均医疗费用约2.3万元。其中，重症患者人均治疗费用超过15万元，一些危重患者治疗费用几十万元甚至上百万元，全部由国家承担。这些充分体现了我国人民至上、生命至上的理念。

战疫人员的奉献情怀。疫情就是命令，防控就是责任。据央媒和地方媒体报道，在迅即应对突发疫情阶段，全国援鄂医护人员达4.26万名，白衣执甲，冲锋在前。女医生女护士剪掉秀发甚至剃光头发，只为方便穿戴防护服；医护人员长时间佩戴口罩和护目镜在脸上留下压痕血印；防护服里的衣服被汗水浸透也来不及更换；医护人员长时间不休息仍细心为患者输液换药；穿着厚厚防护服的他们实在太累了就斜躺在办公椅上或地上稍稍休息；等等。一幕幕令人泪目的细节，感人的故事在各媒体平台呈现。是什么力量和精神支撑着他们舍小家为大家，冒着被感染的生命危险默默付出呢？最终归结为医者仁心，敬佑生命、甘于奉献。

个人的大爱情怀。一方有难，八方支援。一切为了武汉、一切为了湖北、一切为了防疫。武汉突然爆发的疫情牵动着全国人民和海外华人的心，大家都自觉投入到抗击疫情的人民战争中。各大媒体纷纷报道来自全国各地及国外华人华侨捐赠疫情严重的武汉和湖北省的新闻，讲述企业家们全球采购医疗防疫物质援助武汉抗疫的故事。像复星集团，据统计，截至3月1日，复星全球采购网络覆盖了23个国家。累计从全球调配运回防护服112万件、口罩155万只、护目镜9.3万副、医用手套20万副等，总计296.3万件，另加900台呼吸机。爱心人士的无偿援助很大程度上缓解了湖北省及武汉市医疗物质紧缺的困境。在武汉封城期间，山东寿光农业合作社为武汉运送蔬菜瓜果，餐饮店免费为医护人员送客饭，长沙一位90后小伙儿奔赴武汉，几十天如一日用私家车接送医护人员上下班。一个个感人的故事感动着身边每个人。大爱无疆、守望相助、共克时艰，汇成了中国抗疫的凝聚力和向心力。

三、挖掘收集小故事的新闻记者必须保持人民情怀、抓好典型宣传

新闻业内专家说，好的新闻故事是“打磨”出来的。的确，挖掘感人的新闻故事是优秀新闻记者的“必修课”，重要的是坚持人民至上，保持深厚的人民情怀，紧跟时代的脚步，深刻锤炼主题，深入基层一线，捕捉发掘收集表现力强、生动感

人的小故事，从而达到抓到的典型事例以一敌十，取得事半功倍的效果。

1. 保持人民情怀

讲到人民情怀不得不说一位老一辈新闻工作者——原新华社社长穆青。他的精品力作《县委书记的榜样——焦裕禄》《为了周总理的嘱托》《铁人王进喜》等作品至今让人记忆犹新。穆青之所以能够写出这么多真实感人的人民故事，一切都归功于他的人民情怀。“勿忘人民”这一新闻理念使穆青的笔似有源头活水；人民的生活也成为穆青一生新闻工作扎根的土壤。《人民日报》前任总编辑范敬宜说：“穆青把根扎在最厚的土层里，所以他有最肥沃的养分，他的作品也能代表最大多数的人，他能用最底层的事感动最高层的人。他有我们许多记者都不曾享受到的幸福。”

扎根人民生活，扎根实践沃土，扎根基层实际，锻炼过硬的脚力、眼力、脑力、笔力，才能捕捉到真实、鲜活、生动的小故事。这次新冠肺炎疫情的人民战争，14亿中国人民是报道的主角，他们都是抗击疫情的伟大战士。医务工作者白衣执甲、逆行出征，为患者提供细心周到的服务；武汉人民和湖北人民顾全大局、英勇顽强为阻击病毒做出了巨大牺牲；社区工作者、公安民警、基层干部等日夜值守，为保护人民生命安全无私奉献；快递小哥、环卫工人、道路运输从业人员等各行各业工作者无惧风雨、执着坚守；广大民众共抗责任、众志成城，自觉参与抗击疫情。他们的作为担当、真诚奉献，共同叙写了无数的感人故事。无数平凡的人们叙写的无数不平凡的小故事中，不正反映着这个时代赋予中国蓬勃向上的大主题吗？

2. 抓好典型宣传

这里的典型是指最突出、最具代表性的事物和人物。以这次新冠肺炎疫情防控为例，率先冲在一线的专家钟南山、李兰娟，逆行出征的医务工作者像王莉莉，驻守抗疫一线的社区工作者；再加上为抗疫立下汗马功劳的火神山医院、雷神山医院等，一起构成了这次疫情防控的宣传典型。做好典型宣传时要特别注意以下三点：

第一，要真实可信。我们知道，先进典型来自于生活当中，来自于群众当中。要使典型宣传真实可信，最重要的是深入实际、深入生活、深入群众，到基层一线获取第一手的资料，坚持用事实说话，展示生动的情节和感人的细节，做到不编造事迹，不作假数据，不拔高思想，经得起任何实践和历史的检验。防止出现把先进典型描述成无缺点毛病的“圣人”“完人”，甚至是“超人”。

第二，要深入挖掘。深入挖掘典型人物身上闪光的思想和感人的事迹，反映他们在平凡的岗位上做出的不平凡的成绩，让典型人物的高尚品德和精彩的故事感染人、鼓舞人、激励人。

第三，要不断创新宣传方式和表达方式。适应时代的要求，必须不断创新报道内容、报道方式和表达方式。要带着深厚的人民情怀采访、报道典型，深入挖掘动人故事和感人细节，真实塑造有血有肉的人物形象，用平实语言阐释深刻道理，把先进人物写活，把先进事迹写实，把先进经验写透。

结　语

综上所述，用小故事反映大主题成为新闻报道的一种表现手法，是新闻记者的必修课。而表现大主题的小故事必须具有的真实、背景和情怀的特点，要求记者在深入生活和实际中挖掘典型人物和事物时，必须饱含深厚的人民情怀，努力找寻典型人物身上的闪光点和感人事迹，挖掘典型事物的新闻宣传价值。用小切口、小视角、小故事反映大主题，以小见大，推出更多的让广大受受众喜爱的精品力作。

讲好新闻故事，特别是在对外宣传中讲好新闻故事，是习近平新闻思想的重要组成部分之一。因此学会用小故事反映大主题，对于新闻记者来说尤为重要与迫切。正如习总书记在谈到“讲好中国故事”时说的：“讲好中国故事，重要的是解决好讲什么、怎么讲的问题。讲什么，就是要把握时代脉搏、关注发展大势，聚焦‘两个一百年’奋斗目标和中华民族伟大复兴的中国梦，把当代中国发展进步的主流展示好，把中国人民蓬勃向上的风貌展示好。怎么讲，就是要真实、生动、鲜活地讲。真实的故事最精彩，百姓的故事最生动。要坚持实事求是，不断改革创新，努力出新出彩，做到见人、见事、见思想、见精神。”让我们遵循习近平新闻思想，为了反映“大主题”，进一步讲好中国故事，写好新闻小故事！

参考文献：

[1]《新闻学概论》[M].高等教育出版社、人民出版社，2009年版第138页。
[2]《刘少奇选集》上卷[M].人民出版社，1985年版第399页。
[3]《习近平新闻思想讲义》[M].人民出版社、学习出版社，2018年版第150页。

作者简介：

赵健，上海市松江区融媒体中心电视部主任。

公共卫生事件中广播应急科普的融合传播创新探索

邬佳力　李　军　张明霞　龙　敏

提　要： 在抗击新冠肺炎这场没有硝烟的战争中，科普的重要性再次凸显。各类新闻媒体肩负着高效科普的重任和期望，广播作为主流媒体之一，其科普表现对传播科学信息、稳定社会情绪、肃清非智舆论具有关键意义。本文以上海广播应急科普的相关策略、实践为例，注重梳理了新冠疫情这样的突发公共卫生应急事件下广播应急科普的新特点和规律，并对主流媒体如何在媒体融合纵深发展的语境下，做好广播应急科普工作开展了相关思考。

关键词： 应急科普　广播科普　主流媒体　科普机制　媒体融合

引　言

2020 年的春节，一场没有硝烟的抗击新型冠状病毒肺炎（以下简称新冠肺炎）战"疫"来临。面对这场突发公共卫生应急事件，面对庞大的信息流，以疫情防控相关的科学知识为主要内容的应急科普宣传，成为破除谣言、回应关注、疏导焦虑的有效途径。

在突发公共卫生应急事件中，广播科普宣传有何特点和规律？广播作为主流媒体之一，如何顺应传播规律，通过融合创新、做好科学防疫的应急宣传呢？

上海广播在抗击疫情的宣传中做出了一些实践和尝试，不仅凸显了广播在应对突发事件中的独特作用，也引发了传统主流媒体如何推动媒体融合向纵深发展的系列思考。

本文以上海广播在新冠疫情时期应急科普的相关策略、实践、探索为例，探讨主流媒体在媒体融合语境下做好科普工作的重要作用和未来思路。

一、新冠疫情时期语境特点和广播应急科普传播优势

突发公共事件是指突然发生，造成或者可能造成严重社会危害，需要采取应急处置措施予以应对的自然灾害、事故灾难、公共卫生事件和社会安全事件。应急科普则是针对突发公共事件，利用各种传媒，以浅显的、通俗易懂的方式及公众接受的自然科学和社会科学知识来对突然发生事件进行紧急处理的社会教育活动。

2017 年，中宣部、科技部联合制定的《“十三五”国家科普和创新文化建设规划》强调：要及时开展应急科普，结合重大热点科技事件，组织传媒与科学家公共解读相关领域科学知识，引导公众正确理解和科学认识社会热点事件，对涉及公众健康和安全的工程项目，建立面向公众的科学听证制度，扩大公众对重大科技决策的知情权和参与权。

主流媒体作为科学抗疫、应急科普的重要渠道，除了对公共事件进行实时动态性的报道外，还必须根据新冠疫情下的语境特点，顺应其自身的特性和优势，从科学角度进行突发事件的应急科普。

1. 热点迭代速度较快，需实现动态更新

在新冠疫情发生后，应急科普的内容热点、重点一直是动态性的变化。

比如随着疫情的进展，受众心理逐渐变化，有从焦虑到松懈的情绪和心理变化；另一方面，对于疫情不同阶段，新情况会产生新应对、新要求。比如初期需要加大对口罩正确佩戴的实用讲解，后期随着复工复产，需要加强对办公场所防疫知识的传播。

根据这样的特点，广播可以充分利用直播、插播等信息快捷传播的优势，通过融媒体时代生产机制上的再造和创新，实现信息的动态更新，适应应急科普宣传的规律和特点。

2. 权威信源关注大，需依托专家资源

疫情期间出现各式谣言。破除谣言、传播科学知识，需要充分利用各领域专家的权威意见，发挥意见领袖的作用，用通俗专业的解释点明谣言破绽，扩大科学防疫知识的接受度。

广播可立足原有健康和科普节目的资源，迅速集结医学、心理学、社会学等

各领域专业嘉宾进行整合，以连线、报道、短音视频、互动问答等多形式，做好权威信源的科学应急科普传播。

3. 对象群体诉求各异，需加大产品创新

青少年和成人、社区居民和农村居民……对科普知识需求不同，以同样内容的科普知识对全人群进行宣传，容易造成科普资源的浪费和低效。

针对不同群体的科普诉求，广播需要加大科普知识产品创新普及力度，采取行之有效的普及手段，才能及时有效地解决这一问题。

二、新冠疫情时期，上海广播应急科普传播策略与实践

2020 年初新冠肺炎疫情发生之际，上海人民广播电台的科普节目及时启动了“应急科普”的对策，针对传播特点、顺应传播规律，迅速集结健康科普类《活过 100 岁》节目、科学家族《十万个为什么》等品牌节目，以扩版特别节目、短音视频、图文新媒体、漫画等立体手段，提供权威信息、动态报道、精准服务，在保障广大人民群众知情权的同时，积极传播科学防疫知识、疏导群众焦虑心理，凝聚共识、稳定民心，在正确引导社会舆论、缓解公众恐慌、阻断谣言传播等方面发挥了重要作用。

（一）长时段、融媒体、轻量化传播成为重要手段

1. 服务为先，破版直播增加信息流量

2020 年 1 月 29 日起，上海新闻广播《活过 100 岁》节目史无前例地推出全天 3 小时、一周 21 个小时的特别节目，并同步在广播端和阿基米德平台上开出“空中问诊”专栏，邀请医学专家、防疫专家、心理学专家、营养学专家等坐镇，通过电话连线或网络在线，24 小时无休回答广大听众和网友的疑问，尽最大可能回应各方诉求。同时，节目组还根据疫情发展情况动态制造议题，从病毒知识普及到居家慢性病治疗，从居家心理问题疏导到如何在家中吃好运动好，做到实时跟进、对“症”开“方”。特别节目获得了极大的社会认可度，热线电话爆满，网友参与度高涨，再次凸显了广播媒体的服务性优势。

2. 渠道布阵，建立应急科普的融媒矩阵

上海广播立足原有节目资源，在内容上做到权威专业，同时在载体上实现漫

画、短音视频的轻量化传播，促进受众科学认知效果。

集结权威内容的专题页面，凸显专业优势。上海新闻广播《十万个为什么》节目此次推出抗疫科普节目，与科委、科协等单位合作，多角度、跨学科邀请权威专业人士作为科学观察员向听众解释科学防疫的相关知识，并针对时下热点话题，剪辑成 9 期的系列知识短音频——如“野生动物存在哪些危险，如何把病毒传染给人类?”“人类与疫情搏斗史”“什么是病毒?”“疫苗是如何研制的?”等，介绍病毒从哪里来以及病毒与人类关系，专业、理性，引导受众从科学角度认识疫情、抵御病毒。

系列网络漫画也是重要手段。《活过 100 岁》节目与上海市健康促进会科普基地合作，推出系列漫画类短视频《陪你“疫”起过日子》，在上海新闻广播微信、科普基地微信公众号、话匣子 App 同步推出。该系列以三只鸟的漫画形象，从健康科普角度简要回答“在家孤独怎么办”“一直担心自己被感染怎么办”等心理问题。画面色彩丰富、明快，给人向上的温暖力量，专业、简练的科普回答贴近民生，如同陪伴式的“掌间心理医生”，对居家隔离期间市民的身心健康起到了及时贴心的关注、安抚、疏解和激励作用。

3. 精准传播，助力科学传播提质增效

趣味系列短视频成为重要的呈现和传播形式，同时对象明确的精准传播，能有效提升应急科普的服务效率。比如针对儿童人群，新媒体专栏《问不到 TV》在上海新闻广播微信公众号推出短视频《病毒来袭，小朋友的防护怎么做?》，主持人“问不倒小姐”与孩子一起出镜，从如何给孩子正确解释病毒预防知识入手进行解释和演示，简单易懂。

（二）常态化、创新化、联盟化打通科学传播壁垒机制

1. 常态储备，建立应急科普短音频资料库

短音频已成为时下广播媒体重要的表现形式。从 1 月底至今，上海广播已制作近百个短音频，如《听专家说》系列、《科普 60 秒》系列等，单个时长约 1 分钟，每天滚动播发超 20 次，至今已超千次，高频次传播科学防疫知识、疏解市民焦虑。

《听专家说》系列短音频邀请上海各大医院多学科权威专家就某一热点医学健康问题做出解答，剪辑成短音频后，以专栏形式在重点新闻节目中播放，或以宣传片形式在全天各节目中滚动播出。

《科普60秒》则是从科学知识普及的角度满足受众的求知欲。短音频选题包罗万象又回应关切，针对居家、复工等各类应用场景，针对老人、少儿等各年龄人群进行分类精准解答，如“长期居家糖友如何监测血糖?”“戴口罩皮肤如何保养?”“复工后吃食堂安全吗?”“陪娃上网课要有怎么样的心理建设?”等，凸显了专业性、权威性、贴近性、公益性。

上海广播积极建立以《听专家说》《科普60妙》为代表的应急短音频资料库，日常搜集，这样方便在需要时及时调取；并在疫情新常态下，不断更新内容，保持库内资料常新常用。

2. 资源协调，建立应急科普联盟协同体机制

在突发公共卫生事件发生时，专家对于应急科普至关重要。因此，依托上海广播原有资源建立一支应急科普联盟势在必行。广播科普节目依托上海市科协、市健康促进委员会等单位，邀请各类科研机构、科普媒体共同参与到应急科普中来，建立一支多学科的应急科普专家团队，同时完善科学家作为应急科普志愿者的服务机制，发挥科学家群体在应急科普中的作用。

同时，建立预案，与联盟成员固化工作机制；破解嘉宾难约的困境；组织节目时，对于公共安全覆盖面较大的选题，可以通过专家跨学科的解读来解构相关在知识点，解析更为全面。

3. 流程重组，建立应急科普的中央厨房机制

为了应对扩版和融媒体端的大量科普信息输出，上海广播整合优质科普资源，重组科普内容制作团队，建立了应急科普的应急协调和中央厨房机制，为广播端和新媒体端的多极分发打造全新的生产流程。

值得一提的是，为加大科普力度，上海广播打破原有格局，从节目制作端、播出端、分发端进行分工，1人对外联络、1人主持制作、1～2人节目电话编辑、1～2人新媒体分发、1～2人审核；再配合上海广播强大的采访力量、丰富的科普资源，将科普系列产品实现流水化作业。制作人员快速制作和包装，根据疫情发展来进行内容迭代，最终实现多端分发。

科学应急科普注重内容权威，一盘棋布局、集中性统筹的机制优化，有助于实现节目制作和信息传播的提速增质，最终达到广播科普的高效、精准。

三、对广播应急科普传播创新的思考与启示

为了做好应急科普传播，广播突破现有格局、打破版面，在内容上动态迭代、

凸显权威性，形式上立体突围、增强服务性、实现精准传播。

目前，广播端的健康类节目和信息已达到每周21小时以上，新媒体端打造云问诊、云答疑、云科普，实现24小时云服务，获得了良好的市场反响和社会效应。

比如《活过100岁》抗击疫情特别节目，春节后4周(1月27日—2月23日)联播收听率合计1.56%，市场占有率接近25%，较2019年农历同期上涨37%，在传统广播端覆盖听众近200万人，App收听云端点击量超过88万次，较上年同期上涨100%。《十万个为什么》系列短音频在阿基米德App等新媒体端整合成专题，并通过海报式二次传播，发布仅两天时间，浏览量已超126万，并被上海科协推广到全国各省市科协，展现上海科普品牌引导力。

总结本次抗击疫情过程中的广播应急科普工作的相关经验，我们认为应对突发公共卫生重大事件的广播科普，需要从流程上、机制上尽最大可能挖掘广播节目资源的潜力。

1. 重视科学思想和科学精神的传播与倡导

当前疫情应急科普呈现出以科学知识为科普重心的特点，在科普中传递的信息基本停留在“是什么”层面，在“为什么”“怎么想”等层面较为欠缺，媒体科普传递的科学知识或许能够在短时间内被受众吸收，但如果缺乏上述基本科学精神作为价值支撑，长远来看受众对科学知识只能处于被动接受状态，主动寻求、理性思考、客观分辨的能力依旧缺失，“谣言跑赢科学”的现象仍会时常上演。因此，在必要的科学知识宣传基础上，主流媒体应灵活应用评论等形式与受众对话，倡导科学精神，传播科学思想，努力营造理性的舆论环境。

2. 优化机制，巩固好科学家与公众的桥梁

目前科普节目的科普信息来源广泛，其中来自科研专家、一线诊疗专家和专业机构的信息占据较大比例。社会具有强烈的科学知识涉入的需求，但苦于冗余信息泛滥、难以寻求到有效信息。主流媒体应当发挥作为信息桥梁的媒介原始功能。进一步完善联盟合作机制，考虑与专业科学机构达成科普信息供需协议等，常态化合作机制有助于保证媒体在应急状态下科普传播的及时性和准确性。

3. 扩大优质科普产品的生产力和影响力

主流媒体融媒体平台正在成为越来越多优质科普自媒体的集中地。主流媒体应当在保证质量的前提下，鼓励更广泛的科普内容生产者入驻自身平台，既丰

富自身科普素材库，也能够对民间科普达人形成激励。

顺应动态科普规律、突显广播优势，针对不同受众、确保权威专家受访、开发不同形式传播载体，从而实现广播应急科普融媒传播的全程、全息、全员、全效。

结　语

抗击新冠疫情时期，上海广播应急科普传播取得了广泛及时传播防疫抗病的科普知识、解惑释疑、辟除谣言、安抚人心、稳定社会秩序等卓越成绩与优秀社会效果。广播应急科普传播既发挥了广播传统主流媒体传播迅速及时、覆盖面广、声情并茂、权威性感染力强、随身收听等优势；又同步在广播端和阿基米德平台上开出“空中问诊”专栏，开展长时段、融媒体、轻量化传播；还做好了应急科普传播的系列创新实践与思考。其中遵循广播传播规律与科普知识传播规律、针对不同受众需求设置不同传播议程与方式方法、优化传播机制与增强优质科普产品的生产力与影响力等，都有进一步应用推广的社会作用与现实意义。

参考文献：

[1] 2016年移动互联网网民科普获取及传播行为研究[EB/OL].(2017-03-03)[2020-02-10]. https://news.qq.com/cross/20170303/K23DV6O1.html.

[2] 赵建国.“拟态环境”与人类的认识和实践活动[J].新闻界，2008(4)：94-95.

[3] 孙旭培，王勇.不同理念导致不同实践——“非典”报道与禽流感报道的比较研究[J].当代传播(汉文版)，2004(3)：44-47.

[4] 赵黎.社会危机中大众传播媒介的议程设置[J].决策探索，2007(4A)：78-79.

[5] 金兼斌，江苏佳，陈安繁，等.新媒体平台上的科学传播效果：基于微信公众号的研究[J].中国地质大学学报(社会科学版)，2017(2)：112-124.

[6] 国务院.全民科学素质行动计划纲要[Z].2006-02-06.

[7] 李醒民.科学精神和科学文化研究二十年[J].自然辩证法通讯，2002,24(1)：83-89.

作者简介：

邬佳力，SMG东方广播中心广播新闻中心综合管理部主任助理。

李　军，SMG东方广播中心广播新闻中心综合管理部主任。

张明霞，SMG东方广播中心广播新闻中心副主任。

龙　敏，上海人民广播电台科普节目制作人。

融媒报道的现实应用、社会反响与创新路径

——以新冠疫情防控报道为例

高 超

提　要： 媒介融合掀起了媒体行业的创新风暴。新闻媒体对于突发性公共卫生事件的报道面临挑战，如传播渠道、接收载体及呈现方式等方面。同时，融媒报道也为突发事件的舆论导向提供了应对策略，如融媒体环境中公共卫生等突发事件的信息传达、数据分析、谣言辟除等方面。作为近年最具影响力的公卫突发事件，新冠肺炎疫情防控的融媒报道备受瞩目，凸显媒体公信力的同时提升了社会公众对于新闻媒体创新升级的认识。

关键词： 融媒体报道　新冠肺炎疫情　公共卫生事件

融媒体环境中，媒介空间关系和传播生态全面重构并不断优化，政府、媒体和受众之间的舆论互动随着技术赋权而变得复杂交错。各类新闻媒体、媒介平台的应变力、传播力、引导力对公共卫生突发事件信息的传递、引导产生了至关重要的影响。从 SARS 到 H1N1、从 H7N9 再到新冠肺炎疫情，对于这些突发公共卫生事件的报道越来越成为检验新闻媒体传播策略和社会影响的“试金石”。新闻媒体在融媒报道方面的措施与实践发生重要影响，融媒报道的价值显现出来。

一、融合新闻在新闻媒体转型中的引领意义

时至今日，距美国学者提出“媒介融合”概念已近 40 年，中国学界、业界对媒

介融合、融合新闻的认知和实践更新迭代。事实上，媒介融合的环境受经济因素、政治因素、技术因素和市场因素的多重影响，呈现出网络融合、设备融合、产业融合以及生产者与消费者融合等多样化的表现形式。目前，新闻业界对业务层面融合的关注更多，新闻媒体尤其是主流媒体通过整合数据资源、细化新闻生产和传播分工、强化内容策划和推广营销，在经济效益和社会效益方面都取得成效，为媒介融合的持续创新做出具有引领意义的实践。

融媒体环境中，媒介格局呈现出“全程、全息、全员、全效”的特征。对于主流媒体而言，既要旗帜鲜明地突出价值引领，巩固壮大主流舆论，形成主流舆论阵地；也要在媒体融合发展中做到全方位覆盖、全天候延伸、多领域拓展，为用户提供互动式、服务式、体验式的信息服务，让主流声音进入用户端。

2019 年 1 月 25 日，中央政治局在人民日报社就全媒体时代和媒体融合发展举行第十二次集体学习。习近平总书记强调，推动媒体融合发展、建设全媒体成为我们面临的一项紧迫课题，要运用信息革命成果，推动媒体融合向纵深发展，做大做强主流舆论。

人民日报在探索媒介融合的过程中，通过技术驱动、内容建设和管理创新，实现流程融合、数据融合、信息融合、服务融合、硬件融合和渠道融合，形成了适应互联网传播的内容生产体系，从一份报纸转变为拥有报、刊、网、端、微、屏等十多种载体，覆盖受众超过 9 亿的综合媒体方阵。人民日报客户端下载量超过 2.61 亿、新浪微博粉丝数超过 1.14 亿、微信公众平台关注数超过 3 200 万、抖音账号粉丝数超过 8 000 万、快手账号粉丝数超 3 700 万，构建了全媒体格局，是新闻媒体创新升级的典型代表。

作为突发公共卫生事件，对于新冠肺炎疫情防控的报道是新闻媒体信息发布效能的一次大考；对于国内重点行业领域疫情的实时跟踪与播报，是各级、各类媒体在融媒创新实践中对其自身大数据、人工智能、云计算等新技术应用程度和社会成效的一次检验。事实证明，在应对公共卫生等突发事件时，融媒报道探索较为成功的新闻媒体能够更好地发挥资源整合、技术赋能的功能，更好地做到应发迅速、应对有力、传播高效。

二、融媒实践中公共卫生突发事件报道趋向——以新冠肺炎疫情防控报道为例

新闻媒体作为政府与社会公众之间的信息枢纽，通过信息源头考证、信息过滤等方式，在例行的新闻报道中担当着“把关人”的功能。但对于以新冠肺炎疫情为代表的突发性公共卫生事件而言，信息焦虑的社会公众对于疫情状况关切

急迫，催生着新闻媒体实时跟踪报道效应的增强。而各级新闻媒体、各类媒介平台经过技术升级、资源整合，为疫情防控信息的有效传播提供了坚实保障。虽然主流媒体、自媒体发声领域不同，但在融媒实践中对公共卫生事件的信息传播和舆论引导呈现出趋向特征。

（一）信息资讯便捷化

融媒体环境中，媒介内容和传播渠道的定义变得极为宽泛。以腾讯新闻为例，作为信息发布的主体，它通过腾讯内部的资源整合，借助了使用人数超过 11 亿的微信 App 作为信息传播与发布渠道，进行信息传输与呈现，扩大了信息的传播率和有效覆盖面，尤其是为不擅长网络信息甄别的中老年人群体提供了极大便利。

新冠肺炎疫情防控期间，微信作为通信社交软件，在“看一看”功能里将腾讯新闻制作的疫情实时动态作为置顶话题。根据各地卫健委每日信息发布、WHO 和约翰斯·霍普金斯大学网站提供的疫情数据等信息来源，对国内外疫情、定点医院、救治情况、病患轨迹、预防须知等开展一手资讯的提供和实时动态更新，让社会公众能够高效、快速、便捷地查询疫情信息。

此外，腾讯还与国家卫健委宣传司联合推出了疫情救治的定点医院和发热门诊地图，覆盖国内 363 个城市的 1 512 家医疗救治定点医院，以及 11 594 家发热门诊。并且，发热门诊地图根据疫情防控信息的变化随时更新，在微信的“搜一搜”功能中同步上线，用户搜索“定点医院”或“发热门诊”即可查看地图，融媒报道信息资讯极为便捷的特征显现出来。

（二）数据分析可视化

新冠病毒的传染性极强，随着人员的流动，疫情在短时间内在国内扩散，甚至于世界六个大洲的 100 多个国家和地区都发现疫情。因此，新冠肺炎确诊病例的地理位置和行动轨迹成为社会公众最为关切的信息点之一。

在国家卫健委宣传司指导下，支付宝 App 在“市民中心”板块推出疫情动态查询服务，由阿里健康和《健康报》、UC 客户端等平台或机构联合制作可视化的疫情地图，以直观的形式清晰地呈现确诊地点，并根据用户定位的自动地理位置，能够实现查看用户附近的“危险地点”以及与确诊病例直线距离的功能。同时，这些客户端以曲线图、柱状图等图标方式，实时呈现疫情分布趋势，以及提供确诊、死亡和治愈人数的数据，为社会公众高效接收和有效了解疫情信息提供了重要帮助。

此外，高德地图作为导航软件，也推出了类似功能，用户搜索“疫情地图”，即可一键查看居住地附近有无确诊病例以及确诊病例生活场所的地理位置等信息，为用户健康出行提供了精准决策和重要参考。可以说，可视化数据图标成为融媒报道的重要组成部分。

（三）疫情辟谣精准化

自媒体的高速发展促使多元化传播格局形成，让传统媒体数字化、新兴媒体互动化的建设一直在路上。传统媒体受信息审批过程的影响，其时效性远不及自媒体，但“把关人”缺失的自媒体充斥着各种非权威信息乃至谣言，一度出现自媒体传播造谣、权威媒体出面辟谣的局面。

新冠肺炎疫情爆发后，以微博为代表的网络社交媒体的平台发布中可谓充斥着各种各样的虚假信息及谣言。如“6 万武汉人员从境外来杭”“政府安排飞机洒消毒药水”“钟南山院士被感染”“猫、狗等宠物传播新冠病毒”“武汉红十字会医院存在尸体无人处理”“北京、广州要封城”“喝高度白酒、蒸桑拿可以抵抗新型冠状病毒”等。这些虚假消息传播量极大，给辟谣工作带来巨大挑战。

微博自身辟谣工具中，其官方辟谣账户“@微博辟谣”即为传播主体。这一账户根据全国各地政府机构的官方微博所发布的相关谣言澄清信息，对于虚假信息进行统一收集、整理工作，然后每天以私信的形式广泛发送给用户，让每一位微博用户接收到信息。“@微博辟谣”这种无须订阅、无差别投放的方式助力于此次疫情谣言的辟除，使得超过 3 亿的微博用户受益。

4 月中旬，哈尔滨出现疫情反弹，既往感染者韩某和确诊病例曹某的“共同居住”事件沸沸扬扬，“1 传 87”的疫情传播链使黑龙江省乃至东北三省相继恢复抗疫防疫工作的“战时状态”。大量疫情信息中混杂着伦理、道德等层面的议题，引发社会公众的广泛关注与讨论。但在查清韩某和曹某皆为女性的事实真相后，人民网、新华网等媒体通过梳理疫情传播链、制作人物关系图等方式辟除谣言，及时消减了闹剧的影响，所以说，融媒报道中疫情谣言被精准化消除的特征是极为明显的。

（四）舆论引导高效化

公共卫生突发事件的相关信息存在着传播速度快、影响范围广、谣言数量多等特点，而社会公众的知识结构、媒介素养、利益诉求均差异化明显。在此情况下，受众无法判断信源的真实性，可能无意之间就扩散了不实信息。尤其是微博作为以 UGC 为主的社交平台，受账户注册简单化、信息发布与传播迅速、实时交互性强等特点的影响，成为疫情防控期间网络舆情扩散的聚集地，甚至是谣言的温床。一些真伪难辨的信息在网民强烈的参与意识作用下，突破圈层化的限制，逐渐传播开来。其后，在各类网络大 V 等“意见领袖”的多级转发下，随之衍生出了多个复杂的次生事件，这为政府和新闻媒体的舆论引导工作带来了干扰、形成了冲击，但也促生了融媒报道对此的应对路径。

人民网舆情频道开设“抗疫情、观舆情”专题，在疫情防控各重要阶段邀请相关行业专家对热点舆情进行评论和解答。人民网的舆评中心结合全国各地的地方疫情防控实际情况，提供疫情防控风险评估报告，助力国家卫健委等相关部门形成疫情防控决策。

此外，人民网还通过“众云大数据”等平台关注疫情实况、呈现舆论关切、速递政策方针、实时辟谣纠偏，以“一盘棋、一张网、一套数据”的工作思路做好舆情的预测、预警和预防，形成了从引导到反馈的舆论闭环，实现了舆情管理的智能化升级，打通了政府与公众的“最后一公里”，在舆情评判中承担起社会预警和舆论引导的责任，发挥了融媒报道舆论引导高效化的效应。

三、融媒实践中公共卫生突发事件报道的创新路径

相较于既往的报道方式，在媒介融合的更新迭代中，新闻媒体除传播渠道、呈现方式、内容表达等方面的重大变革外，如何让融媒报道在公共卫生等突发事件中更好地做到防控信息的传播与舆情的引导、更好地发挥壮大主流舆论的积极作用，以及如何借助融媒实践的势头，以互联网思维更好地开展媒体行业创新风暴，成为新闻业界最为关注的话题。

（一）整合信息资源、强化用户思维

媒介内容作为信息资源，拥有着商品属性。在媒介的社会使用语境下，受众对不同议题的关切可以被看作是市场细分。对新闻媒体而言，信源的选择影响着新闻的真实性和时效性，信息资源就是新闻媒体的核心竞争力之一。

而以 BAT 为代表的互联网公司以服务用户作为主要经营方向，它可以通过内部资源共享为用户提供个性化服务。在融媒时代的背景下，媒介受众和产品用户之间的概念边界逐渐模糊甚至重合。对此，新闻媒体更需要整合信息资源、强化用户思维，把如何挖掘用户、聚焦用户贯穿于融媒发展的全过程。在突发性

公共卫生事件发生时，做到综合用户的地理位置、健康情况，通过整合信息资源做好信息预警和防护宣传，更好地为受众提供精准、优质的服务。同理，强化用户思维也适用于新闻媒体应对各类非公卫的突发事件的报道。

（二）升级技术手段、创新传播方式

对于当代媒介环境而言，媒介内容不再是简单的文字和图片，传播渠道也不再是报纸、广播、电视等单一化载体。在融合媒体迅猛发展的今天，融媒报道内容和渠道的概念也在逐渐消失，传播载体本身也可能成为媒介内容的一部分，“媒介即信息”的观点又成为新的热点话题。

融媒报道的发展离不开技术驱动，传播渠道的扩宽有助于突发性公共卫生事件防控信息的有效传播。因此，各级新闻媒体、各类媒介平台充分运用大数据、云计算、5G等信息化、智能化的科技手段成为常态，于是，升级适应各类媒介形态的素材收集和编辑的储备管理系统，构建起能够承载各类媒介信息的全媒体格局成为创新路径。此外，还包括创新融媒报道信息发布的方式，以市场化思维拓宽信息传播渠道、扩大媒介产品市场占有率，确保内容和渠道两手抓，及时开展突发事件的舆论引导。

（三）增强全媒意识、拓宽人才路径

媒体竞争的关键是人才，媒体的核心优势是人才优势。面对公共卫生等突发事件，新闻媒体既要拥有采编播一体化技能的复合型人才，也需锻炼能够对专业领域如公卫信息做出准确判断和分析的专业型人才。为了提高采编队伍应对各类复杂舆情信息的能力，就要拓宽人才再培养和深造的路径，让采编队伍既能懂政治、懂科学，提升政治素养、媒介素养，又能擅媒体、擅网络，不断增强舆情意识和数据素养。

对于以新冠肺炎疫情防控工作为代表的公共卫生事件，在融媒报道中如何更好地做到有效信息的广泛传播、及时预警、有效辟谣三者的结合值得深入思考与探索，以回应社会公众关切的新闻采编队伍融媒实践现状与素养提升路径。

一百多年前，中国首位记者黄远生提出“脑筋能想、腿脚能奔走，耳能听、手能写”。在提升增强脚力、眼力、脑力、笔力，推动媒体深度融合的当代，对于公共卫生等各类突发事件的报道与引导，重要路径是挖掘和培养具备融媒报道能力、擅长新兴媒体业态的内容生产、能够做到技术实现和经营管理的人才，如通过短视频运用让文稿采编和视频技术发挥集聚效应，这也是媒体建设与统筹转型的关键，以期新闻采编人才队伍在各类突发事件的应对中做好融媒报道和舆论引导工作。

参考文献：

[1] 韦路.媒体融合的定义、层面与研究议题[J].新闻记者，2019(03).

[2] 科技战"疫"：大数据精准赋能疫情防控"加速度"[DB/OL].http：//yuqing.people.com.cn/n1/2020/0212/c429781-31583132.html，2020-02-12.

[3] 许正中.融合发展！"人民媒体方阵"覆盖受众超9亿[DB/OL].https：//mp.weixin.qq.com/s/3vZ8jBYwninEeE8W8q8Aaw，2020-03-25.

[4] [英] 丹尼斯·麦奎尔(著)，刘燕南、李颖、杨振荣(译).受众分析[M].中国人民大学出版社，2006年3月第1版.

[5] [英] 尼克·史蒂文森(著)，王文斌(译).认识媒介文化——社会理论与大众传播[M].商务印书馆，2001年5月第1版.

[6] 汤雁如.突发公共卫生事件的报道研究[D].暨南大学，2006.

[7] 王婷婷.《人民日报》传染病疫情报道框架研究[D].新疆大学，2017.

[8] 王志娟.突发公共卫生事件的危机传播研究[D].南京师范大学，2012.

作者简介：

高超，上海广播电视台(SMG)纪实人文中心编导。

全媒体时代主流媒体在风险沟通中如何构建可信度

——以新冠肺炎疫情报道为例

黄伊罕

提　要： 2020年初，武汉暴发新冠肺炎疫情，引发全球关注。全媒体时代，一旦发生公共卫生事件便会迅速传播，如果信息沟通受阻，公众恐慌情绪蔓延，所导致的后果将会比疫情本身产生的影响更为严重。作为政府和公众进行风险沟通的主要渠道，媒体在疫情报道中的信息传播、舆论引导、推动问题解决等方面具有重要作用，其报道的可信度直接影响公众的风险感知和应对行为。本文从风险沟通的角度对主流媒体的传播行为进行探究，以及构建可信度报道应具备的信息呈现特征。

关键词： 风险沟通　可信度　疫情报道

本文结合风险沟通的相关理论，以通过新闻报道建立政府、媒体与公众间的信任为出发点，从可信度的四个层次（真实性、客观性、权威性和贴近性）对新华社、人民日报、中央电视台、东方卫视等主流媒体的新冠肺炎疫情报道进行分析总结，探讨全媒体时代下，主流媒体在疫情报道中，媒体如何通过控制风险信息属性以减弱风险的社会放大效应，这对于公共卫生事件中报道策略的改良以及应急报道机制的构建意义重大。

一、新冠肺炎疫情概况及报道情况回顾

（一）新冠肺炎疫情概况

新冠肺炎疫情是新中国成立以来发生的传播速度最快、感染范围最广、防控

难度最大的一次重大公共卫生事件。截至 4 月 5 日，据世界卫生组织数据显示，全球新冠肺炎确诊病例已超过 113 万例，受疫情影响的国家和地区已达 200 多个。中国新冠肺炎确诊病例为 5 万余例，死亡病例 3 869 例。

疫情发生后，我国政府高度重视，始终秉承人类命运共同体理念，本着公开、透明、负责任的态度，及时发布疫情信息，第一时间向国际社会公布和分享了新冠病毒基因序列，毫无保留地同世界卫生组织和国际社会分享防控和治疗经验，加强科研攻关合作的同时，为各方提供援助。

此次暴发于武汉的新冠肺炎疫情，从疫情之初即引发全国各地媒体关注并奔赴武汉对这一风险事件进行持续追踪报道，涵盖普及新冠病毒知识、公布救治情况、解读疫情特征、介绍预防措施等内容。公众通过及时、公开、全面、科学的新闻报道，认识和增强风险意识，做出正确应对。

（二）我国主流媒体对新冠肺炎疫情新闻报道的总体情况介绍

从报道渠道和内容来看，报纸、广播、电视等传统主流媒体在这次公共卫生风险的信息传播过程中，起到了不容忽视的作用，尤其是电视媒体，成为老年受众的主要接收渠道。

如中央媒体报道内容涉及全国疫情形势变化、救治情况和费用、防控措施、日常预防建议等，地方电视媒体则立足本地，着重关注援鄂医疗队的工作并向公众反映疫情。以东方卫视为例，在上海派出第一批援鄂医疗队后，东方卫视迅速跟进，派出随队记者，在新闻栏目客观呈现疫情之初的武汉，报道上海医疗队为抗击新冠肺炎疫情所做的努力。在疫情初步得到控制之后，报道重点转向医疗救治和应对举措，《武汉日记》栏目记录记者每天的所见所闻，以 3 分钟内的出镜自述为形式，选择当天最具新闻点的一支医疗队还原其一天的工作。不仅可以消除上海人民的恐慌情绪，也成了医疗队队员和家属之间的信息沟通桥梁。

从报纸媒体的报道情况来看，全国大多数报纸尤其是武汉当地报纸，对新冠肺炎疫情报道相当重视，对事件进展及时跟进，信息发布的频率较高，消息发布数量较大，信息内容覆盖面较为广泛。

尽管相比 SARS 和 H7N9 流感，新冠肺炎疫情传染性更强、影响力更大，但由于主流媒体运用风险沟通理念指导此次公共卫生事件报道，取得了较好的传播效果和社会效果。具体表现为：在国内，公众情绪普遍较为稳定，没有出现 SARS 时期的大规模恐慌；国际上，及时发布推进疫情防控国际交流合作方面的主要事实，得到国际社会高度评价和广泛认可。

二、主流媒体风险沟通中的可信度构建

（一）风险沟通及媒介可信度

美国风险认知与沟通委员会在《改善风险沟通》一书中，将“风险沟通”定义为“个人、团体、机构间交换信息和意见的互动过程”。20 世纪 90 年代，美国学界指出，在风险管理中，由于所处角度有所不同，政府、专家、媒体与大众对风险的认知也不同，进而产生不同的预防风险行为。为有效预防和降低风险，需要应用风险沟通的策略加强政府与媒体的沟通、专家与大众的沟通，统一对风险的认知，取得相互信任。由此，“建立信任”作为风险沟通中的关键因素被提出来，并沿用至今。

在政府与大众的风险沟通中，媒体是重要桥梁，因此“媒介可信度”是在政府与大众之间“建立信任”的关键因素。“媒介可信度”是一个非常复杂的概念，笔者从受众认知和评价的角度，探讨的主要是新闻报道的可信度，属于“信息可信度”范畴，即“被受众所相信的程度”，包括真实性、客观性、权威性和贴近性四个维度。

在 2 月份武汉疫情严峻时刻，网上传出“方舱医院是集中营”的谣言，东方卫视记者跟随上海华山医院医疗队，身穿防护服进入武昌方舱医院红区，与患者亲密接触，实地拍摄方舱医院内部，采访患者。发出系列报道《东方卫视记者探访武昌方舱医院：每 20 位患者隔为一间生活和医疗设备齐备》。用媒体记者视角，记录真相来回应谣言，用事实击碎阴谋。

（二）风险沟通视角下主流媒体的可信度构建策略

1. 主流媒体信源可靠、权威，是风险沟通的有利条件

在公共卫生事件中，新冠肺炎疫情这样的新型传染病，其感染强度、传播源头、治疗方式、治愈率、病亡率和预防措施等都是公众关注点。笔者分析新华社、央视和东方卫视的报道数量、报道主题、报道内容后发现，在疫情爆发的第一个月，媒体的报道频率最为密集，“确诊病例数”“医疗救治”和“疫情应对”等官方公布的信息比例最大。媒体在第一时间向公众发布信息，不仅来源可靠、权威，而且注重时效，对疫情进行了追踪报道，最大限度地满足了受众的需要，为风险沟通创造了有利条件。

与SARS和H7N9禽流感不同，新冠病毒是一种新型冠状病毒，业界对病毒存在一个认识过程，从“没有发现明显人传人”到“有限人传人”再到“人传人”，每一个节点，主流媒体都能第一时间跟进报道，确诊、疑似、死亡病例数以滚动形式在央视新闻中实时发布。在随后近百天的“武汉保卫战”中，媒体及时发布感染人数、救治情况、防控措施等，并就医疗救治费用、各地医疗队驰援情况等信息进行发布与扩散，以此搭建公众与政府之间的沟通桥梁。

2. 专家、学者的言论提高风险报道的权威性和专业性

公共卫生事件具有极强专业性，在信息传递过程中，专业领域的权威专家、学者的言论极具说服力，他们可以对风险的本质和风险可能带来的危害做出科学解释，但他们需要通过媒体传递声音，媒体需要就公众疑惑、舆论焦点和热点问题等采访专业人士，用他们科学而权威的解释来消除公众疑惑，缓解公众恐慌情绪。

在疫情暴发之初，微博曾发起“新冠肺炎患者的母乳是否可以给宝宝喝”的话题。笔者在武昌方舱医院拍摄时，正好看到一位妈妈在角落里挤奶，但她不知道宝宝能不能喝她的母乳。笔者遂采访华山医院援鄂医疗队队长，同时也是华山医院感染科副主任张继明教授，他说乳汁当中是不是存在新冠病毒，现在还无法确定。但是无论是否存在，都希望这位妈妈把奶停掉。因为等她出院再隔离两周，宝宝基本上已经能吃辅食了，现在每天挤奶会消耗大量能量，不利于她的病情康复。另外，万一乳汁当中含有病毒，后果不堪设想。笔者在当天的《武汉日记》栏目中着重对此话题进行了科学报道，很多新冠肺炎患者的疑惑得到解答。

通过对报道内容的分析，笔者发现，“疫情应对”和“病毒科普”两大主题占比最高，这两大主题衍生出的议题如“政府回应、谣言澄清、医疗队驰援”和“专家建议、呼吁、解释”都是重点报道内容。由此可见，媒体对专业人士的科学解释进行准确报道，不仅能把握好舆论导向，还能消除公众疑问和猜测，保证社会稳定。

3. 适量减少风险反思议题

风险反思议题主要集中在学界对新冠病毒的病原、传播途径、有效药物、疫苗研究等问题的争论。由于新冠病毒是一种新型病毒，学界对很多相同的问题也呈现出多元观点，甚至前后矛盾的态度。

例如，1月22日晚，《武汉晚报》一则关于《同济发布快速诊疗指南》的报道全网刷屏，全国多家媒体转载，报道分析了新冠病毒病原学特点、主要症状、鉴别方式，以及用药注意事项，并提到儿童及婴幼儿发病较少，孕产妇不属于易感人群。但该结论在2月3日被国家卫健委的最新研究结果推翻，《北京日报》刊登的《关于做好儿童和孕产妇新型冠状病毒感染的肺炎疫情防控工作的通知》中明

确指出，“儿童和孕产妇是新型冠状病毒感染的肺炎的易感人群”。

笔者认为，虽然这类报道也是对疫情的科学解读，但对病毒的认知是逐渐加深，尚在研究阶段并不确定的风险信息会给受众留下对疫情认识不足、不专业的传播者形象，尽管这类报道能客观反映专家对疫情的不确定和不可控，但也有可能因为过度关注专家分歧，而加深公众对疫情的恐慌感。因此，对于风险不确定性的报道，与其在均衡报道上做文章，不如直接减少这类报道。

4. 注重人文关怀建立相互信任

全媒体时代影响下，我国主流媒体不断拓宽消息来源，更新报道形式。如消息来源，不再局限于被采访机构，而是将关注面扩大到网络，尤其是微博及朋友圈，关注到普通人的诉求和言论。

如 2 月 3 日，武汉大学中南医院影像科教授张笑春发朋友圈公开质疑用核酸检测确诊新冠肺炎的可靠性，建议用 CT 影像作为诊断主要依据。2 月 5 日，国家卫健委印发第五版新冠肺炎诊疗方案，规定将 CT 影像作为临床诊断标准（仅限用于湖北）。《长江日报》记者在朋友圈看到后，立即联系采访，并推出《她第一个公开质疑核酸检测可靠性：多大的事能有人命大》。

新闻产品上，无论是报纸、广播还是电视媒体，都呈现出产品多样化特征。除新闻报道外，还有抖音短视频、微电影及纪录片等。尤其是纪录片，在此次新冠肺炎疫情报道中大放异彩。如东方卫视于 4 月 8 日武汉解封当天播出纪录片《生命·方舱》，将武汉的方舱医院从决策、收治、运维到休舱的全过程带到观众面前。这部由上海广播电视台融媒体中心拍摄制作的纪录片，笔者作为前线记者全程参与，它是一部 2020 年方舱医院的“全景式备忘录”，是新闻人以专业与理性、同时带着情感共鸣，从大量素材中凝练出的方舱医院纪实。首播后 16 小时，纪录片及其衍生的短视频在网上播放量突破千万。

无论是消息源的扩大化还是产品形式的多样化，在疫情报道中，都需要媒体注重“人文关怀”，具有同理心、人情味的议题在拉近媒体和受众距离的同时，也可建立起相互信任。

三、风险沟通视角下的新冠肺炎疫情报道的效果呈现

（一）强化风险认知效果有效避免社会动荡

风险传播理论认为，风险认知是风险沟通理论的基础。如果受众对风险认知没有客观、全面的认知，就会导致错误评估风险，影响风险应对。在新冠疫情

报道中，媒体通过对疫情及时、全面、客观的报道，建立起公众对风险的全面认知，让公众在了解疫情进展、疫情预防、应对措施和病毒研究情况中，强化了公众的风险认知效果，在一定程度上缓解了公众面对风险时的恐慌与不安，促使他们科学、理性地应对风险，有效地避免了社会动荡。

（二）新冠肺炎疫情新闻报道在风险沟通中建立起多方信任

“信任”是风险沟通的核心议题。政府、专家、媒体、公众在风险认知方面均存在差异，唯有建立起信任关系，才能让各方在面临不确定的风险进行沟通时，保持理性心态与合作状态，共同相信疫情会向好发展。新冠肺炎疫情报道中，信任的建立并不仅限于公众对媒体的信任，而是媒体在风险沟通中，通过发挥专业能力、公开诚实地进行报道、秉持正确价值等，使公众对政府、专家产生信任，进而建立起对整个社会的信任感，以实现多方信任。

（三）在政府、专家和公众间建立伙伴关系共同应对风险

公众是信息传递与沟通中最为重要的组成部分。但因认知差异，公众在风险沟通中处于被动接收信息的弱势位置，政府及相关机构则处于发布信息的强势位置，需要媒体发挥纽带和桥梁作用，让公众与政府、专家之间建立良好的伙伴关系，这对风险沟通的有效性起了决定性影响。

新冠肺炎疫情报道中，与微博、朋友圈等消息源相比，虽然来自政府的消息源依然占比最重，但媒体并不只是简单发布信息，而是充分尊重公众的知情权和参与权，对公众的疑问进行答疑解惑，以此与公众形成良好沟通，公众与媒体、政府之间的伙伴关系得以建立并维系，达到协同努力、共同应对疫情的目的。

结　语

综上所述，从新冠肺炎疫情报道分析中，笔者认为，风险沟通中主流媒体可信度构建的特征为：及时、全面提供真实、不隐瞒的疫情信息；注意平衡报道内容和事实观点，适量减少风险反思议题；消息来源以官方和专家学者为主，提高风险报道的权威性和专业性；考虑报道的贴近性，注重人文关怀，适当增加人情味议题，增强信任度。

在公共卫生事件频繁发生的今天，风险沟通作为一种行之有效的传播理念，已经成为此类风险事件应对的首要选择。被媒介化包围的大众，随着对信息需

求量的增加，对媒体的依赖程度也随之提高。因此，在风险事件中，媒体不仅是传递信息的工具，而是要通过具体的信息传播行为，承担起“社会稳定器”的角色，让政府与公众在信息的共享中共同应对危机。因此，风险沟通为缓解恐慌蔓延、遏制谣言产生、化解风险事件、构建和谐社会提供了一个很好的思路。

虽然我国目前对于风险沟通的相关研究体系尚未完全建立，但在不断地深入与探寻之中，与风险沟通相关的新闻报道策略会得到进一步改良，相应的机制也会持续不断地被构建，风险沟通更应该成为每一个新闻人在面对公共卫生事件报道时所要牢记的原则。

参考文献：

[1] [德] 乌尔里希·贝克：《风险社会》，何博闻译，南京：译林出版社，2004 年版。
[2] 杨雪冬：《风险社会与秩序重建》，北京：社会科学文献出版社，2006 年版。
[3] 童兵主编：《突发公共事件新闻报道与大众传媒社会责任》，上海：复旦大学出版社，2012 年版。
[4] 刘良明、范一大：《重大自然灾害风险沟通研究》，北京：测绘出版社，2012 年版。
[5] 汤志伟，彭志华，张会平：公共危机中网络新闻可信度影响因素的结构方程模型研究，《情报杂志》，2010 年 4 月。

作者简介：

黄伊罕，上海广播电视台（SMG）融媒体中心主任记者、《医聊家》节目制作人。

剖析疫情防控宣传战中的广电作为
——以各级广电的抗疫宣传报道工作为例

黄艳如

提　要：新冠肺炎疫情，是一场硬仗、一场大考。在这场考试中，中央、省、市、县区、乡镇各级广电媒体进一步发挥主流媒体作用，加强权威信息发布、防疫科普宣传，调动全行业力量创作优秀作品，为积极打赢疫情防控宣传战提供有力支持，发挥着传递真实信息、普及防疫知识、振奋全民信心的重要作用。笔者从各级广电的宣传舆论工作出发，深入剖析它们在战疫时期的宣传战略和“战时机制”，为重大事件的新闻宣传和舆论报道工作提供有益启示。

关键词：抗疫宣传　全媒联动　疫情防控宣传战

一场新型冠状病毒引发的肺炎疫情，给国人留下刻骨铭心的记忆。

从新闻报道中、防疫节目里，我们看到了太多感人催泪的战“疫”瞬间：“若有战，召必回，战必胜”的医疗队员，哪里需要就奔到哪里的人民子弟兵，不舍昼夜连续奋战的医生和护士，治病救人勇于担当的90后、00后，也有开足马力昼夜施工的雷神山、火神山医院的建设者……而在这些镜头画面的背后，是一群广电媒体的“宣传战士”，他们也在打响一场战“疫”防控的宣传战。

疫情时期，中央、省、市、区县、乡镇各级广电媒体的战“疫”宣传，发挥着传递真实信息、普及防疫知识、振奋全民信心的重要作用。源源不断的抗疫宣传作品，为抗击疫情期间满足人民群众精神文化需要、稳定人心、增强信心提供了有力支持。

一、央视、卫视：守正创新，引领主流舆论场

央视，是广电行业的舆论风向标。

作为党的意识形态重要阵地和国家主流媒体，中央电视台既有守正的要求，更有创新的课题。“守正创新”四个字，是央视在抗击疫情宣传战中遵循的不二法则。

坚持守正，就是要第一时间传播权威信息、普及防疫知识，引领主流舆论场。对于央视而言，这是媒体担当，也是政治责任。疫情当前，中央广播电视总台央视综合频道《新闻联播》等主要新闻节目及时报道最新疫情防控新闻、央视新闻频道多档新闻节目中每天24小时滚动播出疫情防控报道，用主流思想舆论压倒各种杂音噪声，以权威声音来引领网络空间的众声喧哗。

坚持守正，还体现为用电视文艺作品来凝心聚力、振奋精神，让主旋律和正能量“飞入寻常百姓家”。在2020年的央视春晚中，主创团队及时调整节目内容，情景报告《爱是桥梁》、公益广告《大爱无疆》等节目借助亿万中国人瞩目的春晚时刻号召全民众志成城，不仅鼓舞了士气、振奋了人心，也温暖了那些奋战在抗击疫情第一线、不能与家人团聚的最美“逆行者”。

大年初一，北京卫视、东方卫视、浙江卫视等各地春晚紧跟趋势、迅速反映，纷纷在卫视春晚中增设抗疫特别节目，致敬抗疫一线的医务工作者。

而在庚子年的元宵特别节目中，央视和湖南、江苏、上海、安徽、广西各省级卫视更是不约而同地打出了“抗疫”牌，用特别节目凝聚起14亿国人共克时艰的共情，发出国家主流媒体善尽责任的独特声音。尽管各台的节目内容形式不一，但都聚焦着民众关切的抗疫主题，讲述着疫灾一线与动情故事，展现全国人民在疫情面前勇敢乐观的精神状态，赢得了较高的关注度和口碑。

坚持守正的同时，央视也在不断探索创新之道。顺应媒体融合大势，央视在保持传统优势的基础上，迅速进入互联网这一舆论引导的主战场。在抗击疫情宣传战中，央视借助多元化技术手段和传播渠道，在宣传形式、栏目编排、节目内容等方面大胆创新，让战“疫”宣传既有“言值”，又具“颜值”。

春节期间，武汉火神山和雷神山两所医院加紧建设，成为关注焦点。央视频App开设了24小时直播端口，多个机位直播两所医院的施工现场，让“宅”在家中观看慢直播的观众当起了“云监工”，为关心抗击疫情工作以及医院建设进展的用户提供了新的窗口。

资料显示，央视频是2019年11月20日才正式上线的。它隶属于中央广播

电视总台，是基于5G+4K/8K+AI等新技术推出的综合性视听新媒体旗舰平台，也是我国首个国家级5G新媒体平台。此次“云监工”直播通过5G+光纤双千兆网络，有力保障了观众能在第一时间获知武汉“小汤山”的建设进度，见证与疫情赛跑的中国速度，也可以视为主流媒体运用新技术发展新平台的一次创新尝试。

元宵特别节目播出平台	节目主题	节目亮点
央视	主打“万众一心、众志成城、抗击疫情、鼓励信心、为武汉加油、打赢阻击战”理念	● 整台节目由单体节目录制再合成。几乎所有节目都和防疫、为武汉鼓劲有关 ● 陈道明、濮存昕、张国立等著名艺人现场朗诵抗疫诗歌 ● 6位央视主播朗诵诗歌《你的样子》 ● 特别节目增加了主持人连线一线医务工作者的环节
东方卫视	以“阖家团圆庆佳节，万众一心战疫情”为主题	● 湖北籍艺人朱一龙等自行“云录制”的抗击疫情朗诵组诗《因为有你》《因为有爱》《因为有信念》《因为有祖国》首次亮相荧屏 ● 《因为有祖国》朱一龙、李现等湖北籍明星用湖北方言为武汉加油
湖南卫视	将历年名为“元宵喜乐会”的晚会改为“元宵一家亲”，以“感动”和“振奋”为创作方向	● 直播连线奋战在武汉抗疫一线的工作人员等 ● 观众可以通过场下设置的屏幕，以“实时弹幕”的方式参与互动
江苏卫视	与所有人“站在一起”	增加录制抗击疫情特别节目《站在一起》，由江苏广电主持人孟非、李好、王珏、金思辰、张杨及词曲创作者唐炜共同唱响

（央视与部分省级卫视元宵特别节目的抗疫环节）

此外，央视新闻还在快手上推出了共同战“疫”大直播，同时联动新闻联播、快手小铁、快手看见等其他账号，进行多链路直播，全天24小时不间断，直击抗击疫情一线战报、深入物资筹备第一现场、关注驰援武汉最新动态、连线专家答疑释惑，彻底打通防控疫情信息的“最后一公里”。

从央视的战“疫”打法中，我们不难发现，央视的创新，创新的是呈现形式、传播方式、宣传渠道，是传统媒体冲破思维藩篱、催化融合质变的一种尝试，目的在于“大象也要学会跳街舞”。而主流立场、思想引领和价值传播始终都是央视的立身之本、守正之源。

在谣言满天飞的疫情信息战前，以央视为代表的主流媒体的声音受到了观众的广泛重视，实现了公信力的回潮、价值的强势回归，而观众也在关注过程中惊喜发现，主流媒体原来也可以很“潮”很“年轻”。

二、省级广电：全媒联动，打响疫情防控宣传战

疫情当前，作为各省市的“头部媒体”，各大省级广播电视台主动担当、加大宣传力度，彰显了主流媒体的强大传播力、引导力、影响力和公信力。各家省级广电的战“疫”打法，可以概括为三个关键词——战时状态、多元表达、跨省联动。

第一，战时状态，打响疫情防控宣传主动仗。

“战时”一词，在省级广播电视台的战“疫”报道中频频出现。“战时”意味着任务超常紧迫、时间超常紧急。在这场没有硝烟的战争中，各省广电以战时状态、战时机制、战时思维和战时工作方法全面出击，打响了疫情防控宣传主动仗。

1 月 23 日，处于疫情“风暴眼”的湖北广播电视台应急报道指挥部发布战时指令，正式进入战时报道状态，全体领导干部和党员不得离开武汉，所有新闻采编人员结束春节休假返回工作岗位。这也是最早在全国地方卫视中进入疫情防控宣传战时状态的省级广电媒体。

此后，湖南广电、上海广电、浙江广电、江苏广电等全国省级卫视纷纷启动应急机制，要求一线采编人员提前结束休假返岗上班，全面投入防控疫情一线报道。那些“逆行”的宣传战士，用奔跑的身影、飞速书写的笔、手中紧握的话筒、肩上的机器，展开新闻的追踪报道，记录下战“疫”一线的新闻故事，也记录下了我们共同的“抗疫”记忆。

同时，各大省级卫视主动调整版面编排，多时段密集报道抗疫进展，并派出大量的一线采编人员奔赴防疫第一线，第一时间将大众关心的一线情况，在防疫节目中进行播报，以真实记录，声援医护，稳定民心，让主流媒体真实、客观、理性的声音传播和覆盖到疫情防控宣传主阵地的各个角落。

笔者盘点发现，湖北卫视在抗疫报道时长上每日高达 7.5 个小时，可谓一骑绝尘。据了解，湖北卫视不仅在《湖北新闻》全版播出肺炎疫情报道，并且每天分 7 个时段推出特别节目《众志成城抗疫情》，平均每天发布各类信息约 2 800 条次。

投入抗疫报道的一线采编人员数量

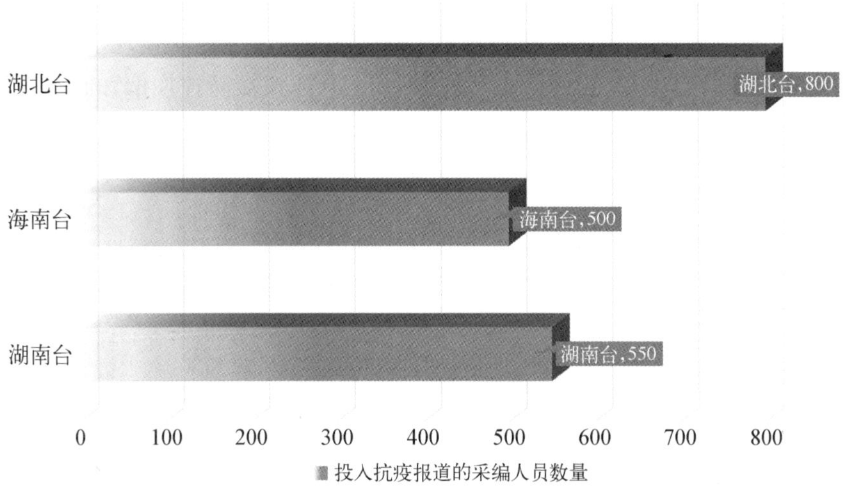

（部分省级广电投入抗疫报道的一线采编人员的大致人数，根据公开资料整理）

各地卫视抗疫节目每日播出时长概览(分钟)

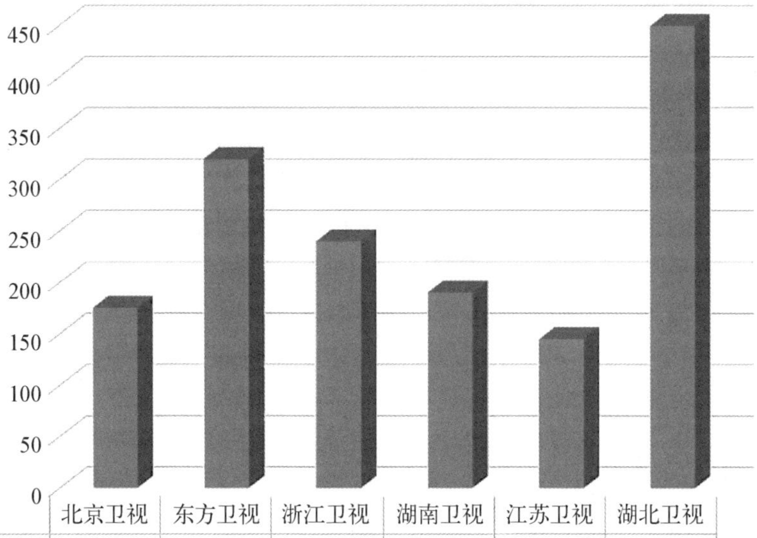

	北京卫视	东方卫视	浙江卫视	湖南卫视	江苏卫视	湖北卫视
播出时长(分钟)	175	320	240	190	145	450

（各地卫视抗疫节目每日播出时长概览，数据包含每晚的央视《新闻联播》，根据公开资料整理）

东方卫视、浙江卫视紧跟其后，在将本省市的抗疫工作纳入宣传报道的基础上，以大量篇幅报道全国疫情进展，体现了作为一线省级卫视的使命和担当。湖南卫视、北京卫视则以特别节目的形式，从不同的角度为观众呈现抗疫故事、科普防疫知识，根据自身的宣传特点和积极扩大“众志成城防控疫情”的宣传声量。

卫视平台	特　点	防疫宣传节目
北京卫视	推出健康矩阵	《北京新闻》等新闻栏目加大版面报道防疫新闻，《养生堂》《我是大医生》《生命缘》健康矩阵“三舰”齐发
东方卫视	立体式抗疫宣传矩阵	《看东方》《东方新闻》等新闻栏目大版面报道疫情动态，开辟《全力抗击新型冠状病毒肺炎疫情》特别报道，汇同《午间30分》《看东方》《东方新闻》等新闻形成抗击疫情宣传矩阵
浙江卫视	全天候直播	开辟疫情新闻报道时段，特设《众志成城防控疫情》新闻节目，每天五个时段全天候直播
湖南卫视	推出多档特别节目	制作特别节目《抗击疫情特别时间》，推出防控疫情特别报道《众志成城抗大疫》《抗击疫情特别时间》
江苏卫视	早、中、晚全天候的新闻报道格局	《江苏新时空》《新闻眼》《晚间新闻》增加抗疫报道篇幅，增设午间档新闻节目《众志成城打赢疫情防控阻击战特别报道》

（部分省级卫视具有代表性的防疫宣传节目）

值得一提的是，春节期间＃全国卫视减少娱乐性节目＃这一话题登上微博热搜。湖南卫视、浙江卫视及时响应民意，取消了原定春节期间播出的综艺节目《快乐大本营》《王牌对王牌》《新声请指教》《漫游记》等，将原定节目调整为以抗击疫情宣传为主的内容，营造了更良好的防控疫情氛围。

第二，多元表达，传递疫情前的大爱和信心。

采取群众喜闻乐见、便于接受的宣传形式，能让防疫宣传更接地气、聚人气，更有情感、有温度。为此，北京、上海、湖南、山东、浙江、江苏、安徽等各省级广播电视台也在产品形式和表达方式上不断推陈出新，推出了一系列防控疫情的公益宣传片、短视频、防护知识短片、公益歌曲等战疫主题的作品，不仅使信息得到了及时传播，也让信息能够被更年轻的受众群体认可并接受，为打赢新型肺炎疫情战“役”凝聚起了强大的精神动能。

省市	公益宣传片	公益MV
湖北广电	陆续推出《向勇敢的他们致敬》《众志成城抗疫情》《有一座城，叫众志成城》《2020武汉平安》《武汉加油》等疫情防控音传片	创作歌曲《武汉伢》
上海广电	携手上海疾控中心专家录制公益宣传片进行科学防护示范，推出《我们守望相助》《我们同舟共济》等防疫宣传短片	召集35位主持人录制新曲《非凡英勇》MV，在沪文化艺术界人士集结歌唱《手牵手》
浙江广电	制作《预防疫情 从我做起》《废弃口罩 主播倡议》等公益广告266条	歌曲《我是如此相信》，浙江台主持人陈欢24小时内原创的致敬抗疫一线的公益MV《光》
湖南广电	召集十余位观众熟悉的主持人，制作出近10条防疫宣传短片	湖南卫视主持人集体献唱MV《你有多美》

（部分省级卫视制作的公益宣传片和公益MV概览，根据公开资料整理）

比如，深处全世界关注的疫情“风暴眼”，湖北卫视站在了这场防控新型冠状病毒感染的肺炎疫情战争的最前沿。春节期间，湖北卫视连续制作播出《2020武汉平安》《武汉加油》等60多条有创意、有温度、有情怀的优质公益宣传片。其中，《八方驰援大爱无疆》《最美逆行者》聚焦全国各地驰援武汉的医务工作者、部队官兵，体现了党的温暖和全国人民支援武汉的情谊，让观众真切地感受到武汉不是一座孤岛、不是一个人在战斗。

第三，跨省联动，打出疫情防控宣传组合拳。

此次打响疫情宣传战，全国各地广电部门上下一心、众志成城，不仅将自身在“四全媒体”（全程媒体、全息媒体、全员媒体、全效媒体）建设道路上的努力探索与成果充分运用到战“疫”宣传之中，更在实战中相互协作、跨省联动，展现出了全国主流新媒体平台在重大疫情报道中全国一盘棋、拧成一股绳的新闻报道强大合力。

1月27日起，上海广电旗下的“看看新闻Knews”与湖北广电“长江云”、山东广电“闪电新闻”、江苏广电“荔枝新闻”、浙江广电“中国蓝新闻”等22家全国主流新媒体平台携手联动，共同策划发起了《战“疫”集结号》全国媒体联动特别报道。

专题区内开设“驰援湖北”“疫情动态”“战‘疫’Vlog”“爱心集结”四个专栏，第一时间集纳全国各省市医疗队和医疗物资驰缓湖北的最新进展和权威信息，全天候、全流程地滚动发布全国疫情最新动态，以“视频日记”形式即时记录下全国援鄂医疗队“最美逆行”、全国各地爱心捐赠驰援武汉的暖心故事，进一步凝聚起了打赢疫情防控阻击战的“新闻力量”。

三、市县乡镇级广电：筑起基层战“疫”的广电防线

作为最贴近群众的市县媒体，各县级融媒体中心充分发挥下沉优势、积极实施下沉战略，把战“疫”宣传和防疫知识进一步下沉到社区、街道、农村，服务基层民众，筑起了基层战“疫”的广电防线。

比如，处于战“疫”主战场的武汉广播电视台及时成立“新型冠状病毒疫情防控宣传工作指挥部”，启动战时值班备勤机制，派出数十路记者深入防控一线采访，连接起了战“疫”主战场和外界的信息通道。

全国战“疫”宣传打的是“总体战”，也是对刚刚组建的各个县级融媒体中心作战能力的一次检阅。“文化产业评论”整理发现，依托县级融媒体中心的技术支撑平台，湖北、山东、江西、江苏等地的县级融媒体中心与省级平台上下联通联动，积极推进战“疫”内容和形式创新，制作了不少具有地方特色的融媒体宣传产品。

省　市	技术支撑平台	在抗疫宣传中的主要作用
湖北广电	长江云	联动全国 24 个省份的主流融媒体平台吹响了“战‘疫’集结号”，于 1 月 27 日建立了全国媒体联动特别报道联盟。
山东广电	闪电云	向全省 137 个县级融媒体中心提供了大量短视频、公益广告、H5 及海报模板等素材，发动各县级融媒体中心利用乡村大喇叭、广播电视、新媒体直播访谈等各种形式手段进行宣传引导。
江西广电	赣云	发布“融媒联动、共同抗击新型肺炎疫情”号召，对全省县级融媒体中心在疫情报道、公益宣传方面进行专业的内容指导，推出《关注新型冠状病毒肺炎疫情》融媒体“抗疫”专栏报道。
江苏广电	荔枝云	各县级融媒体中心也利用“荔枝云平台”上传了近 400 条融媒体产品和稿件，与省级权威新媒体平台共同展开宣推，放大基层疫情防控宣传的传播力和影响力。

（部分县级融媒体中心省级技术平台在抗疫宣传中的作用）

宣传引导，让防疫工作更接地气、聚人气。在山东省“闪电云”平台的指挥调度下，山东省广电向山东 137 个县级融媒体中心提供大量短视频、公益广告、H5 及海报模板等素材，发动县级融媒体中心利用乡村大喇叭、广播电视、新媒体直播访谈等各种形态手段进行宣传引导。

技术赋能，提供全方位的疫情查询服务。江西省的“赣云”融媒体中心推出了“新型冠状病毒疫情实时大数据”平台，在大数据能力的支撑下，疫情动态、迁徙地图、全民热搜、紧急寻人、实时播报可一键获取。该平台在江西近50家市县级融媒体平台同步上线，为江西“省市县”三级融媒体平台提供全方位的疫情查询服务。

全面覆盖，确保疫情防控宣传“无死角”。疫情防控，基层社区、农村是重点难点。疫情发生后，各市县级媒体全面启用省、市、县、镇、村五级联网管控的应急广播系统，形成了与覆盖无死角、百姓零距离的乡村宣传机制。

于是，村头大喇叭、广场大屏幕，耳旁响的，手里握的，也都变成了基层媒体宣传的好武器。“今年情况特殊，大家打个电话拜个年就行啦，春节年年有，亲戚今年不走明年走”“你不要以为你上人家去，人家就很欢迎你”……广大农村地区启动“村村响”应急广播系统，用接地气的表达，呼吁居民做好防疫，戴好口罩，减少串门。在中国的大街小巷、田间地头，响彻着各种口音的语言、方言，“河南村支书”“安徽村支书”更是一时间被剪成了鬼畜视频在网上疯传。

疫情面前，看上去有点“呆萌”的农村大喇叭，却以最接地气、最通民心的方式，向四面八方传递出科学防疫、全民防疫的声音。话语严厉也好，苦口婆心也好，背后都是基层宣传干部对村民们的大爱，对自身职责的担当，对严峻疫情的重视，这声音因担当而有力、因情真而动听。

结　语

在以习近平总书记为核心的党中央领导下，打赢疫情防控阻击战已经取得重大战果。各级广播电视部门宣传教育和舆论引导、舆论斗争这场大仗，也将进入战略部署新阶段。各级广电部门正在用实际行动把这场大仗打出更高的政治站位，打出更强战斗力，打出更大的国内外影响力，充分彰显人类命运共同体先进理念的实践意义。

作者简介：

黄艳如，任职于上海广播电视台(SMG)办公室。

突发公共事件中媒体如何兼顾风险预警与公众情绪?

叶欣辰

提　要：新冠肺炎引发的疫情给媒体如何报道突发公共事件出了一道大考题，在危险来临时进行风险预警是媒体的义务，而稳定公众情绪同样是媒体的责任，两者之间如何兼顾？本文结合新闻传播学与心理学相关理论，剖析疫情期间一些典型公众情绪背后的心理机制，并就媒体应如何有针对性地进行干预给出参考建议，提出媒体在突发公共事件中，应分阶段转换不同的角色，通过分散社会情绪、加强信息确定性等报道策略，以帮助公众在面对突发公共事件时既保持警觉又理性对待。

关键词：突发公共事件　公众情绪　谣言传播　媒体角色

新型冠状病毒引发的疫情让 21 世纪 20 年代的开篇蒙上了不一样的色彩。面对突发灾害，媒体有义务及时向社会发出风险预警；可是在拉响警报的同时，公众也会本能地陷入恐慌，在一定程度上给社会稳定带来不利影响。如何兼顾风险预警和公众情绪，是媒体在突发公共事件报道中面临的重要挑战。本文将首先从公众角度入手，分析突发事件中常见的公众情绪背后的心理机制，再结合新闻传播理论与实践，提出具有针对性的报道策略与不同阶段的媒体角色。

一、疫情期间公众情绪的发展过程

在新冠肺炎疫情发生发展的过程中，公众的情绪反应可以大致分为以下几个阶段：

第一阶段，从武汉首例不明原因肺炎被报道(2019.12.8)，到“人传人”现象被明确(2020.1.20)。在这一个多月时间里，公众的态度从“事不关己”逐渐转为“高度警觉”，开始出现紧张和不安情绪。具体表现为：卫健委、SARS、华南海鲜市场等关键词频繁上热搜，与疫情相关的信息成为社交媒体及人际传播的主要话题等。

第二阶段，从1月中旬到1月下旬，不少人都出现了情绪极端化表现，如有些人过度消极，“丧到刷不动消息”；有些人过度反抗，拒不配合防疫措施等。在此阶段，各大心理类公众号开始活跃，疫情期间的自我心理评估尤其受到欢迎，从侧面反映出公众情绪可能或已经突破了自我调节阈值。

第三阶段，从2月上旬到中旬，公众普遍出现疑病表现，担心自己是不是被感染了、有没有可能是无症状感染者。在这一阶段，医院的门急诊量攀升、广播电视求医问药类节目收听收视率暴涨、各大网络平台在线问诊访问量骤增，公众对于健康咨询的需求出现了飞跃式增长。与此同时，网络上各类谣言快速传播，使得官方媒体不得不加快脚步核实信息进行辟谣。但与以往不同的是，这一时期人们的传谣行为往往是非故意的，多数人的心态是“我也不知道是真是假，先转给别人看看，说不定他们知道”。这种“非故意传谣”在第三阶段表现明显。

第四阶段，从2月下旬起，国内的疫情开始趋于平缓，公众情绪也随之逐步稳定。3月中上旬左右，由于疫情在全球爆发，公众情绪又经历了一波小起伏，但随着企业逐步复工复产，情绪越来越平稳，经济活动一点一点得到复苏。

通过以上梳理发现，在疫情发展的不同阶段，公众表现出的情绪反应也是一个动态变化的过程。事实上，突发公共事件中公众的情绪反应是有规律可循的。在心理学中，包括疫情在内的突发公共事件被称为应激事件。应激，即我们常说的“压力”(英文都是stress)，它是当生活环境发生重大改变时人们本能产生的自我保护。研究发现，当人们面对应激事件时，会经历三个主要时期：警觉期、抵抗期、恢复期。这个三个时期恰好与上述四个阶段形成对应。

第一阶段对应警觉期。最开始公众尚未警觉，但随着疫情信息披露越来越多，人们的警惕性逐渐提高。

第二、第三阶段对应抵抗期。抵抗期可以理解为是个体与压力源之间的一场拉锯战。由于每个人对灾害事件的感知与认知存在差异，因此会采取不同的应对策略。而抵抗期的持续压力也会导致人们的决策能力下降。

第四阶段对应恢复期。在漫长的抵抗期后，人们逐渐战胜压力，就会从应激事件中慢慢恢复，回到先前的生活工作状态中。

突发事件本身会导致人们出现一系列本能反应，包括情绪及行为表现，当完成了整个过程，绝大多数人都会自然而然恢复常态。这个过程的发生发展具有一定的规律性，而这种规律性将有助于媒体在不同阶段采用不同的报道策略。

二、公众情绪背后的心理机制

应激情绪是人们面对危险时的本能反应，属于正常心理表现，适当地应激可以帮助人们提升“战斗力”；但是，当应激情绪过于强烈时，就会演变为恐慌。媒体要做的就是尽可能避免公众正常的应激情绪发展成恐慌，这其中最关的时期就是第二、第三阶段，即应激抵抗期，这也是整个应激过程中时间跨度最长、最煎熬的时期。了解公众情绪背后的心理机制将为媒体在这一时期的报道策略指明方向。

首先，在第二阶段，公众出现的情绪极端化表现很可能是共情过载导致的。共情（或称同理心，Empathy）指的是人们识别并与他人情绪状态保持一致的能力。它包含了两层意思：其一，是捕捉到他人的情绪；其二，是让自己的情绪与他人的情绪相匹配，形成一致和同步。共情在人类社会交往中必不可少，我们只有能够感同身受地体会他人的情绪，才能在人际互动中给出恰当的反馈，实现交流与合作。

媒体报道会影响人们的共情吗？当然会。共情的对象不仅限于我们身边的人和事，也包含我们看到的、听到的，甚至是虚构的、假想的事件。比如我们看电影时，为什么会跟着主人公哭和笑，就是因为我们在与电影中的人物充分共情；同样道理，当人们在观看或收听新闻报道时，也会与报道中所发生的事件和人物产生共情。当某一种或一类情绪在短时间内集中体验，人们就有可能因为过度共情而导致情绪极端化。

第三阶段的疑病和非故意传谣现象，则是强烈的认知闭合需求驱动下的典型表现。认知闭合需求（need for cognitive closure）指的是人们在对模糊情境进行信息加工时，倾向于寻求确定性答案、避免不确定状态的愿望和动机。研究发现，当人们感知到周围环境具有高度不确定性时，由于根据既往的经验和掌握的信息不足以很好地给出解释，就会倾向于认为自己难以对事件的发展和变化进行预测。为了缓解这种不确定性，人们会产生认知闭合需求，即通过“夺取”（快速搜索信息以形成对目标问题的尝试性假设）和“凝固”（坚持“夺取”时形成的假设并拒绝根据新信息调整原有认知）来获得对“不确定性”的代偿。

疫情期间，公众面临的正是一个高度不确定情境：我们对引发疫情的病毒了解甚少，对疫情的发展难以预测，对后续影响无从判断……这些不确定都会加剧人们的认知闭合需求，而无论是疑病还是非故意传谣，其本质都是在寻求“确定性”——我想知道我是不是被感染了、我希望有人可以告诉我这条消息到底是不是真的。

三、媒体角色与报道策略

媒体报道与公众情绪互为因果。一方面，绝大多数公众对于事件的了解都是通过媒体，报道内容很大程度上影响了公众的情绪；另一方面，在公共卫生事件中，媒体有义务及时回应公众关切，某种程度上，又是公众的情绪在引领媒体的报道方向。

面对突发公共事件，及时发出风险预警是媒体的义务，引导公众理性认知同样是媒体的责任。在事件发展的不同阶段，由于公众的情绪状态处于不断变化中，因此媒体的角色任务与报道策略也需要进行相应调整。

第一阶段：及时拉响警报

媒体是人类社会最大规模的风险预警机制。当社会面临突发灾难或风险时，媒体有义务及时发出警报，提醒人们应对即将到来或已经来临的风险。有时，媒体甚至可以将风险适度放大，以警示后知后觉的人们提高警惕。

在第一阶段，媒体的主要任务是及时拉响警报。这一点在此次疫情报道中，媒体的表现相当不错。尽管在前期出现了地方政府瞒报行为导致疫情披露不及时，但媒体在发现后第一时间进行舆论监督、挖掘事实真相，不断将疫情的真实情况呈现在公众面前，在力所能及的范围内做到了及时拉响警报。而作为公众，也可以直观地感受到媒体的报道力度从 12 月底开始明显加大。正是因为媒体的集中报道，公众才得以快速进入“应战”状态。

第二阶段：分散公众情绪

当大部分公众被警报“唤醒”后，媒体需要转变角色，逐步分散掉公众在第一阶段积聚的不安情绪，避免其在刚刚进入抵抗期时由于共情过载而陷入情绪极端化。

媒体报道输出的信息，不仅仅是文字、语音、画面，还包含情绪。一篇报道之所以能引起受众共鸣，是因为它让人们产生了强烈共情。因此，要避免共情过载，媒体需要尽可能做到新闻情绪的平衡，避免某一种或一类情绪在短时间内集中呈现。

平衡新闻情绪可以从两个方面入手：在单个节目中，主持人尽可能客观理性，引导公众将注意力更多地放在对事实信息的了解和掌握上，避免情绪化的渲染和煽情；在报道的编排上，尽可能分散新闻的情绪走向，如在关注新增病例的同时，回顾人类与传染病斗争史、对科研进展进行科学解读等，做好“荤素搭配”，让或正向、或负向、或中立的多元化情绪交互呈现。

这一阶段，需要考验媒体人的职业素养。媒体人也是人，面对疫情也会如普通公众一样，表现出本能的应激反应和情绪化表现，但职业角色需要媒体人在突发公共事件面前，更多地考虑公众情绪而非个人情绪。当公众越激动时，媒体越应该保持冷静，适度的抽离可以帮助公众跳脱情绪束缚，以更加稳定的状态积极应战。

第三阶段：强调确定性信息

如果说，在第一阶段，媒体为了快速唤起公众的警觉意识，可以采取合理推测等方式适度夸大风险，那么在第三阶段，媒体的报道策略就应该与第一阶段恰好相反。在这个阶段，媒体的主要任务是提供高度确定性信息。

“不确定”会加剧人们的认知闭合需求，因此媒体在这一阶段强化确定性内容有两个好处：一是降低外部环境的模糊性，即缓解公众的认知闭合需求；二是向公众提供最易获得的确定性答案，即让满足认知闭合需求的媒体信息最容易被“抓取”到，使公众不再需要通过其他渠道，如一些非权威网络平台寻找答案。

提高信息确定性可以从三方面入手：第一，媒体在报道时应强调“客观事实”、弱化“合理推测”。以“粪—口传播”报道为例，“研究人员在确诊患者的排泄物中检测出新冠病毒”是客观事实，“可能存在粪—口传播风险”属于合理推测。为什么要强调“事实”而弱化“推测”？因为“事实”是确定的，而“推测”是不确定的。“合理推测”在第一阶段可以提高公众的警觉性，但在抵抗期会加剧因不确定性而引发的担忧。

第二，在新闻报道的同时加入科学解读。值得肯定的是，在这次疫情报道中我们看到了非常多的科普文章，它们为新闻报道中涉及的新名词提供专业解读，但从报道到科普，中间往往有一个时间差，在这个时间差里公众的不确定感会增加。因此，如果媒体在发布消息的同时就给出专业科学的解读，让公众在知道“发生了什么”的同时就能明白“这件事意味着什么”，将可以消除这段时间差，同时节省公众为了寻求确定性答案而付出的认知成本。

第三，科学解读不等于科普，在普及科学知识的同时需要传递科学思维。所谓科学思维，就是用科学的方法去思考问题、认识事物，例如：这个结论是如何得出的？它在什么样的情况下适用？具有怎样的局限性？还有哪些问题尚未解决？……如果媒体在报道科研进展时可以多思考以上几个问题，就能很大程度上减少对研究本身的误读以及对公众的误导。思辨式的科学解读虽然不能立即给出一个“确定”的答案，但它更符合科学研究的严谨态度，同时也可以让人们有一种“越来越趋向于确定”的感觉。只有当公众对事件发展有了全局式的了解，才能唤起他们对未知的掌控感，减少由不确定带来的不安。

这一阶段，需要考验媒体人的科学素养。在科研报道中，媒体的角色是将科学家的话“翻译”给老百姓听。要做到翻译清晰、翻译准确、翻译到位，就需要媒体工作者了解科研的过程、掌握科研的方法、拥有科研的思维。所谓清晰，就是让老百姓听得懂；所谓准确，就是要符合研究者的原本意图；所谓到位，就是要让公众明白这项研究的意义和局限。

第四阶段：逐级撤销警报

当疫情趋于平缓后，公众往往会开始麻痹大意，同时社会也急需恢复经济生产，此时容易出现恢复期失控而再次进入应激循环。因此，在第四阶段，媒体需要控制好缓冲的速度，逐级逐步放宽"警戒线"。在第一阶段拉响警报时，媒体要做到快速及时，而第四阶段撤销警报时，媒体必须放慢速度，切不可求快。

从此次疫情报道看，媒体在这一点上也做得比较到位。2月下旬开始，媒体的报道方向逐渐转变为：出院人数超过入院人数、连续多日确诊人数零增长、工厂工地陆续复工、公园景点重新开放等，逐步引导公众向恢复期过度，效果明显。与此同时，媒体也适时提醒公众"零新增不等于零风险""谨防境外输入性病例"，很好地把握住恢复期的节奏，即便海外疫情扩散也没有在国内引发又一次大的波动。

而对于防疫措施的放宽，媒体采用了减少宣传频次的方式，而非直接表明可以不再如何如何，以一种更轻柔的方式，利用公众的行为惯性进行自然过渡，很好地避免了在撤销警报时可能引起的公众情绪波动。

结　语

当面临难以预知的风险时，公众产生一系列应激情绪是必然也是必须的。而媒体在承担风险预警义务的同时，也肩负着稳定公众情绪的职责。如何将这一对矛盾统一起来，是媒体在突发公共事件报道中面临的最大挑战。媒体报道有其传播学规律，公众的情绪变化也有其心理认知规律，两者规律相结合，或许可以从中寻找到平衡的方式。

在突发公共事件报道中，媒体的角色需要随着事件的发展与公众情绪的变化进行调整。了解其背后的变化规律和心理机制，将有助于媒体更科学地进行预判，从而在更恰当的时机采用更具针对性的报道策略，在保持适度警觉的前提下有效缓解公众情绪。

参考文献：

[1] Gerrig R J, Zimbardo P G, et al. Psychology and life[M]. Boston: Pearson, 2010.

[2] Starcke K, Brand M. Decision making under stress: a selective review[J]. Neuroscience & Biobehavioral Reviews, 2012, 36(4): 1228 - 1248.

[3] Boyd, D. & Bee, H. (2015). Lifespan Development (7th Edition). New Jersey: Pearson Education, Inc.
[4] 周鹏生.认知闭合需要的结构及其产生机制[J].心理技术与应用,2018,6(11):677-687.
[5] 何一清,孙颖.感知环境不确定性与环境扫描对认知变化的影响——认知闭合需要与认知需要的调节作用[J].心理与行为研究,2018,16(6):771-778.
[6] 周鹏生.认知偏差的产生及其与认知闭合需要的关系[J].心理研究,2017,10(5):11-18.

作者简介:

叶欣辰,上海广播电视台(SMG)广播新闻中心科学节目资深编辑。

全媒时代电视新闻如何突显主流媒体的价值

——以抗击新冠肺炎疫情宣传工作为例

徐笑燕

提　要： 新冠肺炎疫情爆发以来，大众对疫情信息高度关注，新闻媒体在扮演社会“瞭望哨”方面发挥了重要作用，而信息渠道的多元化，对所有媒体尤其传统媒体带来重大挑战。一段时间以来，唱衰传统媒体的论调此起彼伏，继“报纸已死”的论调之后，“广播电视将死”的论调也甚嚣尘上。而此次疫情期间，上海广播电视台融媒体中心以电视端的东方卫视、上海地面新闻综合频道和新媒体端的“看看新闻 Knews”作为舆论主阵地，全面出击、全媒联动，彰显出了上海电视主流媒体在打赢疫情防控阻击战中的“新闻力量”。本文即以此为例，试论全媒时代电视新闻如何突显主流媒体的价值。

关键词： 真实性　权威性　综合性　全媒融合

2020 年鼠年春节，一场突如其来的新冠肺炎疫情开始侵袭中华大地，这是新中国成立以来传播速度最快、感染范围最广、防控难度最大的一次重大突发公共卫生事件。对重大突发事件的报道，历来是检验媒体能力的重要方式之一。相较于 2003 年“非典”疫情时期，广播电视还占据着绝对主导地位，此次疫情已是新媒体盛行时期。近年来，受到新媒体的冲击，传播视频向碎片化、移动化转变，适应于固定场景尤其是客厅文化分享的传统电视媒体已经出现式微。然而在新冠肺炎疫情之下，传统电视媒体实现了强势回归。

中国传媒大学的一份调研发现，疫情以来，微信和电视成为用户接触信息的两个最主要的渠道，微信达到 90.8%，电视占到 78%。就上海广播电视台来说，电视收视率调查显示，1月23日至2月2日，东方卫视《东方新闻》创下0.58%的平均收视，超过开年以来平均收视的二倍，最高单日高达0.75%，累计触达观众9 864万。新闻综合频道的《新闻透视》《新闻报道》《观众中来》，较去年同期分别上涨32.7%、54.2%和21%。日播新闻节目《上海早晨》《新闻坊》《新闻报道》和《新闻夜线》今年1月底均出现了近年来的收视高峰，并且至今呈现稳步攀升态势。

更为可贵的是，疫情以来电视新闻各年龄段观众的收视率均明显上升，尤其是15～34岁年轻观众，收视率增幅高达89%，成为疫情之下主动回归电视大屏的中坚力量。这一收获，无疑让传统电视媒体人重拾信心，也重新审视全媒时代电视新闻的价值。

疫情期间，各类消息铺天盖地，受众对内容的需求会更细致，评判也更苛刻，更愿意接受那些被精挑细选的优质内容，以提高自己的触媒时间价值。作为电视新闻节目，可以给、应该给观众提供哪些内容？上海广播电视台融媒体中心从坚守与创新两个维度积极探索，争取成为大众获取"一手信息""真实信息"和"权威信息"的第一阵地。

坚守真实性

无论传媒格局如何变化，真实性始终是新闻的生命。2016年2月19日，习近平主持召开党的新闻舆论工作座谈会时指出：真实性是新闻的生命，要根据事实来描述事实，要准确报道个别事实，又要从宏观上把握和反映事件或事物的全貌。

疫情期间，不同来源的信息以前所未有的传播速度、广度和深度，全天候、全场景、全领域地将受众围绕，而对于这些不同来源的信息的时效性、丰富性和真实性的认知，也成为受众对媒介信任和选择的重要依托。比如在疫情初期，在重大的突发性事件面前，事实到真相之间存在一段时间真空期，各类媒体所呈现的信息，有太多的突发性与不确定性，舆论环境复杂，做到真实客观不易，尤其在灾难事件中，媒体的任何偏差都可能引发蝴蝶效应。即便人人齐声应和，媒体也应当保持清醒与中立，不必为抢独家报道背离新闻职业操守。

那么，如何坚守真实底线？上海广播电视台融媒体中心派出强大的一线记者团队，深入现场获取第一手信息。2020年1月20日，国家领导人对疫情做出重要指示，钟南山院士晚间在央视《新闻1+1》发声，武汉成立疫情防控指挥部。从这天起，疫情进入全面爆发和抗疫阶段。恰逢过年，上海广播电视台融媒体中心迅速反应，大量记者主动放弃休假返岗、请缨奔赴一线，争分夺秒深入全市医院、社区、地铁、铁路、机场等各条战线，全方位直击上海疫情防控阻击战。1月

24 日除夕夜，融媒体中心还派出记者作为“随队报道组”，跟随上海首批援鄂医疗队直抵武汉。强大的前方记者团队深入一线，从疫情动态、前方救援、科研进展、防护科普、民生保障等多角度、全方位地，将最真实的情况，呈现在受众面前。

凸显权威性

近年来，网络谣言似乎已经成为突发公共卫生事件的“标配”，在此次新冠肺炎疫情中也不例外，尤其在疫情爆发初期，由于对病毒存在诸多未知，政府信息公开不够及时，社会上出现多个与疫情相关的谣言。从疫情扩散情况、疫情的不同起源、政府救治不力，到养生保健知识、奇闻异事，多种似是而非的传言，一时之间造成了一定的社会恐慌。作为主流的电视新闻媒体，通过对权威信息准确、专业、多层次、高密度的发布，迅速正视、回应群众关注，及时地架起了政府与群众之间的沟通桥梁，击碎谣言、消除恐慌，让群众更快更多地知道党和政府正在做什么、还要做什么，坚定战胜疫情的信心。

那么，电视新闻如何获取权威信息？首先自然是加强跟政府部门的直接沟通。在上一次严重的公共卫生事件，即 2003 年非典时，媒体在这方面就经历了一次显著的成长。一开始，媒体对非典疫情的报道还是常规播报，后续流言四起，倒逼信息公开透明。此次新冠疫情暴发初期，网络就重现了央视主持人王志对北京市市长的采访，主持人提问之尖锐、市长回答之坦诚，堪称经典。通过这则采访不难看出，当时媒体角色已在悄然转变，由传统的情况介绍、播报到替民追问、官员反思。在 17 年后的今天，政府部门的意识显然更为开放。新冠肺炎疫情防控期间，以上海本地政府部门为例，通过每日的疫情防控发布会，主动发布相关信息。在这过程中，电视台作为主流媒体，积极架设起了桥梁，无论是利用好每一场发布会，还是发布会外与各部门的持续联络，都在努力使得下情上传、上情下达，确保传播渠道的畅通，尽可能地引导舆论，以此来消除公众的恐慌心态。

媒体的权威性，在一定程度上还体现在新闻深度上。这其中，公共卫生专家或者说第三方机构不可或缺。公众的信任源于公信力，第三方专家或机构独立于政府，他们以深厚的专业背景和高超的专业技术，成为公信力的保障。在这次疫情中，一个典型便是张文宏。张文宏是复旦大学附属华山医院感染科主任，也是这次疫情中上海医疗救治专家组组长。疫情初期，他凭着各种金句迅速圈粉走红，成为上海人民心中的“定海神针”。在分析疫情发展走势的时候，他既不用虚假的信息安抚大众，也不夸大疫情，而是坦坦白白地分析，用通俗的语言把专业知识讲深讲透。我们的电视新闻节目，敏锐地捕捉到了他的独特气质，通过多次前方采访，以及邀请他多次走进演播室，将这位专家的观点呈现给受众。比如

1月23日的《新闻夜线》“夜线约见”，邀请张文宏进行39分钟深度访谈，节目收视率和市场份额均达到了2019年以来最高值。看看新闻Knews对权威专家访谈内容进行互联网再加工再传播，其中《儿童不易感新型冠状病毒肺炎？专家：论据不充分》单条报道的全网浏览量达到1 590万。这样的信息传递，兼具专业性、科学性和公信力，进一步彰显了传统媒体的权威性。

再者，作为地方媒体，权威信源的获取还有一大渠道，那便是中央主流媒体，包括人民日报、新华社、央视等。比如央视晚间的《新闻1+1》节目，自1月27日起将主题调整为“今日疫情分析”，邀请专家和决策者对当日疫情进行分析、研判和提出对策。本台新闻栏目每每会对其进行梳理，摘取最核心的信息和观点，援引报道。

强化综合性

媒体是信息的传递者、是历史的记录者，同时也应该是受众的陪伴者、心理的抚慰者。尤其在灾难中，媒体更应主动承担起应有的传播职能，并辅以陪伴、抚慰受众的功能，单一的信息播报显然无法满足这样的需求。围绕这一主旨，疫情中，上海广播电视台融媒体中心的电视新闻，着重强化了自身的综合功能。

一是推出及时准确的疫情通报，将信息公开透明，避免公众因不知情而产生恐慌、焦虑情绪。除了聚焦政府部门发布会以及相关部门官方微博、微信外，此次电视新闻还尝试引入第三方平台数据。随着互联网技术的发展，涌现出了一批具有传媒属性的商业平台，它们掌握着最新互联网技术和充足用户资源，在此次疫情报道中发挥了数据监测及可视化呈现、信息整合等优势。比如1月21日，“丁香医生”微信公众号疫情地图及实时播报率先上线，阿里巴巴、腾讯随后也上线疫情地图。而抖音、快手、微视等平台，也纷纷与主流媒体合作，或者自己主动策划，加入了疫情报道，尤其在科普和辟谣内容传播上别具优势，具有极高的传播效率和快速传递要点的能力。这些平台的内容，都成了电视新闻的有益补充。

二是高质量普及疫情防控和卫生健康知识，比如《名医话养生》栏目，迅速推出防控疫情特别节目，引导观众科学掌握疫情防控和健康卫生知识，增加科学防范意识，增强战胜疫情信心。

三是高站位、全方位展现政府防控疫情的有力举措。就上海本地而言，就瞄准了医疗救治、社区管控、入沪通道等各个方面，第一时间报道上海不断提升救治水平、提高治愈比例的疫情救治成效，凸显上海以绣花般的精细和韧劲构建“魔都结界”的群防群控网。

四是通过对典型人物的描写，生动勾勒“舍小家顾大家”的抗疫先进人物群像。比如真实记录上海援鄂医疗队驰援武汉前线奋战的日日夜夜，不仅彰显了上海最美“逆行者们”不畏艰险、扶危渡困的崇高职业精神，也充分展现上海与武汉并肩作战、同舟共济的必胜决心。再比如讲述基层抗疫故事的《67 名党员志愿奋战一线 守好上海这道口》《新闻特写：穿越 270 公里的约定》等，情怀真挚感人，传递出非常时刻上海众志成城的满满正能量。

五是随着我国疫情总体出现积极向好的变化，开启一手抓防控一手抓生产的复工复产阶段时，电视新闻又积极加入助力经济发展促进消费的浪潮中，比如参与《助鄂大联播》，号召大家都来为武汉“拼一单”。

总之，在突发公共卫生安全事件中，消极情绪容易滋生和蔓延，情绪传播更需要“积极情绪”的引导。电视新闻在强化综合性、提升服务性上积极作为，致力于给受众带去正面温暖的力量，透过报道，让受众能够感到满满的爱意，并引发积极的思考。情感共鸣之下，形成社会战“疫”合力。

拥抱新媒体，走融合之路

在传媒业发展的道路上，相对平面媒体，电视媒体长期以时效性著称，实时权威的报道几乎是电视最重要的媒介特质。然而，近年来随着互联网和自媒体的发展，这一优势遭到了挑战。而在此次疫情的报道中，上海电视台的电视新闻在时效性、触达率方面依然可以有所作为，依靠的正是积极拥抱新媒体，走融合之路。这不仅体现在所有疫情新闻的实时更新、滚动播出，各种严谨可靠的内容都以最快的速度传播给全社会，还体现在大小屏的联动上。中心的新媒体小屏端“看看新闻 Knews”App 和网站的首屏首页开设了“防控新型冠状病毒感染肺炎”和“上海疫情防控工作新闻发布会”两个疫情专题区，面向全网 24 小时不间断更新推送，第一时间聚焦上海及全国重点地区疫情新闻发布会，同时以生动鲜活的视频语态反映上海防控疫情进展成效，讲述各条战线涌现出的大批感人故事。

“融”的特性，还体现在与受众的互动、融合。在这个自媒体、融媒体时代，传统的“自上而下、单向传播”早已有悖于当下的传播环境和传播规律。融媒时代，必然是互动的时代。针对年轻受众的互动习好，“看看新闻 Knews”充分运用“两微、一快、一抖”等社交媒体账号矩阵，24 小时发力推送，以有细节、有温度、有情怀的人物故事，引发受众强烈共情与共鸣。比如《出征武汉前 高三女儿往她的包里塞了一本日记》短视频，以上海首批援鄂医疗队队员周东花的女儿日记本作为切入口，展现了女儿对母亲的全力支持和深切祝愿，视频中母女笑着相拥的现场实况，格外令人动容，引发网友大力点赞热议，全网浏览量突破 3 188.7 万。“上海早晨”“新闻坊”“新闻透视”等节目，也都通过自己的微信公众号，将节目精华内容以及节目时段外的更多跟进消息，以图文等形式再度传播，抵达更广阔的受众，同时设置话题，引发探讨，有针对性地开展正面舆论引导。大小屏的同步与互动，迅速抵达覆盖了普通人能接触的所有主要媒介空间，增强了参与度更高的受众黏性。

结 语

抗疫之战，是一场全国人民众志成城的攻坚战，而在这个的特殊时期，传媒领域也进行着一场没有硝烟的战役。我们欣喜地看到，电视作为主流媒体，充分发挥了正确的舆论导向，宣传党和政府的方针政策，体现了主流媒体的权威性与强大传播力，在受众心目中依然具有突出的影响力和公信力，在全新的媒体生态下，我们的转型和尝试获得了一些可贵的经验。我们必须继续努力探索，如何用新技术、新平台，呈现受众最期待观看的内容形态，在这一准则下，有所坚守，积极创新，更好地履行主流媒体的社会责任与传播功能，同时赢得社会和用户的尊重和信赖。

参考文献：

[1] 栾轶玫、张雅琦.《新冠肺炎疫情报道中的信息呈现与媒体表现》，选自人民网。
[2] 陈孟.《疫情期间的融媒体传播特点分析》，选自人民网。
[3] 范以锦.《商业平台：构建全媒体传播体系不可忽略的力量》，《新闻与写作》2019 年第 6 期。
[4] 丁柏铨.《深度报道：概念辨析及深度探源》，《新闻记者》2014 年第 10 期。
[5] 吕圣璞.《公共卫生事件的权威电视报道与政府传播——基于非洲猪瘟事件的案例分析》，《探究真谛：上海广播电视论文选》，2019 年 10 月。
[6] 唐瑞峰.《别再唱衰传统媒体了》，选自《传媒内参—传媒独家》，2020 年 2 月。
[7] 周欣欣、罗佳.《年轻观众收视率增幅近九成！疫情之下传统媒体迎高光时刻》，选自《收视中国》，2020 年 3 月。
[8] 曾祥敏.《电视逆势上扬，背后有何逻辑》，选自中国记协网。

作者简介：

徐笑燕，上海广播电视台（SMG）融媒体中心上视编播部副主任、《上海早晨》制片人。

融　媒　篇

迭代式改革：用产品撬动媒体融合杠杆

——以静安区融媒体中心媒体融合工作为例

杨 嫣

提 要：静安区融媒体中心的前身是静安区新闻中心，早在2017年，原静安区新闻中心在区委宣传部的支持下，采取了“小步快跑，快速迭代”的思路，成立专项小组、打造品牌产品，试水融媒体。2019年9月静安区融媒体中心成立后，其中网络视频类项目“直播静安”成为集全中心之力打造的融媒体品牌产品，成为撬动整个媒体融合工作的重要杠杆；而深入贯彻的“新闻＋服务”理念、强化用户思维的策略，以活动运营增强用户的参与感和互动感的方式方法等，也更有助于提高融媒体中心的影响力与传播力。

关键词：迭代式改革　媒体融合　“新闻＋服务”理念　用户思维

在当前我国主流媒体的转型发展过程中，媒体融合已成为核心议题。2018年8月，习近平总书记在全国宣传思想工作会议上强调“要扎实抓好县级融媒体中心建设，更好引导群众、服务群众”。9月，中宣部召开县级融媒体中心建设现场推进会，要求2020年底基本实现县级融媒体中心在全国的全覆盖。2019年4月，上海市委深改委第二次会议审议通过《上海市关于加强区级融媒体中心建设的实施方案》，明确本市在9月底前完成区级融媒体中心建设的工作目标。

2019年9月16日，静安区融媒体中心在全市召开的大会上挂牌成立，同步上线“上海静安”客户端，全面吹响融媒改革的号角。全媒体时代是个大趋势，媒体融合发展是篇大文章。早在2017年，原静安区新闻中心已开始酝酿融媒体的建设与发展。在区委宣传部的支持下,该中心结合实际情况,采取了"小步快跑,快速迭代"的思路,集中人力、集中精力、集中资源,成立专项小组、打造品牌产品,试水融媒体。

一、改革前奏:组建先遣队

2018 年 4 月,中心从报、台、网三大平台抽调骨干人员,组建融媒体小组,在契合社会热点和用户需求,充分强调"移动优先"战略的前提下,推出网络视频类项目"直播静安",以多元融合的工作模式初步探索区级媒体的深度融合与整体转型。新编成员结构吸纳了各家所长,既能发挥纸媒记者的文字功底优势,又有电视台记者的视频拍摄与剪辑能力、主持人的直播主持和出镜表演能力,以及新媒体编辑的互联网思维和语言能力。

"直播静安"于 2018 年 4 月 2 日正式上线,每个工作日推送一条短视频或进行一次网络直播。截至 2018 年底,共推送 181 条短视频,进行 16 次网络直播。短视频方面,平均阅读量达 8 000 多万,有 47 条微信推送阅读量"破万",占比 26%,"直播静安‖静安南京西路使了个大招,11 条后街大'换颜'!"(2018/4/12)和"直播静安‖只开放 10 天!宋氏三姐妹珍品旗袍展,免费、无需预约!"(2018/6/8)两条短视频分别获得 6.8 万和 6.5 万的好成绩。在网络直播方面,累

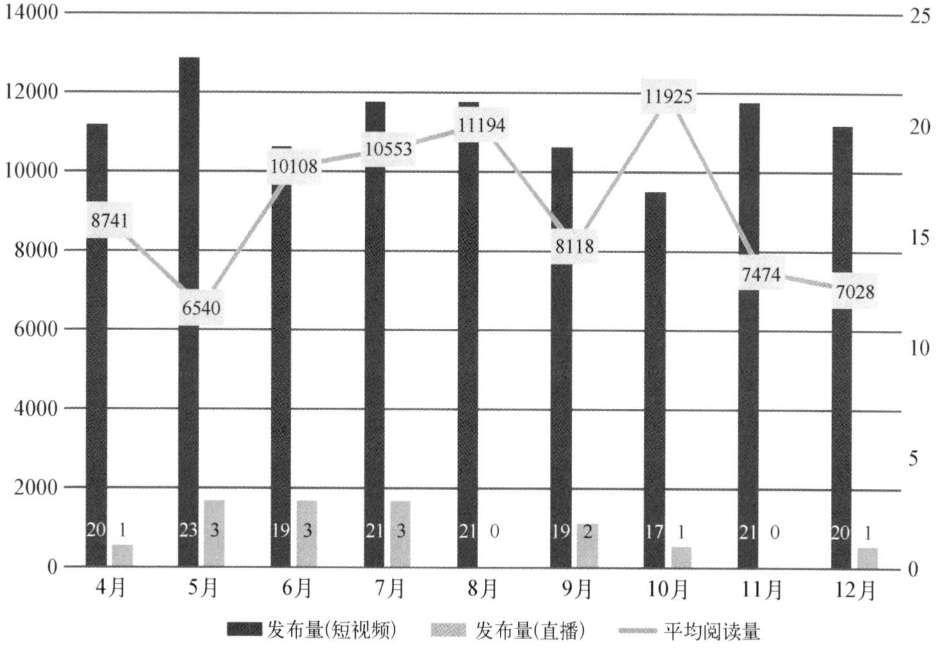

图 1 "直播静安"情况统计图(2018 年 4 月—12 月)

计获得近 2 000 万的观看量，其中“直播静安＃有福利＃‖现在！你在哪里？快来南京西路和我们狂欢！”（2018/5/19）、“直播静安‖揭秘！当年张艺谋为什么选择这里拍摄《山楂树之恋》？”（2018/7/12）分别获得 76.5 万、59.3 万的观看量，逐渐形成“直播静安”品牌口碑。

更重要的是，经过一年的锻炼磨合，小组成员的综合业务能力有了明显的提升，包括撰写新闻稿件、录制视频、编写镜头脚本、剪辑短片、出镜主持或表演、编辑微信文案、现场直播等等，逐步向有“几把刷子”、会“十八般武艺”的“全媒化”“复合型”媒体人才靠拢。

因互联网传播平台的特性，小组成员不断研究用户特征，把握用户需求，琢磨用户喜爱的选题，大胆对新闻内容与表现形式进行探索创新，从而逐步增强用户意识和创新意识，以出色的新闻素养和业务能力在融媒体改革的浪潮中勇于担当，以先进带后进，形成“赶学比超”的良好氛围，带动中心整体员工业务水平的提升。

二、改革进行中：推广试验田

经过近一年的探索，“直播静安”栏目的运作模式日趋成熟，不断总结在短视频和视频直播方面的工作经验和教训。2019 年 4 月，作为试水融媒体工作的排头兵、先行者，“直播静安”正式向全中心推广，以电视采编部人员两人一组的形式，继续保持每个工作日推送一条短视频或进行一次网络直播的工作节奏。

从专项小组到全员参与，“直播静安”栏目进一步发挥人员的积极能动性，成为集全中心之力打造的品牌产品。截至 2020 年 3 月底，“直播静安”共推送短视频 456 条，进行网络直播 32 场，生产了 7 条“10 万＋”，内容涵盖社会热点、衣食住行等各方面，如《“隔壁邻居”来巡演，“星”舞台点亮风景线》（2019/5/22）、《这里的居民有福啦！“居民之家”就开在家门口，快“回家”来坐坐吧》（2019/5/23）、《居民自制按电梯“神器”，还不快来学一学！》（2020/2/17）、《疫情期间，来静安的这些菜市场买菜，很放心！》（2020/2/4）。关于戏剧谷和咖啡节的直播累计观看人次分别突破 70 万和 80 万大关，取得较为显著的成绩。

从“特种部队”转向“常规部队”，迭代式发展的优势逐步显现。对先锋队成熟经验的复制推广，让融媒体改革大部队少走了许多“弯路”。

全员推广提升业务水平。老队员充分发挥带教作用，新队员不断突破自我不设限。几位临近退休年龄的老记者也积极适应从“大屏”到“小屏”的转换，努力培养用户思维，从需求导向来策划选题、拍摄制作视频。这项举措大大提振了中心一批原本“谈‘融’色变”的同志的信心，促进了全中心人员综合业务能力的提升。

流程再造打通部门壁垒。媒体融合，顾名思义就是要打破传统媒体之间那道看不见的壁垒。“直播静安”栏目的推广促进了中心各部门的融合，相较正式挂牌日期提前了五个月，是中心迈出破冰之旅的第一步。对于传统媒体而言，以往的“标题导语正文”模式被彻底打破，注入了新鲜的互联网思维活力；而“两微”板块则注入了更多与本地居民相关的现场新闻，进一步提升了感染力。在这个过程中，传统媒体记者与新媒体编辑之间产生了更多的合作与了解，积极助推融媒体改革的进程。

三、改革不停歇：打磨静安精品

短视频、直播等视频方向传媒已是时下最热产品，如何在铺天盖地的新闻产品中突出重围，获得用户的喜爱和关注？对此，“直播静安”不断探索栏目定位和发展方向，力求“内容优先，时效为上”，在保持信息真实准确的原则下，始终坚持话题的鲜活度和节奏感，聚焦区内重大事、新鲜事，贴近百姓身边人、身边事，做到“上接天线，下接地气”，在微博、微信、客户端等平台广为分发，不断提升制作的短视频新闻的传播力和影响力。

深耕本地属性，关注用户强需求。作为区属媒体，“直播静安”努力挖掘静安居民的需求。从点击量高的短视频来看，用户的阅读喜好具有较强的“地域特点”，聚焦本区居民生活、上海市民生活的选题更受青睐。从小区新景观、设施活动场地，到居民最爱的美食、小区垃圾分类新技术等内容，都吸引了辖区居民的关注。

表 1　聚焦本地新闻的“直播静安”top5

序号	标　　题	日　期	阅读量
1	“隔壁邻居”来巡演，“星”舞台点亮风景线	2019.5.22	102 182
2	这里的居民有口福啦！“居民之家”就开在家门口，快“回家”来坐坐吧！	2019.5.23	100 435
3	最潮流的视听盛宴，最接地气的文化体验全在这里！场场嗨翻	2019.4.9	40 000
4	@静安居民，你家附近的康健驿站多了个厉害的机器！快来了解一下！	2019.9.25	30 837
5	每天至少提供 48 种菜品，一天三顿还有“加餐”，米道勔忒嗲！	2019.4.1	30 000

对于重点时期推送的短视频，则更强调新闻敏感度，充分了解用户需求，以起到更好的阅读效果。以 2020 年 2 月的“直播静安”为例，该月 95%以上的新闻内容都与疫情相关，紧跟时事热点。从疫情防控措施、百姓买菜出行、返沪人员安全保障，到小区封闭式管理模式、公共场所预防性工作等，推送的新闻均兼具话题性和服务性，收获了一大批用户的关注。

表 2　聚焦“疫情防控”的“直播静安”tpo5

序号	标　　题	日　期	点击量
1	居民自制按电梯“神器”，还不快来学一学！	2020.2.17	111 544
2	疫情期间，来静安的这些菜市场买菜，很放心！	2020.2.4	100 820
3	“严防死守”入沪闸门，筑牢安全防线……	2020.2.6	100 641
4	入沪防疫“生命线”，我们来守！	2020.2.7	33 270
5	最近，这栋写字楼电梯一次只能乘 6 人，为啥？	2020.2.8	24 659

记者在疫情防护措施到位的情况下，深入火车站、机场等人流密集场所，直击防疫一线，“‘严防死守’入沪闸门，筑牢安全防线……”等 3 条短视频收获“10 万+”。

深挖人文资源，探索产品新形态。2019 年 7 月 1 日，为迎接建党百年，静安区发布打响红色文化品牌计划。聚焦红色文化，中心生产系列新闻产品。“上海静安”客户端在上线之际，推出“同声颂祖国”市民朗读之旅主题活动，邀请 14 个街镇市民参与视频录制。发动市民为最喜欢的短视频投票“打 call”。“直播静安”团队骨干成员迅速成立视频拍摄项目组，在短短两周时间内，完成 14 支街镇主题视频的制作。本次活动报道充分发挥静安宣传的矩阵效应，通过静安报、静安有线、上海静安双微、各街镇微信、委办局微信、新闻晨报、新民晚报、人民网等渠道进行广泛宣传，总阅读量近 250 000。这是静安区融媒体中心成立以来推出的第一个融媒产品，基于“新闻+服务”的理念，拓展新闻报道边界，强化用户思维，以活动运营增强用户的参与感和互动感，更有助于视频报道的传播和分享。

除此之外，丰富的戏剧、咖啡等文化资源同样深受静安用户的喜爱。在直播节目中，阅读量最高的单场直播观看量达 80 多万人次。以 2019 年 4 月网络直播“在街头邂逅戏剧”为例，这条聚焦“静安戏剧谷”的微信阅读量达到当月第三名。

同时，中心高度重视数据分析，每月做好“直播静安”传播情况的复盘，根据当月最新情况动态调整选题方向，及时研判新形势，逐步探索新技术、新风格、新形式，站在用户角度，以正能量传播大流量。

四、对区媒体“迭代式改革”融合发展的策略思考

回顾中心两年多的媒体融合历程，“迭代式改革”模式是贯穿始终的发展线索，充分发挥优势作用。以“直播静安”为产品抓手，撬动媒体融合杠杆，打通媒体间壁垒。

单点突进，风险可控。融媒体发展的探索没有现成的道路可循，需要各媒体、各部门摸着石头过河。一味快速、迅猛地推动可能导致传统媒体在转型过程中产生“转”的不是“型”，“转”而不成“型”的结果，需要一步一步慢慢推动融合。中心以“小步快跑”的思路，以推出网络视频类项目“直播静安”为契机，抽调报、台、网平台骨干人员进行运作，在小范围内试点媒体融合改革，将转型的风险稳定在一个可控的程度。

先慢后快，迅速迭代。中心的媒体融合改革先设“试验田”，由小出发，集中心之力“精耕细作”“直播静安”栏目，总结形成了一批可复制、可推广的成功经验，为后续各媒体部门全面融合指明“快速车道”。而这批骨干先遣队在融媒体后续的建设中，各自投身专项工作，以老带新，充分发挥自身积淀的经验优势，帮助全中心成员集体提升融媒时代综合业务能力，快速掌握融媒体工作技能。

“迭代式改革”在媒体融合发展过程中体现了独有的优势，有效地加快了媒体融合进程，但媒体融合改革不是一蹴而就、一劳永逸的工作，而是需要不断探索的过程。随着媒体融合进程的推动，中心也面临着新的掣肘。

一是人才队伍建设。媒体深度融合，归根到底是人的融合。融媒体时代对人才提出了更高的要求，要求将传统的报、台、网、微单一平台的技能融会贯通，打造“全媒化”“复合型”媒体人才。需要注重人才转型，配套新的人才引进机制、培养机制，完善薪酬与职业晋升体系，以保证在进一步深化媒体融合发展的过程中能够吸引人才、留住人才。

二是区融媒体推广。相较市场上的商业化媒体，区融媒体推广起步较晚、资金有限，面临着“有爆款没用户，有流量没黏度”的局面，难以有效培养用户的使用习惯，提升客户端的下载量和日活率。区融媒体除了做好内容、形式、渠道等方面的建设，还应用好手上的政务资源、服务资源，以资源吸引流量，抓住本地化优势，逐步探索“新闻＋政务＋服务”的综合平台发展模式。同时加强同各区、市媒、高校及其他商业平台的合作，集结多方智慧实现合作共赢，共同突破移动客户端推广难题，打赢这场融媒改革攻坚战。

三是技术升级赋能。媒体融合离不开技术的支撑，为实现“一次采集、多种

生成、多元传播”的目标，需要搭建互联互通的技术平台。而在转型过程中，区融平台的搭建还存在着技术滞后的问题，无法完全满足集中指挥、采编调度、高效协调、信息沟通的需求，制约着区融媒体中心建设进度。在加强技术人才队伍建设的基础上，需要进一步加强与市技术平台的对接与合作，升级完善现有平台，加强全生产渠道资源共享、互联网生产与融合播出的效率。

随着中央媒体融合要求的不断明确，区级媒体融合标准的不断清晰，上海各区级媒体均步入了融合发展的快车道。“直播静安”栏目也从原先的试水之作成为中心的拳头产品，溢出效应逐步显现。“直播静安”以“初步试水——形成样本——全面推广”的流程步骤，推动静安区融媒体逐步迭代、不断发展，有效缩短了媒体融合的“阵痛期”，有利于融媒体工作的长远发展。

知常明变者赢，守正创新者进。区级融媒体建设不是目的，转型才是根本。区融媒体中心现已完成初步融合，整合组织架构、打通采编流程、搭建技术平台、推出融媒体产品。但融媒体改革并非一蹴而就的工作，媒体融合永远在路上。后续还将需要在工作机制、薪酬改革、队伍建设等方面下功夫。

新闻产品的生产与制作是媒体的立命之本。“直播静安”作为日益成熟的静安宣传品牌产品，将继续坚持移动优先，深入基层、深入实际、深入群众，进一步转作风、改文风。内容上，发扬“脚板底下出新闻”的好传统，深入基层一线“抓活鱼”，从火热社会实践中发掘素材，从群众生产生活中发现选题，采写更多“沾泥土”“带露珠”“冒热气”的原创文章。形式上，坚持往视频方向发展，激励全员增强技术水平，大胆使用新技术、新形式，强调技术赋能，但不被技术绑架，以提升用户感受度为第一原则，摸索适应区属新闻报道的长视频、短视频、直播、VR 互动等报道方式。渠道上，不断探索新领地、拓展新阵地，突出用户意识，用户在哪里，阵地在哪，融合就推进到哪里，以“直播静安”为龙头，加强运营推广工作，在各大平台上全面开花，不断提升静安矩阵的传播力、引导力、影响力、公信力。

作者简介：
杨嫣，上海市静安区融媒体中心负责人。

探索“四全”媒体，打造“三无”新闻产品

——以闵行区援鄂医疗队凯旋全媒体直播报道为例

茅　杰

提　要：2020 年 4 月 20 日下午，闵行区委区政府在区委党校为 60 名援鄂医疗队员凯旋举行了隆重的欢迎仪式。区融媒体中心从 4 月 20 日 8 时至 4 月 21 日 8 时的 24 小时内，对这场活动进行了全媒体直播。这次全媒体直播是闵行区新闻界第一次探索“四全媒体”（即全程媒体、全息媒体、全员媒体和全效媒体）、打造“三无”新闻产品（无所不在、无所不及、无人不用）的大规模实践，全媒体受众人数总计达到了 139.72 万，显示了强大的传播力与影响力。

关键词：全媒体直播　“四全”媒体　“三无”新闻产品　传播力与影响力

2019 年 9 月 18 日，上海市闵行区融媒体中心正式挂牌成立，初步实现了原先报社、广播电视台和门户网站管理中心“撤三建一”的“物理融合”。2020 年，闵行区融媒体中心明确本年度的重点工作是从相“加”到相“融”、从“物理融合”向“化学融合”迈进。年初，一场突如其来的新冠肺炎疫情，对刚成立不久的融媒体中心来说是一场巨大的新闻挑战。我们充分利用这场持续时间长、影响面广、关注度高的新闻战役机会，努力危中寻机，全力推进新闻队伍的高质量融合和新闻报道的高质量融合。

2020 年 4 月 20 日下午，闵行区委区政府在区委党校为 60 名援鄂医疗队员凯旋举行了隆重的欢迎仪式。区融媒体中心对这场活动进行了闵行新闻史上史无前例的全媒体直播，在“战场”上磨砺培养锻炼新闻队伍，积极探索习近平总书

记提出的“四全”媒体（全程媒体、全息媒体、全员媒体和全效媒体）。据统计，从4月20日8时至4月21日8时的24小时内，区融媒体中心在移动端各平台推出的新闻报道覆盖人群达到了139.72万人次，向着打造“三无”新闻产品（无所不在、无所不及、无人不用）的目标迈出了重要的一步。

一、全程媒体：突破时空维度

4月17日11时，区委、区政府主要领导亲自召开协调会，明确要求做好闵行区援鄂医疗队凯旋的相关报道。接到指令后，融媒体中心迅速行动并自我加压，决定大幅度突破报道的时空维度，倾力打造“全程媒体”：报道的时间，把4月20日下午约半小时的欢迎仪式，拓展为24小时（从当天上午8时到次日8时）持续、密集的报道；报道的空间，从区委党校仪式现场，拓展到从援鄂医疗队员家中、青浦集中休整酒店、青浦返回闵行途中，以及从区委党校到上海市第五人民医院、从五院回家的全过程。既有欢迎仪式的现场直播，也有主持人在车上、党校现场的即兴采访。

时空维度的拓展，极大地丰富了新闻报道的维度、形式和内涵。这次全媒体直播借助多种传播载体、平台以及渠道进行融合型、多层次、全方位的信息生产、传播和消费，实现了信息零时差、随时随地传播。

4月20日8时，我们融媒体中心大型活动部的两组编导，分别赶到两位援鄂医疗队队员家中，用镜头记录下丈夫以结婚时接新娘的美妙感觉准备鲜花迎接援鄂的妻子回家、婆婆呼朋唤友为凯旋的儿媳妇做最爱吃的塌饼……一个个温情的场景，我们都全程记录、及时呈现，为下午的欢迎仪式直播做了很好的预热和气氛渲染。12时，我们专题编播部、新闻采访部和新闻编辑部在“阿基米德”平台以及“上海闵行”微博上开始了长达3小时的图文直播，与公众一起回顾援鄂医疗队88天来的点点滴滴，并带动了大量网友一起参与到直播中；13时，当医疗队员们从青浦隔离酒店启程赶往闵行时，我们专题编播部在“阿基米德”平台开始了1小时20分钟的音频直播。其间融媒体中心还配备无人机进行航拍，全程、全景展现了这段最让人期待的回家路；14时20分，当白衣天使们抵达区委党校，我们在“今日闵行”App、圆点直播（《求是》杂志下属的媒体）和央视频（中央电视台下属的媒体）三个平台、以“5个摄像机位＋1架无人机”的豪华阵容开始了近1小时的全景视频直播。之后，我们大型活动部的编导跟随大部队赶赴上海市第五人民医院和部分医疗队员的家里，见证了他们与同事、家人邻居久别重逢的历史时刻。

从20日8时到21日8时，融媒体中心团队持续24小时推出了全媒体报道

(其中,官方新媒体平台共 36 条新闻,记者通过个人抖音账号发布了十多条新闻),以最高的新闻规格、全程记录了这一历史时刻,向凯旋的英雄致敬。

有网友留言说,看了英雄回家的全程直播报道,更加全面了解到他们的事迹和心理,满满的人性美和正能量,给人以鼓舞和力量,真的很感动,也感谢媒体人的辛勤付出。

二、全息媒体:丰富技术维度

在新技术的支持下,各种各样的传感器使得人类采集到的信息越来越“全息化”。这次英雄凯旋报道就是一场立体新闻战役,区融媒体中心努力丰富技术维度、打造“全息媒体”,为公众呈现的信息形态也更加立体、用户体验更加丰富。

在最初的“头脑风暴”策划中,大家就达成共识:这次报道要在移动端发力、重点聚焦于微信、微博、App、抖音等新媒体端,以画面为主,突出新闻的时效性、现场感和交互性。我们要努力实现信息在空间的多角度同步传播和全方位呈现,要让信息突破物理尺度、力争“无处不在、无所不及、无人不用”,所有信息都应该以数据形式呈现,并通过手机轻松获得。

一方面,我们充分利用融媒体中心自有的媒体平台——“今日闵行”App、“上海闵行”微博、“上海闵行”门户网站等进行了直播;同时,我们更巧借市级媒体和中央媒体的力量,在上海广播电视台旗下的“阿基米德”、《求是》杂志旗下的“圆点直播”、中央电视台旗下的“央视频”三个平台同时发力,把生产的图文、音频、视频内容通过这些平台广泛传播,突破了我们在技术、人才、地域等方面的瓶颈,大幅提升了传播力和影响力。

当新闻插上了技术的翅膀,必然能传播得更广、更远、更入耳入脑入心。4 月 21 日,我们技术团队第一时间在“今日闵行”App 上推出了《英雄凯旋》专题:可回看 20 日英雄凯旋的直播视频、海量的现场美图以及疫情期间发表的数百篇全媒体报道,既有深度、温度,也有广度、厚度;既有文字、图片,也有音频、视频,技术上实现了媒体的全息化,得到了广大用户特别是援鄂医疗队员及其家人的一致好评。

三、全员媒体:延伸社会维度

我们在这次直播报道中进行“媒体总动员”,大大延伸了社会维度。不仅在内部实现了前所未有的即时动员、广泛参与,同时顺应新媒体时代的特点,广邀社会各界一起来 UGC(用户生产内容)、PUGC(专业用户生产内容);从“一对多传播”转变为“多对多传播”，大大增强了新闻报道的互动性，向着“人人都是新闻生产者、传播者”的全员媒体迈进。

在融媒体中心内部，这次直接参与新闻报道的同事不再局限于新闻采访部、新闻编辑部这两大传统的主力军，我们的队伍壮大了：来自大型活动部、专题编播部、电子政务部、设计制作部的同事纷纷加入“战斗部队”，刚入职3个多月的行政工作部（办公室）年轻人也主动请缨，干起了这件看似的“分外事”，他采编的短视频《“雷神战士”回来了，上海闵行最高礼遇接英雄回家》，在“学习强国”上播放量超过了6.3万。

高难度、高强度的新闻联合实战，对个人能力和团队能力都是极好的锻炼。在这场全媒体战役中，人与人之间、部门与部门之间，平台与平台之间，大家紧密配合、互相支撑、前后联动，提升了融媒体中心团队成员的新媒体思维和用户思维，加快了融合进度，初步实现了总书记要求的从“你是你、我是我”到“你中有我、我中有你”的转变，向着“你就是我、我就是你”继续奋进。

“人人都能成为优秀的媒体人，人人都能生产高质量的新闻产品”，这样的心态、状态，正是融媒体中心孜孜以求的。在欢迎仪式现场，甚至出现了多位记者（摄像）抢同一条新闻，这样的内部良性竞争是一个可喜的现象。短视频是这次全媒体报道中最大的爆点、亮点和兴奋点，在“今日闵行”抖音平台和微信朋友圈引发了一波又一波的刷屏。从20日晚到21日清晨，因为短视频产量太多，出现了官方抖音平台来不及发、记者只能个人先发的“甜蜜烦恼”。大家的积极性和信心得到了极大提升，对于短视频的认识和理解也有了质的提升。有位记者在个人平台发布了一条名为《你们找英雄，我在找妈妈》的短视频，播放次数轻松突破了15万。

探索全员媒体，我们还广邀各路英雄成为“新闻合伙人”，一起来PUGC（专业用户生产内容）。在阿基米德平台的图文直播过程中，大量用户积极分享图片、文字，进一步丰富了新闻传播的内容和广度。此外，我们特地邀请了援鄂医疗队员伍婵娟的丈夫钟亮全程参与摄影和摄像。钟亮是影视公司的专业人士，在迎接妻子凯旋的拍摄中有着独特的视角和感情，这是我们记者不具备的优势。事实证明，该专业人士的视频和图片，确实非同凡响。其工作积极性之高，也超乎想象：21日凌晨1点多，他还给我们新闻团队传输了100多张活动的最新照片。

“时势造英雄”。这次新冠肺炎疫情，造就了援鄂医疗队这支英雄团队。这次英雄凯旋的报道，也让我们深刻体会到了团队的力量，对视频直播、短视频都增强了信心，深切感受到媒体融合的巨大潜力，体会到时代需要我们融媒体中心努力成为“英雄”团队。

四、全效媒体：拓展生态维度

我们充分应用了各种媒体技术、载体，使得这次全媒体报道中的文字、声音、图片、图像等信息交叉综合更立体、更丰富，再加上受众的广泛参与，使得新闻报道向受众释放出更强大的效能，使得他们获得更加全面、深刻的体验感与获得感，突破了生态尺度，集成了信息、内容、社交、服务等各种功能。

相关数据显示，我们在微信、微博、抖音、阿基米德、学习强国等新媒体端全面发力，形成了一个宣传高潮：视频直播的观看人次为52.4万；图文＋音频直播的观看人次为10.6万；新媒体端36条新闻的阅读数为76.72万，总计达到了139.72万（见附表）。其中，《闵行援鄂英雄哥胜利凯旋》单条抖音收获了2.5万点赞。

附表：

援鄂.凯旋全媒体直播报道

	平　　台	时长	观看人次	备　　注
频直播	“今日闵行”App	1小时	52.4万	新增用户1 438人
	圆点直播	1小时		
	央视频	1小时		

	平　　台	时长	阅读（收听）人数	备　　注
图文＋音频直播	阿基米德	3小时	10.6万	

	平　　台	条数	阅读数（万）	备　　注
新媒体报道	“今日闵行”微信	5条	5.1	
	“上海闵行”微博	10条	8.4	
	“今日闵行”抖音	6条	11.7	2.9万点赞
	阿基米德	14条	44.84	
	学习强国	1条	6.68	
总　　计		36条	76.72	

打造全效媒体，不仅要让新闻报道提升宣传效应，更要提升社会效应、服务功能，更好地服务于全区的经济社会发展。在英雄凯旋仪式 24 时后，融媒体中心就召开了总结座谈会，全面分析、总结此次全媒体报道的经验、教训，共谋改进方法。这既是为了 5 月份“闵行购物节”直播以及未来更多的全媒体报道做准备，也是为了激励更多人为闵行宣传事业发展贡献更大的力量。我们还在 5 月 15 日的主题党日安排了专题分享，进一步扩大此次新闻战役的激励作用和溢出效应。

4 月 20 日，上海市第五人民医院特地向融媒体中心赠送了感谢信和全体援鄂医疗队员签名的防护服，感谢我们媒体人发挥的特殊作用。五院主要领导表示，融媒体中心在疫情防控期间的报道，特别是记者与医护人员持续近 2 个月的每晚电话连线(《武汉声音日历》)，起到了很好的心灵按摩作用，稳定了援鄂医疗队员的军心，增强了他们战胜疫情的信心。

结 语

通过这场全媒体直播，闵行区融媒体中心各大新媒体产品的传播力和影响力有了进一步提升。截至 2020 年 5 月，“今日闵行”微信用户超过了 32.6 万，“今日闵行”App 下载量突破了 100 万，均位列全市各区的前列。当然，离“四全”媒体的要求，离“三无”新闻产品的目标，我们还有相当的距离，期待在未来一次又一次新闻战役中不断探索、总结、进步。

参考文献：

[1] 习近平：《加快推动媒体融合发展 构建全媒体传播格局》[J].《求是》2019(6)。

[2] 人民日报评论员.让主流媒体成为“全媒体”[N].人民日报，2019-01-30(5)。

[3] 人民网传媒频道.习近平 1.25 谈媒体融合发展十大“金句”[EB/OL]. http：//media.people.com.cn/n1/2019/0126/c14677-30591465.html，2019-01-26。

[4] 人民网—中国共产党新闻网.习近平谈媒体融合发展：关键在融为一体、合而为一[EB/OL]. http：//cpc.people.com.cn/n1/2018/0822/c164113-30242991.html，2018-08-22。

[5] 胡正荣.传媒的紧迫任务：从媒体融合到全媒体[EB/OL]. https：//mp.weixin.qq.com/s?src=11&timestamp=1590915546&ver=2371&signature=4hl7BxJGTgK8uRGCOIE2lCLKwbeXT2nOlYDdKv0QiwcOpHB6gWeliVN6fBIv2-bsCGTyXwWQFItGxc8UCSbQrzS8Dj9e5Kh7TIvCarIN**l2GLWuZEiaDPKGdFhkt2vJ&new=1，2019-02-27。

作者简介：

茅 杰，上海市闵行区融媒体中心主任。

浅谈区级融媒体中心如何提升传播力影响力

郭洪其

提　要： 区级融媒体中心如何提升传播力影响力？这是融媒体建设中遇到的一个重大课题。本文联系嘉定区融媒体中心建设的实践，思考了三方面的成功策略：一是转变理念和工作方法，推动采编队伍整体转型；二是探索协同机制建设，打造新闻采编的中央厨房；三是拓展优化服务功能，打造自主可控的新媒体平台。而其中记者编辑队伍养成全媒体思维，形成协同机制，尤其显得迫切与重要。

关键词： 区级融媒体中心　传播力　影响力　全媒体思维　协同机制

建设区级融媒体中心是党中央做出的重大决策部署，它顺应了新时代媒体发展的方向和要求，也给处于最基层的媒体发展带来了一次全新的机遇。区级融媒体中心建成后，将原来相对资源力量分散、各自为战的多个媒体和部门整合成为统一策划调度、全媒体采编制作、多平台联动发布的新型媒体机构，不仅在区域形成了全新的媒体传播格局，而且更重要的是在传播力、影响力上产生了明显的提升，有效推动了基层媒体的深度融合。

从笔者所在的区级融媒体中心建设的实践来看，主要表现为：基本建成了融“新闻＋党务＋政务＋服务”等功能于一体、可以自主掌控的手机客户端，打造了全新的信息发布和服务的载体；记者编辑的全媒体思维进一步形成，符合移动新媒体传播的产品越来越丰富；以移动优先、多媒体联动的传播方式已成常态，形成了更有效的宣传组合效应，在突发事件、重大主题宣传方面凸显优势。当然，与建成“主流舆论阵地、综合服务平台、社区信息枢纽”总体要求相比，融媒体中心在发展上还存在着许多短板和薄弱环节，比如，人才队伍建设、中央厨房打造、融媒体产品生产、传播有效到达率等方面，需要探索和走的路还很长。

结合一年来的实践，个人感到要进一步提升区级融媒体中心在融合传播方面的质量和效果，需要从以下几个方面进行思考和探索：

一、转变理念和工作方法，推动采编队伍整体转型

区级融媒体中心基本上由原来的报社、广播电视台、网站新闻频道和政务新媒体（微信微博）整合而成，而报社和广播电视台又是合并的主体，中心成立后的采编人员绝大多数来自于报社、广电两家传统媒体。不同特质的媒体采编人员在长期的职业训练中已形成了自身的理念和工作方法，具有的能力和特长显然也是不尽相同的。比如，广电记者更擅长以画面来展示内容，电视新闻文稿大都比较短小，总体文字能力相对较弱，写大稿子比较吃力；报社记者擅长文字表述，但缺乏以对电视画面的理解和驾驭；新媒体编辑虽然比较熟悉网络的语言表述方法，但大都缺乏一线采访的工作经历，在对新闻的重点和主题的把握上相对欠缺。融媒体中心重点打造的是以“移动为优先、兼顾各平台”的全媒体采编中心，对采编工作提出了全新的要求。一是“快”。在保证质量的前提下，强调采编效率，因为只有第一时间的报道才能产生更高的传播价值。二是“全”。一个事件的采访一般安排一组甚至一名记者来完成，并同时为多平台供稿，这就要求记者的能力必须全面，能写、能拍、能编，掌握多种基本技能。三是“活”，要求文字表现生动，画面有表现力，善用新媒体语言和风格，才能使报道更接地气，更受欢迎。因此，融媒体中心的建立对采编队伍提出了考验，采编人员必须从传统向全媒体方向转型，才能适应媒体的变化。

第一，是在观念上的转变。通过集中学习和培训，让每一名采编人员要明确自身的定位和工作要求，强化全媒体记者编辑理念，了解全媒体记者编辑应该具备哪些基本技能和要求。作为一名全媒体记者编辑面对承担的工作，应该在哪些自身的短板上进行弥补，有针对性地进行学习提高，在思想上接受这种转变，化被动为主动，在实践中不断磨炼提升。

第二，是在人员搭配和工作安排上加强统筹。记者外出采访任务主要包括文稿、照片和视频画面，这些素材是加工成各平台稿件的主要原材料。采访安排一般是 2 人为一组，一人是文字兼摄影，一人是摄像，对个别重要活动的报道还会安排专职摄影，以保证采访的质量。在具体工作安排上，可按照采访的难度、记者的特长和稿件要求进行合理调度，尽最大可能发挥各位记者的特长。在新媒体编辑岗位上，充实具有一线采访经验的编辑，提高对内容的审核把关能力。

第三，优化对采编人员的绩效考核。完善对采编人员的绩效考核也是融媒

体中心建设的要求，考核是激励队伍、促进队伍建设的有效抓手。记者给不同平台的供稿有不同的要求、有不同的得分，得分与收入分配挂钩。鼓励记者多发稿、发好稿。用考核杠杆，促进记者钻研业务、提升能力。通过一年来的实践，一线记者基本掌握了全媒体记者具备的基本技能，成为能写、能拍、能编的全媒型记者；新媒体编辑初步掌握了图片、H5、视频、动图制作等技能，一支全媒型的采编队伍逐步形成。

二、探索协同机制建设，打造新闻采编的中央厨房

融媒体中心成立之前，作为独立运营的区报、区台大都规模小、平台少，工作流程相对简单。融媒体中心成立之后，出现了采编人员多、发布平台多的特点，“两微一端一报一网两台”7 个平台已是基本配置，再加上抖音和入驻的各大媒体平台，工作头绪多、矛盾多，亟须统一调度，建立协同的工作机制。这是融媒体中心的管理重点，也是管理的难点，需要不断进行探索，寻找适合自身的工作机制，打造采编中心的大脑。

第一，要强化对整个中心各平台的内容协调。融媒体中心除了重头的日常新闻策采编发之外，还包含了广播文艺、电视文艺、公益广告、报纸副刊等内容生产，特别是遇到重大主题和突发事件，如庆祝新中国成立 70 周年、抗击新冠肺炎等，更需要各平台的通力合作、内容呼应，形成宣传的整体效应。融媒体中心应该成立编务委员会，整体协调各部门生内容和编发。编务委员会可包括总编办、新闻采访、新闻编辑、节目编播、设计制作、大活动等部门，形成工作例会制度，定期学习传达上级要求、进行工作研究、阶段重点采编和节目策划，确保采编和内容生产紧扣形势和任务，发挥好宣传导向的作用，提升宏观把控能力。

第二，要完善新闻的策采编发流程。一次新闻采访任务如何成为一篇或多篇图文并茂、多平台分发、生动及时的新闻报道，其效率如何、效果如何？是对策采编发流程的有效检验，体现了策、采、编、发各环节协同的能力。

策划是源头。好的新闻不仅要有好的题材，而且要有好的策划和表现创意。通过每周一次的编务会议，每日一次的新闻晨会、编前会议，对采访报道内容进行分析研判、提炼加工，让记者和各平台明确报道的意图和要求，更好地呈现报道内容，增强了采编两端的工作衔接。

采访是重点。一次成功的采访是报道质量的有效保证。记者领到采访任务后，要做好充分的案头准备：了解背景、查阅资料、积累素材、借鉴同类报道，形成采访思路和采访提纲，并将晨会、编前会、编辑的要求结合到采访中。采访回来的素材必须要素齐全，初加工成各平台所需稿件，及时发布到中心的稿件系

统，供各平台编辑选用。

编辑是核心。精心的打磨能让稿件凝练升华。各平台编辑按照平台特性，对记者的稿件进行调整优化，同时也是审核把关，充分体现采访意图和报道导向。坚持移动优先的原则，第一时间在微博、App、微信等平台发布，新媒体稿件除图文之外，一般还应插入视频，补充服务信息，提升读者的现场感、增强稿件的服务性。

审核是保障。落实意识形态责任制要求，确保新闻舆论导向的正确性。每一篇发布的稿件均必须进行严格"三审"。同时，审核过程也是各个环节相互协调沟通的过程。

第三，要加强融媒体产品的策划和生产。全媒体时代受众对媒体产品的要求也是多样的，传统的电视新闻、图文报道已难以满足需求，简洁、直观、新型的媒体产品越发受到追捧。短视频、海报、H5 等已成为融媒体中心日常的报道样式。一部好的短视频在抖音平台阅读量数十万、上百万甚至上千万也很常见。制作这样的产品只有紧紧围绕热点和受众需求才能引发共鸣，形成比较良好社会传播和影响，一定程度上体现了媒体的实力。这些产品不仅在技术上有一定的门槛，而且对新闻的解读和产品的创意有很高的要求，这也是基层融媒体中心的一个明显短板。然难则难矣，但必须做积极的探索和尝试，创作形式多样的产品。

三、拓展优化服务功能，打造自主可控的新媒体平台

区级融媒体中心建设是为了"更好地引导群众，服务群众"，融媒体中心建设必须坚持"新闻＋党务""新闻＋政务""新闻＋服务"的理念，努力构建主流舆论阵地、综合服务平台、社区信枢纽。融合传播的载体建设十分重要。为此，融媒体中心建设中有一个十分重要的内容，就是建成自主可控的移动客户端，已成为融媒体中心建设的重要工作。融媒体中心的移动客户端从无到有，在各类客户端 App 铺天盖地的当下，如何吸引用户下载使用，实现快速发展，是值得思考研究的。从实践来看，必须坚持"三个立足"。

第一，立足于做好新闻内容。"新闻＋"，新闻是基础。融媒体中心的客户端总体上是一个具有新闻媒体属性的服务平台，是传播主流舆论的重要阵地。作为管理者、运营者，必须认真贯彻落实党对新闻舆论工作的方针政策，认真做好日常的新闻报道工作，使之成为本地新闻和各类信息的汇聚地，体现它的权威性。一是做好中央和上级重要精神的宣传，每天转发一定量的重要新闻报道内容，做好向本地群众的宣传工作。二是做强本地新闻资讯，合理设置栏目，第一

时间权威发布本地资讯，除了区级层面的新闻资讯之外，充分调动各街镇融媒体中心服务站积极性，为平台供稿，丰富新闻内容。三是及时编发与本地受众相关的各类服务信息，努力建成本地新闻资讯的集聚地，成为本地居民获取信息的不可或缺的载体。

第二，立足于服务本地。除新闻之外，服务是吸引用户的一个重要手段，也是区别于一般新闻客户端的最大特点。客户端服务对象主要是本地用户，他们在交通、医疗、教育、民生保障方面有共同的需求。虽然这些服务中有许多也能在其他渠道得到服务，但这些信息分散在各处，使用起来并不方便。而客户端可以将各类服务整合起来，为用户带来极大方便，用户无须下载多个客户端，真正成为百姓的“掌中宝”。此外，基于服务对象以本地用户为主，文化的认知度较统一，容易引发共鸣。据此，可以打造符合本地普遍认同的文化符号。比如“上海嘉定”App打造“我嘉”系列服务：我嘉拍客、我爱我嘉、我嘉书房、“嘉”有妙招等栏目，还推出了“我嘉生活馆”网上购物平台，极大地丰富了服务内容，服务更具地域化，得到了比较好的认同，形成了品牌形象，推动了客户端的进一步推广。

第三，立足于用户切身需求。用户的需求也是因时而变，必须因势利导，抓住机遇紧紧跟上。比如，今年的疫情暴发后，口罩成为生活的必需品，但如何减少人员近距离接触风险，又能公平合理地解决口罩家庭预约“最后一公里”的问题，大家各显神通。客户端的建成给网上口罩预约带来了方便。以“上海嘉定”客户端为例，六轮共计预约了16万户家庭；再比如，针对疫情防控的特殊情况，网红地标嘉定紫藤园入园实施网上预约，短短一个月的花期，共有10万人次完成网上预约入园，5万人次通过网上直播观赏了紫藤花开的盛况。同时，许多演出、游园和讲座也可通过App进行现场直播和互动，真正体现了客户端的服务性。正是具有比较强大的服务功能，化危为机，促进了客户端用户的快速增长。“上海嘉定”客户端仅用了不到300天时间累计下载量就突破100万，体现了融媒体中心客户端的传播价值，提振了信心。事实也充分证明，打造“一区（县）一端”是实现媒体融合传播的有效手段，必须下力气建设好发展好。

结　语

区级融媒体中心建设刚刚起步，许多工作的规律和机制也正在逐步探索中，可以说发展的机遇与挑战同在。实践表明，只要我们坚持移动优先的发展理念，做优“新闻＋”功能，紧紧围绕区域经济社会文化的特点，着力建好移动客户端这一最大的传播亮点；以群众的需求为导向，上接天线下接地气，丰富传播内容、创新传播形式，就一定能找准媒体融合的切入点，提升传播力和影响力，更好地发挥引导群众服务群众的作用，逐步将区级融媒体中心建成“主流舆论阵地、综合服务平台、社区信息枢纽”。

作者简介：

郭洪其，上海市嘉定区融媒体中心总编辑。

关于建设普陀区融媒体中心街镇分中心的实践与思考

黄津亮

提　要：普陀区融媒体中心为了进一步打通基层宣传思想文化工作到达群众的“最后一公里”，2019 年 12 月起，普陀区相继在桃浦镇、长征镇试点建立区融媒体中心桃浦分中心和长征分中心，着力打通媒体融合的“最后一公里”、基层宣传的“最后一公里”、服务群众的“最后一公里”，让党和政府的声音传得更开、更广、更深入。普陀区融媒体中心调查研究了区内 10 个街镇媒体融合的问题，采取了强队伍、通渠道、促运营等切实措施，并深入思考普陀区街镇融媒体分中心建设方面的下阶段部署。

关键词：融媒体中心街镇分中心　基层宣传“最后一公里”　本地化服务

加强区级融媒体中心建设，是习近平总书记亲自部署的重要任务。建设好区级融媒体中心，是巩固拓展基层宣传文化阵地、夯实党的意识形态工作根基的重大举措。2019 年以来，上海各区在市委宣传部的指导下，相继成立区级融媒体中心。普陀区融媒体中心自 2019 年 9 月成立以来，按照建设“主流舆论阵地、社区信息枢纽、综合服务平台”的目标，着力在“引导群众、服务群众”上下功夫，切实发挥好区级融媒体中心在宣传党的政策主张、反映群众意愿呼声、传播社会主流价值、广泛凝聚社会共识等方面的作用。

为了进一步打通基层宣传思想文化工作到达群众的“最后一公里”，2019 年 12 月起，普陀区相继在桃浦镇、长征镇试点建立区融媒体中心桃浦分中心和长征分中心，着力打通媒体融合的“最后一公里”、基层宣传的“最后一公里”、服务群众的“最后一公里”，让党和政府的声音传得更开、更广、更深入。

一、普陀区街镇媒体融合面临的问题

1. 宣传资源分散

普陀区共有10个街镇。各街镇的新闻宣传工作日常由街镇党群办(宣传科)负责，主要负责的宣传平台有：街镇报纸(大部分为月报，基本都委托新民晚报社区版、新闻晨报社区报、城市导报等第三方进行编辑，免费发放至街镇所有住户)、街镇微信公众号、街镇政务微博。据调查，街镇有大量宣传资源在党群办(宣传科)的实际掌握范围之内。比如，每个街镇的党建微信公众号由街镇党建办(组织科)负责日常运维；各居民区的微信公众号由街镇自治办负责管理；另外，部分街镇的部分科室还自行开设了相关的微信公众号。由于宣传平台的分散管理，以致一方面基层新闻线索不能及时汇聚到街镇党群办(宣传科)进而报送至区融媒体中心，另一方面区融媒体中心的一些宣传要求也无法通过街镇党群办(宣传科)及时传递到最基层。

2. 用户黏性不够

据统计，全区各街镇微信公众号的粉丝数、阅读量普遍不高。2019年街镇微信公众号粉丝数前三的分别为真如镇街道主办的“今日真如”(13 643人关注)、桃浦镇主办的“普陀桃浦”(10 632人关注)、长征镇主办的“普陀长征”(8 535人关注)；年平均阅读量前三的分别为真如镇街道主办的“今日真如”(549次)、曹杨新村街道主办的“大美曹杨”(457次)、桃浦镇主办的“普陀桃浦”(389次)。以桃浦镇为例，全镇常住人口约18.8万人，微信粉丝占全镇常住人口比例仅5%，大量人员没有被覆盖。同时，由于“普陀桃浦”微信公众号的内容以政务信息和领导活动为主，没有线上办事功能，不能很好地吸引用户点开阅读，因此粉丝活跃度不高，以致单篇阅读量普遍不高。

表1 2019年普陀区各街镇微信公众号粉丝数前三

序号	街镇名称	公众号名称	粉丝数
1	真如镇街道	今日真如	13 643
2	桃浦镇	普陀桃浦	10 632
3	长征镇	普陀长征	8 535

表 2　2019 年普陀区各街镇微信公众号平均阅读量前三

序号	街 镇 名 称	公众号名称	平均阅读量
1	真如镇街道	今日真如	549
2	曹杨新村街道	大美曹杨	457
3	桃浦镇	普陀桃浦	389

3. 传播效果不佳

由于街镇的宣传资源过于分散，且自有平台的粉丝量不多，各街镇发布的新闻报道很难有“爆款”产品。据统计，2019 年，普陀区各街镇单篇新闻阅读量排名前十的作品中，仅 1 篇作品阅读量过万。详见“表 3”。

表 3　2019 年普陀区各街镇单篇作品阅读量前十

序号	街镇名称	公众号名称	微 信 内 容	阅读量
1	真如镇街道	今日真如	首批“市民眼中的十佳家园”网络投票启动 快来为真如加油助力吧	11 681
2	曹杨新村街道	大美曹杨	确认过眼神，这些是阿拉曹杨第二批旧房成套改造基地！	9 705
3	桃浦镇	普陀桃浦	身边好人！为最打动你的桃浦好人投票吧	9 607
4	曹杨新村街道	大美曹杨	投票啦！2018 年度曹杨新村街道十佳精神文明好人好事评选活动开始啦！	5 569
5	曹杨新村街道	大美曹杨	告曹杨七村居民书	5 083
6	桃浦镇	普陀桃浦	投票 温暖“衣”冬再度来袭 哪款新年限定是你的菜？	5 078
7	曹杨新村街道	大美曹杨	曹杨铁路农贸市场综合整治工程启动啦！居民可前往以下销售网点购物	4 180
8	宜川路街道	宜川视界	谁是宜川的“环保小达人”？决定权在您手中！	4 059
9	曹杨新村街道	大美曹杨	今天，曹杨这个优秀理事建筑小区综合修缮改造签约开始啦！	3 776
10	长风新村街道	看长风	红歌好声音，由你来决定！	3 228

二、普陀区建立街镇融媒体分中心的探索实践

普陀区融媒体中心利用全媒体资源和采编力量，全面对接街镇融媒体分中心建设，从强队伍、融渠道、促运营等方面，推动媒体融合向纵深发展。

1. 强队伍

2019 年 9 月正式上线运行的普陀区融媒体中心通过机构改革，合并了原区新闻宣传中心和区门户网站管理中心，编制数由原来的 46 个扩编为 65 个（管理岗位 19 个，专技岗位 46 个），人员安排上，重点做强采编部门，目前实际到岗位 48 人中，一线采编人员 29 人。桃浦分中心筹建伊始，区融媒体中心即委派了骨干力量，每周前往分中心 2～3 个半天，配合信息采集工作，对重点题材进行深入采访，并参与分中心定期召开的沟通策划会，与工作团队人员及时交流、互通有无。同时，将桃浦镇宣传部门，镇各职能部门、居民区、村公司园区的信息采集人员同步纳入，充实宣传报道团队力量。另外，本着培训资源向基层倾斜、与基层共享的原则，由区融媒体中心组织开展的专业培训以及邀请市级媒体记者开展的点评会，不定期扩大至分中心工作人员（包括信息员队伍），不断提升分中心新闻宣传工作水平。

2. 通渠道

区融媒体中心采编部门负责人每周参加分中心组织召开的沟通策划会，会议内容主要包括一周以来分中心工作情况、线索梳理、下一步宣传重点等。在分中心进一步梳理信息报送机制的基础上，区融媒体中心条线记者和编辑全面融入基层信息收集体系，将有新闻价值的线索第一时间报送到中心，以便于及时跟进和深入报道，宣传好基层的好经验、好做法。

新冠肺炎疫情发生后，桃浦分中心记者在日常走访中了解到，位于桃浦地区的新杨工业园区众多汽车销售企业受疫情影响经营惨淡后，第一时间将此信息反馈至区融媒体中心。随即，中心主动跨前一步，联合新闻晨报周到策划推出的“云逛名车坊”带货直播，在位于红柳路新杨工业园区 4 家门店开展在线直播探店活动，当天累计观看人数 23.5 万人次，线下累计签单 41 台，随后短短 9 天，四店更是累计销售各类汽车 240 台，占 2020 年 1—4 月销售总量的 17.9％。此次直播活动的成功举办，是普陀区融媒体中心畅通信息反馈渠道、充分发挥资源优势、强化宣传生产力方面的一次全新尝试，取得了较大成功。

3. 促运营

由区融媒体中心运营部与桃浦分中心团队共同努力，做好上海普陀 App 的推广运营工作。一方面由区融媒体中心向街镇分中心提供宣传资料（包括宣传片、宣传单页、易拉宝、宣传品等），对涉及桃浦重点会议、重要活动以及居民喜闻乐见的社区活动等，通过在 App 上提供网络直播等服务带动下载量。另一方面指导桃浦分中心进一步整合区域内宣传资源（包括报刊、新媒体、广播、电子屏等）做好上海普陀 App 推广工作，提高知晓率；同时，结合区域内重要活动或者重点场所，做好 App 线上线下推广。“五五购物节”期间，中心策划举办“行在普陀”之“汽车节探营活动”。活动当天，通过区融媒体中心记者视频直播体验的形式，对车辆驾乘感受、汽车节品牌优惠活动及普陀城市风貌进行了直观展现，全力拥抱在线经济这一新兴渠道。活动当天吸引数千人在线收看。直播素材经过剪辑，以 VLOG 形式在全媒体平台进行广泛传播，进一步提高了传播效能。

三、加强街镇融媒体分中心建设的思考

目前，普陀区在街镇融媒体分中心建设方面刚刚起步，根据现在的运作情况，下阶段将在建成 3 家区融媒体中心分中心的基础上，继续推进其他 7 个街镇分中心建设，切实新闻触角深入到基层第一线，让党和政府的声音传得更开、更广、更深入。为开展好此项工作，将从以下几方面着力，加强街镇融媒体分中心建设。

1. 进一步整合宣传资源

一是整合实体宣传阵地。在整合街镇机关内部的报刊、新媒体等宣传资源的基础上，对所辖范围内的居民区、商务楼宇、园区的报刊、网站、新媒体、广播、电子屏等宣传资源进行充分梳理，建立街镇融媒体传播矩阵，努力做到区域内的各类宣传资源应管尽管、能用尽用，解决新闻宣传“最后一公里”的难题，切实飞入寻常百姓家。**二是梳理新媒体宣传阵地。**对街镇、委办局开设的微信公众号进行梳理，要求个别闲置公众号及时整改，关闭个别“有名无实”的公众号，确保主流媒体的严肃性，提高媒体公信力。

2. 进一步畅通传播渠道

一是畅通“向上”融合渠道。积极畅通与中央及市级媒体的沟通联络渠道，获得更多资源，贯通新闻报道的传播渠道，实现与各类媒体的资源共享，提升全网传播力及影响力。不断完善“上观号”开设的“微矩阵”栏目功能，将融媒号信息纳入

市级媒体抓取范围，为基层优质新闻信息快速直达大平台提供传播渠道。**二是畅通“向下”融合渠道。**梳理整合全区10个街镇和重要委办局融媒号，进一步提高主流媒体向下延伸的能力，广泛集纳、整合新闻素材，为基层单位提供新闻信息发布的全新传播平台，实现全区新闻信息、线索全天候实时互通。**三是畅通“左右”融合渠道。**加强与《广州日报》等外省市媒体的交流合作，扩宽新闻报道的传播渠道，让基层的声音得以被更大的平台宣传报道，提高全网传播力和影响力。

3. 进一步提升传播能力

充分挖掘《新普陀报》、普陀有线电视、“上海普陀”官方网站、App、微信、微博等各媒体平台的自身优势，发挥基层媒体“圈群化”传播的特点，通过建立新媒体矩阵、自媒体联盟等方式，链接基层各单位微信公众号，为基层单位提供新闻信息发布的全新传播平台。改变以往基层信息大多仅在基层传播的情况，将区融媒体中心街镇分中心打造成基层信息的“直通车”和新闻线索“蓄水池”，实现全区新闻信息、线索全天候实时互通，打通信息传播的多元渠道，进一步提高传播能力。

4. 进一步拓展服务功能

在“上海普陀”App现有460余项服务内容的基础上，充分借力街镇融媒体分中心与基层“零距离”的优势，充分听取群众呼声，挖掘开放更多精准对接群众关切和需求的本地化服务，充分运用媒体资源优势，广泛开展线上线下互动，充分发挥好主流媒体的积极作用，进一步拓展融媒体的服务功能，打造立体化、多元化的宣传服务模式，不断提高基层媒体的用户黏性。

结　语

建设区融媒体中心街镇分中心，支撑与夯实区级融媒体，坚决按照建设“主流舆论阵地、社区信息枢纽、综合服务平台”的目标，着力在“引导群众、服务群众”上下功夫，切实发挥好融媒体中心在宣传党的政策主张、反映群众意愿呼声、传播社会主流价值、广泛凝聚社会共识等方面的作用，特别在做好本土化的信息服务下功夫。目前普陀区融媒体中心街镇分中心的工作，在试点工作取得成效的基础上已全面铺开，只要我们认清方向，坚守文化自信，坚持正确的舆论导向，在区委区政府具体领导下，经过融媒体中心全体人员的继续奋斗，一定会取得更辉煌的成绩。

作者简介：
黄津亮，上海市普陀区融媒体中心副主任。

关于提升县级融媒体中心服务群众能力的思考

——以上海市嘉定区融媒体中心的探索为例

薛　松

提　要：县级融媒体中心在建设过程中，既要建好主流舆论阵地，提升舆论引导能力，又要强化服务意识，整合服务资源，延伸服务触角，着力打造综合服务平台和社区信息枢纽，不断提升服务群众的能力。在通过服务群众聚集起海量用户并建立用户黏性之后，才有更多机会进一步以优质内容产品更好地引导群众。

关键词：县级融媒体中心　服务群众　媒体融合

习近平总书记2018年在全国宣传思想工作会议上指出，“要扎实抓好县级融媒体中心建设，更好引导群众、服务群众”。这为县级媒体融合转型发展指明了方向。县级融媒体中心要全面准确地把握舆论引导与服务群众的关系，在推动媒体融合的同时，既要大力提升主流舆论阵地的传播力、引导力、影响力、公信力，发挥好引导群众的作用，又要强化服务意识、建好服务平台、提升服务能力，发挥好融媒体中心综合服务平台和社区信息枢纽的功能。

在移动互联网时代，从各种平台、渠道获取信息变得非常便捷，县级融媒体中心仅仅通过采集编发新闻资讯很难实现对本地用户的广泛吸聚，必须打造集政务服务、公用事业服务、生活服务等多种本地服务功能于一体的综合服务平台，必须为广大基层群众提供参与和表达的互动平台，架起政府与群众沟通的桥梁纽带，打造社区信息枢纽，才能形成聚合用户、服务群众的能力。具备并不断提升服务群众的能力，正是新型主流媒体更好引导群众的前提。

一、县级融媒体中心提升服务群众能力，要坚持创新意识、树牢用户意识、强化运营意识

（一）坚持创新意识

“不日新者必日退”，创新是媒体转型发展的重要基础。只有不为条条框框所限，不因“没有先例”而困，勇于变革、善于创新，媒体融合才能大有作为。

2016 年 2 月 19 日，习近平总书记在党的新闻舆论工作座谈会上指出：“随着形势的发展，党的新闻舆论工作必须创新理念、内容、体裁、形式、方法、手段、业态、体制、机制，增强针对性和实效性。”可见，创新不是单点突破，而是涉及方方面面，坚持创新意识，必须树立系统创新的思维。

县级融媒体中心在推进媒体融合过程中都不同程度地面临着资源整合与生产协同不到位，媒体融合不够深入；内容产品功能性、服务性不足，平台传播力、影响力缺少流量支撑；技术支撑存在短板，制约内容、服务创新；激励手段有限，员工能动性、创造力未能充分释放等困境，背后是运行模式、管理思路、队伍建设、激励机制等多因素共同作用的结果。这些因素互相勾连、交织，要化解遇到的问题、矛盾，推动媒体深入融合发展，需要坚持系统创新的思维，统筹兼顾、综合施策。

（二）树牢用户意识

传统媒体受传播方式和渠道的限制往往并不注重受众感受和用户体验。在媒体融合的背景下，应该摒弃这种“以传播者为中心”的思维方式，以受众、用户为中心，以服务受众、用户为目标，着力研发、生产满足受众、用户需求的媒介产品。

对于县级融媒体中心而言，本地群众就是最直接的用户资源。为了更好地抓住用户，县级融媒体中心有必要通过实际调查及相关数据来搜集、梳理、分析用户的相关信息，为用户“画像”。根据用户的性别、年龄、属地、登录习惯等身份差异、个性特点，精准提供与目标用户需求、兴趣相适应的产品和服务。这种基于用户思维的媒体运营方式能够显著提升县级融媒体中心的服务能力，吸引用户的关注、增强用户的黏性。

（三）强化运营意识

县级融媒体中心要实现可持续发展必须强化运营意识。运营的核心是获取

用户和维系用户，也就是要尽最大可能吸聚并留存用户。当前，县级融媒体中心建设已经进入深度融合阶段，建设的重心逐步从“融合生产发布”转变为“融合运营服务”。融媒体需要通过融合生产实现媒体传播覆盖，通过产品运营重建用户连接，形成内容生产与运营服务的“双轮驱动”。

嘉定区融媒体中心在日常的内容生产过程中，一直注重强化策划、运营意识，通过“上海嘉定”App、微信、微博、抖音等移动新媒体矩阵打造具备正能量传播影响、全网平台关注的爆款内容产品。特别是在近期疫情防控宣传报道中，嘉定赴英留学生曹元元回国解除隔离后，以担任防疫志愿者的方式报效祖国的融媒体产品被新华社、人民日报、央视新闻、上观新闻等多家主流媒体聚焦点赞，全网阅读量过亿次，成为现象级爆款产品。在疫情防控期间，曹元元也成为上海仅次于张文宏的“流量IP”。在此后的“五四青年节”嘉定线上主题集会、“五五购物节”直播带货等活动中，我们均邀请已经成为正能量“网红”的曹元元参与，不仅给活动带了高流量、高人气，也为承办相关活动的“上海嘉定”App、微信、微博、抖音等平台吸聚了大量新增用户和粉丝。内容生产与运营服务的“双轮驱动”，促进了产品流量提升与平台用户增长的良性循环。

二、县级融媒体中心提升服务群众能力，要整合服务资源、拓展服务功能、延伸服务触角

（一）整合服务资源

中宣部和国家广电总局联合发布的《县级融媒体中心建设规范》明确，县级融媒体中心“是整合县级广播电视、报刊、新媒体等资源，开展媒体服务、党建服务、政务服务、公共服务、增值服务等业务的融合媒体平台”。中国人民大学新闻学院教授宋建武也认为，县级融媒体中心建设“必须以用户为中心，广泛聚合和有效运营各类本土资源。既要打通与县域党和政府各级组织、各个部门的联系，也要打通其与本土各类企事业单位的联系，通过各项垂直应用的渗透和各类便民惠民服务的聚合，盘活县域社会资源”。

嘉定区融媒体中心在成立之初即牢固树立“媒体＋党务”“媒体＋政务”“媒体＋服务”的发展理念，着力构建综合服务平台的功能，助力政府解决群众“办事难、难办事”。目前，已在“上海嘉定”App、微信公众号等平台开通信息公开、预约办事、网上申报等线上便民服务，逐步与政府“一网通办”“一网统管”平台实现对接，打通政府和人民群众沟通的“最后一公里”，让百姓真正从“看得见”变成“用得上”，甚至“离不开”。

（二）拓展服务功能

商业互联网平台的成功经验告诉我们，只有提供具有特色的刚需服务，才能够有效地聚合用户。县级融媒体中心在“媒体＋政务”的基础上，进一步拓展服务功能，根据本地用户的刚需，有针对性地提供增值服务，是建设综合服务平台的进阶之道。

在新冠肺炎疫情防控期间，嘉定区融媒体中心“危中寻机”，变危机为契机，第一时间推出“口罩预约系统”“空中课堂回看”等有针对性的便民服务，助力企业复工生产和市民日常生活。结合清明扫墓、紫藤花季等当下热点，主动与区民政局、绿容局合作，推出“扫墓预约”功能和“云赏花＋网络预约”功能。在精准满足本地群众需求的同时，“上海嘉定”App 用户数量在短短几个月间呈现几何级增长。截至 6 月底，“上海嘉定”App 下载用户数达 148 万，占嘉定全区常住人口 159 万的 93％。

（三）延伸服务触角

县级融媒体中心作为最贴近基层群众的主流媒体，在整合本地资源，拓展党建、政务、公共、生活等综合服务功能的同时，还需要进一步向基层社区延伸服务触角，通过建设和完善社区信息枢纽功能，搭建党和政府与人民群众联系沟通的桥梁，为区域内广大群众提供参与社区治理、表达意见建议的平台，在基层社会治理中更好地发挥引导群众、服务群众的作用。

嘉定区融媒体中心去年 6 月 28 日揭牌成立之时，即在全区 12 个街镇同步建立了融媒体中心基层服务站，将服务触角向基层延伸。今年 4 月初，“上海嘉定”App 开通了街镇频道，全区 12 个街镇同步入驻。每个街镇可根据自身的特点和需求开设相应的二级栏目，由街镇自行采集、及时编发各类新闻和服务信息，努力做到传播的“零时差”“零距离”，大大增强了社区群众与平台的亲近感、贴近度。同时，从某种程度上讲，频道的开设等于为 12 个街镇都建了一个 App，但节约了大量的技术维护和日常管理的成本，真正实现了资源的集约化利用。通过街镇频道的建设，区融媒体中心强化了与街镇融媒体服务站的合作关系，“上海嘉定”App 这个信息枢纽也多了 12 个街镇节点，将服务触角延伸向基层社区。在新冠疫情防控期间，嘉定区融媒体中心还在“上海嘉定”App、微信公众号开设“疫情防控综合服务平台”，下设“疫情防控意见建议征集专栏”等窗口，每日将市民的意见建议收集起来，分发到相关部门处理，24 小时内反馈给市民，并由区委办督察室进行跟踪督办。融媒体中心通过建设社区信息枢纽，提供了信息交互空间，促进了社会共识的达成，也进一步增强了自身的传播力、引导力、影响力、公信力。

三、县级融媒体中心提升服务群众能力，要重视技术赋能、加强队伍建设、完善动力机制

（一）重视技术赋能

信息技术的发展，推动了媒体行业的变革，要适应变化，更好发展，就必须重视技术赋能，重视发挥信息技术在媒体融合中的基础性、关键性作用。

一方面，要强化技术对内容生产的支持、保障。以强化信息汇聚、资源共享、工作协同为重点，进一步优化融媒体内容生产技术平台，不断提升响应速度、生产效率。要不断完善县级融媒体中心移动端自主传播平台的发布和服务功能，确保内容、服务的相关策划、创新能够顺利落地，优化用户体验，让平台不仅能用，而且管用，不仅管用，而且好用，增强平台对用户的吸引力和黏性。

另一方面，要准确把握信息技术发展的趋势，应时而变，顺势而为。去年6月，工信部向4家企业发放了5G牌照，标志着我国开始步入5G商用时代，大数据、云计算、人工智能、VR/AR等技术会越来越多地应用到传媒领域，媒体融合进入一个全新的阶段。5G时代，面对数据传输高速率、高容量的特征，县级融媒体中心在内容生产方面，要充分运用短视频、直播、VR/AR等手段，策划、制作更加丰富的内容产品，通过多元化传播吸聚流量和用户；在运营服务方面，要善于运用大数据、智能算法及时获取用户反馈，深入分析用户需求，让信息和服务精准抵达用户，并不断改善、提升用户体验。

（二）加强队伍建设

县级融媒体中心的人才队伍主体部分来自报社、广电等传统媒体。传统媒体的人力资源与媒体融合的人才需求存在结构性差异。媒体深度融合所需的融媒体内容生产、运营推广、经营管理、技术开发运维等各类人才都面临缺口，不少媒体新业务甚至面临无人可用的局面。

面对关键人才的结构性短缺，县级融媒体中心亟须加强人才队伍建设，实施存量人才转型与增量人才引进相结合的人才队伍提升工程。一方面，要根据融媒体中心建设发展的战略目标，创新人才培养方式，加大对传统人才队伍的在职

能力培训，促进存量人才转型。另一方面，要创新人才引进方式，通过“年薪制”“年金制”等市场化手段吸引特殊人才，通过“项目制”“工作室制”等灵活机制留住优秀人才。

（三）完善动力机制

由于县级融媒体中心前身为报社、广电等事业单位，人员构成主要为事业编制员工，实行的是总量稳定的资历性工资结构。即便通过绩效考核对总量进行二次分配，但由于工资浮动部分差额很小，薪酬激励不足，还是难以充分调动员工的主动性、积极性。

在推进媒体改革融合发展的过程中，不少地区均对媒体在坚持公益性的基础上依法依规开展经营活动的必要性形成共识：开展经营活动要接受市场检验，有利于引导内容生产更加重视传播力、影响力和用户反馈；开展经营活动要控制生产成本，有利于优化资源配置、提升生产效率；开展经营活动可以提升造血功能，反哺事业发展，激励人员队伍，为媒体持续发展提供动能。

作为中宣部认可的样本，浙江长兴传媒集团在推进媒体改革融合发展中采用了“事业单位企业化管理”机制，实质是突破了绩效总额控制的事业单位差额拨款机制。它使“内容生产——经营创收——分配激励”形成闭环，充分激发出队伍活力。对于经济基础相对较好、市场活跃度较高地区的县级融媒体中心，可以积极向上级争取配套政策，突破事业单位绩效分配的政策瓶颈，实行事业单位性质、企业化管理，依法依规开展经营活动，提升造血机能，为打造具有影响力和竞争力的区域主流媒体提供动力引擎。

结　语

服务群众是我们一切工作的出发点和落脚点。县级融媒体中心通过构建和完善综合服务平台、社区信息枢纽功能，实现资源整合、渠道下沉，在服务群众的过程中，聚集起海量用户，建立起一个与群众广泛连接的新型媒体平台。这又为发挥主流舆论阵地的基本功能、更好引导群众，提供了基础和前提。可见，不断提升服务群众的能力是县级融媒体中心在推进深度融合发展过程中必须认真完成的考卷。

参考文献：

[1] 宋建武.《从疫情防控看县级融媒体中心的发展方向》,《青年记者》,2020 年 4 月下。

[2] 陈光辉.《5G与媒体融合》,《传媒》,2020年4月下。
[3] 张昱辰.《从机构融合迈向社会融合：县级融媒体中心发展路径再思考》,《中国出版》,2019年第16期。
[4] 韩诚、王婕.《县级融媒体中心政务服务的特点与发展策略》,《青年记者》,2019年12月下。
[5] 吴生华、刘怡辰.《社区传播视域下县级融媒体中心生活服务功能构建》,《中国广播》,2019年第11期。
[6] 宋建武、乔羽.《建设县级融媒体中心 打造治国理政新平台》,《新闻战线》,2019年3月。

作者简介:

薛松,上海市嘉定区融媒体中心副主任、副总编辑。

凝神聚力，逆势花开

——浅谈区县媒体如何深化融媒体实践

马　萧　许　建　徐祖达

提　要： 本文以宝山融媒体中心举办的“宝山春光樱你而美”首次大型全媒体直播实践为例，总结分析了融媒体直播对于提升区县媒体传播效能，培育传媒人才团队，再造媒体影响力方面的作为和突破，以及在全媒体融合背景下，传统媒体发展思路的探索。

关键词： 融媒体　全媒体直播　发展思路

2020年伊始，突如其来的新冠肺炎疫情打乱了人们的生活，但春天的脚步从未停歇。宝山各处樱花陆续绽放，虽可通过预约进行线下赏樱，但由于公园每天限流，只能满足少量市民的需求，大部分人无法亲临现场。宝山区融媒体中心成立云赏樱全媒直播指挥小组，整合现场直播、视音频专题、网站专栏等形式在宝山政府门户网站、宝山汇 App，上海宝山公众微信号推出云赏花系列活动方案，让市民足不出户即可感受、分享顾村公园樱花的缤纷时刻。

其中，“宝山春光樱你而美”大型户外直播活动是重中之重，也是自2019年9月18日宝山融媒体成立以来，第一次用全媒体的方式进行的直播实践。活动当日，直播链接的转发刷爆了朋友圈，单宝山汇 App 点击量达26.1万，访问人数达5.7万人次。上视《新闻坊》予以特写报道，澎湃新闻、上观、网易等头部媒体也相继转发，达到了超预期的传播效果。

笔者作为原宝山电视台新媒体责任主编，此次直播领导小组的核心成员，将此次大型全媒体直播活动在践行融媒思维，精耕传播内容、优化直播流程、培育融媒团队方面的探索实践，做简要梳理小结，以求抛砖引玉。

一、从加法到乘法，融合提升效能

1. 理念融合

全媒体直播是指将现有的报纸、广播、电视等传统媒体加上各类新媒体，有机组合成一种多维的立体式报道平台。通过对多种传播技术融合运用，产生集约效应，大幅度提升传播影响力，因而成为各级媒体青睐的传播手段。近年来，笔者参与过十余次电视、广播、网站、手机的同步直播，但这些看似各种媒体参与的“大直播”止步于“电视全方位报道、广播转播音频、网络转信号、微博微信端文字图片总结”的模式，其本质只是把各个平台“做加法”，将电视源信息多源发布而已。

2019 年 9 月，原宝山广播电视台与宝山报社、宝山政府门户网站合并成立了宝山融媒体中心，将原新闻部、广播部新闻采编资源，统一划归为融媒采访部，打造新闻内容“中央厨房”采集和多渠道全媒体分发流程。融媒体中心的成立从组织架构和机制上打通了壁垒，实现了资源和平台的整合，但在具体操作的过程中，部门与部门间各自为营、沟通不畅的顽疾依然屡见不鲜。

因此，相较于“硬件融”，做好全媒体直播的关键点在于“理念融”，即用互联网思维和方式方法，围绕传播目标，整合资源处理问题。为做好此次云赏樱直播活动，由中心主任牵头，宝山区融媒体中心成立全媒直播指挥小组，统一直播目标为：让尽可能多的人能参与直播，形成高点击的互动效应，让人们在线上欣赏、分享美丽樱花为代表的宝山春光，传递“后疫情期”美好生活的正能量。在此目标理念的导向下，制定直播流程和直播内容，划定人员岗位，配备必要的技术、物资保障。

2. 流程优化

直播是最能体现电视传播特点，发挥电视传播优势的新闻报道形式。重大新闻、重大活动，往往因为内容价值重大、关注度高，成为电视直播的首选题材。过去，传统媒体的大直播往往“宏大叙事”，大场面、大时段、流程冗长，追求面面俱到。然而，融媒时代的人们已经从深度观赏转向浅层阅读，注意力分散化、时间碎片化是这个时代的明显特点。融媒背景下的直播，应拓展与用户的接触点，走向多屏幕、多场所，并考虑受众不同的感官需求。

“樱你而美”直播活动的主会场位于顾村公园，设计三个直播点位：户外露天主演播室、最佳赏樱区 A（最美樱花林）、最佳赏樱区 B（樱花大道和摩天轮），每一个直播点位设一名主播。

主演播室类似于“会客厅”的陈设功能，计划搭建于位于顾村公园中心的游客服务中心二楼露天平台，抬眼即望樱花缤纷成雨，坐而论道宝山樱花前世今生，主要邀请公园方畅谈顾村公园的基础概况及今年赏樱的特色，并担任与分会场之间的调度沟通。

最佳赏樱区 A 和最佳赏樱区 B 两个定位都是动态路线，前者由游客打卡首选的沪上最美樱花林出发，驱车下至游船码头，登船欣赏两岸樱花摇曳；后者一路漫行樱花大道，搭乘小火车至公园时尚地标——摩天轮，可从高空俯瞰全景，实现实时多角度欣赏“最美樱花”的效果。

除了顾村公园主会场，直播还设立了宝山地区樱花的人气景点永乐路沿线以及炮台湾、湿地公园两个分会场。以樱花为纽带，引伸出宝山的整体绿化建设面貌，即丰富了画面，又提升了云赏樱活动的意涵。

3. 内容再造

传统媒体的最大优势依然是内容，只有专注专业生产，提升内容品质，才能产生公信力和影响力。在注意力短暂、需求多元化、碎片化的时代，首先要会“主动发声”，即有主动策划话题的能力，引导受众关注度，引发情绪感受的共鸣。

“云赏花”直播的嘉宾选取不同以往，不再只有“官方声音”，而是方方面面的“护花人”：公园方面，顾村公园园长张忠、园容绿化管理部经理和办公室负责人化身“地陪”，和主播一起讲述漫长疫情期里，樱花养护和园区管理的故事；政府方面，区绿化建管中心建设科科长、区旅游协会秘书长盘点了宝山近几年生态发展和户外休闲的亮点；民间的护花使者则包括每一年都来顾村公园采风的顾村诗社的诗人，琴社的琴师；现场则随机“捕捉”到汉服爱好者、摄影者、观光者，这些鲜活的声音从不同视角传递着人们对樱花，以及对宝山这方土地的热爱，让宝山观众在电视、网络直播中燃起了共同的城市记忆和乡土情怀。

“云赏花”的初衷就是源于疫情防控的客观需要，直播策划小组增加了与身在武汉的宝山援鄂医疗队队员的视频连线环节。除了援鄂医疗队员家属，同事与医疗队员们远程互道平安祝福外，节目组还特别邀请到义务为援鄂医疗队员缝制姓名徽章的罗店十字挑花传承人郑晓蓉女士，展示了来自家乡的特别问候礼物。宝山樱花与武汉樱花同屏摇曳，虽远隔千里而日月同尘，各平台网友纷纷刷屏，留下了希望抗疫先锋们安全归来的问候，线上线下掀起了温暖人心的力量。

另一方面，要学会让观众发声。互联网时代的生命力在于信息互动，网友不仅是内容的消费者，也是节目的观察者、把关者，甚至生产者本身，只有真正考虑到受众的表达需求，把他们真正融入节目的生产过程中来，多路互动，一起玩转大小屏，才能形成乘法效应将媒体的声音不断滚动放大。

此次直播开通的互动平台有宝山汇 App(客户端)、宝山政府网站、看看新闻网直播间(网站)以及上海宝山微信公众号，以及顾村新鲜事等地方自媒体(微信端)。在最佳赏樱区 B 点位直播过程中，主播与嘉宾在游船上讲解两岸樱花林的布局时，随船摄像捕捉到了水面上两只小水鸟鸊鷉钻水嬉戏的瞬间，导播眼明手快给到特写，立刻引起了各路网友的围观和评论。App 及网站客户端文字编辑立刻图文并茂给出鸊鷉的小贴士，升温网友讨论，而主播和嘉宾迅速将话题衍生至为何公园会出现这样的可爱的"不速之客"，邀请大家一起对公园的生态管理来抛观点、提建议，整套组合拳酣畅淋漓，让人真正体会到融媒的魅力。

4. 技术更新

技术支撑是全媒体直播的基础，信号传输的稳定性，是制约全媒体直播成败的关键因素。本次直播通过宝山汇 App、东方网，以及宝山电视台等多平台进行网络及电视联动直播，媒介丰富，空间多变，过程较以往直播复杂。为了保持稳定感和动态感，直播技术小组共配备 9 名成员，硬件方面，配置 8 讯道高清转播车一辆，车上配备有 8 台 SONY HDC 2580 高清摄像机，其中公园演播室设有 3 个机位，公园徒步沿线机位布点 5 个机位，转播车上配备一台 SNELL 的 KAHUNA 4800 2 级切换台用于各路信号的切换输出。外场方面，信号源还包括 3 路外场松下 298 便携式摄像机拍摄的直播信号、大疆 Mavic2 无人机，以及武汉连线的直播画面。主演播室与各路直播信号联系，演播室主持与分场主播，同时在线，沟通合作，做到画面不同而语场一致，对直播信号和画面质量的挑战非常高。

解决方案是首次引入了 4G 传送技术。使用的是以色列 LiveU 旗下的 LU200 4G 背包以及 LU2000 服务器，外场记者的摄像机信号通过 LU200 无线传送给 LiveU 的云平台，然后云平台通过网络再传送信号给转播车上 LU2000 服务器完成信号的传送。4G 传送腰包打破了传统 EFP 摄像机有线光缆长度的限制，此次活动布局最远的一台摄像机可以在离转播车 15 公里以外的地方进行直播拍摄，大大地提升了摄像机布局的空间范围。

为保证通话音质，公园演播室搭建有一台调音台，负责演播室音频的扩声和传输，主持人和嘉宾使用的是两个 Neumann 的 MF AK 的桌面话筒以及拜亚动力的有线咪头进行拾音。直播活动中，转播车上的导播与活动现场各工作人员时刻保持顺畅的沟通联系，解决方案包括转播车上内部通话系统、摩托罗拉对讲机和移动手机。

二、专能 vs 全能，培育全媒人才梯队

媒体之间的竞争，归根结底是人才的较量。全媒体直播是“集团式作战”，是检验媒体综合实力和融合水平的一场“大考”。因而，有没有一只强有力的新闻队伍，是传统媒体做好融媒传播，在新媒体环境下逆势突围的根基。

本次“云赏樱”直播活动，从整个融媒体中心抽调 60 余名骨干力量参与，分布在策划、采访、发布、技术四大环节。人员安排上，以点位为核心单位，以直播内容为导向，一人一岗，权责到位。

在实施精细化管理的过程中，一方面，要提升单兵作战的能力。因为随着互联网技术的迅猛发展和数字技术的日趋成熟，平台和受众接收方式发生改变，媒体人员要适应新媒体传播环境的变化，由单一型人才向复合型人才发展。

比如，主会场三个点位的主播不同于以往照本宣科的主持人，而成了一个直播块片的灵魂人物。在户外直播语境下，主播化身为“导赏者”，职责包括嘉宾约谈、资讯播报、信息解读、连线场景调度等多项工作。

另一方面，坚持团队协同合作能力，以团队优势赢得发展优势。复合型人才不等于什么工种都要会，有的传统媒体要求所有记者必须具备“五栖能力”，即采访、编辑、摄影、摄像和主持一把抓，借此实现全媒体转型。这种用人理念不仅使人精疲力竭，也与强调精细化分工、团队合作提高效率的社会发展理念背道而驰。

越是在“人人都是记者”“个个都是自媒体”的时代，越是需要专业思维、专业训练，专业化人才的强强联合推进媒体融合发展。例如此次云赏樱直播，每一个外景点位配备一个独立小团队，包含一名主播、一名摄像、一名流程监督和一名后勤保障，即时问题即时反应处理，使得整个直播节奏明快，表达顺畅，情感到位。事实上，直播当天由于下雨的原因，给直播带来了不小的麻烦，10:00 正式开始的直播，9:00 雨还没有停，中心主任徐祖达果断下令将演播室由原来的户外移到了室内，重新布线、布置，时间非常紧张，最终宝山融媒体中心的各部门，积极应对，快速反应，使直播较顺利圆满地完成。

三、存在问题和发展空间

传统媒体与手机、网站等新媒体融合直播，是由外部挑战引发的理念和体制的深刻变革。融媒是手段，而最终目的是巩固和壮大主流舆论阵地。因此，区县

媒体要想真正打造立体丰富、融合发展的传播体系，在以后的实践中可以从以下三个方面突破改进：

1. 遵循传播规律，生产有价值的内容

服务本地，提升内容品质，做最有影响力的本地内容供应商，应该是区县媒体谋求发展的基本定位。那么，什么才是融媒环境下有价值的内容？

类似于过去的人们更偏爱把读报纸、听广播、看电视作为休闲方式，今天的人们会更多在互联网、移动互联网分享信息和喜好，其关键不是媒体平台的改变，而是生活方式的变革。因此互联网思维不单单是技术思维、平台思维、市场思维，更可谓系统性思维，发源于人们生活方式的改变。有没有关注到互联网环境下成长的新一代的生活，熟悉互联网用户的潜在需求，才是媒体创造有生命力的内容的重点所在。

尽管本次直播在话题的选择上考虑到了独家性，新鲜度和情感的共鸣，但文稿中亮点密集度还不够，未能时刻牢牢抓住观众的心，网络互动也不充分。尤其，受制于疫情防控需要，且当天又下雨，来公园赏花的游客稀少，小火车、摩天轮等可以互动体验的“网红”项目也无法使用，主播未能带观众感受。对此我们应当一要重视加强策划预案，比如可事先搜集网友在社交媒体中分享过的游玩经验(朋友圈图文、抖音、vlog 等)，在直播过程中穿插分享，在平台中引发讨论，形成强大的话题场，二要学会深度挖掘和二度创作，一种素材、多次加工，生产出呈现形式和角度均不同的新媒体作品，满足不同平台客户的不同需要。

2. 坚持技术先导，淬炼有战斗力的队伍

此次云赏樱全媒体直播的顺利举办得益于 4G 传送等新技术的运用。但实际操作过程中，对于超过两路的外来信号，在信号同步的处理上显得捉襟见肘，考虑在未来添置帧同步的设备。

另外，由于直播前的大雨，主播间临时从户外搬进户内，人员设备紧急搬迁，包括扩声、拾音、拍摄的光线条件都有一定的变化，技术团队的应对也并非游刃有余。比如，现场反射声明显增多，主持人的声音显得略为空洞。室内主播身后原本是玻璃窗，为了拍出窗外的樱花景色拆除了玻璃窗，但是室外的光线的强度要远远强于室内主持人的面光，即使现场放置了两台高色温平板灯进行补光依然不足以很好地缩小两者之间亮度的差距。

传统媒体变革是在技术驱动下的变革。在可预见的未来，5G 技术、大数据、云计算、物联网、VR、AR、人工智能等都将进入商用和普及期，推动着融媒体向智媒体演变的新一轮变革。在此背景下，对于新媒体技术力量薄弱的区县传统

媒体而言,重点引进前沿型技术领域人才,培养具有自主研发能力的技术人才,培训全员应用新媒体的能力,以技术更新带动传播转型是当务之急;二可通过部分技术外包的方式,开发和搭建相应的技术平台与操作系统,提前布局,迎接新变化和新趋势的挑战。

3. 加强合纵连横,打通有影响力的宣发渠道

本次直播除了宝山融媒体中心所属广电及两微一端外,通过东方网和看看新闻网等头部官媒转发直播链接,获得关注度十倍以往的效果。但关注度转化成活跃参与率的比率不高。

传统媒体的融合发展离不开在互联网环境下成长的年轻人,尤其是拥有丰富社交媒体经验的"二次元"人。除了大众官媒,传统媒体应该联合在年轻人群中有号召力的地方自媒体,社交大V共同参与直播实践,更可关注有过"二次元"亚文化群体经验的达人,特别是涉及过"游戏圈""动漫圈""音乐圈"的"二次元圈"专业人才,将用"直播带货"思维,将传统媒体的产品由"三次元"现实社会引入"二次元"网络平台,形成滚雪球式的宣传效能。

结　语

习近平在《关于推动传统媒体和新兴媒体融合发展的指导意见》中强调,推动传统媒体和新兴媒体融合发展,强化互联网思维,坚持传统媒体和新兴媒体优势互补、一体发展,坚持先进技术为支撑、内容建设为根本,推动传统媒体和新兴媒体在内容、渠道、平台、经营、管理等方面的深度融合,形成立体多样、融合发展的现代传播体系。媒体融合势在必行,融合的力量不可估量。

作为"四级办台"中最基层单位的区县级广播电视台在基础设施投入及人力资源上相对匮乏,面临着来自上一级媒体、新型媒体、各类自媒体的多重夹击。想要真正转型成功,便要回归到草根思维中寻找认同和发挥价值,要始终遵循传播规律,坚持技术先导,加强合纵连横,以融媒思维带动资源融通和内容创新,拓展产业边界,打造有真正竞争力和影响力的终端优质媒体。

作者简介:

马萧,上海市宝山区融媒体中心影视频部组长。

许建,上海市宝山区融媒体中心大型活动部副主任。

徐祖达,上海市宝山区融媒体中心原主任。

论媒体融合视域下的区媒新格局

张博文　历文磊　平奇灵

提　要： 传统媒体与新兴媒体的融合发展，从普遍倡导阶段到达向纵深方向发展的新阶段。在媒体融合发展的视域下，区级媒体的融合发展出现了传统媒体与新兴媒体优势互补、取长补短的新格局。尤其是在新冠肺炎疫情期间，传统媒体在电脑和手机屏幕上找到的发展新思路，让“传媒联动”的试探迈出了未来可期的一大步。当然，融媒体在发展过程中，在讲究信息的时效性、服务性的同时，仍然要坚持传统的真实性、权威性，坚持正确的舆论导向，杜绝虚假信息与谣言。

关键词： 媒体融合视域　区媒新格局　媒体融合新态势

党的十八大以来，以习近平同志为核心的党中央高度重视传统媒体和新兴媒体的融合发展：从提出“推动媒体融合发展的重大任务”到“推动媒体融合向纵深发展”；从加强顶层设计到提出采编发流程再造以及融媒体中心建设，习近平同志多次为媒体融合发展绘就路线。在中宣部要求于全国范围推进县级融媒体中心建设的部署出台后，2019 年 4 月 3 日，上海市委深改委第二次会议审议通过了《上海市关于加强区级融媒体中心建设的实施方案》，2019 年 9 月 16 日，上海 16 个区的融媒体中心全部建成并挂牌。报纸、广播、电视等传统媒体和互联网、移动端正式完成了整合。作为信息传播通道多元化下的新作业模式，媒体融合后，不同的媒体通道被有效、有机地结合起来，进行资源的共享与互补，集中处理新闻事件，在不同平台上衍生出不同形式、不同长短、不同特征的信息产品。日渐式微的电视、报纸在与新媒体对接之后，又焕发出了新生力量。尤其是在新冠肺炎疫情期间，传统媒体在电脑和手机屏幕上找到的发展新思路，让“传媒联动”的试探迈出了未来可期的一大步。媒体融合发展是传媒领域一场重大而深刻的变革，传统媒体和新兴媒体之间不是一个此消彼长的简单关系，而是在一定条件下，“此长彼长”的乐观态势。

一、传统媒体内容生产面临的窘境

因为互联网技术的发展，信息传播的成本大大降低，现代化的技术让图片、声音、视频和文字可以轻松地同时出现在每一块电脑、手机屏幕上，报纸、广播和电视等传统媒体与互联网、智能手机、平板电脑等终端传播通道有效地结合了起来，利用媒体系统对所有信息进行资源共享，做出集中的加工和处理，通过各种形式生产出不同内容的、符合不同人群兴趣的信息产品，并通过相应的媒介传播给受众。

当前，新兴媒体发展的速度和覆盖率大幅度增长的速度大大地超乎了人们原有的想象，这也给传统媒体带来了巨大的冲击，迫使其不得不重新审视自我的存在模式，由此，传统媒体已经到达了变更、转型的十字路口。媒体融合是一场全方位的革新，和原来传统媒体调整专栏、改版扩版完全不同，这是一次从内到外的、向新媒体方向拓展的转变，这需要传统媒体了解并充分运用互联网技术手段来进行自我改造，而怎样才能在这一重大的变革中成功地“改头换面”，已经成为当下传统媒体费神费力的重要研究课题。

对于媒体传播来说，其主体永远是内容，而在内容生产的方面，传统媒体虽然权威且可靠，但与新兴媒体相比，显得有些死板和僵化，“不够有趣”“不够吸引眼球”是传统媒体平台多年来一直试图突破的刻板印象。但是，传统的电视、报刊只生产很少的内容，其主要功能还是作为信息中介，将得到的信息进行确认、整合后，形成严谨的报道，输送给受众。因为流程严谨，很容易导致信息输送速度不够快，而新闻消息往往是谁发得更早、谁发得更快，谁就能最大化地攫取信息的增值收益。新闻信息、节目采编、制作、报道的过程和受众所需的固定的接受时间让传统媒体不可避免地在速度上慢人一步，而在微博、微信公众号等移动新媒体介质中，内容生产的时间被大大地缩减了，几张图片配上几十个字就能作为一条新闻发出，受众可以随时随地、方便快捷地收到推送消息，并且对信息做出实时的讨论、回复和转发，在内容上进行再生产。同时，受众自身也成为了传播介质中的重要一环，加快了信息在移动互联网上的传播。在这种时代背景下，速度与效率较低的新闻采编方式一定会被行业所淘汰。因此，对于这种采编方式，应当从根源上进行改革，突破传统的方式，以便于适应如今人们的需求。传统媒体需要学习新时代的信息思维，纯熟驾驭新兴的网络载体，运用全新的运营手段，才能真正地掌握媒体融合发展的新本领，并且，只有加快推进传统媒体与新兴媒体在内容、渠道、平台、运营、管理等方面的深度融合、一体发展，才能在稳固传统媒体报道优势的基础上，以改革创新之力破解媒体融合梗阻。

所谓众口难调，实际上，大众媒体很难满足用户的个性化需求。传统媒体的报道思维和方式固定，因此难以向受众推送有针对性的、符合个人口味的信息，一旦一个新闻节目、一篇新闻报道制作好了，它就是面向所有受众的，所以受众也很难挑选出自己感兴趣的题材、新闻进行着重地关注。而在互联网形态下，以微博、微信公众号为代表的新媒体形式的最大特点就是用户可以根据自己的需求和喜好，自由地关注不同的信息媒体。与此同时，在当下的网络空间里，营销号、自媒体盛行，这些专门为讨好某一类有相应喜好的群体而生产内容的媒介新形式，也获得了极大的关注量。

新旧媒体的共存让相同的信息得以进行多元化、多渠道、分众式的传播。以城市为中心，报纸仍然占据着传统媒体形式下相对而言最多的受众；广播却面临着电视和报纸的双重夹击，只在汽车电台里才有喘息的余地，处境极为尴尬；电视虽然还是家家户户的必需家电，但在很多人家里，已经更多地成了摆设。网络媒体以其崭新的传播方式和内容生产能力，展现出一日千里的态势，但终归由于信息不够权威、真实性难以得到保障等原因，难以统一当下的媒体市场。如今，传统的广播、电视、报纸和微博、微信等新媒体形式正处于共存状态，新旧媒体之间的互有长短、优势互补、彼此融合才是弥补自身缺陷、占领市场的最优方式。

二、疫情下的媒体融合新态势

2020年初开始的新冠肺炎疫情让贺岁影片的上映场所都从大银幕搬到了手机屏幕和电视屏幕上，可见当下移动网络端的强大。同样，在疫情影响之下，传统媒体也更加活跃于移动媒体平台之上，这是市场化运作促成的。作为现代媒介生态中的一个重要组成部分，移动互联网已经成为传统媒介发展道路上绕不开的话题，换句话说，对于移动互联网迅猛的发展态势，传统媒体势必顺应。媒介融合之后，电视屏幕、电脑屏幕和手机屏幕三屏联合通信，不同的媒体发挥相同的协调效应，要找快的就在互联网上搜索，要找权威的就在报纸和电视上看，这就是新时代下，生活方式改变的一个直观例证。

在融合媒体快速发展的大背景下，新闻采集、制作和发布、传播的固有业务模式被完全打破，传统媒体对新闻采编流程进行了新的重组和整合，试图使之符合融合媒体时代的要求和风尚。如此一来，新闻的加工方式和发布平台就呈现出了多元化的趋向，传统媒体的发布平台不再仅限于电视、报纸和广播，新闻内容的生产要面向融合媒体，适应不同的传播形式，能在多个平台进行发布。同时，互联网中的新闻内容需要针对不同的受众和讨论度设定标签、热度等参数，通过这些指标来考察一个新闻消息的热度和价值，并且根据评定推送到不同的平台。融合媒体具备协同编辑、批量处理新闻的功能，可以生成针对多种媒介发布的媒体格式，并且这个系统能够解决新闻的分发问题，针对不同的平台进行多渠道建制，使得同一内容的不同形式的新闻产品可以按照各自既定的发布轨道进行传播，从而让新闻信息复次、多介质、全方位传播。当新闻抵达客户端之后，融合媒体系统可以根据客户的反馈信息将新闻内容进行再次加工，用户也可以将身边的新闻内容通过在线上传的方式提交到融合媒体系统中。

对于新闻媒体来说，内容才是最后的王者。媒体融合的最终结果应当是使优质内容得到更好更广泛地传播。在内容生产方面，传统的广播电视媒体虽然正处于转型的进程中，但仍有极强的规范性，并且在选择发布平台时有了先后之虑，如上海的区级融媒体中心建设就要求“移动优先”，原则上以移动客户端为中心首发平台，充分利用“两微、一端、一抖”等新媒体矩阵，将图文报道与可视化报道在各平台编辑、同步分发，滚动发布，形成立体、复数宣传的传播态势。以黄浦区融媒体中心为例，中心根据不同媒体的特点，生产出的内容由简洁到厚重：在“上海黄浦”微信公众号、微博、抖音等新媒体平台上发布简短、有趣的文字、图片和视频“预热”，引起受众关注；在“黄浦时间”电视新闻播出具体、凝练的新闻内容，《黄浦报》报纸版面刊登相关信息；在《上海外滩》杂志进行深度挖掘，形成长篇报道，完整呈现新闻内容的前因后果、“前世今生”。通过践行“一体策划、一次采集，多种生成，多元传播”的生产、发布路径，为不同兴趣、不同习惯、不同审美的用户提供不同产品，令每个人都能找到适合自己的阅读平台。这一传播态势，在疫情期间进一步得到“升级”。上海各家融媒体中心发挥建成后媒体融合发展的优势，围绕疫情防控、复工复产、提振消费重大主题，整合报、台、网、端等多平台的力量，加强统一策划，信息共享，联动推出媒体产品。在一些重点内容发布过程中，如口罩申购，不少中心城区的移动客户端基于发布优势，往往第一时间发布简单版内容，后续不断滚动更新，这一做法屡试不爽。郊远区则发挥原有电视、广播的优势，每天在客户端长时间播出防疫相关内容，实时播报疫情进程。有的区为了照顾本地农村用户，还制作了“方言版”重要通告提示、标语口号、抗疫文艺作品等；值得一提的是，“上海金山”App 还与央视视频合作开设了“疫情 24 小时”直播链接。以往此类信息都是在权威媒体上进行发布，在区级移动媒体介质上“抛头露面”简直是难以想象的，而这一现象在当今的媒介环境中则成为常态，并且颇有成效。

三、融合过程中面临的挑战

必须坚持的一点是,传统媒体在新的媒介平台上仍然需要保持自己的权威性和严谨性,不能一味地追逐和跟随社会上的快节奏氛围和话题热点。在面对网络上纷繁复杂的信息时,传统媒体必须保持理性,仔细筛选、严谨核实,确保所发布的内容是真实、可信的。互联网最大的特点之一就是"快",如何在保持快速发布的同时,确保新闻内容的真实、有效、客观,这是传统媒体扎根于新媒介环境过程中时刻面临的挑战。例如,在微信上发布文章,就必须严格审核将要发布的内容,毕竟官方媒体代表的是政府的形象和气质,因此公众号上的信息内容的搜集、整合、编辑、上传、发布等一系列工作都必须经过层层筛选和检验,同样地,发布在抖音、微博、报纸、电视、杂志、移动端上的新闻内容也必须经历这样经过反复推敲的制作流程。如此看来,在新闻生产的过程中,落实"三审制"就显得至关重要,主编、责任编辑、记者合理分工,及时发布和更新信息内容,并对发布信息的真实性、可靠性和合理性负责,明确信息来源,对那些来源不明、内容不准确的信息则不予发布。同时,对于新闻的类别,需要控制在特定的范围内,要确保准确性、时效性和适用性,内容简洁、文字表达清晰,必要时可以入乡随俗地使用"网言网语",以增加趣味性,减少与受众的距离感,发布信息要尽量达到图文并茂、"身临其境"等,这些都是在新媒体平台上发布新闻的新特点。

在移动端,媒体对一条信息的发布和传播并不是结束,而是刚刚开始,始发之后,看到这条信息的每一个人都可以对此信息进行评论和再传播,这也是新媒体环境的特点之一。以往,传统媒体与受众之间基本上不存在直接的交互过程,即使存在,互动周期往往也很长,使得受众反馈显得"陈旧""过时",媒体也难以做出及时的转变,因此对于传统媒体来说,预计受众反应和诉求的必要性并没有如今那么苛刻。但在实时反馈、迅速就能形成讨论、舆论之风的互联网环境下,受众的意见和喜好开始受到消息发布者的重视,而且是必然的重视,尤其是对于官方媒体,编辑要认真查看网民的回复、认真分析用户的诉求,对于一些用户集中反映强烈的问题,要进行及时地处理和转交,并努力在实际工作中及时回复、加以解决,不断提高社会公众对政府部门工作的满意度和信任度,建立和维护政府的良好媒介形象。

互联网上的环境相对自由,提供了各类信息自由传播、人们自由发言的权利,但这也给一些不负责任、无中生有、歪斜扭曲的舆论带来了土壤,不分青红皂白的"带节奏"现象屡见不鲜,在官方微信、微博、抖音等公开平台下,让那些不怀好意的人引领了舆论走向,显然是不能容忍的,对于这些消极、负面的舆论,必须采取一定的措施。这就对运营方提出了一些要求，上海各区的融媒体中心媒体平台均要求由值班巡检人员随时密切监视信息内容，发现平台上出现非法信息时，应立刻向负责人通报情况，情况紧急的应及时采取删除等处理措施，按程序报告，以此减少甚至消除充满恶意的声音。

结　语

印刷时代已经远去，广播时代也不再辉煌，甚至电视的产业也开始走下坡路，与之相反的是移动新媒体的崛起。现在新媒体正处于迅猛发展之际，在融合传统媒体的基础上不断创新发展，逐渐成为媒介化社会中的中坚力量[4]。媒体融合已是未来发展趋势，是新闻实践过程中难以避免的话题，并且在融合的过程中，无论是传统媒体，还是新兴媒体，势必都面临着许多困难和挑战。在这场大变革中，广播、电视、报纸等媒介形式可谓是感受到了实实在在的“危机四伏”，但“危”中必有“机”，如何“转危为安”，还需要传统媒体进行仔细和全面地思量。实际上，新媒体的腾飞就是在为传统媒体提供机会。在此次疫情中，上海各区融媒体中心的表现就揭示了这一点。通过相互融合、取长补短，在坚持传统新闻生产模式的严谨、权威、可靠的基础上，适度吸取新媒体的快捷、趣味、个性化、多形式的亮点，优势互补，共同构建和谐的传媒新格局。

参考文献：

[1] 孙杰.媒体融合背景下新闻采编工作的创新策略[J].传媒论坛，2020，3(12)：23－24。

[2] 敬冉.全媒体时代的融合与创新[J].新闻前哨，2013。

[3] 赵晶辉.加快报刊媒体与新媒体融合发展对策研究[J].传媒论坛，2020，3(12)：45＋47。

[4] 翟晨妤.融媒体时代的媒体融合和发展[J].传媒论坛，2020，3(11)：49。

作者简介：

张博文，上海市黄浦区融媒体中心记者。

厉文磊，上海市黄浦区融媒体中心常务副主任。

平奇灵，上海市黄浦区融媒体中心记者。

关于区县级融媒体中心发展之思考
——以金山区融媒体发展为例

侯晓钢　孙丹萍

提　要： 传媒的互动性和服务性是决定受众数量的关键因素，随着媒体融合的深入，“内容为王”所呈现的内涵和模式也在发生变化。短视频越来越受到重视，只有给到受众需要的真实的人性化的新闻，我们才能更好地引导舆情，在社会灾难面前起到定心丸的作用。直播是大势所趋，在技术的支持下，大型直播节目越来越受到大众欢迎。

关键词： 互动性质和服务功能　视频和直播发展方向

怎样的媒体才能拥有更多的受众呢？我们觉得是互动精神，并且能够服务群众的媒体才能拥有更多的受众。

一、具有互动精神的媒体可以拥有更多受众

(1) 媒体一定要和“用户”互动，交互性对媒体而言是非常重要的。广播电台在 20 世纪 90 年代走出低谷最重要的原因，就是群众点歌。20 世纪 90 年代越来越多的家庭都装了电话，可以打电话给电台点歌。在当时，这类节目在电台全天节目中显得非常重要。这就是和听众互动的一种方式，听众非常喜欢。我 1994 年在常州人民广播电台(中波 846 千赫)做《商海点歌岛》节目，每天可以收到很多的听众来信，有时候甚至一天 60 封信。这些信很多是来自常州的本地听众，也有很多来自南京、徐州等广播覆盖面的各个地区。

技术进步日新月异，现在已经是自媒体的时代了，每个人都可以方便地在社交软件上表达自己的观点和传递信息。现在的微信公众号，基本上都设置了文

末留言的功能，受众可以自由表达读后感，也有的公众号在文末给出了意见，并且看到单个受众的意见在受众群体里面所占的比重，这无疑大大增强了公众号的参与度。例如微信公众号《魔都囡》在推文文末不仅仅会有留言项目，而且还设置了大家看完整件事情有何感受，当你投票后就可以看到所有投票受众的选项分布。这样的方法无疑大大增强了受众的参与感和存在感。

微信公众号《人民日报》近日发出的推送《神兽归笼！开学日，这些小朋友萌翻了》光看题目就十分吸引人，加上图片和短视频，文末留言每条都有成千上万的点赞。可以很清楚地看到有多少人非常关注此文，这就是互动的魅力。

只要有网络，在“上海金山”App里可以方便地看到各个频道的电视节目，并且还可以回放。在没有电视机和报纸的地方，“上海金山”App成为更多受众的良师益友。

(2) 怎样更好地实现互动，发展自身：我们金山区融媒体中心十分珍惜那些喜欢《i金山》微信公众号或者“上海金山”App的用户，为了更好实现互动，公众号的编辑们会及时地回复受众留言，这也是互动。对于金山报的校园版面编辑而言，他需要让每周一版的校园版面成为孩子们新作的窗口，成为孩子们展现文学才华的舞台。和微信公众号的文末留言一样的，《金山报》校园版也是受众和媒体从业者实现交流的重要手段。

疫情期间，“上海金山”App抓住机遇，加强互动，努力推广自身。金山广播电视台和《金山报》合并并且成立融媒体中心以后，推出了“上海金山”App。鉴于疫情导致社会上群众对口罩的需求量很大，而当时药店和网络上很难买到，“上海金山”App适时推出了四轮“安装‘上海金山’App，免费赠送口罩”的活动。这个举措得到了有线电视网络的大力支持，受众领取口罩的地点遍布全区各镇。此举新增加了安装数量达到两万，新增加的注册数量达到一万五，大大提高了这款App在金山受众心目中的知晓率。目前的“上海金山”App安装数为35 879，注册数为26 615。

“上海金山”App在受众阅读转发后，都可以赢得积分并获得奖品，此举很受欢迎。

县级融媒体中心可以利用App，依托自身获知政府信息更快、更准的优势，提供以民众为中心的网络社区服务。例如当我们接入了卫健委的端口，受众就可以在App里面提前挂到本区各家医院的就诊号，这大大方便了群众就医。

二、内容为王 引导群众 服务群众

(1) 互动的传播方式确定了以后，服务群众，引导舆情。“内容为王”其本质是“哪种内容才是真正的重要”。2019年10月10日，习近平总书记指出，“要扎实抓好县级融媒体中心建设，更好地引导群众，服务群众”。两句话，八个字，“引导群众”“服务群众”。关于县级融媒体中心，中央一再强调，县级融媒体中心扎根基层，是信息资源、传播资源、文化资源、商业资源的重要集聚平台，在发挥好思想引导、舆论引领作用，成为县域基层巩固和壮大主流思想舆论根据地的同时，也应更好发挥文化服务、社会服务、商业服务等重要作用，更好服务于政务管理、基层治理，更好服务于经济社会发展和民生福祉。

不要怕事情小，百姓生活无小事，哪里路断了，哪里补贴被克扣了，哪里被黑心商家坑了，哪家孩子上不了学了，哪里基层服务不到位了，这些老百姓的家长里短都应该是县级融媒体中心关心的地方。所以说，只有关心群众，把身子俯下来，想群众之所想，急群众之所急，我们传媒产品才能深深植根于广大群众心中。这也就是说在内容上，一定要接地气。我们金山融媒体中心的传统拳头产品《金视新闻》正是这样做的，也有很多的作品被上级台选用，2020年金山区“一个村一部史”“堵心桩被拆除”两条新闻也获得了上海市的市级新闻奖，这样的例子不胜枚举。

县级融媒体中心更多是一种服务基层治理的手段，而不是单纯的宣传平台，所以区县融媒体也可以成为政府政务推广的一个权威性的平台。

县级融媒体应该加强本地信息服务。前阶段民众极为关切的信息是身边病例的具体位置以及确诊病例的活动轨迹。如果国家、省市一级的疫情播报无法准确到具体的位置，民众多通过QQ、微信群的分享信息来了解身边的疫情动态。没有权威的信源，这种四处散布的信息既是不稳定因素，也会让谣言扩散。如果县级融媒体中心能够利用居委会、业委会的精准信息进行发布，一定能吸引居民关注。例如国内疫情严重期间，我中心的微信公众号《i金山》就适时地推出金山区几个患者行动的轨迹，以及疾控中心如何推测出几十个密切接触者的文章，让百姓放心，让群众安心。这些更为精确和丰富的一手信息，有利于民众加强防护意识、提高防护等级。

(2) 媒体产品应该从服务群众出发，给到受众更关注的真实而富有人性化的贴近群众生活的新闻。在写作方法上，我们建议新媒体产品最好一个标题就能回答他们的问题，因为我们的读者很大可能是用手机阅读。在手机上阅读，可能看了标题就不点进去了。因为手机很小，时间也有限，浏览也碎片化，所以新媒体的写作和传统媒体是不同的。

手机阅读为主的新媒体时代，微信公众号在写作方法上面，和电视新闻是有区别的，电视新闻更加依靠画面来展示内容，而微信公众号就是更加活泼，口语化，亲近性，例如金山区融媒体的微信公众号《i金山》推出的微文：《佛系遛狗

VS 花样遛狗？Get 特殊时期遛狗正确方式》等，用生动的图片、短视频和非常口语化的方式介绍了世界各地的各种疫情期间遛狗方式，让人在沉重的疫情中呼吸到一些乐观轻松的空气。

微信公众号的新闻内容就不仅仅要真实，还要紧跟社会热点话题，要贴近人民生活实际。例如这样的内容就跟百姓生活息息相关：《上海人清明节去苏州扫墓，回来要隔离吗？苏州让进吗》《复工后单位是不是必须发放口罩》等，这样的推送切入点很小，和百姓日常生活距离很近，很具有服务性，回答了群众心中的疑惑，十分接地气。这样的内容也就能大大增加了我们生产的传媒产品的有效阅读量。

(3) 内容和群众生活的接近性正相关，越是贴近群众生活的新闻越转发和阅读量大。《i 金山》等金山本地微信公众号，紧跟习总书记的方向走，在 2020 年疫情期间创下了多篇推送达到 10 万＋的好成绩。这里有一个例子：金山民间微信公众号代表《乐活金山》2020 年 2 月 1 日发布的《金山铁路、石梅、上石、莲卫、莲金、莲朱》这条达到了 75 762 点击量，(文章内多媒体数据)2020 年 1 月 25 日发布的《金山已全面行动，金山人做好准备》(文章内多媒体数据)总阅读量为 79 915。

金山融媒体中心的官方微信公众号——《i 金山》在 2019 年就差不多有粉丝(关注人数)15 万了，目前准确来说有 162 756 个，金山区大约有 80 万人。也就是说两成的金山人都在关注我们的微信公众号——i 金山。疫情期间，有四五条推送的阅读量达到 10 万＋。熏拉丝(“拉丝”就是蛤蟆。笔者注)这条达到了 16 万。这本来是一条市场监管人员去枫泾检查，看看市场上是不是有拉丝售卖的情况，是一条很短的电视动态新闻。当微信公众号通过共享渠道得知后把它加工成了微信推送。这个例子也很好地体现了融媒体的操作方式就是打破部门与部门之间的界限，实现跨部门的信息共享。无论广播电视还是新媒体，信息和资源的共享，部门之间密切合作是融媒体运行中很重要的一个特色。

《i 金山》在 1 月 24 日，还刊登了一条《配合防控，金山这些地方暂停开放》的推送。这篇推文得到了 10.3 万的点击量，这就体现出服务群众是多么重要。因为这条推送跟百姓生活有非常紧密的关系，所以转发阅读人数很多。2 月 7 日《金山区关于加强新型冠状病毒感染的肺炎疫情防控工作的通告》。点击量也达到了 14.6 万，这个数字也很可观。所以我们想要提高点击量，提高阅读量，一定要和群众生活密切贴合才可以，只有这样，才能体现出我们的新闻传媒是真正为群众服务。

(4) 县级融媒体中心应该利用熟悉本地风情、方言、文化等优势，充分发挥专业的信息生产能力。可以利用专业的创作优势，创作通俗易懂、风趣幽默，具有较强指向性、针对性的音视频、文本、图片等对上述六项信息进行传播，尤其是其中的前四项，是民众最需要的信息内容。可以利用专业优势为本区应急广播提供容易理解、记忆的广播文本。例如金山台的广播频率就推出了方言宣传段子，效果良好。这就是《给金山居民的一封信》，这封信还有电视版本，电视和广播同时播出，融媒体的机制打破了部门与部门之间的界限，很好地发挥了融媒体融合人心的作用。媒体融合的核心是要融合供需，稳定人心。

三、新闻的可视化以及短视频越来越成为潮流

在传播形式上，新闻的可视化是一个潮流，我们举一个负面的例子，《金山报》是区级机关报，目前采用的是免费赠送的方式，即便如此，融媒体前订户数48 000，目前是43 900。融媒体前和融媒体后，订户还是掉了4 000左右，疫情也对订户基本上没有任何的推动作用。这也从反面印证了新闻可视化。我们觉得，新闻短视频化是一个时代的潮流。

抖音和快手在市面上的流行，有力地说明了新闻可视化是我们的发展方向，应该继续加码短视频。无论是传统纸媒，还是各级广电，继续加码短视频，是未来相当长时期内的头等大事。在新媒体环境下，伴随着用户习惯的变迁，移动短视频作为一种新兴的媒体形式，成为移动互联网时代受众利用碎片化时间接收信息、休闲娱乐的重要途径。以前我们出门，大家都会说拍照留念，现在大家都会说拍个视频发朋友圈，拍个抖音发个快手吧。甚至我们最熟悉的微信，在今年，也放开了对朋友圈发短视频的长度限制，甚至在公众号、看一看，包括朋友圈，特别针对短视频做了优化配置。最近，在微信里面，发现页面上还增加了一个名为“视频号”的功能，这也是新闻可视化，短视频受到欢迎的明显例证。

直播节目的兴起不容忽视。新闻原本是新近发生的事实的报道，而自从有了直播节目，新闻可能是正在发生的事实的报道了，直播的形式正越来越深入人心。1993年开始，笔者参加了常州人民广播电台的直播节目，也多次在大型的广播现场直播节目中担任了节目主持人。当时我们把播出设备搬到了大街上，直接面对听众，为龙城书市的开幕等做了很好的宣传。时光流逝，传媒技术在不断发展更新，在微信的月活跃用户量已经超过十亿的今天，我们也看到主流媒体对新媒体传播手段更具包容性和创新性，直播、短视频、互动问答、图文、长图等百花齐发。例如：疫情期间，央视频开启了对火神山医院和雷神山医院建造过程的慢直播，使用常规镜头和VR镜头24小时不间断地呈现施工现场的实时画面，不到一周的时间共计吸引近1.7亿人次在线“云监工”。这说明：疫情期间重大题材直播节目对情感抚慰，知识介绍等方面发挥了重要的作用。信息呈现不

再只是从传统平台向新媒体平台的简单平移，而出现了更多具有顶层设计、立体化、连接化的产品，传统电视媒体迎来新的融合转型机会。这也证明了直播是融媒体时代应该挖掘的方向之一。我中心也多次和兄弟电视台以及大型网络媒体进行过合作，推出了不少颇受关注的直播节目，受众反响良好。例如当援鄂医护人员回到金山的时候，我中心和兄弟单位合作，举办了大型直播节目，吸引了大量受众的关注。人们在“上海金山”App和“i金山”微信公众号都可以观看到欢迎仪式，直播播出当天该推送在朋友圈刷屏，收到很好的宣传效果。

结　语

综上所述，融媒体创新了“业态”，融合多媒体共同发展。金山区融媒体中心把融合发展理念贯穿于组织指挥、采集编发、终端覆盖全过程，通过对新闻报道流程、发稿运行机制、采编组织架构重塑、重整、重构，实现各种媒介资源、生产要素有效整合，信息内容、技术应用、渠道终端的共享融通，从“物理聚合”到“化学反应”，从“简单相加”到“深度融合”，构建现代传播体系，打造适应“全程、全息、全员、全效”媒体特点的新业态。例如利用微信采编业务群，新闻编辑把每日的选题汇总，公布新闻标题给各端，以便于让各端分别及时响应采用。同时，我们金山台融媒体中心的编前会制度也很好地起到了互通有无、整合资源的作用。每天的编前会总结经验，提出采访和版面指导方向和建议，引导近期的各端包括电视、广播、报纸、微信、微博版面内容，并且把会议记录发在采编业务群里供大家参考。效率很高，效果很好。

“郡县治，天下安。”县是我国基层治理最重要的单元，一方面连接城市，一方面紧贴农村，是城乡、工农之间的纽带，是最接近基层、最接近群众、最接地气的地方。百姓生活无小事，县级融媒体中心，只要报道好百姓身边事，反映他们的疾苦，用他们常用的语言，和他们同呼吸共命运，县级融媒体中心就一定有更加辉煌美好的未来。

作者简介：
侯晓钢，上海市金山区融媒体中心副主任。
孙丹萍，上海市金山区融媒体中心总编办节目管理。

上海区级媒体疫情期间加速融合的实践与思考

——以金山区融媒体中心为例

陈建军

提　要：新冠肺炎疫情发生以来，对于不能外出的受众而言，重大突发公共卫生事件造成的信息恐慌和信息饥渴，这既给离基层群众最近的上海区级新闻媒体融合发展带来了空前机遇，也面临着创新话语方式和传播形态的巨大挑战。疫情期间，金山区融媒体中心坚持“移动优先”，加速“新闻＋服务”功能融合，在权威发布、正面宣传、舆论引导以及畅通疫情防控为民服务“最后一公里”等方面，进行了积极探索和有益尝试，为全媒体环境下区级媒体应对突发公共卫生事件的策略提供了思考与借鉴。

关键词：区级融媒体　公共卫生事件　融合发展新闻＋服务

新冠肺炎疫情是新中国成立以来在我国发生的传播速度最快、感染范围最广、防控难度最大的一次重大突发公共卫生事件。这场正在进行的疫情防控阻击战，对上海广大新闻工作者来说，是一场大战，也是检验全市各区级融媒体中心改革成效的一次大考。

作为引导群众、服务群众的重要宣传平台，上海 16 个区级融媒体中心迅速行动，充分利用融媒优势，坚持以“移动优先”为原则，构建立体式、全覆盖的宣传网络，提高防疫信息的覆盖面和到达率，并利用新媒体大数据等科技手段，为群众提供新型肺炎疫情实时动态查询等各类信息服务，为助力打赢疫情防控阻击战，提供了强大的精神力量和舆论支持。

一、疫情期间金山区级媒体加速融合发展取得的成效和做法

（一）加强全媒联动，打造疫情获取主渠道

新冠肺炎疫情发生以来，上海区级融媒体中心在加速融合发展过程中，扎实做好疫情防控、便民服务等方面工作。金山整合区融媒体中心各宣传平台，传播区委、区政府权威信息、纾解群众紧张情绪、助推金山经济社会有序发展，在疫情防控和经济社会发展“两手抓、两不误、两促进”的实践中，彰显出媒体融合发展的“金山力量”。

1. 渠道深度融合，壮大主流声音。从疫情发生初期，受众的关注点主要集中在疫情最新数据和进展情况，尚处于信息获取的饥渴状态。区级融媒体中心对疫情信息的传播起到了关键作用，其传播的信息同样具有较强的针对性和指导性，能够及时地将疫情信息通报给普通市民群众，在疫情防治中信息传递更加具体明确、具有实际效用性。

金山区融媒体中心强化媒体资源整合，“统一发声、融合作战”，充分发挥新媒体传播的突出优势，第一时间发布中央、本市和金山最新消息和防控动态，及时宣传党中央和本市决策部署，广泛普及疫情防控知识，并重点宣传报道区委、区政府及指挥部的工作举措。市民群众打开电视广播、点击手机、翻开报纸，均可及时关注、积极响应，做到令行禁止、政令畅通，上下同心、众志成城。

“i金山”微信公众号每天推送3次，每次6至8条，多篇报道点击率斩获10万＋，公众号订阅人数增至16万人。“上海金山”App客户端滚动直播基层一线动态以及记者采写的重点报道，订阅用户增至3万人。可以看出，疫情战客观上促进了区级融媒体中心的自我完善、融合发展。

2. 发挥各自优势，打造宣传矩阵。此次疫情报道，是在融合传播背景下，区级融媒体中心充分发挥各端自身资源优势，打造疫情防控宣传矩阵的一次大练兵、大实战。

金山采取“线上＋线下”“媒体＋服务”“互动＋联动”模式，全线出击、多平台联动，打出报道“组合拳”，面向不同群体，策划、制作、推送不同形式的疫情防控知识和新闻产品，形成全区疫情防控的立体新闻传播大网。

金山电视台“金视新闻”开辟战“疫”专题和专栏，播出丰富的新闻节目。金山广播电台在“1051会客厅”开辟防疫先锋系列访谈，并在“1051惠生活”开展防疫知识宣讲。农村小喇叭用金山方言进行“土味”广播，让百姓听得懂、记得住。《金山报》从1月底开始，持续开展战“疫”专题报道，主题鲜明体裁丰富，广泛凝

聚人心，增强斗争意志。同时充分利用二维码，积极与新媒体联动。全媒体传播形成了合力，取得了较好的宣传效果。

（二）以舆情战疫情，不断提升舆论引导力

新冠肺炎疫情具有很强的突发性、紧迫性和不确定性。疫情发生后，受众在某种程度上，都会出现一定恐慌心理和消极行为。主流媒体此时除了传递信息外，还需要进行舆论引导，帮助认识和分析事件，培养受众心理承受力[1]。

1. 高效传播真相，走在科普前沿。全媒体环境下，疫情发生后，网络上各类谣言不可避免地不断传播、发酵，给社会造成一定不良影响。区级融媒体中心承担着信息的“把关人”和社会的“守望者”角色。这就要求新闻工作者必须具备过硬的专业素质、强烈的自律意识、责任意识和梳理引导网民舆论的能力，加强对各类疫情信息来源和内容的筛选核实，确保疫情信息的真实性、准确性和无害性，营造良好网络舆论氛围，维护正常的网络传播秩序，绝不让网络成为疫情谣言的传播“温床”。

“i 金山”微信公众号于 2 月 17 日刊登《一出病房就被刑拘的确诊病例，他的 55 名密接者是如何找到的?》推文，及时披露疫情流调追踪过程和防控最新进展，遏制谣言、还原真相，促使受众不断调整面对危机的心态，逐步从未知走向已知，从慌乱走向稳定。

2. 引导舆论氛围，扩大传播声势。在疫情常规信息和报道累积达到一定数量后，适时引导舆论氛围、传播网络正能量，成为区级融媒体中心的主要责任。

疫情期间，金山加大外宣力度，讲好金山故事、传递金山声音、凝聚金山力量、展示金山形象。金山依托区级融媒体中心，在中央、市级以上主流媒体加大供稿力度，成为对外宣传交流的桥梁。同时加强与其他区之间互相学习，达到联防联控、共同提高的成效。

金山区融媒体中心还敏锐把握到当下短视频的优势特征，将此纳入融媒体中心新闻生产体系。“上海金山”抖音号在成为全区通报最新疫情、专家观点、科普知识前沿的同时，也成为受众信息获取、正能量传播的重要渠道。1 月 24 日除夕夜，“上海金山”抖音号发布《致敬！最美逆行者》推文，生动展现了金山医护人员赴湖北支援的离别视频，带给受众强烈的现场冲击感和精神共鸣，点赞人数达 145.3 万＋。

3. 丰富报道层次，拓展内容深度。为了满足受众深层次的信息需求，发生重大突发公共卫生事件后，区级融媒体中心还需加强对事件的深度分析和专业解读，不能仅满足于对疫情的最新发展情况进行报道，还要持续丰富报道层次，

不断延伸新闻触角，对事件进行多角度、全方位的深度分析和专业解读，让广大受众对事件由感性认识上到理性认识。

金山区融媒体中心定期编发《金山报》“卫生健康”专刊，充分发挥区域内各界人士、卫生医疗专家和基层医护专业人员，通过他们的声音来破除各类谣言，宣讲正确健康知识，利用他们的权威性、专业性和社会影响力来引导舆论。

（三）加速融合进程，做好服务群众大文章

1. 拓展民意通道，提升网络问政能力。全媒体环境下，网络为党委、政府了解群众所思所想，了解诉求呼声和社情民意的新窗口，成为群众表达意见、开展监督的新通道。区级融媒体中心离基层群众最近，最了解群众的所思所想，积极搭建和扩宽民意表达通道，让百姓声音借助融媒体中心的产品，第一时间实现“下情上达”，提升服务效能。

疫情期间，线下表达民意的通道受限，但受限的民意仍需要通道来表达。若不及时有效搭建民意表达平台，受众则会借助其他渠道进行民意表达，势必会给党委、政府在全力抗击疫情的大环境下，造成工作上的被动。区级融媒体中心快速搭建并畅通网上表达渠道势在必行，让民意及时反馈，化解风险于萌芽之际，助力党委、政府通过互联网“最大变量”变成“最大正量”[2]。

全市 16 个区级融媒体中心于 2 月中旬全部开通疫情防控工作问题建议征集渠道，面向群众征集疫情防控工作问题建议，迅速交区有关部门处理，及时反馈结果，努力把服务延伸到基层，把问题解决在基层。各区还成立疫情防控建议征集工作专班，积极协调解决问题，回应群众呼声。

金山区融媒体中心根据平台上收集的共性问题，如跨省通勤是否需要隔离、是否需有通勤证等询问，2 月 15 日晚上“i 金山”微信公众号发布《跨省通勤需要隔离？金平嘉三地推出“两书一证”人员车辆互认通行机制》推文，全面详细说明相关政策，第一时间解答疑虑，得到受众肯定，后台留言纷纷点赞[3]。

2. 打通神经末梢，实现服务最后一公里。疫情期间，上海 16 个区融媒体中心助力基层防疫，联合东方网制作“抗击疫情上海在行动”——抗疫服务聚合类新媒体产品，从解决人民群众“三最”问题入手，各项功能与百姓生活密切相关，包括疫情通报、实时动态、辟谣专栏等信息发布产栏目，也包括确诊患者同程航班车次查询、防护用品生产企业查询、口罩预约方式查询、定点发热门诊导航等便民服务板块。此外，产品还嵌入疫情知识问答等交互式内容。

金山区融媒体中心站在离基层群众最近的舆论引导第一线，“上海金山”App 精心打造“新闻＋政务＋服务”融媒体产品，并与区内大口单位、部门合作，

扩充信息源，丰富资讯内容，拓展服务功能。针对“口罩难买”的群众诉求，金山区融媒体中心对接有关部门，积极筹措数万只口罩，自主研发口罩预购通道，通过“线上预约＋线下领取”方式，向社会公众开展三批免费赠送活动，受到广泛好评。

在疫情防控的重要关口，金山融媒体畅通疫情防控信息服务“最后一公里”，并逐渐实现“新闻＋政务＋服务”三方面功能的融合，这既是战疫信息传播价值的延伸，也是区级融媒体中心建设的成果显现。

二、疫情期间暴露出融媒体中心建设的短板和不足

（一）应对疫情的敏锐性还不够强

对疫情在春节前出现的萌芽状态，总体认识不够到位，重视程度不够。以金山区融媒体中心为例，采编等部门的外省市记者编辑大部分都回乡过年，一线留守人员严重缺乏，无法及时跟上中央、本市和金山工作部署，新闻舆论工作在疫情发生初始阶段的时效度不够。

（二）融媒体中心协调机制不够健全

由于融合发展等各方面原因，区级融媒体中心在疫情期间的整体指挥调度还不够坚强有力。从金山来看，由于疫情防控需要，原有编委会、编前会以及相关线下会议制度暂时取消，改为线上会议或者微信群沟通，一定程度上，造成了部门之间沟通不畅和信息不对称，影响了选题策划、新闻采编和月度稿评选等工作的开展。

金山区融媒体中心在2019年6月底挂牌后，原电视台、报社工作人员，还没有完全做到从“相加”到“相融”，各忙各家的惯性思维依然存在，有影响的新产品、融产品不多。选题的报送、监督跟踪和效果评估以及新闻作品评优等机制，有待进一步调整和优化。

（三）新媒体的受众影响力还不足

在疫情发生初期，由于受众对疫情的信息恐慌和饥渴状态，区级融媒体中心编发的信息关注度较之以往有所提升。以金山区为例，“i金山”微信公众号多篇微信的阅读点击率破10万＋，但和全市其他区横向相比，“i金山”微信公众号和

“上海金山”App 等移动端的粉丝量与实际人口数的比例偏低，活跃度不够，“爆款”新闻作品也相对较少，新媒体的传播力、引导力和影响力仍须加强。

（四）分众传播的差异化程度扩大

随着疫情持续，在受众对信息的权威性、及时性和透明度提出更高要求的环境下，区级媒体在信息聚合和舆论生成方面就承担着更为重要的角色，力争生产出形态创新、内容专业和传播高效的融媒体产品，这是取得战“疫”报道阶段性胜利的关键所在。

疫情防控宣传中，金山区的新媒体平台发挥了宣传主阵地作用，广播运用小喇叭在村居中广泛宣传发挥出巨大作用。但是，传统的电视和报纸端口，由于刊播时间和出版周期等因素，作用发挥相对有些滞后，对整体宣传效果产生了一定的影响。

三、疫情期间区级媒体加速融合进程的努力方向与对策

在疫情阻击战的关键阶段，上海区级融媒体中心应抓住有利时机和条件，在更高层面以更大力度，向更高目标加速推进，高质量打造。

（一）强化区级融媒体中心在舆论导向与社会治理中的重要地位

要进一步强化区级融媒体中心在区域应急管理中的突出位置，高度重视融媒体在疫情防控和社会治理中的重要作用。在重大突发公共卫生事件发生后，应第一时间成立新闻舆论工作领导小组，设立宣传教育和舆情引导指挥部，统筹做好全区新闻报道工作。全区新闻力量要第一时间响应，打通信息高速通路，形成协同发力、互为补充的立体传播网络，做到各种宣传手段火力全开，有效开展新闻舆论工作。

（二）融媒体助力基层防疫工作

从金山实践来看，区级融媒体中心关注并报道区域内防控疫情的举措，传达疫情防控知识，及时通报本地疫情最新数据，在一定程度上实现了信息有效传播，化解群众疑虑。但在重大突发公共卫生事件面前，仅限于此，显然还远远不够。区级融媒体中心要充分利用大数据、云服务等技术，为群众提供新型肺炎疫

情实时动态查询等各类信息服务，让抗疫服务聚合类融媒体产品，成为疫情期间便民利民的高效产品。未来，随着区级融媒体中心进一步发展为基层主流舆论阵地、综合服务平台和社区信息枢纽，“新闻+服务”类融媒体产品将进一步常态化，必将为基层舆论宣传和信息服务发挥更大价值[4]。

（三）加快融合发展的落地落实

区级融媒体中心要与商业平台、兄弟媒体联动，形成传统媒体和新兴媒体、中央媒体和地方媒体、主流媒体和商业平台、大众化媒体和专业性媒体的多平台配合，构建起资源集约、结构合理、协同高效的全媒体传播体系，在做好广播、电视、报纸、网站等传统媒体传播的同时，坚持“移动优先”原则，充分发挥新媒体的互动性、便捷性和精准性优势，确保疫情防控宣传全方位覆盖、全天候延伸、多终端呈现，一键直抵基层一线，及时传达到每一位普通群众，为助力打赢疫情防控人民战争、总体战和阻击战，提供强大的精神力量和强有力的舆论支持。

（四）提升服务实体经济的功能

当前防控持续向好的形势下，但疫情对经济造成的冲击仍不容小觑，尤其对中小微企业影响巨大。区级融媒体中心在此背景下，着力推动跨业融合，进一步升级融媒体中心功能，主动与外部资源打通，增强媒体服务能力。比如，通过新媒体平台开展直播带货销售等活动，或主动嫁接各类金融服务型平台，扩宽企业融资渠道，助力中小微企业共克时艰。

结　语

金山区融媒体中心在这次新冠肺炎疫情的防控报道战役中，充分发挥了融媒体的全方位组合式报道的综合能力与传播威力。实践充分证明：在全媒体环境下，融媒体中心成为党委、政府了解群众所思所想，了解诉求呼声和社情民意的新窗口，成为群众表达意见、开展监督的新通道。区融媒体中心，不仅是坚持正确舆论导向、守望社会、扶正祛邪、辟除谣言的主战场，还是加强社区管理、开展全方位信息服务、稳定社会秩序、促进社会生产力发展的重要阵地。实践也充分证明：今后必须继续强化区级融媒体中心在舆论导向与社会治理中的重要地位与作用。

至于在融媒体中心的初创阶段存在的协调机制不够健全、新媒体影响力还不足等问题,只能在进一步加强党委对融媒体的领导,加强组织建设和队伍建设、加强科学管理、积极开展5G时代新一轮的传媒科技革新中予以逐步解决。

参考文献:

[1] 司嘉,唐国为.新媒体在疫情报道中发挥的作用[EB/OL].数英,2020-03-02.
[2] 林丹妮.疫情启示录:提升融媒体中心在疫情防控中的效能[EB/OL].人民网,2020-02-20.
[3] 上海市人民政府办公厅.抗击疫情、回应关切,上海16区融媒体中心集体"发声"[EB/OL].上海发布,2020-02-07.
[4] 陈孟.疫情期间的融媒体传播特点分析[EB/OL].人民网,2020-03-22.

作者简介:
陈建军,上海市金山区融媒体中心编委、报纸部主任。

上海区级融媒体建设的现状、问题与对策研究

——以金山区融媒体中心建设为例

蒋伟明

提　要：2019 年 6 月至 9 月，上海 16 个区全部成立了区级融媒体中心，基本实现了全媒体融合发展，构建了广播、电视、报纸、手机终端以及微博、微信、社交自媒体全覆盖的传播格局。但是由于体制机制等原因，各区级融媒体中心在融合发展过程中遇到了许多困境。本文通过探究金山区融媒体中心建设历程，直面区级融媒体中心建设的困境，提出了解决困境的成功办法，并做了相应的对策研究，为其他区级融媒体中心的建设提供借鉴。

关键词：区级融媒体　现状　问题　对策研究

当前，上海区级融媒体建设到了关键时刻，在传统媒体向新型主流媒体转型过程中各区都面临体制机制改革、三大功能建设、人才队伍建设等共性问题，且没有找到好的经验和突破。

上海区级融媒体建设的现状：上海市现有 16 个区级融媒体中心，除浦东新区实行事业单位企业化管理以外，其他 15 个区均实行事业单位管理，大部分为原广播电视台、原报社和政府网站整合组建，少数为原广播电视台和原报社整合组建，其中，金山区是上海区级媒体融合改革最早的区，早在 2016 年就完成了整合，比其他区早了三年。因此金山区融媒体中心还是有经验、有策略可以总结的，对其他地区融媒体建设还是有借鉴、启迪意义的。

一、上海区级融媒体发展中的普遍问题分析

调查发现：普遍发现现行的事业单位体制机制虽然保障了职工收入稳定、队伍稳定，但是弊端也不容忽视，特别是考核机制方面“一刀切”“大锅饭”的做法，已成为深化改革、深度融合的“瓶颈”，已不适应融合发展、转型发展的需要，主要表现在：

1. 体制难以突破。

据了解，上海多个区在探索媒体融合时曾尝试两种不同的途径：一是采用浙江县级融媒体如长兴、萧山等地的传媒集团的企业化管理模式。浙江的县级媒体融合起步比较早，也比较成功。他们的优势是有产业支撑，包括有线网络、广告营收、社会服务等。但这在上海各区很难复制，上海区级媒体自从有线电视统一剥离，媒体广告归口国有企业后，基本都已经没有什么经营了。实行企业化管理并不具备条件。二是采用浦东广播电视台实行事业单位企业化运作模式，老员工保留事业编制，经济上财政托底＋企业创收，实行企业化管理。考虑到上海区级融媒体实际，这是比较理想的选择，从区级领导层面也非常支持，但与国家政策相悖。根据 2012 年 4 月 16 日出台的《中共中央 国务院关于分类推进事业单位改革的指导意见》，不再批准设立承担行政职能的事业单位和从事生产经营活动的事业单位。虽不断努力尝试，终究无法取得突破。目前，除浦东以外，上海的 15 家区级融媒体都划为公益类事业单位，而浦东能够实行事业单位企业化管理得益于原浦东广播电视台于 2010 年在该政策出台前就实行了改革。

2. 绩效额度偏低，人才队伍流失较严重。

新闻媒体单位具有“专业化程度高、工作强度高、人员流动性高”的工作特性，目前的绩效额度可以说没有充分体现媒体的特殊属性，远低于同样事业单位的卫生、教育，甚至排在各区事业单位平均绩效水平，难以吸引人才、留住人才，形成稳定的人才队伍。以金山区融媒体中心为例，近三年，区下达给融媒体中心的绩效额度分别为每人 9.75 万元、10.73 万元、11.37 万元，加上基本工资，相当于一个工作了十年的采编人员 2019 年税后收入还不到 13 万元。据统计，融合以来，该单位 2016 年至 2019 年先后有 32 个采编人员离职，其中本科以上学历 31 人，研究生学历 9 人，很大部分为工作 3 到 5 年的骨干，其中 3 人还是中层干部。辞职潮在 2016 年和 2017 年融合前后最突出，达 20 人。离职人员中很大一部分原因是工作压力增大，收入待遇却没有跟上。特别是八项规定之前，原中心

采编人员部分专业技术能力强的可以在单位下属的广告公司、传媒公司等兼职取得部分激励，而融合以后，收入不升反降，极大地挫伤了这部分人的积极性。

3. 人员身份多样，管理难度不小。

这几年，新闻宣传工作范围逐年扩大，工作任务不断增加，但因无法扩编，且现有编制的计划招聘数受到限制，造成了用工的多样化，员工身份较复杂。除了事业编制的，还有编办核定非编的、企业聘用的、劳务用工等。按照身份进行管理并发放薪酬，难以形成统一有效的考核激励机制。原金山区广播电视台和原金山报社合并之初，分别有事业编制 70 人，政府非编 30 人，企业用工 30 人，临时用工 4 人、劳务派遣 6 人。每种身份按照规定发放的工资福利也都不一样，造成同一个岗位考核标准一样，管理非常不利，对员工也很不公平。而这一现象目前在不少区级融媒体中心至仍然存在。

4. 因事企分离，造成经营能力弱化，产业发展止步不前，后劲不足。

做大做强媒体产业，用产业营收利润补充事业拨款不足部分，"反哺"事业的发展，是媒体的普遍做法。但上海区级融媒体中心因事企的绝对分离，企业营收的自主权减少，特别是经营创收未与职工的收入直接挂钩，使得企业发展的动力明显不足，积极性受到影响，这既浪费了市场资源，从某种程度上又制约了媒体的转型发展。目前，上海大部分融媒体的企业已经收归国资委管辖，个别单位虽受委托管理，企业收入也直线下降。

5. 专业人才缺乏、融而不合较为突出。

"融合发展关键在融为一体、合而为一。"党的十八大以来，以习近平同志为核心的党中央高度重视传统媒体和新兴媒体的融合发展，习近平总书记多次在不同场合强调要利用新技术、新应用创新媒体传播方式。上海各区媒体融合大部分是原广电和原报社的"相加"，运作上仍然缺乏互联网思维，分析原因，融合后的干部职工传统媒体的惯性思维根深蒂固，恰恰缺少新媒体的基因。以金山融媒体中心为例，2016 年融合之初，在较长一段时间，两路人马处于在一起办公各为其主的状态，写报纸的还是写报纸，做广电的还是广电，没有跳出传统媒体的思维。

二、案例分析：金山区在融媒体发展中探索的经验

基于以上困境，各区都在积极探索适合上海实际的区级融媒体发展之路，

有些已经取得一定成绩，其中最早探索媒体融合的金山区融媒体中心在考核机制、人才建设、新媒体发展等取得了一定突破，他们的主要做法有以下几点：

1. 打破身份限制、建立一套科学合理的考核激励

金山区融媒体中心打破人员身份限制，实行按岗位定级，同工同酬。科学合理设置部门、岗位，根据岗位职责的大小、标准的高低，核定岗位系数，采编人员的系数最高为1.4，行政管理1.2，技术大部分为1.3。变“因人设岗”为“因事设岗”，同一岗位上的人员实行一个考核标准，多劳多得、优绩优酬，体制外的人员不再因为身份不同而在收入上低人一等，形成了良好的公平竞争氛围。

建立科学的分配机制，薪酬分为基本工资＋月度考核奖＋年度考核奖三大部分。其中考核部分占了薪酬的60％以上，收入的多少主要衡量是做多做少、做好做坏，而不是谁的工龄长，谁的资格老，激发了全体人员的积极性。除了薪酬部分，为激励先进，还设立了月度好稿评优、优秀员工评选等制度，鼓励出成绩。其中月度好稿评优，覆盖所有媒体端，对选送作品的60％进行奖励，调动了采编人员的节目精品意识。评选优秀团队、优秀个人，其中优秀个人奖设志愿服务奉献奖、爱岗敬业模范奖、突出贡献标兵奖等荣誉称号。为了鼓励向新媒体发稿、向上级媒体发稿，绩效考核办法上也都适当给予倾斜。

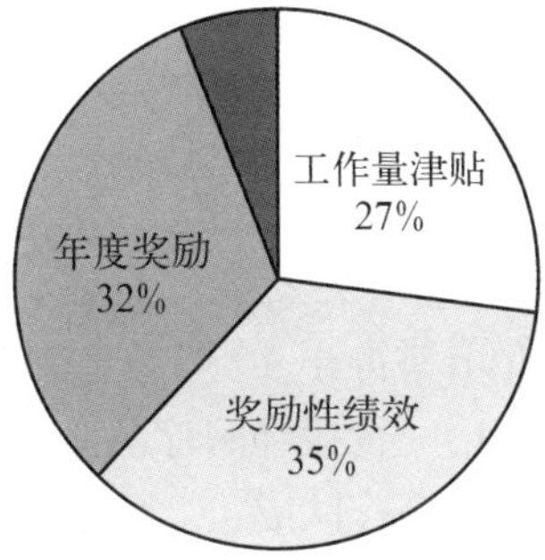

2. 制定人才战略，稳定新闻传媒队伍

人才紧缺是制约区级融媒体发展的重要因素。这在上海远郊的金山显得尤为突出。金山区融媒体中心做过统计，在过去几年组织的招聘活动，上海媒体专业的六所重点高校几乎没有毕业生应聘，除了地理和环境因素，区级融媒体与新媒体相比收入不高、发展空间小也是重要因素。一边是招不进，另一边又有骨干流失，成为困扰中心的最大难题。为了引导鼓励优秀人才成为区级融媒体中心建设中的项目带头人、骨干成员，形成稳定的工作队伍。建立完善正向激励机制，解决“干好干坏一个样”问题。在区委区政府的支持下，2019年2月，《金山区关于进一步加强新闻传媒人才队伍建设的若干办法（试行）》（以下简称《办法》）印发。该《办法》主要分两部分：一是优秀新闻传媒人才引进，对照相应条件，高端新闻人才引进可以享受购房补贴60万元，实施协议薪酬，年薪不低于

50 万元；业务技术骨干享受购房补贴 36 万元，实施协议薪酬，年薪不低于 40 万元；其他优秀人才实行 15 到 25 万元的协议年薪和相应租房补贴。二是优秀新闻传媒人才培育。针对现职现岗新闻传媒专业技术人员，开展每两年一周期的优秀人才评聘选拔，确定首席（记者、编辑编导、播音主持）、预备首席、媒体英才、业务骨干共四大类，分别给予每年 10 000 元到 36 000 元不等的津贴。2019 年，金山区融媒体中心第一次引进了一名中国传媒大学的研究生，并在 2020 年评选出了首批优秀新闻传媒人才。

3. 移动传播优先，发挥融合效应

传统媒体相对单一的新闻信息传播功能，已经不能满足群众的工作生活需要。金山区融媒体中心以移动优先为战略，重点打造手机客户端——上海金山 App，逐步形成以新媒体（两微一端一抖）为核心，广播、电视、报纸、手机报为骨干的全方位、多层次的主流媒体矩阵。探索形成基于“整体策划、一次采集、多种形成、全媒传播”为原则、新媒体优先的采编刊播流程和绩效考核机制，App 运行初显成效、网络直播反响热烈。以时效性现场感强的直播为突破口，开辟线上直播功能，田野百花节、沙滩烟花节等重大节庆直播，让不能到现场的百姓也能通过手机看美景；两会、民生访谈类直播搭建政府和百姓互动的桥梁；自然灾害、公共事件、突发事件直播让百姓能第一时间了解身边事。据统计，2019 年通过 App 举办了 40 多场直播活动，收到良好社会效益。例如，2020 年 4 月 14 日，上海第一批援鄂医疗队队员结束了为期 14 天的集中观察隔离，各自返回。为迎接金山医疗队成员，金山区融媒体中心策划“英雄凯旋——援鄂医疗队回归”融媒体直播活动，并于当天分别在上海金山 App、i 金山微信公众号进行了长达 3 个小时的直播，在青浦、金山多个点位，通过电视演播室访谈、大巴跟拍采访、空中航拍等方式，全方位展示了金山区欢迎援鄂医疗队回归的场景，累计收获了 12.5 万的浏览量，1 300 余条评论，起到了非常好的宣传英雄效果，发挥了融合的效应。

4. 服务功能拓展 赢得用户信赖

金山区融媒体中心在丰富服务功能上下功夫，在服务群众中吸引群众、引导群众、赢得群众。“上海金山”App 开辟各种便民服务，电子商务、在线教育、在线医疗等服务功能，提升服务质量和水平。通过这些举措，让群众真正使用 App，并难以离开。例如，在 2020 年年初新冠肺炎防控期间，针对居民购买口罩难问题，金山区融媒体中心在“上海金山”App 上推出了免费口罩预约功能，向群众送出口罩 5 万多个。

经过三年多的融合，金山区融媒体在融合过程中取得了一定的成绩，但是有些问题依然无法取得突破。比如绩效考核，由于事业单位是按照人头拨付的，固定了分配总额，就全中心而言未能真正意义上实现多劳多得，优绩优酬，目前实行的绩效考核只能是局部范围内的“跷跷板”机制，部分人的受益是建立其他人减少的基础上的，只有突破了总盘的上下限才能真正调动全单位的积极性。其次在融合过程中，以移动为优先的战略力度还不大，传统媒体转型还不够彻底；此外，融媒体人才队伍的建设和培养也亟待提高等。

三、区级融媒体中心建设的对策建议

目前，上海市的区级融媒体中心建设已经铺开，建设模式基本上是在整合区域内广播、电视、报纸、网站等传统媒体资源的基础进行的。笔者通过对金山区融媒体中心的调研分析认为，上海区级融媒体中心的融合要从“相加”转化为“相融”，真正实现“引导群众、服务群众”的目标，在以下几点还需加强：

1. 首先移动优先战略要做到全面优先。

传统媒体近年来用户数量直线下降，由于没有收视收看调查，无法评估真正的用户数，但是受众的大量流失是无法否认的事实，特别是中青年群体受众的流失尤其严重。习近平总书记明确指出，“人在哪里，新闻舆论阵地就应该在哪里”“读者在哪里，受众在哪里，宣传报道的触角就要伸向哪里，宣传思想工作的着力点和落脚点就要放在哪里”。2017 年 1 月 5 日，时任中共政治局委员、中央书记处书记、中宣部部长刘奇葆在推进媒体深度融合工作座谈会上指出，推动媒体融合发展，必须顺应移动化大趋势，强化移动优先意识，实施移动优先战略。当前，区级媒体融合要把内容、人才、技术、资金、力量向移动端倾斜，做到全面优先。

2. 其次要进一步拓宽综合服务功能。

中宣部县级融媒体中心建设现场推进会上强调：“努力把县级融媒体中心建成主流舆论阵地、综合服务平台和社区信息枢纽。”三大功能中综合服务平台对区级媒体非常重要，是广大人民群众与主流媒体平台发生联系的“用户入口”，直接决定了我们的信息发布能力。今年以来，各区都千方百计争取用户数量，通过开辟政务、为民服务等功能等也取得了一定成绩，但也应该看到，目前的用户数、浏览数量还不高，只有根据群众的需求开设一些贴近群众的服务功能，让群众不仅能享受到优质便利的服务，又能快捷地了解社区信息。

3. 再次要用好用活人才。

习近平总书记指出："媒体竞争关键是人才竞争，媒体优势核心是人才优势。"互联网已经成为新闻宣传的主战场，迫切需要具有移动互联网思维方式、懂数字开发、懂产品设计、懂用户体验、懂互动交互的"互联网基因"人才，迫切需要能够熟练运用内容创意、产品创意、视觉创意、技术创意的复合创意人才。区级融媒体要在稳定广电、报纸原有主力采编队伍的基础上，亟须培养一支互联网运营队伍；要创新管理理念，改变旧的人才管理战略模式，破除官本位、论资排辈的观念，大力扶持能力较强的创新复合型人才；要用活人才，不要捆绑人才，对体制内的一些技术骨干、要待遇倾斜，甚至可以允许在企业兼职，一方面可以壮大传媒经营，另一方面又能激发专业人员的潜能。2017 年 3 月，人社部印发《关于支持和鼓励事业单位专业技术人员创新创业的指导意见》，"支持和鼓励事业单位专业技术人员到与本单位业务领域相近企业、科研机构、高校、社会组织等兼职，或者利用与本人从事专业相关的创业项目在职创办企业"。希望这一政策也能早日惠及各融媒体中心。

结　语

区级融媒体中心是在区党委区政府领导下的重要宣传阵地，是加强政府与民众之间信息联系与意见沟通的纽带与桥梁，在坚持正确的舆论导向与加强社会治理中具有重要地位与作用。因此进一步加强区级融媒体中心的建设刻不容缓，上述对策建议势在必行。

至于在融媒体中心的初创阶段存在的体制机制不够健全、骨干队伍不稳定、新媒体影响力还不足等问题，只能在进一步加强党委对融媒体的领导，加强组织建设和队伍建设、加强科学管理、积极开展新一轮的传媒科技革新中予以逐步解决。

参考文献：

[1] 习近平在党的新闻舆论工作座谈会上讲话[EB/OL].中华人民共和国中央人民政府网，2016-02-20.
[2] 习近平出席全国宣传思想工作会议并发表重要讲话[EB/OL].新华社，2018-08-23.
[3] 瞿学江：移动优先是媒体融合发展的重要突破路径.《传播力研究》2017 年第九期.

作者简介：
蒋伟明，上海市金山区融媒体中心编委会委员、人力资源部主任。

长三角一体化背景下区级融媒体发展策略初探

——以上海市青浦区融媒体中心为例

沈伟群

提　要: 2019 年 10 月,《长三角生态绿色一体化发展示范区总体方案》正式获国务院批复。同年 11 月 1 日,作为实施长三角一体化发展国家战略的先手棋和突破口,长三角生态绿色一体化发展示范区正式揭牌,长三角更高质量一体化发展新征程至此开启。列入该示范区的上海青浦区以此为契机,优化融媒中心建设顶层设计,内外兼修,着力打造区域内"1+11+X"融媒体集群布局,拓展与长三角地区合作,既练好内功,又寻求合作,探索融时代一体化发展的新格局,取得良好成效,前景可期。

关键词: 长三角一体化　"1+11+X"布局探索　前景

长三角地区包括上海、江苏、浙江、安徽三省一市,常住人口 2.2 亿,经济体量巨大,是中国经济增长的重要引擎。2019 年 10 月,《长三角生态绿色一体化发展示范区总体方案》正式获国务院批复。同年 11 月 1 日,作为实施长三角一体化发展国家战略的先手棋和突破口,长三角生态绿色一体化发展示范区正式揭牌。上海市的青浦区、江苏省的苏州市吴江区和浙江省的嘉兴市嘉善县,则属于 2 300 平方公里的示范区内。青浦区位于上海市西部,拥有 6 000 多年的历史,被称为整个上海的发源地。随着长三角一体化发展的不断发展,城市功能布局的不断优化,青浦正从"上海之源"向"上海之门"大踏步迈进。

青浦从不满足于排排队、齐步走,而是敢于吃螃蟹、挑担子。积极承接国家战略,充分发挥区位优势,主动融入长江三角洲区域一体化发展,青浦有着自己的发展之路。而作为服务国家战略、讲好青浦故事、发好青浦声音的重要平台，青浦区融媒体中心称得上生逢其时。为全力推动媒体融合改革落地见效，上海市青浦区融媒体中心2019年6月28日正式挂牌成立。

一、在长三角一体化背景下，将融媒体中心打造成为展示青浦形象的信息枢纽

根据《上海市区级融媒体中心建设的实施方案》，青浦区融媒体中心首先明确自身定位，以先进技术为支撑，以内容建设为根本，实行移动优先策略，打造了青浦报、青浦电视台、青浦人民广播电台、绿色青浦App、绿色青浦微信公众号、绿色青浦新浪微博号、绿色青浦抖音号、绿色青浦大鱼号、绿色青浦快手号、青浦门户网站、长三角示范区发布公众号和青浦大调研公众号。同时积极入驻新华社、人民日报、上观新闻、文汇报、新民晚报、周到上海、澎湃新闻、触电新闻、今日头条、东方头条、网易新闻、抖音短视频、大鱼号、快手短视频、一点资讯和天天快报等这些央媒、市媒及知名商业平台。中心专门与各街镇、区级单位分中心统筹联通、协同互动，实现了“1+11+X”的集群布局，即1个区融媒体中心、11个街镇分中心和X个区级单位分中心。

得益于上海市市级技术平台提供的技术支撑、运营维护和网络安全保障，青浦区融媒体中心需要负责内容生产、审核和分发。努力走出了一条适合青浦的新路。中心在全区打造的以区融媒体中心为引领、紧密联通、协同互动的“1+11+X”融媒体集群工作框架，在集群内实现上下联动、实时统筹、同步推送，形成宣传声势。同时积极拓展街镇及区级单位分中心新闻宣传阵地，不断壮大做强基层宣传人才队伍，依托区级单位政务职能，把居民最大限度地纳入服务范围，推动新闻信息与政务、服务紧密结合，增强用户黏性，最广泛地引导和服务群众，守护好、巩固好、发展好主流思想舆论阵地，力求在形成齐抓共管的舆论管控机制、健全业务骨干培养渠道、接通媒体宣传“最后一公里”上取得实效。练好了内功，还要谋求外力，这就需要合作。只有多方给力，才能实现共赢。长三角地区地缘相邻、人文相亲，如何画好融媒体的“同心圆”？随着长江三角洲地区一体化发展已经上升为国家战略，“我们必须科学认识网络传播规律，提高用网治网水平，使互联网这个最大变量变成事业发展的最大增量”。让青浦融媒发出青浦最强音，特别是在长江三角洲地区展示青浦形象，这是青浦区融媒体中心目前正在探索的。

早在2018年，首届进口博览会在青浦举办，为了更好地服务国家战略，青浦区委网信办和闵行区委网信办就联合发起了“四叶草”新媒体联盟，青浦区、闵行

区的 9 家官方公众号，以及十余家自媒体账号成为首批成员单位。2019 年 9 月 30 日，青浦、吴江、嘉善三地百余家公众号又齐聚青浦区徐泾镇，达成长三角一体化示范区百家公众号联盟，倡议以正确的政治方向、舆论导向、价值取向为标准，在网络环境中起到先锋带头作用。如今，青浦区融媒体中心已经和吴江、嘉善也已形成长三角一体化发展媒体联盟。由青浦区融媒体中心主要负责运维的公众号"长三角示范区"从 2019 年 4 月 23 日开始，每日发布三条信息，涉及三地热点资讯、重点政策。这些来自权威机构发布的信息为公众能同时了解长三角示范区内的三地新闻提供了渠道。三地还达成了九方面的合作内容，包括共推党建联建、共策主题宣传、共设载体布局、共享信息资源、共建交流平台、共融政务服务共育人才骨干、共谋媒体经营、共创联动机制。

二、工作策略分析

（一）下沉机构融通资源，打造"1＋11＋X"的集群布局

2019 年 4 月，根据《青浦区关于区级融媒体中心建设的实施方案》，要在全区打造"1（区融媒体中心）＋11（街镇分中心）＋X（区级单位分中心）"融媒体集群工作框架。2019 年 5 月，区融媒体中心机构编制"三定"文件将健全区内媒体协作网络和工作机制，建设街镇融媒体分中心纳入区融媒体中心职能定位。7 月 3 日，青浦区融媒体中心揭牌仪式上，区委书记向 11 个街镇的党委书记分别授以融媒体分中心的牌子，并要求各街镇一把手深刻领会中央建设县级融媒体中心的初衷和深意，高度重视宣传思想工作，扎实推进分中心建设。随后区融媒体中心又制定了《街镇级融媒体中心标准化建设的指导意见》，从总体目标、统一名称、力量保障、运作机制、工作重点及相关考核、软硬件配备、人才队伍建设、验收标准等方面加以明确和规范。截至 2020 年 4 月底，全区 11 个街镇的融媒体分中心全部完成建设，共配备工作人员 68 名，运维本级媒体平台或账号共 27 个。

同时，青浦区融媒体中心积极寻求与区级单位合作交流，推动 X 分中心——区级单位融媒体分中心建设。区融媒体中心制定了《推进区级单位融媒体中心建设工作提示》，建议区级单位整合原新闻工作力量，从统一名称、力量配备、运作机制、工作重点、软硬件配备、人才队伍建设、验收标准等方面加以明确和规范。考虑区级单位分中心建设现状，区融媒体中心主动跨前一步，与区内重要部门协商推进分中心建设，以项目合作为切入点，努力达成双方互惠共赢局面，力促成立区级单位融媒体分中心。目前，全区已建立处级单位微信矩阵成员

65 家，区报刊联盟单位 28 家。区公安分局、区教育局、区人社局、区市场局、区水务局、青浦工业园区、区卫健委、中山医院青浦分院、区妇联、区消防局、团区委、区委党校等 11 单位已达成分中心建设意向。各单位依托原有宣传力量，并充实加固人员配备，编制了部门建设预算，业务主抓新媒体建设。截至 2020 年 5 月底，各分中心在人员配备上一般不少于 3 人，大口单位如公安分局、卫健委配备 6 人以上专职工作人员，并采购专业采编软硬件设备。X 分中心建设日益受到全区各单位认可，成为各单位宣传工作主抓手、新突破，也成为意识形态责任制重点保障工作。

（二）利用大型宣传活动，探索融媒体中心及分中心传播功效。

建立了“1＋11＋X”融媒体集群框架后，如何发挥各分中心的主动性、积极性和创造性，同时结合自身重点、特点和热点，发挥好媒体融合传播优势，以今年的新冠肺炎疫情防控宣传活动以及之后的抓好复工复产新闻宣传和舆论引导为例，青浦区融媒体中心及各分中心都进行了大量探索。

着力围绕抗疫重点服务大局，让融媒体分中心在舆论宣传中“唱主角”。积极推动全区 11 个街镇牢牢把握正确的舆论导向，围绕中央、市委、区委的中心工作，立足本街镇的重点任务，努力做好防疫要求和知识宣传报道，让基础预防政策和知识传得更开、传得更广、传得更深入，激励人民群众“撸起袖子加油干”，创造属于自己的美好幸福生活。夏阳街道分中心开设“战‘疫’一线”工作纪实系列报道，进一步扩大村居一线防疫工作报道。香花桥街道分中心紧扣“疫情防控”“防疫提示”等重大工作，相继编写、发布了各类消息和通讯，并被市、区级媒体转载，取得了良好的社会反响。金泽镇分中心围绕“如何守好上海西大门”，和周边江浙毗邻地区互动密切沟通，达成两地疫情消息互通、边界共守，产生了长三角同心抗疫的积极作用，牢牢把握主流媒体话语权。

着力推动复产复工服务民生，让融媒体分中心在恢复经济宣传中担当“主力军”。区融媒体中心与区卫健委等相关权威部门紧密联系，及时通报疫情防控信息，强企业复工复产信心。持续在“绿色青浦”微信公众号、移动客户端、微博、抖音等新媒体平台进行疫情动态推送。截至 2020 年 4 月 25 日，共发布 5 701 条信息，阅读量约 2.7 亿次；青浦电视台、《青浦报》等传统媒体新闻报道，通过视频、图片等多媒体形式，每日持续更新发布，累计推送相关资讯 763 篇，《青浦报》防疫专栏发稿 289 篇。各媒体平台客观真实反映了青浦全区防疫工作开展情况及 2 月下旬起连续无新增确诊病例连续的有利形势，为企业家提振信心、有序开展复工复产起到了积极作用。打造宣传舆论主阵地，为企业增力。

2020 年 3 月起，青浦区融媒体中心与区市场局、区经委、青浦区工业园区合作，精心策划、深度宣传报道探访区内重点企业复工复产、企业楼宇在疫情防护等有关动态，陆续发布《复工了，看看办公楼宇防疫那些事儿》《复工人数从 200 到 500，落户青浦的这家企业如何做到生产防疫两不误》《快递小哥呼吁健康前提下能进小区》等探访信息，记者深入办公楼宇、企业实地、居民小区探访复工复产，全面宣传报道企业、村居组织防疫及恢复生产方面好的做法和有益经验，为全区企业有序推进复工复产提供良好示范。依托《青浦新闻》等传统电视新闻栏目，紧扣企业复工复产防疫知识普及需要，及时更新全国、全市、全区最新疫情动态和防护知识，推出《奋力夺取双胜利》抗击疫情主题宣传，提高企业职工自我保护意识。面向企业员工，积极利用“绿色青浦”App 开展《抗疫》科普宣传，累计推送疫情科普宣传等资讯 1 143 余篇，点击量超 215 万次。聚焦经济民生领域，为全面恢复生产积极宣传。与区人社局紧密合作，在“绿色青浦”App 开辟《就业信息》专栏，发布各类招聘咨询 41 篇，点击量超过 2 万次，大力宣传区内各类企业招聘信息，解决招聘信息不对称、不及时、宣传力度不高的难题。同时正积极与区人社局沟通，力争在“绿色青浦”App 开设招聘投递简历等智能功能服务，进一步增加“媒体＋政务”功能。与区市场局紧密合作，开展“中国品牌日”青浦大品牌企业探访报道，先后走访“八喜”“上好佳”“妮维雅”等在青全国知名企业，让市民直面了解身边食品、日化用品等生产过程，提升市民消费信心和服务宣传重点企业生产，为推动早日恢复疫情前经济、民生服务做好舆论引导。

着力打造特色阵地站点，让融媒体分中心发挥基层“主动作为”。区融媒体中心立足防疫知识科普、职能部门重点宣传、市民百姓密切关注疫情信息等要素，重点梳理了重要节假日目录，推出了与区级单位合作，在“绿色青浦”App 推出防疫科普知识答题抽奖活动和在线讲座，在三八节与区妇联联合推出“姐妹相约・网上过节”挑战答题抽奖活动；在“3・15”消费者权益日与区消保委联合推出“抗击疫情・凝聚你我力量”挑战答题抽奖活动；在“3・23”世界水日与区水务局联合推出“水润青浦・惠泽民生”挑战答题抽奖活动；后续还与区文旅局、区委宣传部、区税务局、区市场局、区统战部、区人社局等单位联合开展了挑战答题抽奖活动，得到了市民踊跃参与，主管单位科普了疫情防控、主营职能等知识，市民通过答题活动有机会赢取精美小礼品，每场答题活动均突破了 1 万参与人次。同时利用 App 新媒体优势，与区妇联、区统战部、区税务局、区委宣传部开展了线上知识讲座直播，将主管部门精心制作的讲座、微宣讲等面向市民进行了广泛科普，充分发挥移动媒体客户端便捷性，进一步扩展了宣传阵地、宣传形式、服务对象。各部门对新媒体的关注度日益重视，逐步将传统的宣传方式由新闻、纸媒宣传等“被动作为”向新媒体互动答题、线上培训、直播活动等“主动作为”转变。

线上活动顺利开展后，区融媒体中心进一步与各主管部门开展重点选题策划报道、“媒体＋政务”合作开发、市民科普宣传、线上直播等重点工作深度融合，传统媒体阵地向智慧媒体大幅迈进。

着力发挥长三角一体化发展媒体联盟作用，让各联盟发挥 1＋1＋1＞3 的作用。三地融媒体中心联合开发了“长三角示范区”公众号，遴选优质内容，积极宣传长三角一体化发展这片热土的发展实景。今年 3 月，中共上海市委宣传部、上海市精神文明建设委员会办公室，中共上海市青浦区委宣传部联合东方网共同举办了“这场战‘疫’，感谢有你——长三角青少年艺术风采展示征集活动”，在各大联盟的平台上进行形式多样的展示活动。活动在积极宣传长三角青少年所创作的近万件抗疫艺术作品的同时，也让各平台的关注度得到了进一步的提高，粉丝黏性也得到极大地增加。

（三）媒体融合成效初现，未来发展前景可期

青浦区融媒体中心从“物理融合”到“化学反应”在不断探索，特别是在聚焦群众关切，精心做好内容，打造刷屏“爆款”，提高点击量、日活率，扩大在本区域的受众覆盖面方面不遗余力。此次新冠肺炎疫情防控客观上是对区级融媒体中心建设成果的一次实战性“突击大考”。此次疫情期间，中心向上对接市级、中央级媒体平台，提供内容产品，扩大传播效应；向下为各街镇、各单位分中心提供播报内容和技术保障，保障了信息发布的权威性和真实性。

随着与街镇、区级单位融媒体分中心建设合作的不断深入，“抗疫”宣传报道宣传能级不断提高，传播影响力也不断提升，促进了青浦区主流媒体宣传阵地地位提升。一是各街镇微信公众号月均发稿量均能达到 100 条以上，阅读量在 8w 至 12w。重固镇的“重固家园”微信公众号，2019 年在由《人民网・上海》微信平台评选的“上海市街镇微信公众号排行榜”中名列第二。二是区级官微“绿色青浦”稿源进一步丰富。由于各镇街源源不断输送的稿源，也加大了发稿力度。自青浦区融媒体挂牌以来，“绿色青浦”两微质量明显跃升。“绿色青浦”微信公众号入驻澎湃新闻两周后即夺得全国“区县分榜”冠军。至 2019 年 7 月起，“绿色青浦”在上海政务新媒体传播力、影响力排名大幅提升，由原先全市排名十名以外，提升至 2020 年 5 月排名全市第四，成绩显著。同时，原创率排名全市第 1，超过 70％。从 2019 年 6 月底至今，“绿色青浦”微博月均发博数 800 到 1 000 条，月均阅读量 250w 到 300w，月最高 380w，首次有单条微博阅读量超过 100w＋，50w＋、10w＋数量激增，“绿色青浦”App 下载量也近 46 万，区级主流媒体阵地地位日益凸显。

三、对区级融媒体中心发展的后续思考

“县级融媒体中心”是网络强国战略对治国理政思维的重要支撑，它的提出，是新时代习近平网络强国战略思想经由互联网传播手段和话语方式创新的“媒体融合”走向“媒介执政”，进一步创新党委领导、政府负责、社会协同、公众参与的社会治理新格局，打通全党与全国人民信息沟通“最后一公里”的基层网络政权组织建设的一个重大突破和变革之举。

“郡县治，天下安。”如何让区级融媒体中心的发展充分回应“国家治理”这个战略定位，是目前困扰青浦区融媒体中心的一个难点。毋庸置疑，区级融媒体中心要想在“最后一公里”这个宣传主阵地上获得话语权，必须有自己不可替代的竞争内核。朱天、张诚和齐向楠在《2018 年县级融媒体中心建设发展报告》中就提出，县级融媒体中心可以通过党委政府对执政资源的注入创造一个用户要享受各种服务就必须接入的客观需求。如何理顺融媒体中心和党委政府其他部门的权益关系？解决的关键在于提升后者既有的产品和服务价值。如今，在区内可能各职能部门的工作平台都会积累一定的用户数据和信息，但如何更好地去解读和使用好这些数据，特别是如何挖掘出酝酿中的舆情或者设计相应的治理方案并回应群众诉求时，融媒体中心可以发挥出自己的专业优势。

越是艰难越向前，摸着石头也要过河。在没有现成的模式可以复制的情况下，青浦区融媒体中心边探索边实践，边实践边调整。

对于传统的新闻传播业务，继续以优质内容为导向，改进报道方式，增加快闪、短视频、网络直播等形式，不断提升传播力、引导力、影响力、公信力，讲好青浦故事；对于非新闻传播业务，继续探索和不同党政部门或社会机构间的合作，从最初的追求用户流量思维转向为用户经营思维。如在“绿色青浦”App 和党政部门共同开展有奖知识问答，在“绿色青浦”公众号评论区给积极互动的网友定期分发小礼品，这些都能有效强化受众黏性。

结　语

青浦区融媒体中心建设才刚起步，要承担起强信心的重要使命、聚民心的重要任务、展形象的重要功能，还有很长的路要走。一是要进一步发挥党和人民“喉舌”的功能，真正成为联系区党委区政府和人民的桥梁，始终坚持为人民谋福祉；二是进一步认真贯彻长三角一体化发展战略方针，加强长三角地区媒体协作与信息交流；三是要始终秉持“以内容为王”，坚持“三贴近”，坚持新闻工作职业

操守与职业道德；四是进一步发挥融媒体的多种功能，加强信息化、数字化、智能化。特别是要和本地政府共同建设为本地居民提供多元服务的自主客户端，提升党和政府在互联网空间服务群众、引导群众的能力方面，还要不断探索，我们最终要做的就是在区委区政府和人民群众之间架起沟通的桥梁，把党的声音传递到基层、把服务延伸到基层，把问题解决在基层，为实现建设富强、民主、文明、和谐、美丽的中国特色社会主义现代化强国而努力奋斗！

参考文献：

[1] 谈燕，《长三角生态绿色一体化发展示范区揭牌》[N].解放日报，2019.11.02。

[2] 张晓松、黄小希，《举旗帜聚民心育新人兴文化展形象 更好完成新形势下宣传思想工作使命任务》[N].光明日报 2018 年 8 月 23 日，第 1 版。

[3] 东方网：王洁敏，《凝聚网络正能量 青浦闵行共建“四叶草”新媒体联盟》，2018 年 9 月 28 日，http：//gov.eastday.com/renda/dfzw/ycbd/u1ai6221192.html.

[4] 央广网：傅闻捷、韩晓余，《护航进博会 长三角一体化示范区百家公众号联盟成立》，2019 年 9 月 27 日，http：//www.cnr.cn/shanghai/tt/20190927/t20190927_524797206.shtml.

[5] 侯锷，《2018 年网络强国战略下中国社会治理发展报告》，《新媒体蓝皮书》，2019 版。

[6] 新华网：新华社北京 1 月 25 日电，《人民日报评论员：推动媒体深度融合，做大做强主流舆论》，2019 年 1 月 25 日，http：//www. xinhuanet. com/politics/2019 - 01/25/c_1210047714.htm.

作者简介：

沈伟群，上海市青浦区融媒体中心报纸部副主任。

广播电视报刊的媒体融合之道

王心欢

提　要：媒体融合的内涵和实践发展趋势分为三个层次：第一个层次是战术性融合；第二个层次是结构性融合；第三个层次是最高层次——媒介大融合，在这个层次，传统媒体与新媒体的界线消解，汇流到一个空前的数字媒体平台中。

广播电视报天然带有融媒体的属性——它是报纸，但又隶属于广播电视行业，以报道广播电视节目为主要内容，纸媒和广电的跨界运营，使得广播电视报更早地进行了媒体融合的实践。

广播电视报刊微信公众号和微博要以"依托声屏、面向读者、服务民生"为理念，紧紧围绕视听娱乐、节目导视、生活服务这三大核心做文章，形成独有的、区别其他报刊的内容配置方案。而由微信公众号、官方微博、网络电子版构成的新媒体矩阵，加上报刊内容，共同构建立体办报刊、运营一体化新格局，形成具有鲜明特色的广电报刊媒体融合格局。

关键词：融合创新　定位之惑　报台网微　跨界整合

随着我国互联网特别是移动互联网的持续超高速发展，基于移动互联网的新媒体已然成为传播方式的主流。新媒体对报刊、广播电视等传统媒体产生了巨大的冲击，在历经各种探索煎熬和摆脱困境的艰难突围后，传统媒体逐渐明确了未来的方向，那就是一定要走媒体融合发展之路。

党的十八届三中全会上提出要大力推动媒体融合发展，中央先后出台了《关于推动传统媒体和新兴媒体融合发展的指导意见》等纲领性文件。习近平总书记对宣传舆论工作和媒体融合发展特别重视，先后在多个重要场合发表相关重要讲话。他在党的新闻舆论工作座谈会上说："随着形势发展，党的新闻舆论工作必须创新理念、内容、体裁、形式、方法、手段、业态、体制、机制，增强针对性和实效性。要推动融合发展，主动借助新媒体传播优势。"在中央政治局第十二次集体学习时，习总书记更是明确指出，"推动媒体融合发展、建设全媒体成为我们面临的一项紧迫课题。我们要因势而谋、应势而动、顺势而为，加快推动媒体融合发展，使主流媒体具有强大传播力、引导力、影响力、公信力"。他还以"四全"，即全程媒体、全息媒体、全员媒体、全效媒体，对全媒体时代做了四个层次的全新阐释，要求广大新闻工作者"坚持一体化发展方向""坚持移动优先策略""探索将人工智能运用在新闻采集、生产、分发、接收、反馈中"……这些指示精神都体现了国家最高领导人对当下传播格局非常深刻和清晰的认识。习近平总书记着眼党和国家事业长远发展，深刻分析了全媒体时代的挑战和机遇，明确提出了推动媒体融合向纵深发展的重大要求，为我们深入推进媒体深度融合，进一步做好新形势下党的新闻舆论工作指明了前进方向、提供了根本遵循。

一、"三层次"说揭示媒体融合定义及内涵

所谓媒体融合，是建立在现代网络技术之上、融合了多种媒体形态的新型媒体运作方式，它是传播方式多元化的环境下，将报纸、杂志、广播、电视等传统媒体与基于互联网的新媒体结合，推出相应形态的信息产品，通过不同的平台传播给受众，打造"资源通融、内容兼融、宣传互融、利益共融"的新型媒体，产生媒体聚合效应，获得更大的传播影响力。

媒体融合的内涵和实践发展的趋势可以分为以下三个层次：

第一个层次是战术性融合，一般指传统媒体(报刊、广播、电视)与新媒体(网络、手机)之间在内容与营销领域的互动与合作。比如说一边看电视一边玩"摇一摇"等。

第二个层次是结构性融合，特点是一个传媒公司或者集团同时拥有报纸、广播、电视、网络等媒体形式，各媒体在统一的目标之下最大限度地实现资源的共享、开发与整合，协调合作，创造更大的传播效果，称为媒体整合。

第三个层次是最高层次——媒介大融合。随着媒体融合的深入和传媒技术的发展，数字化将成为未来各个媒体共同存在的形式，最终可能出现网络、媒体、通信三者的"大融合"，打造出全新的融多种媒体形式于一体的数字媒体平台，比如电视可能更多地将具备计算机的特点与网络相连，可以随时随地看网络视频，看回放，听广播听音乐，看直播给打赏，玩游戏，这样的电视不是传统意义上的电视媒体，而是被多媒体技术融合了的新媒体。在这个层次，传统媒体与新媒体的

界线消解，汇流到一个空前的数字媒体平台中。

从国内媒体发展走向来看，无论是传统媒体还是新媒体，都随着传媒业形势的发展变化，着力发展媒体融合。早期的媒体融合，是伴随着传统媒体“新媒体过程”而出现的，新媒体和传统媒体缺乏组织结构互联和内容互动，处于简单的相加状态。新媒体在技术保障和内容生产上往往借助外力，没有自己的核心团队，内容生产则缺乏必要的制度保障和创新动力。之后，随着中央对媒体融合发展的高度重视，传统媒体已能从战略的高度统筹规划，媒体融合实践开始从早期的理念确立、模式探讨，进入具体路径和业态探索的操作实施阶段，由简单的相加转向深度融合。

二、媒体融合发展存在的问题及对策

媒体融合有助于构建现代传播体系，改进思想宣传工作，推动传统舆论阵地转型升级。近年来，中央及地方各级传媒集团、广电单位抓住机遇，顺势而动，在重构采编流程，创新经营业态等方面都做了许多有益的尝试。但不可否认的是，在融合创新的过程中还是出现了一些新趋势、暴露出了一些新问题。

1. 阵地主导引发定位之惑

有的地方媒体融合嵌入第三方平台，如此“借船出海”不失为一种实践举措。但其中有两个延伸性问题值得探讨：其一，媒体融合依托商业平台的用户优势，是否会与做大做强自建舆论平台，牢牢把握社会主流舆论阵地主导权相冲突？其二，部分融媒体中心极力倡导自建平台，又存在 App 用户量较少的尴尬局面，聚合发布是内容聚合到媒体 App，还是一键分发到商业网站平台，或者两者兼顾？媒体融合的服务对象是谁？是否加剧了互联网所有权集中化，还是导致了网络阶层分化？

2. 管理缺位叠加人才缺乏

经过之前多年的发展，传统媒体无论在管理体制上还是在实际的管理工作中都相当严格。正是因为严格，使其在资源配置上的灵活性、有效性方面颇显不足。而新媒体虽然在资源配置上较为灵活，但这种灵活有时是因为还不太稳定、成熟所导致的，这就凸显出当前新媒体行业的管理机制尚不够健全，还没有一套科学有效的法律法规来对其进行约束。

其次，从当前情况来看，传统媒体人员的专业技能都比较强，但是他们中的大多数对于新媒体还缺乏足够了解，对于部分新媒体业务不够熟练，难以满足更高层次的新媒体创新发展。而很多从事新媒体工作的人员基本都是一些信息技术人才，并非专业的媒体人才，虽然有着娴熟的操作技能，但不甚了解媒体行业。不少媒体在融合发展中由于没有自己的核心技术和人才作为支撑，核心竞争力一直受到严重制约。

3. 融合方式仍需不断改进

如今，虽然传统媒体和新媒体的融合创新取得了巨大的进步，但是部分媒体仍然没能理解其真正内涵，导致在媒体融合的过程之中，很多都是简单地对两者进行相加，或者是在融合的过程之中媒体始终都处于一种简单的尝试融合阶段。目前比较成熟的做法可归结为两类：一、整体转化为融媒体中心，全部采编人员转为全媒体编辑、记者，以前是专门岗位专人干，现在是一个人能胜任多种工种；二、在原有平台的基础上，部分转化，或者组建融媒体中心，在 PC 端、移动端或者入驻第三方平台，通过引流到原有平台。因为投资大、见效慢，只有为数不多的成功案例可照搬，一些做得不错的平台，往往投入是产出的 N 倍，更多的是依靠财政支持。因此媒体融合的道路要想走得更顺畅，在融合方式上仍然需要进一步思考、不断改进。

综合媒体融合所涉及的内容生产、平台创建、媒体运营等多方面因素，以及出现的诸多问题，其应对之策，笔者认为应该从以下几个方面着手：

首先，媒体融合是牵涉面广、架构复杂、内容繁多的系统工程，传统媒体的决策者需要从项目的顶层设计上考虑发展方向、运营机制、组织架构、队伍建设等核心问题。高度决定视野，只有站在全局的高度布局，才能明晰前进方向并用正确的机制保障运行。其次，要以创新理念引领实践，明确路径，在媒体融合发展中，互联网思维一定要贯穿始终，创新运行的流程和机制，重构适合全媒体传播的内容采编分发系统，同时引入产业运作的理念，把媒体融合当作产业来做，在坚持正确舆论导向的基础上，以市场化的运作主导媒体融合实践，以内容优势拓展运营空间，创新盈利模式，扩大盈利范围，形成可持续发展的态势。第三，要跨界整合行业资源，不仅传统媒体的优势需进一步发挥在媒体融合过程中，更应充分激发新媒体的优势特点，使报刊、广播、电视和新媒体优势互补，整体协调发展，形成全新的全媒体平台和产品。媒体融合发展不是简单的“传统媒体＋新媒体”，而是作为核心的内容和作为基础的平台渠道互相融合，通过内容与平台渠道两个方面同时发力，不断提升媒体的传播力、引导力、影响力、公信力。四、在媒体融合发展过程中，要坚持以先进技术为支撑、内容建设为根本。坚持内容和技术双轮驱动，以内容优势创造发展空间，形成优势竞争；同时着力技术驱动，以新技术新思路引领融合发展走向深入。五、要建立一支过硬队伍，同时制定科学、合理的考评机制,充分发挥绩效管理的“指挥棒”作用,有利于解决媒体平台部门人才不足或流失,缺少差异化优质内容等问题。一些媒体融合较成功的单位考评手段灵活多元,比如事业编制和企业编制同工同酬,坚持新闻稿件移动端优先,提升新媒体稿件评分比重,要求采编人员发布传统新闻的同时必须发布新媒体信息等。这些好的做法,都有助于打造有战斗力的全媒体记者队伍、技术队伍和媒体运营队伍,值得借鉴和推广。

三、广播电视报刊媒体融合之路有望越走越宽

1. 广播电视报具有天然的融媒体属性

中国的广播电视报刊大部分于20世纪八九十年代创办,曾经的广播电视独家节目资源让广播电视报盛极一时:20世纪90年代中期,全国共有广播电视报270家,发行量高达4 200多万份,其中,省级广电报半数超过100万份。但随着时代的发展,广电节目预告介绍的优势不再,广播电视报日渐式微,不少已经面临着生存的危机。

但不可否认的是,广播电视报天然带有融媒体的属性——它是报纸,但又隶属于广播电视行业,以报道广播电视节目为主要内容,纸媒和广电的跨界运营,使得广播电视报更早地进行了媒体融合的实践。当然,那时只是不自觉的行动。在如今媒体融合的大潮下,如何把这种不自觉的行动转变为有意识的整体谋划,是广播电视报需认真加以研究和拓展的关键。

2. 办报运营一体化,实现报台网微融合

广播电视台最大的优势是具有丰富的新闻与节目资源。依托台、集团的广播电视报刊要充分利用好这些资源,就要建立一套报、台、网多媒体联动互动机制,做到广播、电视、报纸、网络、新媒体同时采访发稿,提高时效性,增强传播影响力。报社要和台相关频道、频率、新媒体部门建立深度合作,使媒体联动互动成为新闻报道的常态。

同时,为使广播电视报刊整体发展全面适应新媒体时代的要求,还需用形式多样的新媒体形态展示办报内容和报社综合动态及形象,塑造出新的广播电视报刊品牌。广播电视报刊微信公众号和微博要以“依托声屏、面向读者、服务民生”为理念,紧紧围绕视听娱乐、节目导视、生活服务这三大核心做文章,形成独有的、区别其他报刊的版面内容配置方案。而由微信公众号、官方微博、网络电子版构成的新媒体矩阵,加上报刊内容,共同构建立体办报刊、运营一体化新格

局，形成具有鲜明特色的广电报刊媒体融合格局。

3. 皖沪实践殊途同归，各具特色

在媒体融合的大潮中，近年来几乎所有的广电报刊都在进行不同程度的尝试，媒体融合的形态和产品也层出不穷，在这其中，有两家报社的实践似乎更具有代表性。

安徽广播电视报社自2016年起，利用社属音像社的平台，自筹资金，在安徽综艺频道开办了两档电视栏目《美丽乡村行》和《玩转大健康》，并与安徽移动电视进行战略合作。报社还建立新媒体矩阵，拥有了安徽广播电视报海豚TV周刊、安徽音像出版社官方微信公众号和微博、海豚TV周刊网络版、小饕战线微信公众号多种新媒体，它们和报纸及报社主办的电视栏目，在内容上互通互联，报、台、微联动成为常态化的运营方式，同时结合台里其他资源，初步形成了小范围的“报纸＋电视栏目＋移动电视＋新媒体平台＋电子音像出版＋户外传播资源”的媒体融合生态圈。其中，微信公众号《小饕战线》的上线，便是基于移动互联网的“新媒体”化转型运营战略，力图做透美食这一垂直细分领域，综合运用多种新技术手段提升内容价值，包括微信公众号＋微博、自媒体分发平台、视频UGC/PGC平台、移动直播平台，抢占“入口”资源，整合安徽广播电视台独有资源，打造品牌影响力。《小饕战线》已拥有数万粉丝，迅速成长为当地美食行业内有影响力的新媒体。

上海每周广播电视报社旗下拥有《每周广播电视》报和《上海电视》杂志这两份在沪上、华东乃至全国有着广泛影响力和数一数二发行量的广电报刊。从2016年6月起，报社正式启动媒体全面融合发展。报社的微信公众号“视典”进入公众视野。这个公众号整合了《每周广播电视》报和《上海电视》杂志独有的采编资源，由多名采编骨干组成的特别团队积极供稿，推送原创精彩新闻，并每天精选国内多个电视频道的节目指南，节省了用户大量查阅的时间，起到很好的导视作用。此外，借助“互联网＋”思维，以《上海电视》杂志为依托，淘宝店为延伸，微博、微信为尝试，报社在杂志经营探索中已形成“二微一刊一店”的架构推广模式。《上海电视》周刊的“娱文乐”微信公众号，针对当下文娱圈热点，以及受众喜闻乐见的明星轶事，做深度、有趣、独家的报道，粉丝数逐年增长。《上海电视》还进一步拓展深化“微博推广＋网店销售”的模式，将流量转化成购买量，电商网店也受益于微博设计的各类促销活动（比如免单送刊、免运费），极大增加了浏览曝光量及销量。网店还成功培养了几家固定的分销买家，目前北京、香港、徐州、成都等地都有固定的网店销售刊物，通过“微博＋网店”模式让杂志的影响力走出长三角，走向全国以及港澳台地区，实现了跨地域发行。而微信微博积累了一批

忠实用户，取得良好的互动，也为刊物在内容选题方面提供了数据参考。

新媒体时代带来的巨大变化，促使包括广电报刊在内的传统媒体在融合发展中不断变革。各类媒体所做的多样媒体融合尝试表明，只要媒体从业者顺势应时，不断创新媒体经营理念和内容升级，就有可能在媒体融合过程中，实现传统媒体形态和盈利模式的战略转型，在更高、更广的维度里取得突破和发展。期待广播电视报刊的媒体融合之路越走越宽广！

参考文献：

[1]《习近平新闻思想讲义》，人民出版社。
[2]《平台转型》陈威如等著，中信出版集团。
[3]《众媒时代》腾讯传媒研究院著。

作者简介：

王心欢，上海每周广播电视报社总编辑。

社交化的解构与反哺，能否走出媒介融合之道？

——以上海广播“抗疫报道”的探索为例

向晓薇

提　要：本文以上海广播在新冠肺炎疫情期间的报道为例，分析了在移动互联网时代的舆论场，社交媒体对于传统新闻生产方式和传播机制的解构和反哺——不仅给广播、电视等大众媒体带来了巨大冲击，也推动其不断掌握新技术、创新表达方式、形成传播矩阵，并提高自身专业水准，在实践中持续探索“融合”之路。在新媒介环境下，这样的探索对提升传统媒体的影响力和公信力有一定的理论及现实意义。

关键词：疫情报道　媒介融合　社交媒体

新冠肺炎疫情已进入常态化防控阶段，回看5个月来的疫情报道，在应对重大突发公共事件的同时，台网融合、大小屏进一步打通、拓宽信息发布渠道、优化传播形式等趋势愈发明显。

在移动互联网时代，不仅几乎所有的信息都与网络相伴相生，而且信息交互更加迅速便捷、思想碰撞愈发直接激烈。当重大公共卫生事件发生，在这样的舆论场，传统主流媒体究竟还有多少受众？是否还存在真正的话语权？它们又该如何实现突围？这是我们无法回避的现实问题。在今年的抗击新冠肺炎疫情报道中，一些有益的尝试值得探讨。

一、社交媒体：成为疫情信息最重要的传播渠道之一

从当前的媒介生态来看，全民化、移动化、社交化已成为重要特征。

工信部 5 月 20 日发布 2020 年 1—4 月通信业经济运行情况：截至 4 月末，三家基础电信企业的移动电话用户总数达 15.9 亿户，手机上网用户数达 13.06 亿户，对移动电话用户的渗透率为 82.1%。

与此同时，社交媒体在我国日益普及。据《艾媒报告|2019—2020 年中国移动社交行业年度研究报告》，2019 年中国移动社交用户规模达 8.62 亿，预计到 2020 年用户规模突破 9 亿。每人每天平均花在社交媒体上的时间为 139 分钟。

在移动互联网高速发展的大背景下，受众获取疫情信息的主要渠道从大众媒体转移到社交媒体也就不足为奇了。

根据“零点有数”发布的调查数据，公众了解疫情信息的最主要渠道依次是微信群/朋友圈(63.9%)、电视(55.9%)和门户网站/新闻客户端(48.2%)。此外，从微信公众号(38.2%)和微博(37.3%)获取信息的公众也有近四成。

第 45 次《中国互联网络发展状况统计报告》显示，在抗击新冠肺炎疫情过程中，上亿用户通过微博关注最新疫情、获取防治服务、参与公益捐助。截至 2020 年 2 月 4 日，微博热搜榜上疫情相关话题的占比超过 60%。

不难发现，2003 年非典时期最为重要的传播渠道之一——纸媒，已经基本退出“疫情信息传播战场”。相应地，社交媒体所占比重大大上升。而此前它们备受诟病的“信息缺乏权威性、真实性”等问题，也随着各类政务号和媒体号的进驻，在很大程度上得到消解。

由此，在新冠肺炎疫情期间，社交媒体不仅成为疫情的“感知器”、个人主要信息和情感共鸣的来源，而且在很大程度上，那里还汇聚了大量的原始信息，“倒灌”给大众媒体。

二、传统主流媒体：以点破局，能否突围？

社交媒体对于传统新闻生产方式和传播机制的解构与反哺，给广播、电视等传统新闻业带来了巨大的冲击。当信息大战打响，传统主流媒体所要面对的不只是和制作时间赛跑，更要和传播方式作战。那么，传统主流媒体的优势还存在吗？我们不妨以上海广播“抗疫报道”的尝试为例，做一番探讨。

1. 挖掘独有素材，深耕“二次加工”

通过对疫情报道的观察可以发现，除快速播发的信息外，动人的细节和真实的故事依然是吸引受众的题材。而这，恰恰是传统媒体所擅长的。如何将独家的素材，在碎片化传播的日常，转换为受众所乐见的信息，甚至是“爆款”？

必须牢牢抓住独有的新闻素材——无论是记者采访还是节目素材，进行适合网络传播的二次加工。

受益于前方特派记者的独家素材，从上海第一批援鄂医疗队进驻武汉起，上海广播的新媒体矩阵就接连推出了一系列直击疫情中心的爆文。其中，《除夕夜，他们出征》《金银潭医院重症病房这一夜：与死神拔河，每一次他们都在拼命》等精心制作的微信稿，再现了前方记者深入金银潭医院重症病房，跟随医疗队值夜班、抢救病人的经历，并以短视频和图文形式还原实情实景，惊心动魄，阅读量屡破 10 万＋。

“亲历”“体验”“特写”“主观视角”……这些更贴近 VLOG 的制作特色，使受众产生了“我就在现场”的感觉和共鸣，从而将珍贵的独家素材发挥得淋漓尽致。

此外，上海广播传统节目的优质资源，也被最大化利用。电台旗下的新闻客户端话匣子 FM 每天挖掘“抗击疫情特别节目”中的亮点——抓取电话连线、嘉宾访谈中感人至深、催人泪下的故事，重新制作图文、音视频结合的新媒体稿件。广播线性传播的劣势，在互联网时代被扭转了。

《到武汉后，她给女儿的老师发信息：“万一我有什么，她以后就是你女儿”》《行李就放在医院，我，随时准备出发！》《援鄂护士节目中几度落泪：我压力也大，就陪她一起哭》等作品，抓取、放大了最吸睛的细节或语言，充分表现出一线医护工作者决战武汉的气魄和决心，也真实展现了作为普通人有血有肉的真情实感。这些稿件在新闻客户端、在医护人员的朋友圈引发广泛传播，极大提升了上海广播原创内容在网上的传播力和影响力。

在大众传播时代，“一次传播”是新闻生产和传播的最基本方式。而进入移动互联网时代，“二次传播”将占据越来越重要的地位。对其进行深耕，将为主流新闻带来更具渗透力的传播效果。

2. 扩展传播渠道，形成高效矩阵

在移动互联网时代，社交网络是所有媒体都绕不过去的坎，以微信、微博、今日头条、抖音、快手等为代表，它们巨大的流量令任何媒体都不能忽视，包括人民日报、央视、新华社等都借助这些平台大展身手。

就像新闻联播进驻抖音，传统媒体希望借船出海，建立高效的传播矩阵，合力形成同频共振的“声浪”。

值得注意的是，传播矩阵并不意味着 1＋1＋1 的简单叠加或是内容的复制粘贴，而要根据平台的差异、粉丝的特性，各美其美。比如在抖音、快手平台，传播中的第一个层次“了解信息”就要让位于第二个层次“产生共鸣”。

在此次疫情报道中，抖音、快手成为与两微一端同样重要的社交传播平台。上海广播旗下的抖音号频频出手，抓住热点新闻事件、热点人物制作播发高质

量、高流量的“拳头”“爆款”产品。比如：《什么时候应该开学？钟南山最新回应》点击量破 8 000 万；《50 岁大叔拒不配合防疫检查，还抓伤民警，最终被刑事拘留》点击量近 2 000 万；《武汉是关键！湖北不解决，全国解决不了！加油我们OK 的》点击量超 1 500 万；《当男神张文宏的儿子是一种怎样的感觉？——太难了》点击量近 500 万。《这是来自金银潭医院的元宵节祝福》获得市委网信办全网推送。

3. 突破次壁元，创新表达形式

在长期的印象中，对新冠肺炎疫情这类重大突发公共事件的报道，记者、编辑以及新闻频率/频道是当仁不让的主角。但这次，上海广播旗下的新媒体产品牵头进行了“破圈”策划，让新闻人与音乐人进行了一场跨界合作。

3 月 9 日至 11 日，上海新闻广播和动感 101 连续三天推出全媒体策划《别样的战“疫”》，聚焦饭圈女孩、网站 UP 主、网游玩家等 90 后、00 后“网络原住民”，分享他们的战“疫”故事。系列策划汇聚了广播直播、视频群聊直播、微博微信和新闻客户端图文稿、海报、录音报道等多种传播手段，多角度、立体化呈现这个数量规模达几亿人之众的群体抗疫故事。

这次的创新表达，充分显示出“每个人均可能变成信息生产者与传播者”的媒介融合趋势。此前，业界不少人认为，所谓媒介融合，就是大众媒体向社交媒体的“内容移植”。但这次的“破圈”策划，却是“二次传播”平台反哺资讯和话题，从而更好地达成主流新闻传播的目标。相关策划在各大粉丝应援团、游戏网站等引发较大关注，总阅读量达到 300 万，真正凝聚起了“互联网原住民”的力量，同时也在互联网阵地做大做强了主流舆论。

4. 新闻“移动化”与直播“常态化”

除了动态资讯和深度调查外，直播也是疫情期间最受欢迎的报道形式之一。标志性的事件非“慢直播火神山、雷神山医院”莫属——这也是 24 小时不间断的5G 直播首次被应用于对新冠疫情的新闻报道中。

截至火神山医院交付使用的 2 月 2 日晚 10 点，在线观看人数达到了 8 624万人次，评论区旁边的爱心按钮被点了 162 万次。

此外，以新华社、人民日报、央视新闻为代表的三大央媒，在快手上进行了多场疫情直播，累计观看人数超过 10 亿人次。

同样，上海广播从 1 月 28 日开始，也在旗下新闻客户端话匣子 FM 推出系列移动视频直播——《我们在一线》，首期跟随记者和社区干部直击闵行吴泾镇为居家隔离人员提供暖心保障的种种举措。此后，又陆续推出《坐地铁、口罩戴好了伐？体温测了伐？》《上海火车站挤爆？带你看真相！》《上海高速道口劝返在沪无居所、无明确工作的外省市人员》《面临返程大军，浦江大居如何应对？》等一系列移动视频直播，直接、生动展现了上海抗击疫情的全程进展。

大步迈入5G时代，借力技术赋能，移动直播势必成为一种“常态化”的信息传播方式。

5. 把握危机传播中的“后权威”转向

在全媒体时代，社交媒体解构了大众媒体以往绝对的“权威性”，观点呈现多元化。

这是一把双刃剑。我们看到，在疫情发展的过程中，尤其是早期，海量信息真假难辨，不少后来被证实为虚假的信息，一度在社交平台上层层蔓延、失控传播并引发恐慌。比如“新冠病毒可依靠空气传播”“江苏、上海、宁波支援湖北医疗队物资被扣被盗”“医护人员会把病毒带回小区”等。

一方面，信息过载使得公众的“自我卷入”的程度较以往大大加深、难免做出非理性的抉择——比如深夜排队抢购双黄连口服液；另一方面，部分信息又远远超出了公众的理解范畴，这就使得“误读”甚至是“故意曲解”的概率增大，辟谣的速度经常赶不上谣言的传播。

因此，重大公共卫生事件的特殊性急需推选出新的意见领袖。社交媒体对公众的赋权，推动了舆论场上以多元意见领袖为主体的“后权威”崛起。意见领袖能将事实情感有机结合，从而引导社交平台上的议题和情感走向，他们不仅能够将信息和情感迅速传导到数量庞大的粉丝群体中，还可以借助后者的分享实现“二次传播”。

在今年的新冠疫情中，钟南山和张文宏无疑承担起了这样的角色。他们不仅善于打破专业的壁垒，用通俗、易懂、有趣的话讲出令人信服的道理，还能确保民众的重视程度，并稳定他们的情绪。

顺势而为，传统主流媒体也乐于发挥“意见领袖”的正向引领作用，牢牢把握危机传播中的“后权威”转向。

一方面，满足公众激增的信息渴求，联系相关机构、权威专家及时披露实情至关重要。就像1月20日晚，钟南山在接受央视连线采访时，明确“新型冠状病毒肯定存在人传人现象”，一举成为此次抗击疫情的标志性事件，扭转了整个社会对于新冠病毒和疫情的看法。

另一方面，主动地、紧紧地围绕意见领袖来设置议程。比如：什么时候开学？什么时候摘口罩？上海新增一例确诊病例怎么办？危机传播中的舆论环境不再是官方或者传统主流媒体的“独唱”，专业人士加入其中，在引导公众理性思考方面，发挥了很大的影响和作用。

从而，从新闻生产机制层面上说，大众媒体原本的“把关”(gatekeeping)功能，向“看门”(gatewatching)功能转换——在海量信息中，它们更多地起到“强调”“提亮”的作用。

三、关于媒介融合的再思考

在这一阶段的“抗疫报道”中，传统主流媒体运用各种数字技术、创新讲述方式、扩大传播渠道，不断打破自己的边界，历经脱胎换骨的过程，在一定程度上获得了在互联网上更大的传播空间。一份用户媒介接触行为在线调查报告显示，战“疫”期间，全国传统媒体网站/客户端迎来用户使用增长，64％的用户在疫情期间更多浏览传统媒体网站/客户端。

冷静下来思考，这是否就是真正的媒介融合呢？

利文斯通在给《媒介融合》一书作序时写的：“互联网整合衔接起了所有的媒介，并通过重新塑造各个媒介在新兴网络语境下的可能性而再度媒介化了这些媒介。”

不可否认，大众媒体曾经拥有的中心位置正在消减，与社交媒体一样，成为互联网上的一个节点。当传统主流媒体通过进一步强化社交化属性的同时，一方面的确扩大了自己的声量、在网络上延伸了触角；但同时也不可避免地遵循规则、成为新媒体这种强大力量建构的对象。

那么，传统主流媒体打破困局的出路在哪里？

对于抗击新冠肺炎疫情报道的探索，也许给了我们一个启示：当新闻事件以越来越紧密的方式进入普通人的日常，更加专业化的内容生产、更加开阔的视野态度也许是在新的媒介环境中，传统主流媒体重构自己角色定位的出路所在。

毕竟，懂得取长补短，以一种变革性、发展性的眼光看待新事物是融合观的精髓所在；而对真相的不懈追寻、对历史的客观记录，一直以来也都是专业媒体应该承担、不被取代的社会责任。

参考文献：

[1] 张克旭.《社交媒体在疫情危机风险传播中的核心作用与传播机制》，《新闻与传播评论》2020 年 5 月。

[2] 叶挺茏.《疫情防控中的主流电视新闻节目社交化转型》，《东南传播》2020 年第 3 期(总第 187 期)。

[3] 高波.《浅析传统媒体在战“疫”报道中的表现》，《新闻世界》2020 年 5 月。

[4] 袁舒婕.《慢直播凝聚抗“疫”力量值得点赞》,《中国新闻出版广电报》2020 年 2 月 4 日,第 3 版。
[5] 高波.《浅析传统媒体在战“疫”报道中的表现》,《新闻世界》2020 年 5 月。
[6] 史安斌.《疫情后真相、后权威和后情感》,《环球时报》2020 年 4 月 24 日第 15 版。
[7] [丹麦]克劳斯·布鲁恩·延森.《媒介融合:网络传播、大众传播和人际传播的三重维度》,复旦大学出版社。

作者简介:
向晓薇,上海广播电视台(SMG)东方广播中心融媒体部副主任。

广　播　篇

论融媒体语境下广播理论节目的创新与传播

——以上海新闻广播《好好学习》节目为例

邢　燕

提　要：近年来，为积极推动科学理论大众化，统一思想、凝聚力量，一批优秀的广播理论节目苦练内功，以客观而生动的讲述作为宏大主题的切入口，并综合运用音、视、图、文等融媒体技术，为实现中华民族伟大复兴的中国梦提供强大精神动力和思想保证。面对媒介激烈竞争和受众多元取向，广播理论节目应不断提高节目品质和传播效果，大力探索新时代多维创新路径。

关键词：理论架构　创新传播　多元表达　整合分发

上海新闻广播的理论节目《好好学习》曾获国家广播电视总局第 249 期《监管日报》的重点推介和表扬，在学习强国 App 上海学习平台“学用新思想”中每日推送。本文通过深入剖析该节目，谈及广播理论节目的内容架构和传播形式，力求以新策划、新表达、新传播开辟学习宣传习近平新时代中国特色社会主义思想的新阵地。

一、广播理论节目的创新传播是新时代主流媒体的使命担当和现实课题

1. 崇尚学习、善于学习是建设马克思主义学习型政党的时代召唤

习近平总书记指出：“中国要永远做一个学习大国。”他强调，我们党依靠学习创造了历史，更要依靠学习走向未来。要加快推进马克思主义学习型政党、学

习大国建设，坚持把学习贯彻新时代中国特色社会主义思想作为重中之重，坚持理论同实际相结合，悟原理、求真理、明事理。

当前，广播新闻媒体正以复合多元的形式，对理论内容特别是马克思主义中国化最新成果进行通俗解读和有效传播，并积极推动科学理论大众化，不断提升公众理论素养，娓娓道来说故事，循循善诱学思想。广播理论节目的创新发展对“画出最大的思想同心圆”具有重要意义。

2. 扬清激浊传正声是广播新闻媒体义不容辞的责任担当

开放的信息环境中，网络舆论空间已成为各类思潮盛行、各种力量博弈的“战场”。众声喧哗中，广播新闻媒体要有思想定力和不懈担当。不能简单地把收听率、转发量等指标视作媒体传播力、影响力的标准，更不能用模棱两可的表述跟着网络流行的声音走。

广播新闻媒体既要做时代变迁的风向标和瞭望塔，也要做社会舆论的导航器和稳定仪。全媒体时代网络舆论泥沙俱下，广播理论节目更应敏锐把握思潮变化，提供权威平台；坚持围绕中心、服务大局，开展有高度、有力度、有深度、有温度的理论宣讲；着力提升特色品牌的价值内涵，进一步扩大理论宣讲的时代感、影响力，于润物无声中引领思考、释疑解惑、凝聚共识。

3. 突破制约广播理论节目发展的固有思维定式和传播困境

由于理论性强、教育性明显，广播理论节目的创作容易落入从理论到理论、从概念到概念的窠臼，加之受众审美口味和视听习惯的深刻变化，难免给人留下刻板生硬的印象，难以辐射更广泛的人群。

在新技术条件和市场环境下，广播理论节目如何消弭可能存在的疏离感，对高深的理论进行通俗化、大众化、声音化解读；如何优化传播效果，叫好又叫座，使受众听得进、留得住，尤其是对青年群体产生积极引导作用；如何找到新时代讲好中国特色社会主义故事的正确打开方式，这些都是广播理论节目亟待破解的时代课题。

二、不畏浮云遮望眼——《好好学习》探索广播理论节目新表达

1. “习”声回响，学深悟透最新思想

《好好学习》节目共分四大板块：《学而时习之》《有朋自网上来》《一句·汉语之美》和《一曲·华夏之音》。板块设置多元新颖，张弛有度。《学而时习之》作

为第一板块，为《好好学习》核心要件，主要传递习近平新时代中国特色社会主义思想的最新成果和发展进程，其编排思路可谓别具匠心，包括最新讲话、动态：如《习近平战“疫”兵法》系列节目详细介绍了总书记在统筹推进新冠肺炎疫情防控和经济社会发展工作部署方面的重要指示、讲话，归类拆分成多期，反复播、强重点；紧跟习近平步伐，聚焦其考察北京、山西、湖北武汉、浙江等地调研指导新冠肺炎疫情防控工作的现实意义和深刻内涵；主题集纳：如习近平对全面建成小康社会的全面规划、对生态文明建设“绿水青山就是金山银山”理念的描述；节庆相关：如清明节祭扫烈士，讲述《习近平崇尚的英雄精神》；生动故事：如习近平在梁家河、福建、浙江时期，为人民谋幸福的故事等。

这些“习”声回响，发掘声音元素的多元创新表达，充分运用习近平和其他当事人原声，使讲述愈发真实可感。如 2019 年 4 月 19 日的《好好学习》节目中，引用了习近平在减贫与发展高层论坛主旨演讲中的一段话：“25 年前，我在中国福建省宁德地区工作，我记住了中国古人的一句话：‘善为国者，遇民如父母之爱子，兄之爱弟，闻其饥寒为之哀，见其劳苦为之悲。’至今，这句话依然在我心中。”字字千钧，勾画出习近平多年如一日，投入扶贫工作的初心。再如母亲节后一天的节目中，讲述了习近平和母亲齐心之间的往事——2001 年春节，时任福建省省长的习近平因公未能回家过年，节目播放了齐心与他的通话。短短 1 分 51 秒的感人片段，让受众感受到了一位平凡的母亲，对在异地工作的儿子牵肠挂肚；同时也感受到了一位伟大的母亲，舍却小家的天伦之乐，义无反顾地全力支持儿子工作。

《学而时习之》让学“习”既有严肃性，又有贴近性，有趣、有味、有料，真正用好、用深、用实了习近平新时代中国特色社会主义思想，是这档理论节目的高光亮色所在。

2. 融汇百家之思，注入时代智慧

《有朋自网上来》板块通过集纳网络信息与观点，将社会热点话题作为节目主题，直面中国发展过程中的具体问题，征集广大受众的思想困惑，对错误的观点予以驳斥，明辨是非、澄清谬误，力求产生共鸣、形成共振、凝聚共识，充分发挥理论宣传节目应有的舆论引导作用。

针对美国某些政客不专心为本国抗疫出力，而是“粉墨登场”甩锅中国求关注，《注意！这种“病毒”比新冠可怕一万倍》这期节目开篇即一针见血地指出：散播“政治病毒”，比新冠可怕一万倍，进而详细介绍了疫情发生后，中国始终本着公开、透明、负责任态度，及时同世卫组织和国际社会分享疫情信息，赢得了国际社会普遍认可和尊重。中国秉持人类命运共同体理念，向有需要的国家提供

力所能及的支持和帮助，更为世人称道。节目正告美国某些政客停止借新冠肺炎疫情问题搞政治操弄，与包括中国在内的国际社会一道推进抗疫合作，以实际行动促进美国人民的人权和福祉。《有朋自网上来》有的放矢地关注焦点问题，不避不绕、不躲不闪，靶向解答，用心回应受众的疑问和困惑。

节目中有对政策方针的权威分析解读。《GDP 都去哪了？五个字的答案令人泪目》这期节目解读了 2020 年一季度 GDP 数据，“一季度 GDP 确实‘负’了。如果要问：那么多的 GDP 都去哪了？答案可以用五万字详细回答，也可以只用五个字——救人的代价”。客观剖析由表及里，说理论道入耳入心。同时，节目中还对吸睛事件进行了及时揭秘与科普。国庆 70 周年前后，歌曲《我和我的祖国》热烈传唱，节目推出了受众欲知应知的歌曲创作幕后故事；国庆阅兵举国振奋，节目中介绍了方阵正步通过天安门广场时，为何是整齐划一的 128 步等。

《有朋自网上来》正视世界百年未有之大变局中的矛盾问题，以期找出具有代表性、普遍性、全局性的新问题，找到映照社会现实、关乎民心民意的真问题。真正和受众一起带着思考学、带着感情学、带着使命学，切切实实在学习中不断改造自我、加油补钙。

3. 汉语之美，传播中华文化

《好好学习》中《一句・汉语之美》板块为东方广播中心旗下的国学经典品牌栏目《一句》。该节目契合融媒体语境下“短”“快”“精”的传播特点，以日播 2 分钟的短音频为主体，每期分享一句思想性、艺术性双优的人文经典名句。2019 年，《一句》节目获得国家广播电视总局创新创优节目表彰。

庚子鼠年春节前后，面对突如其来的新冠肺炎，《一句・汉语之美》推出大型系列传记短音频《礼赞上海社科大师——海上先声》。国家危难时，社科学者何为？节目力求从历史中探寻答案、获得启迪，力求强信心、暖人心、筑同心。

《海上先声》第一季推出的 10 位社科大师分别是：朱东润、陈望道、谭其骧、胡焕庸、陈其人、蒋孔阳、顾廷龙、冯契、陈旭麓、陆谷孙。他们的人生折射国家命运，他们的思想连接国家未来。他们匡济时艰、胸怀天下；哪怕命运多舛，他们从不放弃。这些大师所处时代不同，个人出身背景不同，但在他们身上无一不体现出浓浓的家国情怀、坚定的时代担当和清正的学人风骨。

在全力防控疫情的攻坚期推出《海上先声》，《一句・汉语之美》不仅呈现了一个个真实闪光的人生片段，更期望通过社科大师的初心与担当引领正面宣传，提振士气。《一句・汉语之美》中句句是人心，句句是理想，用古诗词激荡家国情怀，用信心凝聚最硬核的力量。节目中呈现的是中国人精神上的绝句与坐标，是中华民族的精神内核所在。

4. 华夏之音，歌唱最美中国

《一曲·华夏之音》通过每天播放一首主旋律、正能量的歌曲，弘扬向上正气，歌唱最美中国。同时，恰到好处的歌曲解说词，揭开了歌曲创作的时代背景，诠释了歌曲的深远影响。

《一曲·华夏之音》的选材紧贴时事热点，传递时代强音。在全民抗击新冠肺炎疫情的斗争中，节目推出了《爱的奇迹》《拥抱春天》《如你所愿》等诸多鼓舞人心的“抗疫”歌曲，希望给受众传递温暖与力量。2019 年是中华人民共和国成立 70 周年，节目中大量播出《保卫黄河》《游击队之歌》《长城谣》《故乡的云》等反映革命战争和建设各个时期的经典歌曲。此外，贴合重大时间节点、时事新闻，如世界互联网大会期间，推出《乌镇之恋》；电影《攀登者》热映，播出同名主题曲……一首首歌曲，汇成磅礴声浪，在广播中传递时代强音。

《一曲·华夏之音》的表现形式多元活泼，包容汇通。歌曲《我爱你中国》高频传唱时，节目另辟蹊径，采用了中国传媒大学 AZA 微唱团的阿卡贝拉版本，青春洋溢，展现出 90 后的赤子之心；教师节前后，节目选用厦门六中合唱团推出的最新 MV《因为你》，歌唱了一位平凡而伟大的已故中学音乐老师。传统唱法和流行元素相结合，音乐与故事相映衬，让主旋律有了更多跨界表达。

三、风好正扬帆——新时代广播理论节目大有可为

本节探讨的实质是新时代广播理论节目创新发展的策略，经思考可做以下三方面论述：

1. 深入浅出挖掘理论深度，让理论与情感融为一体

广播理论节目以党和国家重大的理论宣传作为主题，以舆论热点话题作为切入点，并用多重表现方式将理论进行通俗化解读。颇具深度的理论是理论节目的核心，广播理论节目的内容编排要由浅入深，厘清理论架构，使内容、情感浑然一体，理论节目创新应先从挖掘理论深度入手。

《马克思是对的》是由中宣部理论局、江苏省委宣传部、江苏省广播电视总台联合制作的大型理论学习类节目。第一集《你好，马克思》用时间线的方式概括了马克思的一生，讲述了马克思求学、爱情、事业等方面的故事。第二集《洞悉世界的眼睛》对马克思主义哲学进行深入探讨。第三集《不朽的〈资本论〉》对马克思经典著作《资本论》进行讨论。第四集《解放全人类的胸怀》则以《共产党宣言》作为主题。第五集《千年思想家》表现出马克思主义理论对世界的影响。五集节

目以“总—分—总”的结构对节目内容进行编排，使理论框架清晰深刻。

同样，《好好学习》四大板块之间也并非割裂个体，而是注重谋篇布局、主题统一。如4月23日人民海军诞生日这期节目中，《学而时习之》回顾人民海军向海图强历程，介绍了习近平历次检阅海军的实况，激情澎湃；《有朋自网上来》将焦点转向年轻的舰长、机长，展示新时代人民海军风采；《一曲·华夏之音》播放了戴玉强演唱的《我爱这蓝色的海洋》，将人民海军对大海的忠诚、热爱之情推向高潮。节目将思想的高度、理论的深度、生活的热度、情感的温度恰到好处地融汇于一处。

2. 打造现象级理论节目，让高冷的理论潮起来

当下的媒介生态环境中，照本宣科谈理论、忽视现实生活立足点的理论节目，受众显然难以买账。让“高冷”变得“温暖”“硬邦邦”转向“柔软”，从当下百姓关心的社会生产生活切入，是未来广播理论节目高效走心传播的有效路径。做好理论节目的核心要领是完成对理论的大众化、通俗化、声音化转化。

由中共湖南省委宣传部、人民网等联合出品的理论节目《社会主义“有点潮”》以习近平总书记关于社会主义6个时间段划分为基本依据，共分六期，每期40分钟，分别为《乌托邦是座什么岛？》《是本什么书？》《阿芙乐尔号为什么开炮》《南湖的红船为什么能破浪前行？》《中国特色社会主义“特”在哪？》《中国梦是个什么梦？》。节目以6个重大代表性问题为导向，以多个重大标志性事件为线索，把波澜壮阔的社会主义500年发展史用“一座岛”“一本书”“一个炮”“一艘船”“一个特”“一个梦”，这些耳熟能详的词汇串联起来，充分展现了中国特色社会主义在当代中国焕发出的强大生机活力和世界意义，让社会主义以生动具体的形象直击受众心灵。

3. 借力“融媒”平台，让广播理论节目实现整合传播

融媒体传播时代，内容及时间的碎片化成为趋势，受众获取信息的方式更加多元便捷。在此背景下，主题明确、内容凝练的“微传播”方式应运而生。各大传统媒介争相打造自己的融媒体分发平台，以达到冒热气、聚人气的传播效果。

吉林人民广播电台的理论节目《有理讲理》除了广播端播出外，微信订阅号“738有理讲理”的宣传制作也同步跟进，每日推送，并以清新亲近的话语方式、音视图文并茂的传播方式，赢得了广泛好评。如《农民不再羡慕城市户口的真实原因是……》《〈莱茵报〉黄了之后，失业的主编写了这样一本耀眼的著作》等节目每天3～5分钟，“讲理哥”运用故事化、年轻化的方式讲读理论政策。同时，吉林广播网、中国吉林网也开辟专栏跟踪推介《有理讲理》。节目还尝试视频直播的

方式，让受众更加全方位地感受到理论的魅力。互联网＋“讲理”，让传统媒体在理论宣传新阵地上焕发光彩。

山东新闻广播的理论节目《宣讲时间》其微信公众号由山东省委讲师团创办，依托齐鲁网全媒体播出发布平台，利用“台网”技术优势，拓展理论学习阵地、丰富理论宣传形式。之后又推出“宣讲时间”手机 App，是利用手机终端打通理论宣讲“最后一公里”的又一次前沿性探索。“宣讲时间”微信公众号常设“鲁言要论”“鲁言头条”“鲁言说事”“鲁言拉理”和“鲁言开讲”5 个栏目，内容突出“准（观点准）”“特（有特色）”“微（精微化）”三要素。手机用户只需通过在微信中搜索“宣讲时间”公众号关注，即可轻松获取来自山东省委讲师团的最新信息资讯服务。

结　语

综上所述，本文论述了广播理论节目的创新传播，是新时代赋予主流媒体的使命担当与社会责任；通过剖析《好好学习》节目，探索广播理论节目多元化地创新表达的方法与路径；尤其第三部分，对广播理论节目的创新策略进行了一系列探讨。然而，这些探索还刚开始。

广播理论节目的流程再造与传播模式正日趋多元化、立体化，在传播效果上亦经历着由表及里、由浅入深、由静转动的深化过程。当前，广播理论节目的大众化之路仍需拓展延伸。广播新闻媒体应切实履行责任使命，按照打造精品、争创一流的标准研究做好理论节目，更好地谱写新时代宣传思想文化工作新篇章。

参考文献：

[1] 习近平在亚洲相互协作与信任措施会议上海峰会外国专家座谈会上的讲话[N]，人民网 politics.people.com.cn/n/2014/0524/c1024－25058742.html。

[2] 黄娴：《在守正创新中展现理论节目“新表情”》[J]，《中国记者》2019 年第 4 期。

[3] 朱亮高：《〈社会主义“有点潮”〉到底“潮”在哪》[N]，《人民日报》，2017 年 12 月 28 日 07 版。

[4] 鲍盛华：《有理讲理春风化雨》，《光明日报》[N]，2016 年 05 月 20 日 01 版。

[5] 孔峥：《新媒体环境下电视理论节目的创新与传播》[J]，《传播力研究》，2018 年。

作者简介：

邢燕，上海广播电视台（SMG）东方广播中心主播。

大时段晨间新闻的丰富性探讨

——以上海电台《990 早新闻》改版后的两小时新闻节目为例

杨　烁

提　要： 全媒体时代，市场竞争日益激烈。如何留住固有收听人群，并不断开拓更广阔的收听可能，上海广播新闻节目进行了大刀阔斧的改革和尝试。认真分析受众结构，通过实地调研了解听众需求，并结合当今收听终端多样化的态势，做出及时、大胆的调整。本文通过对上海人民广播电台全新改版推出的两小时、大时段早间新闻《990 早新闻》的研究，探讨新媒体时代，广播新闻节目如何结合大数据，分析听众收听习惯和心理特征，进而打造出具有听觉识别度的"首页推荐"式的新闻节目，进行了从提高听觉识别度进而增强广播传播效果的成功实践。

关键词： 广播新闻　听觉识别度　丰富性

基于人口优势和收听终端的方便性及多样性，尤其是随着智能手机的普及，中国已成为世界上广播听众最多的国度。国家广播电影电视总局 2018 年 3 月 8 日发布的最新统计数据显示：截至 2017 年年末，我国广播节目综合人口覆盖率为 98.71%。这意味着，在经历相对低迷的前十年后，从去年开始，广播渐渐迎来发展的第二次浪潮，但与第一次"掠地"式的大发展不同，这次历程注定是机遇与挑战并存。

2014 年，我国广播的覆盖人口达到 13.3 亿，广播听众已达 6.81 亿，广播接触率 59.6%。2006—2014 年间，全国广播覆盖率稳步提升，而广播接触率在 59%上下波动走势，这表明近十年间，我国广播受众规模受到广播覆盖水平的影响不大。从另一方面看，广播受众的市场地位相对稳定，新媒体对广播的冲击有限。

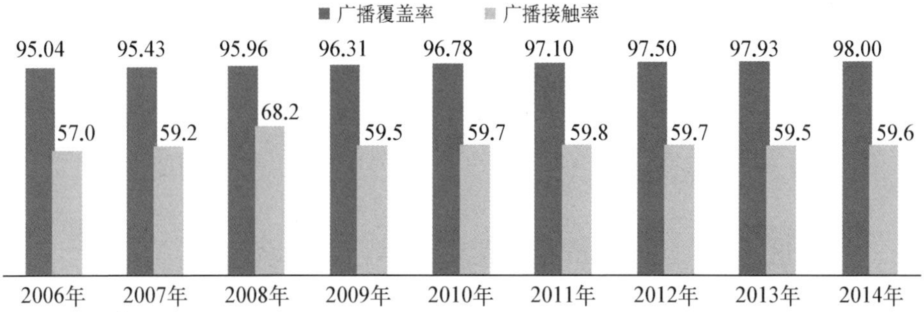

2006—2014 年全国广播覆盖率和广播接触率(%)

数据源：各地统计局；赛立信媒介研究

上海东方广播中心广播新闻中心正是瞄准了这次风口，主动出击。结合自身特点和优势，从组织架构开始，到人力分配，再体现在节目编排上，做出了上海广播几十年来从未有过的全新改革。牢牢把握传统广播的专业、权威优势，做优质内容的生产者和传播者；同时，积极拓展更多、更新的传播方式和载体，充分运用新媒体手段，让听众收获更加优质的收听体验，让节目的收听识别度更高，并最终形成新闻节目的大 IP。

一、部门组织调整，优化人员结构，构建高效的内容生产机制

从 1949 年 5 月上海广播电台传出第一声的呼号开始，到此后东方广播电台开播，再到电台专业化阶段的都市广播、交通广播、故事广播、戏剧曲艺广播、五星体育广播、动感 101、LOVERADIO、经典 947、第一财经等频率的开出，一直都是以频率为单位，下设节目组的形式运作。但此次改革，新闻中心携旗下 5 套频率从部门构架入手，打通频率界限，组成“要闻部”“融媒体部”“综合管理部”“采访部”“长三角调频”“交通广播”“第一财经”“五星体育广播”8 部门。尤其是两套新闻频率改变以往各自为政的工作状态，两档早新闻合并，成立统一指挥、各呈所长的“要闻部”。从人员入手，不分彼此协同作战。这样优化后所呈现的特点是：将各自优势发挥到极致，集中力量打造自己的特色，减少个性不明、特点不清的同质化内容，自然导流不同收听群体。

上海广播在新闻领域一直有上广和东广两个大板块的早新闻，两套编辑队伍。虽然力求差异化，但在求全求多的编辑思维下难免对于突出个性、做有态度的新闻有些力不从心。

以改版后的上海新闻广播《990 早新闻》为例，抛开 7 点档、8 点档这样的时间概念，直接将 7 点—9 点打通连缀成一档两小时的大板块新闻节目，从而使节

目设置、内容编排、风格定位、播音播报上更加鲜明统一，不会在听觉上让听众产生结束感。在受众心里延续收听意愿，达到即使出门之前关掉收音机，但上车之后立即打开车载收听终端，依然身处节目之中的心理感受。

当然，节目设置仅仅是一个开端与框架，真正的改变在于基于大数据的收听人群画像及新闻传播规律而做出的内容、风格及采编播意识上的调整。

二、处于收听终端的结构性转变及融媒体语境的新环境，上海广播顺风起航

随着车载移动端收听以及手机收听端的大量增加，上海地区听众通过智能手机端收听 App 电台直播流的音频总量占比已上升为 22%，收听无线电广播直播流节目(AM/FM)的总量占比为 42.7%，收听智能手机端非电台直播流节目(回听+点播)占比为 35.3%。而上海广播在占领移动端收听上可以说是先行一步，推出收听 App 阿基米德，让从前稍纵即逝的广播节目变成随时可回听、可互动的现代收听方式，并在 2019 年的第三季度取得了非常可喜的成绩。据赛立信广播融媒体云传播效果数据显示，上海人民广播电台去年前三季度在线收听点击量累计近 4.5 亿，是唯一突破 4 亿关卡的省级台。并领先省级电台之第二位近 1 亿的点击量。尽管上海听众通过广播电台收听的时长仍为最高，但使用手机 App 收听电台直播流节目的听众收听时长不断增长，增长势能不容小觑。另外，上海人民广播电台点击量位列全国省级电台第一位，同时前三季度在线点击量持续快速增长，从第一季度的 1.22 亿人次增长到第三季的 1.75 亿人次。在线点击量市场占比达到 16.9%，线上收听快速成长。

正是拥有这坚实数据的支撑，上海广播要闻部顺势而动，调配最优人员及版面，打造两小时晨间直播新闻节目——《990 早新闻》全新进发。

三、分析受众收听心理及需求，形成新闻界的“高定”新闻

“随着眼界的开阔，理性的增强，盲从度的降低，受众对媒介的需求也更多地表现为个性化的需求，寻求自我表达和自我悦纳。”也就是说，由于平台、媒介的多样性，新闻的传播在某种意义上来说已经从卖方市场变为买方市场。我们需要更多地倾听和分析受众的收听需求。从受众的收听习惯、知识背景甚至欣赏趣味、听觉兴趣点来设置节目的节奏和内容。

针对此次早新闻的创新性改版，我们通过央视索福瑞发布的市场调研报告来集中分析 6 点—9 点的收听人群群像。另外结合城市交通变化，以及收听终

端的比重分析显示，6 点—7 点的受众对象主要为老年及部分中年女性听众。结合年龄及性别特点，并结合委托相关收听调查机构通过问卷调查的方式所获得的结果，这一小时的新闻在保证梳理重点新闻的前提下，更加侧重于这一人群的收听兴趣点，即“住房教育”“医疗养老”“社会新闻”“城市生活服务类”“精彩节目预告”等内容适当侧重扩大。

“侧重扩大”的概念不是简单的在文字量和篇幅上的增加，而是在编辑深度上花费更多的精力。举个例子，2020 年开年伊始，新型冠状病毒感染的肺炎疫情肆虐，疫情发展及相关防控措施对全体市民来说都是最希望了解到的信息。随着疫情发展，《上海市新型冠状病毒感染的肺炎疫情防控方案》不断更新，但其间涉及大量专业医学名词及书面表达，在没有一定知识积累且缺乏文本对照的情况下，想快速掌握信息对于上了年纪或伴随式的听众来说，是有一定难度的。因此，编辑在对这条新闻的编辑过程中要尽量从听众角度出发，做适当词语及日常传播角度的调整。在版面允许的情况下，甚至可以配以解读式的板块，帮助受众敲黑板划重点，在最短时间内用最直接的方式把最重要的内容传递给受众。

而 7 点—8 点以居家收听为主，涵盖几乎所有人群。这个时候，新闻的权威性和信息的严肃性在这一时段的受众心理中更加被看重。同时也是新闻广播的生命线，“新闻立台”最具体的体现。因此，新闻编排的传统核心内容在这一时段要有充分的体现，即头条、要闻要以最权威、最传统的面貌呈现在听众耳边。

8 点—9 点以移动收听为主。这一收听时段的收听人群以文化程度较高的男性听众为主，他们关注时政消息，较多拥有独立思考及分析新闻内容的能力和需求。对新闻信息量的要求较高，并在信息量的保证下偏向于收听带有个性观点的新闻评论单元，在独立空间内形成一个互相启迪、寻找共鸣的收听场景。因此，除了本市消息外，在财经、国际消息、体育赛、科技动态等方面要有更多的呈现。尤其是带有个性化的评论板块，要成为这一时段的标志物，成为连接消息的节点。

四、增强技术及团队人员能力，让早新闻时效再提速

从前因为技术条件的限制及人员工作习惯的过渡期，早新闻或多或少都保留着录播节目的形态。但从这次全新改版后，上岗播音员全部具有较好的直播能力，因此全新节目实现了全直播状态。同时借助音频技术快速传输工具（@radio，格式工厂等技术软件）及互联网技术（尤其是 5G 时代的到来），《990 早新闻》步入了“直播＋同期声”的新闻时效性再提速的时期。“全直播”状态的最大优势在于可以随时插播重要信息，从而实现了节目编排、流程运作等方面的灵活

多样，在此基础上可以进一步实现新闻报道的独家性、不可复制性。

以去年一系列的台风报道为例，记者点位及所在地的台风情况随时变动，无法事前安排妥当，只能随台风路径不断调整连线顺序及消息发布，因此直播的重要性和必要性便在节目中凸显。另外，充分发挥广播优势，让原声、同期声更多地出现在节目中。在改版后《990 早新闻》中，编播团队意识到我们要牢牢把握广播自身优势，把声音用足用好，特别是领导讲话的同期声，不仅是新闻内容的重要支撑，更能起到鼓舞人心、提升士气的作用，让广播新闻内容变得鲜活，提升听众对重要新闻内容的代入感和关注度。例如 2020 年春节期间，全国所面临的新型冠状病毒感染肺炎疫情让听众直接感受到，此刻中央的声音是直接对我说，而不是一直在听一个人转述，大大增强了战胜疫情的正能量。

《990 早新闻》在全面关注疫情最新消息的同时，大量在报道中及节目特别报道片头中使用习近平总书记的原声。如 1 月 25 日，习近平在中央政治局常委会会议上强调的“生命重于泰山。疫情就是命令，防控就是责任”“只要坚定信心、同舟共济、科学防治、精准施策，我们就一定能打赢疫情防控阻击战”。

1 月 27 日，习近平做出重要指示：“各级党组织领导班子和领导干部特别是主要负责同志要坚守岗位、靠前指挥，做到守土有责、守土担责、守土尽责。”

1 月 28 日，习近平在人民大会堂会见世界卫生组织总干事谭德塞时说：“疫情是魔鬼，我们不能让魔鬼藏匿。”“中方愿同世界卫生组织和国际社会一道，共同维护好地区和全球的公共卫生安全。”

1 月 29 日，习近平对军队做好疫情防控工作做出重要指示：“我军承担武汉火神山医院医疗救治任务是党和人民的高度信任，要加强组织领导、密切军地协同、坚持科学施治、搞好自身防护，不负重托，不辱使命。”

这些鲜活的、坚定的、贴近民心的声音让全国人民感受到了战胜疫情的信心和力量，以及中国作为负责任的大国在疫情面前所呈现的气度和担当。在受众因疫情长时间居家的状态下，这些坚定的声音无异于一针针打赢疫情阻击战的镇静剂、强心剂。在这场疫情的报道中，广播传统媒体用自身的镇定和优势，打赢了很多消息流杂乱无序、真假难辨的自媒体，成为这次抗击疫情阻击战中的一支重要力量，发挥了宣传系统“定海神针”的作用。

五、播发平台矩阵化，扩大传播领域与影响范围

《990 早新闻》最为核心的功能之一就是精华新闻汇总，而这一呈现也符合目前面对信息碎片化的受众的收听习惯变化。作为传统广播节目，《990 早新闻》进一步投入新媒体平台建设，扩大自己的传播领域和影响范围，把节目中的

《新闻地球村》《编辑推荐》等特色板块重新剪辑，在“话匣子 App”“上海新闻广播”微信公众号中多媒体分发和呈现，让《990 早新闻》这样的品牌节目丰富自己的传播平台，形成传播矩阵。当然，内容形式也会根据平台的不同进行相应调整，结合新媒体的趣味性等因素，利用 H5 游戏（上海垃圾分类期间所制作的分垃圾计分小游戏）或短视频（上海新闻广播记者跟随上海援鄂医疗队）等多媒体手段拓展节目形式，吸引更多的受众。

结　语

上海电台《990 早新闻》节目组，利用每天晨间两小时的黄金时间段，精心打造出针对移动人群的丰富多彩的精品新闻节目群，具有创新特色与启迪意义。特别是调整组织结构，构建高效的新闻内容生产机制；充分利用 App 阿基米德、智能手机端等先进科技，发挥广播融媒体云传播效果；加强受众调查，进行受众收听心理分析，不断调整节目内容；并采取了让早新闻时效提速、播发平台矩阵化等措施，进一步打造《990 早新闻》品牌，增强了早新闻的收听率、传播力与社会影响力。

新媒体的发展让传统媒体加速了自身新陈代谢，缩短了自我升级的周期。时时观察、时时思考、适时调整将成为新闻工作者的常态。新闻节目也将更加主动地进行市场化改造，让新闻更加契合受众的心理需求，更多地提取亮点准确推送；让新闻不仅仅停留在信息量的呈现上，更要寻求更深层次的解读和传播。新媒体时代，如何将不变的新闻理念、新闻核心通过更多样的手段和形式传递给更多的人，是新闻工作者一直在追求的事业，《990 早新闻》的前进步伐从未停止。

参考文献：

[1] 数据来源：国家广播电影电视总局统计信息：《2017 年统计公报》，2018 年 3 月 8 日。

[2]《中国广播覆盖及频率资源分布特点》赛立信媒介研究，作者：梁毓琳 黄宇，发布时间：2015 - 9 - 1。

[3] CSM 上海地区广播测量仪 2019 年 1—8 月数据。

[4] 耿旻斐：《发展早间新闻提升地方广播新闻竞争力》，引自 http：//cdmd.cnki.com.cn/Article/CDMD - 10422 - 2009043064.htm.

作者简介：

杨烁，上海人民广播电台《990 早新闻》主播。

媒体融合背景下广播节目的创新发展探索

——以《1057 大家帮》节目为例

唐晓婷

提　要： 移动互联时代，新媒体的迅速崛起给广播电视等传统媒体带来巨大的冲击和挑战。国家把推动传统广播电视的媒体融合工作提升到前所未有的高度。在党的政策引领下，媒体融合成为传统媒体创新发展的主旋律和关键词。本文试以上海交通广播《1057 大家帮》节目为例，从节目的内容生成、互动方式、传播方式、营销手段等层面，探索媒体融合背景下传统广播节目的创新发展之路，以及面临的挑战和对策。

关键词： 1057 大家帮　媒体融合　创新发展　问题与挑战应对

在互联网大潮的冲击下，传统媒体面临了前所未有的困境，甚至有人不断“唱衰”传统媒体。2014 年 8 月 18 日，中央全面深化改革领导小组第四次会议审议通过了《关于推动传统媒体和新兴媒体融合发展的指导意见》，习近平总书记在讲话中强调，推动传统媒体和新兴媒体融合发展，要遵循新闻传播规律和新兴媒体发展规律，强化互联网思维，坚持传统媒体和新兴媒体优势互补、一体发展，坚持先进技术为支撑、内容建设为根本，推动传统媒体和新兴媒体在内容、渠道、平台、经营、管理等方面的深度融合，着力打造一批形态多样、手段先进、具有竞争力的新型主流媒体。正是在这样的媒体融合的大时代背景下，上海广播锐意创新、逆势而上，涌现出了一批与互联网融合的广播节目。创办于 2014 年 12 月 29 日，一开播就占据了“天时”之利的上海交通广播品牌栏目《1057 大家帮》节目就是其中的优秀代表。新媒体风起云涌的时代，传统媒体如何应对，如何突围？这档被誉为“上海上空最有爱心的广播节目”以自己在媒体融合中的创新发展实践，有力地回答了这个问题。

广播传播的优势在于便捷性、伴随性、即时性、互动性，这让广播历经百年风雨，至今依然焕发着强大的生命力和感召力。但在互联网技术汹涌澎湃、在新媒体发展风起云涌的今天，传统广播信号覆盖范围有限、线性单一声音传播、参与互动人数有限等先天不足，也严重制约了广播的发展。面对新形势、新挑战、新机遇，上海广播电视台东方广播中心提出了“基于广播、融合传播”的转型发展理念，积极推进“新传播、新广播——拥抱移动互联”战略，建设了国内一流的广播全媒体制作中心；搭建了“多信源采集、多媒体编辑、多平台分发”的全媒体生产平台——@RADIO。还推出了基于广播的音频社交产品——阿基米德 App。这一切为《1057 大家帮》节目的创新发展，提供了必要的条件支持。

一、借力阿基米德、微博、微信等新平台，深度融合新媒体

“媒体融合”，最早由尼古拉斯・尼葛洛庞蒂提出。美国马萨诸塞州理工大学教授浦尔在其著作《自由的技术》中提到，媒介融合是指各种媒介呈现多功能一体化的趋势。中国传媒大学新闻学院广播新闻教研室主任张彩表示：从广播发展的百年历史中，我们可以看到，广播始终都是积极和新媒体、新技术进行互相渗透的传统媒体，这是“广播的性格”。“广播与新媒体是近亲，它们具有相似的基因，因而也是最容易实现彼此融合的媒体。”广播与新媒体的融合不是谁取代谁，也不是谁要打败谁，而是让两者互相取长补短、互相借力，协调发展的关系。通过与阿基米德、微信、微博等新媒体的深度融合，“大家帮”节目不但弥补了广播只能靠单一音频传播的不足，还全面开启了节目和受众互动的全新领域，实现了节目移动化和社交化的理念。特别是 2014 年 10 月开发上线的阿基米德平台，是上海广播在新媒体融合领域的一个开拓。它不但打破了平台、时间以及地域的限制，真正实现了新媒体与传统广播的融合，还是帮助传统广播适应移动互联网发展的一个工具型应用，是协助传统广播完成自身转型与飞跃的桥梁式平台。正是由于它的保驾护航，使《1057 大家帮》节目快速走上了媒体融合之路。阿基米德的定位是一款能够提供服务的社交音频平台。根据这个定位，是一种强场景、窄人群、聚服务的兴趣部落式的社交服务。互不相识的听众为了同一个主持人、同一个节目、同一个兴趣聚集在一起，探讨各自感兴趣的问题。在这个平台上，节目组每天都会花大量时间和粉丝进行互动，通过大量的短音频、视频、文字、图片的相互分享，使节目组与受众之间建立起深厚的情感联系，在强化受众对节目的认同感和归属感的同时，也为节目积攒了大量的人气。阿基米

德收听数据显示：截至目前，《1057大家帮》节目的阿基米德粉丝数已超过6.8万，位居上海所有广播节目的前十位。节目黏性、社区热度等数据也常年名列前茅。阿基米德的优点还不止于此，它的回听功能，让受众可以不受时间限制随时回听，这使原本稍纵即逝的节目有了更广阔的生存空间。它的菠菜直播功能和图文直播功能，更是让节目的直播时间得到了无限拓展和延伸。节目中听众所关注事件的最新进展、突发事件的最新情况、节目线下活动的最新动态，都能被即时呈现在广大受众的面前。除了阿基米德，具有方便快捷、智能化、即时性特点的微信和微博也是“大家帮”节目的一大助力。在这些平台上发布分享的信息都能在极短的时间内呈裂变式的传播，大大拓展了节目的吸引力、传播力和影响力。

二、借媒体融合之势守正创新，让传统广播焕发新活力

《1057大家帮》节目与新媒体的深度融合为节目走上创新发展之路插上了腾飞的翅膀，整个“大家帮”节目在内容生产、互动方式、传播方式、营销手段等方面都有了全新的改变和发展。

1. 节目内容生产的创新：把听众聚合成为节目内容生产的主体，针对受众需求，满足受众需求

2016年2月19日，习近平总书记在党的新闻舆论工作座谈会上发表重要讲话指出：“需要强调的是，内容永远是根本，融合发展必须坚持内容为王，以内容优势赢得发展优势。”对新闻媒体而言，内容为王永远是根本，是“硬通货”，是核心竞争力。不管用什么方式传播，优质的内容永远不过时。衡量一档节目是否受欢迎，归根到底还是在于内容的核心竞争力，这个内容必须是在移动互联网时代让用户感兴趣进而产生黏性的内容。互联网改变了受众接收信息与社会交往的方式，受众分流到互联网，聚集到了新媒体平台上。“大家帮”节目充分运用新媒体平台，把听众聚合成为节目内容生产的主体(也就是所谓的UGC理念)。在节目组的引导下，越来越多的听众选择通过阿基米德来发布自己的求助信息。许多求助帖一经发布就引起众多粉丝的围观与热议。通过该帖的点击率、评论数，节目组很容易就能捕捉到听众的关注和需求。比如“她的父亲捐献器官使5个人重生，今天，她病重，2 000多位上海市民向她伸出援手”；“5 000箱苹果，两天销售一空，阿克苏小伙安心回家过年”；“看妇科炎症竟被骗到真美医院‘私处整形’，这家医院请给个交代”等贴民心、接地气的案例，全部都是来自阿基米德平台上的热帖，经过几天的发酵，一经播出立即引发强烈的社会反响，并被全国

各地的媒体大量转发。以往传统广播设置选题的惯常模式是“以我为主”，由于对听众的偏好和需求经常把握不准，导致听众对节目兴致缺缺。正是有了新平台的助力，把听众聚合成为节目内容的创造者，针对受众需求，满足受众需求，才使大家帮节目打造出了一大批深受听众喜爱的既有温度又兼广度、深度的优秀作品。

2. 直播互动方式的创新：新媒体平台成为听众互动的主战场，全面的互动功能，让听众深深参与到节目的生产和制作中

麦奎尔指出：“新媒介如果要与传统媒体比较的话，那么主要的区别就在于它的互动性。”[3]互动性又称交互性，包含“一对一、一对多、多对一、多对多”的传播方式，是网络媒体的本质特征更是它的最大优势。听众与媒体的互动性，除了交流与沟通的关系，更重要的是一种即时的反馈，它能让听众尽可能多地参与到节目中去，节目好不好，听众说了算；主持人好不好，听众说了算。这种及时的反馈意见和建议，十分有利于节目的成长和发展。受益于媒体融合，“大家帮”节目直播的互动方式已从之前的节目热线为主，转变成以阿基米德社区、微博、微信等新媒体平台为主，热线为辅。直播中，主持人不断地在各个平台上跟听众互动，采纳听众提供的各种意见、建议乃至精彩的点评，有时甚至会因为听众的一句话、一个建议，直接改变节目的走向。以“小欣怡找妈妈”为例：患有神经母细胞瘤的 7 岁女童小欣怡在上海儿童医院做化疗期间，特别想念自己的妈妈，但她的妈妈韦小丽在她出生没多久就离家出走了。小欣怡的爸爸李先生想通过节目寻找韦小丽，结果令人心碎——韦小丽因涉毒被劳改释放后彻底失联了。直播中，在一位听众的建议下，节目组立即调整思路从帮助小欣怡找亲生妈妈转为寻找爱心妈妈。结果，几十位爱心妈妈打进电话踊跃报名。正是由于她们的接力陪伴，让病痛中的小欣怡感受到了母爱的温暖。类似这样的情景在“大家帮”节目的直播中越来越多地出现。可以毫不夸张地说，全面的互动功能已经让听众成为“大家帮”节目生产和制作过程中的重要一环。

3. 传播方式的创新：立体化呈现、全方位报道使广播传播的功能得到了无限扩展和延伸

传统广播节目的播出方式主要以单向为主，信息传递方式和信息内容比较简单，节目的覆盖面也不大，并且其线性传播的方式还要求听众必须按照时间表的规定收听，无法根据自身需求进行自由选择。而新媒体的表现形式包含了视频、音频、图像以及文字等几乎所有的媒体形态，更方便受众选择适合自己的方式获取信息。并且，互联网能够不受时间、空间限制，这使信息的传播更全面、更及时、更快速。媒体融合打破了传统广播节目传播载体和形式的约束，不但让传播速度显著提升，立体化呈现还为受众提供了全方位的综合传播与报道，方便受众了解更多细节内容，扩大事件的传播范围。以“沪吉黑三地交广携手寻找上海离家出走女孩”为例：上海14岁的初中生赵佳怡因为沉迷手机，被妈妈打骂后离家出走。妈妈紧急求助大家帮节目。直播中，一位铁路警察在阿基米德社区发布了最新信息：警方查到赵佳怡在三天前购买了一张上海前往长春的火车票，并于当晚上车离沪。节目组立即联系上了吉林交通广播《1038好人帮》节目主持人虹冰，希望她们帮忙寻找。借助当地新媒体的传播力量，虹冰找到了赵佳怡所乘火车的列车长，并了解到孩子直接补票去了哈尔滨。随后接棒找人的黑龙江交通广播打破常规节目设置，全程直播寻找赵佳怡。与此同时，黑龙江广播的新媒体以及当地的许多媒体一同助力……最终，在三地交广的接力寻找下，离家出走5天的赵佳怡被找到了！值得一提的是，为了尽快找到赵佳怡，三地交广都第一时间在阿基米德和官微等新媒体上发布了寻人启事。通过网络，这些信息突破了时间、空间的限制，呈几何级地被扩散了出去，并迅速吸聚了大量关注的目光。特别是《1057大家帮》的阿基米德社区，几乎成了找人的第二战场。两天时间内，节目组一直在阿基米德平台上进行图文直播，同步发布事件的最新进展。而数以万计的热心听众也一直守候在平台上，不断与节目组互动，为寻找孩子献计献策。同时，通过阿基米德网上收听吉林和黑龙江交广相关节目的粉丝也出现了大幅上升的趋势。正是因为广播和新媒体的深度融合，使广播传播的功能得到了无限扩展和延伸。

4. 节目样态的创新：成功创造“广播直播拍卖”模式

从开播第一天起，“大家帮”节目就致力于不断开拓新的帮扶方式，而新媒体的加入让这种创新如虎添翼。这其中最让人印象深刻的当数直播拍卖：为了给患有脑瘫的15岁儿子看上病，江苏淮安的金女士拿出了自己历时三年时间完成的一幅《清明上河图》十字绣作品，想通过“大家帮”节目出售。节目组经过认真商讨后，大胆决定在直播中进行一场广播拍卖。为此，节目组提前拍摄了这幅十字绣的大量照片，发布在了节目的各个新媒体平台上，从不同角度对它进行了全方位的展示。直播时，主持人白瑞先是简明扼要地介绍了金女士家的贫困情况以及拍卖由头，随后不断告诉听众：“这幅金女士花了3年时间绣成的6.5米长、1米多宽的十字绣作品，现在就在节目的阿基米德社区以及新浪微博上展示，有全景、中景、近景与特写……”这就使广播拍卖不再是单纯的声频的线性传播，而是声频、视频、文字、图像、主持人解说、参与者互动的多媒体网状结构的多层次、多线条的立体传播；它是新老媒体优势互补、同步进行信息传播，达到传播效果最大化。在白瑞的深情描述下，这幅凝聚着亲情与爱心的十字绣引发了听众的极大兴趣，上千名听众在各大平台评论互动，而众多打进电话竞拍的爱心人士则不停加价，最终这幅十字绣以10万元的高价拍出，解了金女士一家的燃眉之急。拍卖，一般都是现场活动，而通过一档只有声音的直播节目能够完美呈现，无疑是一次创举。正是“大家帮”节目着力于跟新媒体的深度融合和互相借力，才使得单一线性传播的广播有了画面感和现场互动能力，继而产生出“广播直播拍卖”这样成功的创新产品，使广播节目有了可持续发展的原动力。2018年3月26日，全新改版的《1057大家帮》节目把直播拍卖这种模式进一步发扬光大，把它作为小栏目固定在每周一播出，所有的拍品来自听众的免费捐赠，拍卖所得直接汇入《1057大家帮》爱心基金，全部用于帮助那些真正需要帮助的人。2020年年初，新冠肺炎肆虐武汉，“大家帮”节目组紧急决定，疫情期间的拍卖所得全部用于前线的抗疫救助。最终，节目组筹集到了近25万元善款，购买了大量的医用口罩以及用于为医护人员、志愿者肺部调理的中药饮片等紧缺医疗物资送到了武汉，为抗击新冠疫情贡献了一份力量。

5. 营销方式的创新：精准定位用户需求，把听众转化成“用户”，实现用户变现

衡量一档节目的成功与否，除了看它的收听率、社会影响力，还要看它是否具有商业价值和可持续发展的潜力。移动互联时代，用户已经成为最为核心的资源。新媒体平台创造了一个去中心化的信息空间，传统被动的受众概念被拥有主动选择权的用户概念所取代。“听众变用户”意味着受众的位置已经发生了变化，广播节目必须从媒体视觉转为用户视觉，站在用户的角度考虑问题，以用户为中心，优化广播的服务方式，以满足不同用户的需求，并最终获得用户情感上的归属和认同。借助阿基米德将收听数据与互联网大数据结合，为节目提供用户画像，节目组在精准定位用户需求后，有针对性地进行定制营销，成功实现用户变现。以节目组为沪尚茗居家装策划的定制营销为例，节目组将线下活动与商家需求巧妙结合，把粉丝见面会的活动地点安排在“沪尚茗居”的家装实景店举行，主持人白瑞现场化身“砍价高手”，为有装修需求的听众积极砍价。13位听众当场就签下了总价近200万元的装修合约。高转化率让笑得合不拢嘴的广告客户立即爽快地签下了价值100多万元的节目全年的冠名和特约广告合同。数据显示，整个2019年《1057大家帮》节目实现广告创收近200万元。今年年初虽然受到疫情影响，电台广告营收大幅下滑，但大家帮节目的广告创收依然逆势上扬，仅第一季度创收就达到了近百万，这对于一档每周只有5天，时长仅为1小时，并且在下午一点非黄金时段

播出的节目来说，实属难得。

6. 采编播人员的创新发展：加速向全媒体人员转型

媒体融合，让广播的传播手段更加丰富多彩，表现形式也更加灵活多变。这就要求节目主持人和编辑必须具有融合、跨界的意识，必须与时俱进，不断学习利用新技术、新手段，积极融入新媒体。以往直播结束，当天节目就算大功告成的工作方式，已经悄然改变。对于“大家帮”节目组来说，直播结束意味着后续一系列工作的开始。节目组首先会选取当天直播中的精彩内容和片段，剪辑成适合碎片化传播的短音频进行发布，以保持节目的热度。如果当天内容适合制作官微推送，主持人和编辑将立即化身为新媒体编辑，撰写适合网络推送的文字，对采集的视频、图文进行处理之后，再以图文＋音频或者视频的方式发布。同时，节目组还会一直守候在阿基米德平台上不断地和听众互动，从中发现新的线索、更好的故事。由此可以看出，媒体融合下的广播从业人员，已经不仅仅是简单的音频的生产、传输者，更是文字、图片、视频等生产者，同时还要做好社群聚合、服务维护甚至是线下活动策划及营销、执行等全方位的统筹规划，这就要求采编播人员必须加强学习，加快转型。

三、媒体融合遭遇瓶颈及对策

当前《1057 大家帮》节目取得的实践和成效，是过去几年东方广播中心积极推进“新传播、新广播——拥抱移动互联”战略所赢得的时间红利。随着媒体融合向纵深发展，《1057 大家帮》节目也面临了新的问题和挑战：

1. 过于倚仗自有新媒体平台，对影响力、传播力更大的商业化、社会化的互联网平台关注不足

在《1057 大家帮》节目以往的媒体融合实践中，阿基米德、官微、微博是节目最常用的平台和阵地，而对于目前风生水起的各类商业化、社会化的互联网平台则涉足较少，借力不多。随着媒体融合向纵深发展，如何在深耕“两微一端”的基础上，进一步拓展渠道资源，把传播效果最大化，是《1057 大家帮》节目所面临的最紧迫的问题。

2. 过于侧重在“声”字上做文章，忽略了视频与音频需求同等重要

强视觉、高黏度、高渗透、强社交、强互动和强娱乐……如今短视频已成为大众主流娱乐方式和网络文化的重要组成部分。中国互联网络信息中心 2020 年

4 月 28 日发布的《中国互联网络发展状况统计报告》显示，截至今年 3 月，网络视频（含短视频）的用户规模为 8.50 亿，使用率为 94.1%，成为仅次于即时通信的第二大互联网应用类型，有九成网民在看视频。随着 5G 加速到来，视频已经成为融合传播的主战场和激战区。目前《1057 大家帮》节目每天都会有两三个精品短音频在各新媒体平台上发布，但对于市场更为巨大的视频制作分发则重视不够。

3. 广告经营模式过于单一，后续增长乏力

"大家帮"节目目前采用的广告模式单纯依靠时间变现，也就是售卖听众收听时间来获得广告收益。这种模式因为直播时间的固定和时长的限制，潜力有限，后续增长乏力。

应对之策：

1. 节目的可视化探索

广播节目的可视化是广播在媒体融合发展中的必然趋势，广播节目虽然以"声"占优势，但依旧不能满足融媒体平台的可视化阅读需求，这就要求广播节目，尤其是有一定影响力的广播节目需充分考虑观众和其他受众群体的感受。全媒体时代，随着智能手机的全面普及和网络费用的下降，画面和声音同步的网络视频直播模式更受听众的喜爱和追捧。同时，大量便捷式、低价格的视频拍摄设备的出现，也降低了广播可视化直播的入门门槛。5 月 18 日，在没有进行任何宣传和推广的情况下，《1057 大家帮》节目仅用一台手机，第一次在抖音平台尝试了视频直播，结果让人惊喜，短短一小时的节目，就增加了 5 000 多名新粉丝。广播节目的可视化，体现了互联网融合在传播上的巨大优势，它不但使广播的传播模式更加多元，节目形态更加丰富，还大幅拉近了节目、主持人与听众的距离。

2. 开启短视频战略

相比传统的图文，具有短小、精悍特征的短视频不但信息量大，表现力强、直观性好，还方便人们利用碎片化的时间浏览、分享，这让短视频具备了病毒式传播潜力。短视频平台也正在以数以亿计的年轻用户，成为我国主流媒体加速数字化转型、加强现代传播能力建设的重要平台。目前全国的广电媒体都在积极布局短视频，进军移动传播的主战场。以抖音为例，2019 抖音数据报告显示，截至 2020 年 1 月 5 日，抖音日活跃用户数已经突破 4 亿。从申请注册用户量上说，抖音短视频早已全方位超出新浪微博，现阶段仅次于手机微信，它是继 QQ 手机微信社交网站的又一个人民级的商品。作为一个仍在快速增长中的现象级

产品，无论是主持人还是节目，在这里都充满了无限可能，并且随着抖音运营越来越精细化，具有差异化的优质内容仍然可以获得好的流量推荐。开设抖音等短视频平台账户，选择精彩节目内容，拍摄符合这些平台特点和传播方式的短视频播出，一方面以内容聚合用户，一方面，更精准地为用户生产内容，并借助这些短视频平台的东风实现节目的引流涨粉，打造在平台上的影响力和传播力，是《1057 大家帮》节目组深化媒体融合的最新举措。5 月 21 日，主持人白瑞根据当天节目直播内容拍摄推出的一则关于"驾驶员哭诉：滴滴就是白眼狼"的短视频，不到 24 个小时，点击量就达到了 22 万，还收获了 1.9 万个点赞数和来自全国各地的 1 500 多条精彩评论。受此启发，节目组从过去 5 年来的几千个帮忙案例中，精心挑选了 100 个最受听众喜爱的精彩故事，目前正在紧锣密鼓地拍摄中，预计很快就能上线并全网发布。这些温暖、感人又不乏有趣好玩的短视频的推出，必将成为加快推动《1057 大家帮》节目媒体融合发展的高效助力。

3. 积极布局直播带货

如果要问目前最热的卖货方式是什么，那肯定非直播带货莫属。岁末年初突如其来的新冠疫情彻底燃爆直播卖货。央视主播朱广权和网络卖货红人李佳琦的"小朱配琦组合"，在首场"谢谢你为湖北拼单"的公益直播上吸引了 1 091 万人观看，累计观看次数 1.22 亿，直播间点赞数 1.6 亿，两个小时的直播，累计卖出总价值 4 014 万元的湖北商品。而刚过去的"五一"假期，东方广播中心派出 17 位优秀主持人连续 6 天，每天 5 小时，在抖音直播间用直播带货的方式助力上海推出的"五五购物节"，不但创下了很好的成绩，也进一步增强了与市场、用户的黏性，这也为《1057 大家帮》节目未来的广告创收提供了新思路。《1057 大家帮》节目作为一档享誉沪上的公益帮扶类节目，开播 5 年多来，已经帮助 4 000 多位市民解决了他们的急事、难事、烦心事。目前在上海，有困难找大家帮已经成为许多市民的共识，而主持人白瑞助人为乐知心大姐的形象更是深入人心。既有节目品牌的公信力背书，又拥有丰富的受众资源和垂类下沉市场的拥趸，白瑞的直播带货优势让人期待。目前，《1057 大家帮》节目所属的上海交通广播正在精心策划准备试水抖音直播带货模式，这也为节目的广告经营方式升级迭代提供全新的模式和路径。未来，围绕节目品牌和主持人，我们还将进行更多市场化的开发，为节目创收不断注入新鲜模式。

结　语

融媒体时代的到来，对于媒体人来说，是挑战，更是机遇。"明者因时而变，知者随事而制。”面对时代发展的机遇,《1057 大家帮》节目迎难而上,充分利用了新媒体的优势,深度融合新媒体,并借融合之力不断创新发展,取得了初步的成绩,但也发现了问题和不足,《1057 大家帮》节目所做的大量尝试和探索,正是上海广播节目在媒体融合大潮下积极转型、积极创新的一个缩影。媒体融合是一个过程,而不是一个终点。随着 5G 时代的全面到来,新一轮的技术革新大潮涌来,传统媒体生态的生存环境又将开始翻天覆地的变化,广播也将面临更大的变革。路漫漫兮其修远兮,永不服输、勇于创新的广播人将继续上下而求索。

参考文献:

[1] 张振华:《媒体融合:传统广电媒体发展的支点与杠杆》[M],《广播 4.0 时代的融合发展与理论创新》,暨南大学出版社,2016 年 11 月版,第 5 页。

[2] 刘卫华:《浅析广电媒体融合发展的路径选择及面临挑战——以上海广播电视台融媒体中心的实践探索为例》[C],《探究真谛——上海广播电视论文选》第七辑第 68 页。

[3] 丹尼斯.麦奎尔著,崔保国、李琨译:《麦奎尔大众传播理论》[M],清华大学出版社 2006 年版。

[4] 张骏德:《“1057 大家帮”展示媒介融合时代广播的魅力》[J],《中国广播电视学刊》2017 年 2 月刊。

[5] 宋炯明:《把视频生产的“基因优势”变成“显性优势”——对上海广播电视台融媒体中心短视频战略的几点思考》[C],《探究真谛—上海广播电视论文选》第七辑第 21 页。

[6] 孙邦宁:《浅析融媒体时代广播节目可视化途径》[C],《探究真谛——上海广播电视论文选》第七辑第 108 页。

作者简介:

唐晓婷,上海广播电视台(SMG)东方广播中心交通节目部编辑。

重大疫情下广播推进“四全媒体”建设的创新与思考

——以上海广播融媒体“战疫”报道为例

章海红　顾振立

提　要：面对突如其来的新型冠状病毒肺炎的疫情，如何做好舆论引导、展现媒体担当，是对新型主流媒体的一场“大考”，更是对主流媒体近年来所采取的一系列推进“四全媒体”建设、推进媒体融合发展举措的一次检阅。本文尝试以上海广播融媒体“战疫”报道与版面为例，探析广播主流媒体在重大疫情下通过全媒体手段、聚合跨平台力量、加快“四全媒体”建设、打赢疫情防控阻击战宣传舆论工作的具体实践，剖析其中的创新路径和所展现新时代主流媒体担当，并总结可借鉴可复制的经验，为主流媒体加快推进“四全媒体”建设的相关策略提供参考。

关键词：抗击疫情　媒体融合　四全媒体　四力

2020年初，新冠肺炎疫情发生以来，主流媒体如何主动把握机遇，迎接挑战，占领舆论引导的主动权，进一步增强传播力、引导力、影响力、公信力，成为当下推进媒体融合的重大课题。而在应对重大疫情的报道和舆论引导工作中，树立和贯彻“四全媒体”建设理念，显得尤为重要。

2019年1月，习近平总书记在中共中央政治局第十二次集体学习时提出，全媒体不断发展，出现了“全程媒体、全息媒体、全员媒体、全效媒体”。这一关于“四全媒体”的论述，深刻反映了媒体融合状态下媒体进化的状态和规律，从不同的维度概括了媒体的功能和作用。

在深入推进媒介融合的当下，面对重大疫情，广播作为主流媒体，如何结合战“疫”报道、加快自身融合转型，推进“四全媒体”建设？笔者拟以上海广播，战“疫”报道与版面安排为对象，进行分析，根据其中的创新实践，展开了一些思考。

一、广播加强战“疫”报道，推进“四全媒体”建设的必要性

在重大疫情下，广播等传统主流媒体坚持树立“四全媒体”理念，加强战“疫”报道。笔者认为主要有以下原因：

1. 主流媒体转型的必由路径

作为一种具有高风险性、高复杂性和高不确定性的事件，公共危机的发生会给国家、社会、民众造成巨大损失。公共危机发生将会导致整个社会正常秩序与状态的异化，而这种失序状态会随着时间的推移加重或者减弱。在新冠肺炎疫情这一公共危机中，主流媒体的价值得到凸显。主流媒体作为信息集散平台、社会动员平台、舆论引导平台对于公共危机的化解起着重要作用。

但面对重大疫情，传统主流媒体的一些传播困境也被放大和凸显，比如面对疫情瞬息万变的舆情，从生产流程看，原有传统内容生产流程、方式与技术融合速度的缓慢，影响对舆情应对力；从现有组织形式上，不少传统媒体仍固守原有地盘、一家独响、各自为战；从传播技术上看，广播等传统主流媒体的技术短板仍较为明显，对新媒体技术的应用和渠道布局相对滞后。

在“战疫”报道中贯彻“四全媒体”建设理念，成为广播等传统媒体转型、脱困、升级的必由路径。在“战疫”报道中，传统的主流媒体必须树立起优化运作机制，提升新闻生产全程意识，积极拥抱新技术，加快以“互联网＋”为特质的新型主流媒体建设，加速全息媒体的改造，加强各类资源的动员调用和跨平台的联合工作，激活全员参与，真正实现全效益、真效果。

2. 广播自身格局的必然选择

广播媒介自身拥有信息插播快速、便捷的优势，具有“伴随式”的线性传播特点，保有广播网、地方台联盟协作的优良传统。相对于电视、报纸而言，广播媒介由于轻量化的传播特点，在互联网化的过程中受到的冲击较前两者小。但这并不意味着广播媒体在激烈的市场竞争中就可以刀枪入库，马放南山。

相反，作为传统主流媒体的广播，更应以深度融合为契机，因势而谋，应势而动，顺势而为。疫情是场特殊的“大考”。化危为机，才能展开新局面。广播应该抓住融合关键节点，坚守广播“扬独家之优势，汇天下之精华”的格局，加快推进广播向着“四全媒体”目标不断升级。

二、加强战“疫”报道，推进“四全媒体”建设的广播路径

为做好战“疫”报道，从中央到地方，各级广播媒体都开展了多样化的创新实践。笔者结合上海广播在加强战“疫”报道中扬长避短、推进融合等方面的创新突破和有益尝试，探析推进“四全媒体”建设的广播路径，认为以下经验可供参考：

1. 发布流程梯次化，加强版面直播化，打造“全程战疫”

全程媒体是指媒体突破了时空之限，不再受制于时间与空间的约束。重大疫情下，多触点、多渠道传播，成为全方位满足重大疫情下全方位满足用户信息需求的关键点。主流媒体为适应公众获取信息渠道的变化，可通过新闻采编和发稿流程和机制的再造，全天候版面的打通和设计，打造全程战“疫”的广播实践；

1）移动优先，建立符合传播规律的梯次发布机制

为抓住信息第一落点，提高发稿时效，免租公众第一时间获取有效信息的需求，在全程媒体建设中，应遵循“第一时间发布、后续滚动发稿”原则，形成“快讯＋现场新闻＋二次加工＋深度跟进”的梯次立体报道链条，准确、全面、快速、系统地反映事实全貌和过程。

比如，大年夜，上海广播派出记者随上海援鄂医疗队前往武汉第一线，从特派记者抵达虹桥机场那一刻起，用话筒和镜头记录下关于上海医疗队、武汉战“疫”以及各方凝聚抗击疫情的情况，以音视频、图文等新媒体形式，在移动端优先发布，动态直击第一现场；然后由后方编辑进行二次加工，采用集合式报道展现一线抗击疫情的全景式动态。

比如，在报道上海加强基层防疫、落实落细精细化防控的报道中，上海广播派出多路记者连日奋战，蹲点医院、隔离点、车站机场、高速道口、社区管控、民生保障等多个方向打出“组合拳”，先以直击新闻现场方式，立体展现基层防控疫情的进展和成效。话匣子、上海新闻广播官微等新媒体，再持续跟进，深度挖掘社区联防联控中工作人员和市民的感人故事，《写给妈妈的一封信：“为什么是你去武汉”》叙述了普陀区五年级小学生写给身处武汉一线护士妈妈的信以及母亲的回应，以故事化的讲述，呈现真实一线防疫工作生态；《捐 30 万只口罩的夫妻、日行 2 万步的社区干部……这些普通人的故事共同构成了上海抗击病毒的又一道“最强结界”》以一系列人物故事，塑造普通市民众志成城为抗疫的群像，加大了报道深度，满足了受众多渠道、多触点了解联防联控工作的信息需求和情感

诉求。

2）扩版编排，建立全时效全渠道的动态直播版面

面对重大突发事件，广播一直保有快速版面调整、快捷发布的优势。战“疫”报道中，发挥广播优势，扩大直播版面，全程呈现疫情动态，是主流媒体加强引导力的应对之举，也是贯彻全程媒体理念的必有之举。

比如，在“抗疫”阻击战的关键时期，上海新闻广播打通版面，打造 24 小时“战疫”新闻频率。早新闻等重点时段以大版面聚焦疫情，开设《坚决遏制新型冠状病毒感染的肺炎疫情，全力做好防控工作》等专栏，密集报道全国和上海抗击疫情最新报道，配发晨间快评，展开舆论引导。上午时段，上海新闻广播、东广新闻台·长三角之声、五星体育广播并机推出 3 小时的《防控新型冠状病毒感染肺炎疫情特别节目》，版面信息量大、信源权威，报道、连线、直播、新媒体互动立体编排，及时回应热点，服务百姓需求。下午，上海新闻广播与阿基米德、话匣子客户端、上海广播官微等新媒体联动，同步直播国家卫建委和上海市卫健委新闻发布会，以公开透明的信息引领舆论走向，主动回应关切。此外，全天各档直播节目及整点新闻，第一时间插播最新消息或接入记者连线，动态化报道疫情最新权威信息、有效信息，满足公众信息需求，防止因信息泛滥化造成的“信息疫情”，消解公众恐慌情绪。

2. 增强报道可视化，增加产品移动化，推动“全息战疫”

全息媒体是指媒体的表现形式是全方位的，文字、图片、声音、视频等均可在一个端口、一张屏上展示，多介质融合，多种形态聚合。信息技术的迭代升级推动传播形态更趋完备，全息媒体正重新定义新闻呈现方式与信息消费体验。

在加强战“疫”报道中，广播媒体应具有全媒介产品的策划意识，积极利用新技术，既提高内容的表现力，又促进传统媒体与新媒体的融合，充分运用流媒体传输、全景拍摄等技术，大力拓展信息可视化，全面提升移动产品供给能力，实现传统媒体和新媒体的优势互补。

1）拓展多屏直播，加强“可视化”交互报道

在重大突发公共卫生事件报道方面，除了内容体现及时性、专业性，广播媒体可采用“可视化”等交互报道形态，适应信息贴近性、智能化、趣味化的发展新趋势。

比如，上海广播策划推出“别样的战疫”系列特别直播。节目在广播全媒体直播间进行，在广播和移动端的多渠道同步推出视频直播，主持人、连线嘉宾实时多人同屏，音视频同步深度访谈、介绍偶像粉丝、up 主、游戏网友等“特殊”青年群体以别样力量助力战“疫”故事；受众特别是网友，可通过“可视化”直播，在各渠道直播间参与互动，带动特殊人群“圈层”之间、各类受众之间的内容交互，扩展了全息媒体的报道形态。

2）利用5G技术，丰富直播类移动产品

“全息媒体”建设要求媒体把握移动端发展趋势，探索更多基于新应用场景的产品，有效拓展主流声音传播途径，抢占移动技术发展应用的先机。

比如上海广播在战“疫”关键时期，利用最新的5G等移动直播技术，推出《我们在一线》等深入道口、医院、社区的系列移动直播，在新闻现场实时抓取现场要素，通过各种报道样式，把“战疫”防控一线的新闻现场实时、全方位、全息化地呈现给受众。不断丰富的移动内容产品，提升广播融合转型的能级。

3. 转化一线参与，搭建共享平台，激励“全员战疫”

近年来，广播媒体的呈现手段和呈现方式不断丰富，编辑、记者、主持人的边界也愈发模糊，全员采集、多维互动的模式愈发成熟，媒体机构与受众的接触层面和维度愈发多元化，所能引起的情感共鸣也与日俱增，受众主动参与新闻事件的报道的意愿更为强烈，这正是“全员媒体”发展的表现。

而真正实现“全员媒体”，其核心要求之一是激活所有人的创作热情和网络感觉，在参与中进行评论和分享，同时这种操作是遵循相关道德规范、职业要求和法律规定的。人们需要更加灵活的激励机制，促使媒体系统内的每个人去寻找适合自己的“参与态”。

加强战“疫”报道、推进全员媒体建设，可通过立足专业、调动资源，利用多平台共同行动、在不断变化的疫情防控形势下，着力满足受众多样化需求，起到凝聚人心、安定人心的积极作用，实现全员动员、全员参与、全员“战疫”。

1）转化“一线”参与态，加强媒体与基层联结

在加强“战疫”报道中，“一线人员”既是报道对象，也可以转化为报道者。充分发挥一线人员在全员媒体中的“参与态”，第一视角现场报道更为真实、可信，也更具有共情力。

比如，上海广播新媒体端话匣子FM与广播端《990早新闻》共同推出的专题《武汉日记》，邀请了上海援鄂医疗队队员熊维宁医生每日从前线带来见闻和感悟，由后方记者、编辑进行音频采制、图文融媒体呈现，让听众和网友通过第一人称的观察视角，近距离感受上海与武汉并肩决战疫情的时刻。

比如，在对社区基层防控工作的报道中，阿基米德App联动上海40多个街镇，共同发起系列报道《一线战“疫”日记，来自上海社区的报告》。这些日记素材都是一线工作者从普通人视角的真实记录，而广播新媒体通过构建社区网络电台、关注社区防控重点、反馈社区需求、呈现基层防疫故事，将一线人员对报道参与转化具有共情语态的报道，展现疫情下的温情与大爱，更加强了基层与媒体的联结，真正实现“全员参与”。

2）多平台深度联合，推进多级媒体融合

“天下广播是一家”，广播一直保持有联盟合作的优良传统，经常通过大型新闻行动的报道力量配合、实现报道的规模效应。而在全员媒体建设中，不仅仅需要报道力量的参与，更需要平台的深度合作。

比如：在战“疫”报道中，上海广播依托长三角广播联盟，并与湖北之声建立联络供稿“共享平台”，实现省、市、县三级媒体的深度联动，持续动态报道战“疫”进展。东广新闻台长三角之声发挥既有资源优势，携手长三角各地电台搭建供稿平台，安徽、浙江以及南京、扬州、无锡、湖州、宁波、长兴等省、市县台积极响应，及时提供一手信息。多地多场新闻发布会采取当天共享录音报道或记者连线的形式予以呈现；长三角各城市的疫情排摸、车辆管理、线上会诊等情况，通过新媒体供稿共享。长三角之声累计发送来自长三角各地的报道超过 200 篇。共享平台的构建和平台联动机制，助推“战疫”报道中的广播力量的“同频共振”，也成为了推进长三角媒体深度融合的良好示范。

4. 强化服务功能，聚合公益效益，实现“全效战疫”

全效媒体是指媒体突破了单一功能的限制，集内容、信息、社交、服务等多种功能于一体。对比传统媒体，移动互联网时代的新兴传播平台已集成了内容、信息、社交、生活服务、学习办公等各种全效功能。

主流媒体在推进四全媒体建设，做好战“疫”报道中，可将互联网媒体的社交优势能力进行吸纳，转变原先传统主流媒体“新闻发布者”的定位，不断开发新功能，找到新的聚合点和转化路径。

1）发挥优势，强化广播心理服务功能

重大突发公共事件是情感信息聚集地，民众的理性意识容易被集体情绪化所代替，甚至降低应对灾害的能力。发挥广播媒体心理服务能力、社会服务能力，抚慰公众情绪，提供心理支持，能够有效降低情绪化带来的公共危机概率。

动态陪伴，满足软性心理需求：疫情期间，要求公众减少流动，取消聚集，宅住家中。长时间与社交生活的隔离，容易加重公众焦虑情绪的发生。为满足这一特殊时期的受众需求，广播可发挥原有“伴随式”优势，提供慢性的心理疏压。比如上海广播动感 101、Love Radio、KFM981 等音乐频率精选好歌金曲和轻松的小品单元，强化节目可听性，“陪伴”听友度过特殊“长假”；Love Radio 还开放点歌平台，听众可以为奋斗在防疫一线工作人员、错过团聚的亲朋好友，点歌送祝福，满足受众的软性心理需求。

特殊支持，加强特定对象安抚：为缓解重大疫情前线医护人员的焦虑、压力，上海人民广播电台联手上海市精神卫生中心、上海市疾病预防控制精神卫生分中心、上海市心理卫生服务行业协会，在阿基米德 App 上推出“守护天使——心理健康电台”。阿基米德充分利用网络电台的独特优势，多名医院领导及教授专家共同参与节目创制。针对性的特殊心理支持，延伸了广播媒介心理服务的触角、加强了心理服务能力；根据成功经验，阿基米德随后上线了针对普通大众的《守护天使电台——大众版》，不断扩大服务受众对象，提升广播心理服务能级。

2）整合资源，聚合社会公益力量

音乐具有抚慰人心、凝聚人心、激励人心的特殊力量。在战“疫”的特殊时刻，音乐广播利用自有传播优势，整合社会资源，用音乐凝聚公益力量，是媒体履行社会的担当使然，也是广播媒体增强战“疫”的公益传播属性、扩大影响力的有效途径。

比如，上海广播与上海音乐家协会、上海世纪出版集团上海音乐出版社携手，在阿基米德 App 开辟“音乐传情、风雨同心”2020 抗击疫情优秀公益歌曲展播专区，进行全国电台音乐广播的联合展播。上海广播经典 947 音频频率《音乐瞬间》栏目专题播出优秀公益歌曲。上海广播、经典 947 的官方微信、微博，与上海音协、上海音乐出版社微信公众号、微博、乐海书情订阅号等自媒体平台形成矩阵联动，每日发布抗击疫情优秀公益歌曲，致敬医护天使、祈盼武汉平安、彰显大爱无疆。最终，上海音乐出版社将把这批优秀的公益歌曲集结出版。一系列的社会公益力量的集结，转化为联动的公益力量，可以扩大广播的公益传播效应，进一步主流媒体的社会影响力。

结　语

此次疫情既是危，也是机。在“战疫”报道中，积极贯彻“四全媒体”建设理念，是广播等传统主流媒体在当下推进媒体融合、转型升级的必由路径，也是广播发挥自身格局和特性的必然选择。

在这次抗击疫情的报道过程中，上海广播通过发布流程梯次化、加强版面直播化、增强报道可视化、增加产品移动化、和转化一线参与、搭建共享平台、强化服务功能、聚合公益效益等多样化手段，实现“全程、全息、全员、全效”战“疫”模式，尝试走出了一条在重大疫情下广播推动“四全媒体”建设的路径，也逐渐明确了广播转型发展之路的方向。

以上经验和做法，也希望为广播媒体加快“四全媒体”建设、推进媒体融合向纵深的提供借鉴和思路。

参考文献：

[1] 彭志全.全媒体时代主流媒体如何利用“四全”媒体加强舆论引导[J]，声屏世界，2019(06)：21－22.
[2] 陈培军.聚力“四全”媒体建设，探索广播节目的可视化新路径[J].新媒体研究，2019(17).
[3] 李蓉、阙莉敏、邱建.《重大疫情中运用“四全媒体”加强舆论引导的策略研究》[J]，传媒评论，2020(04)18－20.
[4] 白龙.《智媒时代“四全媒体”构建的融媒体中心实践探索》[J].北方传媒研究，2019(03)：65－66.
[5] 张诚.新冠肺炎疫情报道中主流媒体价值、困境及对策研究[J].新闻论坛，2020(2)：43－46.
[6] 殷陆君，张涛甫，王绍忠，et al.“四全媒体”：媒体融合新方向[J].传媒，2019(8)：6－7.

作者简介：

章海红，上海广播电视台(SMG)东方广播中心资深编辑、主持人。
顾振立，上海广播电视台(SMG)东方广播中心公益事业部主任。

广播媒体区域协同发展的战略思考

曹晨光

提　要： 当下新媒体发展迅猛，广播等传统媒体生存受到挑战。在技术手段和内容制作无法取得突破的情况下，广播媒体需要思考新的“破局点”。区域协调发展国家战略的落地实施和区域“同城效应”促进人员和经济要素频繁流动，催生受众对区域化广播媒体的需求。广播媒体覆盖更广阔地区意味着节目到达人群的成倍增加，这无疑会带来更强的市场竞争力和更高的广告转化率，并赋予广播媒体更多发展机遇和更大的发展空间。当然，区域化广播媒体的推进一定会遭遇体制和经营方面的壁垒与障碍。针对此，本文尝试提出切实可行的措施，以有效推动区域化广播媒体的发展和形成。

关键词： 广播战略　区域协同　技术标准　主持人

身处媒体融合发展的环境，作为传统大众传播媒介的广播电台若想在收听市场中获取更大份额，必须抢先布局媒体转型，除了节目内容、呈现形式、传播手段的创新，还要在媒体发展战略中有所突破。

党的十九大报告把我国此前实施的“区域发展总体战略”首次提升为“区域协调发展战略”。近两年，长三角一体化、粤港澳大湾区等发展规划纲要也陆续颁布实施。区域协调发展战略的题中之意正在于打破行政壁垒，让市场要素流动能够更加便利和有效，进而促进宏观经济发展，提升人们的获得感和生活便利度。当下正处于区域协调发展战略实施的关键期，广播媒体要思考如何主动对接国家战略，做好国家政策的宣传工作，同时借势实现自身发展。

其中，广播电台研究制定如何在媒体层面实施区域协同发展显得尤为重要。区域协同发展是指依托区域中心城市的广播媒体，辐射发散并打通区域内相关城市、地区的广播媒体，从而触达更广大的受众群体。在区域协同发展过程中，不排除以行政和市场的多重手段进行广播电台之间的合作拓展。如果说电台间过去的合作是自发行为，随着政策的落地和经济社会发展，区域内广播媒体协同发展联动，甚至成立区域广播频率已经势在必行。这既是顺应时代发展的应时之举，也是大众传播媒介发展和迭代更新的结果，更是广播媒体为拓展自身生存空间的主动作为。

本文将从广播媒体区域协同发展的动因、障碍和壁垒、协同发展切入口三个方面抛砖引玉，谈谈自己的思考。

一、区域协同发展是广播媒体的历史选择

广播媒体区域协同发展的必然性在于国家政策和受众的工作生活实际需求的推动，区域文化同源则是其得以实现的社会基础。通过区域内广播电台“点与点”的连接，利用节目多点落地和互联网传播等手段，可以把区域内原先较远的资源进行整合，并进而促进广播媒体自身的发展。

1. 国家战略是广播区域协同发展推进的保障

2018 年 11 月 18 日，中共中央、国务院发布的《中共中央国务院关于建立更加有效的区域协调发展新机制的意见》明确指出，以京津冀城市群、长三角城市群、粤港澳大湾区、成渝城市群、长江中游城市群、中原城市群、关中平原城市群等城市群推动国家重大区域战略融合发展。2019 年，《粤港澳大湾区发展规划纲要》和《长江三角洲区域一体化规划纲要》正式发布。

区域协调发展国家战略稳步推进，其落地实施需要有相对应的媒体作为宣传主阵地，来反映这一区域的改革举措、经济文化成就、战略思考和民生故事、风土人情等，这为跨城市的区域广播媒体的出现提供了契机。区域性广播频率或节目会强化地区概念，使受众对这一地区更有归属感和区域认同感。对于广播媒体来讲，国家战略是其借势实现区域协同发展的“天时”。找准自身定位，融入时代发展的大潮，搭建覆盖整个区域的广播信息网络和平台，“天时＋地利”的化学效应能够赋予广播媒体更多的发展机遇和更大的发展空间。

2. 受众的实际需求是广播区域协同发展的重要推动力

当下，服务类节目占据相当比例。随着区域协调发展推进，城市间交通便利程度大幅上升，通过建立沟通交流机制等方式，使医疗、教育等公共服务一体化稳步推进。基于此，同城化效应愈发显著，催生受众对医疗、教育、求职等区域性

服务节目的强烈需求。比如，工作在 A 市，生活在 B 市的“通勤族”越来越多，对于区域间铁路、高速公路等交通信息非常关注，城市间的养老、医疗、教育、公积金购房等政策衔接也会有很多疑问需要找到解答途径。

以医疗节目为例。上海的整体医疗实力在长三角地区有较明显优势。根据上海市申康医院发展中心发布的 2015 年到 2017 年的数据，上海医疗机构门急诊和住院病人中，非医保病人数占比都高于五成。而来自江苏、浙江和安徽的儿科住院病人数也逐年增高。那么，区域城市间如何转诊结算？检测报告是否互认？这类问题和人们生活息息相关，听众对此有共性的需求。相比各地医疗结构的服务热线，大众传播媒介毫无疑问是更有效率和更有针对性的答疑解惑平台。此外，各地医疗机构特色各异，如果有区域广播媒体有效衔接各地优势医疗力量，使得“长三角人”能够直接通过电话热线和权威医生沟通，这类求医问诊节目毫无疑问也有广阔的市场。

归根到底，广播频率和节目的设立所回应的是受众的关切和需求，大市场也亟须与之匹配的媒体，针对特定区域设计制作节目并迅速回应关切能够凝聚人心、固化区域概念，促进区域协调发展的各项政策措施顺利落地推进。广播媒体都深耕本地内容，和城市内各类机构都有良好的合作沟通，整合社会资源对接区域内受众的关切，为人们答疑解惑，这也是广播区域协同发展的客观条件。

3. 区域文化同源是广播媒体区域协同发展的社会基础

京津冀、长三角、珠三角等区域内城市联系日益紧密，城市间协调共生发展，从历史沿革、民生习俗、大众心理、区域文化等方面都能找到依托。举例来说，京津冀地区地域一体、文化一脉，沪苏浙皖三省一市地缘相近、人缘相亲、文脉相通。从地方方言来讲，京津冀、长三角、珠三角等区域内虽有语音差别，但人们普遍的生活情绪、态度、表达方式等相近，沟通理解没有障碍。

区域内经济的协调发展，离不开区域文化的融合。市场交融联动构成了区域协调发展的支点，而文化的相亲相近是区域协调发展的必要条件。大众传播媒介对接区域协调发展战略，顺应时代的发展，契合文化的脉动，能够引起民众共鸣，取得理想的传播效果，增强区域内受众的文化认同感，通过彼此之间的文化交流和联动发展，能够加速推进区域协调发展进程。

二、广播媒体区域协同发展的壁垒与障碍分析

广播媒体区域协同发展，需要逐步克服一系列管理体制、经营模式、技术标准乃至特殊人才培训等方面的壁垒与障碍，因而是个较长期的过程。

广播媒体区域协同发展的阶段性表现是在区域内出现一个或若干个区域化的广播频率，频率节目覆盖整个区域，并和城市广播电台、中央级广播电台共存，形成目标受众、节目定位、内容特征错位发展的不同层级的广播频率。但区域化广播频率的出现要突破制度、技术和人员的壁垒，如果没有顶层设计推动，靠地方广播媒体的自发融合发展，将是一个较为长期的过程。

1. 管理体制和经营模式壁垒分明

我国现在广播电视事业是以“四级办台”为基础，形成行业特有的“条块分割，以块为主”格局，其中包含了纵向的行业管理和横向的地方管理。地方管理对于广播媒体的影响巨大，体现了当地的发展战略和重点方向，具体管理形式包括宏观政策、宣传管理、人事安排、财政支持等，这些决定了城市广播的频率定位、节目形态和当地媒体的发展态势。同时，不同城市的行政级别不一，广播媒体也相应有不同的行政级别，如何对接理顺需要时间和智慧。

除行政管理体制外，经营模式和经济效益也是重要影响因素。以长三角地区为例。上海广播在高于频率层级的“广播中心层面”掌控广告经营权，决定旗下各频率的广告经营模式。浙江地区则采用“频道经营”方式，也就是各个频率负责广告的经营创收。两种经营模式各有优势，但客观上，在区域内广播媒体协同发展过程中，不同的经营模式会造成对接上的障碍。此外，各地广播电台广告吸附能力有强有弱，广告刊例价格差异明显，如何突破经营壁垒，能够使参与方均衡而合理的获取收益也需要在实践中不断摸索。

2. 音频传输等技术标准差异明显

随着互联网技术的发展，音频的制作和传输方式也不断改进，设备和音频格式推陈出新。从“传播—接受”方式来讲，有卫星传送接收、网络推流、线路传输等，甚至借助蜻蜓FM、百度在线、喜马拉雅等网络音频平台传输共享。不同的技术标准和音频传输手段给广播媒体区域协同发展带来困难。以上海人民广播电台“东广新闻台—长三角之声”牵头举办的“对话长三角市长”新闻行动为例，各城市电台的音频传输和接收方式差异化明显。

技术标准不统一不仅带来音频传输接收的不便，由于制作标准不同和信号传输的损耗，也造成播出节目的音质差异明显。其中，卫星传输的音质较好，基本不存在时差；网络推流的传输端和接收端会有8秒到10秒时差，也就是在各台接收到信号并播出前，需要垫8秒左右垫乐；电话线传输则音质较差，和其他传输方式相比差异明显。如果各台在发射段采用增加声音低频等措施，音质的差异就更加明显。

电台	播出传输（上海）	卫星接收（上海都市792频率上星）	流媒体接收		模拟电话
			备用信源	接收方式/白名单地址	
合肥 上海 转播-分发	上海至合肥音频推流（延时约10秒）	上海台 都市792频率上星	---	---	电话备用：021-62086146
南京	---	✓	✓	蜻蜓FM接收	---
杭州	---	✓	✓	60.191.126[illegible]	---
常州	---	✓	✓	58.216[illegible]	---
嘉兴	---	✓	---	---	电话备用：[illegible]
湖州	---	✓	✓	蜻蜓FM 或 百度在线	---
盐城	---	---	✓	蜻蜓FM 或 百度在线	电话备用：[illegible]
苏州	---	✓	✓	58.210.17[illegible] 58.210.[illegible]	--
宁波	---	✓	---	---	电话备用：[illegible]

制播设备的先期投入非常庞大，设备更新需要较长周期，这决定了技术标准的统一不会一蹴而就，只能逐步有序推进。当然，相比设备的更新，更为迫切的是区域内广播电台尽早沟通并制定技术标准，以便今后采购调试时可以参考实施。

3. 从业者知识储备需要更新也有一个逐步适应的过程

广播媒体是地域性特征明显的大众传播媒介，工作团队常年以城市为界进行采编活动，对于本地和本领域的熟知伴随的往往是对其他地域和领域的缺乏了解，而理解透彻和迅速反应才能够确保广播节目言之有物、点评恰当。采编播人员要将视野投向更广阔的地区整体，从群众实际关切入手才能够制作出真正体现区域特色的节目。

三、广播媒体区域协同发展突破障碍的措施分析

针对广播媒体区域协同发展的现实障碍，可以制定措施有针对性地解决，**如建立常态化的联席沟通机制、尽快制订传输技术等标准、组织从业者规律性的培训学习等。**

除此之外，在推进过程中也有一些措施可以有效推动媒体间的协同发展。

1. 协办跨区域活动，协调各台节目落地

各地电台的节目类型是相近的，都包含了新闻类、音乐类、服务类等。从节

目层面的协调联动入手，只要沟通确定好节目的制作方式、播出时间、广告等利益分配模式，体制和经营方面的阻力会相应小很多。举例来说，可以从一档或者几档节目入手实施覆盖区域的试点，参与各方均提供一个时间段，协商确定这一时间段内的广告点位和时长，广告由各台自主招商，节目设计和制作由各台共建项目组负责实施。

目前，广播媒体主要的盈利模式仍在于广告营收。广告营收遵循“二次售卖”原则，节目吸引受众注意力，广播媒体将这种“关注”出售给广告主。区域协同的能量和影响是巨大的，节目或活动的宣传覆盖范围相比单一频率要扩大若干倍，广告转化潜力成倍增长，广告价值也相应大幅增加。跨城市节目落地能够增强广播媒体议价能力，有效提升广告额。在多赢的状态下，能有效调动参与各方的积极性，推动广播节目和活动向区域协同发展推进。

还是以 2019 年 9 月上海东广新闻台“长三角之声”牵头举办的“我们都是长三角人——对话长三角市长”新闻行动为例，9 月 4 日上午直播的第一期节目邀请到上海市委常委、常务副市长陈寅做客直播间，访谈节目在上海、南京、杭州、合肥、苏州、常州、盐城、宁波、湖州、嘉兴等城市广播媒体同步直播。广播节目覆盖 10 城市近 1 亿人口，网络音频平台覆盖近 2 300 万人，在整个长三角地区的舆论场掀起强力“共振”。上海直播时段市场份额达到 21.98%，人均收听时长都比平日大幅延长。盐城新闻广播收听率达到 1.78%，收听人数约 30 万人次。东方网、新浪直播、网易直播、看看新闻、话匣子 FM、一直播等平台对首期特别节目进行网络视频直播并在显著位置推荐，观看总量超过 41 万次。传统广播媒体同频共振，有了可以和互联网巨头分庭抗礼的能力。系列访谈举办期间，不断有广告公司来接洽，希望能够在节目中进行投放。

2. 主持人等标志性元素的多点落地和开展队伍常态化交流学习

广播是大众传播媒介，但广播节目又明显带有“人际传播”的特色。对于广播电台来讲，优秀的主持人有着非常特殊的意义：人们喜欢一档节目，往往是被节目主持人的某些特点所吸引，或声音、表达，或思维、判断。优秀的主持人就像听众的朋友一样，打开广播听着节目，就好像朋友在对自己讲述。所以区域内的广播媒体协同发展，完全可以从知名主持人的多点落地和常态化流动开始。在节目中，主持人与听众可以直接交流，通过电波进行充分沟通，对受众的反应及时反馈，以声音为桥梁，以情感为纽带，构建区域广播媒体和节目的整体形象。

长期来讲，媒体的特色体现于内容与定位的紧密贴合，归根到底还是需要有一支素质出众，对区域内情况非常熟悉的采编播队伍。队伍的打造也不妨从各台的常态化交流、组织人员有针对性地交流学习开始。

3. 加强数字平台建设，发挥“区域广播＋移动互联网”的威力

随着智能手机普及，整合了广播直播流的音频 App 也是人们装机率较高的手机应用，现在用手机收听广播节目的受众占比不断提升。客观上，广播电台也不再是“二极管媒体”，而变成了基于互联网传播的音频内容媒体平台。不仅如此，当下的广播媒体更借助互联网技术变身为整合图文、视频等的融媒体内容生产机构，这也为制作包含更多元素，参与度更高的媒体内容提供了便利。

“区域广播＋移动互联网”的化学反应不仅在于表现元素的丰富，反应速度也将更为迅速。区域协同发展能够使采编播人员跨越地理空间障碍，便利地调动区域内资源制作节目。以新闻节目为例，可以跨域空间界限设立融合“现场采访——协作整合——制作传输——区域共享”为一体的节目制作综合指挥中心和制播平台，实现资源整合、覆盖广泛、运转高效。“工作场景”有可能是这样：地处上海的编辑部安排身处安徽的记者去采访并发送音频文字给到编辑部，整合稿件或报道之后发送到浙江和江苏的直播间直播等。“电台＋电台”不只是播出机构的量变，更带来制作内容速度、广度的质变。电台之间资源共享，所制作的节目时效性和现场感都能达到较高程度，可听性也大幅提升，增强了广播电台音频产品的全网竞争力。

结　语

本文作者深感广播媒体若想在新媒体强劲发展，传统媒体日渐式微的当下获取更大的发展空间，突破区域内城市电台间的行政壁垒和利益藩篱，构建流程完备、科学合理的制度体系和协同发展模式非常重要。从长远来讲，覆盖某一区域的广播频率最终还是要 FM 端落地，考虑到国内的广播媒体管理体制，城市台无法从中找到突破口，但是否可以借鉴国内报业等媒体的整合道路，由不同广播电台共同投资组建区域广播，并采用市场化手段进行管理，有待实践验证。

从城市广播媒体向覆盖多个城市的区域广播媒体转型，具有非凡意义，因为它是城市广播电台的发展战略与发展方向的一次重要突破，更将引发与大众传播媒介相关的一系列问题的重新思考。

参考文献：

[1]《地方实力传媒集团区域化扩张发展的战略思考》，作者：朱剑飞、杨琦，《现代传播》2018 年第 3 期。
[2]《地方广电向区域媒体转型的当下与未来》，作者：黄升民、宋红梅、彭颖，《现代传播》2009

年第 2 期。
[3]《基于机遇与挑战的京津冀区域传媒协同发展策略研究》,作者：王英杰,《新媒体研究》2015 年第 3 期。
[4]《城市组团发展,有了城市群为何还要发展大都市圈?》作者：王珍 上观新闻 2018 - 06 - 15 06：41https：//www.jfdaily.com/news/detail? id=93091。

作者简介:

曹晨光,上海广播电视台(SMG)东方广播中心东广新闻台——长三角之声(FM90.9)副总监。

浅论“车联网”趋势下广播的融合变革

商　红　杭一啸　沈竹锦

提　要：随着汽车智能终端、车联网等的迅猛发展，车载收音机主导车载娱乐的格局逐渐消解，互联网巨头、内容类App争相布局、争夺车载娱乐市场，车载娱乐正从传统的简单电子电器功能向高用户感知的人机交互智能座舱转变。技术驱动，未来已来，基于车联网的广播变革是颠覆式的，本文旨在初步探寻传统广播在“车联网”趋势下融合发展的几大路径。

关键词：车联网　车载娱乐　广播　融合

媒体融合已上升为国家战略，传统广播坚持践行融合转型的改革理念，以顺应当下的传播环境和市场趋势。在媒体融合浪潮的推波助澜下，各个细分市场的竞争格局正发生剧变。这其中，移动互联时代的音频产品化、定制化标签在一定程度上引领着整个音频市场的发展变革方向。

与此同时，作为物联网的组成部分，车联网的逐渐兴起直接影响到广播收听主阵地——车载娱乐场景。在此过程中，利用互联网技术实现广播内容垂直化、场景化、多样化，将有助于传统广播实现嬗变破局。

一、移动互联网时代的传统广播现状

随着移动互联网时代的来临，传统广播收听市场格局发生变化。尤其是随着移动互联网的发展以及在线音频内容平台的入局，传统广播的频率独占优势将日益被弱化。

在今年的疫情期间，广播作为传统媒体的触达人群规模有所减少。赛立信全国70+城市收听率调查数据显示，2020年上半年广播媒体的周活跃用户近2亿，比去年同期减少了8.2%。

相比之下，网上流量再次升温，第一季度移动互联网网民人均上网时长约为6.7小时。疫情期间，微信已经成为疫情期间最多人经常接触的平台。“抖音”“快手”等视频客户端则是人们居家常用的娱乐形式。

尽管如此，对于传统广播而言，其时效性和伴随性优势并没有丧失，新媒体的发展仍不足以取代传统广播的地位和作用。特别是当传统广播在移动互联网的影响日益扩大后，成功吸引了较多的移动互联网用户。今年1至5月，各地省级电台的在线直播点击量较去年同比上升了22.4%，2月份疫情期间的升幅超过30%，三四月后疫情时期也维持了超过20%的升幅。

以上海广播为例，通过近年来持续发力广播融媒体，自办“阿基米德FM”App、话匣子App，连同在“两微”等社交平台上的立体深度耕耘，及大提升了上海广播在融媒体云端的影响力。

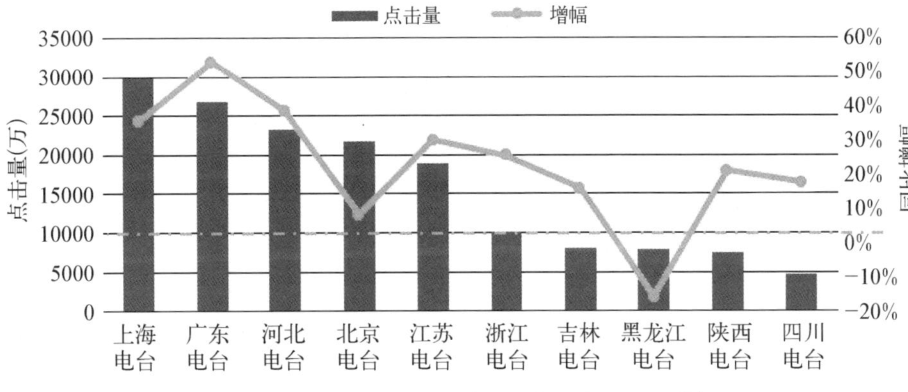

部分省级电台在1—5月的累计点击量及同比增幅

数据来源：后疫情时代消费者生活行为调查，2020年5月，赛立信媒介研究

另一项调查显示，今年5月，广播媒体吸引的新用户中，超过60%是通过移动互联网平台在线收听广播，年龄集中在25～44岁。

同时，喜马拉雅、蜻蜓FM、荔枝等网络音频平台活跃用户的不断上涨，也带动了广播频率在这类平台上的在线直播用户及流量。根据赛立信网络App活跃用户监测数据显示，6月份广播网络在线直播听众在移动互联网用户中占比超过30%，按照推算，收听广播在线直播的用户达2.69亿。

需要指出的是，考虑到今年新冠肺炎疫情后的较长一段时期内，私家车成为大部分人出行方式的最佳选择，叠加车联网普及的利好，作为传统广播收听的重

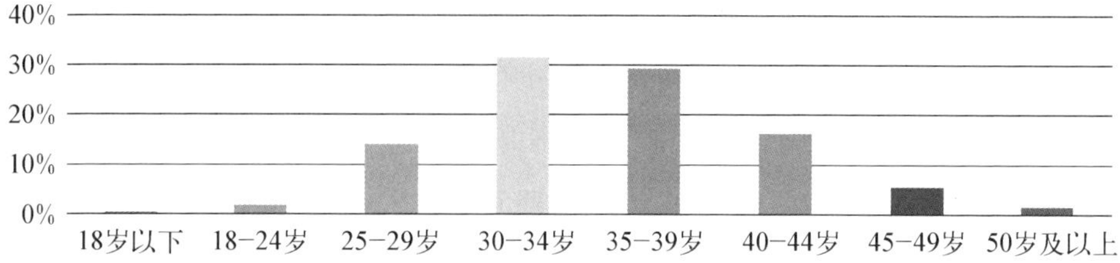

近半年新增广播听众年龄分布

数据来源：媒体受众调查，2020年5月，赛立信媒介研究

要贡献来源，车载收听场景可能进一步利好传统广播的收听量表现，从而衍生出下一个重量级移动互联网应用介质。

二、车联网进程中的车载收听市场前景

车联网是指车辆上的车载设备通过无线通信技术，对信息网络平台中的所有车辆动态信息进行有效利用，在车辆运行中提供不同的功能服务。

正如手机行业的发展轨迹一样，目前汽车智能化趋势已经基本明确。在此背景下，以5G为代表的通信技术进一步赋能车联网，令这一市场的规模加速发展。

赛立信媒介研究2020年全国车主调查数据显示，超过90%的车主在车中有收听广播/音频的习惯，据此推算，车内场景下的广播媒体用户规模将超过5亿，继续成为广播媒体占比最大的用户群体。

随着智慧交通的发展，我国车联网市场规模将逐年提升。中国汽车工业协会数据显示，2017年已经达到2 625亿元，预计2020年将达3 683亿元，2022年更是会飙涨至4 650亿元。3月份后疫情时代消费者生活行为调查数据显示，车主对车联网的使用率日渐上升，使用率升至13.5%，

车载音频市场的价值也将随之水涨船高。赛立信数据显示，短期车联网市场增长主要依靠新增硬件数量和用户增值消费，预计到2021年，中国车联网市场规模将达到1 150亿元。同时，由于2020年5G技术的推广应用、V2X技术发展、用户增值付费提升等因素，市场极有可能迎来爆发式增长，增速超过60%。

在车主端，对车载流量付费的消费观念也在改变，新一代车主对流量付费持开放态度。今年的全国车主调查数据显示，绝大部分车主表示，如果提供有足够的具有吸引力的音频内容，愿意在收听音频时支付流量费用。可见，付费音频的市场接受度日益提升，广播媒体音频内容变现的机会不断增大。

伴随车联网的普及，以车载音频为代表的车载娱乐内容已经演变为场景化

内容变现的主要跑道。更重要的是，相比临近尾声的移动互联网红利，车联网的市场才初具规模。正因如此，面对车载娱乐场景下的市场蛋糕，传统广播亟须解决“争什么”“和谁争”“怎么争”三个问题。

三、争什么：“第四块屏”背后的内容市场

在车联网普及的过程中，汽车制造所代表的工业技术和互联网所代表的信息技术将深度融合，随之而来的可能是下一个重量级移动终端：智能网联汽车。如果做一个形象的比喻，未来，汽车本身就是一台“行走的手机”。

目前汽车市场的局势表明，汽车对于消费者的价值不再仅仅是代步工具，作为内容输出型平台，传统广播需要竞争的应是智能汽车的娱乐中枢——车载智能终端，具体来说就是大家常用的除 PC、平板电脑、手机以外的“第四块屏幕”——车载中控屏。以后的车是联网的，联网之后的服务是一个生态，未来中控屏就是标配品。

从行车安全的角度考虑，图文、视频等可视化内容并不完全适用于车内场景。相对而言，汽车中控屏里的音频内容和基于语音交互的内容调取方式恰恰可以解放双手、双眼。因此，智能车联网趋势下，用户手触式的习惯自然延伸到汽车中控屏，传统的收音机物理按键逐渐被取消，“第四块屏”将愈发强大。

目前国内具有代表性的“车载大屏”包括比亚迪搭载的 DiLink、上汽荣威搭载的斑马以及吉利使用的吉客等智能生态系统。这些大屏相继取代了原先车载广播所在的位置，并融合了更多的文娱功能。

随着中控大屏成为车载娱乐核心，车载娱乐系统由点到面形成一套综合服务体系，车载收音机仅仅是其中的一个模块。包括车载收音机在内，其背后承载的海量影音娱乐内容，就是车载娱乐市场的兵家必争之地。竞争核心并非有没有这一块屏，而是屏里面的内容，这是一个深刻的变化，这也要求传统广播在规划发展路径时要“以人为本”，强化用户思维，有充分的市场意识和技术前瞻性。

四、和谁争：两大对手早已布局

作为汽车行业各类新兴科技中的重中之重，车联网的出现，自然引发了各大互联网音频内容平台和科技行业巨头的关注。尤其是在“数字化”标签越来越受到重视的当下，传统汽车企业都在积极布局智能车载系统市场。由于单纯的影音娱乐功能似乎已无法满足用户日益增长的车载场景需求，包括沃尔沃、宝马、上汽、吉利等一大批国内外车企纷纷选择自主研发车联网系统和产品。纵观这

些车载智能终端背后的合作对象，主要包含两大类：

1. 内容类平台

目前，在车载娱乐系统领域，一大批专注于互联网内容的App争相布局。

以喜马拉雅为例，其在汽车前装市场已经覆盖到宝马、奥迪、福特、大众等60家整车厂，同时与业内顶级方案商达成合作，为行业提供车载娱乐解决方案。

考拉FM推出的全新车载业务品牌听伴已与66家主流汽车品牌达成合作，预计未来5年将覆盖6 000万车主。目前已与樊登读书、今今乐道、懒人听书、口袋故事、博雅小学堂、路上读书等20多家平台级头部音频内容CP达成内容合作，共建车载音频内容生态。

2. BAT等互联网巨头

以BAT为代表的互联网巨头同样不遗余力地在车载娱乐系统跑马圈地，将自身的娱乐生态内容拓展到车载娱乐市场。

其中，腾讯在此前推出的"AI in Car"车载系统基础上，进一步升级为TAI汽车智能系统，利用旗下QQ音乐、腾讯视频等优势流媒体资源，向消费者提供内容生态和车联网安全两大维度服务。包括广汽、比亚迪、吉利等国内车企都已成为腾讯这一智能系统的合作伙伴。在今年7月，宝马也与腾讯达成数字化合作，聚焦车载轻应用生态，后续双方计划在宝马车型上推广"腾讯小场景"和"微信车载版"等应用。

与此同时，百度旗下的CarLife通过映射系统，也就是利用手机链接车载屏幕，相当于将手机作为主控中枢，中控屏幕则担当辅助显示和触控操作的工具，从而实现地图导航定位、影音播放等娱乐功能。

阿里巴巴推出的斑马智行，则是整合了集团旗下场景类优质应用，比如支付宝，可以打通停车、上高速、加油等付费场景。被阿里收入麾下的高德地图，能够为消费者提供实时精准的地图定位服务。这一智能终端的合作方也已经囊括了荣威、东风标致、福特等知名车企。

五、怎么争：车载娱乐场景下的传统广播融合路径利弊浅析

针对车联网的普及趋势和速度，传统广播迫切需要厘清并拓展自身优势，包括已有节目、主持人、嘉宾等品牌资源，以及传统媒体权威公信力，借此实现弯道超车。

在具体的发展路径上，以软硬件及产业链合作关系划分，主要有四大路径：

1. 纯音频内容产品输出

对于那些处于融合发展，特别是还没有实现商业化、市场化的转型的传统广播来说，可以抓住车联网普及过程中车载娱乐市场指数级增长的内容需求，向车载娱乐场景下音频产品的专业定制化、垂直化生产供应商方向转型突破。

不过，从产品形态来看，目前的传统广播融合程度有待提高，内容形式依旧存有局限：产品内容播放相对线性，即一个频率在独立时间段内只能播放一个节目，这个频率的大众用户也只能收听这个节目。而在线音频内容平台收听内容的形式则呈现多元化特征，用户可以自由选择收听内容。

此外，从合作关系来看，传统广播与产业链上下游合作方无法形成深度捆绑，存在较大的被替代风险。

因此，广播音频内容的输出，应体现产品化、品牌化特征，有助于被更多车载受众所认知。尤其在未来的车载场景中，广播内容收听通过语音交互方式，优质的品牌化广播内容产品才能适应新的车载娱乐收听所需。

2. 前装：广播融媒体直接拥抱车企

这一模式要求传统广播与车企达成合作协议，在汽车生产前，就通过直接预装的方式植入相关车企的出厂车载系统，从而打通广播产品的输出渠道。其优点在于，利用部分车企的开放性特点，可以快速进入车载娱乐系统。

例如，2015 年，原中央人民广播电台与福特汽车达成战略合作，“中国广播”云平台的数万条版权音频搭载 AppLink 系统入驻福特全系车型；又比如，比亚迪旗下的 DiLink 系统，开放了 341 项传感器及数据、66 项控制权，几乎做到了史无前例的开放。在半年的时间里，在比亚迪开发者平台上注册开发者已经有 500 多名，DiLink 平台上应用已经达到百万级别。

这一路径的优势在于，通过与车企的直接深度合作，有利于直接树立和强化广播自有品牌 IP。难点在于，前装阶段的汽车行业企业和品牌数量众多，客户合作诉求难以统一标准，对于传统广播的融媒体平台要求较高。因此，较为适合具备自有网络音频平台的传统广播，比如上海广播的“阿基米德 FM”、北京广播的“听听 FM”等，通过直接授权提供产品。

3. 后装：传统广播联手第三方车联网平台

相对于前装，这一模式则是通过加装第三方的智能终端，将汽车与互联网有效链接，对存量汽车的适配性较高。传统广播通过与第三方车联网平台产品做深度融合，与生态链内其他 App 数据探索整合方案。以福建广播影视集团为例，其与福信富通网络共同研发的智能车联网产品“广电车盒子”，以“后视镜”的硬件形态嫁接车联网，通过语音操控实现广播、电视实时交互，同时依靠后台的大数据运算，支撑起个性化定制的服务体系。

这一模式还能够有效弥补双方生态链上的空白点，丰富平台方的数据标签。比如，以上海广播“话匣子 FM”作为新闻资讯类音频的特色专区。

但这种模式需要考虑用户数据留存，也就是“数据归集到哪一方后台”的问题。否则，一旦掌握不了数据，会令传统广播缺少话语权，造成“数据不平等”现象。

4. “传统广播＋5G”的智能终端破局

我国 5G 商用在去年正式启动。高通公司的数据显示：到 2035 年，5G 将为汽车产业及其供应链和客户创造超过 2.4 万亿美元的总经济产出——几乎相当于预期 5G 全球经济影响的 20％。

一项针对广播公司的全球调查显示：82％的广播公司认为，5G 移动网络最终将取代数字地面和卫星等传统的广播电视传输方式，超过 90％的广播公司预计将在未来几年内采用 5G 技术。

5G 时代，广播融媒体整体将处于车联网市场供应链的下游，成为其内容开发供应商或者软件技术输出商，这是广播融合转型的重大机遇。然而，在万物互联的 5G 时代，车联网也将超越传统的车载信息娱乐系统功能，与 AI 技术相结合，打通众多车内应用的场景壁垒，构建成一个完整的智慧出行生态。因此，5G 的出现，改变的不仅是车内空间的传播媒介，也包括车载场景的无缝衔接，相当于消除了传统广播内容触达其他场景的技术壁垒。广播可以此为契机，长远规划，走出车载场景，拓展智能音箱等智能座舱的入口级产品；充分发挥广播在专业主持人和内容制作方面的优势，与车企合作打造社区电台；基于车企用户属性，打造垂直化、个性化的专属电台。

六、结语

融合发展是当代广播人的历史使命，车联网的出现，为传统广播开辟了新的发展方向。随着车联网的快速发展和车载娱乐场景的日渐丰富多样化，传统广播需要在使用人群、内容需求、产品形态、运营方向上寻求转型突破，冲出“我播你听”的固有模式。

从垂直领域来看，传统广播在资本运作上并不占优势、广播的入局时间未占得先机，但与市场化商业平台同场竞争之下，广播有着权威公信力、专业人才等不可替代的优势，合理利用和有效转化这些优势，将助力广播在车联网时代到来之际迎接新机遇实现新跨越。

参考文献：

[1] 5G与车联网——基于移动通信的车联网技术与智能网联汽车[J].中国信息化，2019(06)：105.
[2] 张婧.从5G加速车联网应用，看广播融合发展的机遇与挑战[J].中国传媒科技，2019(10)：31-33.
[3] 左宁.基于车联网的广播变革新路径[J].视听，2018(12)：7-8.
[4] 本刊综合.车联网前程远大——2019年车联网产业发展报告[J].中国公路，2019(05)：40-45.
[5] 刁兴玲.高通闪耀首届智博会 AI+5G开启智能全联接时代[J].通信世界，2018(24)：44.
[6] 本刊综合.车联网前程远大——2019年车联网产业发展报告[J].中国公路，2019(05)：40-45.

作者简介：

商红，上海广播电视台(SMG)东方广播中心总编室主任。
杭一啸，上海广播电视台(SMG)东方广播中心总编室副主任。
沈竹锦，上海广播电视台(SMG)东方广播中心高级主管。

媒介融合背景下广播节目的媒介赋权研究

——以上海交通广播《1057 大家帮》为例

俞 倩

提 要： 当下互联网、手机端等新媒介成为传播的主要渠道，媒介融合背景下的赋权成为推动社会变革的要素之一。因此，研究新媒介赋权模式有利于清晰地把握现今新媒介用户与所处的社会关系之间的互动作用机制，以及此间的权力关系变化。本文以互助类广播节目——上海交通电台《1057 大家帮》为分析对象，研究通过主动参与广播节目的新媒体互动，用户如何获得和增强“表达权”“话语权”、社会动员能力；组织和团体如何提升社会资源配置和协调能力；社会如何构建新的“权力”分配从而改善现状等三个层次，阐释新媒介赋权对于个体、组织、社会的影响和作用。

关键词： 媒介融合 新媒介赋权 互助类广播节目

随着传播新技术的高速发展，以微博、微信以及手机客户端“两微一端”为代表的新媒体应运而生，并显示出其强大的生命力。与此同时，报纸、电视、广播等传统媒体开始走上媒介融合之路，借助新媒体的力量在融合发展中获得新的生命力。

在此背景下，包括传播学者在内的传播界内外人士开始对因媒介融合而产生的赋权现象，即新媒介赋权现象展开研究，对原有的媒介赋权理论做经验性补充。媒介赋权研究由此发展为新媒介赋权研究，新媒介赋权理论及其实践问题已成为当下传播学研究一个重要课题。

广播媒介也不例外，在媒介融合的背景下产生了不少全新的现象，融合新媒体特性的各类广播节目新形态纷纷问世，并成为当下探讨新媒介赋权理论和实践问题的一个重要对象。其中融合新媒体特性的互助类广播节目，因其自身的内容与技术特性，无论对用户还是对媒介均有较前更为强大的赋权增能功能（或功效），最能体现出新媒介赋权的特性。

上海交通电台《1057 大家帮》节目是一个比较成功的融合新媒体特性的互助类广播节目。因此，本论文拟以该节目为例，探讨新媒介赋权的技术路径、实现增强新媒介赋权的三种类型及其意义等问题。

一、相关研究综述

1. 赋权及相关概念

赋权，由英文单词"empowerment"翻译而来，较早出现在社会学研究中，后来延伸至政治学、传播学等学术领域，根据赋权概念提出者所罗门的定义，"赋权是通过一系列活动，降低被赋权对象作为相对弱势群体一员因负面评价产生的无力感的过程。它包括确认导致问题的权力阻碍，制定减少权力阻碍负面影响的策略以及执行缓解权力阻碍"。赋权理论进入我国传播学界大约在 2005 年，在国外理论的基础上，著有《新媒介赋权：国家与社会的协同演进》一书的师曾志提出，"赋权就是赋予人权力，权力包括各种各样的资源、权威以及能力"。本文所探讨的赋权是社会学意义上的，涵盖了个体心理和社会关系两个维度。

2. 新媒介赋权的界定和特点

新媒介赋权具有强烈的实践性，是传播学视野下研究公众通过网络发起议题的一个较为新颖的视角。随着互联网、手机应用终端等新兴传播技术的出现，实现媒介赋权的主要路径是利用新媒体进行赋权。"媒介技术"这一外力作用促使了新媒体用户内部交往和自我意识觉醒，完成主动赋权的过程。从传播学的角度而言，笔者较为认同师曾志、杨睿对于新媒介赋权概念进行的定义："新媒介赋权指的是个体、群体、组织等，通过互联网社会交往连接获取信息、表达思想，从而为其采取行动、带来改变提供了可能。"

以广播行业为例，来自赛立信关于 2017 年—2019 年上半年的全国基础调查数据显示，与 2017 年时相比，2019 年上半年网络在线收听方式在广播听众中的渗透比例在各年龄段和收入层均有明显增长，其中在 20 岁以下的渗透率上升了 21%。此外，根据赛立信广播融媒体云传播效果数据显示，2019 年 5 月份，广播网络在线收听单月有过 9 亿以上点击量的战绩。这足以说明，广播用户价值除了规模大，还在于较高的黏性，传播技术的创新，最大限度地激发了用户个体赋权的意识。

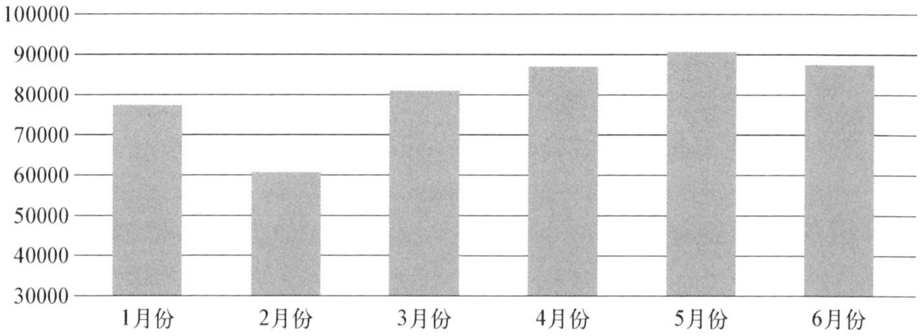

图 1　2019 年 1—6 月在线广播在聚合音频平台的月累计点击量(单位：万次)

来源：赛立信媒介研究广播融媒体云传播效果数据

笔者认为，2019 年上半年从传统媒体到新媒体的发展演变过程，就是媒介由少数人的“特权”到为普通民众赋权的过程。赋权涵盖对象由传播“垄断者”扩展为新媒体用户，其中更关注社会中低阶层，也是新媒介赋权的显著特征。

新媒介赋权分为三种类型，师曾志归纳为个体赋权、群体赋权和社会赋权，这三种类型之间也有着层次的递进，个体赋权实现，促进群体赋权的凝聚，最终推动社区赋权的可能。比起传统的大众媒介，新媒介具备三个方面的重要潜能，推动这三个层次的赋权。

3. 互助类广播节目

对于互助类广播节目的定义，此前张虹冰等人的研究是从参与人群与社会互动形式来定义：“以弱势群体为主要关注对象，以具有鲜明时代特征的社会问题和社会大众的日常生活为主题，以‘帮助’为主要救助形式，以记录和反映单个人或者群体的生存状态和心理状态为表现手法，体现出典型的人文关怀，从而唤起社会的广泛关注，传递正能量，并以多种类型的广播节目为表现形式的广播产品。”

笔者以上海交通电台互助类节目《1057 大家帮》为例，分析了这个诞生于新媒体时代的广播节目在媒介赋权过程中的发展路径。该节目通过阿基米德 FM，节目形成了全天候、全地域的互动社区；并通过微信的灵活使用，提高了节目的传播效果，并形成了私密并具有高度黏性的用户社群。本文以期通过该节目的案例，从个体获得权力、群体产生影响社会的能力，调动资源配置以及社会的秩序和规则不断被重建等多个维度，来阐述媒介赋权的新现象和新效能。

二、新媒介赋权的三个层次

新媒介赋权不仅蕴含着个人、群体，还关联着整个社会体系。对节目用户来说，不论是作为求助者还是施助者，是个体赋权的实现；节目组主导建立的帮帮团，促成了群体赋权的推进；而新媒体发展带来的传受关系的转变，让用户和节目组能够彼此支持，共同服务社会公共事务，甚至影响社会政策的调整，则体现出了社会赋权的一面。

1.《1057 大家帮》新媒体平台的构建

上海交通电台互助类广播节目《1057 大家帮》开播于 2014 年 12 月 29 日，播出时间为每周一至周五中午 12:00—13:00。由主持人白瑞与编辑唐晓婷二人负责制作，通过新媒体强化第二落点传播。节目播出 5 年多来，收听率逐年攀升。

上海交通广播改版日播节目同期比较

单位 >>	市场份额%		
时间段	2019年	2018年同期	较去年同期涨跌幅
欢乐早高峰	7.18	7.94	-9.57%
1057车友俱乐部	6.32	9.21	-31.38%
食在有味道	6.65	10.56	-37.03%
有请发言人	7.21	13.09	-44.92%
1057大家帮	11.89	8.9	33.60%
郭亮直通车	13.58	7.44	82.53%
王蕾车管家	12.84	7.64	68.06%
汽车世界	9.11	8.06	13.03%
欢乐晚高峰-阳阳主播台	7.4	6.59	12.29%
欢乐晚高峰	8.31	6.28	32.32%
欢乐夜高峰	5.95	5.41	9.98%
1057剧好听	4.02	4.81	-16.42%
1057音乐星空	5.66	5.09	11.20%

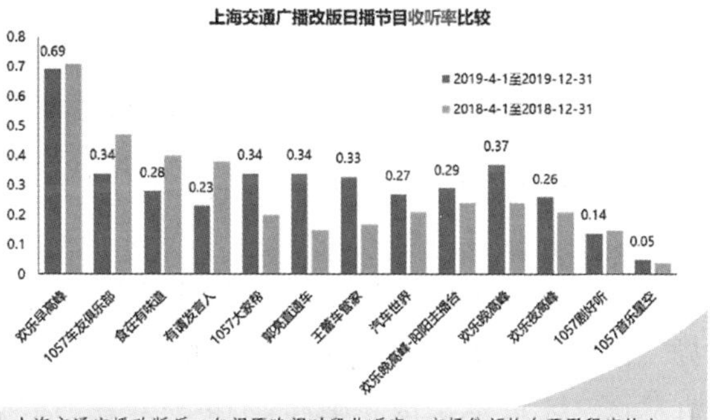

上海交通广播改版后，午间至晚间时段收听率、市场份额均有不同程度的上升，增长最为明显的节目有《郭亮直通车》，收听率为0.34%，涨幅超100%，市场份额为13.58%，涨幅为82.53%，其次为《王蕾车管家》，收听率为0.33%，涨幅为94.12%，市场份额为12.84&，涨幅为68.06%，还有《1057大家帮》上升也较明显。上午时段收听表现较去年相比呈下滑态势。

图 2　交通台改版日同期比较

目前，节目新媒体主要平台为阿基米德 FM 和微信。上海东方广播有限公司旗下的阿基米德 FM 成立于 2015 年，是国内首家由传统广播媒体转型而成的数字移动新媒体。在每档节目社区中，用户都可以发帖互动，节目组可以把互动话题或者近期活动设为置顶帖，广播时效性与互动性大大增加，线上线下的融合加深了听众在网络上收听广播节目的黏性。

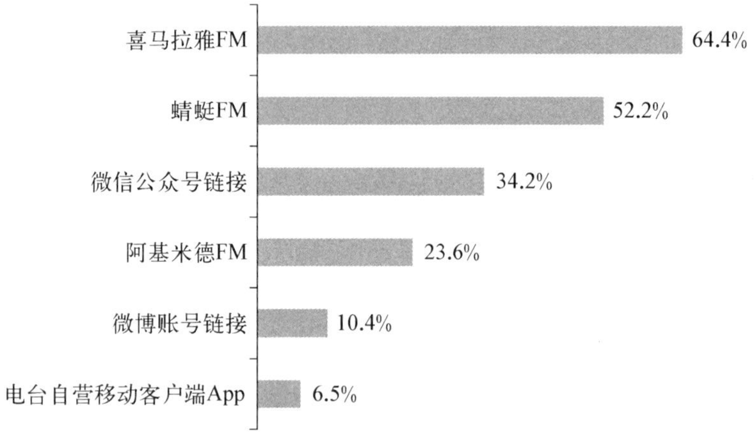

图 3　移动网络听众收听电台直播的途径

来源：赛立信 2019 年全国 30 个主要城市调查

除了广播内容在时空条件中的自由度提升，在这个平台上，节目组每天都会和粉丝进行密切互动，大量文字和图片的共享，其中用户私信求助与社区发帖的比例为 1∶1。节目遵循“大家帮助大家”的理念，寻人、寻物、施以救援、捐款义卖、奉献爱心……借助粉丝和用户一丝一缕集结成的力量，使众多“急难愁”的问题最终得以化解。

2. 实现新媒介赋权的三个层次

(1) 自我赋权：互动参与，我的“权力”我做主

新媒介赋权的对象是“社会中有机会使用新媒体并有可能通过使用新媒体提升自己权力的人”，大部分是经济、文化、资源分配上弱权或失权的“弱势”，但他们一定是在新媒介的接触和使用上的占有者。比如，《1057 大家帮》听众侯女士的孩子罹患脑癌，手术需要输血。作为求助者，侯女士在拨通节目热线后，展现了逻辑清晰、表达顺畅的能力，在极为简洁的三分钟左右的叙述后，就有 4 位出租车司机听到节目直奔血液中心献血。还有 12 位献血者皆从阿基米德社区了解到了情况，他们看到侯女士主动提供的孩子入院图片、需要血型的信息，就在帖子后进行了关切地询问，并在确认信息真实有效后同样毫不犹豫地加入献血的队伍。乐于施助者自发通过电话联系到侯女士，在节目组的协商下，统一在节目播出的第二天上午到达孩子所在的医院献血。在医院，原本互不相识的求助者与几位施助者面对面相见、相互沟通。施助者在表达同情时，能奉献热血以最直接、最有效的方式救助孩子；求助者能够得到的不仅仅是诚挚的安慰，更是最有效的救援与不掺杂经济利益的付出。以《1057

大家帮》为媒介，天南海北的用户通过“互助”的愿望产生了关系，未曾谋面的陌生人被链接在一起。

笔者对节目制作组成员、求助用户以及热心提供帮助的用户进行了访谈及梳理。这些用户包括但不仅限于驾车者、《1057 大家帮》帮帮团志愿者联盟成员。对节目用户的属性以及收听行为习惯有了更深入的认识，同时也通过他们自己对节目的评价、参与节目互动的过程以及过程中个人心理变化，透视互动中的个体如何实现新媒介赋权。

访谈对象基本情况及对《1057 大家帮》传播效果的感受，列表如下：

表 1　本文的访谈对象及受访对象主要观点

受访人	性别	年龄段	身份（职业）	互动渠道	节目评价	自身感受
白瑞	女	70 后	节目主持人	线上节目 阿基米德 微信公众号 微信粉丝群	影响力巨大 接地气 独一无二	传播了真善美 体现了个人价值 奉献有巨大获得感
唐晓婷	女	70 后	节目编辑	线上节目 阿基米德 微信公众号 微信粉丝群	充满爱心 满满正能量 有选题同质化危机	帮助人的获得感超过工作中的艰辛
侯女士	女	75 后	求助者 企业员工	线上节目 阿基米德 微信公众号	渠道多 能够挽救生命和拯救一个家庭的伟大节目	感激白大姐和热心人 有这个平台，自己也可以献爱心（反哺）
吴先生	男	70 后	求助者	线上节目 阿基米德	对接迅速 互动紧密 能够调动政府部门资源	节目组通过公交公司、地铁等部门为寻找离家出走的孩子提供了最有效的线索
丁女士	女	80 后	帮帮团成员（医生）	阿基米德 粉丝微信群	感人 有代入感 激发爱心	为他人提供帮助让自己充满了正能量
谈女士	女	80 后	帮帮团成员（企业高管）	阿基米德 粉丝微信群	牵动人心 接地气 感人 随时随地 可以互动	以前不知道怎么帮到别人 现在有这个可以信任的平台帮助他人变得容易

续表

受访人	性别	年龄段	身份(职业)	互动渠道	节目评价	自身感受
苗女士	女	70后	义卖品 捐赠者	阿基米德 粉丝微信群	真实 可信任 有凝聚力	通过大家帮 比其他平台更值得信赖，能追踪善款走向 了解具体帮助对象 反馈更为直接
彭先生	男	50后	普通用户 (退休工人)	广播节目 阿基米德社区	喜欢 有爱心	希望能参与各类帮扶行动

像侯女士这样的求助者们，这些在经济、文化和资源分配上处于弱势的群体，主动参与表达、诉说，以及发出求助的过程，就是通过新媒体将个人议题转移至公共话题的实践，在交流、自我选择、重新加工创造故事等过程中实现个人权力的获得与增殖。个体赋权意识觉醒、新媒体的使用改变了自上而下的传统信息传播模式，实现了自下而上的表达方式，由此个体能够更加自由地从自身利益出发，表达自身诉求、观点和态度。从心理层面来说，赋权的“赋能”是个体心理动机的表现，增强心理的“自我效能”，通过表达诉求，引发关注从而获得引导事态发展的权力。由此可见，媒介是权力实现的重要源泉与力量，通过信息的获取与观点的表达，来鼓舞人们采取实际的行动。

(2) 群体赋权：通力合作，增强社会资源调配能力

通过新媒介实现的个体赋权，适时地会引发社会动议，受众能自由选择是否追随。在认同的基础上，从行为意义的角度看，这就是群体赋权的形式。

《1057大家帮》帮帮团于2014年底成立，是线下自发组成的互助帮扶团体，成员来自各行各业。帮帮团共两百余人。

无论是线下的“现实群体”还是转化而来的“网络群体”中的意见领袖，他们将公益信息通过微信、阿基米德社区等社交媒体传给其归属的群体成员时，接收信息的群体对信息的信任度会加强，往往大多也都会传承公益爱心，即使自己由于某种原因没法参与其中，也会主动继续传递到下一个“圈”或“群”中。这种信息的传播方式实际上就是利用新媒介的“关系链”在不同群级之间扩散，而且这些虚拟群体间有着较强的认同感，随着群级间信息的不断传递，越来越多的群体也参与其中。帮帮团，浅层上表现为用户在语言、行动和思想观念上的沟通协作，更深层的意义在于施助者本身以帮扶形式完成自身作为社会成员对社会公共事务的参与，并由此产生对社会的价值认同。

(3) 社会赋权：发起总动员，影响公共政策和制度决策

新媒介赋权背景下的公益互助，在个人和自愿聚集的群体的行动之后，使得一些公益事件逐渐进入政府的视野。从个体到群体再到社会视角，新媒介赋权为互助类传播活动价值的实现提供了可能。《1057 大家帮》通过“扁平化”的融合媒体平台，聚拢用户，通过互动提升个体、群体、组织的“权力”和“能力”，进而引发更好的社会效果。比如，家长通过节目投诉“第一家教网”，引起了监管部门的重视，继而进行处罚。诸如此类从下向上揭示的问题，促使教委、市场监管局等部门，对于暑期火热的线上教育进行更频密的抽检和监管。媒介赋权在此时展现出了对于社会秩序和功能的显性影响力。通过对用户在个人层面、人际交流层面和社会参与层面的新媒介赋权，成功开启了社会话语的平权化变革，构建了舆论监督的公共化空间，催生了社会运动的协作式平台，让普通大众和弱势群体在话语表达、舆论监督和政治参与等方面有了显著的权能扩充与能力提升。对《1057 大家帮》节目来说，面向公众，传统广播平台配合各类新媒体平台，开拓传播渠道，能够达成的效果也正是强化自身作为媒体整合社会资源、协调社会关系的作用。

在公共利益的价值观引导下，整合个人的社会资源，集合成更具行动性的权力分配体系。以“滚雪球”的方式：一人拉一人，形成一个群体，一个参与实践的社群逐渐壮大，从而形成更为广泛的社会动员力量，使在一定社会范围内不那么公平的“权力”分配规则将得到逐渐矫正。届时，这些权力也不再只能引导一个人的日常生活，而是能有力作用于社会公共事务，小至群体口角纷争，大至推动国家民主法治建设。

三、新媒介赋权的意义

1. 用户获得赋权的意义

个人层面的赋权，是重新唤起自以为身处边缘的人群对自身能力的自信和重建自尊的过程；群体交往层面，赋权体现为敢于说出代表群体意见的观点，且这种观点集结了群体中个人批判性思考后的总结，推动交互传播；在社会层面，赋权意味着在个人能在公共体的公共事务的决策过程中扮演更加积极的角色。

《1057 大家帮》作为打通新媒体与广播隔膜的新形式的互助类广播节目，实现了“多对多”的互动模式，让用户在媒介互动中以更加主动的方式进入公共事务。

2. 媒介获得赋权的意义

《1057 大家帮》节目的传播效果在同一类服务型广播节目中脱颖而出，在已

经播出的(从开播截至2020年3月底)1 300多期节目中,以及数千个阿基米德社区求助帖当中,已经帮助了超过4 000人次。

该节目通过"广播+服务"动员发生的互助帮扶项目中,在个体与媒介平台互动的过程中,同样也为节目自身"赋权"——对传统传媒业来说,是个值得以乐观心态汲取经验的好现象。

2020年1月底,新冠肺炎疫情在我国大规模爆发。《1057大家帮》通过线上节目、阿基米德社区、微信平台,24小时不间断发起了口罩、防护服等医疗用品的募集。一周不到,价值10万元的外科口罩募集到位,送往华山、瑞金等新冠肺炎接诊医院。这就是互助类节目的特性,施助者与被帮助者的身份随时会因为具体的帮扶事件而互换。此后节目组继续协同公益组织、帮帮团成员,寻找当地口罩生产厂家以及国外的购买渠道,打通运输配送的环节,源源不断组织供应。背后恰恰是媒介在充当赋权渠道的同时,间接获取了更大的社会资源调配的能力。

结　语

时下全国范围内的广播帮扶类节目不在少数,内容大多雷同,在互动形式上也缺乏新意。本文以上海交通电台互助类节目《1057大家帮》为例,分析探索了节目在进行新媒体与传统媒体融合、传播者与接收者融合方面的发展走向,为全国同类广播节目提供了示范。未来广播业的发展应充分调动社会各种力量参与社会公共事务的互助,强化用户黏性、提高节目口碑,合理利用用户资源实现现实效益,媒介自身也能开拓出一条高质量的生活综合服务平台式的运营模式。展望新媒介赋权的未来、展望广播媒体的未来,我们可以相信,必定会迎来一个用户与媒介互动高度契合的新世界。

参考文献:

[1] 邓倩.互联网时代传播赋权研究[D].2014.
[2] 师曾志,金锦萍.《新媒介赋权:国家与社会的协同演进》,社会科学文献出版社.
[3] 师曾志,杨睿.新媒介赋权下的情感话语实践与互联网治理——以"马航失联事件"引发的恐惧奇观为例[J].探索与争鸣,2015(1):41-44.
[4] 张虹冰.慈善公益类广播节目的实践与思考[J].视听,2013(7):34-35.

作者简介:
俞倩,上海广播电视台(SMG)东方广播中心采访部副主任、记者。

媒体融合背景下音乐广播全媒体发展策略初探

沈舒强

提　要：本文以音乐广播“经典 947”为例，将媒体融合作为突破口，探究传统音乐广播的全媒体发展策略。专业内容的制作、技术的革新和节目的个性化升级是本文提出的全媒体改造之路的基础，而优质内容资源和媒体平台的整合、互联网思维的运用以及节目品牌的建立，是本文提出的创新性所在。此外，音乐广播的全媒体发展还要将用户体验放在首位，注重受众需求。在媒体融合背景下，研究出适合自身发展的全媒体发展之路。

关键词：媒体融合　音乐广播　全媒体发展策略　经典 947

2014 年 8 月，在中央全面深化改革领导小组第四次会议上，习近平总书记强调，要推动传统媒体和新兴媒体融合发展，遵循新闻传播规律和新兴媒体发展规律，强化互联网思维，坚持传统媒体和新兴媒体优势互补、一体发展，形成立体多样、融合发展的现代传播体系。该会审议通过《关于推动传统媒体和新兴媒体融合发展的指导意见》，这是我国关于媒体融合发展的顶层设计，自此“媒体融合”上升为国家战略。2018 年 9 月 11 日，国家广播电视总局设媒体融合发展司，协调推进三网融合，推进广播电视与新媒体新技术新业态创新融合发展。

随着媒体融合的快速发展，传统的广播电视业务已经不再局限于广播电视本身，而是逐步与互联网结合，具有了台网互通、多屏分发、用户互动等功能，这对传统的广播电视产生巨大挑战的同时，也带来全新的发展机遇。在此背景下，上海人民广播电台经典音乐广播 FM94.7(以下简称“经典 947”)，作为中国内地第一家专业播放经典音乐的频率，坚守专业化内容制作阵地，并建立了以微信公众号、网络收音机、“阿基米德”App、“看点直播”小程序和“经典947”官网等为载体的新媒体矩阵，设计出根据不同场景定制内容并个性化推送，打造数个作为音乐生产源头的多样化高品质品牌，形成了线上线下联动、内涵不断拓展的全媒体业务格局。

本文将分为三个部分：第一部分从理论上分析音乐广播全媒体发展；第二部分初步探究“经典947”全媒体发展路径；第三部分基于作者经验提出三点思考。

一、音乐广播的全媒体发展分析

1. 音乐广播全媒体的内涵及产生背景

在媒体融合的背景下，在网络新媒体的冲击下，传统音乐广播媒体积极探索和实施全媒体发展战略。所谓的音乐广播全媒体就是指传统音乐广播传媒在新的媒体环境下，以数字化、网络化技术为基础，以传统音乐广播音视频传播业务为核心，在融合多种传播渠道的基础上构建开放信息平台，形成一云多屏式的新型传播格局，以提升传播效力和公信力。

音乐广播是指以音乐相关部分为主要播出内容的广播，从其全媒体发展的实践来看，音乐广播全媒体包含三层内涵：首先，它脱胎于传统广音乐广播，其核心优势在于音视频等内容的专业制作和传播，以及与内容制作和传播相对应的专业人才队伍；其次，它是基于传统传播渠道融合基础上的开放信息平台，最终应实现集约化采集生产、多渠道编辑分发的一云多屏式的传播格局；再次，作为传统广播媒体，公信力是音乐广播全媒体的核心价值。

从音乐广播全媒体发展的受众层面来看，在全媒体时代，受众变得更加主动，具有参与、分享、个性的特征，这就要求音乐广播要针对受众的特征调整传播策略：需根据受众的个性化需求对节目内容进行重组与再分发；根据受众的参与需求重构音乐广播与受众的关系；根据受众的分享需求进行社会化媒体营销。

2. 音乐广播的全媒体发展

音乐广播全媒体不是单纯的音乐网络媒体，也不是以线下为主体的院线媒体，是包含了音乐生产、音乐传播、受众互动的完整平台。

从音乐生产的角度看，音乐广播全媒体始于传统的音乐广播，因此它有专业的音乐制作水平以及与之匹配的专业制作队伍。人们选择音乐广播的核心仍是其内容的水准，只有优质的内容制作才能使听众得到放松和享受，舒缓心情和宣泄感情。单纯的音乐生产更多的是音乐与受众的单向行为。

从音乐传播的角度看，音乐广播全媒体具有从广播、社交网络、直播平台到音乐会的完整传播平台。音乐传播是建立在不同维度音乐、节目制作方、节目主持人和受众的“桥梁”，只有“桥梁”架设好了，各种信息才能被有效利用，达到其效果。

从受众互动的角度看，音乐广播全媒体除了传统广播听众与主持人的交流，社交平台的留言、直播平台的弹幕、线下音乐会的观众调查都可获得实时或非实时的受众反馈信息。受众互动则是节目制作方、节目主持人与受众的双向信息反馈。受众互动借助音乐传播是音乐生产不再是单向行为，而是基于观众信息的反复迭代。音乐广播全媒体基于受众反馈信息对音乐生产和音乐传播进行迭代与分发，使已有受众得到其个性化需要的音乐内容，同时提升已有用户的场景感受以及拓展新用户。

二、“经典 947”的全媒体发展策略初探

“经典 947”成立于 2004 年，虽然不是历史最悠久的一批的音乐广播，但其成立正是网络技术初露锋芒的年代，使“经典 947”这个“后来者”开始便以全媒体的思维进行发展。时至今日，“经典 947”在不断迭代的发展思路上的基础上形成了具有特色的“经典 947”的全媒体发展策略。

1. 媒体扩张，建构新媒体矩阵

古典音乐会节目的呈现，制作专业精良固然重要，但在内容的编辑分发和推广输出方面，也应采用多渠道策略。“经典 947”以“传播经典，品味生活”为主旨，坚守古典音乐的专业性和普及性，节目内容以古典音乐为主。目前，借助新媒体矩阵逐步形成一云多屏式的新型传播格局，这为古典音乐传播打开了新局面。

目前，“经典 947”已经形成以微信公众号、网络收音机、“阿基米德”App、“看点直播”小程序和“经典 947”官网为载体的新媒体矩阵，这其中不同的媒体在不同的场景下发挥了其独有作用，媒体的融合化使音乐广播的传播范围更广，也具备了获取受众反馈的能力。以“经典 947”微信公众号为例，截至 2020 年 5 月 18 日，“经典 947”微信公众号发布文章1 029 篇，基本每天都有原创性文章的发布：个性化主题如《在博物馆里，怎么举行音乐会》《经典 947 午餐音乐时间，视频直播和你一起“云喝咖啡”》，音乐家纪念性专题如《我们不能忘记，贝多芬也曾是一名新人》，还有追逐年轻受众热门话题的《如何让自己的野餐照片在朋友圈脱颖

而出》等，无不是将专业化内容用更加贴近受众兴趣和审美的方式进行输出，建立与受众的双向沟通。

2. 媒体融合，用场景化思维打造精品节目

生活节奏的加快，加剧了人们时间的碎片化趋势，同时这些碎片化的时间又被分割到不同的场景中。如一位都市白领一天的典型场景可能有：清晨洗漱时听着新闻简报，通勤路上利用间隙收听资讯，工作间隙听音乐舒缓压力，晚上睡觉前听音乐或小故事以期更好入眠等。这些场景，在我们的生活中逐渐变得常见，特别是在移动互联时代，场景的概念变得更为重要。就要求媒体不仅仅要理解特定场景中的用户，还要能够迅速地找到并推送出与之相适应的内容或服务。对于习惯了“内容为王”思维的大众媒体来说，理解与利用场景思维来拓展媒体的传播能力，也将变得越来越重要。

从听众收听广播的场景来看，碎片化的伴随收听和移动出行收听成为听众的重要收听情景，广播作为伴听性媒体在移动生活中的巨大潜力和优势渐显。基于不同媒体对用户是授权信息的利用，“经典 947”努力做到对用户特定场景的理解，同时对其推送相适应的内容或服务。从今年 4 月 20 日，“经典 947”节目全面改版升级，其中几档精品栏目的“刷新上线”正是充分体现了场景思维：

早高峰节目《音乐新空气》迎来播出十年来的首次大幅改版，陪伴你走一段轻松愉悦的上班路。节目把“经典 947”的特色旅游产品“音乐之旅”延展到线上，每周带耳朵“游历”一个地方。上班族最“心累”的周三工作日也将因为这股“新空气”而有所不同，节目集结爵士音乐、电影音乐、世界音乐等精彩内容打造“特别星期三”。

晚高峰节目《轻松乐逍遥》用好音乐为你卸下一天的忙碌，陪你收工回家。节目新设“最美的一天”板块，欢迎听众发来自己的生日、纪念日或对家人朋友的祝福，节目将在日落时刻，为当天的听众主角送出专属音乐礼物。每周五，节目还将推出“我想去看看”栏目，搜罗沪上充满文艺气息的打卡好去处，为周末城中“微旅行”送上完美计划。

晚间时间段是传统的欣赏专题节目的时间，这段时间能抛开白天的喧嚣，静心地欣赏一些大部头的音乐作品，而这个时间段也是一般音乐会的开演时间，经典 947 精心打造了《947 爱乐厅——欧洲现场》节目，由“经典 947”(FM94.7)携手欧洲广播联盟(EBU)共同呈现，每天 20 点到 22 点播出一场来自欧洲的优秀乐团、音乐家和音乐节的最新现场录音，同步翻译、解说每场音乐会的曲目和演出背景资料，并制作主题宣传片和特别推荐短音频为每天节目预热、导赏。每年共安排播出的欧洲音乐会有 365 场，涉及 30 余个国家和地区，超过百个知名乐

团、指挥家,独奏/独唱家超过 200 位。为了能更好地让听众有系列地欣赏和聆听,每周设立一个主题,如欧洲著名广播乐团、俄罗斯芭蕾音乐、弦乐四重奏、双钢琴作品、女性音乐家,以及作曲家勃拉姆斯、舒伯特、西贝柳斯的纪念系列等。每年夏季欧洲有 100 多个各种类型的古典音乐节,节目组精选播出英国、德国、奥地利、瑞士、丹麦、捷克等国家的几十个夏季音乐节内容,并在音乐节结束不久就立刻安排播出,让国内听众最快时间能听到当年音乐节的精彩实况。此外,重要的音乐会还有:德国汉堡易北爱乐音乐厅开幕音乐会、庆祝 EBU 音乐交流中心成立五十周年音乐会等。作为全国唯一一档每天播出欧洲名家名团最新音乐会的节目,自开播之日起就受到听众和业内专家的密切关注与一致好评,不仅提升了经典 947 在古典乐界的影响力,还对扩大上海广播在全国媒体中的影响力有着积极的推动作用。

3. 以内容和业务为主导,"经典 947"构建全媒体传播格局

作为音乐广播,"经典 947"不仅是经典音乐的传播者,也是专业音乐节目的生产者,作为中国古典音乐的一种重要开拓力量,"经典 947"已成为中外古典音乐交流的重要窗口。在全媒体发展的驱动下,"经典 947"在融合多种传播渠道的基础上构建开放信息平台,积极实现专业内容的重组与再分发,还通过技术升级探索从"媒体空间"向"现场空间"的延伸,强调用户的"在场感",激发用户的"卷入感",这些都是全媒体改造所需要的新思维。

今年 3 月 24 日下午,"经典 947"在上海辰山植物园特别策划了一场以"人间三月天,听见樱花雨"为主题的"云直播音乐会",由"经典 947"《音乐新空气》节目主持人虞莉娅携手上海爱乐乐团首席长笛演奏家周诗楠和首席竖琴演奏家陈妤颖,为市民呈现一场专属于春天的"粉色浪漫"。通过 360 度 VR 环绕式镜头结合多机位高清视频直播呈现,音乐会将"云赏花"与"云聆听"合二为一,让市民可以在家拥有最佳的观赏体验。这也是上海首次采用 VR 技术进行户外古典音乐会的直播,全国各地乐迷通过"经典 947"的互联网视频直播平台以及百视通旗下 IPTV、OTT、BesTV App 客户端等平台点赞美景美乐,分享"云观演"的新体验。比常规在专业音乐厅内的音乐会形式,此次在樱花树下的云直播音乐会既增添了视觉上的享受,还提升了音乐家和观众之间的互动乐趣。

另外一场是与上海歌剧院联手,共同发起的 12 小时"用音乐温暖世界——世界地球日经典 947 特别直播"。在上海市对外文化交流协会以及上海广播电视台艺术人文发展基金会、上海医药集团股份有限公司的大力支持下,在指挥家、钢琴家许忠和"经典 947"精心策划下,4 月 22 日早 8 点至晚 8 点,全球十余个国家的知名乐团、剧院和近百位音乐家,携手呈现了这场规模空前的线上音乐

会。此次“用音乐温暖世界——经典 947 世界地球日特别直播”从项目提案到最后实施仅只有 10 天时间，其间集结了世界各地近 100 名艺术家的参与，共收到 48 条约 2 小时长度的语言采访视频，80 条约 7 小时长度的演奏视频，占到了 12 小时广播直播节目的近三分之二时间。因此，它的“可视化”就变得尤为重要。上海广播技术中心的可视化系统实现了传统广播播出与视频 Vidigo 系统的联动，使得此次 12 小时直播节目中的近 130 条视频素材实现了点击视频即可自动触发相应音频在广播端输出的功能。此次节目实现了上海人民广播电台 3 个广播频率(947/981/899)的并机连播，其他频率也对本次节目进行全程关注。包括优酷、凤凰网风直播、快手、腾讯直播、话匣子、看看新闻在内的 6 家线上视频平台同步直播，共收获总计 2 252 730 次浏览量。

三、对音乐广播全媒体发展的思考

1. 坚守音乐广播核心价值

音乐广播的核心价值可以总结为：采访权、公信力、内容生产能力等，在这些方面与众多新兴的自媒体和商业媒体相比更有优势。但在互联网信息爆炸的形式下，这种优势不具有用户吸引上的压倒性力量。而从内容选择上来说，自媒体或商业媒体在某些领域更加灵活。而音乐广播需要在保持自己核心价值的前提下，尤其是古典音乐的传播，在选题、选材上要不断精益求精，做到专业、接地气，在线下活动、听众互动等方面利用公共电台的公信力予以不断拓展，把节目的垂直线条做得更深，服务好喜爱古典音乐的听众。同时主动走入市场，选择与内容、传播等方面的头部优势机构结合，这样才能保持自己的价值及影响力。另外，“经典 947”合理的人才结构和充足的人才储备是节目坚守音乐广播核心价值的基础。

2. 强化音乐广播品牌战略

音乐广播作为一种传媒，其本质是其影响力的大小，而品牌则是其影响力大小的具体体现，一个成功的媒体品牌不仅能够有效地与其他媒体区分，而且能够让用户对媒体服务产生情感上的依赖和信任，在各种品牌激烈竞争的环境下，只有不断扩大影响产生“马太效应”，音乐广播才能生存与发展。单一品牌战略和多品牌战略是两种不同的发展路径，音乐全媒体需要结合自身实际，综合考虑业务、市场、媒体规模、文化等因素，探索适合自身的品牌战略。近些年，“经典 947”频率通过前述各种传播手段和节目内容已经树立了中国大陆以传播古典音乐为主的经典音乐电台的第一品牌,也成为上海的一张文化品牌,同时打造"星期广播音乐会""辰山草地广播音乐节""947 音乐之旅"等线下品牌,整合优质内容的同时,还聚合大批忠实"粉丝"。

"经典 947"最老牌的《星期广播音乐会》创办于 1982 年。以丰富市民文化生活、提高全民艺术素养为目标,传播古典音乐为己任,全年 25 场现场音乐会结合广播和视频直播的形式,提出"高质量、低票价、普及型、服务性"的定位,使普通民众也能轻松迈进古典音乐的艺术殿堂。曾被评为上海市"十大精神文明产品""十大优秀媒体品牌""全国最具特色省级广播栏目"。一大批听众正是通过"星期广播音乐会"走进古典音乐的殿堂。2006 年,星期广播音乐会曾从广播直播扩展到了电视播出,传播途径更为多样,受众更为广泛,这种形式的定期普及音乐会在世界范围内也是不多见的。目前又通过看看新闻网和手机 App 阿基米德在网络直播,可以视频和手机在线收看收听或回看回听,使其与现代传播手段相结合,吸纳更多普通受众成为古典音乐爱好者。"星期广播音乐会"在节目质量、收听市场份额、票房、赞助、业界影响力和社会舆论等各方面均取得了卓著成绩。

另外 2018 年起,"经典 947"以"中国印象"作为全新文化品牌,打造系列节目。依托独有的欧洲广播联盟资源,让上海交响乐团、广州交响乐团、杭州爱乐乐团、上海爱乐乐团、上海民族乐团等的音乐会录音上传至欧广联节目平台,得以通过英国、德国、西班牙、芬兰、瑞典、爱尔兰、澳大利亚等十多个国外广播公司播出,将富有中国特色的名团和演出推向国际舞台,让更多的国外听众了解中国的乐团和艺术家,用音乐讲好中国故事。

3. 重视音乐广播受众需求

随着国家文化体制改革的深化,广播媒体越来越深入地参与市场化的竞争。在音乐节目收听的市场化竞争中,广播媒体需要了解受众需求才能被受众所选择,但这也是众多转型中的广播媒体思维上转变的最大难题。广播媒体要一方面积极参与市场竞争,不断迭代自己对市场的理解,另一方面要利用全媒体平台得到的数据从内容设计和服务推送两个方面匹配用户需求。面对新时代的挑战与机遇,传统广播媒体拥有优秀的广播人、资深的制作人,在优质音频内容生产上具有良好条件,但同时,广播媒体也要破旧立新,迎合听众的收听需求。只有这样,才能在内容为王的新时代,开疆扩土。

结　语

传统媒体无论选择怎样的"全媒体"转型道路,最重要的不是媒体形态本身,而是如何借助各种渠道和终端，使原有的资源优势更好地转化为竞争优势，为受众提供最需要的内容产品。从这个角度来说，内容生产依然是媒体组织的核心工作。随着5G等网络技术的飞速崛起，以及90后、00后等“网络原住民”逐渐成为音乐广播用户的主体，拓展新兴媒体并完成媒体融合是每一个广播媒体绕不过的课题。在各广播媒体的全媒体发展过程中，清晰明确的发展策略是各机构“指路标”，广播媒体只有坚守自己的核心价值，同时在商业市场中强化品牌战略及重视受众需求，才能在竞争日益激烈的音乐收听市场中占有一席之地。

（本文为上海市音乐声学艺术重点实验室委托调研课题，编号SKLMA-2020-05）

参考文献：

[1] 喻国明，姚飞.强化互联网思维推进媒介融合发展[J].前线，2014(10)：54-56+58.
[2] 彭兰.对融合概念的一次升华[J].传媒观察，2014(10)：15.
[3] 黄莉.类型化音乐广播，何去何从？——浅析中国音乐广播发展现状[J].中国广播，2017(07)：53-56.
[4] 秦先普.将音乐进行到底——访东方广播中心经典947总监沈舒强[J].中国广告，2016(10)：82-86.
[5] 向美霞.媒体转型期音乐广播生产[D].复旦大学，2010.

作者简介：

沈舒强，上海人民广播电台“经典947”频率总监、公益媒体事业部艺术总监。

在融合创新中如何助力歌剧艺术的有效传播

——以音乐广播“经典947”古典音乐频率为例

王　平

提　要： 随着以互联网为载体的科技与信息技术的发展，媒介融合时代大大拓宽了高雅艺术的传播空间。曾经被大众认知为“阳春白雪”的歌剧艺术不再是精英阶层独享的特权。歌剧艺术的当代传播也因此在大众对文化的需求提升中获得了新的发展契机。其中，作为大众传播媒介的广播成为重要推广渠道，在坚持“内容为王”的同时，融合创新手段促进了媒体传播的影响力，助力了世界优秀文化的传播和弘扬。本文以音乐广播“经典947”古典音乐频率为例，深入分析广播作为传统大众媒介在音乐文化品牌构建过程中对歌剧艺术传播的具体实践，并由此产生的启示。

关键词： 音乐广播　歌剧艺术　品牌化经营　艺术推广

一、歌剧艺术的当代传播趋势与途径

（一）歌剧艺术的大众化审美融合

伴随着经济的发展和文化消费的转型升级，大众文化的繁荣彰显着当下人们对精神文化产品旺盛的需求。这种需求，主要以便利性、流行性、娱乐性和传媒性为特点。而以歌剧艺术为代表的高雅艺术基本不具备上述特点，因此其普及性与传播性远不及流行音乐强。当然，这与歌剧艺术自身创作方式、题材内容、表演方式、欣赏方式等息息相关；使其在诞生之初就烙上了“阳春白雪”的阶层特性,受众群体相对较小因而一直未能建立起广泛的群众基础。

但是,伴随着社会的发展,人民群众日益增长的对美好生活的追求和艺术自身发展的不平衡、不充分之间的矛盾的日趋显现,表明了大众已经不仅仅满足于一般性的文化娱乐性内容;以歌剧艺术为代表的高雅艺术逐渐成为大众的精神追求。大众文化特性为歌剧艺术的普及提供了肥沃的土壤,在借助行业技术变革与政策红利等优势优化传播手段的同时,也为歌剧艺术与大众文化的有机共生提供新思路,进而反哺大众文化的高品质内容生产。与此同时,受制于大众不同文化取向以及对音乐鉴赏、审美能力的差异,推广歌剧艺术不仅需要技术、渠道等手段的升级,也要密切关注大众变化着的审美趋势及时调整应对策略。其中约翰·斯托雷(John Storey, 1998)在其著作《文化理论和大众文化导论》中表明了大众文化与高雅文化间的融汇或互渗趋势,但有可能因此而抹杀其差异性。这一观点为歌剧艺术的大众审美融合给予了理论支持与启示:高雅艺术只有在其经典、纯粹、精髓的文化内涵与艺术要素结合中推陈出新,才有可能拥有创新发展的源泉,从而进一步扎根在大众文艺生活的土壤中。

(二)歌剧艺术的大众化传播途径

歌剧是一门舞台艺术。与此同时,歌剧也是一门特殊的、由音乐构成的舞台艺术。歌剧的戏剧表演成分与音乐密不可分,一部伟大的歌剧亦是一场美妙的音乐盛宴。因此,歌剧一直被视为西方古典音乐传统的重要组成部分。当然,一部歌剧的流行程度不仅与创作水平关联,还与其传播途径休戚相关。传统的欣赏方式显然已经不能适应身处互联网环境中,当前人们追求以实时性、便利性和互动性获得信息的方式。纵观当今大众传播媒介,歌剧音乐传播所能借助的平台仍然以传统媒体为主。如1984年开始举办的CCTV青年歌手电视大奖赛中设立的美声唱法;2018年湖南卫视开播的《声入人心》,则是融合歌剧和音乐剧元素给青年唱演者充分展示的舞台;而包括《爱乐》《音乐爱好者》等在内的音乐杂志及各地类型化音乐广播频率,则继续坚持进行古典音乐的普及。当然,我们也看到一些新的变化。歌剧院和歌剧界自身也在采取一些新方式扩大歌剧的欣赏人群。用高清电影的方式,在歌剧院等场所播放歌剧演出的电影来吸引更多的人群特别是青年人了解、观看歌剧。虽然,包括歌剧在内的古典音乐媒介渠道的丰富性远不如流行音乐众多。但是,传统媒体在近几年致力于消除高雅艺术对大众隔阂的过程中,坚守经典艺术的本质,发挥着舆论传播的正向作用;特别是在执行文化宣传的权威性和引导性优势上仍让人敬佩。

SMG"经典947",作为内地第一家以"传播古典音乐为目标、弘扬高雅文化为信念”，全天候 24 小时向上海乃至世界传播古典音乐的专业经典音乐广播节目，也在积极与新媒体进行融合创新。探索在打造古典音乐文化品牌的实践中，走出自己的专业化道路，努力发挥着新时代提高国民艺术素养的媒体价值。做好品牌化战略是其作为传统大众媒体在推广古典音乐包括歌剧艺术之路上不可替代的重要途径。下面将具体探讨“经典 947”在古典音乐文化品牌构建过程中与歌剧艺术推广的互动实践及相关启示。

二、“经典 947”古典音乐频率与歌剧艺术推广的互动实践

（一）“经典 947”古典音乐频率的品牌构建

1. 精准频率定位

上海广播电视台（SMG）旗下的“经典 947”频率于 2004 年正式开播。频率以“传播经典，品味生活”为主旨，坚守古典音乐的专业性和普及性，节目内容以古典音乐为主，辅之以轻音乐、跨界音乐以及民乐。目前“经典 947”频率以 SMG 资源渠道和专业的人才队伍为基础，搭建了与欧洲广播联盟（EBU）的内容供给平台；并全天候推出共 25 档线上广播节目。同时，利用创办于 1982 年的“上海媒体优秀品牌——《星期广播音乐会》”的辐射影响，策划主办了“经典 947 · 辰山自然生活节”“经典 947 · 辰山草地广播音乐节”及其他各类音乐工作坊。充分融合文化休闲与旅游元素，促进古典音乐线下的互动推广，合理配置“经典 947”全频率资源，并借助新媒体矩阵与听众的用户黏性，形成线上线下联动的广播业务延伸格局，从而打开了古典音乐传播的新局面。

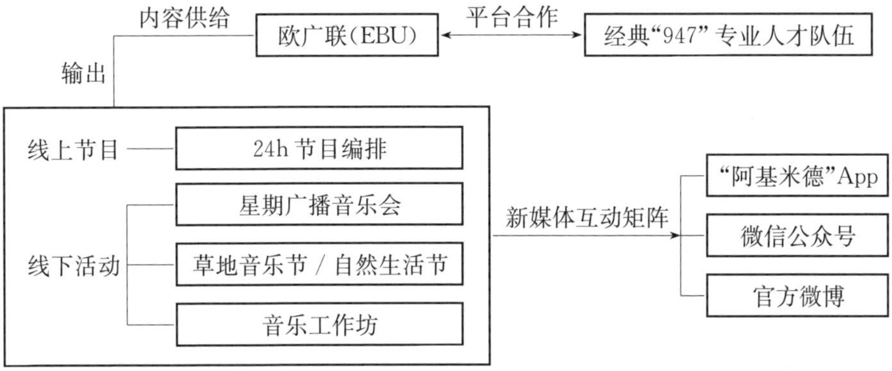

图 1 “经典 947”主要业务结构

2. 深耕内容创新

当下传统广播面临的挑战，不仅仅是新媒体技术催生的各类平台对用户群体的挤占，若不持续深耕古典音乐的创新传播方式，从节目的形式安排、音乐资源的更新、听众收听的需求等角度反思问题并推陈出新，古典音乐的普及推广将难以适应受众群体的欣赏需求。

为此，"经典947"结合当下广播节目受众的实际情况，在打造了一批深受听众喜爱的音乐节目如：《经典放送》《古典音乐时间》《王博士音乐坊》的基础上，从古典音乐普及与深度两个不同的角度策划节目。如：早晨的《音乐新空气》、中午的《与你共享》和黄昏时分的《轻松乐逍遥》等节目，倡导轻轻松松听古典、用音乐疏解压力。《纵横经典》《古典导航》和《947爱乐厅》等节目则从诠释古典音乐的内涵和分析的角度为听众带来专业的提升。而借助于欧洲广播联盟提供的音乐会资源和内容，打造了每周晚八点的《947爱乐厅欧洲现场》节目，对欧洲音乐会现场进行实况转播。同时，邀请著名音乐人做客直播间为听众带来专业解说，配合新媒体矩阵多方联动输送节目现场动态，以解决广播媒体在视觉上的互动盲点。

同时，为了给听众提供更丰富、具有国际视野的音乐内容，"经典947"注重对资源的整合与利用，除了打造以《星期广播音乐会》为品牌的普及性古典音乐会以外；积极与国外传媒机构合作。2014年引进澳大利亚广播公司(ABC)旗下中文频率节目《满堂彩》，并每周制作推介一档中国音乐文化和经典乐曲节目传输到澳洲。同年，与芝加哥WFMT广播网签署合作协议，每周播放美国著名交响乐团音乐会，WFMT也于2015年第一次来上海录制"上海之春国际音乐节"音乐会，并在美国广播电台以系列形式播出。"经典947"在致力于国际文化交流"引进来"的同时，积极打造优质音乐文化节目"走出去"。在这种双向交流合作中，为广大听众带来全新的音乐盛宴，同时也吸引了更多的听众参与。

3. 线下有机互动

在音乐广播品牌化构建的过程中，线下活动与新媒体渠道的联动策略已经成为当前广播媒体促进内容传播的常态化手段，"经典947"利用上海自身丰富的人文环境，在《星期广播音乐会》老字号品牌的辐射影响下，进一步满足大众对文化休闲与文化旅游的体验需求，突破广播媒体在视觉等其他感受力上的缺陷，策划主办了以"经典947·辰山自然生活节""辰山草地广播音乐节"和"音乐工作坊"三大主要模块构成的线下音乐推广活动，在满足频率忠实听众聆听音乐现场需求的同时，通过音乐节庆活动吸引不同受众群体参与到古典音乐的体验中，消除他们对高雅音乐的隔阂，感受音乐艺术的魅力。

事实上，“经典 947”所有的活动推广都是以提升大众对古典音乐为主的高雅艺术的感知力与审美素养为目的，从低门槛、专业性、趣味性、普适性等角度出发实践艺术教育、培养大众对于古典音乐的热爱，从而挖掘潜在受众，进一步建立对“经典 947”音乐品牌的认可度。如 2019 年，邀请著名男高音歌唱家石倚洁、韩蓬和薛皓垠献唱辰山草地广播音乐节后，组织见面会，与观众面对面的交流歌剧艺术。韩蓬更是亲自带队全程参与《“经典 947”音乐之旅》活动，与乐迷玩转意大利歌剧导赏之旅。辰山自然生活节作为继每年五月的辰山草地广播音乐节之后，旨在为亲子艺术互动与艺术教育提供一站式体验的音乐普及平台，七天内现场的 14 场演出与 28 场艺术体验营会接待约 3 000 组家庭、近 6 000 人次的参与，不仅成为音乐推广的热门活动，也成为周边及上海地区家庭长假出游的热门首选地。

所有这一切，都是为了让更多的人感受到：古典音乐实际离我们并不遥远；古典音乐的万千形态，将带给我们无穷的快乐与感动。

（二）促进歌剧艺术有效推广的具体实践

“经典 947”在构建古典音乐文化品牌的过程中，通过三大举措撬动大众的歌剧艺术文化需求，引导大众将欣赏歌剧艺术作为休闲娱乐、精神愉悦的生活方式和文化消费选择。

1. 与欧洲广播联盟合作架设全球音乐资源内容传输渠道

随着媒体竞争的日益激烈和交融的多元文化格局的形成，“经典 947”在致力于拓展古典音乐受众范围的过程中需要以海量的音乐资源为支撑。2017 年，SMG 成为欧洲广播联盟的非正式会员，欧洲广播联盟是世界领先的公共服务媒体联盟，其成员运营着近 2 000 个电视和广播频道，以及众多的网络平台，在世界各地覆盖的观众超过 10 亿人。欧洲广播联盟旗下的欧洲广播网(Euro radio)运营着世界上最大的音乐交流中心，致力于把最好的音乐活动带给受众。“经典 947”也因此而获得了重要的古典音乐和歌剧演出等资源，通过欧洲广播联盟每年提供的 3 000 多场各种音乐会演出的录音，其内容包括爱丁堡艺术节，奥地利、瑞士、德国等国家的夏季音乐节及全球的古典音乐会、音乐现场和歌剧演出等活动。而“经典 947”通过自身强大的专业音乐采编团队与音乐理论人才队伍，对获得的这些优质音乐资源进行深度挖掘，通过专业制作团队的筛选分发、选题编辑、精心的筛选和编辑制作，持续为经典 947 节目供给前沿与经典的古典音乐内容，呈现给听众形式丰富、制作精良的古典音乐节目。

2. 文旅融合结合户外音乐节推广古典音乐

随着文化旅游与文化消费日益成为促进文化繁荣的新增长点，2012 年“经典 947”打造了中国首个大型户外古典音乐会——辰山草地音乐会，并于 2015 年将该音乐会升级为两天的音乐节——辰山草地广播音乐节。以沉浸于大自然中的古典音乐盛会，为生活在繁忙都市里的人们提供一个“有音乐，有自然”的“慢”周末。音乐节通过日场和夜场的交替，大、小两个舞台为观众共展示四场不同形式的音乐会。音乐节以不断出新的主题与豪华阵容为大众带来最纯正的古典音乐：如 2014 年著名指挥家许忠与来自意大利“贝利尼歌剧院”原班人马（交响乐团与合唱团）带来的歌剧之夜，2017 年俄罗斯圣彼得堡交响乐团带来纯正的“俄罗斯之声”，以及 2019 年国际乐坛著名的德国指挥大师艾森巴赫率领西南德广播交响乐团首次访华。因此，每年 5 月都会吸引近万名观众汇聚上海辰山植物园欣赏古典音乐。音乐节不仅成为经典 947 节目忠实乐迷的线下聚会，也成为上海文化旅游标志性的节庆之一。

根据东方广播中心的研究报告显示：参与到音乐节的 67.8％的受访者表示是“经典 947”的听众，29.7％的受访者表示“以前没听过，音乐节以后会关注尝试收听”；超过 62％的观众门票以自己购买的方式获取，并对音乐会的剧目内容和组织策划给予了四颗星的整体评价；表示沉浸式的观感提升了音乐体验。而音乐节主持人王勇博士则反馈道：“人们对高雅艺术的追求始终在递进，在我主讲音乐会的过程中，开始只是普及基础的知识，但现在更多的听众已经要求更加专业的讲解。”这一变化说明，经过不断的努力，大众对古典音乐包括歌剧艺术的欣赏已经有了相当的提高，高雅艺术正逐渐融入大众的日常文化生活。

3. 融合新媒体渠道掌握古典音乐全方位动向

目前“经典 947”搭建起了以新媒体“两微一端”为主的互动交流渠道，通过官方微信公众号、官方微博和“阿基米德”App 平台适应于快节奏生活中人们碎片化的信息浏览和获取习惯，界面设置与分级菜单的 UI 设计优化了用户使用的体验感，随着用户满意度的提升有助于促进歌剧艺术推广获得越来越多的正向反馈，进而通过“粉丝效应”迅速拓宽古典音乐受众范围，形成对“经典 947”古典音乐品牌更广泛的认知。

与此同时，除了继续运用传统的宣传模式外，广泛运用新媒体和新的传播技术，让更多的受众群体，特别是青年人了解古典音乐、歌剧艺术，已经成为一种新趋势。以《星期广播音乐会》为代表，在聘请专家型主持人进行现场讲解，并播放配合演出内容的滚动字幕的同时；分别通过电台直播（经典947[FM94.7]）、视频直播（看看新闻App的直播板）、音频直播（经典947官网[http://www.fm947.cn]）、网络音频（阿基米德App的“星期广播音乐会”节目社区）、互联网电视（百事通App及IPTV）进行实时音乐会播出与新媒体形成良性互动。这种媒介融合的传播方式，满足了不同用户的欣赏习惯，多形式全方位的提供了古典音乐的资讯。

在新媒体平台的内容分发中，根据互联网用户偏好适时调整宣传文案的行文风格，以轻快休闲的方式为大众提供更宜接受的音乐资源。如“经典947”微信公众号在推送古典音乐普及文章时切入角度更倾向于通俗易懂，语言更轻松有趣，例如《海顿：“我的语言，全世界都能听懂”》《长笛，竟然是莫扎特最无法忍受的乐器》等文章。这些文章生动的软文标题背后是对作品多角度的解读，大众会发现在欣赏、聆听音乐会的同时可以轻松走进古典音乐，而艺术家们也有常人生活中活泼有趣的一面，由此拉近普通观众与高雅艺术的距离。

三、音乐广播助力歌剧艺术有效传播的启示

（一）以线下活动推广链接线上受众艺术体验

众所周知，音乐广播作为传统媒体曾因其单一的传播方式而逐渐流失听众。“经典947”作为类型化古典音乐频率，同样也遭受着新媒介的冲击。但是“经典947”坚持以专业化普及古典音乐，面对新的形势，以开放的姿态积极融合新媒体。在创新升级的同时，紧抓文化消费的重点需求，从受众人群体验出发，让节目全方位、多角度的满足普罗大众精神上的愉悦，享受古典音乐带来的美感。因此，在构建古典音乐文化品牌的过程中，不忘初心，在“老字号”品牌《星期广播音乐会》的积淀基础上，成功打造了线下主题活动矩阵。以大型音乐节、生活节庆主题活动为亮点，同时围绕各种音乐主题组织工作坊（workshop）、见面会、幕后探访、古典音乐和歌剧之旅等活动，将听众在线上欣赏广播节目的距离感在线下活动中拉近，增强听众对古典音乐真实而强烈的现场体验。特别是有意识地引导观众走进音乐厅、歌剧院，体验、欣赏古典音乐、歌剧艺术所带来的快乐和美感。通过各类音乐活动的举办，不断培养、提高大众的高雅艺术欣赏水平，让高雅艺术真正实现深入浅出地参与到大众生活，成为当代大众文化艺术欣赏中的

常态化选择。这不仅有利于歌剧艺术在大众生活中潜移默化的生长，培育和挖掘潜在的爱好者与推广者，也是传统媒体与受众群体建立长效互动机制的有益尝试。

（二）在古典音乐元素创新表达中尝试精准营销

在“经典 947”古典音乐推广和节目制作的实践中可以发现，越来越多的音乐会和剧目内容开始尝试歌剧元素与音乐剧或其他艺术门类的跨界合作，并针对特定的受众群体进行精准营销。如 2020 年作为上海爱乐乐团首场演出就是歌剧三大实力唱将与音乐剧三大新星的联袂合作，通过演唱者在歌剧与音乐剧粉丝群体中的影响力，俘获不同群体的共同关注与喜爱。歌剧艺术作为内容传播的主体已经开始尝试跨界，走出固有圈层，与大众流行文化进行有机融合。作为专业的古典音乐媒体推广者，更应该顺应潮流的趋势，在节目内容策划和宣传手段上不断探索古典音乐元素的创新表达；并以新媒体技术为支撑调整营销手段。例如同样作为歌剧艺术推广者的上海大剧院从营销上寻找与观众的情感共鸣点，以“梦想不止舞台”作为年度宣传 Slogan，激发观众对歌剧艺术的向往和参与兴趣；与阿里巴巴建立数据合作关系，通过大数据分析观演群众的用户画像，进而可以更为准确了解观众的喜好与特征，进而使剧目的推广、营销服务更为精准，让更多的受众人群接受。音乐广播在助力歌剧推广过程中同样可以利用精准营销方法，借助搭建的音乐资源平台做好内容筛选与策划，以大数据和科技手段积极助推歌剧艺术元素的跨界融合与创新表达，从而丰富受众人群的结构层次，激发更广阔的潜在文化需求。

（三）积极整合资源优势释放广播品牌的乘数效应

在融合创新的大背景下，传统媒体也在寻求着涅槃重生的机遇。“经典 947”古典音乐频率的推广需要《星期广播音乐会》这一品牌的影响力，两者可互为成就。作为内地第一个现场和直播同步的大众高雅音乐普及惠民活动，在 20 世纪 80 年代产生了轰动的品牌效应，也带动了大众对歌剧艺术的关注与喜爱。“星期广播音乐会”案例的成功经验也迅速在文化界被模仿和复制，发挥了艺术宣传的乘数效应。当下的“经典 947”在新一轮的品牌化构建中，既面临着传统媒体转型的挑战，也享有了时代赋予的内外部环境优势。作为对音乐素养要求极高的古典音乐专业频率，拥有一支成熟的采编播人才队伍是其内部最大的资源优势。通过与欧洲广播联盟以及国内外专业院团的合作，以优质的供给渠道为节目编排提供内容保障是其外部独特优势。同时“两微一端”新媒体渠道与线上直播的打通为其架设了便利的互动平台，“辰山草地音乐节”以文旅融合的视角打造了线下活动矩阵，通过节庆的形式链接线上听众音乐体验，从而将积聚的用户流量集中释放。音乐广播正在以多元业务组合形式提升其文化价值，以期释放“经典947”品牌的乘数效应，并助力古典音乐和歌剧艺术的推广。这不仅代表着专业化与优良的品质，也昭示着高雅艺术就在广大群众身边。

结　语

作为传统媒体的“经典947”在融合创新与品牌构建的过程中还面临着诸多挑战，主动把握文化消费领域发展机遇，适时应对变化着的大众审美态势，加强与新媒体的融合发展已是大势所趋。作为承担社会文化引导与传播功能的国家体制媒体，已经走在了改革的前列，其地位和社会功能依旧不会被撼动。音乐广播对普及音乐教育和提高大众审美的文化传播功能没有减弱，反而在自媒体发达的当下作为舆论监督与内容传播媒体更应该发挥导向作用，并引导文艺市场实现百花齐放的繁荣局面。

同时也应该关注到大众日益提升的文化欣赏水准和对高雅艺术的需求，在培育和挖掘潜在受众群体的过程中，需要始终坚守古典音乐、歌剧艺术独立高雅的文化精神。大众媒介传播手段的迭代更新并不能以改变其经典艺术本质为代价，只有以高雅的人文精神为指导，才能使歌剧艺术真正与大众文化有机融合共生，从而创造歌剧艺术在当代发展的新生机、新机遇，让这些历史悠久的艺术精髓焕发出新的生命。

参考文献：

[1] 约翰·斯托雷.《文化理论和大众文化导论》[M].北京大学出版社 2019(第七版)，常江，译.

[2] 艾立中.论20世纪30年代戏曲改良思潮[J].中央戏剧学院学报，2005(02)：16－25.

[3] 刘芬芳.歌剧艺术的大众化审美阐释[J].文艺评论，2012(09)：108－110.

[4] 彭俊媛.中国歌剧艺术的传播思考[J].音乐传播，2018(01)：4－12.

[5] 李申建.类型化音乐广播品牌推广探析——以成都电台文化休闲广播经典946为例[J].中国广播，2015(12)：48－51.

[6] 黎斌.媒体融合新思维：从“内容为王”到“‘内容＋’为王”[J].中国广播电视学刊，2017(01)：27－30.

[7] 刘双.新时期音乐广播的媒体融合之路探究——以《音乐之声》为例[J].出版广角，

2019(16)：71－73.
[8]《纽约时报歌剧评论精选》中文版，安东尼.托马西尼，著[M].南京大学出版社，2009年第一版.黄小猩，译.

作者简介：

王平，上海广播电视台(SMG)东方广播中心"经典947"主持人。

论媒体融合形势下播音员主持人的品位格调

王冬冬

提　要： 新媒体盛行之下，伴随着用户习惯的变迁，抖音快手短视频长视频等新兴媒体形式，成为移动互联网时代受众利用碎片化时间接收信息、休闲娱乐的重要途径。然而，视频内容的良莠不齐、层次不一，造成一些格调不高的作品刺激着我们的视（听）觉神经，作为“把关人”的广播电视播音主持人员如何在这场变革中抓住机遇迎接挑战，为既有受众和新兴粉丝带去有品位有价值的、健康的、令人愉悦轻松的视音频节目，值得业界探讨思考。本文试从播音主持方式转换、节目品位格调的艺术呈现、个性化与规范化、播音主持人员的素养等方面予以阐述。

关键词： 媒体融合　品味格调　播音主持

“媒体融合”（media convergence），最早在 20 世纪末由美国学者尼古拉斯·尼葛洛庞蒂提出，美国马萨诸塞州理工大学教授浦尔认为：媒介融合是指各种媒介呈现多功能一体化的趋势。媒体融合是信息时代背景下一种媒介发展的理念，是在互联网迅猛发展的基础上的传统媒体与各种新媒体的全方位有机整合。

“媒体融合”这个名词在 2014 年正式进入中国政府文件《关于推动传统媒体和新兴媒体融合发展的指导意见》，意味着媒体融合从学术到政策产生质的飞跃。

媒体融合最为明显的表现在于把传统的媒介报刊、电视等融合起来。媒体融合的依托是互联网技术、数字技术，把媒介的组织系统、终端系统、网络系统、内容系统甚至是媒介自身融合起来，表现出多功能、一体化的发展趋势。媒体融合是媒体改革一种必然趋势，将手机、互联网、电视、广播、报纸等新旧媒体互相融合、互相渗透，为广大群众提供视频、音频、图片、文本等类型异样的媒体信息，让人民群众不再受到时空的制约，随意收集各种信息资源，并且可以最大限度地共享资源。媒体之间的传播实现了优势互补，使受众群体大大增多，传播速度也是前所未有的。媒体融合使得媒体运作的格局发生改变，加强了传播的效果，优化了传播结构。

这种媒体融合的新形势和日新月异的工作环境，对我们播音节目主持人提出了严峻的挑战。播音节目主持人只有努力顺应形势、创新求变、转换播音主持方式、不断提升节目与人格的品位格调等，才能胜任新时期的工作。

首先，我们只有适应时代发展的需要，采取有效的措施，克服播音主持方式的读念化等问题，变训导式为引导式，变灌输式为启发式，使新闻报道为广大受众爱听爱看、乐于接受，才能使他们在潜移默化中受到正确的思想熏陶、正确的舆论引导。

一、讲究宣传艺术提高引导水平要求改进播音主持方式

讲究宣传艺术、提高引导水平，不仅要求在内容上改进宣传报道，而且要求在形式上改进播音主持方式方法。在不同的应用场景下要尊重创作规律，尽快适应并及时转换主持状态，与受众、网友在线交流。在播音主持模式上，变居高临下的训导播报主持模式，为平等对话的交流讨论模式，显得格外重要。电台直播间和网络直播室是两个截然不同的场景，听众和网友也有各自的收听收看习惯、方式，主持人就要在主持方式上及时调整，找到合适的语速语调，把控好音强音高，把握好节奏。要根据具体节目内容或带货产品、搭档上找准最佳结合点，以达到良好的收听、直播效果。在这个过程中增进美学魅力，增强吸引力、冲击力，做到既庄重大方又引人入胜，才能收到良好的宣传效果。

二、品位格调和收听收视率应是相互促进的统一体

品位，泛指人或事物的品质、水平。

格调，是指不同作者或不同作品的艺术特点的综合表现，指人的风格或品格。

节目的品位，同主创人员和制作群体的思想道德素质、文化艺术修养是密不可分的。主创人员的世界观、人生观、价值观、美学思想一定映照在节目中。那些精品能有口皆碑，足可印证。节目品位格调和收听收视率是相互促进的统一体，不应成为“鱼和熊掌不可兼得”的问题。如果我们的播音主持人员能够以独

特而新颖的视角去关注社会，以客观深刻又不乏幽默轻快的笔触去书写身边的人和事，坚守应有的操守，以高尚的风貌来启迪大众，最终一定能够得到多数人的支持和喜爱，获得双赢的效果。

如央视的《新闻 1＋1》节目，打破传统的新闻播报方式，大胆地采取现场直播形式，向观众展现当天新闻话题的事件全貌，解读事件真相，采用“1＋1”即一位主持人和一位新闻观察员的双人谈话模式，由白岩松、董倩或李小萌等联袂搭档主持。一改传统的电视新闻评论主持人几句不痛不痒的批评和调侃，开创了一种以主持人加观察员为主要形式的“二人转”式的新样态。主持人不仅是一个提问者和串联者，而且对节目观点的系谱进行宏观把控，对新闻意见进行有益的补充和平衡，把选题外围的思考空间交给观众，在每个“关节点”发出疑问，既把他们引进来，又让他们能厘清关系，顺畅地走出去。2011 年节目改版后由主持人承担评论员职能，对新闻热点展开个性化的评论与报道。并以“主播制”进一步强化主持人的符号特色，对节目主持人提出了更高要求。观众尤其喜爱的主持人白岩松机敏睿智，深刻而活泼，不呆板不媚俗，犀利的语言加之较强的社会责任感及丰富的知识储备、敏锐的“新闻眼”总能使看似沉重或敏感话题在有限的时间里抽丝剥茧，让人豁然开朗。

据 CSM36 中心城市调查数据：节目开播仅半年时间高端人群收视率第一，大众群体排位第二，首重播平均收视率为 0.59，遇重大事件上扬 3 到 5 倍，收视率提升达 1.2 左右，《新闻 1＋1》在特殊事件报道中收视率冲高已成为规律。

三、品位格调是个性张扬和审美愉悦的底线

对播音员主持人个性化问题的理解、阐述，既有体系的评价标准也有受众的认可原则；既有各级决策者间遵守的某种默契，也有个人审美意识的体现。但品位和格调仍是播音员主持人把握高层次精神文化享受和感官上获得充分愉悦的审美底线。播音主持人员的个性包括个性特征、艺术个性、语言个性几方面。

1. 个性特征

主持人的个性化是指主持人自身声音形象、文化、性格等素养，以及在传播中与栏目个性、与受众审美相契合的独特的语言行为的整体形象。具体表现为独特的思维方式、独到的见解、独创的构思、独有的感受、独具特色的表达及“这

一个"的气质形象。

大凡有成绩的播音员主持人，无不是在循着共同的行为规范的同时，又顽强地表现着个性特征的。我们常可以看到，同样议论一件事，不同个性的播音主持人员会有不同的表达方法。有的表现出诙谐幽默，有的表现出庄重严肃，有的妙语连珠，有的逻辑严谨。播音主持人员个性化的语言不仅表现在说话的风格上，还表现在有的讲起来条理有序、头头是道，有的却丢三落四、不得要领。这就是不同播音主持人员的思维与分析概括力的不同所致。上海交通广播《1057大家帮》节目主持人白瑞在众多听众求助的电话中总能迅速作出判断并通过精炼的语言表达引领听众出谋献策；而东方广播的《渠成热线》节目主持人渠成则是以专业的视角，理性的判断为听众解答法律问题，辨析各类纠纷，真正发挥"法治评论和沟通专家"为百姓答疑解惑的作用。

不管播音主持人员是以何种方式播音主持节目，都要求能给受众以内容的大信息量和自己的思想，把"我"融入节目中，让受众感受到播音主持人员是在自己说、自己评，而不是机械"传递"，重复别人的见解，这样才会形成播音主持人员的鲜明个性魅力。

2. 艺术个性

艺术风格是艺术作品存在的综合的审美形态，是艺术个性的体现，它属于对艺术创作者和艺术作品的总体性研究范畴。别林斯基说："风格是在思想和形式密切融合中，自己的个性和精神独特的印记。"

播音主持人员鲜明的个性无疑展示着广播电台、电视台的形象。然而，我们也不能否认广播电视节目的内容和节目风格也影响着播音主持人员的个性。不可否认，节目所要求的风格和播音主持人员的个性风格总会有些差异，如果播音主持人员没有强烈的节目意识，也许会不由自主、下意识地将自己的个性特点注入节目，甚至以个性风格取代节目风格。这在谈话类节目中最常见，一些性格内向、较为消极的播音主持人员很可能在谈论婚姻、家庭、人生价值时会把问题处理得很低调，以致失去了宣传应有的正面教育的功能。所以，艺术个性也应基于正面引导宣传基础之上。

3. 语言个性

语言艺术风格独具一格，是播音主持人员成熟的标志。所谓播音主持人员的语言风格，就是播音主持人员具有个性化的语言特征在表达内容和形式上的直接体现。

每一个播音主持人员的知识结构都因所学专业与自学的范围不同而有所侧

重；每一个播音主持人员的性格也有所不同，或外露、或内向、或活泼、或沉稳、或直爽、或爱清静、或爱热闹；每一个播音主持人员的声音条件也不一样，或纤细甜美、或明亮醇厚。播音主持人员应该不断探索、不断创新，充分发挥自己的特点，最终创立自己的独特语言艺术风格。

要做到播音主持人员语言的个性化，从口语表达的几个环节来说，大致可以从语言的音色、语调、节奏着手，通过系统的训练和有意识的努力，最终形成特定的个体风格，并且在和具体的节目内容的风格特征的协调中，体现出播音主持语言个性化的魅力。

另外，播音主持人员的语言艺术个性，还应该依节目类型的不同而有所不同。一般说来，专题节目需要冷静思考的语言风格；客观、全面、深刻的思想内容，需要严格、清晰、逻辑性强的语言艺术个性，以透出一种使命感和学者风度；综艺节目需要热情诗意的语言艺术风格；娱乐性、趣味性、欣赏性的节目，需要幽默、活泼、浪漫的语言，以体现一种轻松、祥和的语言艺术风格；刺激、竞争的节目需要起伏跌宕、扣人心弦、信息密集的语言艺术风格，以加强和烘托激烈竞争、紧张刺激的场面。

总之，播音主持人员既要抓住带有共性的东西，以全面提高自身的素质，又要结合个人的特点与节目的特殊性来设计和培养自己的语言个性，这样才能真正拥有为受众所喜爱的语言魅力。

播音主持人员鲜明生动的个性语言直接影响着节目的质量和品位。然而，盲目地、片面地、绝对地看待播音主持人员语言的个性化，在节目中过多地表现自我，把个人日常生活语言的全部特征视为播音主持人员语言的个性化，一味模仿所谓低调门，快语速，弱气息，乱节奏的腔调等是十分错误的。

播音主持人员在受众面前所展示的是以社会审美标准与规范来衡量的公众形象，他所展示的不是“本色的我”，而是具有双重性的“是我又非我”。因此，播音主持人员语言个性必须是纯净、艺术和审美的，不能不分优劣地把自己的生活语言，甚至缺点、毛病都当成个性加以张扬。只有不断提高语言素养，丰富语言表达技巧，才能形成既区别于其他播音主持人员，又有异于本色自我的有生命力的语言个性。

节目的品位如何，格调是否高雅，体现在创作团队的每一个细节，而播音主持人员对节目的准确把控及良好的二度创作显得至关重要。

四、播音主持艺术语言必然有品位格调的要求

声音是语言的物质外壳，语言是思想和文化的直接体现，播音主持语言是艺

术的语言，艺术的语言就必然有审美品位和格调的要求。有声语言必须规范，应该成为一种共识。现在有一种认识上的误区：普通话标不标准不重要，关键是节目的收听（视）率要高，新媒体的关注度和变现度要高。殊不知，标准的普通话是播音主持人员的基本功，是基础的基础，没有了标准的普通话谈何收听（视）率和关注度？尤其在当下广播电视节目影响力式微，受众流失的情形下，广播电视播音员主持人区别于网络主播的关键特质就是标准的普通话和各具特色的好声音。谁说网络场景下，直播带货时就一定要超快的语速和不标准的普通话呢？从最近两期的“小朱配琦”“谁都无法祖蓝我夏丹”央视主播与网红、明星合作的公益直播来看效果出乎意料，一场直播先后卖出 4 014 万元、6 100 万元湖北产品，直播间点赞数分别达 1.6 亿、1.41 亿，累计观看人数也都超亿，而且明显提升了直播带货的品位和格调，其中央视主播的语言表达、文化的自然嵌入、个性化的展现、妆容体态的得体等因素都起到了至关重要的作用。

当我们广播电视中的播音语言标准规范，清晰准确的时候，我们获得的不仅是巨大的社会效益，同时也将获得不小的经济效益。因此，无论何时切不可放弃根本而对热门的事物趋之若鹜。

艺术语言并不排斥通俗语言，但作为艺术创作需要对生活予以提炼。如果播音主持语言没有完成生活到艺术的过渡，那么，再深刻的思想内涵和再完美的艺术表达都将无法呈现。通俗走过了头难免粗俗，粗话连连，脏话堆积势必形成审美障碍，削弱节目本身的艺术价值。我们常见到的有些所谓“幽默”，实为痴女浪汉的打情骂俏、凑趣逗乐、哗众取宠。为了迎合少数受众追求刺激、盲目追星、窥探隐私、搜奇猎异等不健康心理而传播有关绯闻、凶杀、炒星、隐私等低级、庸俗的新闻。这样低级粗俗的内容无论线上线下都是必须禁止的，情节严重者将被处罚。4 月 7 日，中国演出行业协会分会公布了第五批网络表演（直播）主播黑名单。被列入黑名单的主播因涉嫌违法违规，5 年内将在行业内禁止注册和直播。

五、做高素质的播音员主持人

素质，既有共性又有个性，不宜空泛，不宜芜杂。新闻工作者的党性是共性，包括世界观、人生观和价值观，体现在立场、态度、观点、方法上，播音员主持人的文化追求，一言以蔽之：博古通今、学贯中西。语言传播，理应立足于语言，归结为语言，如此才能遵循自身的工作规律，实现传播群体的完美合力。“八仙过海，各显神通”，虽然都是“仙”，虽然都要“过海”，但各有高招，才能形成多样统一的格局。“小朱配琦”组合同时引发了网友对带货文案的热情，因为它一改以往直播带货的平铺直叙和白话连篇，一味地吆喝买买买，而是将带卖货品与直播主题有机结合，既增加了文化内涵又提升了带货格调，加上主播深厚的语言功力和诙谐风趣的表达，给网友耳目一新的感受。有网友说已拜倒在朱老师“百科权说”的话筒之下。附文案1例：

烟笼寒水月笼沙，不止东湖与樱花；
门前风景雨来佳，还有莲藕鱼糕玉露茶；
凤爪藕带热干面，米酒香菇小龙虾；
守住金莲不自夸，赶紧下单买回家；
买它买它就买它，热干面和小龙虾！

这样的线上直播无疑是值得思考的，在创造经济效益的同时我们是否还可以带出一些有价值的东西来呢？趣味性与知识性有机结合，商业价值与文化价值的自然呈现，播音主持人员的品位格调专业素养等都值得业界深入探究。

做高素质的播音员主持人，强调审美品位与高雅格调，这是“把关人”必须承担的社会责任。

高雅品位有相当大的历史文化涵盖面，又要有与之相和谐的气质和风度。一档高品质的节目或成功的直播离不开团队的集体智慧，而拥有一个优秀的积极参与节目整个过程的主持人是至关重要的。主持人要能够根据节目的要求，强化和美化节目所要求的那部分自我，尊重受众网友的心理期待，努力追求内容的深化和品位的高雅，而非喧宾夺主不合时宜地张扬自我。

由于缺乏政治意识、大局意识、责任意识和阵地意识，忽视了自己肩负着宣传科学理论、传播先进文化、塑造美好心灵、弘扬社会正气的重要任务，造成个别播音主持人员心态的不正常，以为媚俗就是好听、好看，以为格调低下便是贴近生活、接地气，这实在是曲解了受众的欣赏趣味，在自媒体空间也始终没能获得理想的粉丝量。不可否认，随着生活工作节奏加快，受众希望听到看到一些轻松幽默的节目和视频，但这绝不是以需要牺牲品位格调，仅用低俗、搞怪等来撑场面的。

六、播音员主持人积极拥抱互联网

媒体融合背景下播音员主持人纷纷入住抖音快手，与网红合作直播带货，并取得较好战绩。他们分享着自己的日常生活、工作、兴趣爱好，获得网友们喜爱的同时也满足了网友们的好奇心理。

比如：央视主持人月亮姐姐是大家童年记忆的一部分，她分享的是亲子日常；多届春晚主持人李思思分享工作日常片段；央视节目主持人、MBA资深讲师樊登博士输出个人知识品牌，粉丝量已超过1亿；湖南卫视访谈节目主持人两个孩子的妈妈张丹丹开设“育儿”专栏；《新闻联播》主播说起了段子，扩大电视品牌栏目影响力。比如康辉等知名主播，都开始用上了当下流行的网红词汇，“老铁们”“霸道总裁”“no zuo no die”“我要我觉得”“自带滤镜”等一系列网络用词深受大家欢迎，给观众带来了轻松，幽默的体验感。

实践证明，这些播音员主持人的影响力非同凡响，借助原有的社会影响力，在新媒体平台继续延伸既有的传播优势，端庄大气、贤淑优雅、快乐活泼的人设，加之专业的基本功在表达和形象上明显胜出，相信他们的粉丝量定会不断增长。

结　语

在媒体融合不断发展的环境下，播音主持人员如何保有专业素养同时做好新媒体？唯有不断学习强化训练，方能在不同的平台充分展示自身价值取向、道德水准、认知水平。相信在我国走过了40多年的“节目主持人”一定能够在媒体融合的当下，继续发挥应有的能力和水平，努力追求高品位节目，创立格调高雅的主持风格，在努力创出经济效益的同时不忘文化守望者的历史使命，无愧于时代赋予我们广播电视播音主持人行业的崇高地位与神圣职责。

参考文献：

[1] 孟建：媒介融合：粘聚并造就新型的媒介化社会[J]，国际新闻界2006(7)。
[2] 中国社科院语言研究所编：现代汉语词典(第六版)[M]，商务印书馆2012年版，第998页。
[3] 中国社科院语言研究所编：现代汉语词典(第六版)[M]，商务印书馆2012年版，第439页。
[4] 姚喜双：播音学概论[M]，北京广播学院出版社1999年9月版，第144～146页。
[5] 主编温静：今天发生了什么[J]，传媒内参2020年4月7日。

作者简介：
王冬冬，上海广播电视台(SMG)上海东方广播有限公司播音主持。

夜间广播节目内容和主持风格探索

王鼎文

提　要：在当今快节奏的生活压力下，人们的生活水平随之提高，同时个人的精神需求也越来越高。在当前的广播节目中，人们选择夜间听广播的概率和频次也越来越明显，根据实际广播收听情况，当前夜间电台的收听率仅次于早高峰时段的节目，成为广播收听时段的黄金时期，这也让夜间广播成为振兴广播行业的一个重要突破口。因此，想要振兴广播行业，扩大广播行业的影响力，必须把握夜间黄金时段，对黄金时段的利用率做到最大化。笔者将结合自身工作经验，在本文中探讨适合于夜间黄金时段的节目内容和主持风格，探索夜间电台的未来发展方向。

关键词：夜间电台　节目内容　主持风格

一、夜间电台概况

夜间电台通常指夜间 5 点至 12 点期间播放的广播节目，为人们晚饭过后至入睡以前的时段。这段时间也是人们一天中除睡眠时间以外最为放松的时间，对于广播节目来说，也是收听率仅次于早高峰的黄金时段。

想要振兴广播行业，扩大广播行业的影响力，必须抓住夜间黄金时段，将其利用率和效果发挥至最大化。笔者将结合自身工作经验，在本文中探讨适合于夜间黄金时段的节目内容和主持风格，主要从夜间电台的现状、特点及未来发展趋势等方面开始探讨。

1. 夜间电台现状

广播电台的发展在我国有近一百年的历史，随着21世纪时代变革和新媒体革命的兴起，传统广播行业也迎来了巨大变革。新媒体时代下，也对夜间电台的发展提出了更大的挑战。据多份研究数据显示，现阶段夜间电台的收听率仅次于早高峰，成为广播播出时段的第二大黄金期。具体呈现的收听特点有：夜间5点至8点半为一广播黄金时段，从8点至12点，收听率逐步下滑。听众比例中，其中80后、90后用户占比超过用户总数50%，占据夜间广播听众的半壁江山，他们收听高峰主要集中在5点至7点，即利用下班路上使用移动设备或车载终端收听。

收听偏好上，听众对非交通类频率谈话节目更为喜爱，容易形成夜间收听高峰。在某网络兴趣平台中，有广播爱好者称，近年来夜间电台中音乐类节目和评书节目逐步增多，而大众情感谈话类等节目收听率，较10年前则呈显著减少趋势。一名“感觉有些落寞”听友认为，“广播最辉煌的时代确实已经过去了”。

从这位爱好者的发言可以读出，有很大一部分广播爱好者，是十分怀念可以与支持人互动的情感类节目的，怀有这种期待的听众群体，并不在少数。这也侧面说明了，听众对夜间增加情感谈话类节目的真实需求。

由于缺乏对听众真实需求的了解，当前夜间广播在内容的打造上缺乏足够的认知，这也让夜间广播收听率的提升受到了较大的制约，影响了夜间广播的未来发展。

2. 夜间电台特点

相较于互联网、金融科技等行业，广播行业被许多人称作夕阳产业。与电视相比，广播无法提供视觉上的移动画面和用户体验；相比于电脑电子设备，广播的互动功能要弱很多；相比于智能手机，广播缺乏及时沟通连接和游戏的功能。但笔者认为，相较于这三者，广播行业依然自有其长。因为广播的不强求互动属性，让听众不必使用眼睛就可以接收各种各样的资讯信息，享受听觉带来的盛宴。对于夜间这一特殊时间段来说，这恰恰成为广播较于电视、电脑、手机的特有优势。

夜间广播收听率往往更高。在整个时段中，早高峰时段的收听率往往最高，而夜间广播时段的收听率则成为第二大黄金收听期。在内容的分布上，早高峰听众倾向于收听音乐类、法律法制类和相声小品类节目；而在夜间时段，听众更喜欢收听新闻资讯类、交通路况类、天气预报类、汽车资讯类、餐饮美食类、金融理财类、健康养生类、潮流时尚资讯类、旅游类以及情感分享类等节目。在年龄分布上，早高峰听众涵盖年龄段比较广泛，而夜间广播的听众主要集中在80后、90后年龄段。

3. 夜间电台的定位

夜间电台一个最明显的特点在于它的播出时段，即晚上。通常而言，人们在经过白天紧张的忙碌后，大脑经高强负荷运作了一整天，大脑的疲惫感是十分明显的，此时正是大脑需要及时放松的时候。在这一时间段，不用思考、不用集中精力、不用任何专注，以一种可以单纯地接收信息、放松精神的方式去缓解白天的疲劳，能满足这种需求的，听广播节目是一种恰到好处的方式。

立足人们的身心和精神需求，夜间广播应当扬长避短，从听众放松身心这一角度切入，合理安排听众喜欢的节目内容，打造出合适的主持风格。根据当前夜间电台收听年龄分布，夜间电台可从80后、90后这一目标听众群体出发，牢牢抓住核心听众的需求，为他们提供最需要的精神内容，适当增加有互动环节的情感谈话类节目。如果能坚持契合目标用户的需求，夜间电台必定能够在激烈的竞争中站稳脚跟，走得更远。

综合以上，根据听众的精神需求，尤其针对目标听众，向他们输出优质的节目内容，使用符合其调性的主持风格，这或许是夜间电台的定位和发展趋势。

二、夜间节目内容和主持风格

上文对夜间电台的概况做了一个大致的分析，并根据特点对夜间电台的未来提供了一些发展思路。在确定了方向以后，下一步就该进入实践阶段了。为了打造提升夜间电台收听率，锁住更多的目标听众，还必须探索出合适的节目内容和主持风格，这对夜间电台的整体效果将起到氛围拉动的积极作用。

下面笔者将列出在广播工作中总结出的所有广播节目应做到的共同点和夜间电台应具有的一些特点：

1. 夜间电台节目应具有的共同点

和所有电台节目一样，夜间电台在打造节目之前，必须明确或发问几个问题：谁是我们的听众？我们究竟要提供什么？对于这两个问题，每一档节目都会有各自不同的答案。尽管各有不同，但要想做好一档节目，电台主持人要想提高收听率，留住听众，总结起来无一例外都需把握两个原则：内容有用，主持有趣。

(1) 内容有用，符合听众需求

无规矩无以成方圆，对广播而言，内容则是广播节目的基石。如果将一档节目比作人体的话，内容就是支撑人体的骨和肉，没有骨和肉，人也就不存在了。对于广播节目来说，内容若空洞无用言之无物，节目也就没有存在的必要了。失去优质内容的支撑，即使聘用了再优秀的主持人，他(她)也无法仅通过完美的声音去支撑一档毫无意义的节目。

一档广播节目的内容是否有用，要由其目标听众来判定。换而言之，节目提供的内容首先必须精准契合目标听众的需求。

笔者作为一名从业多年的实战型广播主持人，在工作中坚持"内容有用"的原则。由我担任主持人之一、工作日晚间8点至10点在上海交通广播电台播出的《欢乐夜高峰》节目，目标用户就比较精准，以有车一族为目标听众。考虑到有车听众的实际需求，我们在节目中主要提供以下内容：全天性资讯的梳理，帮助繁忙的都市夜归人了解时事；实时天气和路况的温馨告知，为司机们的出行规划路线提供参考；航班信息，专为出租车司机量身打造……事实证明，为目标听众提供他们关心的信息，是我们的收听率能持续保持的关键。

(2) 主持有趣，调动听众兴趣

在目标听众确定，内容输出有用的前提下，能不能让这档节目在同类节目中脱颖而出，具有独特魅力，还需形式上的创新，即依赖主持人的功力。同样以人体打比方，如果说节目内容为这具人体添上了骨和肉，使她能够被称作人的话，主持风格则是她卷翘的睫毛、含情的眼睛、笔直的鼻梁，是使她成为美人的东西。

与节目内容一样，主持人同样必须根据听众的需求来选择主持风格。一档成熟的广播节目，在确定主持风格之前，需要经过两次选择：第一次选择，挑选与节目气质相契合的主持人；第二次选择，被选中的主持人微调自身风格，向听众呈现与节目内容最合适的一面。从这个角度来说，主持人并不能在节目中完全显示自己的"真性情"，而必须投听众所好，以节目气质为最高目标调整自身的气质和主持风格。

以《欢乐夜高峰》为例，为满足听众的需求，笔者在主持这档节目时，最终成型的主持风格是：慢节奏、轻舒缓，力求为在夜晚孤独游走于城市每个角落的驾驶者们带来温暖和归属感。

(3) 从深度上说，做到有意义

当确定了符合听众需求的节目内容和主持风格后，我们已经拥有一位广播美人了。但这位美人，还只是一位头脑空空、精神空虚的木头美人，此时我们要做的，是为这位美人装上大脑，注入灵魂——对于广播来说，就需要我们追求节目深度，挖掘听众的深度需求，做出有意义的节目。

在我们确定节目内容和主持风格时，都是以听众需求作为行动指示方针的，但从第三步起，广播节目必须有更高的追求，不能再一味跟随大众的脚步，而必须走在大众身前，成为他们的领路人，指引他们走向更高的地方，从广播里探索更广阔的世界。

作为一种精神文化产品，广播节目必须对自身有清醒的认识，遵循“精神至上”的原则，绝不能一味为了追求收听率而自甘堕落成为无意义的感官刺激的载体，就像《美丽新世界》中，沦为使人心灵麻木的感官电影。一档能够使听众有内涵的广播节目，才是好的广播节目，才能够长久地生存下去。

(4) 从高度上说，做到有价值

现在我们的广播美人是一位有思想的美人了。我们要做的，就是让这位美人去做一些有价值的工作，将她的能力和影响力，淋漓尽致地发挥出来，发挥更大的作用力，对大众形成积极、正面的影响力。

这些有价值的工作包括：宣传优秀传统文化，传播正确的价值观，普及科学知识和法律常识……当广播拥有了符合观众需求的节目内容，确定了受欢迎的主持风格，吸引了大量忠实听众以后，它必须利用自己的影响力将好的、正面的东西推送给听众，成为听众出行的良师益友，这就是它的价值所在。

2. 夜间电台应具有的特点

上文提到的四点，不仅对夜间电台，实际上对所有的广播节目都具有一定的参考价值。除此之外，根据时段特征，夜间电台还应有一些独有的特点。相较于日间节目，夜间节目普遍具有节奏比较舒缓、风格比较轻松的特点。夜间节目的类型相对更应多样化和多元化，在把握普遍要点的前提下，应根据节目类型填充相应的节目内容，摸索出最合适的主持风格。

下文将从主持人参与度的角度出发，通过节目类型的划分，根据不同的节目类型，分别分析其应具有的特点：

(1) 全局把控型

此类节目基本上无互动环节，在节目播出前，主持人应编排好所有的放送内容，由主持人独立完成全部节目播送。此类节目主要包括新闻资讯、时事热点等。

不同的目标听众对节目时间也有讲究。一般而言，因为没有互动需要，考虑到听众晚餐时间，此类节目可安排在夜间5点至8点较为合适，供听众在享用晚餐时收听。而以出租车司机为目标听众的节目，则无特别时间限定，可安排在整个夜间时段。节目听众为年纪较大，各方面比较成熟的目标听众，如上班族、退休人员等而言，则放在傍晚比较合适。

对于无互动环节的节目，此类节目因为靠单方面的内容输出，就必须做到内容正确、无误差，充分充实，这就要求节目主持人需提前做好功课，事先做好充分准备，完整、详尽地搜集相关资讯消息。在主持过程中，主持人应准确无误地播出事先安排好的资讯内容，应注意的是，因为内容为事先准备，对主持人的主持功底、应变能力和控场能力等要求相对比较低。风格上，则要求主持人在专业庄重和舒缓上把握好节目的节奏，避免听众产生无聊感。

（2）互动型

此类节目设有互动环节，相对无互动的节目来说，风格更为活泼、自主、随性，更容易使听众产生亲近感。根据节目主要参与者，可分为以主持人为主体的节目和以观众为主体的节目两类。

① 以主持人为主

由主持人完成节目主体内容的放送，存在少量互动环节，此类节目包括歌曲点播类等。

时间分布上，此类节目安排在晚间 7 点至 11 点较为合适，即听众晚饭以后至入睡以前的时间段。这段时间是大多数人一天中最为放松的时刻和可以娱乐的时间，听众可以有时间在公共平台上与陌生听众互动交流。此类节目以 18 至 30 岁的听众为目标听众，这类年轻听众与陌生人交流的愿望较为强烈，对多媒体应用较为熟悉，有能力通过各种方式参与互动。此类节目必须紧跟潮流，不断更新年轻人喜爱的、感兴趣的节目内容。因为有即兴的互动环节，此类节目对主持人的应变能力和控场能力有一定要求。在主持风格上，力求轻松、俏皮、热闹、幽默，主持人需及时转换角色，要像朋友一样与听众交流。另外，必须配有有效的预防措施，以保证听众在发出不合适或不恰当甚至违法的言论时，能及时控制局面。

② 以听众为主

此类节目一般以互动环节为节目主体，为听众提供倾诉平台，包括情感类、法律援助类等节目。

此类节目的播出时间段应按照具体内容来安排，如：情感类节目适合安排在晚间 10 点以后。因为白天人们忙着没有时间去思考自己的情感和情绪，晚间正是人们情感充沛，真情流露内心感受的时候，因此，十分适合放在晚上 10 点后。对于法律援助类节目，则不适合排在深夜，而以晚间 7 点至 9 点播出为佳。此时听众还没有产生困意，头脑较为清醒，心态较为平和，容易接受与自己不同的意见，听取专家说法。

以互动环节为节目主体的广播节目，可以以 35 岁至 50 岁的中年人为目标听众，中年人会有较多婚姻家庭情感上的困惑，会产生一些需要咨询法律专家的实际需求，有些问题在生活中很难找到合适的倾诉对象，此时若电台能为他们提供倾诉的平台、伸出援助之手，这无异于在他们的生活中亮起了一座灯塔。此类节目在人员安排上，除了主持人以外，最好配备心理咨询专家或法律援助专家，为节目的专业性提供保障，在节目的互动上提供更丰富的内容。此类节目要求主持人善于倾听，善于开导，风格沉静、温和，给人以可靠感。因为求助听众的不确定性，此类节目容易遇见情绪失控的听众，因此对主持人的现场应变能力和控场能力要求较高。

(3) 退场型

此类节目无互动环节，以伴随听众入眠为主要目的，仅有少量主持词。此类节目主要包括纯音乐或纯故事放送等。

此类节目以帮助听众入眠为目的，适合安排在晚间 11 点以后。目标听众为失眠人士、音乐爱好者等。在节目内容的选取上，必须避免刺激强烈的内容，选取轻柔助眠的音乐。此类节目主持人只有少量主持词，语调应轻柔、缓慢、低沉。

三、探索新型夜间节目

唯有不断创新，顺应时代需求，一个行业才能够屹立不倒，长久存在。对于广播行业来说，也是如此。在现有的广播节目类型之外，夜间电台仍可发散思维，广开思路，深挖需求，不断创造出新颖型节目，以满足听众不断增加的精神需要。

对此，笔者暂时列出三种节目设想，以求抛砖引玉。

1. ASMR

ASMR，Autonomous sensory meridian response 的缩写，即自发性知觉经络反应，意思是指人体通过视、听、触、嗅等感知上的刺激，在颅内、头皮、背部或身体其他部位产生的令人愉悦的独特刺激感，又名耳音、颅内高潮等。

ASMR 在国外已经成为热点话题，但在我国，其尚未被主流媒体所接受。在直播平台上，自称 ASMR 表演者的主播通常并未接受过专业的、系统性的训练，不少人打着 ASMR 的概念，贩卖软色情，使得 ASMR 无辜蒙上了不良色彩。

目前的研究认为：ASMR 具有催眠和安定功能，有助于改善睡眠；不仅有利于抑郁症患者抑郁症状的改善，还可缓解慢性疼痛；对建筑设计思维的开拓具有积极作用。笔者认为，国内广播行业可以针对 ASMR 展开深入研究，将其引入官方电台并规范内容，或许能够获得很好的发展前景。

2. 外语类

相信不少人在学习英语时，都遭遇过“开不了口”的尴尬。背了数千单词，记熟了无数语法规则，却依然难以“出口成英”。语言学习是一种长期的过程，语法和单词可以靠努力在短期内记住，语感却只能靠潜移默化长期培养。

根据语言学习的这种特点，夜间广播可以顺应外语学习者的需求，在夜间10点以后播放语音纯正的外语节目，帮助听众在半梦半醒中培养语感，逐步提升英语的技术能力。

3. 十万个为什么

不久前网络上的一则话题引起了大家的共鸣：当夜晚你躺在床上还未入睡时，你在想什么？网友的答案五花八门，许多人都想到了白天从不会想起的奇怪问题，并为此辗转难眠，这些问题包括：如果灰姑娘的玻璃鞋合脚，为什么一开始它还会掉下来？斑马是黑马有白线条，还是白马有黑线条？会不会我早就睡着了，这只是一场关于失眠的噩梦……

这是一些没有什么重大的意义但是十分有趣的小问题，根据听众投稿，在夜间开辟一个“十万个为什么”的专栏节目，相信能够吸引喜爱新奇事物的年轻听众。

作者简介：
王鼎文，上海广播电视台(SMG)东方广播中心交通广播主持人。

探讨上海广播广告创新发展新动能

吕民生

提　要：近年来上海广播广告呈断崖式的下跌趋势，究其原因有新媒体不断碾压传统媒体的因素，同时也有广播广告自身面对竞争残酷的市场应对不当之故，更有广播广告没有用创新理论的思维来发现问题、预测未来。如何解决上海广播广告战略发展目标与思路，本文从市场经济的商品六法则、供需连理论、现实发展趋势给广播广告带来的启示等三个维度进行探讨，最终寻找到整合营销广告是广播的生命线这一关键所在。

关键词：商品广告的六法则　供需连　现实趋势　整合营销

近年来，上海广播广告迎来创收的至暗时刻，每年创收以不低于10%的速度迅速递减，2019年上海广播广告创收总额基本已经跌至2010年左右的创收水平，这样的势头如若不及时遏制，上海广播广告的创收形势必然会全面滑坡、溃败，这绝非危言耸听，这是发展趋势所致！长期以来，上海广播是在习惯于传统规则与模式下运营的，所以广播广告也习惯于它的营运模式而因循守旧、不思改变，上海广播广告的格局与营运方式就与当下纷繁的市场经济发展方向以及残酷的市场竞争环境存在着诸多矛盾与不适应。改变则是必然的选择，而改变就意味着痛苦，意味着颠覆，意味要改弦易辙、重新选择，而改变最终有两种结局：或改变市场、改变规则，让它来适应自己、为我所用，这是绝对垄断企业的行为；或改变自己、改变方向，让自己去适应市场。诚然，上海广播无法改变市场，唯一的选择就是改变自己，因为毕竟我们是在市场经济的环境下运行的，是在竞争态势下展开的商业与媒介文化活动。

一、市场经济的市场法则给上海广播广告带来的启示

不言而喻，在市场经济环境下，许多文化观念、思维模式需要重建和创新，许多传统观念要被重新规整，就拿广播而言，过往我们一直强化它的宣传性功能和社会性作用，改革开放之后我们逐步开始重视受众，也开始重视广播的服务性、互动性作用。商品经济规则告诉我们：广告是一种商品，自然广播广告必然具有强烈的商品属性；当下上海广播广告是在市场经济条件下运行的，当然也它必须遵循与适应其市场法则，具体而言它必须遵循的市场经济六大法则，即：适者生存法则、优胜劣汰法则、追求利益法则、等价交换法则、合规合俗法则、公平竞争法则。由于篇幅受限，本文选择分析适者生存法则、优胜劣汰法则、合规合俗法则等三个法则。

1. 适者生存法则

生物学的进化史实证明，有些物种能够长期存活，关键一点是这些物种适应了不断变化的环境，物种如此，商品社会也是如斯：诺基亚手机曾经风靡一时，雄视市场好多年，可现今还有多少人记得它呢？资料显示："诺基亚公司在功能手机时期，连续保持了 14 年的行业领先地位。全世界平均每 6 个人中，就有 1 个人用的是诺基亚手机，但在智能手机时代，诺基亚迅速衰落。一代手机霸主在智能手机时代彻底败下阵来，惨淡离场。"诚如李开复在《精益创新》的序言中就指出："企业唯有快速顺应时代才能赢得未来，产品生产方式必须因时代而变。"

同样，上海广播也面临着严峻的挑战，近些年来上海广播从年创收 7 亿元规模断崖式跌至 4 亿元规模，至今仍然没有止跌的态势，也未寻找到止跌的良方。底在哪里？依然是个未知数，所以如何活着，这成了摆在广播人面前紧迫的、重大的课题与命题，"生存或者死亡"——这个莎士比亚的诘问同样也在拷问着上海广播越来越险峻的现实。只有活着才能论进步、发展、提高，否则一切都是空中楼阁。

如何活着？活着的前提就是要适应，适应环境、适应市场、适应受众变化了的需求，我们必须时刻牢记市场的第一法则：适者方能生存。就此看来当今上海广播的第一要义就是活着，就是要适应不断变化着的环境与市场需求。

2. 优胜劣汰法则

"1917 年美国的《福布斯》杂志第一次提出了百强企业的说法，到 1987 年恰好过去了 70 年。在第一批的 100 家企业中，有 61 家已经销声匿迹，只剩下 18

家还留在百强名单里，包括通用电气、柯达、杜邦、福特汽车、宝洁等世界知名企业。”

“20 世纪 60 年代末，存储器占计算机成本的 60%，利润十分丰厚，英特尔 1969 年的市场占有率高达 100%，几乎没给它的竞争对手留下立足之地。在 20 世纪 70 年代初，日本以举国之力进军存储器市场，通过国家拨款的形式，资助了 6 家存储器企业。经过 10 年左右的高速发展，日本在存储器的技术层面，彻底赶超美国。1985 年，英特尔公司的主营业务收入连续 6 个季度下滑，利润从上一年度的 1.98 亿美元，惨跌到 200 万美元。”英特尔就此举步维艰、难以生存，从而彻底放弃了存储器市场。

曾几何时上海广播的广告中软性医药类广告要占到全部广告营业额的 25%以上，有的频率更是软性广告一统天下，2005 年 792 综合频率广告创收的 60%来自软性医药类广告，戏剧频率 80%的创收与保健品和保健器械广告有关，我们来看一下这个门类广告的演进曲线：2005 年医药类软性广告占整个广播广告创收的 25%；2006 年医药类软性广告占整个广告创收的 8%；2007 年医药类软性广告占整个上海广播创收的 7%；2008 年医药类软性广告占整个创收的 5%；2015 年至今医药类软性广告占比均为 0%。

我们从越来越多的现实数据中发现：市场经济就是淘汰经济、市场经济就是进化经济，哪怕你之前名列前茅也会受到市场、消费、环境、时间的碾压而无法、无处生存，只有你足够优秀、足够强大才会死里逃生、脱颖而出。

同样，上海广播也越来越受到新媒体的挤压与冲击，我们只有学会抗压、学会蜕变，才能如凤凰涅槃般地重生而得以再飞。由此可以推断：上海广播的第二要义就是必须求变、求新、求强、求胜，并且迅速找到契合自身发展的属于第二曲线的破局点，才能在竞争环境中重新出发。

3. 合规合俗法则

任何商品的生产与销售在任何国家、任何时候都必须合规、合法方能展开，海洛因有市场、有利益，但由于法律规定就不允许它生产与销售。我国某某建材企业曾无偿援助美国水灾住户安家的石膏板材，然而被美国住户以不符合美国建材相关标准而告上法庭，结果花了 3 亿美元诉讼费、赔偿美国住户 20 亿美元才了结了此事。法律不相信初心、法律也不相信眼泪、法律只相信事实与结果。

同时，任何商品的生产与销售还面临一个合俗的问题，龙在中国是一个至尊、至高无上的权威与正义的图腾，而在西方某些国家它则是邪恶的符号象征；老鼠在中国文化的印迹中是卑劣、猥琐的形象，而在西方世界里它代表着可爱、迷人的形象，如米老鼠就是家喻户晓的美好形象，所以入乡随俗才是打开异地、异国市场的敲门砖，故此，合规合俗是市场所应遵循的法则。

有人以为，当下的市场经济＝网络经济＝流量经济，其实这三者有相关性但绝对不等同，李佳琦的网红带货拉动了流量与市场销售，但这绝不是市场经济的全部，而李佳琦也只有一个；还有人为了网红、为了流量不择手段选择特别离奇、猎奇的做法。2019 年 3 月 15 日，澳大利亚一杀手在新西兰通过脸书直播枪杀穆斯林群众，造成了 49 人死亡，直播造成了大量的网络围观，也带来了难以估量的灾难后果。事后，脸书 CEO 扎克伯格呼吁政府、受众、网络一起来加强对直播平台的监管，市场经济绝对不是犯罪经济的温床与飞地。

对于广播广告而言，合规合俗法则可以较为妥善地解决广播广告的导向性、规范性、服务性、社会性等问题，某些电台为了经济利益竟然在 1 小时节目中 50 分钟播出的是保健品广告，我们这里先不探讨保健品的宣传内容是否合规合法，但就 1 小时节目里 50 分钟广告长度的做法就违反了一小时节目中广告长度不得超过 12 分钟的相关法律规定。

当然，广播广告还有其导向性、规范性、服务性、社会性的特征，只是我们不能过分强调这些特征（其实许多方面可以通过合规合俗法则加以约束）而忽略其市场性的特征（因为广播广告是商品——这是广播创新的第一性原理），这两者偏颇哪一方都是不科学、非理性的。

小结：只有不断求变、求新发展并符合市场法则的商品，才能赢得市场的发展空间，广播广告亦然。

二、创新理论给上海广播广告带来的启示

越来越多的广播广告客户反映，纯粹的广告时段对他们的吸引力越来越低了，如何赢得广播最大化的局面呢？就是说一方面我们要不断壮大我们的客户结构，用盛行的长尾理论就是让广播广告不断扩大小客户群，其实在不断扩群的同时我们更应该完善大客户群，只有扩群与建群这两条腿走路才能确保广播广告发展的稳定与平衡。

其实无论是扩群还是建群，关键是牵引客户的抓手必须“实”、必须“新”、必须“有效”、必须“敏感”、必须“兴奋”，其中“新”是关键之关键，因为只有新才能带来好奇心，只有新才能带来新鲜感，只有新才能引起关注度，自然“创新”成了广播发展利器与突破口。

所谓创新在组合创新理论看来就是指旧内容的新组合，而产品创新要彻底经历：我要什么；用户要什么；怎么做；怎么赢四大裂变过程与步骤，具体而言广

播广告的创新发展，也必须从认清自己、认清客户、选择方向、选择市场开始，重新出发。

从供需连理论知识原点出发，创新是由供方、需方、连接三者构成，下面我们就供需连理论来逐一分析广播的具体构成状况。

首先我们细分一下广播的供方，我们可以得出广播可以提供的资源有新闻、娱乐、音乐、广告、活动等要素。

我们再进一步拆分广播广告的构成可以细化为单点广告（也可以称之为散点广告）；套装广告（也可以称之为组合广告，是由几个不同的单点组合而成）；栏目冠名含特约（含小栏目、小单元）；活动广告（也可以称之为打包广告，将各类丰富的权益统一打包出售给客户，通常金额比较大）。

我们再深挖一步，就此进一步细分各类广告的特点与利弊。

1. 单点广告：强调的是广告投放的精准度，其核心就是通过一点直击目标消费者的心理，也就是强调广告投放的靶向化，但是它有一个明显的缺点就是接触点的单一化、接触频次的偶然化，错过了一个固定点就完全脱靶了，当然也就无法有效并全面呈现客户利益了。

2. 套装广告：强调的是增加与目标消费者的接触频次，与目标消费者接触是由点及面，也就是通过广告播放的多次化、所覆盖节目的多元化，增加客户信息与品牌在目标消费者的到达率，但是它也有一个明显缺点，这些点位的组合完全是按照广播自身的意愿搭配设计的，没有细化考虑将消费层面、听众结构有效组合起来。

如果只能纯粹地选择电台原有套餐广告点位，其实客户的利益无法做到合理化、最大化地呈现。

3. 栏目冠名含特约（含小栏目、小单元）：最早的栏目冠名是栏目名称与内容节目组早就确定了的，客户根据其内容来寻找契合点、适配点，如果相近或相一致了就投放，这对于客户来说还是一种被动性、偶然性的选择，对于节目来说这是守株待兔式的等待选择。随着时代的演变，栏目与节目也越来越走向市场化了，这样节目与客户双方之间互选范围就更为广泛了，这就是整合营销广告最原始的起点；当然随着市场化步伐的加快，节目名称可以相互协商、节目内容可以相互讨论、广告单元可以合理镶嵌，“量身定做”的栏目与单元也自然就应运而生了。具体而言报时广告与钟表的紧密结合，滚动播出天气预报、防晒指数、时尚播报等都是整合营销广告的第二代表现形式；而第三代整合营销广告表现形式就是由客户提出需求而设计的节目与单元，爱奇艺的《奇葩说》就成功地将客户的品牌内容融入节目中，变成竞赛的客户品牌战队。再如上海广播，我们根据奔驰汽车的要求在 LOVE RADIO 的《早安新发现》节目设计了好玩又有趣的《在路上》小单元，每天更换不同的内容，今天开着奔驰车给神秘的人送上祝福，明天在奔驰车顶做瑜伽等，让奔驰这个品牌更加具有亲和力，这样的节目冠名与特约的广告表达方式更加能赢得客户的钟爱，但这样的广告形式也有一个缺点，就是广告效果如何就在于节目主持人配合与否。同时，由于它依旧在某个点位播出仍然有单一化的倾向，虽然听众接触到客户内容的特点是鲜活化了，但是客户的利益依旧无法得不到最大化地呈现。凤凰卫视有一个比较行之有效的做法，化解冠名、特约单一化的尴尬局面，就是将节目冠名商的广告片花通过不断滚动播出的形式，达到增加品牌的接触率与品牌广告传播的延展性。

4. 活动广告：活动广告就是整合广播的所有可利用的资源进行全方位地推广行为，它的特点就是全面、创新、密集、高效。上海广播曾高扬过"一频一活动"的旗帜，由于配套机制不尽完善，12 个广播频率结果完全成功营运的仅有 5 个，那就是动感 101 的"东方风云榜颁奖活动"、LOVE RADIO 的"明日之星选拔活动"、经典 947 的"星期广播音乐会"与"辰山草地音乐节"、戏曲广播的"星期戏曲广播会"，遗憾的是新闻广播、交通广播、财经广播等主要频率缺席了整合营销活动；就是前述五项活动也没有完全按照市场化方式进行运作，如客户对于"明日之星选拔活动"的反馈意见，"这是你们广播人的自娱自乐活动"，有些活动则缺乏市场卖点，陷入进退两难的局面，如戏曲广播的"星期戏曲广播会"活动就是叫好不叫座。

活动广告是广播市场化比较理想化的抓手，但它必须以市场为导向、以市场的响应度为衡量标准与尺度，否则就会出现有活动无冠名，或者客户有想法找不到合适的活动的尴尬局面。

活动广告是整合营销大型化、充分化的展示形式，它必须通过全面整合营销手段才能予以完整地呈现，所以活动广告又可以称之为完全的整合营销广告。整合营销广告强调的是媒介利用自身优势，全面开放广播平台所有优势，为客户提供多元化的服务，也就是强调广告投放的深入化（分活动期、非活动期等）、贴近化（活动现场的广告品的展示、易拉宝、横幅等），服务的全面化、持续化（播出计划可以是全年度的），广告回报的多元化（硬广告、套装广告、节目冠名与特约均可以选择），广告资源的开放化（所有的上海广播平台、微信、网络，与电台合作的平面、电视、户外、车身等）。

既然整合营销广告讲究的是市场化的运作，那么必然要强调其营利性的特色、广泛性参与的功能、高效性传播的结果。

需方：希望通过广播寻找目标消费者，通过广播寻找消费市场最大化，希望通过广播寻找投入产出最优化。

连接：① 线上：广播各类平台、各种形式(硬广告、口播信息、现场播等)、广播合作的各类平台(电视、网络、平面、灯箱、车身、楼宇等多元广告)；② 线下：路演与大型活动。

从细分广播广告各要素结果来看，广播的整合营销广告是最符合供需连理论的发展方向的。

其实整合营销广告最符合广播发展的内在逻辑，广播广告通过整合营销将广告制作导入一个新内容要素与合作伙伴、引进一种新的呈现方式——整合营销广告产品；媒介全方位服务于客户的需求，是一种新型的节目生产方式；这种方式是媒介全方位开放的真正体现；节目、节目主持人、活动都是电台的核心资源，它们都有自己独特的价值；通过电台开放式的呈现使客户的品牌与电台的品牌(或节目的品牌)相互映衬。

小结：广播广告也是商品，而整合营销广告是广播广告最符合市场需要的广告形式，所以就应该鼓励每个频率、每个栏目甚至每个单元、口播信息都积极融入这样的广告形式，让它们全面、完整、多样、灵活地拥抱整合营销广告，并全面渗透到节目内容创新的细胞、血管与基因之中去。

三、现实发展趋势给广播广告带来的启示

以下我们通过世界各广播成功发展的几个实例来窥探一番。

1. 北京电台实例

北京电台自20世纪90年代末以来，一直雄踞中国广播广告的霸主地位，其中北京交通广播也在北京电台中一枝独秀、雄霸一方。通过几年来对于北京广播广告的成功实践的案例分析，其中有六个方面的经验是值得我们借鉴的：

(1) 构建丰富的广播广告创收体系与羽翼：除广播广告外，北京电台还经营或委托经营酒店、旅游业、汽车维修业。

(2) 随行就市的广告价格体系：每年两度的优质广告资源公开拍卖，使其广告价格更贴近市场、更贴近需求，随行就市、价高者得，避免了人情广告、杜绝了权钱交易。

(3) 内容广泛的整合营销活动：北京电台有着丰富的营销活动，如音乐颁奖活动、海外旅游活动等，在听众中拥有极大的号召力。

(4) 无违和感的广告植入与漂移的广告点位设计：北京交通台将口播信息自然融入节目中，不着痕迹地将客户品牌信息自然地表述出来，赢得客户的交口

赞誉。这样的信息自然播报出来在听众听来丝毫没有违和感。

(5) 严谨、完善的后台银行柜台式服务体系：北京电台按照银行柜台的服务模式，广告安排与广告制作全面柜台化，实行一站式服务，到时客户就顺理成章地拿到广告成品、广告发票。

(6) 充分的市场竞争机制与强烈的危机意识：北京的天空下，除了有北京电台外，还有中央人民广播电台、国际广播电台以及不断提高播出功率的河北人民广播电台等多套同质化媒介资源的竞争。这样的竞争近乎白热化与残酷，而在这样的局面下，广告客户就成了非常稀缺的资源。在客户眼中，除了收听率之外，哪家媒体可以端出他们心仪的广告菜单，哪家就是他们的最佳选择。

北京电台的成功关键在于两点：多元化、市场化的经营模式，全面化的整合营销活动与广告植入。

2. 台湾某民营电台的实例

台湾的民营电台其一套频率每年 200 场活动是广播发展的基础与动力，也是广播走向市场化最好的印证。如果缺乏这些，广播就难以为继，广播广告就难以获得支撑，可以说是活动支撑起广播发展的支柱，也可以说台湾这家电台从活动这个“单点突破”中获得了发展的第二曲线，就此来看，上海广播 12 套频率活动数量远远不及这家台湾的民营电台，说明我们还有无限的发展空间。

台湾某民营电台除了正常的广告创收以外，活动广告的收入几乎要占整个广告创收的 50%左右，该电台是一周一项大活动、三天一个小活动，有时是一天就有几个活动同时在运作。活动大量运行一方面增加了电台对社会的影响力与传播力，另一方面也提升了客户的品牌知名度，再一方面，节目、客户又与消费者有了直接对话、沟通的机会，这样一举三得难怪他们对活动会如此乐此不疲呢！

台湾民营电台广播的成功经验告诉我们：整合营销活动是电台的生命力与抓手，是电台连接市场与听众重要的媒介手段。

3. 日本东京 FM 的实例

数十档节目，每档节目都有冠名商，如全日空、三菱集团、索尼、松下、JVC、JAL 日本航空等一线国际大牌，有好些品牌已经赞助冠名节目达十几年了，他们的负责人表示，没有赞助商的节目是不可想象的；同时，他们很早就尝试通过节目来导入手机购物，将节目整合营销更加纯粹的商业化（不同于我们曾经尝试过的广播直销卖时段的做法），并取得了不俗的商业利润。

东京 FM 成功经验说明：只要按照市场化的标准做细、做深每档节目、栏目、单元，就会有理想的广播广告的市场响应度；反之，广播广告就如无根之萍，缺乏发展的根基与可能。整合所有资源让客户利益最大化呈现，也是让电台最大化地与市场接轨、与听众接触。

4. 上海广播自身的实例

针对暑假活动有市场无活动的状况，我们选择FM103.7与百事可乐合作推出了《燃情麦克疯》活动，最后还联动当时的音乐频道一起互动开展，节目一下子火了起来，并一连做了三年，本来百事可乐没有一分钱的广播广告预算，结果一下子吸附150万元的广告费用。

蒙牛从第一年近10万元的硬广告的投放，到第二年我们力推了《校园音乐先锋》活动与他们针对青年学子的产品蒙牛酸酸乳相结合，进校园、进商场，第二年我们就获得了150万元的广告收入。随后，我们全面与蒙牛公司进行全方位合作，将蒙牛早餐奶与音乐早餐节目、特仑苏与LOVE RADIO《早安新发现》等节目并冠名了三届东方风云榜活动与节目，取得蒙牛年广告投放450万元的收入，要知道这个数字是十几年前的投放情况。

我们曾经数年来不断做强、做长"东方风云榜"这一品牌，组织"东方风云榜"活动赴北京、深圳等地巡演，同时还组织十数场多种形式的拉票会、见面会、小型演唱会等，将该品牌宣传效应持续六个月以上，但是由于种种缘故，东方风云榜变成了一个只有音乐颁奖盛典的活动，活动规模在缩小、活动地域在缩小，活动的影响力自然也在不断缩小，当然当今可以通过网络直播等形式来扩大活动影响力，但还是有具体活动内容才能有网络直播的可能。

上海广播自身成功案例说明：上海广播单点突出就是整合营销，而整合营销真正的意义就在于规模化、最大化呈现客户品牌，并进一步通过提升活动的影响力来赢得市场的号召力，同时整合营销对媒介、品牌都得到最好的放大，这也是两者核心的交接点。

结　语

广播广告为了凸显广播的社会影响力与传播力，除了优秀的与有号召力，可以有互动的节目外(广播较之于其他大众传播媒介的特点就是与听众的互动性，这是其他媒介所缺乏的，我们就应该强化这一个个性化的特点，并将其发挥到极致)，就是通过一连串、不停顿的活动让广播重新回归大众的视野中；广播节目与栏目的定位应该更加明晰化、确定化，它们就好比创新理论中的窄门，需要我们深入挖掘、挖细、挖深相关内容，这样上海广播数十档节目，数百档单元就好比一个个窄门串联在一起，相互呼应、相互渗透、相互协同、相互借鉴，从而形成真正意义的广播；而不是那些节目、栏目、单元是无特定目标听众人群的，这样“广播”的结果既没有收听率、又没有影响力；广播节目的生产过程应该与数字时代的工业生产方式相类似，现今广播节目应该遵循 C2M（根据市场需求而生产节目内容）标准来进行，从而避免节目生产的空壳化。

近些年伴随着移动互联网的迅速崛起，人们更关注信息的互动、产品的全方位展示、资讯的几何增长，广播的新媒体化、广播与移动媒体的融合、对接也是必然的选择，而这样就意味着广播营运的模式会发生革命性的改变，模式的改变可能带来的是预想不到的效果，广播广告若不在新一轮的市场洗牌过程中，寻找到自己的突破点与增长曲线，那么它肯定会受到市场全面而又无情地碾压。

一个个栏目、节目就是一项项整合营销活动，一个个频率就是一组组整合营销集群，上海广播广告就是多个整合营销集团军，而上海广播则是每年由数百个乃至数千个集结的、璀璨缤纷的整合营销活动大本营。需要重申：整合营销广告是广播广告最符合市场需要的广告形式，必须大力倡导与开展广播的整合营销活动与整合营销广告，进一步开发上海广播广告创新发展的新动能！

参考文献：

[1]《经济发展理论》，[美国] 约瑟夫·熊彼特著，立信会计出版社，2019 年 11 月出版。
[2]《第二曲线创新》，李善友著，人民邮电出版社，2019 年 8 月出版。
[3]《刷新：重新发现商业与未来》，[美国] 萨提亚·纳德拉著，中信出版集团股份有限公司，2018 年 2 月。
[4]《美国陷阱》，[法国] 费雷德里克·皮耶鲁齐、马修·阿伦著，中信出版集团股份有限公司，2019 年 8 月出版。
[5]《抢占心智》，江南春著，中信出版集团股份有限公司，2018 年 9 月出版。
[6]《精益创新——新创企业的成长思维》，埃里克·莱斯著，中信出版社，2019 年 3 月出版。
[7]《墨菲定律》，阿瑟·布洛赫著，山西人民出版社，2018 年 1 月出版。
[8]《创新者的窘境》，[美国] 克莱顿·克里斯坦森著，中信出版集团股份有限公司，2019 年 12 月出版。
[9]《创新者的解答》，[美国] 克莱顿·克里斯坦森，[加拿大] 迈克尔·雷纳合著，中信出版集团股份有限公司，2017 年 2 月出版。

作者简介：

吕民生，任职于上海广播电视台（SMG）东方广播中心广告管理部。

电　视　篇

试论 SMG 纪录片制播体制改革

陈雨人

提　要： 本文较全面地总结了 SMG 纪录片专业频道改革的主要原因、主要目标与纪录片中心的改革实践。纪录片中心经历了从整合、竞合到融合的创新发展阶段，实施了制播分离改革与工作室制度，改变了需求与供应结构，并在媒体融合与创新方面努力构建一种"小屏终端互补、大屏终端拓展、中屏终端共生"的全媒体产业生态。纪录片中心成立及改革一年来，经历了新中国成立 70 周年和抗击新冠疫情两次重大事件的宣传大考，取得了优异的成绩，也有力证明了：改革创新是我们事业发展与生产力进步的不竭动力。

关键词： SMG 纪录片专业频道　制播体制改革　创新发展

传统广播电视改革是一场重大而深刻的变革。 党的十九大后，SMG 加快推进供给侧结构性改革，2019 年 4 月 15 日正式成立 SMG 纪录片中心，旨在打造"立足上海、辐射长三角、面向全国"的纪录片内容生产高地，进一步提升海派纪录片在海内外纪录片领域的影响力。中共中央宣传部副部长，国家广播电视总局党组书记、局长聂辰席和上海市委常委、宣传部部长周慧琳等领导为中心成立揭牌，成为国内广电及纪录片行业中引发热议的影响力事件。

纪录片中心成立一年来，改革的正面效应持续释放，节目播出和内容生产取得显著社会效益，媒体融合创新不断，市场竞争力快速增强。这些成果的取得，与 SMG 注重改革的系统性、整体性、协同性密不可分，这也是近年来台集团各项改革取得重大突破的经验所在。

2020 年 1 月 1 日起，原纪实频道与原艺术人文频道合并成立纪实人文频道，成为 SMG"瘦身握拳、转型发展"中新的重大举措。在新形势下认清和准确把握好专业频道的改革问题，对台集团新产业布局的完善和新一轮全面深化改革的精准施策、扎实推进具有借鉴意义。

一、纪录片专业频道改革的主要原因

在成立纪录片中心之前，上海纪实频道先后进行过两次较为深层次的改革转型：一次是 2010 年转企改制，成立真实传媒有限公司，频道经历了事业体制向公司制度的融合转型；再一次是 2014 年频道上星，经历了地面频道向上星频道的融合转型。2017 年，频道还短暂尝试过栏目—项目的混合制改革。从时间线来看，近十年纪实频道的改革转型处于提速状态。虽然每次改革都取得不少成效，但也因十年来行业与市场的快速变化而不断面临新的挑战。管理制度、生产制度和分配制度等方面的重大调整，伴随着法务、财务、劳务等一系列新问题，既面临诸多客观因素制约，也会触发内外部关系的变化。而一些行业性、产业性的短板和历史遗留问题，则形成了较为顽固的发展瓶颈，始终影响着改革的目标和方向，也影响到企业机制的建设和完善。

（一）纪录片专业频道的行业弱势

随着新媒体的崛起和传统媒体的普遍下滑，对于纪实频道这样一个以纪录片专业定位为基础的、相对小众的频道来说，不利因素被加倍放大。全社会的快速消费理念剧烈冲击着慢工出细活的传统纪录片，以真实、严肃为标签的纪录片的受众面日益收缩，频道创造效益的能力急剧减弱。2014 年上星后，纪实频道迎来面向全国的发展机遇，在用户规模上得以大幅提升，进一步夯实了在全国尤其是华东地区的纪录片领先地位。但是在强者恒强，且严重两极分化的省级卫视竞争格局中，纪实频道的生存空间极为有限，频道的建设发展也矛盾重重，高昂的用户覆盖费用与其他业务的开展相互掣肘，加剧了纪录片公益属性与企业商业目标之间的冲突，“落地—内容营销—创收”的卫视传统盈利模式受到各方面制约。近年来纪实频道收视份额下跌，内容生产投入降低，市场营收下滑，已经从面临发展瓶颈转变为面对生存压力。虽然从政府和台集团层面一如既往给予纪录片足够的重视和扶持，但是在现今传媒格局下，纵然偶尔会出现一些现象级的纪录片作品，但“叫好不叫座”的窘境一次次让纪录片人对市场充满怀疑。市场遇冷使得纪录片专业频道的弱势地位与纪录片人的普遍低成就感，成为既成事实，纪录片从业者避讳市场也就成为一种必然。但任何行业的发展，偏偏都离不开市场这块“试金石”。这不仅仅是一个频道的痛点，也是广电行业、纪录片行业中正在发生的普遍遭遇。

（二）栏目的取舍矛盾

这里涉及一个沉没成本的概念。沉没成本可以理解为我们从前投入的无法收回的金钱、精力、时间等成本，这些投入许多已经转化为现在的“既得利益”。纪实频道的沉没成本包括大量的栏目和栏目体系下培养的编导，尤其《纪录片编辑室》一类有积淀、有口碑的优秀栏目。

栏目制为上海台纪录片的发展壮大作出过巨大的贡献，纪实频道本身就源自《纪录片编辑室》这个栏目。栏目制有三个主要优势：一是有利频道的时段冠名；二是可以迅速培养编导的制作能力；三是方便程式化地制订预算。但是这三个优势更加适用于传统媒体占优的时代，随着新媒体对观众收视习惯和传媒产业模式的改变，栏目制的弊端日益凸显：从作品角度来说，纪录片作为慢热的节目类型，仍然存在周播的栏目，显然无法保障作品质量，不符合频道发展的需要；从产品角度来说，批量化、程式化制造脑力劳动产品，容易形成生产思维定式，制约了多元化、个性化、精细化发展，不符合时代进步需要；从商品的角度来说，栏目的流动性与流通性都有不足，平台依附性强而产业相容性低，束缚了跨平台、跨渠道的延伸拓展，不符合产业升级需要。由于缺少“高原”现象，纪录片市场普遍价值低估、变现困难，也进一步限制了栏目类节目的独立生存能力和品牌化建设。栏目制不是纪实频道所独有，只是因为纪录片的创作特殊性，使得栏目制的缺点已经成为纪录片专业频道在市场中缺少友好反馈的一个症结所在。

（三）企业机制的建设滞后

人是改革的主体。根据一项在 142 个国家针对企业员工敬业度调查的数据显示：13％的员工为敬业员工，即 87％的员工在工作中缺少投入和效率(数据来源于“盖洛普全球职场环境调研报告”)。敬业度缺失是全球经济产生重大漏洞的主要原因。在互联网新媒体的冲击下，传统媒体从业人员敬业度下滑的问题日益突出，其中成因极为复杂，与企业机制的系统化建设有着密切关系：例如在选人用人上缺乏现代人力资本理念，使得企业与员工是“铁打的营盘流水的兵”，难以塑造高效劳资关系；例如在奖惩制度上虽然提供了竞争性岗位和绩效考核，却因为缺乏完全的市场竞争环境而导致绩效无法量化，造成激励不相容，等等。由此造成了员工与企业间的认识分歧，压抑了改革的内生动力。

二、纪实频道改革的主要目标

习近平总书记在中共中央政治局就全媒体时代和媒体融合发展举行第十二次集体学习上强调，要抓紧做好顶层设计，打造新型传播平台，建成新型主流媒体，扩大主流价值影响力版图，让党的声音传得更开、传得更广、传得更深入。主流媒体要及时提供更多真实客观、观点鲜明的信息内容，掌握舆论场主动权和主导权。

SMG改革的根本目标是做大做强党的主流舆论，根本路径是践行“媒体责任和做优做强媒体产业高度统一”。包括纪录片改革在内的一系列改革都严格遵循这项根本原则。作为主流舆论平台，纪实频道必须坚持正确的政治方向、舆论导向、价值取向，力求通过理念、内容、形式、方法、手段等创新，使正面宣传质量和水平有一个明显提高；作为文化公益平台，纪实频道有使命解决在文化生活方面，人民群众日益增长的美好生活需要和不平衡不充分的发展之间的矛盾，即提供高质量的文化产品；作为纪录片行业领军者，纪实频道有责任持续奉献精品佳作，促进国内纪录片“高原”的形成。这些职责的核心是高质量的作品，而高质量的作品需要高质量的人才。当前困扰纪实频道发展的，也正是创作认可与人才活力的低迷。因此，“出人出作品”是纪录片改革的中心目标。这个中心目标的实现，在于向改革要动力、向改革要效益，关键是建立起有效的纪录片产业运行结构，集团集约化管理—平台市场化运行—编导开放式创作各司其职、各展其能，多方促进、协调制衡。这就要求构建以内容为驱动的特色专业体系，扩大产业边际效应，即产业聚集化。产业聚集化的成果是资源的充分配置与有效利用、机制的良好促进与监督、人才的合理对位与成长，这些成果反过来又可以强化产业聚集，带来生产力与生产水平的提高、治理体系与治理水平的提高、资源效率与资源效益的提高。

三、整合、竞合、融合——纪录片中心的改革实践

在台集团的整体改革中，上海台纪录片迎来了壮大、转型、融合的新发展契机，开创了一系列崭新的生动实践，并取得了一系列改革的成果。

（一）组建SMG纪录片中心——集团化打造产业中心

台集团在成立纪录片中心之初提出，纪录片只把眼光放在一个频道太小了。

笔者认为这是一个非常准确的判断，也是解决纪录片专业频道弱势地位的一个准确思路。SMG 拥有超过 100 人的纪录片创作力量，在国内首屈一指。除纪实频道外，融媒体中心、东方卫视中心、第一财经、版权资产中心等多家单位均有纪录片创作团队，在各自擅长领域作出了贡献，得到业界肯定，并创作出一些有价值的项目 IP。但在 SMG 内部则存在着制作力量分散、选题缺乏统筹、资源调度困难，以及同质化竞争、压价竞争、重复购销等问题，不利于台集团整体利益最大化。

2019 年 SMG 对全台集团纪录片优质资源进行整合，集 SMG 纪录片的项目规划、立项、创作、编播、推广、运营、版权购销等为一体成立 SMG 纪录片中心，形成了纪录片中心为组织机构、纪实频道为播出平台、真实传媒有限公司为签约主体的，三块牌子一套人马的纪录片综合体。2020 年 1 月 1 日，纪录片中心进一步整合原艺术人文频道，成立纪实人文频道。

从台集团整体来说，改革没有增加进入成本，但是对纪实频道有了实实在在的人、财、物的投入：一是扩大了纪录片在集团内的播出平台，中心生产的纪录片不仅可以在纪实频道播出，而且可以在东方卫视、融媒体等强势平台播出，《纪录片编辑室》《上海故事》等栏目则放在本地收视良好的新闻综合频道播出，使优秀纪录片既能“传得响、叫得开”，也能“留得住”，保障了优质内容的广泛覆盖与有效到达；二是加强了纪录片参与台集团项目立体开发的能力，例如广电总局重点项目《长江之恋》，就是由东方卫视中心、融媒体中心、纪录片中心等分别负责晚会、新闻直播和纪录片单元，从而构建出专业、深度、高质量、多层次的文化产品矩阵，有利于在整体的带动下形成纪录片独自的品牌效应；三是专业人才和行业资源的聚集，使中心可以更具代表性地发挥上海纪录片在全国纪录片行业的领军作用，有利于把握长三角一体化等国家战略带来的机遇，促进长三角纪录片联盟的建设，进而推动中国纪录片行业“高原”的形成；四是艺术人文的归并则进一步扩大了产业范畴，使纪实频道从运营纪录片转型升级为运营纪实人文大门类产业。这对提升纪实类作品的文化及市场附加值、促进集团内差异化竞争，以及提升台集团轻资产率也都具有重要意义。

（二）制播分离改革与工作室制度——需求与供应结构的改变

作为传统电视频道，上海纪实的强项是内容制作，在近年来的历次改革中，也一直尝试将原有较强业务能力的人才从日常栏目中解放出来。而此次改革可以说是大刀阔斧，拿出了壮士断腕的勇气。中心以内容生产为核心驱动，以“工作室”为机制突破口，全面改造内部架构、优化岗位设置、加强考核管理、通过“能者上、平者让、庸者下、劣者汰”的全员竞岗机制，开展制播分离改革，打造纪录片产业新模式。

1. 频道版面更新

制播分离的首个重大举措是于上星5周年之际启动全新版面。此次改版彻底取消了延续十多年的栏目化播出方式，按照国际纪录片专业频道通行发展趋势，改为话题板块化播出，积极扩大节目源，引进多部全国独播或全球首播的国产及海外纪录片，网红类纪录片开始在电视平台播出；同时按照专业频道定位系统性整改和净化广告环境，更新视觉包装，以贴近网络时代受众审美。

频道改版并不直接取消栏目生产，但是不再提供栏目需求，这样可以规避栏目制的不足，但又能够最大程度消化沉没成本，因为频道并不排斥栏目中的优质节目。新版面化解了栏目制对内容生产者的创作限制，释放了节目编排的灵性与活力，提高了市场对接度和受众契合度，扩大了中心与海内外、传统媒体与新媒体之间的节目交流、合作与共享，实现了播出节目内容、节目题材和节目类型的极大丰富，带来了频道品质、品相的大幅提升。据CSM上海地区数据显示，改版后纪实频道全国地区52城黄金时段平均收视较2018年增长50%，观众到达率较2018年增长37%；另据国家广播电视总局节目收视综合评价大数据系统的纪录片专题收视报告显示，6月同期上海纪实频道包揽北京、上海、湖南3家地方纪录片卫视66部纪录片收视前39名，7月包揽3家纪实频道收视前69位中的65部。新版面获得各级领导好评和肯定，也得到了爱马仕、保时捷等众多高端商业客户的青睐与合作。

2. 工作室制度

制播分离的第二个重大举措是实施工作室制度，即节目团队直接面向市场开发业务，从依靠频道“分蛋糕”的分系统，转变为与中心一起“做蛋糕”的子系统。中心通过给工作室释放聘用、绩效、选题等很多权限，比较充分地保障了他们的管理自主和创作自由，促进工作室负责人从就业变为创业、从管创作到管经营、从被养到养人、从各自为营到竞争合作。同时设立了半年左右的考核期，以社会效益为首要考核目标，兼顾社会效益与经济效益相统一，期满后不合格的团队将面临退出或者重组。中心成立了13个独立工作室，每个工作室都是由一群志趣相投的导演和编导自愿组成，总计吸纳了中心半数员工。

坦率地说，工作室成立初期，即使很多市场欲望很强的纪录片编导也没有做好充分准备，实际运作时各种复杂情况层出不穷。但背水一战的压力带来的动力和执行力很快就体现出来，团队管理水平、创作水平和团队间协作水平在一次次项目内部招标中稳步提高，工作室对市场的把握也越来越准确和快速。虽然编导的市场化激励机制仍在推进中，但是工作室制度带来的团队凝聚力和公平竞合机制，已经显著激发了员工的创业热情和工作动力。大量优秀的青年编导和入行不久的纪录片新人涌现而出，并在多个重大项目的创作中有亮眼表现。至今年4月工作室成立8个月来，13个工作室总计开展业务67项，半数工作室已经开始具备盈利能力，频道内容制作营收逐步提高。6月艺术人文团队完全纳入改革轨道，中心的工作室扩展到了17个。

（三）媒体融合与创新——借船出海构建全媒体生态

在构建全媒体的框架下，纪录片有必要借助各类平台提高舆论引导力。纪录片中心的媒体融合举措主要是在电视平台拓展的基础上，积极开发短视频平台和试水电影平台，努力构建一种“小屏终端互补、大屏终端拓展、中屏终端共生”的产业生态。中屏端共生主要是充分利用好东方卫视、新闻综合等集团内部平台，并积极推动中心优秀作品进入央视纪录频道及海外电视平台。小屏端互补是传统电视单向性、老龄化与互联网互动性、年轻化的互补，主要包括：积累新媒体账号资源、与视频网站开展项目合作与短视频生产、借助短视频平台推广节目及品牌等。其中，节目正片播出前的短视频（非宣传片）网络推广，以及通过社交平台收集平民素材剪辑制作网络纪录片，是中心媒体融合的两项创新举措。大屏端拓展一方面是进行纪实大电影制作推入院线，另一方面是引进优秀纪录电影在频道“纪实电影”板块播出。《中国纪录片发展研究报告（2020）》数据显示，2019年中国纪录电影总票房1.49亿元人民币，为2016年以来最低，其中国产片上映19部，票房500万元以上的国产片明显增多。因此，理性填补纪录电影的市场空白，是中心后续的重要努力方向。

通过精准定位目标人群，密集造势、宣传，中心的新媒体账号收获大量年轻群体，微博粉丝增长翻倍，多部作品的微博话题量快速突破百万，最高达6 000多万；今日头条、抖音和快手平台粉丝快速增加，《彩色新中国》《心声》等短视频播放量超过1亿；微信公众号在20多家媒体运营大号中脱颖而出，获得网信办资金扶持。中心与优酷、二更、B站等新媒体网站合作日益加深，并通过完善审片机制，首次开始引进网红类纪录片在频道播出。

(四)在重大事件报道中的表现——改革效应的综合体现

纪录片中心成立及改革一年来,经历了新中国成立70周年和抗击新冠疫情两次重大事件的宣传大考。

2019年纪录片中心抓改革更抓宣传主业,在多个平台、多个时间点上集中策划、播出和创作了大量爱国题材纪录片,包括创作《彩色新中国》《长江之恋》《代号221》《上海解放一年间》《大上海》等多部国家广电总局和上海市委宣传部交办的重大题材纪录片。这些作品及其剪辑而成的短视频,在东方卫视、融媒体、其他省级卫视、视频网站、微博微信、短视频平台等掀起多轮舆论高潮,形成了国庆宣传的纪录片矩阵,焕发出纪录片的巨大影响力和号召力,展现了上海台纪录片围绕重大时间节点打造精品力作、强化宣传氛围的优秀专业水准。其中"彩色新中国"和"长江"已成为中心新的IP,标志着中心对重大题材的深耕达到了一个新的水平。

2020年新冠疫情发生后,中心第一时间投入抗疫宣传与拍摄,积极兑现纪录片新闻属性。编播开通"绿色通道"强势推进防疫抗疫宣传,节目团队在极短时间内不仅完成了7条公益短视频和系列微短纪录片及长片,而且与多家单位联手策划制作了5部系列纪录片和专题片,与新媒体联合剪辑创作了一部纪录长片和两部系列短纪录片。与此同时,中心组织三批共13名制作人员奔赴武汉抗疫一线,拍摄《人间世》抗疫特别节目和广电总局特别项目《中国战"疫"》,其中《人间世》抗疫特别节目(武汉篇)于两会期间播出,取得优异收视表现和极高网络人气,体现出工作室在突发状况中的主观能动性、快速反应能力及快速生产能力、高水平创作的保持能力,以及节目团队与市场、与新媒体日益成熟的合作机制。

结　语

通过上述改革实践,原纪实频道实现了专业频道向产业中心的升级,提升了行业地位,并扭转了与其他强势卫视的不对位竞争关系,转变为供求合作;以集团化策略吸收并转化了沉没成本,较为顺利地从栏目制过渡到项目制;凭借制播分离的体制机制改革和工作室制度,重新激发内生动力,强化了员工的自我成就动机,并真正开始营造由市场和新媒体构成的外部生态环境。

虽然中心的改革取得了阶段性的成果,但在市场化的突破中依然刚刚起步,接下来还要在纪实人文频道的精办上有所建树。在全球疫情的影响下,工作室需要进一步提高适应市场大环境的能力，纪录片中心在保持稳定的前提下，仍然要坚持用改革来创造空间，用发展来解决问题。不仅要出人出作品，而且要出名导、出名作，要打造纪录片的高原，也要涌现出高峰。以更高的自我要求和时不我待的紧迫感，迎接全民小康社会、建党百年等重大时间节点的新考验。

作者简介：

陈雨人，上海文化广播影视集团有限公司副总裁、上海市广播电视协会副会长。

论 SMG 纪录片中心“工作室制”改革成效与展望

李 逸 沈 丹

提 要：在深入贯彻习近平总书记关于文化强国论述的浓厚氛围中，在国家广电总局关于“精办频道频率”“传统电视内容供给侧改革”精神指引下，2019 年 4 月 15 日，SMG 整合成立了 SMG 纪录片中心。6 月 16 日，纪实频道全新改版，告别栏目制编排方式。而这背后更长远的深意便是，将此前固化在栏目里的人员生产力、资金、能量释放出来，引入内部竞争与市场运作，充分调动一线纪录片人才的生产力和积极性。“告别栏目制、建立工作室制，深化纪录片制播体制改革”可谓纪录片中心对于这个日新月异的媒体生态环境新时代所给出的时代答卷。本文旨在回顾探索纪录片中心改革一年间工作室制所释放的创作动能、链接的运营效能以及激活的人才赋能，展望广电领域工作室制改革的未来空间和发展维度。

关键词：SMG 纪录片中心　工作室制　体制机制改革　中心—工作室命运共同体

“工作室制”体现了中央关于企事业单位人事制度改革的精神。它以扁平化、专业化、垂直化、全流程的机制创新，突破内部组织架构，联结外部市场资源，打破用人机制瓶颈，实现人才能上能下、能进能出，显著地激发了人才的活力和潜力。越来越多的电视台正在积极稳妥地推广工作室制，用改革实践来推动高质量创新性发展。

成立于 2019 年 4 月的上海广播电视台纪录片中心也是这样一群“吃螃蟹的人”，旨在探索全新媒体环境下专业频道生存发展之路，改变传统电视频道存在的体制僵化等诸多问题，为上海广播电视台新一轮改革探索道路。纪录片中心成立伊始便通过面向 SMG 全台的双向竞聘，成立了 13 个工作室，14 位有意愿、有能力、有抱负的优秀骨干人才或主动申报成立个人品牌工作室，或强强联手组成联合工作室，竞聘成为工作室负责人，创作创业创新热情高涨。围绕工作室机制改革，中心赋予工作室负责人八项权利，优化绩效分配方式、明晰责权利关系，同时在导向管理、安全播出上进行严格管控，并建立健全了工作室项目预算审核、工作室绩效考核实施办法、项目竞标体系等服务保障体系，对工作室实行动态管理与考核。

纪录片中心成立这一年来，收视率亮眼，佳作硕果累累，整体创收运营亦可圈可点，“工作室制”已成为纪录片中心内部打破原有栏目制，促成人才良性流动，实现内容、产品、运营、项目活动等各专业岗位协同合作、创造价值的全新组织单元，跑出了广电改革转型创新的加速度。

一、释放创作动能：去栏目化，把生产力解放出来！

在深入贯彻习近平总书记关于文化强国论述的浓厚氛围中，在国家广电总局关于“精办频道频率”“传统电视内容供给侧改革”精神指引下，在上海广播电视台的大力支持和顶层设计下，2019 年 4 月，SMG 纪录片事业已迈出改革再出发的重要一步——汇聚上海纪实频道、融媒体中心、东方卫视中心、第一财经和版权资产中心等 SMG 纪录片核心力量，融合 SMG 纪录片人才库队伍，整合集结再出发成立了 SMG 纪录片中心，力图打造“立足上海、辐射长三角、面向全国”的纪录片内容生产高地，进一步提升海派纪录片在海内外纪录片领域的影响力。

如果潜心分析当下纪录片市场，不难发现真正受欢迎的纪录片都是“用时间换深度”，纪实频道过去栏目制、周播的制播机制在当下日新月异的媒体生态环境下，不免使得一线导演深陷周而复始的栏目桎梏，恐怕很难令纪录片团队轻装上阵、开掘深入。而这些人员大部分是创作一线的编导、导演，是 SMG 最宝贵的财富、最重要的资产，如何把这些“资产”盘活、将人的活力激发出来，时不我待！其次，从纪录片生产客观规律看，近几年叫好又叫座的纪录片如《人间世》《巡逻现场实录》等普遍采用了项目制管理。在这个意义上，进一步探索以项目制为核心的工作室运作模式时不我待。“告别栏目制、建立工作室制度，深化纪录片制播体制改革”便是纪录片中心对于这个新时代命题所交出的答卷。

2019 年 6 月 16 日，纪实频道全新改版，告别栏目制编排方式，打造“自然动物、历史、精品纪录片、纪录电影/纪实＋、现实、探索未知”等板块，2020 年 6 月

15日，还新开辟文化艺术（季播）板块，以这七大板块点亮纪实人文频道荧屏，同时以纪录片中心工作室打造的不同类型、题材的项目支撑黄金档时段，用真实启发思考，以艺术点亮生活。事实证明，这次改革是效果明显的。据CSM上海地区数据显示，纪实频道2019年全国地区52城黄金时段平均收视较2018年增长50%，观众到达率达到8 294.8万，较2018年增长37%。改版后至10月底，上海地区黄金时段平均收视0.19，较去年同时期上升27%，收视份额挺进“1%”阵营，较去年同时期上升50%。另据国家广播电视总局节目收视综合评价大数据系统的纪录片专题收视报告显示，6月上海纪实频道包揽北京、上海、湖南3家地方纪录片卫视66部纪录片收视前39名，7月包揽3家纪实频道收视前69位中的65部，播出纪录片总量、收视表现等都极为亮眼，获得国家广电总局鼓励和表扬。

纪录片中心的制播分离改革，可谓是以壮士断腕的决心进行的一次彻底重塑。新版面实现了频道品相和收视效果的显著提升，同时增加了商业吸附力，比如爱马仕、保时捷这些高端客户开始主动找纪录片中心合作。更重要的是，此举将此前固化在栏目里的人员生产力、资金、能量释放出来，引入内部竞争与市场运作，充分调动一线纪录片人才的生产力和积极性。

二、激活人才赋能：类企业化，把人力潜能激发出来！

1. 双向竞聘，不拘一格降人才

工作室制度的首要目标是理顺生产关系，从而解放生产力，而其中的核心是人。释放纪录片团队生产力之后，更重要的在于盘活现有力量、做到人尽其用，从人才培养更长远、可持续的角度去激发纪录片的创新潜能。为此，纪录片中心在“取消栏目制”之后又一大重要改革举措便是“建立工作室制度”。

2019年6月中旬起，纪录片中心面向SMG全台进行人员双向竞聘，员工表现出来的参与度超乎预期，最终成立了13个工作室（每个工作室编导为4～8人），工作室成员（包括工作室负责人和工作室编导）吸纳了中心半数的员工。工作室负责人的年龄梯度覆盖很全，60后、70后、80后都有；有的工作室保护并增强了原有团队的战斗力；有的工作室是由两名召集人合伙成立的，在项目的整个流程上强强联手；有的工作室对原有团队进行了拆分并各自扩大，主要是针对大型IP资源进行垂直领域的深耕。自由成立的这13个工作室，由工作室负责人和编导按照各自的兴趣方向和擅长领域组建个性化团队，很好地保证了团队的契合度、专业水准和风格特色，留住纪录片人才，并为他们提供一个相对宽松的创作环境。

此次双向竞聘工作也是把竞争机制引入人才建设的重要举措，纪录片中心希望以双选为契机，进一步优化部门组合，改善人员结构，真正做到“能者上，平者让，庸者下，劣者汰”，完成一次自我蜕变，激活纪录片队伍的生机和活力，重振上海纪录片的有生力量。

2. 从内容生产佼佼者华丽变身子公司管理者

队伍组起来，接下来迎接工作室负责人的就是创业探索带来的阵痛和“熬过阵痛”之后的涅槃重生。纪录片中心希望 13 个工作室负责人能朝着“成为纪录片中心 13 个制作公司管理者”的愿景努力。为何这么说？原来栏目制下的负责人，仅需要是个内容生产佼佼者，他们无须为节目经费来源、节目的融媒体传播效应而纷扰，埋头做好节目即可。栏目的创作、拍摄、播出和运营各自为政，产业链拼接而不是融合，更不用说是迎合市场需求、达成效益最大化。

我们再反观工作制下的工作室负责人和导演，光是内容生产佼佼者还远远不够，他必须是个复合型人才。纪录片中心工作室成立之初，便明确了“全部趴下”和“全员竞聘”的总原则，没有栏目经费预算，项目成本（包括制作成本、人力成本）来源于项目带进中心的收入，当然还要先缴纳中心一定比例的管理费作为管理成本。通俗地说，工作室得自己养活自己。当然，纪录片中心也“有边界”地给予工作室负责人一定的责权利，包括：队伍组建权、日常团队管理权、在市场获得项目的权利、项目实施的自主权、中心内部竞标权、经费使用权、项目收益分享权、人员赏罚权等八项权利，这些也都“逼着”工作室负责人迅速成长为复合型人才：他们要合理科学地编制项目预算，懂得如何拥抱市场和金主爸爸谈判“拉到米”，研究如何通过绩效考核杠杆调动工作室导演的积极性，还要熟稔纪录片的网感和融媒体传播……这一点从纪录片中心对工作室的 KPI 考核指标设计可见一斑，在纪录片中心工作室负责人的岗位说明书上明确标注，“工作室负责人的绩效考核（包括月度薪酬、年终奖）将与工作室的经济效益（包括但不限于工作室收入、成本控制、利润率、应收款到账情况等），工作室项目的社会效益（包括但不限于获得中宣部、国家广电总局书面表扬/批评情况，重大题材创作完成情况等），工作室全年整体工作量完成情况，工作室安全播出及外购技术服务合规情况，以及工作室其他综合管理等 KPI 指标直接挂钩”“工作室负责人须至少确保工作室收支打平，进而加速实现盈利”。

另外，经过一年的工作室运转，各个工作室管理模式也越来越清晰化。有的工作室负责人内容生产、团队综合管理“两手抓、两手都要硬”；有的工作室负责人则在工作室导演中寻觅培养出优秀的制片，协助其进行工作室的日常管理，自己则将更多精力放在纪录片内容生产上；也有的双工作室负责人联合工作室，一位负责人主抓内容生产，另一位主抓团队管理和工作室运维，各司其职、精诚协作；有的工作室负责人在承担多集系列纪录片制作时，会优先指派35岁以下优秀导演独立担任项目分集执行导演，给工作室增添活力，让优秀人才都有成为总导演的机会，通过大项目培养磨炼青年导演的独立作战能力，把人才的核心竞争力传承下去，实现平稳迭代……

面对内容产品生产与经营双重考验，工作室内部讲求生产经营全流程、一体化的团队协作，要求每个成员既要掌握全媒体制作技能，又要熟悉线上线下运营思维。工作室直面中心考核与市场竞争双重压力，普遍施行体现公平与效率的激励机制，要求团队成员与工作室负责人一样，对工作室产品质量与经营成果高度负责。每一位员工的潜力与积极性都被全面调动起来，工作室成为培养复合型人才的最佳环境。

三、链接运营效能：走市场化，从“坐等分蛋糕”到“一起做蛋糕”！

1. 打造项目制运作模式，探索全成本类市场化机制

行文至此，不难发现，此轮纪录片中心改革的重点在于工作室改革，而工作室改革的突破口则在于“打造项目制运作模式”和“探索全成本类市场化机制”。工作室制度，就是让体制内纪录片团队学会如何站在市场角度看问题。工作室承接的项目收入在确保管理费、一定利润的前提下，必须覆盖项目总成本（包括制作成本和人力成本，这里的人力成本既包括工作室负责人、工作室导演的人力成本，也包括纪录片中心制作人员的人力成本，如参与项目的摄像、灯光、录音、后期剪辑、音编等）。这一项目预算编制工作由工作室负责人承担。

纪录片中心希望通过采取这种全成本类市场化的灵活运作方式，打破原先栏目制可能造成的“背向市场、面向创作者自身”的个人纪录片创作掣肘，取而代之的是引导工作室与市场需求充分接轨。工作室既能够对标市场，又能够完成上级交付的创作任务，形成“内部良性竞争、外部对接市场”的机制体制。形象地说，就是把纪录片团队推向市场，让他们去了解怎么获得预算，怎样进行面向市场的选题策划，让工作室有更强的市场竞争力，进而生产出更多更优的纪录片。

2. 工作室承接的三大类项目

细分来说，纪录片中心工作室目前承接的项目大致分为三大类：

（1）中心主投项目。纪录片中心作为拥有社会责任的主流媒体，承担着一

定舆论引导使命，因此每年都承接来自广电总局、中宣部、市委宣传部的重点项目，如新中国成立 70 周年献礼片《长江之恋》《彩色新中国》《大上海》《代号 221》等，同时每年也都有若干项目入围上海广播电视台重点项目。对于这类中心主投项目，中心始终不遗余力投入精兵强将，集中力量打造优质纪录片，服务好国家的中心工作。

而在这类主投项目的运维上，在暂无法明确项目收入的前提下，工作室将根据项目的性质、体量、上级单位下拨的政府资金投入、参与人员的人力成本参考标准等维度，在严谨、合情合理的范围内进行预算编制，保证将每一项成本运用在刀刃上。而对于打磨这些重点宣传项目的纪录片团队和一线员工，中心也给予大力支持和培养，呵护好纪录片人的初心和匠人精神。

(2) 工作室主动承接的项目。在长期纪录片制作过程中，工作室积累了一定政府、人脉资源，时常会出现冲着纪录片中心、某个工作室甚至某位导演主动要求定制纪录片的情况。对于这类工作室主动承接的项目，中心一般给予该工作室承接项目的优先权，但这类项目的成本仍需预先收取一定比例作为中心管理费，以保证中心一定的利润预留和管理成本。

(3) 运营部承接的商业项目。纪录片中心成立后，为进一步提高造血能力，中心新成立了运营部，探索在媒体融合转型大环境下，丰富中心的收入来源，打造集广告收入、委托制作收入、节目版权收入、整合营销收入、线下活动收入、衍生产业收入等于一体的多元收入来源体系，增加营收。与此同时，运营部的成立也极大服务了纪录片中心工作室改革。目前，工作室的项目除了主投项目、工作室主动承接的项目之外，运营部承接的商业项目也占有一定比例。

3. 打造“中心—工作室命运共同体”

坦率地说，工作室成立初期，很多负责人并没有做好充分的准备，有的连全成本核算的概念都搞不清楚。市场欲望与市场意识是两回事，从就业变为创业、从管创作到管创作经营两手抓、从被养到养人、从各自为营到竞争合作，实际运作时各种复杂情况层出不穷。中心也很着急，运营部全力寻找市场项目来支撑工作室的启动，中心也开展了很多项目经理人培训以及促进团队融合，并做了很多细节工作来打造公平公正而又积极的创业环境。

但背水一战的压力带来的动力和执行力很快就体现出来。工作室成立后一个多月，纪录片中心召开选题会，13 个工作室立马拿出了 40 多个选题。2019 年 9—12 月运营部拿出了 17 个市场项目招标(成立运营部之后数据)，分别有 7 个工作室中标，其中有个工作室拿到了 4 个项目，成功率非常高，同时还自主引进了两个项目。这个团队的人数是所有工作室里最多的，承受着较大的人力成本压力，但他们化压力为动力，几乎所有项目机会都会去积极争取；另外有一个工作室，成立第一个月没有项目，负责人主动要求扣减自己的收入，尽量减少员工的损失，说明开始对自己“狠”了。第二个月有一个任务很紧但金额不大的小单子，照以往的经验估计没人要做，但这个工作室在第一时间接单并快速拿出方案，并按时完成了项目，工作速度“快”了。现在这个工作室还通过自身品牌价值和人脉渠道引进了多个商业定制项目，开始自己开拓市场，市场把握更“准”了。

除了工作室导演，制作部员工（包括摄像、灯光、录音、后期剪辑、音编等）也是工作室制改革的直接受益者。2019年下半年，制作部的用人制度推行了市场化改革，对于参与工作室项目的制作部成员试行与市场接轨的“明码标价计件制”，员工薪酬直接对标市场通价“按天数计算”，说白了，出工多、天数多、赚得多。市场化之后，制作人员的纪律意识、服务意识和竞争意识马上就体现出来了，有的业务能力强、服务态度好、踏实肯干肯拼的制作人员最多一个月可以接到十几单，收入比以前还要翻倍，工作态度产生了质的变化。有的制作员工甚至还主动自发开始学习新的制作技术，以适应工作室新的需求。相反，有些能力差、态度差又不愿自我提升的制作人员，久而久之，就没有工作室愿意“花钱”聘请。

经过一年多的工作室运行，工作室、制作部员工对于改革态度积极，更强调自负盈亏理念、强化成本意识，逐步学会在创作好优秀纪录片的同时，主动整合市场资源、节省成本，扩大项目利润空间，一改“等靠要”的惯性思维，充分调动一线纪录片人才的生产力和积极性，纪录片中心工作室改革效益日益凸显。

综上所述，我们不难看出，纪录片中心探索的这种“项目制运作模式”“全成本类市场化机制”，打破了以往相对固化的收入来源，转变为广告收入、委托制作收入、版权收入、新媒体收入、线下活动收入等并举的收入来源体系；也进一步优化了员工绩效考核分配模式，在打造社会效益、影响力和美誉度的前提下，鼓励积极挖掘各类项目的收入来源，各工作室通过多生产可产生正向利润、正面影响力的纪录片，使之能产生利润，累计打造工作室自己的人力成本大盘，鼓励“多劳多得、优劳优得”，真正做到将员工个人发展与中心发展、中心收入利润有机捆绑，打造可持续发展的“共同体”的概念，并将员工绩效与项目的效益紧密挂钩，也就是说，效益好的项目分配多，效益差的分配少，无效益的不予立项。

毋庸置疑，传统媒体过去的红利时代已经结束了，这是我们必须面对的客观事实。纪录片中心正在打造的“工作室制”就是旨在引导鼓励员工从过去“坐等分蛋糕”转变成现在“一起做蛋糕”，这种“中心—工作室命运共同体”的打造，和“多劳多得、优劳优得、少劳少得、不劳不得”的团队文化，最终实现的是员工、企业的双赢。

四、各美其美，美美与共：工作室之间互相耦合

可喜的是，经过一年多的工作室制运行，13 个工作室之间非但没有互设藩篱，相反共同营造出“互相学习，互相提携，共谋发展”的积极氛围。由于不同的项目带来不同的用人需求，有时候仅凭自己工作室团队成员难以效益最大化，各工作室之间还自发形成了项目合作与工作室导演借调机制和人才交流。

值得一提的是，工作室之间的耦合共赢在 2020 年纪录片中心新冠肺炎宣传报道战役中发挥了极大的作用。新冠疫情爆发，中心第一时间反应，从 1 月底开始走进上海疾控中心、医院、口罩厂、机场、高速道口、地铁、120 急救车、居民社区、复工企业等，推出微纪录片《城市的温度》，随着疫情的不同阶段发展，共计推出四季 24 集。该项目任务重、体量大、时效性强、切入口广，光靠一个工作室单打独斗根本无法在短时间里呈现如此丰盈多元的主题，此时中心各工作室在平时积累的耦合优势显现出来了，最终呈现“由一个工作室主牵头、七个工作室联手打造”的共赢格局；2 月底 3 月初，中心再度临危受命，承担起国家广电总局、上海市委宣传部重点项目《中国战疫》《人间世》抗疫特别篇，先后分三批向疫情中心地带武汉派出精兵强将，在上海坚守的同人则踏入上海公共卫生临床中心、上海儿童医院，沉浸式引领观众近距离记录感悟。相较于《城市的温度》，这两项任务危险系数极高，作品不仅要求速度、更要有深度，且武汉、上海多点开花，通过主动报名的形式，也形成了由两个工作室主牵头、其他工作室编导、制作摄像共同主动参与项目的模式，虽然项目成员来自不同工作室，更有两位女将主动请缨，且项目成员年龄跨度涵盖 60 后、70 后、80 后、90 后，但是得益于平日工作室之间的友好合作，在这场重要宣传任务面前，才能实现快速集结、迅速磨合、来之能战、战之能胜的共赢格局，强强联手共同记录下 2020 年这段严峻不易而又奋进温暖的集体记忆。

五、保驾护航，打造闭环：平台的力量与支持

纪录片中心成立之初，根据纪录片生产规律，中心以集约化、精细化管理为目标，以供给侧生产为核心驱动，以纪录片工作室为机制突破口，推行制播分离制度，中心领导层顶层设计，坚定不移进行革命性改造，机构部门也重新整合划分为办公室、总编室、制作部、运营部，生产岗位成立了 13 个独立工作室。其中办公室为工作室提供项目立项、预算审核、法务、行政后勤保障等方面的支持，同时匹配工作室制度，探索鼓励多劳多得、优劳优得的多维度人力资源绩效考核体

系，并牵头进行工作室各项制度建设，出台包括“工作室立项流程制度”“工作室绩效考核管理办法”等，使得工作室管理运维更加健全完善；总编室则通过数据分析、编辑包装、节目采购等保证纪实人文频道平台运转；运营部下设产业拓展、广告经营、品牌推广、新媒体运营等七大板块，为工作室提供一条龙服务，实现工作室项目的创新变现；制作部工种齐全，工作流程也已成熟规范，助力工作室项目的顺利推进。这些都构筑起了纪录片中心这个平台能够赋予工作室制的力量与支持。

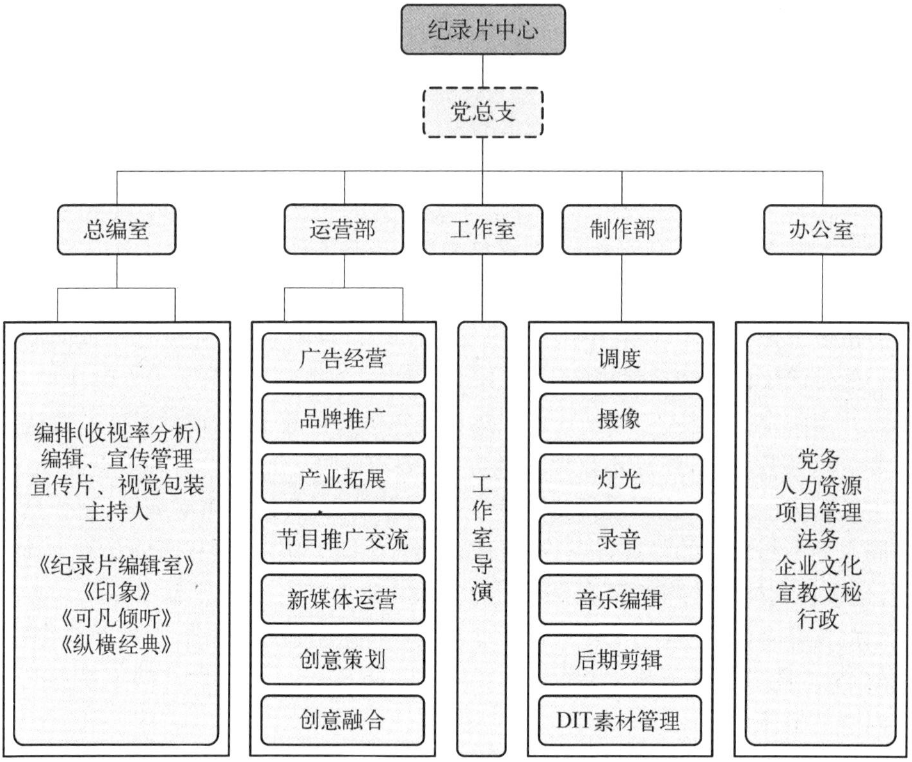

此外，中心还抽调了财务、制作、运营、法务、风控、人力资源等人员，整合成立了“预算审核小组”，对每一个立项的工作室项目进行成本审核，特别是对于人力成本、制作成本进行严格管控，使得工作室运维更加合理、规范，并且真正做到“一案一议”。

2020 年 4 月正值纪录片中心工作室制正式运维 8 个月，中心召开了一次半年“述职小考”，13 个工作室的负责人逐一汇报了成立以来各自工作室项目进展、融媒体传播，并把工作室收入成本盈利情况摊在台面上，分享各自经验教训，阐述对未来工作的展望，不仅是一次半年度工作室考核，更是工作室制在实操层面如何走得更远的一次头脑风暴。

值得一提的是，此次工作室改革有效激活纪录片队伍的生机和活力，重振上海纪录片的有生力量，中心成立之后多次荣获广电总局鼓励和表扬，中心作品更收获国内外多个业内重要奖项，中心多位工作室负责人、导演还入围中宣部“四个一批”人才工程、上海青年文艺家培养计划、SMG 领军人才等。

结语：工作室制的展望

栏目制改为工作室制，这种管理体制的优化与迭代还刚开始，改革刚取得成效，改革一直在路上！

1. 引入“项目管理”，打造工作室大数据化、精细化管理

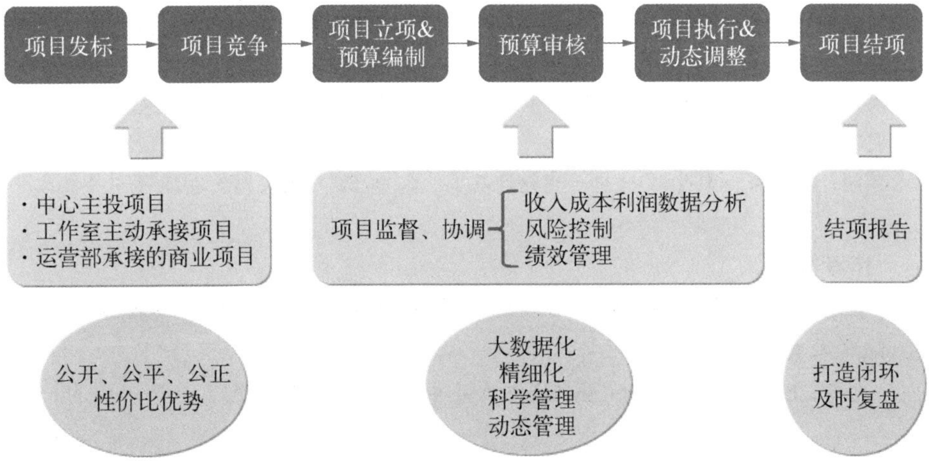

随着上海广播电视台新一轮改革，2020 年 2 月 1 日起，原东方卫视中心艺术人文频道员工整建制划转至纪录片中心，4 月起，中心开启了新一轮双向竞聘，艺文团队也将按照上述工作室制原则进入纪录片中心改革通道。随着队伍的壮大，纪录片中心改革也逐渐进入“改革深水区”，在经历了近大半年的工作室制探索后，中心将进一步细化工作室管理，在办公室下设项目管理小组，除了继续统筹协调做好工作室的项目预算审核工作，还将协助统筹协调做好项目立项、预算申报、项目监督协调、项目结项等全流程规范化工作，确保项目有效推进，动态掌握各项目进度情况，梳理各个项目营收数据情况，供中心班子参考，以精细化、大数据管理为原则，助力中心力争实现社会效益、经济效益最大化，同时为工作室绩效考核、项目推进、风险控制、中心整体运维提供更为科学直观动态参考依据。

2. 继续大力推进工作室制市场化道路

上文提到，中心制作人员已于去年下半年实行市场化，相比之下，工作室导演的市场化问题就很迫切了。由于人力总盘的限制，制作部人数较少，市场化对人力盘子的影响尚且可控；而工作室导演人数多，如果大部分人都干得好，多劳多得就势必突破总盘预算，这是与市场化相矛盾的。所以接下来，中心也将积极配合台集团试点摸索市场化与成本总量控制之间的平衡之道，加强工作室降本增效和超额利润的激励力度，打造更为科学有效的工作室 KPI 考核。

参考文献：

[1] 石平：《总局收视大数据系统首发纪录片收视报告：定量分析出四个特点》，广电时评 2019 年 9 月 25 日。

[2]《工作室制：机制改革重大创新 内部活力显著激发》，国家广电智库 2020 年 4 月 19 日。

[3] 祝媛莉：《取消栏目制，成立工作室——上海纪实频道改革背后的思考》，综艺报 2019 年 7 月 1 日。

[4] 林沛：《上海台大规模制作团队转身工作室，广电转型又添新思路》，广电独家 2019 年 12 月 23 日。

[5] 黎河：《改造纪录片生产，上海广电这次吃了什么“螃蟹”》，纪实观察 2019 年 4 月。

作者简介：

李逸，上海广播电视台（SMG）纪录片中心主任兼真实传媒有限公司总经理、纪实人文频道总监。

沈丹，上海广播电视台（SMG）纪录片中心人力资源主管。

思想政论节目需创新传播模式

——以《这就是中国》为例

倪　清

提　要：当今世界，国际形势复杂深刻地变化，让意识形态领域的交锋与博弈更具隐蔽性多样性。与此同时，在中国走向世界的进程中，世界也在走向中国。国际社会希望了解中国、倾听中国声音。2019 年 1 月 7 日起，东方卫视推出一档宣讲新时代中国特色社会主义的全新大型思想理论节目《这就是中国》，摆脱了传统理论宣讲节目的单向宣传模式，不讲官话套话，通过形式和语态创新，通过传播模式创新，与年轻人形成对话，赢得了不俗的收视率和专家学者的一致称赞。笔者以《这就是中国》为例，探索思想政论节目如何以时新的话题和生动的表达被年轻人接受，如何深度解析有关中国道路、中国思路的重要话题，帮助观众读懂中国、理解中国。

关键词：意识形态　新时代　中国故事　守正创新

为宣传中国共产党第十九次全国代表大会的胜利召开，深入反映党的十八大以来全面深化改革的重要成就，近两年来，政论性电视栏目如雨后春笋般出现在电视荧屏上，如：山东公共频道《理响中国》、贵州广播电视台《学习时间》、福建东南卫视《中国正在说》、浙江卫视《中国共产党为什么能》、江苏卫视《马克思是对的》、北京卫视《改革开放关键一招》、旅游卫视《光荣的追寻》……政论性电视专栏正迎来自己的春天。

这些节目深刻反映了在党中央带领下，全党和全国各族人民不忘初心、砥砺前行、攻坚克难、开拓奋进，推进全面深化改革的恢宏历史篇章。这些节目大都以高站位、大视野来反映党和人民关心的重大主题，准确传递事实，正确引导舆论，弘扬主旋律，有很强的表现力。它们以宏大的叙事方式阐释政论思想，又以“接地气”的表达讲述全面深化改革带给群众的点滴变化。电视政论节目理论性强、教育性明显，是电视节目类型创作的难点和弱点。如何在新的技术条件和环境下打造观众喜闻乐见的电视政论节目，如何切实提升这类节目的传播效果呢？本文拟以东方卫视《这就是中国》为例，探讨新媒体环境下电视政论节目的创新、亮点和发展路径，解析有关中国道路、中国思路的重要话题，帮助观众读懂中国，理解中国。

一、思想政论类节目开设的必要性

1. 开办政论类节目，是巩固宣传阵地的需要

虽然走中国特色社会主义道路早已成为全党全民共识，但针对现代中国的强盛崛起、中华民族的伟大复兴和中国发展治理模式的道路探索，国际国内噪声不息，某些势力总想搞乱我们的思想，力图煽动中国的年轻人成为叛逆一代，从而遏制我强国大业。在收获了改革开放四十年丰硕成果，迎来新中国成立七十周年和即将迎来建党一百周年大庆的时候，东方卫视沐浴十九大强劲春风，瞄准两个百年宏图大计，力推思想政论节目《这就是中国》，可谓及时而必要。

2. 开办政论类节目，是电视观众的需要

今天的中国年轻人有更强的思想性和求知欲，对社会的发展进程也有非常强烈的参与感，对21世纪身为中国人的意义更有深刻的思考。与此同时，当前中国的快速发展吸引了全世界的目光，而在此过程中，各种发展中的问题和外界的质疑声也不断出现，公众对于许多政治议题需要理性、权威的声音来正确解读和引导。而《这就是中国》为他们提供了一个平等公开的平台，来共同探讨中国与世界。

3. 开办政论类节目，是媒体自身发展的需要

媒体在我国承担着引领舆论、教育公众、化解矛盾等重要的社会职能。面对复杂多变的思潮呈现，电视等主流媒体的公共责任与使命比以往任何时候都更为重要。2019年，上海广播电视台东方卫视全面启动新一轮的战略改革，以“新闻立台”为频道定位，推出一批导向鲜明，定位准确，重点突出，正能量充沛的优秀节目。这些节目使卫视文化辐射力进一步增强，展现了新时代卫视新面貌。

二、思想政论类节目的创新路径探讨

电视作为主流媒体，是重要的宣传阵地。发挥媒体优势，引导受众，把理论宣传做成有意思、有温度、有品质的电视节目，是电视媒体义不容辞的责任和担当。电视政论类节目要在内容设置、节目形态、传播方式等多个维度大力创新，才能在观众中形成品牌，赢得收视，创造口碑。

1. 用朴素而充满魅力的语言呈现政论节目的传播试验

好食材须经高手烹调才能成为佳肴，好创意好话题也要巧“经营”才能成为好节目。《这就是中国》首先选对了主讲嘉宾，研究政治的张维为是最早提出中国模式的学者之一，改革开放之初担任过邓小平等国家最高领导的外事翻译，走访过世界百余个国家地区，对中国和世界的发展有着深刻观察，资历上胜人一筹。更重要的是，在《这就是中国》各期主题阐述中，他都能运用辩证唯物主义和历史唯物主义的世界观和方法论，坚持以历史为借鉴，以事实为依据，融演讲的技术性和艺术性为一体，让原本可能机械枯燥的说教变成娓娓动听的促膝交谈。

张维为演讲时语气语调温和平缓，便于沟通便于接受，但他最可称道之处是把涉及高深理论和重要核心思想的内容，通过悉心组织的“五结合”，即“重要的历史事实、翔实的客观数据、鲜明的反差对比、生动的大众语言、独到的研究成果”五者有机结合的方法，精准地表述出来。这样的五结合，深入浅出通俗易懂，时不时给人脑洞大开猛然醒悟的震撼，抑或切中肯綮心悦诚服的感觉，有较好的宣传效果。例如拿充满动荡与战争的西方诸国崛起历史与中国的和平崛起做比较，就列举大量欧美国家彼此征战的翔实史料，而在回答中国会不会成为世界霸主时，则举明代郑和七次下西洋为例说，作为领先世界的文明大国，当时的主力舰排水量比哥伦布的船大一百倍，带上庞大的船队（200 多艘）和人马（官兵近 3 万人），沿途做睦邻友好拜访，无侵略殖民行径，只因为中国的文化基因是崇尚和平。又如对比各国百姓对本国经济的态度，采用了美国皮尤中心的民调，以列表形式，用最新数据说话：美国满意度 44%，英国 47%，法国 12%，日本 30%，而中国 87%。史料毋庸置疑，资料客观公允，都很有说服力。而他表述时的风趣话语也随处可见，如谈到今日中国的经济规模已不易“韬光养晦”，便形象地说：“你长成了姚明的个子，还想躲在潘长江后面，很难！”生动的表述让人心领神会。又如，他把时间跨度达 15 年的多桩国际事件联系起来，用“说好的公平竞争，说好的民主人权”等网生代语言来形容“虚构的彼岸世界”，同样让人印象深刻。谈到中国高铁也会有不足，便打比方说，（这方面）我们是研究生水平，英美是中学生水平，中学生可能指出研究生的错误，但总体差距是存在的。张维为说："我们不讲官话套话，因为我们相信思想本身的力量，相信富有魅力的中国话语体系。"总之，讲究理论性、思想性的节目，也要讲究技术性和艺术性。

2. 以探索政论节目的创新传播模式，更好地理解中国道路

在媒体融合的时代背景下，传播格局和受众习惯都在发生变化。新媒体环境下，电视政论类节目只有积极探索创新节目形态和传播模式，才能进一步提升影响力，满足受众需求，赢得观众的支持和欢迎。

《这就是中国》并不正襟危坐，而是突破了传统理论宣讲节目的单向传播模式，由三个"角色组合"搭配两条主线来完成节目多角度呈现的传播模式。三个组合分别指：问题提出者——时政类自媒体"观视频工作室"和"观察者网"长期积累的热衷于讨论国家发展进步的爱国青年；问题筛选者——由国内资深时政记者、编辑和中国模式研究专家组成的策划组；问题解决者——张维为。三个角色群职能明确，而且在总体上对政论议题的认识高度逐层递进，共同完成了一个从提出议题、解读议题，再到相互讨论、深化认识的全过程。两条主线则包含真人秀和演讲两部分，每期选择一个热门话题，将"演讲＋真人秀"这一创新节目模式用平行蒙太奇的电视表现手段双线交叉呈现。节目聚焦思想本身的力量，既有真人秀中的不确定悬念，又有接地气的理论解读，解决了政论节目高高在上的疏离感。在内容上，张维为教授就将话题从国内引向国外，将中国与西方发达国家进行比较，紧密结合社会事件，从政治、治安、社会基础设施、经济和文化等角度，分析其中的原因，力求为关心国事的观众上一堂精彩的思政课。节目直面观众，特别是与年轻观众面对面互动的形式引起了广播电视新闻界的广泛关注，而《这就是中国》这档新型宣讲节目也被评为"政论节目的传播试验"。

此外，在《这就是中国》主题阐述和现场问答中起重要串联辅佐作用的筹划组，又是一种合理的设置和巧妙的搭配，除了思路活跃的主持人，多位新锐学者来头亮眼，有中央广播电视总台时事评论员、环球资讯高管、中国研究院特邀研究员、春秋研究院研究员等，他们的补充和拓展睿智得体，既能托举主讲，又能推进讨论。

3. 敢于设置焦点议题，善于进行舆论引导。

党的十九大报告指出，要建设具有强大凝聚力和引领力的社会主义意识形态。在全国宣传思想工作会议上，习近平总书记对此再次予以强调："建设具有强大凝聚力和引领力的社会主义意识形态，是全党特别是宣传思想战线必须担负起的一个战略任务。"一个有感染力的政论性谈话节目，必须时刻从时、度、效

三个维度上考量话题设置，注重焦点性与故事性、公共性与开放性、矛盾性与思辨性相结合。加大节目的张力，通过层层递进的逻辑推理不断蓄势，水到渠成、一泻千里。

《这就是中国》直接面对面与一群年轻人讨论时政问题，针砭时弊，直面敏感话题，使观众产生共鸣的感觉，探索出思想政论类节目的新道路。张维为教授的话题依次为“中国全方位崛起”“一出国就爱国”“（读懂中国）要防止盲人摸象”“中国不寻常的崛起”“把中国的事情说清楚”“文明型国家”等。这些演讲处处给力提振国人的“道路自信”和对西方话语的鉴别力，从而坚定中国和平崛起的主体意识。值得一提的是，在讲述中国道路优势的同时，《这就是中国》毫不回避当下中国所面临的问题。主旨演讲之外，观众互动作为节目的重要一环，为不同观点提供了透彻直接的交锋场。“我国 GDP 增长率的逐渐下滑以及人口危机问题”“基层治理存在着形式主义和官僚主义”“如何看待鼓励中小民营企业提高活力与部分监管政策之间存在的张力和矛盾”……尖锐的提问甚至是对主讲人观点的质疑、反驳，给节目现场带来了些许“火药味”。现场，一位观众提问：“美国真的比中国优越很多吗？”张维为便从人均寿命、社会治安、发展认同感等几个维度进行横向比较，否定了这一论述；谈到中国在发展中借鉴西方的问题，张维为回应：“中国在发展中是有选择的借鉴，例如资本市场便是根据国情适当放开，这是中国模式成功的关键。”但需要明晰的是，不同声音之间的碰撞和交锋恰恰为拨开思想迷雾、更好地用中国话语讲述中国故事提供了借鉴，这也是节目始终坚持“什么问题都可以提，没有任何禁区，问题越尖锐越好”的深层动因。

筹划组及与会者的提问则更为面广量大：如“中国一百年内会成为世界霸主吗”“中国如何面对人口变化”“中国模式如何保障新兴集团利益”“能否避免贫富差距引发的动荡”“比较各国的崛起历史有何意义”“中国模式在发展中起了怎样的作用”“中西方高端产业将合作还是竞争”“移动支付为何在中国发展迅猛”“如何回应民族分裂分子”“中华民族伟大复兴具体指什么”“中国制造业会不会出现超级寡头”“如何消除外界对中国的误解”等。大量话题的精彩阐述和问题的自由讨论，让节目有了发人深省的吸引力，站在了新时代高扬核心理念的前沿，也从而彰显了主流媒体的重要作用。

三、打造多媒体传播矩阵，创下收视与口碑双赢的局面

1. 拓宽传播渠道，整合资源多渠道协同、多媒体传播

如何提升节目的传播效果？节目主创团队在传播环节上动足脑筋，对播出

后的节目的精彩对话、精彩片段作“碎片化”分发，在观察者网、B站、今日头条、腾讯视频等持续推送，形成网络二次传播。据悉，节目内容登陆B站后，首期收到7 000余条留言，第三期则突破8 000条，影响力还在持续扩散。同时，在中央主要媒体所属新闻网站和地方媒体网站、客户端同步推送，完善网上网下同步宣传，中央主要报刊刊发消息稿，形成主流媒体的“雁阵效应”。

2. 网上舆情积极正向，节目赢得良好口碑

据悉，节目首播之日，52城收视率获同时段排名第4。节目开播以来，网上整体舆情偏向正面积极，节目突破理论宣讲类节目形式，创新采用“演讲＋真人秀”的模式普及国情获舆论肯定，称节目提升民族自信心；东方卫视对节目的构思、立意和选题也因此得到好评。节目主讲人张维为是舆论关注的热点之一，张维为学识渊博、视角独特、讲解客观接地气赢得多数观众认可；同时，微博话题＃这就是中国张维为＃首播当天阅读量和总宣传片发布当天播放量均破百万。《这就是中国》成为一档集思想性、话题性、趣味性的政论节目新秀。

网络和电视台联合播出的方式发挥了不同端口各自具有的优势，兼顾到了各个方面的受众人群，扩大了理论的传播面积。这种覆盖范围的广泛性也使得理论能够在最大范围内统合社会分工带来的多样性和社会异质性。节目的此种宣传力度，既适应了时代性的媒介革命，也适应了多样性之下增强共同体团结的时代要求。所以，《这就是中国》的定位和传播宗旨都非常值得肯定。

结　语

全新大型思想理论节目《这就是中国》，摆脱了理论宣讲节目的单向传播模式，创新出了由三个“角色组合”搭配两条主线来完成节目多角度呈现的传播模式，打造多媒体传播矩阵，创下收视与口碑双赢的局面。这为进一步做好大型思想理论节目开创了一条全新之路，值得进一步推广。

一个世纪前，梁启超将中国的历史分为三个阶段：中国之中国，亚洲之中国，世界之中国。当中国以文明型国家崛起的姿态，为世界文明、人类文明作出新的贡献，中国当代的思想者赋予“三种中国”新的内涵：今天的中国既是“中国之中国”和“亚洲之中国”，也是“世界之中国”。纷繁复杂的国际国内形势背景下，新旧秩序交替转换之路依然漫长，崛起的中国演绎着“三种中国”的身份。中国从硬实力崛起，到软实力崛起，与之相伴，是中国话语的崛起。《这就是中国》英文名为“This is China”，讲好中国故事是节目的出发点和立足点。讲好中国特色社会主义的故事，讲好中国梦的故事，讲好中国人的故事，讲好中国优秀文

化的故事，讲好中国和平发展的故事，鲜明地展示中国思想，响亮地提出中国主张。好思想碰撞出智慧火花，这是电视政论节目真正的魅力。

参考文献：

[1] 张维为.文明型国家[M].上海：上海人民出版社，2017：213－215.
[2] 曾晓捷.电视政论节目的议题设置——新时代舆论宣传与话语艺术[J].东南传播，2018(12).
[3] 曾晓捷.新时代中国话语国际传播的电视探索[J].东南传播，2018(12).
[4] 王东伟.省级卫视频道开办时评政论节目的思考[J].当代电视，2009(4)：88－89.
[5] 刘亚萍，刘临达.新时代中国特色社会主义思想的宣传新探索[J].新闻研究导刊，2019(3).

作者简介：

倪清，上海市广播电视监测中心广电节目科科长。

探索聚合直播的创新合作模式

——“长江之恋”十二省市联合大直播后的思考

王　申

提　要:“长江之恋”十二省市联合大直播,是一次省级地方媒体联合制作的跨地域、跨媒体、跨平台的全国联合大直播,主旨立意高,收获了良好的传播效果。同时,这场规模巨大的媒体行动,也是各相关省级电视台在联合大直播上的首次协同作战,起点高、规格高,更收获了宝贵的直播经验,为今后各台联手制作主题性大型新闻项目,开拓了新视野,探索了新路径、新模式。

关键词:“长江之恋”　聚合直播　媒体融合统筹力　融媒体传播影响力

2019年6月30日,“同饮一江水,共话万里情——‘长江之恋’十二省市联合大直播”,由国家广电总局具体指导,上海广播电视台牵头,联合十二家省级电视台共同策划承制。从上午9点至下午4点,在7小时的直播中,长江流域十二家省市电视台,一同绘就了长江出世界屋脊、跨峻岭险滩、纳百川千湖的壮美图景,也串联起长江流域和长江经济带“创新、协调、绿色、开放、共享”五大发展理念取得的最新成果,立体呈现了长江沿线生态显著进步、文化日新月异、群众生活幸福的崭新画卷。通过对整个直播过程的复盘不难发现,周密的组织指挥、完备的应急预案、严谨的直播流程,以及精良的视觉包装,是此次联合直播能够圆满完成的主要原因。但同时也应该看到,在此类直播的内容整合、成本压缩、影响力提升上,依然有不少空间,对这次聚合直播的创新合作模式值得进一步探索。

“长江之恋”大直播是十二家电视台围绕重大主题、联合策划、共同完成的大型电视新闻直播项目。当天，青海、四川、重庆、湖北、上海等5省市的卫视频道全程并机直播；云南、贵州、湖南、江西、安徽、江苏、浙江等7省的地面综合频道全程并机、卫视频道分段播出；“看看新闻”等十二省台主要新媒体端同步呈现。它成功实现了跨地域、跨媒体、跨平台的全国联合大直播，也为今后各省级电视台联手制作主题性大型新闻项目，探索了新路径，开拓了新视野。但在立项之初，围绕“长江”这一主题线、“恋”这一情感线，各台如何在有限时间里资源共享、协同作战、形成联动效应，不仅考验着各台的直播协同能力，更对牵头单位——上海广播电视台融媒体中心的统筹力和直播方案的适应性提出挑战。

一、聚合直播如何围绕主题讲好一个大故事？

“长江之恋”大直播以习近平总书记关于长江经济带“共抓大保护，不搞大开发”战略思想为主线，紧绕“恋”、突出“情”，串联起长江全流域的壮丽景象、生态之美和人文之歌。开篇综述即提炼概括了直播想承载的两个主题，即：“生态优先”和“绿色发展”。此外，由于直播次日就是7月1日党的生日，因此直播设计也尤为注重长江流域红色基因的彰显。那么，各台如何围绕主题，分别做好自己的“文章”呢？

在各台首次提交的直播方案中，内容各有精彩，但难免重复交叠。在呈现手法上，上天航拍、下江潜水，也是各台首先想到的直播方式。贵州台记者站上清水河大桥顶端，用小型无人机展现大桥横跨天堑的雄伟壮丽；湖南台记者用96倍长焦镜头守候长江“微笑天使”的身影；上海台、江苏台记者则不约而同潜入水下，一个与中华鲟欢畅伴游，一个观察太湖湖底的水下森林……在汇总直播方案时，至少有两家电视台不约而同地把江豚作为说明生态之美的案例。

但直播时间是有限的。为了确保7小时的直播顺利完成，十二家省市台每家的自制时段都是按秒来计。在内容上如何取舍，考验着各台的眼光，也考验着我们对内容与直播主旨立意关系的思考，目标是希望在把握好宏大主题的基础上，展现出各地在长江经济带的保护与发展中所承载的不同作用和功能。比如，在青海篇中，直播团队为观众展现了当地人民守护中华水塔的感人事迹；在四川篇中，记者以保护长江鲟的案例，展现建设长江上游生态屏障的发展成绩；湖南篇，讲述了92岁环保老人用大半生精力和积蓄守护长江的动人故事……这些是讲“生态优先”。又如，在云南篇中，昭通长江第一港正在扩能建设；在重庆篇中，库区消落带种出水上森林；湖北篇里，有当地严厉打击非法采砂、整治港口码头、修复百里长江岸线的内容；江苏篇，则展现了当地曾经污染严重的沿江工业带变为生态湿地……这些是讲“绿色发展”。而最终，联合大直播按“序曲、上游、中游、下游”四个篇章，引出各地的直播段落。

但是，如何让直播故事不孤立、不割裂，是直播后我们思考的问题。参与联合大直播的各家媒体都拿出了当地最亮眼的“成绩单”。这些优质的内容，若能更系统地排列组合，应该会让直播释放出更大的价值。比如，有没有涉及生态治理项目上的合作案例，有没有涉及上下游的共同治理等。如果多一些类似的设计，就能让各个直播点、各个城市，更生动地串联起长江之美和长江之变背后的故事。在今后类似的聚合直播中，我们不妨考虑组建一个内容方面的统筹中心，从更宏观的角度去思考整场直播中内容的排布。这样，各台就能在案例筹备和梳理时，发现彼此间的勾连；故事与故事之间也能设计出一些精巧的呼应。

二、聚合直播如何在视觉呈现上更具识别度和统一性？

有了内容聚合之“实”，一场由各台分别承制各自段落的联合大直播，如何具备“统一出品”之“形”呢？

为了更好地呈现主题，“长江之恋”大直播从长江源头开始呈现，将主演播室（主直播点）设置在长江入海口——黄浦江畔的一艘游轮上。十二家参与台各派一位新闻主持人作为本省市形象代言人，共同承担直播的总串联。直播同时要求，所有地方台在当地均启用外景演播室和室外直播点，要能见江、见水，保持视觉呈现上的连贯统一。最终，各台以各具特色的江景和人文情怀串联起大直播，在7小时的直播中呈现出同日不同景的长江风貌。

启用外景演播室的好处不言而喻，它淡化了电视台作为制作播出单位的视觉标志性，开阔了直播的空间感，但同时也会增加直播的难度和不确定性。值得一提的是，在聚合直播的探索上，上海广播电视台融媒体中心有过两次“实战练兵”。其中，2018年6月18日端午节，我们联合沪苏浙皖三省一市八家电视台制作呈现的“端午·江南文化”长三角古镇联合大直播，采用了虚拟演播室的方式来凸显主题，同时，让包括上海宝山在内的八大江南古镇，不分伯仲地并列于直播框架中，在确保视觉呈现的连贯性、统一性上做出了一次有益的探索。当天，东方卫视演播室利用虚拟前景技术变身画舫龙船，主持人仿佛置身于江南古镇中，泛舟于潋滟波光上。直播通过主持人的串联，将各个古镇依次引出，各地现场记者通过一镜到底的浸入式现场报道，共同开启了长三角八大古镇的端午时光。各路连线通过卫星或4G传输，进入导控间，通过统一包装对外输出。这样的直播设计，保证了播出信号规格标准一致，也使得直播的对外呈现效果，完美融合在“江南”这一主题中。

“长江之恋”十二省市联合大直播，在此基础上，首次挑战全程外景直播，将主演播室和所有的直播点全部设在室外，包括主演播室在内的所有外来信号，经过二级甚至多级切割，经由东方卫视导控间，合成对外播出信号，同步给到合作的省市台。同时，此次直播更充分地发挥了各家电视台对自身内容的终审权，包括标题、字幕等上屏信息，都交由各台独立完成。也就是说，各台提供给东方卫视导播间的是一路完整的带包装的外来信号。为了使各家的节目包装完美一致，我们的美编团队，提前设计了一整套包含长江元素的视觉包装，包括主副标题、循环动画、脚标等，并与各台在屏幕呈现的细节和字幕机的适应性上不断对接。最终，各台自制段落在包装上完美一致，直播对外呈现的视觉效果浑然一体。

三、聚合直播的技术标准和直播流程如何统一?

"长江之恋"大直播是上海广播电视台第一次在一档直播节目中联合十二家省级电视台，完成 7 个小时的卫星联合直播。由于各台直播设备不同，技术标准和直播操作模式都存在差异，如何使大家在技术适应性上互相磨合，在统一的制播标准下完成信号输出，成为大直播最终能否安全播出的关键。之前提到，在聚合直播的探索上，我们曾有过两次"实战练兵"。2018 年 9 月 23 日，在第一个中国农民丰收节之际，我们联合全国十四地的 14 家电视媒体推出的"丰收中国"直播项目，在跨地域、跨媒体直播的技术方案和直播流程设计上，积累了宝贵的经验。

同样是合作媒体众多，同样是直播覆盖地域广阔，在我们组织实施"丰收中国"大直播时，遇到了信号传输、通信链路设计，甚至是来自多变天气带来的不确定性等多重考验。比如，有的连线点地处山区，9 月又恰逢各地雨季，极大影响了 4G 包、卫星车的信号传送效果。为此，我们的技术团队针对各家的不同情况，到各地提供技术支援。此外，考虑到各家的技术标准和直播流程各异，我们特别制定了一套工作手册，就直播台本、VTR 摄制、记者直播连线、航拍素材、宣传片等各环节要素的标准，进行了规范把控。最终，在直播中全景展示了祖国各地沃野万里、五谷丰登的壮阔美景。

如果我们把"丰收中国"大直播描述成：上海一点与各地多点的逐一连线，那么，"长江之恋"联合大直播的传输系统则复杂得多。它的信号传输方式涉及光缆、卫星、4G、微波等多种形式。卫星传输 26 路信道同步并发，并发量突破上海卫星地球站系统极限。因此，技术方案、直播方案和应急预案必须细致扎实，才能确保万无一失。为此，我们"一本手册、两套方案"。其中，"一本手册"即技术手册，涵盖整体技术构架与技术实施；涉及公共信号制作、主会场转播、通信联络、应急预案等十五个方面的内容。“两套方案”一套是信号方案，另一套是通信方案。信号方案确保 12 家电视台传输链路、卫星转发器和传输联络的信号输出接收，质量稳定。通信方案主要搭建起一套外景演播室主持人、上海公共演播室导播、各台记者、通联负责人的通信系统，建立起技术对接联络表，定制了超过 33 条通话链路，实现了各路信息在直播中的实时互通。

此外，考虑到直播时间刚好在梅雨季节，加上直播地域横跨长江流域 6 300 多公里，气象和气候条件有较大差异，因此大直播还制定了详尽的突发天气应急预案。在游船主演播室（主直播点）旁，就近搭建透明演播室；同时，在东方卫视演播室内，还准备了虚拟前景室内直播点，随时应对各种突变天气。直播当天，上海阵雨，游船上的主演播室正是按照游船和透明演播室两个直播点灵活切换的方式，保证了直播顺利推进。

四、聚合直播的融媒传播影响力如何进一步提升?

近年来，为适应媒体融合趋势，打造更具竞争力的新型主流媒体，省级广电机构纷纷加强网站建设、推出新媒体客户端、微博微信公众号，同时，加强与门户网站和流量网站的合作，实现新闻产品在更大范围的传播和推广，建立起传统媒体和新媒体叠加的全媒宣传矩阵。但不得不承认，目前，广电机构的新闻客户端，其用户数和用户黏度并不高。在市场竞争力上，无法与内容高度聚合的门户网站客户端匹敌。那么，省级广电机构如何扬长避短，扩大主流媒体新闻产品的传播力和影响力呢?

在融媒体传播方面，“长江之恋”大直播不仅在“看看新闻”客户端等各省市台新媒体端同步直播，还将精彩内容分发至人民日报、今日头条、百度、腾讯等 20 多家互联网平台。据统计，直播在各台卫视频道的累计触达观众总数超过 5 111 万。此外，在 7 小时的电视和网络同步直播后，当晚上还特设了一场“夜话长江”的网络特别直播，12 省市的主持人乘船夜游黄浦江，在更轻松的氛围下，畅聊各自所在城市与长江有关的人文特色和社会风情。跨地域直播、跨频道直播、融媒体直播，成为“长江之恋”直播项目提升传播力和影响力的积极尝试。

不难发现，包括“长江之恋”“端午 · 江南”和“丰收中国”等直播在内，传统媒体在推出一个策划类的主题直播报道时，常常会采取传统电视平台与网络平台、新闻客户端同步直播的方式，来扩大传播力。但是，电视端严谨的、快节奏的线性传播方式，未必适合网络。

电视人在探讨网络直播时，都能认识到网络传播的几个重要特点：一是从内容和形式出发，我们叫“慢直播”，做更接地气的“真直播”；二是从制播成本出发，我们叫“轻直播”，让网络直播轻量化，而不是把电视直播的那套重装备搬到网上，换个播出阵地；第三，是从网络传播的特点出发，我们叫“分段、拆条”，也就是充分尊重网络传播短、平、快的特点，把优质的内容精选出来，让网络受众进一步选择他们的所爱。这些对网络直播的认识，理应应用到与主题性直播配套的网络直播中。简而言之，同一主题和相同素材，在电视端和网络端，应该呈现出两套不同的直播产品。

相较于电视直播，网络直播的空间和容量更大，如果能在类似直播项目中自成体系，则能和电视直播互为补充，释放出融合传播的更大价值。常见的图文直播是方式之一。配合电视直播的时间流，在图文直播中，让观众简单明了地从文字中掌握重点，辅之以精彩短视频的嵌入和推送，更能帮助网络受众选择性收看，增加点击量。再比如，同一页面上开出多个视频窗口，呈现同一主题下，不同地点的直播内容等。如果照此操作，在“长江之恋”网络端的直播中，就可以一个地方占用一个视窗，适度突破严格的时间限制，来呈现自己的内容。那么，“长江之恋”的网络同步直播，就不仅仅是单线条的电视同步转播和短视频拆条，而能够延伸出多地并行的多条直播线，散发出更多具有直播态的精彩短视频，从而，在传统电视平台之外，形成网络直播聚合的新亮点。

结　语

“同饮一江水，共话万里情——‘长江之恋’十二省市联合大直播”的传播新模式，就是跨地域、跨频道、跨媒体、融合各类媒体人智慧与传播新科技的创新合作的聚合直播模式。它的媒体融合统筹力与融媒体传播影响力都大为提升，正如上文所述，观众有目共睹。

总结、探讨这次成功的融媒体聚合直播，应充分肯定成绩与经验；同时也应看到，应对宣传报道宏伟大主题的跨地区跨媒体的直播大协作，传统媒体与新媒体的有机融合等，还有待进一步理顺机制体制；如何充分发挥网络直播的优势与长处，还有许多措施可实行；如何进一步增强融媒体传播力与影响力，还有进一步提升的空间，还需继续努力改革创新。

作者简介：

王申，上海广播电视台（SMG）融媒体中心卫视编播部新闻直播总监。

媒体融合视野下电视文艺新闻报道发展路径探究

章海燕

提　要：新媒体时代，各大传统媒体平台都面临着转型发展、推动媒体融合、建设全媒体的紧迫课题。这其中，如何多维度地做好新闻内容的生产，通过不同的平台传播给受众，在媒体融合发展中发挥着重要作用。而专业新闻正是传统媒体开掘内容生产能力的重要方面，本文以上海广播电视台融媒体中心为例，从电视文艺新闻报道这一专业新闻的角度，对媒体融合发展背景下，电视新闻报道如何发挥传统优势提升专业性、如何融合新媒体渠道传播等发展路径进行了探究。

关键词：文艺新闻　同期声　新媒体　媒体融合发展路径

面对媒体融合发展的大趋势，传统的媒体格局和媒体内容正在发生巨大变化。尽管新媒体迅猛发展，传统媒体的版图日渐萎缩，但笔者认为，传统媒体依然拥有专业的新闻人才队伍、权威的信息渠道、深厚的采访资源，因此，提供高质量的专业新闻报道是传统媒体的优势所在，传统媒体要坚持成为专业内容的信息提供者、权威解读者，才是未来发展的立身之本。

按照通常的新闻学定义，专业新闻指的是针对具体行业、专门领域的特殊情况、特殊现象、特殊要求，进行专业化的采访报道的新闻传播活动。哪些新闻是专业新闻？在《专业新闻报道》一书中，对专业性做了极为细致的划分，包括经济新闻、法治新闻、政治新闻、科技新闻、教育新闻、文艺新闻、体育新闻等七大类。

其中，文艺新闻就是对新近发生或正要发生在文学艺术领域的事实报道。文艺新闻作为一种具有独特新闻价值和社会影响力的内容，在媒体融合发展中，有着不可或缺的价值。

随着新媒体技术发展，各家艺术院团、演出机构、艺术场馆都有专门的媒体公关和宣发团队，通过微信公众号或者官网平台，对各自主办的文艺活动进行推广、宣传，吸引了越来越多的人关注，成为其会员粉丝，在一定程度上削弱了对媒体宣传的依赖性。因此，对于电视媒体来说，如何更好地挖掘出这些文艺活动的价值，制作出更加专业的文艺新闻报道，就必须发挥电视媒体的专业优势。

一、提升电视文艺新闻报道专业性

1. 关注文化现象、加强深度报道

电视文艺新闻不能满足于简单的一事一报，只传播文艺动态，更要凭借记者的专业眼光，对条线行业的深入观察，敏锐捕捉到文化热点现象，进行深度报道，这样才能体现文艺记者的社会责任感和职业担当。而深度报道是系统反映重大新闻事件和社会问题，深入阐明其因果关系并进而揭示其实质与意义的报道方式，因而能提升新闻报道的专业性与权威性。

比如演唱会票价高、票难买的问题一直被观众诟病，这一问题在 2016 年底出现了一个标志性事件，歌手王菲要在梅赛德斯—奔驰文化中心举行“幻乐一场”演唱会。这个演出在全国仅演出一场，备受关注，一票难求，票价在网络上被炒到最高五六十万元一张，一时间演变成社会广泛关注的话题。记者连续几周关注这一现象，积累了丰富的新闻素材，包括拍摄到网上开票时 32 秒被抢光的过程，还暗访了黄牛如何兜售高价门票，甚至凭借条线人脉资源，说动业内人士接受采访，揭露行业内幕。为了保护被采访对象，记者让业内人士不出正面并且对声音进行了技术处理，最终在 12 月 22 日《新闻透视》栏目播出了新闻专题片《天价演唱会门票泡沫是怎么戳破的?》，这一深度报道通过前期积累的大量新闻素材，层层揭露了演出商如何与黄牛勾结，囤积居奇，获得利润，并且进一步归结出深层次原因，那就是优质演出资源稀缺，整个演出市场产业链的不规范。新闻播出后，取得了比平时高出两个点的收视率，在文化圈内也引起了强烈反响，显示出受众对这一文化现象的高度关注。

文物收藏也是市民关心的热点问题，很多人想通过低价购买、高价拍卖的方式“捡漏”，从而一夜暴富，这就导致很多骗子公司，以鉴定拍卖为名，骗取钱财。2017 年 3 月，上海在全国率先推出民间收藏文物免费鉴定服务，打击高价鉴定乱象。记者不仅采制了多条新闻，4 月 1 日还推出了一期深度专题《新闻透视》:《免费鉴宝，鉴出了什么?》。记者蹲点在朵云轩的鉴定现场，记录了很多前来鉴定的市民，最后精选了两个案例：一位市民八年前卖了上海一套房子，换来一对

号称"出土文物"的瓶子，结果被专家鉴定为不值钱，市民终于如梦初醒；还有一位收藏者在现场与专家争执起来，不认为自己收藏了假货，始终执迷不悟。新闻通过这两个典型案例的深入剖析，反映出市民文物收藏中最普遍的心理，提醒市民有哪些收藏误区，梳理出高价鉴定的骗子套路，体现了主流媒体的社会责任感，播出后取得了良好社会反响。

2. 重视运用现场实况声，增加电视文艺新闻感染力

实况声、人物同期声、解说旁白是电视新闻的重要元素，它们与画面一起承担着新闻的传播功能，体现了电视新闻声画并茂的优势。其中，实况声的恰当运用，对电视文艺新闻来说尤其重要，也是体现电视文艺新闻报道专业与否的重要标尺。

文艺新闻即文化和艺术新闻，报道面很广，包括戏剧、音乐、舞蹈、电影、美术等各方面。以演出类新闻为例，记者通常都会在新闻报道中选用一段或者几段现场实况声，体现演出的亮点与华彩，让没有到现场的电视观众通过短短的两三分钟的电视新闻报道，了解演出的精髓。

比如，2019 年 9 月 6 日，新闻综合频道《新闻夜线》栏目播出的一则消息《上海歌剧院首度亮相中东　歌剧〈图兰朵〉揭幕迪拜歌剧院新演出季》，新闻着重选用两段实况声，除了广为流传的《今夜无人入眠》，新闻还以气势恢宏的隐含着中国民歌《茉莉花》的旋律作为开场。记者选用这段实况声十分专业，首先这是歌剧《图兰朵》的经典旋律之一；其次，当年作曲家普契尼正是吸收了《茉莉花》的曲调，创作了这部带有浓郁东方韵味的作品，《茉莉花》的旋律在剧中反复出现了八次，它也通过这部歌剧传遍了欧洲。记者精心选用这段实况声，体现了上海歌剧院首度亮相中东，续写东西方文化交流的重要意义，让新闻立意更加深远。

2019 年 10 月 27 日，《新闻报道》栏目播出的《剑穗翻飞燃爆现场　张火丁创新演绎〈霸王别姬〉》全片用了五段实况，从开场观众欢呼声、经典的南梆子唱段，到最令人期待的"剑舞"、谢幕时观众的喝彩声，以及张火丁返场献唱，五段实况精彩凝练，勾勒出演出现场的火爆气氛。尤其是剑舞的实况声，夹杂着观众的喝彩声，十分有代入感。记者特别注意到一个细节，张火丁在剑舞中使用的剑带着剑穗，与以往梅派演员的剑不一样。因此，记者在演出结束后，来到后台采访时十分专业地追问这个细节，让一向不善言辞的张火丁打开了"话匣子"："《霸王别姬》是我热爱了 30 年的戏，因为程派唱腔悠扬婉转，若断若续，加上穗子可能更好突出程派特点。"短短 2 分 22 秒的新闻，用专业而精准的实况声串联起两个小时的演出华彩，台前幕后一气呵成，令观众看了十分过瘾。

3. 善于采用故事化表达手法，提升电视文艺新闻的关注度

报道任何专业新闻都要求记者有一定的专业素养，文艺新闻记者就必须对歌剧、音乐剧、交响乐、戏曲、美术、文学等各类文化艺术形态，有鉴赏能力，懂得文化、艺术的内在规律。但电视新闻报道面对的是普通受众，如何让专业甚至小众的文艺新闻事件，引起社会关注，更有效地传播给受众？找好切入点，善于用故事化的表达手法来讲述专业新闻，是一种特别有效的手段。

2015 年 6 月，中华艺术宫推出了三大展览，汇集了 600 多幅中外油画，但如果对三个展览逐一报道，就没有多大新闻性，甚至很难排上电视新闻版面。于是记者凭借专业眼光，发现三个展览之间的历史关联性，采写了报道《看艺术宫怎样讲述中国油画史》。记者从一幅油画《小拖拉机手萨沙》说起，以 20 世纪 50 年代"马克西莫夫油画训练班"为线索，串联起"中央美院与中国具象油画展""俄罗斯特列恰科夫画廊藏品巡展""俞云阶艺术大展"，将中国油画发展历史，生动形象地讲述给电视观众，让原本专业深奥的展览，激发了普通市民的观展热情。

古典音乐也是相对小众的文艺领域。2016 年 10 月 14 日，《新闻报道》栏目播出的《钢琴大师席夫再度来沪揭秘"加演"传奇心路》，成为当天版面的亮点。新闻导语是：两年前匈牙利钢琴大师安德拉什·席夫来沪演出，上演了返场加演十首曲子的传奇，那么再度来沪他还会再度"任性"加演吗？带着悬念，新闻以一曲席夫演奏的贝多芬的《降 E 大调第五钢琴协奏曲"皇帝"》实况声开场，随即聚焦最受期待的"返场时间"：当席夫演奏完第二首返场曲目，就拉着乐队首席的手，示意所有演奏员谢幕，观众不得不接受只有两首加演作品的事实。最后记者采访到席夫本人，请他亲自来揭秘两年前的加演传奇。整条新闻片只有不到两分钟，却通过故事化的叙事手法，让对古典音乐并不了解的观众，认识了这位古典钢琴界的传奇大师。

2014 年 12 月 31 日《新闻报道》播出的《八旬娄际成抱病领衔话剧〈长生〉首演感动众人》也采用了典型的故事化表达手法。原本话剧《长生》的首演并不是非常重要的文艺新闻，但记者在现场敏锐捕捉到新闻点，80 岁高龄的老艺术家娄际成是从医院赶来，带病坚持首演的。于是记者没有花篇幅报道演出本身，而是将镜头聚焦舞台幕后，拍摄了等在舞台侧幕的医生、老艺术家谢幕时手捧鲜花，依依不舍比画出"八"手势；大幕落下时，娄际成说"这可能是我最后一次主演了"，演员们围聚在一起拥抱落泪等场景。回到后台，当医生给老艺术家量血压时，记者见机上前采访，老人家又以诗人陆游的诗句"此生谁料，心在天山，身老沧州"，表达告别舞台的无奈伤感，最后镜头目送老艺术家坐车离开剧场。这种纪录片式的报道手法，通过讲述演出背后的故事娓娓道来，传递出老艺术家的敬

业与坚守，十分感人。两分多钟的新闻，让很多观众收获了感动，认识到这位在话剧舞台默默耕耘的老艺术家的情怀。没有感情色彩是写不好文艺新闻的，我们只有怀着一份对艺术家、文学家的真挚敬佩的情感，才会深入他们的生活和他们的作品，才能写好我们自己的作品。

二、融入新媒体平台，提高文艺新闻内容的传播力、影响力

1. 针对不同文艺新闻题材，度身定制新媒体产品

“融合发展的关键在于融为一体、合而为一。”2016 年初，上海广播电视台对原电视新闻中心、看看新闻网、外语中心等三个部门进行了整合重组，于 2016 年 6 月 7 日成立全新的融媒体中心，由此，实现了一次采集新闻素材、多元生成、多渠道分发的全新新闻采编流程，这也意味着记者采制的新闻不能只提供电视平台，而要有在新媒体平台首发的意识，在时效性上抢得先机，而且新媒体产品不再是电视新闻“拆条＋迁移”，而是要根据网端受众的关注点来加工制作，推出短视频、直播、图文新闻等各种形式的新媒体产品。因此，记者在外出采访前，就要对选题做出判断，除了电视新闻的采访角度，还要想到采用何种方式在新媒体平台呈现，这对于文艺新闻报道来说同样如此。

比如，2017 年 6 月，上海博物馆推出了《大英博物馆百物展——浓缩的世界史》，堪称申城最热门的文化事件。记者早在布展阶段就全程介入，不仅在电视版面上以长消息、新闻专题的形式报道了开箱、点交展品的情况，还在布展现场第一时间通过手机拍摄的方式，在看看新闻网发布图文消息、并且在展览开幕前一天，采用直播的形式，由主持人和上博专家一同带领观众“先睹为快”，在看看新闻网上获得了较高点击量，这样全流程地根据新闻事件进展来制作全媒体新闻产品的方式，堪称打出了新闻“组合拳”，将成为今后重大文化事件报道的常态。

2019 年 3 月，中国画家叶永青涉嫌抄袭比利时画家西尔万的作品，这一事件在艺术圈迅速发酵，但鉴于东方卫视和新闻综合频道的定位，这一艺术圈内颇具争议的事情，更适合在新媒体渠道发声，于是记者电话采访了著名收藏家刘益谦，他曾购买了五件叶永青的画作，看看新闻网采用刘益谦的电话采访，配合图文，制作了一条一分多钟的新媒体作品《花千万元买叶永青画作　刘益谦：跟吃到苍蝇一样》，这样很具有“网感”的标题，显然更适合网络频道的传播，在看看新闻网上发布后转载无数，也体现了官方媒体对这一热点事件的立场。

2. 与时俱进拥抱新技术，抢抓短视频、微直播发展机遇

对于媒体来说，内容创新、形式创新、手段创新都很重要，但内容创新是根本，尤其在融媒体背景下，必须坚持移动优先策略，加大移动端的原创内容生产，努力提升内容品质，扩展内容呈现。近年来，短视频行业异军突起，随着5G时代的到来，微视频、短视频在移动端的需求更加呈现爆发式的增长。电视媒体在视频资源上有着独特优势，因此，可以通过部门间的深度融合，以临时项目组或者短视频工作室等形式，打造优质的原创短视频、H5等新媒体产品。2018年11月5日，看看新闻网精心打造的短视频《上海，不夜的精彩》，以唯美恢宏的4K画质和细腻隽永的叙述方式，展现改造升级后的黄浦江夜景，抒写上海城市品质和璀璨魅力，全网总浏览量突破3亿。融媒体中心采访部的新媒体栏目《摄界》，自从2015年创办以来，已经在看看新闻网上发布了883个短视频，其中就有不少是文艺题材的短视频，既有非遗传承人、艺术家、艺术人才的个人故事，也有文物修复、历史建筑保护背后的故事，每期三五分钟的视频，通过当事人的讲述，将新闻故事娓娓道来，引发了很多网友的关注，成为一个高品质的新媒体栏目。文艺新闻也可以形成新媒体栏目，深挖文化领域的丰富题材，通过短视频传播，甚至有些现场感强的内容，采用微直播的方式呈现，比如记者可以通过手机进行直播，带领观众欣赏艺术展览、走进剧场的台前幕后。相信随着5G、VR、AI技术的日益成熟，传播方式会越来越多元，传媒业的生态将迎来新的重构，加快融媒体向智媒体的快速迈进。

3. 与文化机构加强合作，推动线上线下融合

今年突发的新冠疫情，迫使剧场、文博展馆、电影院都按下暂停键，面临发展困境的这些文化机构不得不危中寻机，纷纷在网络平台开辟发展新路径。上海所有的文艺院团都入驻了抖音、哔哩哔哩网站等新媒体平台，通过直播的方式推出了线上音乐会、线上艺术教育等活动，其中，上海越剧院、上海芭蕾舞团的一场直播甚至能吸引120多万粉丝关注，这让文艺院团认识到互联网的巨大力量，因此，每家院团都表示今后会采取线上线下结合的传播模式，来推广作品，传播艺术，吸引更多年轻观众。作为媒体机构，也可以通过与文化机构的合作，获得优质的文化艺术资源，创新传播模式，实现合作共赢，比如可以将主持人、记者培养成有个性、有魅力的"主流网红"，在与文化机构的合作中，扩大影响力、传播力。

结　语

本文对媒体融合发展背景下，电视文艺新闻报道如何发挥传统优势提升专

业性、如何融合新媒体渠道优化传播等进行了初步探究，探索出行之有效的发展路径，得出了初步的结论。然而整个电视新闻未来发展之路还相当漫长。

推动媒体融合发展是摆在我们面前的一项紧迫课题，留给传统主流媒体的转型“窗口时间”已所剩不多。对于传统电视媒体而言，融合发展并不是被新媒体取代，不管是传统媒体还是新媒体，传播内容是关键所在，因此，内容为王的基本理念，在媒体融合当下，依然是必须坚守的，文艺新闻同样不例外。我们既要精益求精，继续深耕好电视主业的文艺新闻的采制，发挥电视媒体传统优势，发出主流媒体的声音，与此同时，也要以互联网思维，掌握最新技术，在新媒体平台，创新报道手段，让文艺新闻的传播方式更为多元，制作出丰富的新媒体原创内容产品。相信随着媒体融合的深入推进，体制机制的进一步创新，将会有更多力量投入到移动端和互联网的传播空间，各类专业新闻的采制流程、传播方式还将持续变革，我们只有顺应时代潮流，因势而谋、应时而动，积极应对挑战，才能守住主流媒体的地位。

参考文献：

[1] 庄向阳.专业新闻：赢在新闻源[J].青年记者，2012(1)：11.
[2] 裴丽新.文体新闻的撰写分析[J].媒体时代，2015(5)：231.
[3] 习近平在党的新闻舆论工作座谈会上强调坚持正确方向创新方法手段提高新闻舆论传播力引导力　刘云山出席[N].人民日报，2016－02－20(1).
[4] 刘卫华.省级广电媒体融合发展的路径选择、挑战及出路[J].新闻与写作，2019(9)：79.
[5] 郑红.发挥优势精准发力打造区域性新型主流媒体[J].传播视点，2019(2).

作者简介：

章海燕，上海广播电视台(SMG)融媒体中心采访部记者。

媒体融合背景下传统媒体的守正与创新

——以上海广播电视台公益媒体节目创制为例

张颂华

提　要：守正创新是新时代电视文艺创作的鲜明标识和重要遵循，“要”在守正，“贵”在创新，“重”在实践。而随着科学技术的发展，媒体融合已经成为传媒业发展的趋势。本文通过对上海广播电视台东方卫视旗下公益媒体平台（大型活动、七彩戏剧）在媒体融合大背景下的文艺晚会及电视节目制作进行探讨，分析节目在主流价值观引导、制作形式创新、人才队伍建设等方面的实践经验，为文艺晚会及电视节目如何在媒体融合浪潮下积极创新并坚守品质提供一些参考。

关键词：媒体融合　文艺晚会　节目创新　人才队伍建设

习近平总书记在文艺工作座谈会上的讲话指出：“互联网技术和新媒体改变了文艺形态，催生了一大批新的文艺类型，也带来文艺观念和文艺实践的深刻变化。”互联网技术和新媒体的飞速发展，对传统媒体的传播方式与管理方式提出了新的挑战。知常明变者赢，守正创新者进。作为广电媒体公益化改革的探索实践，近年来，东方卫视中心旗下大型活动团队及七彩戏剧频道把内容生产作为根本，把强化全媒人才培养作为重要支撑，把好政治关、把好内容关、把好创新关，努力做到在守正中创新、在创新中守正。大型活动团队每年累计完成各类国家级、市级活动近百台。近年来，团队圆满完成了中国国际进口博览会系列活动，米兰、阿斯塔纳世博会系列活动，“中国—东盟媒体交流年”开幕式创制工作，2021 年上海世界技能大赛组委会招待会，第 45 届世界技能大赛闭幕式“上海时段”演出等制作任务，交出硕果累累的“答卷”。七彩戏剧频道则在钩沉珍贵史料的同时探索多元传播，借上海“码头”之利开掘文化“源头”活水，让文艺繁荣、文化自信的上海声音，在改革中响亮，在创新中远扬。

一、坚守媒体定位，传递主流价值

守主题之正，就要自始至终紧扣主题主线，找准媒体自身定位，深耕本土、做出特色。2019 年是庆祝新中国成立 70 年，也是庆祝上海解放 70 周年，作为上海电视文艺创作的一支“铁军”、上海台一支“半军事化”活动创制队伍，东方卫视中心旗下大型活动团队深刻理解宣传主题、准确把握其独特内涵，在主题活动中充分展现辉煌的发展成就，倾力打造了一批独具特色的文化节目，进一步彰显城市魅力，为城市注入更多文化内涵。

其中，“向祖国致敬——上海人民庆祝中华人民共和国成立 70 周年文艺晚会”“上海市政协庆祝人民政协成立 70 周年文艺晚会”等以丰富多样的艺术形式抒发对伟大祖国的挚爱之情，展示上海的红色基因与时代风貌；“上海市庆祝中华人民共和国成立 70 周年暨上海解放 70 周年歌会”则通过情景表演、深情讲述、歌曲演唱等多样的表现形式唱响爱国主义主旋律，弘扬新时代奋斗精神，为上海的红色文化、海派文化和江南文化注入奔腾不息的理想动力。

在提升本土文化软实力，努力向世界讲好中国故事的同时，团队还与长三角地区、长江流域的电视文艺创作团队积极联动，打造了一批独具特色的文化演出，不仅为节目注入更多文化内涵，也进一步扩大了文化辐射效应，助力文化艺术的共同发展。

2019 年，“长江之恋——长江流域十二省市春节联欢晚会”通过精彩纷呈的节目、实景画面、多媒体手段等追溯长江历史，呈现长江多元文化，并于 2019 年春节期间在 12 省市卫视平台集中播出。国庆期间播出的“长江之恋——长江流域十二省市国庆主题晚会”则创新性地通过微电影及精彩的文艺节目，展示了长江的文化之美、生态之美、发展之美、建设之美，展现了新中国取得的伟大成就和长江两岸美景，表达了长江儿女的爱国热情。人民日报新闻客户端、新浪微博、今日头条、百度百家、腾讯视频等平台也同步进行融媒体联动，以 6 亿长江流域的核心观众辐射 14 亿全国观众。

上海，是中国文艺盛事的荟萃之地。从第十二届中国艺术节到上海国际电影电视节，从上海旅游节开幕大巡游到全国红色故事讲解员大赛……中国的文艺创作在上海迎来一树繁花，摇曳多姿，令人欣喜。这背后，同样离不开大型活动团队勇毅笃行、倍道兼行的身影。

第十二届中国艺术节作为我国规格最高、最具影响力的国家级文化艺术盛会，大型活动导演团队在半个月内完成了包括十二艺节开闭幕式、第十八届“群星奖”决赛、“群星奖”颁奖晚会等 11 台活动，生动呈现了群众文艺的繁荣发展及文艺舞台百花齐放的景象。

上海国际电影电视节期间，大型活动团队倾力创制的包括开闭幕式在内的 6 台晚会及红毯累计 12 场活动，同样得到了中宣部、国家电影局、国家广播电视总局、中央广播电视总台及市委市政府各级领导的肯定。

此外，在全国红色故事讲解员大赛集中展示活动中，来自全国各地的专业讲解员和志愿讲解员们齐聚上海，讲述红色故事，为观众勾画出红色革命的峥嵘历程，传承红色基因，弘扬革命精神。

上海作为戏曲大码头，荟萃京、昆、越、沪、淮、评弹、滑稽戏等一系列剧种曲种，更诞生了周信芳、俞振飞、袁雪芬、丁是娥、筱文艳、蒋月泉、姚慕双、周柏春等一批流派宗师级人物。这些数不尽的剧种资源与大师名家，便是上海取之不尽的艺术宝库。在此次疫情期间，为丰富电视观众抗疫期间的精神文化生活，以优秀的文艺鼓舞人、激励人，七彩戏剧频道展播了一系列传统经典剧目，展现传统文艺舞台璀璨菁华，以此满足戏曲观众居家娱乐需求。播出一个多月，取得收视佳绩。上海地区黄金时段全国排名“前 20”共 12 天、“前 15”共 5 天，最高排名第 12，同比去年频道整体排名上升 16 名。七彩戏剧频道也将继续利用好丰富的经典资源，适应当下传播需求，赋予传统可持续、可再生的生命力。

二、依托国际传播项目，以文艺之力向世界传播中国声音

在世界的舞台，发出中国的声音，通过推动中国艺术走出去的方式来促进国家间的和谐交往，是文艺工作者的使命和荣光所在。近年来，大型活动团队以文艺演出的创制为桥梁，加强国际文化的交流互鉴，积极推动中华优秀传统文化走出国门，促进不同文化间交流融合，让中华文化面向世界大放异彩。

2018 年，洋溢浓郁上海文化特色的“2018 维也纳联合国中文日”系列活动在联合国维也纳中央大厅拉开帷幕。活动在国际文化交流中彰显中华文化的包容与创新，将中华优秀传统文化资源置于当代世界文化语境下加以挖掘与开发，推动中华优秀传统文化走向世界，传播中国声音，讲述中国故事，彰显中华文明对世界文明发展的有益贡献。

2019 年，第二届中国国际进口博览会在上海举行。作为 2019 年中国主场外交的收官之作，第二届进博会重大活动多、重要嘉宾多、接待规格高。从上半

年开始，上海广播电视台在接到上级下达的进博会相关创制任务后，第一时间选派东方卫视中心 3 支大型活动团队参与进博会欢迎宴会演出、双边活动及中法元首夫人活动演出等创制任务。

此外，大型活动团队还在去年 8 月前往俄罗斯喀山，完成了 2021 年上海世界技能大赛组委会招待会、第 45 届世界技能大赛闭幕式“上海时段”演出的制作任务。其中，“魅力中国，活力上海”为主题的 10 分钟“上海时段”演出，赢得了包括俄罗斯总统普京在内的全场观众的热烈掌声，并给通过直播收看闭幕式的全球观众留下了深刻印象，充分展示了中国形象和上海形象。

去年 10 月，第十五届世界武术锦标赛在上海举行，在这场世界武术界最高级别的国际赛事中，来自 102 个国家和地区的代表队相聚上海、以武会友。东方卫视中心大型活动团队在此期间承担了开闭幕式的创制工作，充分彰显了“上海服务”和“上海文化”品牌建设的高质量发展，也获得了国家体育总局、国际武联的高度肯定。

立足长三角，辐射全中国，面向全世界，这是上海的胸襟和视野，也是上海文艺创作者应该有的胸怀和格局。大型活动团队深知做大文化码头，须做强文化源头。伴随着这些具有国际影响力的重大文艺活动在上海生根壮大，展现出的正是上海这座城市的开放程度和发展活力。

三、创新文艺传播手段，强化人才与平台建设

在新的发展环境下，文艺作品的传播方式和手段也在不断发生改变。通过创新文艺创作的形式、开展丰富的线下主题活动、借助新媒体力量让传播方式活起来——这正是东方卫视中心大型活动团队让优秀文艺作品走近更多人、走向未来的实践探索。

2019 年，大型活动团队着眼于创新文化特质的发力点和兴奋点，创作并推出了《鼓浪屿之波》《多情的土地》《长江之歌》《我们都是追梦人》《红旗飘飘飘》《我的祖国》《不忘初心》《彝乡之恋》等 MV 及电视文艺作品；打造出“第七届上海文学艺术奖颁奖”“蓝天下的挚爱”“感动上海”“市民合唱节”等一系列主题晚会；还在上海市黄浦区、静安区、嘉定区等创制《我和我的祖国》群众快闪活动，让广大市民在街头巷尾享受“沉浸式”的红色艺术体验，让普通群众成为文艺作品主角，使文艺创作得以跨越有形边界围墙，来到更多百姓身边。

大型群众快闪活动的创作空间是有限的，而借力“互联网+”，它所发挥出的社会公共效应却是无限的。它让艺术能够真正成为城市文化软实力“润物无声”的推动力，悄然提升一座城市的文化氛围。

对于东方卫视大型活动团队而言，国家任务与晚会经济是车之双轮、鸟之双翼，这种“双轮驱动”的发展理念，要求大型活动团队在强调艺术作品社会效益第一的同时，在传统资源中寻求新的突破和增长点，实现社会效益与经济效益的有机统一。所以，东方卫视中心大型活动团队也顺应时代趋势，着力向市场转型。“双轮驱动”的发展理念，首先要建立的就是正确的思想和导向，同时致力于审美趣味上的当代性、精神内涵上的民族性、表现方式上的国际性，以此为城市文化的发展提供源源不断的精神动力。

因此，2020 年，大型活动团队将更多地向线下活动靠拢，瞄准新的经济增长点发力，顺应市场，打造精品，亮出一张张特色鲜明的上海文化品牌名片。近期，由大型活动打造的 3 小时大容量的《2020“五五购物节”全球大直播》，就是东方卫视继《天猫双十一晚会》后，在电视电商领域的又一次全新挑战和创新，其直接引入了当下最为火爆的直播带货模式，把直播间直接搭建在东方卫视平台上，使电视不再只是一个传统的商品广告的宣介平台，而是直接转型为引流带货的在线渠道，增强消费者的互动，创新了电视直播带货新模式。整场直播活动通过“上星频道＋海外覆盖＋网络直播”，观众累积达到 2 亿人次，此次试水电视电商直播带货新模式，不仅为上海“五五购物节”营造巨大宣介声势，更为电视媒体转型发展提供了新的途径。

而作为长三角地区唯一的戏剧专业频道，七彩戏剧频道始终以传承、传播中华优秀戏曲文化为己任。在整理、播出珍贵资料的同时，频道积极谋求电视、网络、剧场“三位一体”同步发展，在留住传统观众的同时，结合当代审美，为优秀青年戏剧人才搭建展示平台、吸引青年戏剧爱好者。2019 年，“越美中华越剧青年演员大汇演”深入挖掘中华优秀传统文化蕴含的思想观念、人文精神、道德规范，结合新时代要求进行传承创新，让中华优秀传统文化展现出永久魅力和时代风采。历时 100 天的汇演共吸引了 24 家越剧院团、艺术院校超过 200 名选手参加，参与单位数量、参加选手人数皆创下戏曲类汇演、比赛活动的新纪录。汇演中脱颖而出的优秀演员已逐渐成为各院团的青年骨干力量。整个汇演过程的现场转播、点播回看、观众投票、短视频传播等各种方式的点击率过亿。人民网、新华网、光明网、中国网、中新网等国家主流媒体都做了相关报道，也为活动的创新形式大力“点赞”。

2020 年 4 月 1 日，“七彩戏剧”头条号也正式上线。头条号设置“绝版”“专题”“名段”“人物”四大板块，对频道原有节目进行更适合网络传播的拆分编辑，以日更的形式推出，收获了一大批非传统戏曲观众。“出圈”的探索还在不断继续，七彩戏剧“抖音号”也将不日与广大网友见面。相信，新媒体的传播方式，一定会给古老的戏曲艺术增添新的活力。

新时代下，繁荣文艺创作、推动文艺创新离不开人才梯队的建设，对人才的修养、技艺和创作理念也提出了新的要求。近年来，大型活动及七彩戏剧频道还通过实践育才、平台留才等多种举措培育年轻文艺创作人才。年轻的创作力量不断壮大，实现了出精品、出人才的“双丰收”。

在2020年的工作规划中，东方卫视旗下公益媒体还将围绕“决胜全面小康、决战脱贫攻坚”等重大主题为工作重点，并在常规项目创制中，继续深入参与中国上海国际艺术节、影视双节、旅游节等会展、节庆活动及“光荣与力量”“蓝天下的至爱”等品牌活动的创制工作，力求在创制中呈现出全媒体时代的新视野和新格局，进一步助力提升“上海主场”的文化平台能级，为全力打响“上海文化”品牌做出主流媒体的积极探索。

结　语

上海广播电视台东方卫视旗下公益媒体平台（大型活动、七彩戏剧），在媒体融合大背景下的文艺晚会及电视节目制作等，坚持了既要守正，又要创新；既要坚守媒体的定位，弘扬社会主义核心价值观，坚持正确的舆论导向，又要坚持繁荣社会主义文艺的方针政策，唱响爱国主义主旋律，弘扬新时代奋斗精神，为上海的红色文化、海派文化和江南文化注入奔腾不息的理想动力，还要依托国际传播项目，在世界的舞台，发出中国的声音，通过推动中国艺术走出去的方式来促进国家间的和谐交往。在守正中创新，在创新中守正，可以自豪地说，东方卫视的公益媒体平台已经打响了“上海文化”品牌，彰显了“海纳百川，追求卓越，开明睿智，大气谦和”的上海精神。

而文艺晚会与电视公益节目的内容生产创新、传播模式创新、文艺传播手段创新等创新策略与措施，特别是社会传播效益与经济效益双丰收，才刚开始取得成效，还需进一步深化机制体制改革，继续贯彻创新理念与一系列创新手段，并不断加强现代化的公益媒体平台建设与人才队伍建设。

参考文献：

[1] 牛丹彤.媒介融合时代下电视综艺晚会发展趋势研究——以节庆仪式类晚会为例[J].新闻研究导刊，2015(8)：175－175.

[2] 张敏.在晚会中讲好中国故事[J].当代电视，2018，364(08)：73－74.

[3] 安龙飞.媒介融合背景下广电行业的融合创新[J].传媒论坛，2020，3(09)：72.

[4] 陈冲.浅谈融媒体时代电视编辑的创新思维与创新策略[J].视听纵横，2020(02)：105－107.

[5] 王茜.融媒体时代广播电视传媒的创新发展策略[J].科技传播,2020,12(06):107-108.

作者简介:

张颂华,上海广播电视台(SMG)东方卫视中心副总监、副总经理,上海东方娱乐传媒集团有限公司副总经理。

透过《局部》看文化类视频节目的生存之道

赵妃蓉

提　要：近年来，电视荧屏上的文化类节目收获了大批拥趸，同时在网络平台上，各类文化类视频节目也层出不穷，本文试图通过对网制文化类视频节目《局部》的解析，从其广阔的文化视野、深刻的思考力、内在审美意蕴、视觉呈现、音乐的作用、社会责任担当等方面探讨文化类视频节目的生存之道。优秀的文化类节目在传播学层面上的意义不仅是传播真善美，为观众带去精神上的富足感，更在文化传承、民族精神的传递、民族自豪感的建立等方面具有不可忽视的精神力量，是一片值得深耕细作的沃土。

关键词：文化类节目　艺术审美　节目制作

近年来，随着经济的不断发展，人们的精神文化需求也在不断增长，一大批文化类节目收获了大批拥趸，如《中国诗词大会》《我在故宫修文物》《见字如面》等，在热闹非凡的真人秀节目的包围下，文化类节目就如一泓清泉，滋润着人们的心田，缓解了人们的知识焦虑。由“看理想”创制的文化类视频节目《局部》虽然看似属于小众的垂直类文化节目，却取得了巨大的成功。本文试图通过对《局部》的解析探讨文化类视频节目的生存之道。

以广阔的文化视野和深刻思考力提升受众的审美体验

中国是一个有着深厚传统文化底蕴的国家，近年来在电视荧屏上大放异彩的《中国诗词大会》《中国汉字听写大会》《见字如面》等都是以弘扬中华传统文化为核心元素创制的，但显然这不是文化类节目取得成功的唯一可突破的维度，

《局部》就走出了一条不同的道路。在网友的心目中《局部》代表了“网制文化类节目的最高水准”，节目旨在让观众跟着陈丹青，“以画家之眼观看艺术杰作中为人忽略的局部，讲述艺术与文化、艺术与生命不同寻常的故事”。

在资讯日益发达的今天，制作文化类视频节目的难度实际上已经超越了以往任何时候。在人们对文化艺术普遍缺乏基础认知的以前，认真地整理一些艺术史的知识，再搜集足够的影像资料或许就能成就一档文化类视频节目，但到了今天，在大众的艺术审美力普遍得到提高的情况下，如何吸引住观众的眼球就成了更为艰难的一件事，因为对于知识类的信息观众很容易通过搜索引擎寻找到，文字、高清图片、影像资料几乎都唾手可得。观众对节目所呈现内容的审美期待较以往有了大幅提升，这就对节目制作者提出了更高的要求。

随着融媒体时代的到来，对于文化类节目的制作者而言，必须认识到观众最需要通过文化类节目获取的内容大致可分为三大类：第一类是他们所不熟悉的领域，在网络上资料很少，通过自学很难明了；第二类是节目对于艺术史知识作另类解读，独辟蹊径，让观众在最熟悉的风景中找到发人深省的看点；第三类则是将知识点及相关衍生资料做跨界整合，在对艺术作品的全面解析中融入科学思维，使观众观赏艺术作品时具有更全面的视野。客观地说，无论哪一种做法都不能取巧，都需要创作者具有扎实的功底，才能创作出优秀的作品。让人感到惊讶的是这几点《局部》几乎全都做到了，陈丹青撰写的文稿当然是基础，是对相关知识深度思考的结晶，但精良的制作也是其最终能获得成功的重要因素。《局部》前两季的点播量达到 1.1 亿，豆瓣评分 9.5，且罕见地每次在新一季推出后又能再带动上一季的点播量，这绝不是偶然的。优酷文化内容中心总监王晓楠在《局部》第三季的开播仪式上说：“《局部》第二季是优酷平台有史以来唯一一部播出半年后访问量依然上升 40% 的视频节目，这说明观众会反复观看。”此外，“《局部》的访问来源中，通过搜索进行访问的方式排名第一。”它在观众心目中达成的良好口碑可见一斑。

在传媒艺术高度发达的今天，为什么观众还会反复观看呢？

对于知识类文化节目来说，观众容易有心理预设，即将其视为美育课堂，那么如何让节目从众多同类节目中脱颖而出呢？《局部》选择以绘画作品为抓手，结合作品诞生的时代背景，作穿越古今中外的纵横比较，深刻挖掘其审美价值，增强受众的审美体验。每个人在生活中都有各自的喜怒哀乐，有自身的日常体验，但“日常体验与审美体验不是根本对立的，日常体验为审美体验准备了丰厚的基础，而且可以转化为审美体验”。“审美体验是对于理想的生命形象的直觉。”《局部》的文本就很好地观照到了这两点，从而极大地拉近了受众与陌生的艺术作品之间的欣赏距离。比如讲述《千里江山图》时，以王希孟创作时才 18 岁这个点为契机，比照今天18岁的少年，人生该是站在怎样的门槛前，而王希孟已经以全景观的视野创作出了旷世奇作；介绍凡·高的作品时，列举的都是其早期的作品，虽不为人熟知，但透露着浓厚的生活气息，是19世纪众多普通劳动者的肖像；“绘画的放纵”一集中以诸多“未完成的画”为主题，这些画作受众未必熟悉，但聊画作之前陈丹青先和你聊的是大家都熟悉的舒伯特的《未完成交响曲》……

每一集都集中着诸多优秀的传世之作，即便是在不为大众所熟悉的领域或范畴中，依然以符合受众日常体验的内容切入，从而提升审美体验，这是它能成功的一个很重要的原因。画作虽是静默的，但在陈丹青的解读下，它们活泼泼的内蕴呼之欲出，那个画中的人物似乎正在朝你微笑，她为此已经在这方土墙上静静等候了几百年……《局部》的成功给我们以启示——即便是看似高冷的艺术范畴的知识，如果制作者能找到和受众当下的日常经验契合的焦点，受众依然能很好地接受，且会在日常经验的驱使下反复观看，因为显然这样深入的审美体验中融入了日常体验，但又超越于日常体验之上，使人们能在观赏画作的过程中产生对于人生刹那间永恒的直觉，这种体验怎不让人试图反复体验、玩味和咀嚼呢?!

有了优秀的材料，寻找到受众易于接受的契合点后，接下来需要做的就是通过密集的知识量以及制作者深刻的艺术感知力充分挖掘其审美价值，黑格尔曾评价艺术作品“不只是用了某种线条，曲线，面，齿纹，石头浮雕，颜色，音调，文字乃至其他媒介，就算尽了它的能事，而是要显现一种内在的生气，情感，灵魂，风骨和精神，这就是我们所说的艺术作品的意蕴”。文化类节目在媒体融合的大时代中，提升自身的内在意蕴无疑是吸引受众、取得成功的不二法门。

有学者认为，“这个纷繁的融合时代，传媒艺术应该坚守的底线，至少有三个层级：不放弃着眼于社会，不放弃着眼于情感心智，不放弃着眼于对爱与善意的终极问寻”。《局部》介绍展示的绘画作品显然属于传统艺术的范畴，这些画作在诞生之初是为了适应当时的人们静观默想式欣赏习惯的，而当这些绘画作品作为节目的叙述材料时，陈丹青无疑给予了它们新的生命力，他独到的解读与节目丰富的影像呈现方式交织在一起，完成了对上述这三个层级的坚守。从素材、画面、剪辑到音乐的配合，三季节目做到了细腻而丰富，且富于变化。在空间上，陈丹青从第一季的书斋走到了第二季的纽约大都会博物馆，到了第三季，则索性带领着观众走入身处于意大利的各处湿壁画遗址。陈丹青是一个很有独立见解且敢于直言不讳的文化学者，在前两季《局部》中他就经常将视线汇聚到格佐里、卡帕齐奥、巴齐耶这些不为人熟知，但其绘画技艺并不逊色的艺术家身上。虽然片名为《局部》，但全片其实始终在引导观众全面地走进艺术史，它一直试图让观众了解——那些如雷贯耳的艺术家其实也只是艺术史的局部而已。就这一点来说，《局部》的出发点就已经高于其他同类型的视频节目，立足点的高启决定了《局部》的艺术视野和视觉呈现方式。

“对于追求有意义的生活的人，人文艺术可以是一项容易获得的生活技能。她赋予生活以批判精神和审美情趣，而这两者都是我们今天的世界急需的。”

打破寻常思路　提升内在意蕴

从审美文本的价值形态角度看，有学者以达·芬奇创作《蒙娜丽莎》为例，指出其“精雕细琢正是使优美成为高贵精神象征的保证。优美甚至被当作抵抗平庸烦琐的日常生活的飞地，是人类精神在审美的瞬间获得永恒意义的保证”。面对人类文明史中创造出的浩如烟海的艺术作品，文化类节目的制作者容易以人们耳熟能详的作品作为创作抓手，产生一种选题上的路径依赖心理，但《局部》中陈丹青恰恰是反其道而行，特意避开那些振聋发聩的艺术大家，展现在艺术史中知名度没那么高甚至于连姓名都没能留下的民间艺术家的作品，陈丹青认为，“文艺复兴三杰的神话延续至今，在公众层面过度传播，其后果就是历史景观变得过度狭窄，我们理解艺术，欣赏艺术，至今没有走出进步论”，这其实就是《局部》面对美术史的基本态度，它不是向大众普及美术史中的知识点，而是引导观众进入某个领域，跟随陈丹青的眼睛，观众不仅能窥见幽微辽阔的万华世界，还能就此打开自身对艺术史的洞见力。

上海广播电视台总编室受众测试主管朱雯，曾于2019年通过梳理观众收看文化节目时的看点喜好，总结归纳出文化类节目受众需求金字塔（如下图所示）。

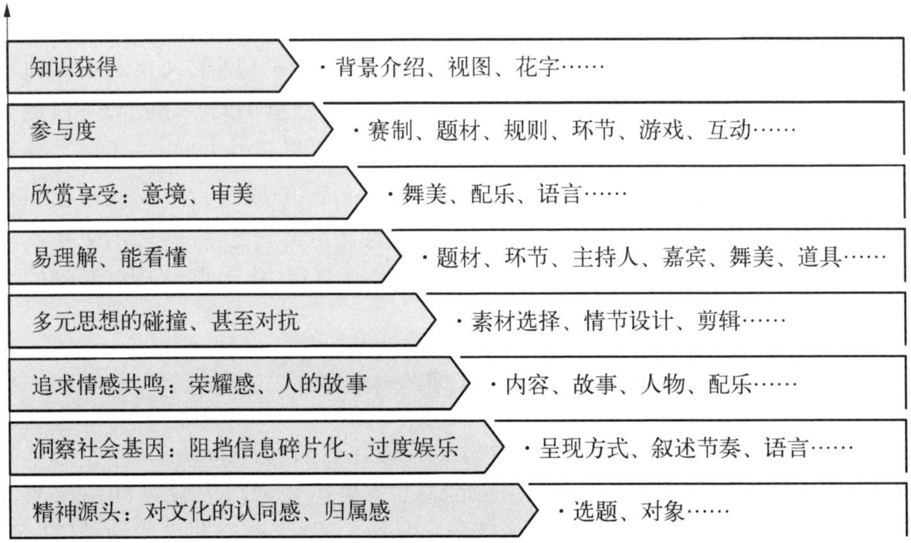

从受众的心理需求度考量，朱雯得出研究结论，“当节目所呈现的内容越靠近金字塔的根基，意味着节目与观众的情感联结越深。一档文化节目能否从精神源头上凸显中华民族对文化的认同感、归属感是节目扎根受众的基石”。从这一点上来说，《局部》也为同类型的文化类视频节目做出了很好的示范，虽然它的着眼点大部分放在和西方美术史相关的内容上，但它并没有局限于此，从它第一季节目的标题中我们就能充分感受到中西方美术史佳作的多维度比较——“千里江山图”“人民的胜利”“巴黎的青年”“绘画的放纵”等。前不久刚更新完毕的第三季节目虽然通篇看似都在讲意大利的湿壁画，但几乎在每一集节目中，陈丹青都会有一定篇幅将敦煌的壁画以及其他中国古代的绘画与之做对比，造就一种文化上的穿越、比较之感。既将观照对象放入了整个人类艺术史的存在维度，也不忘提醒观众反观我们自身的文明深度。在这个过程中，受众对中华民族本源的文化自信便自然而然地被激发出来了，显然这比灌输式的艺术课堂教学更能发人深思，也更具有说服力。

《局部》就是这样，无须观众有任何的准备，也不必像课堂学习那样正襟危坐，它只需要观众对艺术抱持着接纳之心，用心睁开双眼观看，便会有所收获。它绝不仅仅是借绘画作品呈现陈丹青的艺术观点，片中还不时地让你看到不同艺术观念的碰撞，比如在讲到马萨乔对描绘对象开始追求准确、具体时，与之对比的是苏东坡“论画以形似，见与儿童邻”，陈丹青认为中国绘画是不追求形似的；介绍无名工匠的画作时，概括中古时期绘画的特征“中古、威严，无故事无纵深也无表情，汉、北齐、隋唐早就这样画了”。看似轻轻荡开一笔，却浸润着对本民族文化深深的自豪感，而这种带有文化比较意味的内容如吉光片羽般经常在片中呈现，既有启发性，也是我们文化自信、民族自信的最佳体现。

艺术没有国界，在艺术史的发展长河中各个国家地区间的文化艺术交流从来都是浸润在各个方面，且与当时的历史、文化发展息息相关。《局部》不仅提供了一个欣赏艺术的视角，更在艺术观念上提供了不少思考的方向，这无法在现有的文本中获得，有待观众自己去欣赏和思考。《局部》的成功告诉我们对艺术史的认识一定不能只是停留在文本的层面，结合具体可见的艺术品，艺术史才真正具有了鲜活的生命力。要制作优秀的文化类视频节目，立足点、视野、深刻的文化思考力缺一不可。

和节目内容紧密结合的视觉呈现

在人们以往的认知中，文化类节目总容易让人有曲高和寡之感，对观众来说，因为内容需要一定的思考深度，在形式上就更需要采取大众喜闻乐见的方式，视觉呈现无疑是其中最为直观的部分。从第二季“大都会艺术博物馆”开始，

《局部》的片头就采用一连串步入式镜头带入，一组跟随陈丹青在各个教堂行走的镜头，在或堂皇或幽暗的空间中唤起观众探究的欲望，神圣而有庄严感，片头音乐的旋律充满行进感，弦乐的拨奏仿佛陈丹青的步伐，缓缓的，稳稳的，将这种行进感表达得恰如其分，同时也在无形中昭示着全片的整体审美基调。

在内容呈现上，镜头不仅兼顾了全景和局部特写，还在升降机的帮助下采撷了很多高阔处的近景画面，在段落的衔接处，则是无人机拍摄的全景画面。因为早期的湿壁画都拥有强烈的叙事性，第三季在展现画面内容时运用了大量动画动态效果对其进行突出表现，打破了湿壁画本身平面的局限。比如在《婚礼房故事》中介绍的是曼托尼亚的湿壁画，贡布里希在《艺术的故事》中曾这样评论他的画作《圣詹姆斯在赴刑场的路上》——“曼托尼亚旨在使用透视法创造一个舞台，使他的人物好像立体实物一样在上面活动。他好像一个高明的舞台监督那样，布列人物去表达这一瞬间的意义和事件的过程。”在这期节目中也介绍了这组已被毁的湿壁画，面对局部画面导演灵活运用了镜头内部的运动，突出了事件发生时同一时空中不同组人物的表现，人物的动势和情感的张力在画面中自然而然地呈现了出来。

同时，为了让观众有更深入的认识，这些画面还常常会和后世著名画家的作品甚至中国古代绘画做对比，比如在介绍锡耶纳阶梯医院的壁画时，陈丹青评论其“直线弧线纵横交错有音乐的和声与音阶之美，和界画很像”。湿壁画大多还没有透视感、人物形象也趋于平面化，为了尽可能地打破画面叙述的平淡，导演还引用了不少影像资料，如米开朗琪罗的传记片、热播剧《美弟奇家族》的片段等，使作品诞生的时代背景和创作者可能与知名艺术家间的勾连关系呈现得更为立体。但和之前的两季《局部》相同的是陈丹青很少下结论性的按语，更多的是带有其主观审美特质的观点，你可能并不一定认同，但在他的引领下，你会产生自己对艺术的洞见力，我认为这也是该系列片最具有文化价值的部分。

陈丹青说“湿壁画蒙上了岁月的包浆，透着贵气，又有着素净、雅淡、空旷之美”。这种感觉其实也漫溢于整个观看《局部》的过程中，镜头的推拉摇移从来都是缓慢的，从容不迫，没有我们所处时代的仓促感，难怪有观众会觉得看《局部》能让人安静下来。陈丹青觉得这是对节目最大的褒奖。后期特效对画面局部的呈现、对比也尽可能简单处理，其目的很显然是为了突出画面内容的对比和人物及人物与空间之间的关系，而不是为了让画面绚烂夺目；更可贵的是，制作团队在画面的呈现上还对文本做了有益的补充，不是简单的一一对应关系。湿壁画相对来说是一个比较冷门的艺术门类，又因为历经数百年的光阴，有些曾经遭受全面涂抹，有关湿壁画的文字记录其实并不多，所以制作团队所做的影像资料上的补充，实际上还有着对湿壁画这种艺术形式考据的特征。作为文化类视频节目，能做到这点着实不易。

总的来说，文化类节目在视觉呈现上不能仅仅追求视觉的冲击力，其镜头语言的运用需要与内容有更紧密的结合。镜头语言始终是为节目内容服务的，只有先将文本内容琢磨透了，让镜头语言跟上文本语言的节奏，以利于更好地呈现艺术作品，才可能给观众具有思考想象空间的内容。同时，为了更好地适应观众的收视习惯，适当地运用动画动态效果不仅能调整节目节奏，也更有利于展现节目的思想内核。

音乐的力量

音乐在文化类节目中的作用是很多元的，除了烘托气氛，还能强化主题的呈现，使节目内容能更顺畅地承前启后，对于叙述内容产生某种情感上的呼应等。可贵的是，《局部》的配乐处理却不止于此，它更多地深入参与到了全片之中，其挑选音乐的精心程度和使用段落上的精准都让人心生感动。比如在“表象的魅力”这一集中讲述的是吉兰达约的作品(吉兰达约是大名鼎鼎的米开朗琪罗的老师)，在阐述其在中世纪城邦圣吉米亚诺圣芬娜礼拜堂中所绘肖像具有纯真美时，配乐选用的是莫扎特著名的《第二十一钢琴协奏曲》第二乐章的开始部分，弦乐加弱音器奏出柔美、典雅的旋律，透着宁静美好的气息，与画面内容完美契合。

大家最为熟悉的《最后的晚餐》是达·芬奇的创作，但实际上“最后的晚餐”作为宗教故事的题材曾被不同的人创作过，片中带领大家去欣赏的是吉兰达约的创作，镜头不断横移让人们看清画中的每个人，也让人们浸润入故事发生时紧张的气氛中，这里的配乐是斯美塔那的交响诗《我的祖国》中的《伏尔塔瓦河》引子部分，长笛和单簧管吹奏出的两组音型从不同的方向流淌而来，在它们即将交汇时，音乐隐去。这种轻盈的呈示感让人感觉恰如其分，没过多地让熟悉的旋律去抢夺画面的风采。这段引子在片中不止一次被运用，在展现曼托尼亚的婚礼房画时，在最后一集讲到中古遭受到严重破坏的湿壁画和古埃及、敦煌的画面做对比时，都选用了这段音乐，乐声的交汇暗喻着艺术作品在世界各地不同时期的相似命运。讲述到湿壁画的装饰画特征时，背景音乐则选用了老柴的芭蕾舞剧《胡桃夹子》中的“糖果仙子”选段作为配乐，灵动的笛声和画面中人物悠然自得地弹奏乐器、侍弄花草的画面相得益彰，贴切而完美。由此可见，音乐的内在律动与镜头节奏的完美契合能令节目呈现出更完美立体的效果，也更有利于节目审美意蕴的升华，看似无形的音乐在与画面的配合运用中对受众形成了强大的情感吸引力，点燃受众内心探究的欲望。

《局部》第一季的片头选用的是巴赫著名的《G大调第一大提琴组曲》前奏曲，这发人深思的音乐将观众带入艺术的世界。后来随着《局部》的热播，在片中寻找自己熟悉的乐曲也成为节目的一大看点。这和其整体配乐的细致严谨、配乐和节目内容的高度契合是分不开的，如果想制作成功的文化类视频节目，一定不能忽略音乐这一重要的元素。

文化类节目的社会责任担当

对于文化类节目来说，传承文化自然是必要的担当，同时，通过文化类节目沟通人类共通的情感、传递正确的思想价值观念也是文化产品应当承担的社会责任。第三季《局部》播出期间正值新冠疫情肆虐全球，早已制作完毕的成片做了很人性化的处理，调整了播出顺序，将“壁画与慈爱”提前播出，这集讲述的是建于1305年的锡耶纳阶梯医院中的湿壁画，1440年请人来为朝圣室作画，为期五年才完成。“所有画面华美而庄严，即便画的是医院”“医道就是人道，这座医院一直忙碌到20世纪90年代，才成为博物馆。病床与壁画同在，简直就是天堂，人间才是最有温暖的地方”。讲述这段结束语时，陈丹青不再犀利，语言本身和叙述的情绪都卸下了锐度，充满温情，画面则是20世纪90年代医院的内景，上方是堂皇的壁画，下方是一排排密集的病床，人间的慈爱在这一宏阔的空间中展开，生命的庄严感因此油然而生。我想这应该就是艺术最好的叙述方式吧，在润物细无声的氛围中感染人类的心灵，让人获得共鸣，环球同此凉热，全世界人民的心灵在面对共同的敌人时一定是相通的，这就是对爱与善意的终极问寻最好的体现。

最后一集“无名的工匠”正片前则加了一段当时意大利疫情最严重的贝加莫地区的街景，人们隔离在家时向艺术之火取暖，用充满艺术感的歌唱、演奏传达必胜的信念，夫妻用相拥而舞驱散忧惧和恐慌，“在节目的最后一集，我们谨以文艺复兴的伟大记忆为意大利心痛、骄傲、祈祷”“冲破黑暗夜，重见满天星。——但丁”。黑底白字的展现，多么富有人情味的表达，多么具有文艺气息的抚慰，这是艺术本应具有的情怀，感谢《局部》将这种情怀放大后传递到每个观众的心头，感人至深！艺术在此刻不仅让人们对现实产生抽离感，缓解了焦虑，同时它也极好地抚慰了人们的心灵。

综上可知，现在的传播环境下，对于文化类节目而言，拓宽知识的传输渠道曾经一直是文化类节目的最基本的使命，但现在仅仅满足于此已经远远不能满足观众的需求，观众不仅需要节目在知识门类上能独辟蹊径，言他人所不能言，更需要创制者对文化艺术具有鲜明的观点，并能通过丰富的影像呈现手段来展现，不仅实现从平面的文本到立体影像的转换，更需要带领观众去思考探求，进而形成自己对文化艺术的观感。以内容为王，优秀的文化类节目在传播学层面上的意义不仅是传播真善美，为观众带去精神上的富足感，更在文化传承、民族精神的传递、民族自豪感的建立等方面具有不可忽视的精神力量，是一片值得深耕细作的沃土。

参考文献：

[1] 王一川，主编.《美学教程》，上海，复旦大学出版社 2004 年版，第 110 页。
[2] [德] 黑格尔.《美学》第一卷，朱光潜译，北京，商务印书馆，1979 年版，第 25 页。
[3] 刘俊.《融合时代的传媒艺术》第四节“终问：追寻爱与善意的传媒艺术”，2016 年。
[4] [美] 理查德·加纳罗，特尔玛·阿特休勒.《艺术让人成为人》，2018 年版，第 4 页。
[5] 王一川，主编.《美学教程》，上海，复旦大学出版社 2004 年版，第 71 页。
[6] 朱雯.《从受众调研的角度析文化类节目成功的核心要素》，2019 年版。

作者简介：

赵妃蓉，上海广播电视台(SMG)东方卫视中心高级项目经理。

新媒体环境下，民乐类电视节目的突围与创新

万年华　徐　蓉

提　要：近年来，随着新媒体发展和冲击，我国传统民乐电视节目遭遇重大挑战。由于本身受制于受众单一、表现方式单调、视听传播力度不够等因素，再加上快餐式娱乐的冲击，民乐类电视节目的“转型”势在必行。根据当今社会受众“观看时间的碎片化”“观看场景的移动化”“追求互动性和个性化”的特性，传统民乐要破圈，一定要融入年轻文化、创新试听感受、拓宽传播渠道。本文以大型纪录片《中国乐器》为例，探讨和总结了传统民乐电视节目，如何在新媒体语境下进行创新尝试的经验和教训，比如多种时长的变换组合、叙事剪辑方面的改变，并在保有纪录片的专业与深度同时，深挖“文献”价值，加入“话题性”和“互动性”基因。

关键词：新媒体　民乐类　电视节目　突围与创新

在电视传播领域，传统音乐节目，尤其是民乐类的节目，普遍面临着传播样式老套、视听语言不够丰富、互动性差等问题，大众在缺乏对民乐足够的认知情况下，始终对民乐抱有“土气”“小众”等偏见。这一受限的认知，阻碍了民乐的进一步普及和发展，给中国传统优秀文化的传播和推广也增加了一定的阻力。作为多年来一直深耕于音乐电视节目的媒体人来说，如何让节目在新媒体的语境下，融入年轻文化、创新试听感受、拓宽传播渠道，并让更多的年轻人感知、体验民乐，是我们一直以来不断思考、力图突破的方向。本文着重从如何将节目内容制作和传播形式相结合等方面进行总结，与大家分享。

一、民族瑰宝 新时代传播方式转型势在必行

我国传统民族音乐，具有源远流长的历史，是中国传统文化中重要的组成部分。早在夏商时期，音乐就与礼制、风俗等息息相关，并在历史长河中不断与来自域外的音乐风格融合，形成了独有的民乐体系，承载着中华民族几千年的智慧与文明。

传统民乐的电视节目，多数节目以音乐会、人物访谈、音乐 MTV 等形式出现，原本就受限于受众单一、表现方式单调、视听传播力度不够等因素，处于长期不被重视的窘境。随着互联网技术的迅猛发展，以及社会节奏的日益加快，新媒体随着它的孕育、产生、发展，在内容核心、传播理念、受众认知和视听生态等方面都产生了巨变，对传统媒体造成了巨大的冲击。在日新月异的今天，各种快餐式的娱乐样式，不断冲击着传统民乐的美学内核和受众市场，民乐电视更是遭遇了诸多困境，面临生存空间的进一步挤压，造成进一步的“被边缘化”。

如何在更加具有挑战的新媒介的环境中，发挥出创造力和想象力，讲好民乐的“中国故事”，让民乐的传播突破固有形式和受众，把中国传统文化中的精华展现在国人乃至国际观众的视野中，是一件值得探讨与研究的事情。要化解以上的困境，我们必须在充分研究“新媒体”的特性、了解受众心理等方面下功夫，让音乐类节目在节目形态、表达方式、传播样式上进行转型。

二、新媒体的“新”在哪里?

“新媒体”的“新”是个相对的概念。曾几何时，广播对于报纸是“新”的，之后“电视”相对于广播是新的，进入互联网时代后，个人电脑终端成为接收信息的“新”途径，而移动互联网应用发展成熟后，手机端又改变了传播渠道和方式。我们不知道未来的“新媒体”会以何种方式呈现，但在目前的电视、广播、报纸、网络等共存的媒体环境下，我们可以分析得出现有的“新媒体”的几大特性：

第一，受众观看的“时间碎片化”。由于社会节奏的加快、工作压力的增大，很多观众已经越来越少能有时间或者能安心坐在电视机前，有一个相对固定和较完整的“专属时间”来观看电视节目。原本的“八点档”黄金时间的定义，也基本上只针对老年人等少数群体。年轻群体更多利用“碎片时间”，如排队时间、等人时间、午间休息时间等，观看资讯或娱乐节目。哪怕是在专业度比较高的领域，观众也缺少整块的时间静下心来仔细收看。这一趋势就对电视节目的单集时长、剪辑节奏等带来了新的要求。

第二,受众观看的“场景移动化”。当大众传播的媒介从客厅的电视机,越来越多转向于电脑,甚至更多的是手机、PAD移动端,人就可能在大量其他场景中观看节目,并且可以随时移动。比如上下班通勤路上,比如在咖啡馆、商场等,这就给节目内容提供者带来了新的挑战。因为“移动化”的场景中,虽然“观看节目时间”会增加,但比较嘈杂的环境,容易使得观看者受到外界的打断,原本节目的连续性和逻辑性会受到破坏。而音乐节目还是注重一个“视觉”和“听觉”兼顾的类型。单纯靠移动端媒介,如手机等,节目的“听感”会大幅下降,例如不同乐器的音色特点、演奏技巧等,乃至完整的曲目风格,都不能很好地被体现出来(即使鼓励用户戴上专业耳机,如果在“移动”的环境中,也会带来巨大的安全隐患,并不值得推广)。因此,音乐类电视节目,如何既保留自己在电视平台上播放的优势,又充分借鉴新媒体特色;如何在强化“视”的元素的同时,补足“听”的效果,将会是能否在未来打造出独具特色的个性的关键所在。

第三,也是互联网“新媒体”的核心基因:互动性。如今的受众收视体验,已经不再满足于“你播我看”的单线传播方式,而是发展到“我点你播”(点播类音乐节目)、“你播我评”(音乐综艺类节目)等双向互动。而年轻群体中的“弹幕文化”,更是营造了一种“虚拟剧场”的氛围。通过节目的实时播放,弹幕评论不仅给节目制作者提供了精准的收视反馈,也给同时在线观看的用户形成“我不是一个人在看”的气氛,从而使得观看的兴趣与热度持续保持。

比如,由广东卫视、山西卫视联合制作的音乐竞演节目《国乐大典》就充分利用了新媒体的“互动性”,获得了口碑与收视的双赢。它围绕“中国民乐”主题展开,共有12个乐团的多位国乐演奏高手同台竞技,通过12场器乐比拼,最终获胜的6支乐队登上国家大剧院舞台上演国乐巅峰盛典。《国乐大典》第二季除了电视平台的刺激紧张外,还针对年轻人进行了融媒体矩阵发力,与“YY直播”联合打造“官方线上海选平台”,联合“酷狗直播”开展“国乐大师课”,联合B站打造“国乐那些事”……让更多的年轻人,通过不同的移动互联渠道,感受到国乐的魅力,并且参与其中。

第四,新媒体的“个性化”,体现了观众不再满足于高而空洞的“说教”风格,而是倾向于从细微处、平凡处找寻故事的“触感”。“接地气”和“创新性”成为音乐类电视节目的两大出发点。音乐的传播形式不再那么单一,它可以是一首歌,也可以是一个故事或是其他的任何抽象的东西,比如传递的是一种具有个性化、风格化的精神追求。

比如《这!就是原创》,它与更广泛的原创文化概念结合,在演奏模式、歌曲内核、创作内容等方面进行创新,将音乐创作与传统乐器“中阮”、非物质文化遗产“女书”、折纸艺术、古诗词《离骚》等元素对接,从不同的艺术表现形式中寻找相同的原创精神与人文脉络。

三、传统音乐节目的"转型"如何转?

中国的互联网用户,包括移动互联网群体已经足够庞大,尤其是在年轻人群体上,新媒体比传统媒体具有更大的影响力。新媒体带来的不仅是广泛的收视,而且还会通过后续的"话题性",引发更加具有影响力的传播。

此外,相比电视这样的大众媒介,网络能让信息更快地直通不同圈层的目标用户。电视节目要赢得自身的生存优势,必须借助各种交互手段,让目标用户更直接参与互动,并通过互联网资源和原有渠道的整合,来实现传播效能的最大化。同时通过大数据的分析整合,比如不同年龄、人群的喜好,一线城市、二线城市用户的不同,用户的习惯等数据就可以把线上、线下的群体打通。将全新的媒介技术平台应用到影视艺术领域,对于音乐类节目来说,将获得更好的实时性、交互性等体验,并将获得更大的市场规模,促进音乐文化市场的发展。

总之,在电视传播领域,由于传统音乐节目普遍面临着传播样式老套、视听语言不够丰富、互动性差等问题,在没有更多机会接触到民乐的前提下,大众普遍对民乐抱有"土气""小众"等偏见。要做到打破"曲高和寡"的认知,融入年轻文化、创新试听感受、拓宽传播渠道,并让更多的年轻人感知、体验民乐,改变节目内容的表现形式和传播方式是势在必行。

四、以大型纪录片《中国乐器》为例,探讨民乐类音乐节目创新之路

中国乐器是中华民族的文化瑰宝,凝聚了炎黄子孙的精神,彰显了中华儿女的智慧。然而,面对"中国乐器"这样宏大的主题,在很长一段时间内,业界并未出现一部以此为题的纪录片。大众想要全方位地了解中国博大精深的乐器文化,缺乏一个便捷、直观、生动的渠道。

鉴于此,一档旨在弘扬中国传统民乐,又力求清新有趣、普及大众的系列纪录片《中国乐器》经过数年的筹拍和制作,终于得以与观众见面。有媒体评论:"这部纪录片可以说是第一次系统地梳理了中华民族乐器的历史脉络和当代的发展状况,既富总结性又具开创性。"

《中国乐器》第一季、第二季各有五集,每一集讲述一种乐器,包括古筝、琵琶、二胡、笛子、古琴、阮、唢呐、扬琴等各乐器。片中,不仅有难得一见、极为珍贵的现当代民乐文化资料,还有著名演奏家、教育家对音乐生涯的追溯回忆,以及

中外习琴者对中国乐器的情怀诉说，更有制作翘楚亲手揭开乐器制作的神秘面纱。

《中国乐器》的节目设想，是早在 2013 年 5 月产生的。这一合作源自已故艺术人文频道原总编室主任金建民与上海民族乐器一厂厂长王国振两人对于民乐的爱。他们想联合民乐演奏家、理论家、作曲家、乐器制作师、媒体人等一起完成一档弘扬中国传统民乐的音乐节目。金建民老师很快写出了《中国乐器》的策划书和拍摄方案，得到了王厂长的积极回应。很快，金建民老师组织了摄制组，邀请万年华和季秋英任制片人，请徐蓉、张啸天、金嘉楠、殷青炀任导演，请王小龙老师任监制，开始了艰苦的拍摄制作。

自 2013 年 9 月开拍，摄制组分赴香港、北京、成都、兰考、杭州、余杭、泰州、无锡、江阴等地，采访了数十位演奏家、作曲家、音乐学家、指挥家和制作家，拍摄了大量的珍贵素材。经过精心的剪辑制作和反复修改，第一季于 2016 年 2 月 1 日至 5 日，在上海电视台艺术人文频道首播，并陆续在上海教育电视台、央视音乐频道、央视国际频道等播出。片子一经播出，就好评如潮，赢得业界口碑与收视肯定。第二季也同样经过了 3 年的精心打磨，于 2019 年 6 月 3 日在艺术人文频道首播。

笔者作为参与其中的制片人、导演之一，为数以万计的民乐爱好者、传统文化的拥趸在这部纪录片中找到了认同感和共鸣而自豪，上海音乐学院教授、著名作曲家王建民先生就对笔者表示：他要求他的研究生必须全部看一遍这一套系列专题片作为学习资料，看完后，学生就会对整个中国乐器的历史脉络和深厚的文化底蕴有一个比较全面的认识。笔者在感到非常欣慰的同时，也希望从《中国乐器》的策划、制作过程中，吸取教训、提炼经验，以供参考。

1. 时长灵活，可分可合，根据不同的平台和需求进行调整

整体节目以“季”为呈现方式（每季 5 集，两季共 10 集）。每一集讲述一种乐器（或者一类乐器，如“弹拨家族”“京剧中的乐器”）。单集时长正片为 48 分钟，由多个表现该乐器不同维度的角度组成：比如乐器的渊源故事、乐器制作中的人和事、演奏家对该乐器的认识与运用、年轻人的学琴故事等小段落，每个小段落平均 8 分钟左右。这种既可分拆又可组合的方式，既满足了“碎片化”观看，又能保证片子的完整性、逻辑性和全面性。

2017 年，东方卫视对原有的《中国乐器》进行了新的包装和时长调整，将原有 48 分钟的片子拆分为上下两集，每集 20 分钟左右，并重命名为《人间难得几回闻》，从 3 月 5 日起在黄金时间强势上档，取得了极佳的口碑和收视效果。纪录片播出 5 期节目后，平均收看人数达 255 万人。节目收视率稳步攀升，3 月 6

日至3月9日平均收视率排名省级卫视同时段前三，3月8日播出的《古琴》篇收视排名省级卫视同时段第一。收视分析表明，节目深受高学历、年轻观众的喜爱，高中以上学历的观众在整体收视人群中占比高达67.8%，25～34岁年龄群的观众占比最高，达到25.4%。节目播出后获得观众的广泛“点赞”。（数据来源：SMG官方微信“SMG发布”2017年3月13日公布）

此外，《中国乐器》还制作了15秒、30秒、3分钟等不同版本的片长，分别用于发布会、路演展示会、短视频平台、微信公众号等发布，最大程度吸引对民乐尚不了解的观众围观，从而引导他们进一步观看完整纪录片。（在腾讯视频网站上，可观看到《中国乐器》不同长度的版本，满足不同观众的需要）

2. 小切口、讲故事，采用平行视角

《中国乐器》纪录片的采访和制作，一改以往空洞说教的弊病，而是从尽可能小的切口入手，以民乐人普通的生活作为背景，用娓娓道来的口吻，向观众讲述了这些乐器背后的故事。它展示的不是看上去冷冰冰的乐器制作，也不是枯燥无味的宏大的历史介绍，而是把普通人的故事和情感也融入其中：有我国的乐改先驱、民乐改革家，也有扎根于中国的德国作曲家；有痴迷的京剧老票友，也有传承鼓乐文化的中国鼓王；有走向世界的唢呐名家，也有追寻华夏古音的“阮痴”，更有精益求精的乐器制作大师……乐器制作师们最质朴的制琴心得、演奏者们在舞台上以及幕后的酸甜苦辣、作曲家们为了凸显乐器最美妙的乐音而呕心沥血创作的故事等，每一段都很“贴地气”，都真实展示出其中的苦恼与乐趣，也让观众真切体会到其中的情感。

比如我国著名笛子演奏家唐俊乔，就分享了一段李安导演为了给电影《卧虎藏龙》配乐，与她相识、合作的过程，跌宕起伏，既让观众重温了电影的经典时刻，也了解了幕后的故事。

3. 叙事简洁、剪辑明快，配音年轻化，使得视听风格更有代入感

新媒体环境下，受众年轻化的趋势，使得节目的风格必须改变原有的冗长、沉重，凸显节奏明快、风格轻松的表现方式。片中人物的言语口语化、生活化，解说词不教条、不枯燥，才能吸引年轻人获得更多的共鸣。

“做琴有很多诀窍的，我琢磨了一辈子，不能随便告诉你的哦。”已经年过八旬的古筝制作高级技师、国家级非遗代表性传承人徐振高，至今仍经常回到上海民族乐器一厂指导古筝的制作。老先生一边这么卖关子，一边仍然毫无保留地把“制琴秘笈”告诉了我们，让人不禁感叹老先生的风趣可爱，还真实触摸到了民乐的温度。

除了人物的同期声采访，《中国乐器》不管是在撰写解说词还是配音时，都力求“生活的烟火气”，娓娓而来。片子把乐器本身作为一个有生命、有感情的对象，把片中的人物当作身边千千万万的普通人，展现他们的喜怒哀乐，同时配合明快简洁的剪辑、轻松活泼的音乐，用以增强片子节奏和张力。

4. 大量影像进行抢救性保护，凸显纪录片的“文献”价值

互联网时代的新媒体，尽管让原本严肃的纪录片走向了更大众的市场，具有更大的影响力，但是同时而来的娱乐化倾向也比较明显。节目内容倾向于扁平化、快餐化。如何在适度轻松化前提下，保持纪录片专业与深度，同时保留纪录片（documentary）中最核心的“文献”（document）的价值，是值得我们深思的内容。

“假如民族音乐在我这一代断了层，我们就是罪人、民族的罪人。”这是著名二胡演奏家闵惠芬先生在片中所说的一段话。闵惠芬先生生前患有癌症，先后经历了六次大手术、十五次化疗。在与病魔常年抗争的同时，她义无反顾地走在民乐普及的道路上。从小学到大学，从工地到渔船，即使观众再少，她也要尽情演奏，即使在生命的最后阶段，依然如此。这样有血有肉的内容，让人动容，也让观众印象深刻。

在纪录片制作的6年多时间中，民乐界数位德高望重的大师，如演奏家闵惠芬、何宝泉，民乐改革家张子锐、民乐制作大师王根兴不幸辞世；以及《中国乐器》的策划人，音乐理论家、教育家、媒体人金建民老师等，在纪录片尚未播映完之际，也不幸离开人世。我国国宝级的笛子演奏家、为《中国乐器》的拍摄制作作出重大贡献的陆春龄老先生则于2019年驾鹤仙去。直到生命消逝，他们都仍心系民族乐器，放心不下手头的音乐普及工作。非常幸运的是，我们的镜头记录下了他们生前的影像，留下了他们对于民乐的见解、热爱，也表达了他们的音乐理念和理想。这些影像资料，不管是对于业界研究、继承学习，还是对普通观众的心灵触动，都具有不可替代的意义。

5. 多平台同步播放，加入更多“话题性”和“互动性”基因

《中国乐器》的第一季和第二季，除了在传统电视媒体，如上海电视台艺术人文频道、东方卫视、上海教育电视台、中央电视台音乐频道、中央电视台国际频道等平台播出外，还分别在90后、00后聚集的网络视频平台Bilibili、豆瓣等专业影视爱好者网站，以及爱奇艺、腾讯视频等视频网站、抖音等短视频媒介上播映，效果更是“一呼百应”。上万的中国民乐、传统文化的年轻爱好者在这部纪录片中找到了认同感、自豪感与归属感。

据统计：在B站《中国乐器》第一季，总播放量3.3万次；《中国乐器》第二季，总播放量4.2万次，观众的留言非常感人。纪录片的播放使得观众对民族音乐的认知感和认同感有大幅度提高。

互联网文化强势崛起，传播途径增多，传播格局扩大，受众审美取向发生深刻改变之际，民乐类音乐节目面临严峻挑战，同时也迎接着巨大的机遇。我们作为传统电视人，只有沉下心来，研究新媒体的特性，反思传统电视节目制作中形式单一、内容单调的不足，取长补短，从内容到形式再到价值传播进行创新推进，才能在新的媒体环境下异军突起。

2020年初，新冠病毒肆虐全球，使得全人类都遭遇了前所未有的困境。好在音乐没有国界，音乐从来不是属于一个人的，它可以跨越时空，产生全人类的共鸣与感动。2020年4月12日，在武汉解除封城的第5天，谭盾带着《武汉十二锣》，上演了一场真正的"云上交响"。中国、美国、俄罗斯、日本、保加利亚、法国、韩国、挪威、德国、以色列十国艺术家，于武汉、上海、纽约三地，通过5G技术在线联袂演奏，传递出来自2 400年前的远古声音。

2020年3月，在新技术VR加持，"樱花树下的云音乐会"的尝试也取得了喜人的效果：由SMG广播技术部提供高保真音频收声，东方明珠百视通团队提供专业拍摄与传播技术支持，通过360度VR环绕式镜头结合多机位高清视频直播呈现，将"云赏花"与"云聆听"合二为一，获得极高人气。

类似的民乐节目创新，给传统的民乐节目带来了生机和活力。用音乐连接全世界，带给音乐类节目更多可能性。这些不断涌现的节目样式和节目内容创新，将给传统民乐节目的突破带来新的启发和变革。

结　语

古往今来，当人们研究媒体"本体"的时候，始终离不开媒体所处的"时代性"。如今我们所谈论的"新媒体"，是相对的"新"，是对应目前互联网发展、移动媒体快速发展的时代，今后还可能出现更加多元和创新的"新媒体"。但是，不管媒介如何发生变化，"内容优质化"都是不变的核心。作为媒体人，时刻保持对受众市场的观察与分析，抓住时代的特征，不断追求节目样式创新化、节目内容精品化、节目播映多元化，才是不变之本。相信通过电视制作人的不断反思和突破，对节目内容和样式不断创新，一定可以让音乐类电视节目，尤其是民乐类节目焕发新生，让更多的受众，尤其是年轻人在节目中认识民乐、爱上民乐！

参考文献：

[1] 闫路遥，秦枫.《困境与突围：新媒介环境下民乐创新传播》.《四川戏剧》，2020年02期。

[2] 王绮.《新媒体环境下影视音乐传播研究》.河北大学艺术学院硕士论文,2019年6月。
[3]《解读"中国乐器"文化符码 东方卫视〈人间难得几回闻〉获热赞》.SMG发布,2017年3月13日。
[4] 温静.《纪录片〈人间难得几回闻〉: 以乐为马,追寻中国传统乐器的诗意表达》.《传媒内参》,2017年3月14日。
[5] 吴桐.《传递温暖,谭盾带〈武汉十二锣〉回家》.《解放日报》,2020年4月14日。
[6] 张喆.《樱花树下的云音乐会,上海首次VR技术直播户外音乐会》.澎湃新闻,2020年3月25日。

作者简介:

万年华,SMG上海东方娱乐传媒集团有限公司公益媒体中心大型活动部导演。

徐蓉,SMG东方卫视原上海东方电视台音乐频道编导。

短视频竞争下教育电视节目如何借力发展

余小卫

提　要：近年来，短视频市场呈井喷式发展。2018年，虽然从发展势头上看有所回落，但短视频市场整体仍然以每年平均增长8.8%的速度急剧扩张。短视频市场日益扩张，在年轻群体当中风行一时，在这种情况下，具有鲜明传统电视媒介传播特点的教育电视节目是该与之强强对抗，还是借力直上？若借力又该如何借力？本文对此做了简要分析。

关键词：短视频　教育电视节目　矛盾破局

从快手、秒拍到近年来抖音短视频的出现，各类短视频平台层出不穷，短视频行业呈现井喷式发展态势。由于具有较强的趣味性和可视性、较为丰富的表现形式、多元化的使用场景，短视频节目受到大众欢迎，成为新时代文化市场的弄潮儿。随着教育电视节目收视率的逐步下降，短视频发展迅猛，人们担心传统的电视媒介将失去它所拥有的影响力，并因此影响到教育电视节目的长远发展。因为短视频注重的是人们的一时娱乐，而教育电视节目追求的是立德树人，于是两者产生了明显冲突。本文就新时代教育电视节目与短视频节目的矛盾所在以及如何解决矛盾，如何才能使教育电视节目通过学习短视频的优点，从而实现教育电视节目的借力发展，做一些初步探讨。

一、教育电视节目与短视频节目的矛盾分析

1. 受众群体的重叠。两者主要的传播对象均为青年群体。如今，吸引青年群体是赢得消费市场的一个重要手段。谁赢得青年的青睐，谁就占有先机，在这

种情况下，如果缺乏外界因素介入，那么两者将难以达成共识。因为利益的矛盾，从来就不是轻易可以调节的。对教育电视节目来说，青年群体是国家发展的中坚力量，需要通过一定的教育手段才能担当起建设国家的重任；而对于短视频来说，青年人喜欢猎奇，热衷分享，是短视频市场最大的消费群体，一旦失去这一消费群体，短视频的地位将岌岌可危。因此，二者的矛盾是客观存在的。相比于传统的电视传播渠道，短视频带给受众的是自由和开放，信息的自由选择和自由表达，信息内容的多元化。短视频特征同年轻一代追求自由、开放的特征相符合，当前一代年轻人个性化心理同主体意识更加强烈，因此年轻一代普遍喜好短视频等移动媒体。

2. 传播方式的矛盾。传统教育电视节目主要以固定播出时间的电视栏目为媒介，具有不可逆性，传播速度慢，传播信息少的特点。而短视频可以通过互联网进行爆炸式传播，同时由于短视频录制时间等方面的限制，内容较为单调，但因其所含信息较为集中，短视频相比于传统的电视教育，具有“短小精悍”的特点，用户会反复观看，接受度较高。从这个方面看，短视频确实占有很大优势。而且，短视频软件可以在多个平台上进行使用，没有特定的时间地点限制，建立在互联网发达的基础上，也不需要什么特别的设备，反复循环播放又进一步提高了用户的愉悦感，从而使得用户急剧增加。传统教育电视节目因而短板凸显，相形见绌。依据年轻一代媒体使用者的习惯，教育电视亟待内容形态和服务形式的转型。

3. 内容上的差异。传统教育电视节目，需经层层审批，从选材到拍摄，从审核到播放，每一个环节，都要深思熟虑，审慎操作，公开播出的都是体现社会主义核心价值观，弘扬社会正能量，有利于青少年身心健康发展的优秀作品。而反观短视频领域，这些年出现了不少低俗、庸俗的东西，虽吸引了许多流量，却往往在价值观方面误导青年，产生负效应。若不正视这种令人忧心的现象，就会导致劣币驱逐良币的危险后果。

4. 制作团队专业性的高下。传统教育电视节目由专业的制作队伍制作，并由专业团队审核，分工明确，把关严格，在质量方面更有保障。反观短视频，其理念就是让每一名用户都参与创作，因而使得创作团队的素质良莠不齐，很大程度上影响了短视频的质量，乃至泥沙俱下，乱象丛生。然而让每一名用户都参与创作，增强了自媒体与用户的社会互动，却又是短视频的生机。

5. 审核机制的不同。教育电视节目的审核较为严格，而短视频的把关机制缺失，导致很多低俗、庸俗的东西流入了市场，对传统的教育电视节目造成冲击。当审核机制完善后，由低俗内容等引来的流量不足以影响市场的格局时，也许短视频的地位就难以维持。

6. 互动性与开放性的落差。传统教育电视，存在着信息传播单向性以及节目播出方式单一性的特征，教育受众难以直接同节目制作方进行及时的交流，因而教育受众处于一种被动接受的状态。学生、老师、家长等受众只能被动地观看节目，无法自主地选择播放时间和播放内容，致使播放时间和内容可能不符合主体受众的需求。而短视频，依据互联网的双向互动功能，受众能够依据自己的需求，有选择地观看节目，并且节目制作方和观众能够进行双向互动。传统教育电视节目缺乏互动性和开放性，而短视频的每个用户都期待着与观看者分享自己的喜怒哀乐，表现出高度的互动性和开放性。这在客观上更符合青年人的心理预期，并在一定程度上塑造了青年人的审美爱好，因而进一步导致青年人与传统教育电视节目的疏离与隔阂，使得教育功能削弱与丧失。这方面的差异是由教育电视节目和短视频节目本身特点所决定的，这是传统教育电视节目相对于短视频节目的缺点，但在一定条件下，也可以转化。危机变为转机，关键在于改革与创新。

分析矛盾，是为了解决矛盾，使传统教育电视节目借力发展，让传统教育电视节目在短视频的步步紧逼下，重获生机。

二、教育电视媒介自身优势分析

上述对教育电视节目与短视频节目的矛盾进行了分析，短视频步步紧逼的竞争环境下，教育电视需发挥其自身优势，扩大其教育影响力，下面具体就教育电视媒介自身优势进行浅析。

1. 覆盖面广，投入小，操作简便。

相比较于短视频，我国教育电视发展起步较早，拥有一大批忠实的观众，且当前我国已经拥有省地教育电视台120多个，拥有巨大的覆盖优势和教育资源优势。且在农村等偏远地区，电视的普及率要远远地高于电脑、手机、平板等网络终端设备。学生观看教育课程，只需打开电视机调到特定的教育频道即可。

2. 信息安全可靠，可控性强。

移动社交媒体环境下传播内容出现了多元化趋势，每个人都可能是信息接收端，也可能是信息的采集和发布源，信息传播呈现交互式特点，信息海量增长，内容更加多元化，短视频质量也良莠不齐，短视频中难免会混杂着一些垃圾信息、不健康信息等。而教育电视其专门从事教育服务，内容具备权威性和健康性，其传递的教育信息的安全性和健康性均能够得到有效的保证。

因此，我国传统的教育电视媒介只要坚持自身的优势，扬长补短，完全有机会去打破僵局，迎难而上，化解矛盾，获得新的发展的增长点。

三、传统教育电视节目如何破局？

我们要用新的融媒体的思路来思考这个问题。难道短视频和传统教育电视节目，只是水火不容，只能兵刃相向吗？为什么传统教育电视节目不能借助短视频的特点取长补短呢？短视频作为一种传播媒介，在现代社会也是传播知识、传播信息的媒介，同样可以作为教育手段发挥育人引领功能。倘若能把短视频与传统教育电视节目结合起来，将教育节目变得更有趣、更接地气，就可以真正使其成为树德育人的有效工具。教育电视作为传统大众传媒之一，其在远程教育中发挥着不可替代的作用，随着网络信息技术的发展，教育电视应该加快同短视频等新媒体合作、整合的步伐，从而为教育电视带来新生。教育电视媒体人，既不必因唱衰者的妄论而失去信心，也不必因转型难度之大而气馁，努力转型、做强、做大，发展成为新一代的平台媒体。

1. 明确节目风格，打造个性化节目。分众化时代，短视频更加受到群众的喜好与短视频个性鲜明有突出关系，为此，教育电视应该对受众进行详细的市场调查，确定节目的特色，进行创新型发展，以此来吸引观众。教育电视承担着教育引导作用，教育电视的个性化和特色化并不是随心所欲的，必须符合教育电视的教育引导定位，在此基础上创新电视节目的思想内容、形态方式和包装样式等，提升受众的忠诚度。教育电视的个性化和特色化是建立在实用性的基础上的，要为受众提供其需求的信息，例如，高考是社会关注的热点，在高考期间可以开设高考节目，向考生和家长宣讲最新的招考政策、信息等，并通过微信、微博等耐心、细心地回答考生及其家长的问题。

2. 挖掘传统教育节目中优秀作品的内涵，并融入流行元素。很多传统教育节目并不缺少内涵，却没有什么年轻人参与，缺乏新鲜血液的注入，这是为什么呢？原因就在于表现形式陈旧，年轻群体所追求的有趣、好玩等特点缺失。所以，应该要更深入地发掘优秀传统节目中的文化内涵，并与时代元素结合，使青年群体易于接触、乐于接受。教育电视在注重科学性和准确性的基础上也应该提升趣味性和吸引力，满足受众的好奇心。《我在故宫修文物》就是一个很有说服力的样板。通过纪录片的形式，讲述了故宫文物修复师的故事，充满正能量，同时又非常接地气，表达方式接近短视频，让年轻人听得懂、喜欢听。因此，这部纪录片的爆红也就不足为奇。

3. 传统教育电视节目可以借助短视频平台和各大社交平台传播。传统教育电视与青年人产生隔阂，一定程度上与短视频平台更吸引年轻人的关注不无关系，若传统教育电视节目能够借助短视频平台传播主流价值观，使之受到青年人的关注，从而体现出自身在道德教化方面的独特作用，何乐而不为？利用好“两微一抖”三大平台，一定程度上可以弥补传统教育电视节目在开放性和互动性方面的不足，转劣势为优势，变被动为主动，方能凸显其独特的优势。例如，教育电视可借助“两微一抖”三大平台来实现与受众的双向互动，开通微博、建立微信公众号，加强交互式评论，注重收集和应用观众的意见和建议，并对观众的意见建议及时进行反馈，从而实现教育电视的创新型发展。

4. 传统教育电视节目要利用好政府给予的政策优惠，借此引导短视频平台的流量优势为自身服务。在传播快餐化、碎片化的时代，传统教育电视节目的生存受到威胁，所以应该用好用足政府的政策红利。目前政策上对传统电视包括教育电视具有一定的政策优惠和保护措施。教育电视节目应该珍惜并善于利用，不但在传统电视阵地，同时也要在短视频平台，利用精良的制作团队制作出优质节目，借助短视频平台的流量，做好自己的正能量传播。

5. 传统教育电视节目要积极转型，奋发作为。国家对传统教育电视节目的支持是一方面，而另一方面还需要传统教育电视节目自己有所作为，不断创新。要积极调整自我，与时俱进，调整表达方式，使得传统教育电视节目更易为人理解，让大众喜闻乐见。同时不能拘泥于表现形式，不能因为与短视频有差异，就拒绝短视频使用的互联网媒介。凡是不利于传统教育电视节目发展的因素，都要引起管理者的高度关注。更进一步地说，传统教育电视节目身负的重担，远比短视频要重得多，因此所需要担当的风险和挑战也远比短视频多。尽管短视频可以风行一时，但长久来看，传统教育电视节目有着深厚的内涵积淀，更能抵得住风吹浪打。因此一方面要深化内涵，提升品质；另一方面积极吸取短视频发展的经验教训，积极转型，以他人之长补自身之短，以求适应时代发展大势，满足当代受众新需求。短视频具有信息量大、短小精悍、简洁大方的优势，传统教育电视要改革创新呈现形式和播放形式。

6. 传统教育电视节目要充分借助立德育人方面的优势，四两拨千斤。教育是一个严肃的话题，作为官方的教育媒介，教育电视节目必须注重其权威性，传统教育电视部分兼有国家宣传正能量的职能，这在一定程度上决定其相对于其他节目具有独特的发展优势。同时青年是传统教育电视节目的主要受众，青年的成长需要有积极向上的能量激励。因此，传统教育电视节目还有很大的发展空间，可以立足当下，找准定位，找好支点，稳守堡垒，积极进取，充分发挥立德育人的重要功效，从而做到任尔东西南北风，我自岿然不动，并借助集聚青年的短视频平台，将自身的优势演进为胜势。

7. 教育电视要结合时代变化的趋势，打破短视频主导的“流量为王”，呈现“内容为王”的态势。在短视频的步步紧逼下，教育电视要发挥其优势，要坚持“内容为王”的原则。教育电视要想突破重围还需要优化内容，以扩大受众范围，提升自己的竞争力。过去，收视率被用于评判节目的质量好坏。今天，“流量为王”似乎成为一种新的评判标准，然而这种标准也受到各方诟病。教育电视包括整个电视传媒行业应顺应时势，勇敢站出来转变“流量为王”的错误观念，引领“内容为王”的正确观念。通过节目的高质量来吸引用户，以宣扬社会主义核心价值观与文化科学知识为目的，高举社会主义现代化旗帜，讲好中国故事，让传统教育电视节目成为中国青年成长历程中的贴心人、知心人。

8. 合理编排节目，实现节目资源的优化配置。在融媒体背景下，面对短视频等众多新媒体的竞争，教育电视应该合理地配置接租资源，从而取得最佳的效果。电视频道应该划分其第一、第二、第三……黄金收视时间段，并基于此编排节目，例如在上午时间，可以播放健康养生等相关节目，开发一个老年受众的收视高峰，向老年人传播健康生活理念；晚饭后可以播放一些教育类的动画片或者是科技拓展类的节目，锁定孩子们的视野，实现寓教于乐。

同时，要保护好优质内容提供商的知识产权，保护好创作者的创作热情，在全社会引导尊重原创的社会风气的形成，加大对违法、违规行为的处罚力度。保护好原创者的合法权益，让原创者得到尊重，持续创作，才能为市场提供优质的文化节目。

结　语

教育电视不仅起着党和政府联系人民群众的作用，同时担负着向全社会实施教育的重要责任，其地位不可替代。短视频的快速发展给教育电视带来了一定的冲击，教育电视应该迎难而上，进行创新性发展，以更好地发挥自身的教育力量。社会各界要共同发力，营造良好的文化市场环境，同时传统教育电视节目要积极调整发展战略，取他人之长，补己之短，借鉴短视频发展之长，创新创优，更上一层楼。教育电视应该加快同短视频等新媒体的融合发展之路，同新兴媒体进行融合，并不断发挥自身的优势，办出特色、办出个性，走专业化和精品化的发展道路。

参考文献：

[1] 高燕.新媒体时代短视频营销模式的反思和重构——以抖音短视频平台为例[J].出版广角，2019(08)：62－64.
[2] 范霖.新媒体时代短视频传播的特点及应用启示[J].新媒体研究，2018，4(12)：113－114.

[3] 陈慧欣.以抖音短视频为例探讨新媒体时代短视频 App 的风靡[J].传播力研究，2018，2(22)：87－88.

[4] 王晓东.浅谈新媒体时代短视频传播的特点及应用启示[J].中国传媒科技，2018(09)：37－38.

作者简介：

余小卫，上海教育电视台专题部责任编辑。

试论少儿电视媒体在基层治理新格局建设中的作用

徐　斌

提　要：党的十九届四中全会通过的《中共中央关于坚持和完善中国特色社会主义制度、推进国家治理体系和治理能力现代化若干重大问题的决定》明确提出："社会治理是国家治理的重要方面。必须加强和创新社会治理，完善党委领导、政府负责、民主协商、社会协同、公众参与、法治保障、科技支撑的社会治理体系。"

媒体在基层社会治理新格局的建设中可以发挥什么作用？主流少儿媒体结合自身的转型又可以在哪些领域协助政府加强基层治理？本论文将以哈哈炫动卫视运营望江驿08号家庭会客厅主题活动空间为案例，对上述问题进行探索，并希望通过哈哈炫动卫视的实践为未来少儿主流电视媒体的转型发展提供参考。

关键词：少儿媒体　转型发展　基层治理

2018年，为贯彻落实《上海市城市总体规划（2017—2035年）》建设"卓越的全球城市"这一目标，浦东新区在黄浦江沿岸每隔1公里建造了22座望江驿作为市民和游客休憩的公共空间。2019年底，哈哈炫动卫视受上海市浦东新区妇联委托实施了望江驿08号家庭会客厅活动空间（以下简称"望江驿08号"）主题化改造工程，并承担2020年的运营工作。作为面向公众打造的家庭服务阵地，望江驿08号的主题化改造紧紧围绕基层社会治理的基础单位——家庭展开，它以"和美家庭会客厅"为主题，提供包括亲子家庭服务、最美家庭展示、女性服务在内的阵地化服务。

哈哈炫动卫视作为主流少儿电视媒体，具备以亲子家庭为对象的媒体服务经验，频道的《欢乐蹦蹦跳》等栏目都是沪上亲子家庭领域里的经典品牌。随着媒体发展环境的变化，如何借助不同的阵地保持经典栏目品牌的影响力并探索新的内容发展模式，成为频道转型发展的重要课题。在此过程中，哈哈炫动卫视以运营望江驿 08 号为契机，开启了切入基层社会治理领域，实现媒体服务转型的实践。本研究将以哈哈炫动卫视运营望江驿 08 号为案例，探索主流少儿电视媒体在媒体转型过程中助力社会基层治理能力提升的方式、意义和未来方向。

一、方式：望江驿 08 号运营过程中的少儿电视媒体转型尝试

众所周知，随着媒体发展环境的变化，少儿电视媒体也面临着极大的生存压力：一方面是电视整体用户受新媒体影响大量流失；另一方面是内容传播形式和传播效率与受众需求产生了距离。如何抓住加强和创新基层社会治理的契机，推动媒体服务能力的多元化和全面化提升，已经成为少儿电视媒体转型发展必须思考的问题。

2019 年，哈哈炫动卫视受浦东新区妇联委托，承接了望江驿 08 号的主题化改造工作，并成为以望江驿 08 号为基地的基层治理创新实践阵地的运营者，哈哈炫动卫视尝试通过多元化媒体服务方式，推动自身在媒体转型上的发展。

1. 转型方向：以家庭为服务对象

媒体转型的基础是基于其自身传播能力的服务能力多元化，但是，如果脱离开自身服务对象，那就会成为无本之木，转型发展的成功概率就会小很多。

基于这样的思考，在承接本项目之初，哈哈炫动卫视首先判断了项目本身与媒体转型方向的一致性问题，在明确了望江驿 08 号的服务需求之后，以家庭为切入口，确定了两者方向上的一致性。

为什么家庭会成为哈哈炫动卫视在此项目上转型的突破口？笔者分析原因有如下三个方面：

（1）家庭是社会治理体系中最基层的单位

家庭是社会的基本细胞，良好的家教家风对加强和改进基层社会治理有着重要的作用。家庭建设在教育引导家庭成员自觉履行法定义务、家庭责任的同时，还承载着独特的社会功能，能辐射影响周围人的思想观念、处事方式和品格修养。习近平同志强调："不论时代发生多大变化，不论生活格局发生多大变化，我们都要重视家庭建设，注重家庭、注重家教、注重家风。"党的十九届四中全会明确指出，要"注重发挥家庭家教家风在基层社会治理中的重要作用"。在笔者对望江驿参与者的成分调查中，家庭的比例高达 80%，其中 95%的家庭是有子

女家庭。

(2) 家庭是少儿电视媒体服务的主要受众对象

顾名思义，少儿电视媒体的服务对象是少年儿童，而家庭又是少年儿童使用媒体和成长的主要环境，这种高度的重合性确定了少儿电视媒体在家庭场景中的重要性，因此，少儿电视媒体诞生以来，以家庭为服务对象一直是其在内容创制和传播策略领域的重要方向。2017 年，哈哈炫动卫视在制定新阶段频道发展策略的时候明确提出了“有家有哈哈”的口号，这也意味着，服务广大少儿及其背后的家庭，已经成为主流少儿电视媒体的基本发展策略。根据哈哈炫动卫视自身的受众调查，2019 年的受众数据显示：25～44 岁的家长收视群体已经占到哈哈炫动卫视的 46%，频道已经形成祖父母、父母、青少年三代陪伴收视的受众格局，“家庭”已经成为频道收视的主力模式。

(3) 媒体是家庭参与基层治理新格局建设的纽带

家庭在参与基层社会治理的过程中要发挥重要作用，必须在提炼家风内核、树立家庭典型、引领社区建设三个领域有所建树，而少儿电视媒体的内容生产属性、信息传播属性以及党性特点正是助力基层社会治理组织和机构实现上述功能的推动力。依托少儿电视媒体的策划能力、传播能力和引领能力，家庭既可以获得参与基层社会治理的展示平台，更可以成为基层社区治理中的活跃因子，推动治理能力的提升。在对望江驿 08 号活动参与者的调查中，当被问及“参与活动的主要原因”时，59%的选项为“希望通过媒体活动的参与锻炼孩子的能力”，由此可见，媒体独特的教育和活动功能已经成为激活家庭参与基层活动的重要因子。

2. 转型方式：从内容到服务

区别于其他单纯的传播项目，望江驿 08 号的运营集环境改造、日常运营和媒体传播于一身，是典型的从内容到服务的媒体转型发展模式，它将线上的优势转化为线上线下结合的优势，将受众服务与社区服务相结合，突出媒体在议题设置、活动组织和主流传播上的优势。

(1) 议题设置：以基层治理创新为核心诉求的主题化服务

望江驿 08 号原来是一个普通的游客居民休息空间，根据浦东新区妇联阵地建设上的需求，哈哈炫动卫视发挥在家庭传播和活动领域的优势，将“家庭会客厅”这一理念导入物理空间，通过室内功能空间的划分和设置，创设了一个适合家庭活动的主题空间，有效地将妇联这一群团组织在基层社会治理领域的引领需求落到实处。其中，会客区域导入电视采访等形式，成为其展示最美家庭等先进典型的功能区域，阅读区导入亲子阅读概念，成为其以阅读为核心的儿童友好社区实践阵地。通过这样主题化的设置，哈哈炫动卫视有效发挥了自身作为媒体的议题设置能力，提升了普通休息空间的格调，成为展示浦东新区基层治理能力创新的一个缩影。在笔者的调研中，70%的受访者认为“改造后，望江驿的功能更为完善”。

(2) 活动组织：以媒体内容创制能力为核心的衍生服务

从之前分析看到，媒体在参与基层社会治理的过程中，主要起到的是一个纽带作用，而其核心的做法是以媒体的内容创制能力为基础，针对不同的治理能力提升需求进行定制化的活动开发，从而既满足妇联等群团组织价值引领的作用，更有助于媒体在此类服务中获得能力的提升。

举例而言，作为自治形式的一种呈现，家庭会客厅的阅读区采用居民、组织自发设计、自发捐书，自我管理的形式。为了实现这一功能，哈哈炫动卫视导入《欢乐蹦蹦跳》栏目，以亲子绘本阅读为活动载体，吸引广大群众和机构参与，不仅很快解决了图书来源问题，更为此处的主题阅读活动提供了丰富的主题导入，诸如主持人共读“四史”绘本、0～3 岁亲子绘本阅读指导等。通过每周送活动到望江驿的形式，将家庭会客厅的亲子阅读氛围提升到了新的高度。在这一过程中，《欢乐蹦蹦跳》自身的内容创制能力也得到了提升，丰富了节目的层次，满足了广大观众通过电视屏幕获得并分享育儿经验的需求。

(3) 立体传播：以不同用户为对象的传播服务革新

传播能力的提升，是此轮媒体融合发展过程中亟待解决的问题。传统少儿电视媒体转型也不例外，一方面需要增强自身除电视以外传播能力的建设，另一方面也需要依托多种传播形式来增强电视媒体在典型宣传上的影响力优势。因此，加强既能满足电视需求，又能满足网络快速传播的复合传播能力建设，成为哈哈炫动卫视在运营望江驿 08 号项目上的探索方向。

以《作文小镇》栏目和望江驿 08 号的合作“家在浦东”项目为基础，哈哈炫动卫视既在现场布置电视录播机位，更搭设了直播系统，完成了直播＋录播模式的前期制作模式改造。实际运营的效果显示，这样“先直播后制播”的模式，既能满足受众对活动即时传播的需求，也可以为节目提供电视级播出标准的素材供给，是符合未来少儿电视媒体顺应网络传播时代的一种生产和传播方式。

3. 转型效果：多维度能力的提升

媒体转型并不能一蹴而就，在本案例中，望江驿 08 号的运营已经持续半年多的时间，其间也遇到了疫情的影响，但是，从笔者进行的调查看到，本项目的执行，一方面提升了哈哈炫动卫视与政府、群团之间的协同，另一方面，也提升了线上线下能力的系统提升，有效地拓展了媒体栏目的宣传渠道、积累了线下阵地运营的经验。

根据笔者进行的调研显示，80%的受访者认为，改造后的望江驿 08 号更能体现还江于民的治理理念，体现了浦东滨江作为世界级会客厅的重要城市功能。而对于媒体的品牌影响力而言，望江驿 08 号的运营带来的效果也是正向的。在接受调查的用户中，86%的用户表示，将通过电视更多地观看哈哈炫动卫视的节目内容；50%的用户表示，通过望江驿首次了解到了哈哈炫动卫视，会持续关注频道的发展。

二、意义：少儿电视媒体基于社区基层治理需求进行转型的意义

党的十九届四中全会《决定》提出的“构建基层社会治理新格局”，这既是对少儿电视媒体服务基层治理能力提升提出的新要求，更是推动少儿电视媒体健康发展的重要机遇。

1. 少儿电视媒体的参与有利于将党的领导落实到基层社会治理中

构建基层社会治理新格局，需要把党的领导贯彻到基层社会治理全过程，提高党的政治领导力、思想引领力、群众组织力、社会号召力，寻求社会意愿和诉求的最大公约数，不断满足人民日益增长的美好生活需要。而作为党领导下的少儿电视媒体，一方面具备了对党的基层社会治理工作政策的理解能力，一方面更拥有对以少年儿童为主要对象的家庭用户的专业工作能力，它的参与，有助于将党的政策宣传好、党的决策执行好，从而确保基层社会治理中党的绝对领导地位。在笔者的调研中，“四史绘本阅读”“我的会客厅我来当主人”等活动因媒体的组织，成为望江驿 08 号举办的活动中最后欢迎的前两名。

2. 少儿电视媒体的参与有利于推动基层群众自治能力和水平的提升

自治是基层社会运行的重要方式和依托，是基层社会充满活力的重要源头。加强和创新基层社会治理，必须充分发挥基层群众自治的积极作用。在上海这样的特大城市里，自治能力的提升主要表现为健全社区管理和服务机制，推行网格化管理和服务，发挥群团组织、社会组织作用。而少儿电视媒体可以通过加强与群团组织、社会组织的合作，成为推动基层自治形式创新的推手，通过丰富多样的活动，强化家庭在自治能力建设中的积极作用。

在望江驿 08 号的运营中，哈哈炫动卫视作为区妇联和街道的合作方，主动

做好各类活动的品牌设计和导入工作，并积极协助第三方机构进行活动的设计，提升其活动与场地的匹配度，对群众的吸引力。举例而言，在四史绘本阅读活动中，哈哈炫动卫视作为民间亲子阅读积极分子“故事妈妈”的助手，为其提供用户导入、现场氛围等方面支持，并利用欢乐蹦蹦跳栏目的影响力营造绘本阅读氛围，有效提升了空间活动的参与度，吸引了包括周边党群组织、群众个体的参与。

3. 少儿电视媒体的参与有利于增强德治在基层治理能力创新中的作用

在加强和创新基层社会治理的过程中，德治和自治一样重要，而要发挥德治的作用，需要发挥道德在规范人们行为、调节社会关系中的重要作用，加强社会主义核心价值观的宣传和普及，发挥道德榜样的示范作用，凝聚社会正能量，营造崇德向善、见贤思齐的良好社会氛围，依靠德治预防和化解社会矛盾。在此过程中，少儿电视媒体一方面可以树立以家庭为核心的典型案例，另一方面，以少年儿童为主要对象，通过对他们的道德教育，推动社会治理中良好家风的形成，让少年儿童成为弘扬时代家风、传承核心价值观的主力军。

在望江驿 08 号的运营中，哈哈炫动卫视发挥自身作为主流少儿媒体的导向作用，将核心价值观以儿童可以理解的方式呈现在空间活动中。举例而言，在向少年儿童讲述四史的过程中，欢乐蹦蹦跳栏目组将中国家庭传统的团圆理念融入建设者“弃小家为大家”的理念中，在望江驿 08 号向他们讲述浦东开发开放的背景故事，有效地将历史普及和经典绘本进行了结合，完美地完成了在家风传承中推动四史学习的目的。

三、未来方向：抓住社会治理现代化的脉搏

站在基层社会治理创新和媒体改革发展交会的路口上，来看哈哈炫动卫视运营望江驿 08 号，这不仅是少儿电视媒体贯彻落实党中央发展重大战略的重要举措，更是顺应基层社会治理创新需求的一次突围，要完成这两项任务，需要频道在未来的发展中从观念、流程、人才上进行更为大胆的尝试：

首先，提升媒体服务的意识，主动顺应基层需求，提供更为多元的服务产品。实践证明，凡是受到人民群众欢迎的产品，就是具有生命力的产品，因此，少儿电视媒体必须以人民的需求为出发点，提升服务能力的多维度建设，形成线上线下的能力供给，为老百姓提供喜闻乐见的公共服务产品。

其次，创新媒体制播流程，形成满足网络时代受众需求的创制播流程。5G 的普及发展，催生了移动媒体的发展，直播带货的火热，也转变了媒体内容生产

模式。面对像望江驿 08 号这样的综合场景，在创意上的提前、制播上的双模，已经成为少儿电视媒体转型的标配。

最后，复合型服务人才队伍的打造，有效扩展了少儿电视媒体队伍的生存空间。望江驿 08 号集公共场地管理、志愿者管理、媒体服务等多种运营于一身，需要频道组成由不同专业人士形成的服务队伍，也需要制播团队主动转型，提供综合性的服务。

结 语

传播能力的提升，是此轮媒体融合发展过程中亟待解决的问题。传统少儿电视媒体转型也不例外，一方面需要增强自身除电视以外传播能力的建设，另一方面也需要依托多种传播形式来增强电视媒体在典型宣传上的影响力优势。因此，加强既能满足电视需求，又能满足网络快速传播的复合传播能力建设，成为哈哈炫动卫视在运营望江驿 08 号项目上的探索方向。望江驿 08 号在提升媒体转型能力的同时，也因为少儿电视媒体的运营，成为广大基层群众进行自我管理、自我宣传、自我提升的重要阵地。

本次研究聚焦基层社会治理新格局下的少儿电视媒体发展，由于笔者水平的局限，一定存在许多不足之处，希望通过这一问题的提出，抛砖引玉，和业界共同探索媒体在基层社会治理创新中的新办法、新模式，为媒体转型发展和满足人民群众对美好生活的向往做出更多有益的尝试。

参考文献：

[1] 许晓东，《加强和创新基层社会治理》http：//www.xinhuanet.com/politics/2019－12/17/c_1125355569.htm，2019 年 12 月 17 日。

[2] 郭全中，《未来媒体融合可能会成为治理体系和治理能力现代化的一个重要抓手》https：//baijiahao.baidu.com/s？ id＝1650853627328632742&wfr＝spider&for＝pc，2019 年 11 月 22 日。

作者简介：

徐斌，SMG 上海炫动传播有限公司办公室副主任。

从核心化荧屏节目到多场景化产品矩阵的探索和思考

——以《全能脑力王》品牌项目为例

李　音

提　要： 本文以传统少儿电视节目团队实践媒体融合发展为例，论述坚持以高品质电视节目为核心，充分发挥电视媒体平台的优势；基于内容和场景，形成有价值的产品矩阵，实现产品、服务和转化率三者之间的有效联动；基于自身优势和产品特性，寻找和打造能高效串接多场景的核心产品；通过项目磨炼和培养团队系统作战能力，形成难以复制的系统性优势等观点，希望借此能够引发青少领域对于融合媒体发展的进一步思考和探索。

关键词： 电视媒体　科创教育　产品矩阵　核心产品　系统能力

《全能脑力王》是哈哈炫动卫视立足于电视媒体平台的特点，全力打造的针对 K12 青少年群体的科创电视大赛及科创教育产品的品牌项目。坚持以打造青少年科创电视赛事为核心，以媒体融合发展为导向，以满足受众真实需求为目标。尝试通过自主开发课程及纸模系列产品，实现线上线下课程培训以及海外游学营等落地实践，希望能在品牌优化的过程中，逐步探索产品内容的市场化及营利模式，深度实践融合媒体发展之路，在不断的学习和思考中获得成长。

该项目的核心电视节目荣获国家新闻出版广电总局多个一等奖项，同时得到国际认可，获第 23 届亚洲电视节“最佳少儿节目”，并落地美国制作与播出。2019 年获邀参与在瑞士洛桑进行的世界科学记者大会并进行节目模式推荐。

《全能脑力王》项目发展的背后，是在新的媒体态势下，对品牌、产品、受众三者之间转化关系的重新审视和定义，是一次以电视节目为核心，与科创教育产品融合媒体发展的有效探索和尝试。

一、高品质的电视节目依旧是打造品牌的出发点与核心

在近200集的电视节目制作播出中，在做好高质量的电视节目同时，我们需要重新确认的是：电视应该如何在整体产品矩阵中发挥其独特优势？

首先，我们必须认识到，随着时代的发展，电视对于青少年及其家庭而言的影响力正在逐步递减，观看电视的需求也随之不断下降。但是通过项目实践我们也发现：出于成长期的特别需求，“上电视”“练胆量”“增自信”和“留下美好记忆”，依然是当前大部分青少年及其家庭的刚需；其次，电视的公信力相较于其他媒体依然有着明显的优势，而以公信力为基础，电视在融合各方优质资源方面，依旧拥有着得天独厚的优势；最后，由于经过了多年电视节目制作的磨炼，团队在视频制作、活动组织的综合专业度和整体成本控制上，也具有相当明显优势。

那么，在产品矩阵中怎样才能把电视的核心优势发挥到最大呢？是专题类的节目还是杂志型的风格？在不断尝试和总结的过程中，我们渐渐发现对于青少节目而言，权威大赛类的节目是发挥电视优势的很好选择，因为它权威性强、体验感好、参与者收获多，自然会吸引大量的参与和关注。

那么，优秀的、能真正起到发挥优势作用的权威大赛类节目又必须做到哪几点呢？通过多次与专家、学校、参与者的沟通及实践，渐渐梳理出：专业、真实、团队的展现和电视化这四个关键词。这里的专业是指，赛题的专业化和系统化，是指现场评审注重过程和结果的结合，深度结合和体现了教育的意义；真实，是指确保赛题的未知和材料的未知，只有在参赛者到达指定的操作室后才会揭晓，并被要求在规定时间内独立完成所有任务，并通过镜头真实下记录队员们令人惊讶的作品、令人赞叹的创造力和想象力，是公平公正公开的最好体现；团队展现，是指不同年龄的队员组成战队，在“真刀实枪”的校际对战中，展现风采，是青少年特有的热血气质的凸显；电视化呈现，是指严格遵循电视节目的制作逻辑，充分利用大型的场景和道具营造的氛围，对队员们的亲身体验做真切描述，是电视本质的最好呈现。在项目实践的过程中，我们越发觉得优质的电视节目是能在逐步形成品牌的过程中，同时解决与受众之间的认知度、喜爱度和信任度的问题的，但是在实践经验之上，我们是不是能够找到新的突破口呢？比如真人秀的融入能否将过程的记录更生动，能否将少年们的形象更立体化？当少年的形象立起来了，是不是传递出的力量会更加超乎想象，这些问题时刻提醒着我们团队不断思考，什么是真正的电视优势，我们希望可以在探索和学习中找到答案。

二、优质内容与场景体验组合是媒体融合发展新态势下拓展青少年学习成长空间的必经之路

一个好品牌的意义在于它的所有产品能够在受众工作、学习和生活的不同场景里被触达，且与受众形成较深的关联。很显然，单凭电视节目的内容是无法成为各种场景里适合青少需求的产品的。

我们先来了解一下，究竟什么是场景，对于青少年来说是一个课内学习空间？还是家庭生活空间？这些其实只是“景”，虽然看见了经过了，但对于产品来说是无效的。真正的场景，应该不是时空的概念，而是意愿的强化和教育。所以，我们觉得用心打造“场”是尤其重要的，“场”是情绪和情感的氛围体现，是人与内容、与景互动以后产生的神奇的化学反应，有喜欢有不喜欢，有兴奋也有沮丧，但是合适的“场”的营造，一定能在不同的场景里创造出不同的转化率。

青少年的学习生活涉及方方面面，还有很多场景正在等待我们去发掘和研究。大致来说，我们当前可以关注到的场景有：校园生活、课外学习、家庭生活和假期生活等。而对于电视受众来说，当孩子们从电视节目中了解、认识和喜欢上《全能脑力王》之后，如果能积极参与到项目中去学一门科学课程、去一次海外游学、参与一次主题活动、买一套科学动手玩具，其实从深层次来说，就是满足了一种特定场景的需求：周末的科学课程，满足的是孩子们课外兴趣学习的场景需求；暑期的游学营，满足的是孩子们假期体验的场景需求；系列化的、科学知识学习结合动手能力训练的纸模玩具，满足的是孩子们游戏和动手的场景需求；不断开发的线上课程，满足的是孩子们新兴的、更加便利的个性化学习的场景需求。

无论是做线上线下课程、科学玩具、游学营，还是组织大赛活动，都需要把产品还原到场景里面去，看看是否能触发用户的情绪、顺应用户的意愿。学习用场景来定义产品的核心，就是要学会更加了解用户，打动他们内心真实的需求，与他们的情绪和情感产生互动。

从一档电视节目开始，逐渐形成的产品矩阵其实是一整套青少年科学学习场景产品解决方案，节目只是其中的一个单元。那么对于青少年而言真实的场景是什么，我们能通过怎样的路径和方法去不断地发现？面对越来越个性化的成长模式，如果不再有一致的场景，我们怎样在场景的打造上也能服务于个性化？个性化的场景能否与个性化的产品形成统一，或者应对个性化的场景有可能出现大家都觉得好的产品吗？新的时代不断出现新的变化和新的挑战，特别是青少年的学习生活方式已经发生了巨大的改变；而我们自己也在不断接受从

节目到产品，从单一媒体到多种媒体，从统一场景到多样场景的挑战。只有打破固有，敢于试错，不断实践和总结，才能使产品矩阵在品牌属性的基础上日渐丰富和完整。

移动互联时代，产品、服务、转化率三者不是割裂的。以场景需求为核心，在产品策划、设计、制作的同时，推进服务的细化方案及转化率实现方式，并不断迭代进化提升转化率。只有这样，三者才能形成有效互动机制，产品才能赢得用户越来越多的青睐，项目才能在高转化率中健康成长，并最终有效实现不断提升的用户价值和品牌影响。

三、打造核心产品是品牌在市场上实现价值的关键

面对当前充分竞争的市场，取得领先的关键在于提升效率。只有能够站在战略的高度，有目的地、巧妙地充分发挥自身独具的核心优势能力，才能更加高效地实现品牌的市场价值。

我们如果把项目中的每一个场景描述成一个封闭的圆圈，那么多个场景就形成了一组各自独立、彼此没有联系的圆圈群，能否找到一个核心产品（所谓破圈产品）可以将貌似独立的场景串接起来，也就是在各个不同圆圈里都能实现价值，这样就能打破封闭的场景边界，从而实现相关场景的联动效应，有效降低整体的运营成本，提高投入资源的利用效率，从而真正形成自身独特的市场竞争力。

以《全能脑力王》为例，是从优质电视节目属性出发的，在公信力、活动组织和视频制作能力方面有较强优势，特别是我们所在的少儿频道长期对青少年对象的了解和合作积累，能够更加深刻地理解：在围绕青少年学习、生活的各个场景中，即便是寓教于乐，都有教育的属性和需求在其中。所以，我们认为电视台出品，有品质保证的视频化课程产品可能会是一个可破圈的产品存在。

通过我们的自身实践，不管是海外门萨游学营还是线下科创种子营的培训，虽设计很用心、营销努力、推广宣传卖力，但转化并不好，没有形成规模。但是科学盒子的纸模产品，却在转化销售上屡创佳绩，这是为什么呢？

除了能够客观看到的产品设计好、性价比高等原因，更深层的原因是科学盒子产品本身就具有破圈能力。权威的电视台公信力背书、优质的全能脑力王品牌输出、高质量的视频课程为基础，再加上动手实践的能力提升的产品核心点设置，从产品设计到内容搭建都实现了破圈的能力。视频课程不仅满足了课外学习的场景需求，更是破圈辐射至游戏场景的需求，而寓教于乐又是青少年游戏场景里最易被接受的状态；纸模搭建模型，不仅满足了课外游戏场景，因其在设计

中充分体现科学及工程的教学目标和体系，直接破圈拓展了课外学习的场景需求。场景的破圈融合，大大提升了市场需求，而破圈的另一种意义在于，无论是一线精英中产家庭，还是二三线普通家庭，每个家庭在培养孩子科学思维和动手能力上都有共同需求，是一个具有普遍性问题，这已成为每个孩子在成长中必须掌握和拥有的基本能力。每一个圈的边界在哪里？能否通过更精准的调研和数据分析去形成更多的圈？如何才能做到不再跌跌撞撞而是有目的地去设计破圈产品？只有将内容能力不断创新融合，才能让产品有满足更多用户的可能，我们必须不断地去思考和实践自己的创新之路。

四、打造团队系统能力是实现市场价值的保障

团队能力多种多样，与传统电视制作团队不同，在品牌实现市场价值的过程中，只有团队的系统能力才是最有力的保障。不同场景不同产品，每一次产品推出以后都需要进行复盘研究，重新思考是怎样产生想法和策划的，内容是怎样形成的，细节是如何打磨的，营销用的又是什么方式，服务有没有做到位等。

其实，复盘再细致再具体，执行方案还是不可能被完全复制。这是为什么呢？因为技术手段的种种复制是容易解决的，而真正的实效来自看不见摸不着的团队系统作战能力，这恰是最难被复制的。同样的方案，因为团队系统作战能力的差异，结果就会呈现巨大的不同。那么系统作战能力来自哪里？在实践中你会发现，不是领导的指令，不是数据考核要求，也不是所谓的理想和梦想。

赛题的反复研究，不留一个模棱两可的表述；现场情境的打造如何增强体验感，反复推敲无数遍；课程的设计不放过任何文案和图案的精修，改上十遍也甘愿配合；与合作学校的沟通交流，来来回回跑多次也不厌其烦；稿子反复改，镜头多次修，课程常推敲，服务求精到，整个团队的每个人都需要这种初心不改的精神、合作共创的信任，事无巨细且高效无间的协同，在日复一日的无数纠结、碰撞、痛苦磨合中能够形成一种无形的团队合力，这才是真正的团队系统能力。这种能力是基于团队中每个人的认可和行动，每个人在自己的岗位上都以极致负责的精神做好自己并支持别人，这种精、气、神是靠一场场硬仗磨出来的，是团队最核心的能力，也是团队不可战胜、不断向前的能量所在。

结 语

“千里之行，始于足下”，我们已被新的时代赋予了新的使命。在当前电视等传统媒体平台正在日益受到新兴的移动互联平台强烈冲击的背景下，我们每一

个传统媒体人更应该勇于接受事实、不忘初心、牢记使命、重新出发：重新认识传统媒体平台的核心优势，并且学习、尊重和把握好市场规律，加快提升融合发展的能力，坚持服务受众的初心，从每一个项目、每一个节目、每一个镜头、每一篇文案开始，在保持传统电视媒体原有优势的基础上，建设和打造新形势下的新优势，探索和形成新形势下的新模式，磨炼和培养新形势下的新团队，只有在不断学习和实践中，我们才能真正走出自己的发展之路。

作者简介：
李音，上海广播电视台（SMG）哈哈炫动卫视《全能脑力王》事业部总监。

电视节目引入网络直播的互动效果研究

——以《弈棋耍大牌》节目为例

常　莹

提　要：媒介融合的大背景下，传统媒体在不断加强与新兴媒体的融合。五星体育频道的《弈棋耍大牌》节目，在电视直播节目中引入了网络直播的互动应援元素，具有典型性。本文在使用与满足理论框架下，结合信息系统成功模型，通过针对节目受众的问卷调查以及数据分析后发现，以下因素对于受众的互动行为有显著正向影响：(1) 受众娱乐动机；(2) 自我实现动机；(3) 节目内容质量；(4) 互动系统质量；(5) 受众的互动行为对于其互动满意度，有显著正向预测效果。(6) 互动的满意度对于节目的满意度，有显著正向预测效果。45 岁及以上这一电视节目的主力收视人群，更关注互动系统的质量。而 45 岁以下的中青年，更关注节目的内容质量。这一发现，也为传统媒体在加速媒介融合的过程中，如何针对性地编排、创新节目提供了借鉴。

关键词：媒介融合　使用与满足　节目质量　互动效果

作为传统媒体的电视行业，受到新媒体的冲击越来越大，电视受众不断被分流。最新发布的 CSM 媒介研究所的收视调查（2018 年全国电视收视市场回顾）数据显示，从 2010 年起人均收看电视的时长逐年下降，2018 年相比 2014 年减少了 32 分钟。45 岁至 54 岁的中年观众，2018 年人均电视收视时长为 255 分钟，超出 4 岁及以上所有收视人群的平均时长 4 分钟，超出 15 岁至 24 岁的年轻人近 51 分钟。在整体收视时间有所下滑的大趋势下，中老年观众成为电视收视的中流砥柱，也是传统电视媒体在面对新媒体冲击时，最需要维持住以保持电视既有优势的受众群体。

一、研究对象

在收视率普遍降低的大环境下，上海广播电视台五星体育频道的《弈棋耍大牌》节目始终保持强势。作为一档在 18 点至 19 点直播的日播节目，《弈棋耍大牌》自从 2011 年开播以来，收视率连续 8 年排名五星体育频道第一，在整个 SMG 集团同时段收视率也稳居前三。这一成绩，既源于棋牌类电视节目深厚的群众基础，也和节目组积极适应媒体环境变化分不开。

2017 年 8 月 15 日，《弈棋耍大牌》在节目中加入了微信互动板块，受众能以给选手点赞等方式参与互动，这一形式在全国的棋牌类电视节目中属于首创。一年之后，《弈棋耍大牌》又对互动板块进行升级，引入了网络直播中常见的打赏等方式，让受众参与应援。当选手场上打牌积分相同时，应援分数直接决定选手的胜负。互动系统升级的当天，《弈棋耍大牌》微信公众号新增关注人数达到 1 530人，创 2018 年全年最高。这一互动环节的升级，给《弈棋耍大牌》节目注入了全新的生命力。

在关于媒介融合研究中，服务平台和用户的体验成为研究重点，而这两点恰好是传统媒体容易忽略的地方。目前学界主要从理论的角度，来探讨传统媒体如何在媒介融合的环境下吸收新媒体的优点，缺少数据支撑以及相关的实践支持。而业界对于媒介融合的探讨重在结合各自经验提出建议，缺乏严谨的理论框架支撑。本文将实践与理论相结合，以《弈棋耍大牌》节目为例，在使用与满足的理论框架下，考察多屏互动下电视体育节目在受众那里得到的反馈。受众参与《弈棋耍大牌》互动的动机是什么？动机的不同会导致他们的行为有哪些区别？互动效果与节目满意度之间有着怎样的关系？本文试图对此进行解答。

二、理论框架

1. 使用与满足理论

在传播学领域，使用与满足理论是对受众进行研究时最常用的理论之一。它将受众视为积极的个体，认为受众可以主动消费媒介，以满足自我需求。《弈棋耍大牌》节目受众参与互动是一种自发的主动行为，符合该理论的立场。

卡茨是使用与满足理论的代表人物，他在 1974 年将受众与媒介的接触过程，概括为“社会因素＋个人因素＋媒介期待→媒介接触→需求满足”的因果连锁过程。

鲁宾一直致力于运用使用与满足理论来对大众媒介以及新媒介进行研究。他认为,这一理论除了能帮助研究人员分析个体是怎么样通过特定的媒介接触来满足自身需求,也能帮助研究人员理清受众的不同动机和他们的使用行为之间的关系,并有助于解释为什么受众动机和接触行为的不同,会导致满意程度也有差异。随着媒介技术的不断更新,受众有了更多的媒介选择,因此对动机和满意度的分析也成为受众研究中更加重要的部分。在媒介融合的背景下,成功的电视节目创新,就是要在了解受众需求的前提下,针对性地研发出能满足受众需求的节目,形成正循环。

2. 信息系统成功模型

在研究受众体验的过程中,质量价值同样也是重要的自变量。20 世纪 90 年代初,以杰洛涅为代表的学者在信息系统评价中引入用户满意度,构建了最初的信息系统成功模型(ISSM,也称为 D&M 模型),随后又对此进行修正。第二代 D&M 模型成为分析和预测不同信息质量与用户满意度之间的关联关系时重要的理论依据。

韩啸、黄剑锋针对 2007—2017 年间,国内在 D&M 模型框架下所进行的实证研究展开荟萃分析,发现模型中每组变量都存在正向关系,但关系的稳定性存在区别。结合《弈棋耍大牌》节目的实际,本文会从信息质量(节目质量)和系统质量两方面,对质量价值影响受众参与互动的因素进行测量。

结合使用与满足理论与信息系统成功模型,本文提出如图 1 所示的假设模

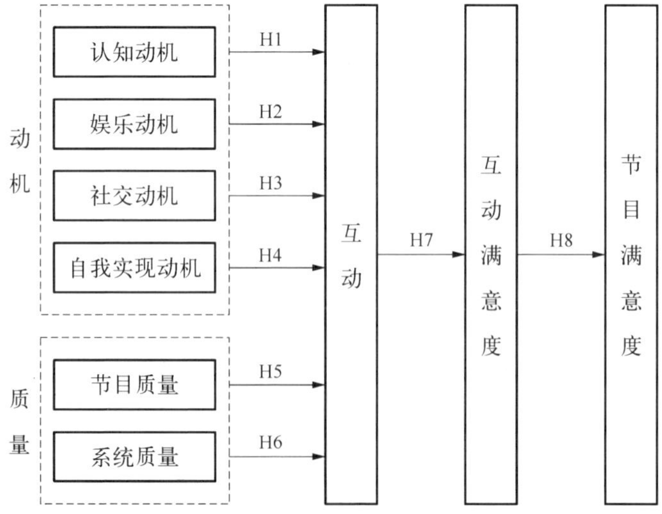

图 1 研究模型图

型来检验变量之间的关系，假设参与互动的行为，受不同的动机以及节目内容与系统质量的正向影响；互动满意度受互动行为的影响；对互动的态度影响受众对节目的态度。

三、研究方法

1. 研究对象

本文的调查对象为《弈棋耍大牌》节目的观众。2019 年 10 月 8 日起，正式问卷通过弈棋耍大牌微信公众号进行发放，并设置每个微信或者电脑 IP 只能填写一份问卷。截至 10 月 15 日，共回收问卷 473 份。通过将非目标调查对象（未收看过《弈棋耍大牌》节目的人、年龄不满 15 岁的人）、答卷时长不及 1 分钟的问卷去除，最终获得有效问卷 408 份，样本有效率达到 86.2%，满足问卷调查所需数量。

2. 测量

本研究利用问卷调查来展开。在问卷的研究变量选取和测量指标确定上，重点参考了高水平的英文文献，选用前人研究中的成熟指标。本文的测量变量主要涉及以下几部分：

第一部分是受众的动机。基于凯和约翰逊以及帕帕查里西和鲁宾的研究，本文将受众参与《弈棋耍大牌》节目互动的动机提炼为：认知动机、娱乐动机、社交动机、自我实现动机。结合鲁宾的电视观看动机量表以及罗伯特等学者测试受众与营销广告的互动性量表，形成多个问项的评估指标。每个题项均采用 5 分制的李克特式量表进行测量，各项得分加总后取均值，作为量化数值。各变量的 Cronbach's α 系数分别为.86（认知动机）、.62（娱乐动机）、.89（社交动机）、.94（自我实现动机），说明问卷具有较高的信度。

第二部分是受众对节目质量以及互动系统质量的评价。李武等人在对在线付费问答平台的研究中，将其研究的信息质量明确为回答者所提供的答案内容的信息质量。而在本研究中，信息质量专指《弈棋耍大牌》节目的内容质量，比如牌局的竞争性、有用性以及相关性等。参照李武的量表，质量维度的测量分为内容以及系统质量，这两个变量的 Cronbach's α 系数分别为.88 和.92，具有非常好的内部信度。

第三部分主要了解受众的互动行为。结合《弈棋耍大牌》的节目实际，将互动定义为三项量化指标，分别是围观式、表达式以及行动式，对应的是关注、点赞或者砸蛋，以及打赏的行为，仍采用 5 点李克特量表进行测量。该变量的 Cronbach's α 系数为.81。

第四部分考察受众对互动的满意度，以及对节目的满意度。根据罗伯特等人研究中的成熟量表，分别用 5 个和 3 个问项进行测试，Cronbach's α 系数分别为.93 和.95。

最后一部分测量人口统计学信息，包括受访人的性别、年龄、受教育程度以及收入。这其中，年龄与受教育程度的选项设计，参考《弈棋要大牌》收视列表报告的观众构成。

四、数据分析及结果

1. 动机、质量与互动行为的关系

本文的研究假设，预测了各种不同动机以及节目质量与互动系统的质量对受众参与互动行为的正向作用。针对样本，引入人口统计学这一控制变量，对不同动机、质量因素与互动行为进行多元线性回归分析。

结果显示，认知动机（$\beta=-.04$，$p>0.05$）以及社交动机（$\beta=.09$，$p>0.05$）对于受众参与互动的行为没有预测效果。而娱乐动机（标准系数 $\beta=.11$，$p<0.05$）以及自我实现动机（$\beta=.36$，$p<0.01$），对受众的互动行为有显著的正向预测效果。从 β 系数可以看出，自我实现动机在对互动行为的预测中贡献值最大。在加入互动应援后，受众的参与能在电视与微信公众号端口得到体现，尤其是榜单的加入更能激励受众加强互动。

而在质量维度，节目质量（$\beta=.19$，$p<0.01$）以及互动系统的质量（$\beta=.17$，$p<0.01$），都对于受众参与互动的行为同样有正向预测作用。

2. 互动与互动满意度的关系

为了验证互动与互动满意度的直接关系，将互动行为作为自变量，将其和人口统计学因素以及动机与质量一同纳入回归模型，对因变量互动满意度进行回归分析。数据显示，互动行为的 p 值小于 0.001，β 值为.43，说明互动行为对于互动满意度有显著的积极影响。

3. 互动满意度与节目满意度的关系

继续以互动满意度为自变量，在控制人口学统计因素以及动机、质量、互动行为等变量之后，对其与因变量节目满意度进行回归分析。将 408 个样本数据

应用于回归模型，结果显示互动满意度的 p 值小于 0.01，β 值.16。说明受众的互动满意度越高，对节目的满意度也就越高。

4. 不同年龄群的差异分析

传播学领域的已有研究表明，人口统计学会给研究结果带来不同影响。由此可以合理预测，不同年龄的受众在互动行为上也会有所差异。在《弈棋耍大牌》的观众构成中，45 岁及以上的中老年人是主要收视群体，占比高达 76.4%。而这一年龄段，正是 CSM 媒介研究所收视调查结论中，如今电视受众中的中流砥柱，需要对这一群体进行重点关注。

根据年龄重新对样本进行编码，408 个有效样本中，45 岁及以上人群为 161 人，45 岁以下人数为 247 人。

通过独立样本 t 检验发现，两个不同的年龄组在认知动机（$t=3.282$，$p<0.01$）、社交动机（$t=2.739$，$p<0.01$）、节目质量（$t=2.156$，$p<0.05$）、对节目的满意度（$t=3.043$，$p<0.01$）这四个方面，存在显著不同。通过比较均值看出，45 岁及以上年龄组的认知动机（$M=4.47$，$SD=.63$），社交动机（$M=4.17$，$SD=.76$），节目质量（$M=4.08$，$SD=.81$），对节目的满意度（$M=4.54$，$SD=.73$）全部要高于 45 岁以下年龄组。

5. 影响不同年龄群参与互动的因素分析

通过对两个不同年龄段的样本，再次进行与前文相同的回归分析。数据显示，动机对于受众的互动行为的预测，在对样本进行年龄划分后仍旧成立。在质量维度，却有些许差异。和整体样本分析结果不同的是，对于 45 岁及以上年龄群，节目质量（$\beta=.064$，$p>0.05$）不再对其参与互动的行为有显著影响。而对于 45 岁以下的受众，则不受系统质量（$\beta=.062$，$p>0.05$）的影响。换言之，要想吸引更多的受众来参与互动，针对 45 岁以上年龄群体，需要改进的是系统的可操作性，而针对 45 岁以下的人群，需要提高的是节目本身的可看性。而在以互动满意度为因变量，以及以节目满意度为因变量进行多元线性回归时，相关结果没有明显差异。

五、对电视节目引入网络直播元素的思考与启示

随着媒介技术的不断发展，传统媒体不断吸纳新媒体元素，希望借此加强与受众之间的互动。《弈棋耍大牌》在电视直播中加入网络直播的互动应援，就是一个积极的尝试。从本文问卷调查的结果来看，受众参与过节目互动应援的比

例高达67.2%。互动之后，受众对此的满意度均值较高（M=3.65，SD=1.12），而受众对于整个节目的满意度非常高（M=4.39，SD=0.88）。可以看出，电视体育节目加入互动应援之后的互动效果整体不错，但还大有潜力可挖。

1. 打造互动平台满足受众“自我实现”的需求

值得注意的是，随着直播中的互动元素加入，受众的自我实现需求开始进一步觉醒。也就是说，媒介技术的可提供性，可以塑造受众的需求。随着网络直播互动元素的加入，传统电视节目也有了满足受众这一需求的可能。以《弈棋耍大牌》为例，互动应援给了受众表达自己的环节，他们自我实现的欲望有了满足的途径，也因此激励了互动行为。当受众参与到节目互动，尤其是进行打赏时，不仅可以在电视直播画面中看到自己的名字，还可以通过参与一定程度上影响选手的最终成绩，这在一定程度上能增强受众的成就感。此外，《弈棋耍大牌》节目还针对参与互动的受众，设置了周贡献榜以及月贡献榜，在微信公众号的互动系统以及电视直播中呈现。这些都是在加入互动环节前所没有的，能给受众营造出他很重要的感觉。数据分析显示，自我实现动机越强的人，参与互动的积极性越高，这种成就感是传统电视节目所不能实时提供的。同时得益于电视在受众心目中的权威地位，这种在电视大屏上对受众自我实现动机的满足，也是电视优于新媒体的地方。因此传统媒体在融合转型中，还应该立足自身特点，主动突出优势，为草根选手与受众提供更多的满足其自我实现动机的渠道与方式。

2. 注重互动系统质量提升中老年受众使用媒介的能力

通过观看《弈棋耍大牌》节目可以发现，受众在节目开始阶段的互动以点赞或砸蛋为主。随着节目的进行，受众会对表现出色的选手送出更多礼物，并通过礼物的积分累加，在选手打牌分数相同的情况下决定胜负。当选手的水平越高，节目竞争性越强时，受众的参与热情就越高。这一点，也在问卷调查的数据结果中得到了验证。这提醒节目组要始终重视内容质量，不断提高节目的可看性，才能吸引并保持住受众。

《弈棋耍大牌》的互动通过其微信公众号展开，从数据分析结果来看，互动系统的易操作性越强，越有利于受众的参与。以本文作者的操作经验来看，对于45岁以下的受众来说，《弈棋耍大牌》的互动系统并不复杂，不会对他们的参与行为形成障碍。然而对于45岁及以上的中老年人来说，点击关注、充值、选择选手选择礼物，确定赠送的流程可能会有些麻烦，因此这一互动系统的可操作性，也就正向影响着他们的互动行为。简而言之，互动系统越容易操作，他们参与互动的热情就越高。这一结论也提醒我们，传统媒体在吸收新媒体的优点加强融合时，除了内容建设始终是最为关键的，技术也扮演着支撑角色。这个过程中，应该关注节目主力收视人群的媒介素养，为他们打造更易于参与、更方便互动的平台，实现融合创新。

结 语

本文是使用与满足理论在媒介融合领域的实证研究，着眼于具体电视体育节目的互动效果，对媒体融合的研究更加精细与具体。不过在进行研究时，对新旧媒体的满足感，即参与互动与收看电视节目本身所带给受众的需求满足，并没有进行最好的区分。未来在利用这一研究模式对其余电视节目进行测量时，在量表设计上应该进一步结合媒介融合的发展形势，更细致地挖掘受众的动机，更好地区分来自不同媒体的满足。此外，由于问卷主要通过手机端填写，45 岁及以上年龄群组的人，答卷热情并不及其他年龄段群体。未来的研究需要结合线上线下的问卷调查渠道，测量更多有代表性的样本，从而更好地反映 45 岁及以上这一目前电视主力收视群体的特征。

参考文献：

[1] Windahl, S. Uses and gratifications at the crossroads. Mass Communication Review Yearbook, 1981(2): 174 - 185.

[2] Katz, E., Blumler, J.G., Gurevitch, M. Utilization of mass media by the individual. // J. G. Blumler, E. Katz(eds). The Uses of Mass Communication: Current perspectives on gratifications research. Beverly Hills, CA: Sage,1974: 19 - 32.

[3] Rubin, A. (2009). Uses and gratifications perspective on media effects. In: Bryant, J., Oliver,M.B.(Eds.), Media.

[4] Stacie Petter, William DeLone & Ephraim R. McLean (2013) Information Systems Success: The Quest for the Independent Variables, Journal of Management Information Systems, 29: 4, 7 - 62.

[5] 韩啸，黄剑锋.信息系统成功模型的荟萃分析——基于我国十年研究文献[J].图书馆论坛，2019(3): 72 - 79,103.

[6] Kaye, Barbara K., and Thomas J. Johnson (2001), "A Web for All Reasons: Uses and Gratifications of Internet Resources for Political Information", paper presented at the Association for Education in Journalism and Mass Communication Conference, Washington, DC, August.

[7] Papacharissi、Rubin,Predictors of Internet Use[J]. Journal of Broadcasting & Electronic Media. 44: 2, 175 - 196.

[8] Hanjun Ko, Chang-Hoan Cho & Marilyn S. Roberts (2005) INTERNET USES AND GRATIFICATIONS: A Structural Equation Model of Interactive Advertising, Journal of Advertising, 34: 2, 57 - 70.
[9] 李武,许耀心,丛挺.在线付费问答平台用户感知价值对付费意愿的影响——基于过去行为的调节效应分析[J].新闻界.2018(10): 92 - 100.

作者简介:

常莹,上海广播电视台(SMG)五星体育传媒有限公司采编中心记者。

区县融媒体中心电视节目传播策略创优探析

马凯洲

提　要：当前微博、微信等社交软件的发展方兴未艾，以人际传播为核心，大数据资源为依托的快手、抖音等网络媒体，又蚕食着传统媒体仅存的受众资源。区县级融媒体中心电视节目曾经的渠道优势已经式微，若寻求生存与发展就不能一味照搬中央与省级融媒体中心的建设模式，只能立足自身社区媒介的特点，通过节目内容的提质、传播渠道的扩展、体制机制的创新等，在融媒体改革浪潮中寻找到发展与转型的出路。本文以上海金山区融媒体中心为例，基于媒体融合视野下电视节目发展现状，论述融媒体下区县融媒体中心电视节目传播策略创优。

关键词：区县融媒体中心　电视节目　传播策略创优

引　言

当前上海区县级融媒体中心挂牌已经基本完成，区县级融媒体中心内的体制机制也已逐步建立，区县级融媒体建设可谓步入了 2.0 时代，但其内容产品是否真正达到了“融”的标准还有待商榷。广播与电视媒介，曾是区县级融媒体中心赖以生存的传播主阵地，融媒体时代电视节目虽然式微，但受众对于视频节目的需求仍未改变，因此电视节目的发展在当下依然重要。由于区县级融媒体中心受到资金、渠道、人才、体制机制等多方面历史因素的掣肘，电视节目的发展并不顺利。因此，针对当前区县级融媒体电视节目存在的问题应当在“以人为本”的理念下，注重提升节目内容水平、拓展传播渠道、打造一体化传播的网络平台、构建融合思维的节目制作传播机制、制定融合项目产品的传播战略等，作为提升区县级融媒体电视节目传播效率的核心手段。

一、区县融媒体电视节目的价值所在

（一）定位于社区媒介

美国学者G.A.希莱里认为地域、共同纽带、社会交往是构成社区的必要要素，即在同一地理区域内生活、有共同利益和共同意识的社会群体。而社区媒体是针对和服务于特定的生活区域，以广泛的参与性为特征，强调社区的归属感和认同感，可以作为社区沟通手段的媒介形式。

我国区县级融媒体中心的主要职能就是服务好本地区的群众，反映基层群众的社情民意，凝聚好本区域群体的共识和向心力，并承担起党和政府与人民群众的沟通纽带。对于上海远郊的本土受众来说，更为关注与本地区关联度最高的传播信息，以及能够真实反映本地区生活群体呼声与社情民意的节目内容。对此，原上海金山电视台在2012年将自身定位为“互动的社区电视”，让金山的广大社区群众、村居群众都能够参与到节目中来，改变以往传统媒体节目只能看，不能参与其中的弊端。

（二）立命于“引导群众、服务群众”

“更好引导群众、服务群众”是区县级融媒体的立命所在，也是习近平总书记对区县级融媒体建设的要求。在数字化媒体时代下，受众对资讯内容的需要也已经达到社区层面，受众越来越关注个人化、在地化的生活资讯，如生活区和工作区附近的购物、饮食、交通出行等。

区县受众群体相对稳定，传播者对受众的需求也较容易把握，利于提高区县级融媒体与受众之间媒介使用的黏合度，便于让地区群众与本地区媒体成为良性互动模式。因此区县级融媒体电视节目应从服务本地区受众的需求入手，切实地想群众之所想、急群众之所急、解群众之所困。要将镜头和话筒更多地对准本地区群众，让普通群众成为区县融媒体电视节目的主角。在2020年，金山区融媒体中心就立足本地区服务群众的实际，制作并播发了《对话区长访谈》《对话街镇书记访谈》等一系列让群众可以与地区党政一把手面对面交流的节目。节目在邀请居民代表的同时还邀请各委办局的主要负责人，社区、街道相关负责人，共同来到节目录制现场。大家各抒己见、多措并举想办法，切实解决与百姓切身利益相关的老大难问题，并让居民群众参与到政府的相关政策与法规制定。在群众与政府之间真正架起一道沟通的桥梁，获得了本地区观众的认可。

（三）深耕本土 创作内容接地气

区县融媒体中心的消息来源、新闻素材全部来源于本地区，题材选择、传播方式也应多从本地区受众的实际角度出发。与中央、省市级媒体相比，区县级融媒体中心对本地区的讯息掌握更加全面，有更多的时间和精力将镜头对准本地区的百姓生活，有更多群众喜闻乐见的传播方式供群众选择。

上海金山区融媒体中心，在电视自办节目设置上除了有《金视新闻》时政资讯新闻节目、《魅力金山》专题节目、《快乐起跑》少儿节目外，每周还制作了《闲话金山》这档采用金山本土方言播送的新闻资讯节目。节目主持人选用金山本地人，形象定位为金山邻里的小阿哥，用金山方言为金山百姓讲述一周的新闻故事，得到了本地区观众尤其是村居观众的关注与赞赏。与此同时，上海金山区融媒体中心的广播自办节目《金山大舞台》《金山故事会》等也采用金山本土方言的方式讲述百姓自己身边的故事。在本次疫情防控期间，金山本土艺术家用金山方言录制的防疫知识和防疫歌曲、公益短片等在居民社区循环播放，为金山农村地区打赢疫情防控阻击战起到了一定推动作用。

二、区县融媒体电视节目困境所在

（一）传播阵地式微

根据东方明珠新媒体股份有限公司 2019 年年度报告显示：东方有线的有线电视用户总数为 410.29 万户，而上年同期为 445.61 万户，两期数据对比用户流失了 35.32 万户，同比减少了 7.93%。这份数字的背后，是受众的身份在新媒体时代下发生的巨大变化，即从单一、被动地接收信息的“受者”，变为主动、多渠道、使用媒介与信息的传播者和使用者。传统媒体线性、单一渠道、一对多的传播模式，在当今环境中已难以满足受众的需求。这对于在上海地区主要依靠东方有线为电视节目传播主阵地的区县融媒体中心来说可谓雪上加霜。

2019 年，随着上海金山区融媒体中心成立，上海金山 App 也随之上线。电视节目传播至此有了新的平台和渠道，但截至 2020 年 5 月，上海金山 App 注册人数仅为 8.4 万，平台活跃人数相对较少，视频节目的平均点击量相对不足，电视节目改革势在必行。

（二）节目内容单一

中央与省市级媒体由于传播覆盖面广、受众群体众多、频道资源丰富、专业技术人才聚集、题材选择性也较多，在市场化运作中亦颇受广告商的青睐，经济效益颇为可观。当前区县电视节目的视角更多是以政府职能部门的工作内容宣传为主。由于地域性的狭窄，内容重复率高、信息量匮乏，早已不能满足现代受众求新、求变的心理需要。仅一味关注本土化信息的传播与挖掘，虽暂时满足部分受众心理需求，但节目形式老套、内容创新不足、与百姓生活关联度较低，都让受众产生视觉疲劳，极大地制约了区县电视节目的可持续发展、节目影响力的提高、受众黏合度的保持。以金山区融媒体中心电视节目为例，仅有四档自办节目。即：《金视新闻》新闻资讯节目、《闲话金山》方言资讯节目、《魅力金山》专题节目、《快乐起跑》少儿节目。其中除《金视新闻》为日播节目，其余都为周播或月播节目，不论在节目内容时新性还是节目受众群体定位的精准性，都难以满足新时代下的受众多样化的需求。

（三）体制机制束缚

区县融媒体中心以新闻立台，多为全额财政拨款单位，工作人员以新闻采编队伍为主，而且大部分是事业编制。一方面，当下事业编制是一把双刃剑，在一定程度上保护了区县融媒体中心员工在传统媒体的大环境走下坡路时，还能有一份稳定的收入来源，但受其人员晋升管理模式、长期固化的薪酬待遇等因素影响，区县级融媒体员工干事创业的动力明显不足。另一方面，在应对全媒体平台发力的当下，碍于事业编制的稀缺性，从外部招聘显然会为自身带来较大财政压力。从内部挖潜，抽调原部门人员参与新媒体节目的制作与拍摄任务，又会导致原本的电视采编队伍捉襟见肘，电视节目质量下降的同时，人员工作动力难以激发，新媒体传播效果与制作的专业性也还待商榷。

三、区县融媒体电视节目传播创优策略

媒体信息产品质量价值取决于“服务群众”的水平高低。长期以来，我国区县级传统媒体处于区域垄断的行政保护之下，致使其市场化程度较低以及对当前信息市场的变化难以有效把握。但与此同时，区县级媒体具有与普通受众直接沟通的内在优势，因此在提升节目内容水平以及拓展传播渠道上具有与生俱

来的地域优势。融媒体时代区县级媒体中心平台的节目内容创作理念，应当立足本地体现对区域居民的人文关怀。在内容创作上积极了解并报道社区普通居民的生存状态从而以小见大地反映社会问题。因此，彰显普通人存在与价值的社区信息产品是实现区县级融媒体中心服务效率的核心内涵。

（一）提升节目内容质量拓展传播渠道

提升区县融媒体中心电视节目内容水平以及拓展节目传播渠道主要包括以下几方面：首先，树立以用户为中心的融媒体思维。媒体融合的根本是对传统媒体优势进一步发挥的基础上与新媒体的融合过程，即“媒体＋互联网＋移动终端”。这一模式注重发挥传统媒体公信力资源优势的同时又能够有效控制融媒体的发展趋势。在此过程中，基于“以用户为中心”的理念，在维护老用户的同时发展新用户，避免媒体电视节目一味单向传输使受众产生厌倦感，在节目创作中始终将“用户所想”贯穿为节目创作目标，进而使节目产品能够更容易获得受众的认可。其次，积极拥抱新技术、新思维，依据自身定位创新拓展宣传阵地。区县融媒体中心立足于本地区实际，除了积极建设微信、微博公众号，媒体 App、抖音等公众号等，还应与街镇居民区合作，在本地区居民公共生活空间中拓展传播阵地、扩大影响力。例如，在居民小区中的楼宇、电梯中等公共空间，安装公益性质的即时显示屏，播放本中心自制短视频节目以及本居民区的新闻资讯、社区公告等内容。在相对封闭空间内，宣传效率也会相应提高。为小区安全、文明宣传提供助力的同时，还可提高区县融媒体中心节目影响力与制作人员的成就感。再次，制定“走出去”的相关策略，拓展传播渠道。区县融媒体中心节目基于“媒体＋项目”的区域媒体融合发展理念，积极走出去与中央、市级、区县毗邻地区的相关媒体企业共同开发新产品，促进自身技术的提高与地方产业的融合发展。

（二）以时新性为引领拓展关注视角

媒体受众观看节目的目的是为了满足心绪转换、自我确认、人际互动和环境监测的心理动机。因此，不同受众观看节目的目的也因人而异具有差异化特点。区县融媒体电视节目创作理念应当基于满足不同群体受众心理需求，尝试将节目视角向市级全域范围延伸，提高节目内容与当下最新文化资源、最新信息资讯的契合度，进而使节目发展具备长远的可持续发展空间。此外，基于全媒体产业日趋激烈的市场竞争环境，区县融媒体单一的薄弱体量，难以与大型网络媒体相抗衡，需要结合上级融媒体资源优势，形成优质资源支撑、优质资源共享创新、抱团发展理念。市级融媒体提供菜单式服务，区县融媒体按需点单。同时，在区县电视节目创新、节目研发、节目制作与传播的全流程上共同发力，提升自身节目制作能力的同时，不断丰富本地区的节目内容、拓展本地区观众的视野，答好区县级融媒体中心“更好引导群众、服务群众”这道必答题。

（三）构建融合思维的节目传播创新机制

2014年，习近平总书记在《关于推动传统媒体和新兴媒体融合发展的指导意见》一文中，倡导各产业在升级转型中都应当注重对“互联网思维及媒体融合发展思维”的运用。就媒体产业而言，媒体融合过程中的互联网思维模式则是保障产业升级转型的核心内涵。当前传统媒体在互联网发展融合的过程中普遍存在融合深度不足的状况，即，表现为简单地将互联网与传统媒体重叠发展的显性融合，这在本质上并未实现传统媒体与新媒体的充分融合。

在不断的媒体融合实践探索中，区县级融媒体电视节目创作应基于与受众换位思考的方式，精准确定节目主题及核心受众。全媒体时代最大的特点在于媒体与受众关系的转变，通常传统媒体对受众具有绝对的主动权，而全媒体时代的受众应当准确称其为“用户”，因为在这一时代用户不仅是消费信息、推广信息、评论信息者，同时也是信息生产者。因此，区县级融媒体电视节目内容及模式应当始终贯彻“用户本位”原则。其次，区县级融媒体经营模式的转变是决定其生存与发展的重要内涵。即，由“媒体经营”向“经营媒体”观念转变，实现其产业整体资源通过媒体内部优化整合配置，实现区县级融媒体由以往单一的盈利思维转向整合经营思维，从而实现最佳效益。例如，区县电视节目在“经营媒体”理念导向下，可以通过拓展教育培训、与本地区企业合作、提供相关技术服务等，增加电视节目的经济效益。

（四）重塑区县电视节目品牌价值与影响力

在融媒体环境中资讯每天呈爆炸式地几何增长、传播，节目的品牌价值和影响力进而也占据了极为重要的位置。在这样的环境中，受众更乐于关注节目影响力大、品牌价值高的传播媒体，这样信息的来源与可信度有保障，更能满足受众的需求。区县融媒体中心电视节目应当以群众需求为切入点积极构建节目品牌价值与影响力。发挥区县融媒体资源优势，在其节目完成政府功能的同时，还应当充分发挥自身媒体信息传播功能，以“贴近生活、贴近事实、贴近群众”的节目制作原则，为普通群众构建讲述实情真相的场域。而这也是区县融媒体中心节目要“发出自己的声音”的重要内涵。同时，极具地方特色的节目内容表达形式也能够吸引更多的忠实受众。例如，制作一些以本地方言为特色的民生资讯类节目，在拉近农村地区受众距离的同时提高传播实效。

结 语

当前，全媒体时代迫使传统媒体与新媒体融合进一步加深。区县级融媒体中心电视节目应在转变经营理念、实现资源整合、体制机制创新等前提下，对电视节目的内容、表现形式及节目质量予以全方位的转型升级，从而为传统电视节目的生存与发展寻找契机。同时，融媒体视域下的区县级电视节目的发展，是基于互联网平台一体化传播运作模式的构建，在节目制作中将创新作为融合思维转变的指导思想，使融合项目产品逐步实现品牌化要求。此外，融媒体下电视节目在制作过程中应当充分发挥团队协作精神，基于互联网思维模式对媒体与用户的关系予以重构，在此基础上制作团队还应该对用户价值展开深度挖掘，进而在维护老用户的基础上吸引新用户，且积极构建完善的融媒体技术应用保障机制，创新采编流程等过程，实现全媒体态势下的深度融合。

参考文献：

[1] 栾铁玫.融媒体传播[M].中国金融出版社.2014.
[2] 周逵.融合与重构：中国广电媒体发展新道路[M].中国传媒大学出版社.2017.
[3] 刘钊.试析融媒体视域下的传播特质和编辑思维的重构[J].出版科学.2015.5.23：34－37.
[4] 崔保国.中国传媒产业发展报告[M].传媒蓝皮书.2015.
[5] 王斌.社区传播论：新媒体赋权下的居民社区沟通机制[M].中国人民大学出版社.2017.
[6] 黄婉怡.媒介融合背景下的美国社区媒体[J].传媒 MEDIA.2015.5(上)：60－61.
[7] 葛茸.浅谈市级电视媒体访谈类节目[J].记者摇篮.2017.07：35.

作者简介：

马凯洲，上海市金山区融媒体中心播音员、主持人。

试析商业纪录片的生产营销模式及其弊病

许盈盈

提　要：近些年中国纪录片发展势头良好，有关纪录片“商业化”的讨论也空前活跃。以《舌尖上的中国》《本草中国》《风味人间》为代表的一系列纪录片，带着浓郁的商业气质，开拓了人们的眼界，为纪录片产业发展提供了成功案例。文章从商业纪录片诞生的背景、生产与营销模式、现阶段遭遇的问题三方面，浅析21世纪中国纪录片的商业化之路。

关键词：商业纪录片　推广营销　开发IP

21世纪第二个十年，一部《舌尖上的中国》掀起了纪录片前所未有的热潮，从《舌尖1》到《舌尖2》，无论是超过央视综合频道原时段播出电视剧30%的高收视率，还是招标单片广告达到9 000万元的丰厚市场回报，都开始让人们关注到艺术之外，纪录片也可以有商业属性。紧随其后《本草中国》《了不起的匠人》《风味人间》等一系列携带明显商业标志的纪录片相继问世，皆取得不俗社会反响。“商业纪录片”已不再是个新名词，市场这只看不见的手，推动着纪录片制作机制、流程乃至形态上由表及里的变革。当这些具有工业化生产模式的纪录片“集群化”亮相时，意味着中国纪录片已迈向了商业化进程。

一、商业化产生的大背景

商业纪录片作为一种影视媒介形态，借名于商业电影，有别于新闻类、作者类、宣教类、实验类的纪录片，它迎合、愉悦受众，以市场为驱动，在技术、艺术、商业的互动中努力获取高票房或高收视率以及更多的衍生利益，并且强调娱乐风格和公共品质，具有类型化的制作共性和重复操作性。事实上，在西方，长期以来都保持着商业电视和公共电视二元并存的体制，早在1985年美国就创建了第一个商业有线纪录片频道——Discovery，商业运作的成功案例比比皆是，《华氏911》《迁徙的鸟》《蓝色星球》哪个不是叫好又叫座？反观此时的中国纪录片，仍蜷缩于体制的象牙塔内，其间亦不乏佳作，但终是曲高和寡。路漫漫其修远兮，中国纪录片商业化之路晚了欧美二十余年。

21世纪初，欧美商业纪录片大规模涌入国内市场，国人审美能力迅速提升，以《纪录片编辑室》为代表的传统纪录片式微，收视率急剧下降，《2010年纪录片发展研究报告》显示，位居中国纪录片频道收视率之首的上海纪实频道，当年平均收视率仅有0.2%。与此同时，缺乏资金支持、生产节奏缓慢、非社会化取向等问题积压成疾，迫使纪录片工作者不得不借鉴西方经验，面向市场，寻求突围。

也就在这一年，国家颁布了《关于加快纪录片产业发展的若干意见》，保障纪录片产业发展；2013年"升级版限娱令"再次释放政策红利：要求按周计算，平均每天6：00至次日1：00之间，至少播出30分钟的国产纪录片。2018上半年更是上升到"每个电视上星综合频道全年在19:30—22:30时段播出国产纪录片总量不得低于7小时"，支持和鼓励地方电视台上星频道和地面频道开设纪录片栏目。接二连三的政策扶持一路绿灯，需求量急增，电视台以外的制作机构嗅到了潜在的商机。

另一阵东风，来自于互联网的崛起。《我在故宫修文物》在央视纪录频道首播反响平平，上传哔哩哔哩视频网站后，获得超过6万条弹幕，好评点击量近200万，豆瓣评分更是高达9.5分。视频网站不仅改变了播出平台与传播方式，而且很快渗透到生产制作、自主IP研发领域，引领审美潮流。纪录片成了兵家必争之地，很快形成了一个以专业纪录频道、卫视综合频道为主力，以新媒体为重要支撑的新版图。

政策扶持、市场明朗、渠道破局、平台发力，各种要素集齐，一场变革蓄势待发。捅破最后一张纸的便是2012年的《舌尖1》，商业气息让人们见识了资本的力量，也尝到了甜头。自此，商业纪录片终于在中国这片土地上生根发芽。

二、商业纪录片的构建

所谓商品，必有一套可复制批量生产的流程。时至今日，中国商业纪录片不过短短7年，却是难得一见的井喷期，产量高，现象级作品也不少。中国纪录片人在市场大潮中摸爬滚打发掘了一套自己的工业化生产流程，笔者将其归纳为以下四个步骤：市场定位、节目制作、营销推广和开发IP。

1. 市场定位

市场定位由美国营销学家艾·里斯和杰克特劳特在1972年提出，根据竞争者现有产品在市场上所处的位置，在消费者心中强有力地塑造出产品与众不同的、给人印象深刻、鲜明的形象。简而言之：你得先明确产品给谁用，以及他凭啥喜欢你。过往纪录片人习惯精英视角，大事件、大人物、宏大叙事，站得愈高人心愈远。故而，商业纪录片市场定位第一准则便是：以观众为上帝，采用大众文化视角。

《本草中国》选题“中药”相对偏门，投资人曾担心缺乏传播的普及性。2014年策划之初，团队用了整整一年时间做社会调研和市场分析，结果发现18～55岁的主力收视人群对健康知识有迫切需求，比起单纯的医理药理，背后蕴藏的传统文化更能引起年轻人共鸣，恰逢国家宣扬工匠精神，《本草中国》的市场定位可谓审时度势。作为首部征战卫视周五黄金档的纪录片，一举拿下了首播收视率0.83的骄人成绩。

而炒红《我在故宫修文物》的B站，从单纯的共享平台转向原创出品后，推出第一部纪录片《人生一串》，播放量达4 500万，是《我在故宫修文物》的10倍。总编辑朱贤亮在广州国际纪录片节接受采访说，这源于他们对B站用户的精准画像，“B站是年轻人的社区，有统计显示，全中国有70%的90后、00后是B站的忠实用户。他们一方面喜欢‘新’，不光是新奇，要新鲜；另一方面，他们也喜欢‘旧’，文化与历史都很喜欢。他们有三大特点：第一，都受过良好的教育；第二，出生在改革开放以后经济比较发达的年代，有付费观看的习惯；第三，因为受过良好的教育，所以喜欢达到一定品位的东西”。基于对目标受众的充分了解，B站打出了“B站出品必是奇品”的口号，以创新为魂牢牢粘住用户。

2. 节目制作

在节目制作上，商业纪录片无论叙事手法、语态，还是技术手段都呈现出焕然一新的风格。

故事性，无疑是商业纪录片制作的第一要素。《本草中国》将中医药文化融入普通人的故事，以主题分集，采用散点叙事，没有“上帝”的全知全能视角，每集平行讲述5到6个小故事，不拘泥于时空，碎片式穿插交织，并在每集最后将所有故事的结局汇总，既完成了标准化结构模式的打造，也让沉浸故事中的观众得到自我感悟。

美学个性，是商业纪录片的标志，让其从众多电视节目中脱颖而出。比如《舌尖上的中国》和《本草中国》强调的是：节奏感和仪式感。50分钟左右的成片，平均镜头量达到 850 个，单个镜头仅 3～4 秒，较之老派纪录片冗长缓慢的视听风格，这两部作品带来了目不暇接的观看体验。同时他们又费心营造一些充满仪式感的桥段，《本草中国》中老药工丁社如的绝技“白芍飞天”，采用 3 台摄影机不同角度同时升格拍摄，并且分为白天与夜晚两种影调，前后拍了数十遍，最后剪辑出十几秒的华彩段落，形成美学冲击的高潮点。这种对造型美学的追求，到《本草中国》第二季时，甚至演化为商业棚拍，由专业美术在摄影棚中置景，电影摄影、灯光、服化道一同发力，将匠人的手艺表现到极致。

语态，商业纪录片的创新所在。因为受众目标不同，每部纪录片都可以有自己截然不同的语态，“舌尖体”是华美的集大成者，普通大众喜闻乐见，但到了 B 站的二次元世界未必吃得开。B 站自创的《历史那些事儿》无论是解说词还是表现形式都非常年轻化，甚至有点另类。全片以真实再现的手法拍摄，每集穿插 2 到 3 个“历史小剧场”环节，该环节堪比致敬经典，比如第一集《苏东坡，一个吃货》中 2 个小剧场分别模仿《孤独美食家》和《日食记》的拍法，让网络语境下成长的 90 后、00 后们看后不觉莞尔一笑，原本晦涩难懂的历史知识也在不知不觉中掌握了。片中还别出心裁让苏东坡唱了段 rap，尽管引来专业人士非议，但收获了 B 站用户的满分好评，传播效果不言而喻。

技术，商业纪录片的重要支撑。古往今来为了追求视听奇观，人们无不千方百计在新技术新设备上耗尽心思，所谓得先进技术者得天下。《本草中国》的精美画面得益于 4K 摄影机 SONY - FS7 的问世，这台轻便的摄影机能与照相机镜头组合，达到近乎电影的画质，赋予后期极大的调色空间，升格技术改变了原本 1 秒 24 格的速度，画面更具艺术感。大疆无人机的普及，让航拍大放光彩，从高空俯瞰大地成了必备视角；延时摄影打破了时间的束缚，短短几秒看尽花开花谢春夏秋冬；osmo、gopro 等小型摄影机，不仅让运动镜头流畅，也丰富了拍摄角度。在腾讯播出的《风味人间》中，尝试了黑科技——显微摄影与探针镜头，将视角缩小到“分子级”，从食盐结晶到豆浆点卤都纤毫毕现，拍摄了许多肉眼难以观察的食物本身细微的质感与纹理。

3. 营销推广

酒香不怕巷子深的时代早已过去，纪录片和所有产品一样，想获得热度，就得学会大声吆喝。营销推广将生产与需求挂钩，在纪录片产业链中，它是价值实现至关重要的环节。

这首先是理念的更新。《本草中国》的投资方不是纪录片团队，而是一家整合营销公司。孵化之初，就融合文化 IP 及商业运营模式进行顶层设计，从播出平台到宣传方案，互动方式，乃至周边产品，做了 360 度的整合营销。投资人俞瑛在接受采访时说:“在纪录片界来讲是第一次用大综艺的传播方式来跟观众告知和互动。运营《本草中国》的目标不止于赢得收视和口碑,随着纪录片的长尾效应,可实现线下产品的衍生,最终目标是打造一个大健康文化内容带。”

推广途径方面,除了传统的电视、报刊,互联网已成为主流。注册微信公众号、开设官方微博互动、捆绑网络意见领袖的转发与推荐,是商业纪录片宣推的基本套餐。网络社交媒体推广,兼具人际传播和大众传播的双重属性,能充分发挥出“病毒营销”的优势,使纪录片的知名度和影响力迅速扩大,从而形成强大的注意力经济。

衍生产品市场开发,也是商业变现的途径之一,毕竟仅靠版权收入不足以维系纪录片产业发展。优酷重点运营的《了不起的匠人》,利用电商实现“边看边买”模式,用户在观看的同时会收到相关产品链接,商品单价平均 3 000 多元,卖得最好的是一条 2 000 多元的围巾。《风味人间》联合故宫文化服务中心推出了“风味之箸”筷子礼盒,预售阶段就获得了 632.1 万微博阅读量,纪录片进入尾声之际,在故宫冰窖餐厅设下现代版本“风味之宴”,用一场美食的场景体验营销将品牌落地。而《人生一串》热播后,则官方授权,在上海正式开了一家线下体验店。

营销中另一种常见方式为商业定制,这种由广告主策划投资并委托制作的模式,犹如桥梁,把纪录片生产方和广告方连接起来,实现纪录片商业价值的最大化。江苏卫视自然科学纪录片《行走山河之北纬三十度》便是此类代表,广告主林肯将自己的主打车型作为纪录片主人公的出行伴侣,共同探访北纬三十度的神奇之处,讲述探险故事、人文地理的同时,也潜移默化传达品牌精神。比如第二集卧龙,野生动物保护家刘大牛不顾生命危险数十载追寻雪豹。他探索疆界的不屈灵魂,恰巧与林肯 MKX 的品牌精神高度契合。随着“内容即广告”的理念被认可,商业定制也许会成为一种主流营销趋势。

4. 开发 IP

IP,Intellectual Property(知识产权)的英文缩写,清华大学尹鸿教授认为,IP 是指“那些具有高关注度、大影响力且可以被再生产、再创造的创意性知识产权。有的人也许根本不了解什么是电影,所以他们唯一能够信任的就是 IP”。从某种意义上说,IP 等于品牌,对于纪录片,打造优质 IP 应当是生产的最后一步,也是目标,能大大提高商业化运作的效率,有益于形成良性发展的纪录片产业。

中国纪录片已有的现象级 IP 非《舌尖》莫属,尽管总导演陈晓卿一开始并没想过用商业运营的模式来制作,但随着 DVD、书籍、相关食品的空前热销,IP 很快呈现出远高于视频本身的价值。纪录片一旦成为IP,就意味着拥有了“用户群”,而“用户群”则是产业链条中评估价值的硬通货,一个优质纪录片IP可通过项目化操作使其不断发酵增值。随后进院线赚票房的《舌尖上的新年》、独家冠名拍出1.18亿元的《舌尖3》,都证明了中国纪录片IP开发空间巨大。

近几年,《了不起的匠人》《人间世》《本草中国》等热门纪录片纷纷效仿,以打造优质IP系列化生产为发展趋势。其中《本草中国》第二季轻松获取了化妆品牌相宜本草的植入,《了不起的匠人》获得长安马自达独家冠名,第二季点击量达一亿四千万余次。“投资—回报”的市场模式日趋成熟。

笔者认为,以IP运营为核心,精良制作、合理开发、把握互联网营销,走可持续发展之路,将文化影响力转化为市场驱动力,方能推动整个纪录片产业快速发展。

三、关于商业纪录片的一些弊病的思考

“商业化”也是一把双刃剑,较之欧美,我国成熟的纪录片产业链远未形成,处于初级阶段的摸索者们难免陷入困局。

其一,把握分寸,避免过度商业化。《了不起的匠人》系列中曾出现过上海某家高档西服定制店的大段疑似软广镜头,反而忽略了真正要表现的非遗文化内容,导致不少观众大呼跳戏。真实是纪录片必须恪守的第一原则,商业表达应以纪录片本身的内容表达为基准,不能因为商业定制、冠名、产品软植入等,模糊了与广告之间的边界。正如中国传媒大学中国纪录片中心主任何苏六所言:“纪录片商业化的终极目的不是网罗资本、抢占市场份额,而是通过商业化促使纪录片逐步完成产业化发展,形成健康的、成熟的行业生态系统,进而推动市场走向繁荣,让更多的人领略到纪录片的魅力。”

其二,大量复制品,严重的程式化现象。《舌尖》成名后,一夜之间冒出大量“复制品”——《舌尖上的重庆》《寻味顺德》……《我在故宫修文物》之后掀起了工匠风;《本草中国》之后《本草中华》《秘境本草》等中医药题材屡见不鲜。有些纪录片不仅结构照搬舌尖,连故事角度、影像风格、解说词都带着浓浓的舌尖味儿。一招鲜吃遍天,严重的程式化现象束缚了创作者的想象,也削弱了纪录片本身的魅力。工业化的批量生产,不断复刻,必会陷入创作瓶颈。

结　语

近几年,电视行业颓态初现,广告陷入负增长。而在商业大潮的推波助澜

下，纪录片突破资金缺乏、传播渠道单一、受众流失的种种瓶颈，成为荧幕上难得的一抹亮色。通过精准的市场定位，节目制作上不断创新，积极营销推广产品，开发优质 IP，走出了一条自己的商业化运作之路。同时，我们应意识到，纪录片产业的发展需要整个产业链的合理布局和协同配合，如何平衡内容与商业间的关系，如何不断推陈出新，秉持应有的艺术水准，这些问题值得深思。纪录片商业化之路任重而道远。

参考文献：

[1] 刘洁.纪录片的商业气质——"舌尖"热后的定位思考[J].现代传播，2014，8.
[2] 俞利军.市场营销导论[M].华夏出版社，2000.
[3] 韩岳."金字塔模型"下的纪录片产业化探析[J].现代视听，2015，6.
[4] 尹鸿，王旭东，陈洪伟，冯斯亮.IP 转换兴起的原因、现状及未来发展趋势[J].当代电影，2015，9.
[5] 李大刀.纪录片的"商业化"之思[J].大风号，2018，6.

作者简介：

许盈盈，上海广播电视台(SMG)纪录片中心导演。

综　合　篇

从供求关系看广播电视供给侧改革

周　峻

提　要：供给与需求关系理论是经济学基础理论之一，广播电视节目（音视频产品）与受众之间构成供给与需求的关系。互联网音视频媒体出现之后，包括原有广播电视节目在内的音视频产品市场供应总量大增，总供给已经大于总需求，加上受众收听观看方式的改变，广播电视节目的供应已经出现过剩，必须通过对频道、频率的清理，主动压缩产能，进行供给侧改革。

关键词：广播电视　供给与需求关系　供给侧改革

传统广播电视节目在进入网络时代以后，随着网络音视频媒体的涌现，从过去市场需求旺盛逐渐转变为相对过剩。运用经济学关于供需关系的基础理论，便可知这种转变必然导致大部分广播电视节目收听率、收视率下跌，广告营收总体大幅度下滑。面对广播电视节目供应过剩的现实，广播电视台必须主动而为，进行供给侧改革。这一议题的提出，正符合国家广电总局提出的相关改革要求。

一、广播电视节目供给与需求关系的变化

供给与需求关系是经济学研究中的一个基础理论。这个理论研究的主要方面是通过供应与需求的关系研究，来分析产品在市场中价格走势的变化。当一个产品供给不足，市场需求旺盛，其价格就会上升；而当一个产品供应过剩，市场需求不足，则其价格就会下降（如下图所示）。

供应与需求是两个相互交叉的曲线，当某一产品在供应与需求达到平衡

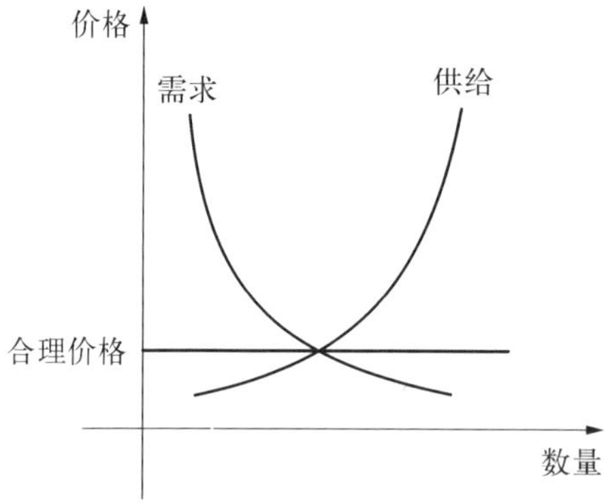

时两条曲线相交，其相交点是其产品市场价格的平衡点，其他任何情况两根曲线都不相交，要么供应不足价格趋高，要么供应过剩价格走低。广播电视节目（音视频产品）作为一种文化产品，在供应与需求方面也遵循这一市场规律。改革开放之后，人们对文化产品的需求急剧膨胀，中国在广播电视发展方面处于黄金时期，由于当时广播电视节目（音视频产品）均由唯一供应方——各地广播电视台提供，电视频道和广播频率成为紧缺资源，各地的电视频道和广播频率一般都从 2～3 个最初的公共频道、频率扩展到 10 个以上，从供需角度看表现为供应大量增加，但仍无法满足需求，市场表现为广告价格连年递增，黄金时段广告段位供不应求。广告价格的连年上涨，实质上是由于广播电视节目还不能完全满足观众需求，市场供应相对不足，以广告价格上升的形式表现出来。例如央视春节文艺晚会曾是所有国人在除夕夜必看的一台晚会，在湖南、浙江、上海等地都制作出同样是高质量的春晚之后，央视春晚才不再成为唯一的选择；电视剧则更是如此，在供应短缺的时代，几乎任何一部电视剧推出都会被万众追捧，《姿三四郎》《西游记》《孽债》《铁臂阿童木》《变形金刚》等播出时，其收视率都可以说近乎百分之一百。

进入 4G 时代，广播电视台不再是唯一的广播电视节目源，互联网音视频网站的出现，使得包括广播电视节目在内的音视频产品供给一下子暴增，传统广播电视节目成为其中的一部分，而不再是唯一。自媒体的出现，更改变了音视频产品供需关系。而当下受众收看收听广播电视节目（音视频产品）的方式又同时产生了改变，各种移动终端成为人们收听、观看音视频产品的主要工具，不再是收音机、电视机，受众作为需求方成为决定产品价格的主要因素。而对于广播电视节目作为音视频产品的价格衡量标准也产生了改变，不再是简单以收视率为标准，转为以点击量、客户转化率为指标。广播电视节目（音视频产品）的这种供需变化以广告价格的变化体现，即表现为传统广播电视广告收入逐年下降，个别广播电视台甚至出现断崖式下跌，广播电视台的广告经营从过去朝南坐，坐收广告投放收入，变成为了争取拉到广告而绞尽脑汁。从 2013 年中国网络视听协会开始发布行业数据来源至今，互联网视听规模从 2013 年的 132.2 亿元已经激增至 2018 年的 2 016.8 亿元，增幅高达 1 525%，特别是在 2018 年网络视听收入超越了广播电视广告收入，同年广播电视广告收入仅为 1 538.5 亿元(这其中还包含了广播电视互联网与节目销售收入)。反映在供需曲线上,便可看出广播电视广告价格的走势变化。

广播电视节目在供求关系方面的变化,可归纳为如下几点:

1. 广播电视节目作为音视频产品,虽然其作为文化产品具有特殊属性,但同时也遵循一般产品的市场供应与需求的普遍规律。反映在供需曲线上(如图),当电视频道和广播频率表现为供应过剩,需求下降则需求曲线下移,合理价格下降,在广告方面即表现为广告价格持续下跌。

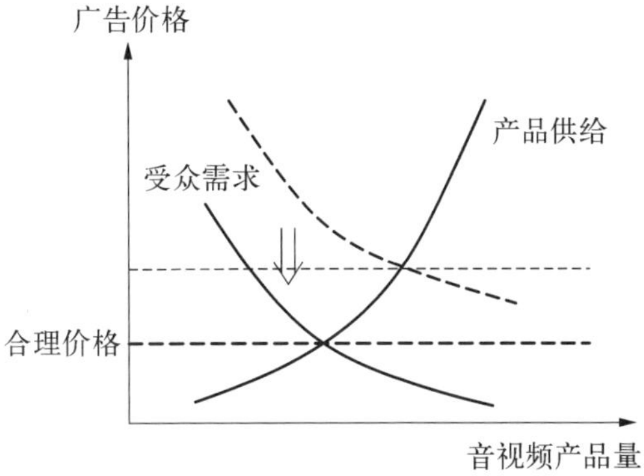

2. 当广播电视节目确定已经过剩时,必须主动进行供给侧改革,减少对过剩产品的供应,缩减电视频道与广播频率,以减少无效的广播电视节目供应。否则,在过剩产品上的投入将会是无效投入。

3. 受众对音视频产品的需求依然存在,然而所需要的已经不是过去传统意义上的广播电视节目。受众接受音视频产品的方式发生改变,对产品的供求关系同样产生影响。也就是说,需求产生了改变,对传统广播电视节目的需求急剧下降,原有的供应出现过剩。

4. 广播电视节目(音视频产品)作为一种特殊的文化产品,并非完全由市场供给关系决定,有些需要引导观众,提升观众思想境界、文化素养的广播电视节目不应受到市场供求关系影响,而主要应专注于提升节目质量,使节目能够继续起到引导观众的作用。

必须看到,随着智能手机、平板电脑等移动终端的出现,对于按照频道、频率构建的传统广播电视节目的需求已经大大降低,供需关系发生变化,对生产广播电视节目的供给方产生挤压是必然的,供应与需求关系的经济基本规律起作用是迟早的事。在需求已经发生重大改变的情况下保持原有的生产方式、生产规模和产品模式,最后的结果很可能是成为曾经显赫一时的诺基亚、柯达的结局。网络上在 2019 年底发布的一篇题目为《回望 2019 年:广电行业,我太难了!》的文章,一时间引起传媒界大量共鸣,文中讲到 2017 年部分城市台已经不能按时发放工资,少数城市台已陷入事实上的“停摆”状态,2019 年超过 55%的城市台资金缺口较大,在考虑长期和大额融资规划。必须承认,广播电视行业处于困难境地已经是一个不争的事实。

二、广播电视台进行节目供给侧改革势在必行

正因为广播电视节目(音视频产品)的供需关系发生了变化,广播电视台进行广播电视节目供给侧改革势在必行。作为广播电视管理最高机关,国家广电总局近两年都明确提出了要精办精简电视频道、广播频率的要求,指向相当明确,虽未直接提出供给侧改革,等同于直接提出。从供给与需求关系角度看,广播电视供给侧进行改革主要应做的是:

1. 去产能。这是供给侧改革中难度最大,也是必须真抓实干的方面。广播电视经历了超高速发展的黄金30年,累积了巨大的生产能力,产能严重过剩,行业出现整体性亏损,只有淘汰其中的剩余产能,整个行业才能健康发展,有的广播电视台也已开始这一改革。2016年,深圳电视台法治频道、江西九江四套关停;山东电视台于2018年初停办了"欢乐童年""齐鲁剧场"两套有线数字付费频道,转让了"收藏天下"频道;2019年起上海东方卫视将"娱乐"和"星尚"两个频道缩并为一个"都市频道","炫动卡通"和"哈哈少儿"合并成"哈哈炫动卫视"一个频道;年中,湖北电视台多个频道被归并到4个主要频道。根据CSM监测的部分地市级电视台频道数量变化情况,2018年起,鞍山电视台播出频道数量由5个减少到2个,深圳电视台播出频道数量由18个减少到16个,柳州电视台播出频道数量由5个减少到3个,汕尾电视台播出频道数量由3个减少到1个,肇庆电视台播出频道数量由3个减少到1个,株洲电视台播出频道数量由3个减少到1个,温州电视台播出频道数量由6个减少到5个,营口电视台播出频道数量由6个减少到5个,宝鸡电视台播出频道数量由4个减少到3个,泸州电视台播出频道数量由4个减少到3个,南通电视台播出频道数量由4个减少到3个,惠州电视台播出频道数量由3个减少到2个。

2. 促转型。当前,人们对于音视频的收看收听方式已经从电视机转向移动终端,广播电视台传统广播电视业务已经无法适应受众接收信息方式的改变,必须进行相应转型。各地广播电视台都在进行探索,通常的做法是在原有频道频率节目的基础上增加新媒体部,将原来仅用于频道频率播出的音视频节目同时分发到网络进行传播。然而从实际效果看,直接将节目平移到网络播出的点击量总体上通常不高,即使偶尔有个别爆款节目,既不能说明转型成功,也不能形成类似过去频道与频率的影响力,所带来的广告价值也相当有限。而且,更多的频道、频率依旧还只是将App、微信公众号等作为提高收视率、收听率的工具,在人力、费用等各种资源配置上没有进行倾斜。由于原有传统传媒业务无法停止,转型难度相当大。

3. 抓升级。进入互联网时代，广播电视台节目制作主要还是传统方式，主要还是围绕满足频道、频率播出的需求。不少单位还停留在互联网音视频媒体制作节目粗糙低劣的观念时代，依旧从高处往低看互联网音视频媒体。而摆在面前的现实是开机率急剧下降，频道频率传播能力走向衰微，传统广播电视节目制作方式已经落后于音视频产业的发展。同互联网音视频企业相比，传统音视频制作方式显现出投入成本高，产出低的弱势，必须通过主动改变节目制作方式，进行产业升级。须如上海报业集团打造《澎湃》那样，集中精锐力量，对自身媒体内容生产方式进行升级，例如《澎湃》拥有整个集团的信息资源优先权、对重大时政新闻、央企以及重大项目的采访权，有能力独立创作大量的原创的深度时政报道，生产方式和报纸告别得比较彻底，实际上这是一种对传统媒体的抛弃。由于《澎湃》符合互联网媒体生产方式，《澎湃》成长迅速，已成为互联网权威媒体，不但影响巨大，广告收入也大幅增长，基本实现了从纸媒生产方式向互联网媒体生产方式的升级。广播电视节目升级至适应互联网音视频生产的方式即使相当艰难，也是一条别无选择的必由之路。

鉴于广播电视供应与需求关系的转变，广播电视台有必要按照供给侧去产能、促转型、抓升级的思路，加快推进广播电视供给侧调整改革，从而走出困境。

三、关于强化顶层设计、加强整体改革规划的思考

广电行业改革的复杂性对台领导是一个巨大挑战，因为宣传和产业的双重属性，台领导既要有政治家办台的思想高度，又要有企业家管台的业务广度。各地财政虽然已经加大对广播电视台的各种补贴，但以目前省、地、县各级广播电视台的规模，财政补贴无法全部满足所需要的资金，至少有部分资金仍然需要广播电视台作为经营主体自己筹措。在这个关键阶段，对广播电视台进行顶层设计，加强整体改革规划尤为重要。在某种程度上，需有壮士断腕的勇气。整体性的问题就应该加以整体考虑，否则难以调整各方利益和诉求，无法在整体上收获改革成效。在这一阶段，必须强化顶层设计，根据供需关系的变化，围绕提高广播电视融合传播能力的提升和盈利能力的提高，改革现有体制机制，对现有广播电视节目制作、生产、销售等进行一场全方位改革，重构广电媒体生态。唯有如此，传统广播电视才有出路和新生。通过顶层设计，实现以下目标：

（一）坚决压缩产能

根据统计，国内 2017 年电视频道数为 1 067 个，至 2019 年为 1 015 个，这三

年中，电视频道减少的比例仅为4.8%，广播频率减少的数量在比例上与之应该差不多。由于移动终端的出现，使受众对音视频产品的需求方式已然发生改变，不再通过电视频道、广播频率收看和收听节目，对音视频产品的选择与需求发生巨大改变。因此在总量上，围绕电视频道、广播频率组织的节目产能已经大量过剩。特别是在影视剧、娱乐、音乐等方面表现得尤为显著。在各地最早开办的公共频道、频率之外，当年为了增加广告投放渠道而陆续开设的频道、频率中，相当大的比例都是收视率、收听率极低，无法再有效吸附广告，处于亏损或严重亏损状态。因此，必须态度更为坚决地对宣传作用低、广告吸附能力差的频道、频率进行清理，彻底地去除已没有社会价值和经济价值的产能。

（二）重构运作模式

目前各地广播电视台的运行模式在经过几轮改革之后，基本都是划小核算单位，将经济责任压到频道、频率，不管有没有公司化运营都是如此。台一级层面简政放权，有的甚至将人事权、财务权等均下放，仅通过设定收视率、是否盈利等KPI指标管理，结果造成前些年广告收入每年增长的年份频道、频率不断开设新节目，人员不断增加，某种程度上频道与频率都过度膨胀，在当前状况下难堪重负。频道与频率各自为政，全都各搞一套的结果，造成了诸如节目资源、技术设备、后勤财务等无法统一调配，效率不高，出现频道、频率之间无法相互使用节目，在频道与频率之间相互内部结算，人员也无法流动统配的状况；而在台一级层面，放权的同时，不少地方仍然存在较为严重的机关化、行政化倾向，已经到了不能不改的地步。在20世纪90年代之前，频道和频率并不是运行主体，设立频道和频率总监也是20世纪90年代之后才普遍出现的。如果说频道、频率制曾经为广播电视事业作出过重要的历史贡献，那么在受众不再围绕频道、频率收看、收听节目的今天，这一运行方式可能已经不适应当下形势了。可考虑不再以频道、频率为运营主体，以更好地统一调度人力资源、节目资源、技术设备、后勤服务，捏成一个拳头统一对外，走集约化道路，重构现有运行模式。

（三）调整节目生产方式

在受众主要通过移动终端收看收听节目之后，由需求端对供给方产生的影响力日益显现。除了一些直播节目外，绝大多数资讯信息发布时间广播电视基本都晚于互联网，已不是第一时间报道。受众对娱乐类音视频产品的需求也更多来自于抖音、优酷、爱奇艺、哔哩哔哩等互联网音视频网站。因此，必须对广播电视节目现有生产方式进行调整，以更好地适应市场需要，满足受众需求。

1. 不再仅以频道、频率时段模式规划节目。广播电视最传统的播出方式是制定年度播出版面，审定通过后按照版面执行。版面调整之前，无论节目收视与广告吸附情况好坏，一般不会变动，以满足频道、频率每天播出需要。在受众主要通过移动端接触音视频产品，对节目的需求发生转变之后，再仅仅围绕频道、频率组织节目生产将造成各方面的损失。如在节目的设置方面，电视节目是否还是按照一小时或半小时设置，以及节目结构设置等可能都要进行重新评估，按照更易于在网络传播的节目架构制作与播出，同时寻求在互联网获得更多的点击量。

2. 调整节目制作方式。传统广播电视节目制作总体上采用的是统一的方式，使用的技术设备也都相同。这相当于不管打什么样的仗，用的都是一种武器，这种制作方式已经难以为继。因此，在遵守广播电视节目相应播出技术标准的基础上，除了少数头部大型娱乐节目外，大部分节目制作应根据广播电视台经营收入下滑的实际情况，调整节目制作方式，尽量控制费用。例如节目背景，欧美电视台已经大量仅仅采用办公室，或家庭装潢为背景进行直播，大大节省了置景费用，在某种程度上，反而增强了节目的亲近感。可以说，除了传统广播电视节目总量要减少，通过调整节目制作方式，尽可能降低制作费用，这是当下必须努力探索的途径。

3. 强化技术引领。广播电视台的技术力量配备根植于传统播出方式，缺少互联网基因，虽然近年来都大力加强了基于互联网播出方式的技术投入和研发，但是仍远远落后于音视频产业整体发展大势。反映在广播电视台日常工作中，对技术的重视远远不够，技术仍处于节目支持部门的从属地位。必须看到，现有互联网的音视频产业发展势头迅猛，除了模式上的创意外，技术手段的创新是其基础，有技术的支持，才会有音视频点播（收费），才会有音视频直播（带货），缺少技术引领，就无法在互联网时代生存，因此必须强化技术的引领作用，依靠技术创新引领节目创新，满足受众需求。

结　语

广播电视台都是国有主流媒体，具有广大受众信赖的公信力，对公信力的需求依旧在广播电视台这一边，这是广播电视台在音视频产品供应中最具竞争力之所在。发生新冠肺炎疫情之后，各地广播电视台收视率、收听率均大幅增长，正是反映了受众对于具有公信力的新闻资讯的需求。所以供给侧改革，广播电视台公信力和作用都应进一步加以重视与发挥，既满足受众需求，也使自身最重要的核心竞争力得到充分发挥。

参考文献：

[1] [美] 保罗·萨缪尔森，威廉·诺德豪斯著，萧琛译：《供给与需求》，商务印书馆 2014 年版。
[2]《2019 中国网络视听发展研究报告》，中国网络视听协会网。
[3]《回望 2019 年：广电行业，我太难了》，微信公众号《广播广告圈》。
[4]《2018 年电视收视市场回顾》，微信公众号《收视中国》。

作者简介：

周峻，上海广播电视台(SMG)总编室副主任。

浅析地方短视频政务号运维之法
——以浦东发布入驻抖音平台为例

周天通　邵学新

提　要： 随着5G时代的到来以及新媒体技术的发展，短视频成为人们获取信息新的内容和载体，短视频平台成为重要宣传渠道和舆论阵地。政务号入驻各大短视频平台可以发挥短视频短平快的优势，借助平台流量，抢占舆论阵地，从而发挥积极的引导和服务作用。作为地方发布政务号，浦东发布在入驻抖音平台后探索其内在规律，遵循短视频内容为王的编法、流量为首的算法、互动为先的做法，可以说为政务号日常运维提供了一个样本。

关键词： 新媒体　短视频　政务号　运维规律

习近平总书记指出，“党的新闻舆论工作是党的一项重要工作，是治国理政、定国安邦的大事”，强调“做好党的新闻舆论工作，事关旗帜和道路，事关贯彻落实党的理论和路线方针政策，事关顺利推进党和国家各项事业，事关全党全国各族人民凝聚力和向心力，事关党和国家前途命运”。

根据CNNIC发布的第44次互联网报告数据，截至2019年6月，我国网民规模达8.54亿，其中手机网民约3.78亿。年轻群体依然是互联网主力军，Z世代（出生于1995—2005年）人口达2.6亿。《2019抖音数据报告》显示：抖音的日活跃用户已经达到4亿，抖音用户每天花在浏览视频上的平均时间为76分钟。

“移动互联网时代，政务新媒体在加速转变政府职能、推动服务型政府建设、探索社会治理新模式，提高社会治理能力等方面爆发出惊人的能量，成为党和政府连接群众、沟通群众、服务群众的绝佳工具。”目前越来越多的政务新媒体把短视频平台作为重要的一个传播窗口。

浦东新区是中国改革开放的象征、上海现代化建设的缩影,肩负着当好排头兵中的排头兵、先行者中的先行者的重任。浦东发布入驻抖音短视频平台后,创新短视频生产、创意短视频内容,在短时间内,保持了稳定的内容输出、流量的持续供给和粉丝的快速增长。本文研究了浦东发布自2020年1月下旬入驻抖音平台的内容作品,并通过抖音后台选取了2020年6月至2020年7月浦东发布抖音号的播放数据(7.0亿)、互动数据(新增点赞量655.7万)、粉丝数据(粉丝净增量23.4万)、直播数据进行细致分析,初步探寻总结出短视频政务号运维之法。

一、内容为王的编法

在去中心化的新媒体生态中,优化运维关键一点就是内容垂直,有人称所谓"IP",只有做到绝对的90度的"I"(Intellectual)垂直,才能成就绝对的大"P"(Property)。然而,作为短视频政务号,涉及面广,有着信息发布的渠道属性和舆论引导的宣传属性,做到内容的绝对垂直可以说难上加难。然而,浦东发布政务号把这一短板变为了自己的长处,坚守内容为王,细究发现,其正是有着一套独特的"编法"。

1. 实用性再实用性:信息发布是政务新媒体的重要功能。在此方面,浦东发布发挥权威、公信的特点,把实用性的民生信息的传递作为第一要务,不管是量上的传播还是质上的高效,予以重点保障,使得"爆款"频出。如"创新药"是浦东核心产业之一,聚焦这一产业,着力挖掘事关民生的新药研发、上市信息的披露。2020年6月9日投放的《糖尿病患者福音,浦东张江再出创新药》播放量628万,《浦东创新药乳腺癌化疗新药开出首张处方》播放量720万。又如就业是民生之本,2020年7月17日投放的《4 007名!上海市公安局招聘辅警》播放量2 830万,后台留言咨询2万余条。再如随着疫情防控的常态化,浦东发布及时跟踪相关疫情焦点,《上海公布进口生鲜食品新冠肺炎检测结果全部阴性》播放量1 650万,《研究发现远紫外线可灭活99.9%的冠状病毒》播放量1 532万,《放心!网传北京新发地返沪发烧男子核酸检测为阴性》播放量1 890万,通过辟谣,对受众高度关注的信息进行了有效回应,该文章还被上海市网信办列为"月度正能量文章传播影响力十佳"。综上,这些事关受众衣、食、住、行的民生资讯冒着烟火气呈现在粉丝面前,建立了属于浦东发布自己的垂直内容,得到了更加广泛的传播。

2. 故事化再故事化:故事化表达是增强短视频传播力的重要手法。总结浦东发布短视频发现,但凡得到广泛传播的内容有一个共同特点就是:人物鲜活,细节生动,情节曲折。《确认过眼神,你就是我要找的人》讲述的是浦东民警在地铁站随机查验乘客身份信息,抓到一在逃人员的故事,其中民警的细致询问和洞察发现以及在逃人员的百般借口和小伎俩得到完整呈现,该作品时长 3 分 11 秒,播放量达 965 万,获赞 12.4 万,如此长的内容有着如此优秀的表现,归根结底还是故事化的呈现。7 月 8 日高考结束投放的《第一个迈出高考考场的考生,冲这自信的微笑,老哥稳!》播放量达到 6 752 万,获赞 131.5 万,也是讲述了一位高考考生的故事,"你觉得你自己考得怎样?""接下来打算做什么?"等提问以及考生生动的回答在短短 12 秒之内让人物个性立体起来,也让故事情节有了反转。《400 元买 10 条鲳鱼,到家变成 2 颗大白菜》则是一条案件警示内容,在 20 秒时间内讲述了一个市民被骗的故事,引发警醒,视频播放量 4 038 万,获赞 87 万。综上,可以看出故事化是事件性爆款内容的必要属性。

无论时代如何变化、科技如何发展,人们对高品质内容的渴望不会改变反而要求愈高,"内容为王"理应成为短视频政务号始终秉承的基本理念。

二、流量为首的算法

搭乘新媒体快车,必须做到内容、流量两手抓,两手都要硬,做到内容为王的同时,适应平台保障流量也是重中之重。可以说,随着网络技术的发展,人人都是自媒体,个个都是准网红,去中心化也越来越彻底。在此趋势下,短视频政务号必须适应新的网络丛林法则,探寻其内在算法,知己知彼,方可流量加持。

1. 抖音算法机制

抖音延续了头条系的算法基因,每一个作品发布后,会先投放在一个较低流量池中,如果得到了足量的"正向反馈",那么该作品将升级到较高流量池中,以获得更多的曝光机会和播放量。这就是一种"倒三角形"的精品流量池算法,可以让没有基础粉丝,但是质量上乘的作品被看见。

判断一个视频是否符合"正向反馈",有五个核心指标:完播率、点赞率、评论率、转发率、关注率。

完播率:用户播放完整段视频的概率。想要提高完播率,你需要思考如何产出高质量的视频,吸引用户从开头看到结尾。

点赞率:一个点赞率高的视频必定获得了用户的情感共鸣或认可,或使用户认为视频内容是有价值的。

评论率:可以通过设置悬念、引起共鸣、提出问题等方法引导用户展开互动。

转发率：说明你的视频获得了用户的高度喜爱。

关注率：想要达到提高关注率的目的，需要提高账号垂直度，明确定位，使用户认为你的账号具有长期有效价值。

2. 浦东发布短视频特性

重点分析浦东发布播放量1 000万以上的25条作品发现，这些作品之所以表现优异，和符合抖音算法机制密不可分。主要特性如下：

短小精悍：短视频中的“短”依然是核心要义。这里的短在于两点：一是物理上的时长之短，25条作品中时长在15秒以下的占60%，7秒以下的占40%，形成了独特的“七秒法则”，即一般性资讯内容时长控制在7秒以内。二是内容上的“短”，突出关键词，传递核心信息，让受众一目了然，绝不拖泥带水。研究发现，每条短视频的文字信息一般不超过45字，即独特的“45字方针”：严控字数，使得精炼明了的文字更加便于受众对关键信息的获取。时长之短再加上内容之“短”在一定程度上提高了完播率，满足了抖音算法中完播率的要求，解决了投了没人看的问题。

情感共鸣：短视频政务号除了解决投了没人看的问题以外，还必须解决看了没人赞、赞了没人转的问题。而要解决这个问题，至关重要一点就是情感共鸣和认同。2020年3月，《上海一隔离点内，回国女子吵着要喝矿泉水，警察警告其你不是来旅游的！》成为舆论关注的焦点。在这一大环境下，4月9日浦东发布推送了一条《暖心！隔离点的特色餐食让人感动不已》的内容，说的是疫情期间，浦东建立的集中隔离点内，工作人员在日常巡视过程中发现一位隔离观察人员门口的餐食一直没有吃，该工作人员拨通隔离人员的电话：

工作人员：901的客人吗？

隔离人员：是，我是901的。

工作人员：您好！我们的工作人员在收饭的时候发现您门口的饭没怎么动，请问你是有什么不舒服吗？我是这里的医生。

隔离人员：我呢，有一个小情况，因为我是少数民族，这里面有一些东西是我们比较忌讳的。

工作人员：这样的，我们这边是可以提供清真饭菜的。我给您登记一下，从下一顿开始，我给您直接发清真的饮食好吗？

隔离人员：哎呀！那太好了。

和“矿泉水女事件”相比，这段直白朴实的对话直接反映了浦东各个隔离点内工作人员的细致以及隔离人员的支持和理解，引发了用户极大共鸣，内容投送后短短6个小时，播放量达到2 211万，获赞126万。不少粉丝评论留言：901的客人能够包容理解，真是好样的！工作人员如此高负荷工作还能考虑如此周全，真是用心了！

3. 浦东发布推送时机的掌握

新媒体的运维更要求用户思维，随用户起舞。浦东发布短视频在推送时机上也基本做到了与最大数量的用户"作息一致"。统计数据显示，浦东发布在7:00—9:00早高峰时段推送占比16%，11:00—13:00午高峰时段推送占比27%，16:00—18:00晚高峰时段推送占比45%，23:00—1:00午夜时段推送占比12%。这些时段都是抖音平台流量高峰时间，在巨大的流量池里，作品也可以乘风破浪，有着相对更好的表现，其中播放量1 000万以上的作品在16:00—18:00晚高峰时段投放的占比72%。

综合分析浦东发布推送时间和相关数据还发现，根据作品内容，浦东发布还拟定了个性化的推送时间。比如7月19日推送的《研究发现，经常熬夜将造成大脑神经突触被吞噬》选择在当天的凌晨0:35推送，这个时候刷到这个内容肯定是在"挑灯夜战"的人群，内容推送后很快得到了用户的积极响应，最终此内容播放量达到9 956万，获赞133万，转发评论达129万。这条内容如此高赞转评，主要归结于大家对熬夜有损健康的认同。特别是评论区，不少受众直接@自己的同事家人好友，在一定程度上实现了社交裂变。

宾夕法尼亚大学沃顿商学院市场营销学教授乔纳·伯杰曾提出六个感染力原则，即"产品或思想需要包含社交货币、有诱因并能激发情绪、具有公共性和实用价值，然后融合到一个故事中"。这些原则的首字母组合在一起，形成英文缩写词STEPPS。如果把短视频视为产品，符合"六个感染力原则"，契合抖音算法机制，是浦东发布运维的法宝之一，也是垂直度不高的政务号成长为中心化大V的关键所在。

三、互动为先的玩法

《2019年抖音数据报告》显示抖音里的视频分为多种类别，其中有一些类别受到大众青睐，比较容易成为爆款视频，从而被系统推荐。

颜值类：占比32.4%，在各类视频中比重最高。

歌舞类：抖音创立之初就以包含音乐元素视频居多。而抖音发展至今，依旧保留了对音乐类视频的偏爱。

宠物类：这是由于抖音受众比较喜欢宠物，同时，由于宠物主题易拍摄的特点，这类视频也成了抖音上出现频率比较高的内容。

搞笑类：抖音原本就是一个娱乐平台，因此搞笑视频始终都有市场。搞笑类视频又分为段子视频和剧本视频，对策划能力、表演能力都有一定要求。

美食类：可以是美食教程，也可以是简单的美食分享。但制作美食类视频需要注重视频的画质及拍摄技巧。

知识类：无论哪个年龄层都会有知识焦虑，瞄准一个领域，分享相关知识和技巧。

所以掌握一定的抖音玩法，让政务号内容既有好奇点又有吐槽点，既能蹭热点又能博泪点也是关键法宝之一。

1. 恰到好处地蹭热点：热点是短视频平台的最大流量池，不去关注热点而自说自话很难得到受众的认可和平台的推荐。分析浦东发布推送内容发现，在一些热点、焦点方面，浦东发布绝不缺席甚至占据 C 位。张文宏是战“疫”期间的新晋最大“网红”，其以敢说话、会说法、说真话而拥有不少粉丝，成为平台的一大热点。浦东发布不仅自建＃张文宏话题，还以《听文宏话，一起战胜疫情！》专门为他建立了“文宏金句”合集，囊括了近 60 部作品，总播放量近 1 亿次，让张文宏成为浦东发布的最大“IP”。

2. 量身定制的“小网红”：除了蹭头部网红的热点。分析浦东发布作品数据发现，其建立的 MCN 编发制度，量身定制的“小网红”策略也有一定的成效。“解码浦东瓜果新姿势”的乐乐为不少粉丝熟知，“人文浦东”带领大家打卡浦东网红人文景点的高颜值小姐姐丹青也保持了一定的出镜率，被粉丝称为“水墨丹青，人文浦东”，其推介的美食类作品——“食味浦东”成为政务号的一个品牌产品。这些内容虽不是播放量上千万的“爆款”，但是累积了一定土著的忠实粉丝，增加了粉丝的黏性。

3. 保持适度的娱乐性：不可否认的一点是，娱乐性是短视频传播的活力所在。政务号往往严肃刻板，姿态“高冷”说教式的宣传反而让平台受众产生距离而“敬而远之”，达不到预期的成效。浦东发布政务号日常运维中保持的一定娱乐性和娱乐内容给却起到了较好的调剂效果。比如结合抖音焦点话题＃遇见过去的自己、＃各行各业八仙过海等“小浦”也不缺席。这些内容不仅起到了一定的润滑效果，也拉近了和受众之间的距离。细致探究还发现，小到“宝宝们”“家人们”“老铁们”等互动性的称呼，让受众倍感所谓“官方爸爸”的亲切。

当然，这里的娱乐性还是要把握一个度，切不可因为一味地迎合而变得低俗甚至错失正确的舆论导向，从而损害政务号的权威性和公信力，这是绝对不可接受的。

4. 网络直播的常态化：网络直播业已成为短视频平台互动的必然属性。作为地方发布的政务号，常态化的直播可以吸引粉丝关注、及时传递信息，也可以提高账号的活跃度，实现增粉引流。浦东发布政务号后台数据显示，2020 全球人工智能大会云上峰会直播观看人次达 10 万，直接吸引粉丝 4 000 多人。不过一些政务号投鼠忌器式地拒绝网络直播而使得政务号关闭了互动交流的窗口，缺少了必要的“灵魂”。

结　语

《新媒体蓝皮书：中国新媒体发展报告(2020)》称新媒体已经成为我国公众获取新闻信息的主要渠道，其中有 39.02%的人从抖音获取新闻信息。[4] 而随着 5G 时代的到来，用户对音视频内容的接收还将大幅增加。告别“铅与火”“光与电”，来到“数与网”，做好新时代舆论宣传工作，必须迅速抢占舆论高地，必须牢牢把握宣传渠道，必须利用并占据互联网流量池。短视频政务号的入驻可以说十分重要也十分必要。

短视频政务号的运维不能高高在上，也不能隔靴搔痒，必须牢牢贯彻用户思维，学会站在用户的角度，将政务信息和宣传内容春风化雨、润物无声；必须严格按照新媒体平台内容为王的编法、流量为首的算法、互动为先的玩法之规律做好总体运维，才能不断提高新闻舆论传播力、引导力、影响力、公信力，最终成长为新时代新闻宣传的舆论高地和政府服务广大受众的重要平台。

参考文献：

[1]《习近平新闻思想讲义》(2018 年版)，人民出版社，33—34 页。
[2] 袁国宝：《政务新媒体——引爆指尖上的“政能量”》，中国经济出版社，前言。
[3] [美] 乔纳・伯杰(Jonah Berger)：《疯传》，电子工业出版社，第 30 页。
[4]《新媒体蓝皮书：中国新媒体发展报告(2020)》。

作者简介：
周天通，上海市浦东新区融媒体中心新媒体二部主任。
邵学新，上海市浦东新区融媒体中心党总支书记。

融媒体时代区县级媒体记者如何讲好新闻故事探析

樊国庆　侯晓钢

提　要：党的十八大以来，以习近平同志为核心的党中央就媒体融合发展做出一系列重大部署。在 2018 年 8 月的全国宣传思想工作会议上，县级融媒体中心建设上升为中央决策和国家战略。2019 年 1 月 25 日，中央政治局集体学习把“课堂”设在了媒体融合发展的第一线。要求“主流媒体要及时提供更多真实客观、观点鲜明的信息内容，掌握舆论场主动权和主导权。通过理念、内容、形式、方法、手段等创新，使正面宣传质量和水平有一个明显提高”。区县级媒体作为将党的大政方针和宣传思想在基层落实的一线阵地，在媒体融合背景下，区县级媒体记者应该创新思路，从增强文化自信的高度，通过新闻故事化的方法，多媒介聚焦，用关注“民生”的方式来讲好对“国计”的关心和关注的新闻故事，传播好基层声音。

关键词：区县级媒体　新闻故事化　媒体融合

在 2018 年全国宣传思想工作会议上，县级融媒体中心建设上升为中央决策和国家战略。区县级媒体转型发展受到社会最广泛的关注。作为基层媒体记者，如何利用现有资源和融合优势，提高社会影响力和新闻事业发展成为一项值得广泛研究的课题，笔者结合工作实际从新闻故事创作角度进行探索。

一、新时代区县新闻故事的创新思路

新闻故事化是记者在新闻采编中运用得较多的一种方式，故事化报道不仅关注新闻事件的结果，而且注重事件的过程，使新闻报道在具有较强的客观性与可读性的同时，增加新闻趣味性和人情味。

二、新闻故事化的讲述途径

（1）选择最真实新鲜的事。真实和实效是对新闻的基本要求，也是新闻故事化的必要条件，区县媒体来自基层，最容易获取最新鲜第一手的新闻线索，要求在创作中反映新闻事件的每个具体事实都要把握好度和客观规律，新闻故事中的时间、地点、人物、事件、原因都要经得起考验。同时，发现线索后快速采写，也是在新时代媒介融合背景下抢占先机的一大途径。

（2）选择单一的事。新闻故事选题尽量单一，切忌头绪繁多，面面俱到，流水账式讲述，新闻故事由于篇幅有限，不可能把所有的细节一下子全部写出来，要围绕主题，找到主题当中眉头为之一动、心弦为之一震、耳目为之一新、心灵为之一悟、心绪为之一喜或者一乐的一刹那。

（3）选择曲折的事。文似看山不喜平，平铺直叙的文章不受人待见，新闻故事也是如此，在保证真实的情况下，记者客观中立地参与全过程的报道，让事件的波澜起伏生动地浮现在受众面前。倒叙、插叙、开头设置悬念，或者在新闻纪录片中运用视频的平行剪辑手法，展示不同人物的进展。例如，笔者所在的上海市金山区融媒体中心 2016 年 2 月起曾经做过一期弃婴“小丸子”的连续报道。“小丸子”患有先天性外观疾病被家人遗弃，产科病房医护人员共同照料她成长，并为其治病，治病的同时警方也在寻找孩子的父母。经过治疗，孩子病情好转，最终警方找到孩子父母，并依法分阶段进行执行判决。整个过程受到社会的广泛关注。

三、用关注“民生”的方式讲好对“国计”的关心和关注的新闻故事

区县新闻媒体来自基层，是当地的传统主流媒体，具有较高的权威性、公信力和社会影响力，直接面向当地基层百姓，因此是推动党的宣传思想工作在基层强起来的基石，也是打通引导群众、服务群众“最后一公里”的有效载体，最有优势用“民生”的方式来讲好“国计”大事。

以“好记者讲好故事”为例，2014 年起，由中宣部、中国记协等主办的“好记者讲好故事”在全国新闻战线开展演讲活动，通过记者亲历、亲见、亲闻、亲为的好故事，讲述了他们以导向为灵魂、以真实为生命、以人民为中心的责任担当。

其中就有多个来自区县的记者入选全国十强，他们从所在区县出发，讲述他们经历和见证的中国故事。

2018 年，来自辽宁省营口市鲅鱼圈区广播电视台的记者李承泽以《我们的路》为题，讲述了鲅鱼圈区企业参与中马友谊大桥建设，以及他参与报道由鲅鱼圈港出发的我国首个经满洲里口岸直达莫斯科的中欧班列的新闻故事，从区县媒体记者口中，记录了振兴中的东北，更是新时代"一带一路"火热建设的缩影，展示了"构建人类命运共同体"中的营口脚步、东北脚步、中国脚步。

2019 年的好记者讲好中国故事演讲比赛全国十强中，来自河南省柘城县融媒体中心的记者李坤龙以成年累月的深入跟踪采访，形成新闻纪录片，呈现了一位普通新型农民通过养鸡致富的故事，展现了基层人民对美好生活的追求。

不难发现，入选全国十强的区县级记者无不是以小见大，通过讲述最基层的人物、事件、故事，折射出时代的进程、历史的变迁，以关注"民生"的方式来讲好对"国计"的关心。"我们不仅要让世界知道'舌尖上的中国'，还要让世界知道'学术中的中国''理论中的中国''哲学社会科学中的中国'，让世界知道'发展中的中国''开放中的中国''为人类文明作贡献'的中国"。

笔者身处国际化大都市的上海市辖区，同时也是上海自由贸易试验区、长三角一体化发展等国家战略以及上海建设"四个中心"和建设具有全球影响力的科技创新中心等地方变革的重要参与者，通过上海市辖区媒体新闻故事，向人民群众传递身边的上海声音、中国故事。

例如 2019"上海广播电视(区台)奖"(电视新闻)获奖作品中，"长消息"一等奖《全国首创 上海自贸区企业一证"闯天下"》、"新闻专题"一等奖《"一带一路"上共同的"甜蜜"》等多部作品中，来自上海各区融媒体中心的记者均通过自己所在区发生的改革创新故事体现重大国策给基层百姓、基层企业带来的改变。"长消息"二等奖作品《拆除沪浙"堵心桩"架起两地"连心桥"》中，金山区融媒体中心记者金宏、李巾、朱奕通过讲述上海金山和浙江嘉善两地间 11 处限宽路桩被拆除方便两地百姓的故事，体现了在长三角一体化发展的深入推进过程中，越来越多的促进毗邻地区资源流动共享、提升人民群众幸福感的有效举措在基层探索实行。

四、坚持内容为本，多媒介聚焦群众关心的热点

西方有句著名的谚语："一千个读者就有一千个哈姆雷特。"意思是每件事每

个人都有自己的看法和想法。当下中国发展进入新时代，以微信公众号、微博为代表的自媒体蓬勃发展让每一个人都可以成为记者、成为媒体源对热点现象进行传播，随之而来，抄袭、编造、嘈杂的自媒体环境也让受众嗤之以鼻。

而当下，都市区县媒体正在进行全方位的融媒体建设，以上海为例，“4 月 3 日，市委深改委第二次会议审议通过了《上海市关于加强区级融媒体中心建设的实施方案》。根据上海实际情况，《实施方案》确定了本市区级融媒体中心建设的时间节点和工作目标。”2019 年 6 月 28 日，黄浦、徐汇、长宁、虹口、杨浦、嘉定、金山、松江、青浦、奉贤等上海首批 10 个区级融媒体中心成立，10 个区基本完成区级融媒体中心机构整合，并推出区级融媒体客户端、全市统一技术服务平台也同步上线运营。9 月 16 日，浦东、静安、普陀、宝山、闵行、崇明等 6 个区组成的上海市第二批区级融媒体中心正式成立。

融媒体的推动下，变的是新技术、新传播环境，导致媒体格局、舆论生态、受众群体发生变化，而不论是传统媒体还是新型媒体，对内容的需求都是一致的，同时媒体中经常提到的“内容为王”也称为“真相为王”。笔者认为，为了应对冲击，区县媒体融合过程中记者在内容创作中要做到：

1. 做最权威的新闻。作为区县党委政府的喉舌，要做好中央、省（区、市）重大决策部署和区县党委政府中心大局、经济社会发展的深度报道，让当地人民群众知道当地党委、政府在干什么，各部门、各街镇在工作上的推进情况，发布群众最关心的政策措施，身边变化。

2. 继续聚焦本土新闻挖掘。挖掘树立宣传身边的典型人物和典型事件，面向基层、贴近群众，让镜头对准百姓身边的人和事；努力成为老百姓说话的工具，民众意见表达的公共平台。

3. 要讲好深度的新闻故事。采编人员要在坚持政治家办报、办刊、办台、办新闻网站中融会贯通，同时在选题、策划、题材、制作等方面下功夫，充分运用新技术、新手段，创作出形式多样、更受市民喜爱的作品。

4. 多媒介聚焦。区县媒体融合后，媒介资源更加丰富多元，新闻故事创作要适应各媒介的特征，对热点、焦点问题进行全方面聚焦。在新闻采写方式上，一线记者要树立融媒体理念，一方面提前策划，另一方面快速反应。到了采访现场，记者能够快速研判，适合做直播的申请直播连线，对一个新闻主题进行全方位、多层次研判，形成不同个性，不同定位，满足群众对新媒体情境下的多样的新闻产品。2020 年 4 月 14 日，金山区融媒体中心在通过 i 金山微信公众号、上海金山 App 等平台首次采用全程全景直播的方式，在青浦隔离酒店、金山沿途以及金山区会议中心多个点位现场连线直播，记录金山区援鄂医疗队结束隔离观察，参加金山区迎接援鄂医疗队凯旋仪式的全过程。

5. 提高各媒体端快速反应能力。新闻的无尽源泉在一线、在现场、在基层，作为记者或采编制作人员要保持健康体魄，不断提高脚力、眼力、脑力、笔力。做到站起来能说，坐下来能写，写起来准确快速，而审稿人和媒体端要快速反应，抢抓最佳刊播时间。

五、上海广播电视(区台)新闻故事中的获奖作品分析

2017年度	一等奖	广播长消息	变“配给制”为“竞拍制” 让百姓文化生活拥有更多“获得感”(浦东)
		广播新闻专题	大国工匠——胡双钱(宝山)
		电视短消息	全国首张“一企一证”今天在上海自贸区诞生(浦东)
		电视专题	轮椅上的翻译家(闵行)
	二等奖	广播长消息	带着习总书记的关怀 全国道德模范王海滨今回沪(闵行)
		广播新闻专题	“折翼天使”的传奇交响(浦东)
		广播系列报道	嘉定八百年系列报道(嘉定)
		电视长消息	车辆落水驾驶员被困 苏宁快递小哥下水救人(松江)
		电视评论	车辆落水驾驶员被困 苏宁快递小哥下水救人(宝山)
	三等奖	广播新闻类	金山“好人现象” 让城市更有温度(金山)等4篇
		电视新闻类	垃圾减量有新招 为民服务“暖心灶”(崇明)等8篇
2018年度	一等奖	广播长消息	沪浙实行医保联网结算 四万多人次共享医疗资源(金山)
		广播新闻专题	北斗追梦人(宝山)
		电视长消息	“嘉定一号”发射成功 我国商业航天开启新征程(嘉定)
		电视专题	做好“最难的小事”——闵行区红旗五村垃圾分类推进工作纪实(闵行)
	二等奖	广播长消息	从“人养地”到“地养人” 让“寸土”变“寸金”——全国首个耕地质量保护险在松江诞生(松江)
		广播新闻专题	收藏电影海报四十载 定格中国电影“永远的画面”
		广播系列报道	我的援外朋友圈
		电视长消息	马桥豆腐干拿到上海今年“0001”号小作坊准许生产证(闵行)

续表

2018年度	二等奖	电视新闻专题	账本记忆(嘉定)
		电视新闻专题	潮涌吴淞口(宝山)
	三等奖	广播新闻类	湿垃圾不出小区 变身有机肥还田(崇明)等4篇
		电视新闻类	浦东：办公空间“最小化” 服务空间“最大化”(浦东)等8篇
2019年度	一等奖	广播新闻专题	一个村一部史 留住看得见的乡愁(金山)
		广播短消息	“扶贫先扶志” 学子扶贫项目意义深远(闵行)
		电视长消息	全国首创 上海自贸区企业一证“闯天下”(浦东)
		电视新闻专题	“一带一路”上共同的“甜蜜”(宝山)
	二等奖	广播长消息	航头镇农村生活垃圾治理装上“智能芯”(浦东)
		广播新闻专题	连心小广播打通信息传播“最后一公里”(嘉定)
		广播新闻专题	不辱使命 一路追梦 记上海市平安英雄——魏刚
		电视专题	《缘定青海》(青浦)
		电视长消息	拆除沪浙“堵心桩” 架起两地“连心桥”(金山)
		电视长消息	沪滇协作帮扶 帮到点上扶到心里(嘉定)
		电视连续报道	父子瘫痪多年需照顾 老母独立支撑盼帮手(嘉定)
	三等奖	广播新闻类	长三角生态绿色一体化发展示范区区域公交第一批5条线路今天开通运营(青浦)等4篇
		电视新闻类	“夜经济”点亮浦东人的夜生活(浦东)等8篇

[图为2017、2018、2019年度上海广播电视(区台)奖作品]

上海广播电视(区台)奖[前身是上海广播电视(区县)奖]，是上海市广播电视协会组织专家组对本市区级融媒体中心创作出的优秀广播电视作品进行评选的专门奖项。从获奖作品的构成来看，题材范围较广，不论是广播电视新闻还是各类专题都来自于本区域身边的发展变化，较好地反映了国家重大决策部署的落实、上海市及其市辖区内重大新闻事件与社会变革等内容，体现了上海各区在政治、经济、文化、社会建设发展中的新气象。作品故事性强，同时围绕中心，服务大局，坚持导向，贴近民生。既是众多优秀作品的代表，更是年度上海区级融媒体广播电视新闻宣传成果的缩影。以2017、2018、2019年度上海广播电视(区台)奖为例，获奖作品以区级采编人员视野聚焦了长三角一体化、上海自贸区建设、一带一路、东西对口协作、垃圾分类等百姓关注的重大问题，同时也包含了一个村一部史、村志留住乡愁，快递小哥下水救人，金山好人现象，浦东人的夜生活等故事化的手法记录的普通人的生活变化，体现了上海区台广播电视从业人员，努力践行“四力”要求，坚持正确的政治导向，努力实现融合创新所取得的成果。2018年开始，上海广播电视（区台）奖设置了媒体融合传播奖，从短视频、融合创新、创意互动等题材对本市区级融媒体中心发布的融合传播作品进行表彰。

六、关注区县融媒体新闻故事传播中的文化价值取向

“文化”(Culture)原意指“居住培植”，一词源自拉丁文“colere”，引申为“植物栽培”，定格为“人格修养”。新闻价值观中最高价值是文化价值取向。习近平总书记在提出“中国梦”后还多次强调，“文化是一个国家、一个民族的灵魂，文化兴国运兴，文化强民族强，没有高度的文化自信，没有文化的繁荣兴盛，就没有中华民族伟大复兴”“这里的‘文化’是指新时代中国特色社会主义文化，在当今可以转化为中华民族精神支柱的先进文化”。

区县融媒体中心创作的新闻故事来源于群众，是党和政府服务人民的文化平台和载体，也是国家治理体系和治理能力现代化的一个重要阵地和环节，在文化价值传播和舆论引导中有重要作用，区县融媒体中心记者在创作群众喜闻乐见的各类融合新闻作品过程中，在追求传播效果的同时，还应从增强文化自信的高度，传播好基层声音，积极回应人民群众的文化价值判断和选择，营造良好的舆论氛围，全面满足人民群众的精神文化需求。

参考文献：

[1] 习近平主持中共中央政治局第十二次集体学习并发表重要讲话 http：//www.xinhuanet.com//2019－01/25/c_1124044848.htm.

[2] 习近平.在哲学社会科学工作座谈会上的讲话[J].新华文摘，2016(12)：7.

[3] 上海市人民政府门户网站—新闻 http：//www.shanghai.gov.cn/nw2/nw2314/nw2315/nw4411/u21aw1378420.html.

[4] 中共中央宣传部.习近平新时代中国特色社会主义思想三十讲[M].北京：学习出版社，2018：194.

[5] 李曦珍.融媒时代讲好“中国故事的文化价值取向”[J].甘肃社会科学.2018，(6).

作者简介：

樊国庆，上海市金山区融媒体中心新闻采集中心记者。

侯晓钢，上海市金山区融媒体中心副主任。

浅议 AI 合成主播和真人主播间的优势互补及融合发展

王　虹

提　要：新时代人工智能（AI）越来越普及，尤其是人工智能合成主播的出现，在播音员和主持人们中引起了不小的轰动，从而引发了播音员、主持人能否被 AI 主播取代的探讨。本文从播音员主持人行业的未来发展、AI 合成主播的优劣势、现阶段 AI 主播和主持人们如何做到相互取长补短式的共存，并完全可以"和谐相处"等方面，阐述在人工智能高速发展的今天，主持人们和 AI 合成主播如何相互融合、优势互补，更好地服务于媒体建设和发展。

关键词：AI 合成主播　思想与爱　创新与发展融合共存

20 世纪 80 年代到 2000 年是人工智能（AI）特别是机器人领域孕育的年代，2000 年以后则是长足发展的年代。特别是近几年，人工智能"跻身"许多行业，逐步取代传统岗位，部分人力因"人工智能"而失业或转岗。人工智能越来越普及，尤其是人工智能合成主播的出现，在播音员和主持人们中引起了不小的轰动，从而引发了播音员主持人能否被 AI 主播取代的探讨。本文从 AI 合成主播的优劣势、播音员主持人行业的未来发展、现阶段 AI 主播和主持人们如何做到相互取长补短式的共存，并完全可以"和谐相处"等方面，阐述在人工智能高速发展的今天，主持人们和 AI 合成主播如何相互融合、优势互补、共存共生，更好地服务于媒体建设和发展。

一、人工智能(AI)合成主播如“雨后春笋”纷纷上岗

（一）AI合成主播上岗工作

Al合成主播在2019年“两会”期间就纷纷亮相，使观众耳目一新。但是AI主播在很久以前就已经被各大公司秘密研究，而“两会”期间出现的这些AI主播都是属于相对稳定、成熟的研究成果。从新华社第一个AI主播诞生至今，从形象优化到声音优化，从说中文到说英文，从坐着播新闻到站着播，一次次的突破让AI主播越来越接近真实。2019年“两会”上，新华社AI主播“新小浩”实现了站起来的新突破，带着手势、姿态，声情并茂地播报，更接近于真人。同时，他的女伴“新小萌”也同时亮相；央视的“小白”，白岩松声音的复刻，现身“两会”为记者朋友们解答问题，并处理大量新闻信息；光明网的AI虚拟主播“小明”，自动匹配滚动字幕，动态替换虚拟演播室背景，最终输出视频，实现新闻播报的全流程服务；《封面新闻》的第一位AI虚拟主持人“小封”、《长城新媒体》虚拟主播“冀小蓝”等悉数亮相，全天候、不疲倦、零差错、多场景地完成播报任务，颠覆未来新闻内容生产播出方式。

（二）AI合成主播优势分析

1. 方便快捷、效率高、零差错

科技进步，给人们带来了快捷和方便，人工智能并不是说只有播音行业才存在，很多行业都已存在并大量运用，甚至在有的行业人工智能击败了真人，举世闻名的就是AlphaGo与柯洁的大战，作为人类围棋高手代表——围棋圣手柯洁三战三败。还有机械制造业，很多机械制造业的人工智能手臂代替了传统的人工劳力。相比于播音员，AI主播有很多优势。AI主播具有庞大的数据库，比目前人类的大脑储存量要高得多，它们可以快速分析新闻中的要点，计算和查找能力非常强，在人类的大脑中可能经过复杂运作之后得出结论，人工智能的计算和查找速度可以以秒来计算，它们能迅速地找到想要的结果，并且将结果进行分析，然后精准地表达出来，进行播报，做到零差错。在2018年，有些纪录片就大胆运用了人工智能配音，效果斐然。

2. AI主播“省心”“听话”、不知疲惫、深受喜爱

AI主播在新闻制播过程中，能够无条件、无要求、无情绪、无疲惫地服从指

挥和安排，做到既“省心”又“听话”。它通过人脸关键点检测、人脸特征提取、人脸重构、唇语识别、情感迁移等多项前沿技术，成为“克隆”主播，不限时间、地点和空间，任何场合拉得出、打得响！最近走红网络的智能小和尚“贤二”，会“阿弥陀佛”诵读经文，是世界上第一款人工智能和尚。北京龙泉寺诙谐风趣的机器僧，呆萌可爱的形象，稚嫩爽朗的童声，短小易懂的内容，具有感知功能，通过现代化方式传播学法，相对于人工传授，更受人喜爱。

3. AI 主播不产生培训和化妆等费用，减少人工使用成本

人工智能的复刻、粘贴、传递，这是人工智能较之人类更加强悍的地方，AI 主播技术成熟即可上岗，无须培养，减少培训成本，更不存在服装、“化妆”的问题。播音员的工资、待遇、社保、医保等这些所有人力资源成本，对于 AI 合成主播来说都不需要。例如：“新小萌”从来没有上过新闻专业课，因为她并不是一个真人，但是 AI 合成主播可以每天 24 小时不知疲惫地在各类媒体平台上工作，从而减少新闻生产成本、提高生产效率。当然，就目前来说 AI 主播的开发、使用和背后的人力成本还是很高的，未来随着技术的先进和优化，综合成本会大幅降低，到时就会显示出它的成本优势。

（三）AI 合成主播的不足和缺陷明显

1. AI 主播无法从事创新、创意性播音工作

就目前的人工智能技术来看，AI 主播可以承担重复性、机械性、程序性的播音工作，比如单纯的新闻播报类节目，富有创新、创意、理解性、沟通性强的节目无法胜任。即使是新闻节目，还有时政新闻、民生新闻、社会新闻等区分，AI 主播在区分稿件播报风格上，还存在壁垒，比如：不同类型新闻，能否根据不同观众的需要，采取不同的风格、语势，高低起伏、抑扬顿挫等能否到位，在文稿的理解上能否理解性地播报，面对不同类型的稿件，来区别播报的风格，只有这样才能更加精准地、自然地把信息传递给受众。

2. AI 主播不会思考，没有思想、没有爱、缺少情感

人工智能并不是有自己独立思维的生命，它只是一种工具。世界上最强大的力量是爱和情感，爱从来都不是公式能计算出来的，人工智能缺少情感和爱，这是主持人的天然优势，是人工智能暂不具备的。因此，需要人与人真切沟通的、心与心真情袒露的情感夜线类节目，AI 是永远无法完成的，它没有治愈本

领。另外，人类具备审美眼光和创造力，是人类独有的特质。好奇心、想象力、创造力等这些也是 AI 无法拥有的。除非未来有一天，人工智能被植入神经元，有了如同人类一样的复杂多样的生物化学反应……未知的事，我们只能留给未来。

3. AI 主播缺少主持人应具备的临场应变能力和情感控制能力

虽然 AI 合成主播可以模仿人类的声音、节奏，但很难模仿人类的表现力、应变力、自然度、情感度。举个例子来说，湖南人民广播电台交通频道的热线中，有一位听众为自己女朋友点播了一首《知心爱人》，当时送出歌曲的时候，突然发生了电脑死机的现象，导致歌曲无法正常播放，当时的主持人反应非常灵敏，他果断讲道："看来这位知心爱人还有些羞涩，要我们千呼万唤始出来。"直接化解了当时设备出现故障的尴尬。如果这个情况被 AI 主播遇到的话，它会平铺直叙地说："设备发生故障，请稍候。"这样做虽然没有错误，但是缺少温情和幽默，对于应急案例来说算是失败的。显然，目前这类热线直播类节目就不适宜启用 AI 主播。

4. AI 主播普及使用还需时日

AI 合成主播作为新生工具，目前，仅在几家国家级媒体启用，无法大量普及。首先是开发、利用成本还处于高位；其次是在媒体融合的大背景下，要积极培养此方面媒体人才，在会用、能用、用好的前提下，才能逐渐推广使用；再次，还需技术不断革新、产业不断创新、开发、使用成本有效降低等，因此，做到普及还有相当一段时间。

二、未来播音员、主持人的发展趋势

在全媒体时代，AI 主播的出现确实对播音员主持人们来说是一种冲击和挑战，但是难以达到或超越他们。人类的神经元如何相互交流，细胞如何产生思想，人类探寻几千年，从没有真正答案，人脑本身有太多的未解之谜。因此，带有创意、思维、情感、智慧的主持工作难以被取代，而播音工作中带有重复性、经验性、机械性的工作终将被人工智能所替代。播音员、主持人们要主动谋划，寻求转型，走个性化发展道路。

（一）做一个会审视播音主持行业发展变化，积极面对挑战的主持人

面对 AI 主播的出现，主持人们要重新审视自己所从事的行业变化，传统的

播报式、播讲式、机械式的稿件播读，已经不适宜媒体发展的需要，个性不强、不懂创新、不会互动、没有观点的主持人或将被取代。一份调查数据显示：在 2018 年底教育部公布的我国就业率最低的 15 个专业里面，广播电视编导、播音主持与艺术、表演纷纷上榜，从原先的热门专业，到现在的就业率倒数，主持行业的前景危机可见一斑。即使没有 AI 主播的出现，主持人们也需要寻求转型发展之路了。

（二）做个有智慧、个性化，富于情感和内涵的主持人

AI 主播缺少情感和智慧，这是主持人的天然优势，AI 主播暂不具备。播音员、主持人经过实践发展后，会形成自己的风格和个性，这是 AI 主播不具备的。主持人本身具有的风格切合节目，会让这一档节目变得熠熠生辉，AI 主播目前并不具备高度灵活的风格。面对不同内容、不同栏目、不同题材，首先，播音员主持人要拥有诸多方面的知识储备，不单局限于播音专业知识。另外，受众早已经厌倦了所谓“高空平”“冷僵远”的语言态势，要用智慧、真情去打动受众。例如网红 PAPI 酱，她以自己独特的语速、风格和解析视角吸引着自己的粉丝，主持人蔡康永、撒贝宁、小 S 等都以他们节目中个性十足的语言风格活跃在荧屏上，并且长久以来屹立不倒。因此，只有提升主持人的辨识度，才能使他们拥有自己的核心竞争力，在人工智能时代坚守自己的阵地。

（三）做一个转型发展、找准定位的综合型主持人

人成长、成熟到不断学习进步、不断创新发展的过程，这也是 AI 不具备的优势。主持人可以转型成为记者型主持人、制片型主持人、策划型主持人甚至是导演型主持人，做一个“一专多能”的主持人，发掘自己特长所在，找准定位，比如：科技节目、法律节目、娱乐节目等，哪个更适合自己，就重点在哪个领域进行钻研，至少成为该领域的半个专家。

（四）做一个有“精神”、有“灵魂”的主持人

本文所说的“精神”是思想的表达，一种人文精神和人文关怀；“灵魂”是指事物研判能力及“有趣的灵魂”。AI 主播不具备人类情感里细枝末节的温度、温情、灵魂、灵性，这也是与主持人们的最大差异之处，是受众从 AI 主播身上无法感受到的。具体来说，主持人们不仅要做一个与受众间只会语言交互的主持人，

要做一个与受众有精神交织的朋友，还要做一个与受众间有“灵魂”感应的知心人。例如：微信公众号“青音”“夜读”等，真正走进了受众的心灵，与之产生共鸣和心灵感应。这样的主持人何愁不长青。

（五）做一个会利用融媒新技术，自我“推销”的网红主持人

随着移动直播和短视频行业的崛起，受众获取信息的方式更加直接，他们既是用户，又可以作为内容的生产者，主持人要学会掌握和应用各种社交平台和各类移动直播平台。在短视频和移动直播中，占有一席之地，也是主持人们发展的方向。

与此同时，“5G＋4K＋VR＋AI”、多屏互动、全息虚拟、人工智能……开启融媒新时代。作为一名主持人，必须及时学习、掌握、应用这些融媒新技术，永立融媒时代前沿。

三、播音员、主持人与AI主播优势互补，融合发展

科学技术的进步和发展，最终还是回归到为人服务，减轻人的负担。以人为本，以心为归。人类第一次工业革命，当时一直是以体力劳动来完成的工作变为可以通过机器来代替。有很多人因此失业，工人们就阻止新设备的引入，拒绝发展的情况时有发生，那么，几百年过去了，现在的人们反而有了更多、更好的工作选择。机器设备最终使得人们从繁重的体力劳动中解放出来。人工智能的本质是对人类智能的一种模拟，一般来说是结构的模拟和功能的模拟。AI人工智能播音员储存和接收的大数据信息，经过完美的整理、复制、筛选曾经出现过的信息，最后传播出去。但AI主播在诠释“人性”、塑造情感等方面差距较大。因此，就目前人工智能可以运用到播音主持行业上的技术来看，应该取长补短、优势互补、相互融合、共同助力媒体发展。

（一）发挥AI主播播音优势，减轻播音员负担

AI主播可以帮助减轻播音员的一些基础性、模式化、重复性播音工作和负担。例如：新闻节目一般是日播，并且全天候。如果采用AI主播和播音员交替工作，主持人们就可以不用凌晨三四点钟赶往直播间赶着播报早新闻，零点后播完午夜新闻走出直播间，甚至可以正常休息，不用双休日还坐在直播间里进行新闻直播。这样，播音员就只需要完成工作日的播音工作，可以享受双休日时光。

（二）发挥 AI 主播播音优势，让播音员从事创造性的工作

如果采用 AI 主播和播音员交替工作，播音员可以把更多的时间用来思考和完成一些创意性、艺术性、思考型、观点型的主持任务，转而去从事更有价值、更有主张的主持任务。比如：现在一些媒体，尤其是城市台及区县台，播音员身兼多职，播新闻、主持节目、外出采访等工作一肩挑，如果有 AI 主播的加盟，主持人们就可以腾出时间，去做其他人工智能不能取代的任务，提高效率和效能。

（三）AI 主播和播音员相互替补，加强协作

AI 主播和播音员间应该是一种协作的关系、补充的关系。AI 是对播音工作的一种延伸。媒体传播工作，特别是直播的状态下，如遇到突发状况，主持人无法直播新闻时，AI 可以立即替补。例如：在 2017 年 5 月，AI 小冰作为《异想天开》的主持人利用大数据为投资者和创业人分析出匹配度；不久之后，她还化身“助理主持人”登上《非你莫属》，为求职者们助力。

（四）人机互动，相互配合，画龙点睛助力传播效果

AI 主播和主持人，两者都可以作为节目的主体，相互配合，相互助力，共同完成一档节目的生产。既起到画龙点睛的作用，又可以增加节目的趣味性和可看性。2019 年，央视网创作播出的《网络春晚》首次将虚拟主持人技术在国内大规模应用。当时，观众不仅看到了小小撒（撒贝宁的拷贝版），更有朱小迅、高小博和龙小洋，共四名虚拟主持人。这些“双胞胎”同台主持，不仅长得像，主持技能也不错。在主持过程中，小撒刚要说话，就被小小撒抢了台词，观众笑声和掌声不断。2019 年两会报道中，白岩松的 AI 小徒弟“小白”，“师徒二人”也是同框亮相，对话风趣幽默，深受观众喜爱。

结　语

人工智能 AI 合成主播的出现，既促进了播音主持工作岗位的竞争格局，又促进了未来的播音主持人向专家型、策划型、编导型等方向转型发展，更推进了当前播音员、主持人与 AI 主播优势互补、融合发展，形成了播音主持工作开拓创新的新局面、新气象、新趋势。

人工智能技术还有很多有待开发，直到有一天，AI会思考、有感情、懂得爱，意味着它就像一个人了。未来，应该由目前的感知学人工智能往认知学人工智能和社会意识人工智能发展，只有具备人文主义的AI主播才能真正达到与传媒业受众心灵相通地交互，成为个性化的人工智能主播。我们期待着。

作者简介：
王虹，上海市松江区融媒体中心总编助理、广播部主任、主任播音员。

论网络自制节目内容的监管问题与监管策略

顾舜丽　符王瑾

提　要：互联网的快速发展给各行各业带来了巨大变化，网络自制节目就在这样的环境下应运而生，其以便利性、多元性、互动性等特点广受用户的喜爱，为人们日常生活创造了无限乐趣。通过对网络自制节目的发展现状进行分析，可以看出其总体上在往积极向上的方向走，但也不能忽视监管中存在监管法律缺失、创新性重视不足、监管主体多元化和监管模式单一等问题。网络自制节目内容监管应从健全网络自制节目法律体系、加强创新因素的审查、建立联合监管机制和实行市场化监管四方面进一步发力，从而促进网络自制节目高质量发展。

关键词：网络自制节目　监管　问题　策略

网络自制节目内容新潮、形式多样，广受用户喜爱，在行业中已经占有了一席之地。但由于其发展时间较短导致节目质量良莠不齐，自审自查的模式过于宽松，对其内容的监管也没有特别受到重视。因此，为了更好地实现网络自制节目的良性发展，需要认识到其中存在的问题，从而对监管环节加以完善改进。

一、网络自制节目不同于传统的普通电视节目

网络自制节目作为近些年出现的一种网络视听新模式，有别于传统的广播电视节目，伴随着互联网的普及和移动设备的更新换代，在相关行业中得到了迅猛的发展。它的主要形式可以分为网络自制剧、微电影、综艺节目以及纪实节目四大类，大量网络自制节目的火爆，例如开创网络剧时代的《太子妃升职记》、首

档辩论达人秀的《奇葩说》和最近正在热播的综艺《乘风破浪的姐姐》等，都让无数人将目光投向了这一领域。因此，对于网络自制节目可以定义为：以互联网作为播放媒介，由网站自身策划、选题、拍摄、后期剪辑制作出来的影视节目。

从网络自制节目的概念看，它应该具备了如下特征：

第一，便利性。网络自制节目不同于传统的普通电视节目，不需要在固定的时间和固定的频道收看，用户可以按照自己的心意自主选择在任何时间段和任何地点观看节目。这就带来了极大的自由度，过去单一的视听节目方式被打破，各种网络自制节目在播放平台上线之后，不仅可以选择在线看，也可以通过提前下载的方式储存到移动设备利用碎片化的时间观看。同时，网络自制节目即使退出，也会保留观看记录，不用担心错过重要情节。这种能够自己操作、不受外界条件限制的节目形式，给用户带来了极大的便利。

第二，多元性。由于信号覆盖范围需要受到地理环境、技术条件等多方面的影响，观众通过广播电视只能收看到有限的节目，并且这些节目的内容都需要经过广电严格审核。而网络自制节目依附于互联网这一特殊的载体，借助各个视频网站上线播出，不仅形式更加创新，内容也更加丰富多彩。同时，正因为每一个视频网站都能容纳海量的节目资源，一个网络自制节目想要在其中脱颖而出，自然需要具备独特的优势，这也就进一步促进了多元性的发展。

第三，互动性。在传统的电视节目中，观众只能作为收看者，被动地接受节目内容，模式比较僵化，丧失了与人互动的趣味性。而观看网络自制节目的用户，不仅可以在节目评论区留言发表自己的意见，还可以在观看过程中发射实时弹幕与其他用户进行交流。这种能够互动的节目形式让具有相同爱好的用户聚集在了一起，满足了他们想要一边观看一边交流的需求，是传统节目单向传播所不能做到的。

二、网络自制节目的发展现状

截至 2020 年 3 月，中国网络视频用户数量已经达到了 8.05 亿，相较于 2018 年底增长了 1.26 亿，占网民整体数量的 94.1％，增长率为 18.5％。其中短视频用户数量为 7.73 亿，较 2018 年底增长 1.25 亿，增长率为 8.1％，占网民整体数量的 85.6％。而 2020 年因为受到新冠肺炎疫情的影响，民众自发居家隔离，网络视频用户的数量和使用率都得到了大幅度提升。

从上述数据可以看出，互联网的发展和新媒体行业不断壮大，网络视频已经成为中国人日常休闲娱乐的重要部分，用户规模逐年递增，处于前所未有的机遇之中。网络自制节目作为网络视频的一部分，其依托于各大视频播放平台进行

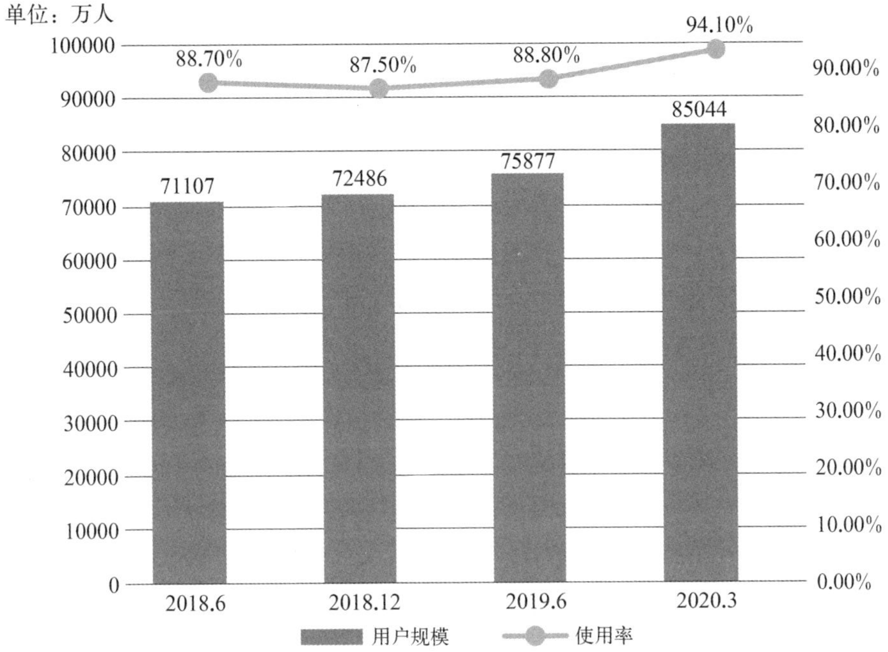

2018.6 至 2020.3 中国网络视频用户规模和使用率

图表数据来源于第 45 次中国互联网络发展状况统计报告

传播，内容愈发垂直细分，满足了不同用户的需求，受众也从一开始的年轻群体扩大到各年龄阶段。目前，经过多年的行业竞争和优胜劣汰，网络自制节目的发展已经日趋成熟，在网络剧、网络综艺、网络大电影等领域多面开花，取得了喜人的成果，其数量、质量、口碑和种类都得到了全面提升。其中，以爱奇艺、腾讯、优酷三大播放平台为首，不断招揽优秀团队，集中资源发展旗下网络自制节目，形成了平台视频的生态多样化。

（一）内容逐渐注重质量

网络自制节目不但有娱乐性强、内容广泛、形式多样的传统特点，更具有题材广泛、制作规模小、目标群体更细分、消费群体更年轻等新特征，特别是网络综艺能够挖掘一些小众文化或者亚文化。正因为网络自制节目的内容丰富多彩，并且形式多种多样，而其监管制度又没有上星节目严格，这就导致在发展初期制作者和视频网站为了博人眼球赚取点击量，降低了下限，播出的内容良莠不齐。但随着行业的进一步规范和用户的自发选择，网络自制节目开始越发注重节目内容的质量，意识到只有高品质才能在市场竞争的浪潮中立于不败之地。

（二）各式广告植入

各式广告的植入是网络自制节目中非常普遍的现象，也是节目组资金来源的一个重要方式。为了满足广告投资商的宣传需求，现在甚至发展出了各种形式的广告植入，比如片头冠名、主持人口播、中插、剧情植入以及结尾鸣谢等，让人应接不暇的同时，也降低了观看舒适度。制作团队通过广告来保证能够获得足够的受益，以便投入下一个节目制作，这也就使得近年来网络自制节目特别是一些大热节目的广告越来越多，植入方式也开始千奇百怪。还有一些资金不足的团队为了赚钱对广告商来者不拒，而不考虑广告的质量和口碑，甚至会插入三俗广告，给用户带去了困扰。

（三）付费观看趋势明显

近几年，各个视频播放平台开始针对网络自制节目开发了普通会员去广告、大会员提前观看以及付费超前点播等各种观看形式，用户为了追求更优质的观看体验，也愿意付出一定的费用，于是该领域的付费意识开始形成。截至 2018 年底，爱奇艺订阅会员人数达到 8 740 万，较 2017 年底增加 72.0%，其中付费会员占比达到 98.5%；腾讯视频会员人数达 8 900 万，同比增长 58%；阿里巴巴 2019 财年第一季度（2018 年 4 月到 6 月）业绩显示，优酷日均付费用户同比增长率达到 200%。可以看出，在未来的网络自制节目中，付费观看已经成为一个发展大趋势，商业运转模式也将更加成熟完善。

三、网络自制节目内容存在的监管问题

网络自制节目在蓬勃发展、热火朝天的同时，也必须意识到中国对于节目内容的监管还处于起步阶段，没有特别受到重视，存在一定的问题。

（一）监管法律缺失

互联网的发达和网络行业的兴起，促使中国加快了网络立法的进程，监管工作也较之前取得了很大的进步。但就目前的网络立法现状而言，针对的都是网络信息、网络安全和网络犯罪等方面的内容，网络自制节目缺乏来自顶层监管法律的约束，没有一个统一的整合标准，运用起来十分不便。在北大法宝中，以“网

络自制节目”为关键词进行相关法条检索，最后有用的结果为 0 条；以“网络视听”为关键词进行法条检索，就只有作为行业规定的《网络视听节目内容审核通则》与节目内容监管有关，但该规定并不具备法律效力；以“互联网视听”为关键词进行检索，结果中只有《互联网视听节目服务管理规定》具有法律效力。2020 年 3 月，国家广播电视总局推出了《网络综艺节目内容审核标准细则》，但这也只涉及了网络综艺的监管，不能适用于全部的网络自制节目，缺乏全面性。

因此，网络自制节目的监管法律处于缺位状态，没有单独对其进行立法规定。上位法未能及时出台，这就导致了各部门和行业协会在制定部门规章和实施细则时缺乏法律法规的参考和支持，不但降低了网络自制节目的监管标准，而且赋予了行政部门和行业协会监管的权力，不利于推进监管的法治化进程，也让监管效力大打折扣。

（二）创新性重视不足

在网络自制节目内容的监管过程中，往往忽略了创新性因素，这就导致许多网络自制节目的内容和题材都十分相似，引发观众审美疲劳。一旦某个网络自制节目大火，就很快会跟风出现大量同类型的节目，比如 2018 年爱奇艺推出的首档偶像养成类节目《偶像练习生》火爆全网之后，腾讯很快就推出了《创造101》，优酷也后续推出了《以团之名》，选秀养成真人秀节目开始泛滥。虽然用户在网络自制节目数量上看似多了很多新的选择，但在内容上却同质化严重，优秀作品并不多。创新性的缺失不利于该行业的良性发展，对于网络自制节目而言，只有节目内容能激起观看者兴趣，才能在激烈的竞争中脱颖而出，进而有能力开发新的领域，这就需要节目具有能让人眼前一亮的特点。但目前网络自制节目对于内容创新的监管过于放松，很多制作团队借助这个漏洞，不努力进行节目创新，却试图借助一些捷径，照搬他人的成功经验，模仿、抄袭、翻拍等行为依旧层出不穷，甚至直接在他人原创作品的基础上进行二改二创，这都是缺乏约束手段的表现。

（三）监管主体多元化

中国的互联网行业起步较晚，在网络监管方面一直没有一个统一的部门，监管主体呈现多元化，几乎各行政部门都有涉及，可以按照职权分为信息内容主管部门、行业主管部门、专项内容主管部门等。对于网络自制节目，国家并没有出台相关规定对监管主体进行明确，这就使得在该领域形成了多头领导、交叉管理的模式，监管效率低下。因为网络自制节目内容丰富、形式多样，所以在实际操作中很难区分究竟属于哪个部门监管，分工不明确，追责机制也就无法落实。同时，监管主体过多，但每个主体之间不存在有效的交流和沟通，就可能造成网络自制节目内容监管的真空地带。不同行政部门考虑到的首先都是本部门的利益，监管主体过多导致各方利益交织，很难实现利益共同化。因此，监管主体多元化并不意味着监管力度的加强，可能因为交叉监管导致执行难。

（四）监管模式单一

目前针对网络自制节目内容的监管模式，采取的是出品制作单位自审自查，只要内部审核通过，该节目就可以上线播出。这种较为单一的监管模式，直接降低了网络自制节目内容的监管标准，平台为了获取利益就容易对节目的监管大开方便之门，将一些不合适但具有热度的内容也上线播出，不利于网络自制节目的长远发展。

四、网络自制节目内容更具市场化的监管策略

面对网络自制节目在内容监管方面出现的诸多问题，必须对其监管策略进行研究完善，从而引导该行业在市场化背景下走上规范发展的道路，解决目前混乱无序的状态。

（一）健全网络自制节目法律体系

对网络自制节目内容的监管进行完善，关键就是要健全相关法律体系，立法是有效执法的前提。网络自制节目一直没有针对性的法律法规，甚至连规范性文件都很少，自审自查的宽松模式只会导致更多擦边球的行为。

首先，对现有的关于网络视听的法规、规章进行整合和总结，吸收其中有用的立法思想和实践经验，摈弃不合时宜的条文，为网络自制节目立法打下基础。其次，制定网络自制节目监管法规。在该法规中，应当对网络自制节目的各项内容做出详细规定，方便后续的监管依法而行。因为法具有滞后性，所以为了弥补这一漏洞，法规不仅要包括现在已经出现的监管问题，还要对未来可能出现的问题进行提前预测。同时，网络自制节目的制作具有专业性，在立法的过程中就需要相关专业人士的参与，只有这样制定出来的法规才能切合实际。最后，在网络自制节目的监管法规推出之后，相关组织部门要积极开展普法活动，在全行业形

成学法守法的良好氛围。

（二）加强创新因素的审查

创新是网络自制节目的灵魂所在，也是引导这一行业积极向上发展的关键因素。因此，为了避免越来越多同质化的节目出现，在对节目内容进行监管时一定要加强创新因素的审查。在节目的形式上，审查最近是否同类型的网络自制节目泛滥，号召制作团队要推陈出新，不能有模仿跟风行为。在节目内容上，审查是否存在传统网络自制节目的一般套路，拒绝具有相同标签的节目大量出现。当然，节目内容不能为了追求新意而放弃立意，要符合社会主义核心价值观。这样从形式和内容两方面双管齐下，促使网络自制节目的制作团队和视频播放平台意识到创新的重要性，只有创新才是获得用户喜爱、打下粉丝基础的长久之路。

（三）建立联合监管机制

面对目前网络自制节目多头领导、交叉管理的监管模式，各部门权责不明，可以尝试建立联合监管机制。网络自制节目内容多样化，可能涉及新闻、游戏、教育、电视剧等多个领域，各领域存在交集的情况，并且网络的特殊性导致节目在空间上也跨越了地域限制，单独规定某个地方的某个机构进行监管都不够合适，这就要求网络自制节目的各个监管部门进行合作对话、联合监管。

首先，认识到各监管部门的优势所在，通过资源整合、重新配置实现监管效果最优化。同时，在同一级别的联合部门之间设立统一的执法标准，避免发生执法矛盾。其次，对于网络自制节目中出现的不同类型问题，可以采取一个部门带头监管、其他部门进行配合的方式，让最合适监管的部门起带头作用，从而取得最好的结果。最后，可以对监管部门进行适当地精简，一些可有可无的监管部门就可以撤去，保留下必要的职能部门。

（四）实行更市场化的监管

我国网络自制节目内容的基本审查模式是自审自查，这就在监管方面存在很大的漏洞。因此，在该模式外可以探索一条网络自制节目市场化监管的新路径，将培育引导与创新监管相结合，有利于节目从一开始就走上正轨。这方面已有学者与业内人士正在做对策研究。在培育引导方面，可以考虑引入投资人制度，引导资金向网络自制节目这一领域聚集。雄厚的资金支持不但能够提升节目内容的质量，减少粗制滥造，而且能够激发制作团队的创作热情，促使更多好节目的诞生。在创新监管方面，可以考虑采用网络自制节目出品人负责制和平台首播负责制，直接将出品人、播放平台与监管挂钩，并且设立专业的社会组织，实行更具市场化的节目审查与社会评价机制。

结 语

网络自制节目作为近些年新发展的行业，它的出现代表着互联网又进入一个新阶段，新事物的出现总是会带来各种问题，但随着未来政策的不断完善，必然会走上正轨。通过对网络自制节目内容采取合适的监管措施，查漏补缺，激发产业活力和创新能力的释放，打造一条可持续发展的长远之路。

而要对网络自制节目进行法制化管理，首要的是制定明确的可执行的法律法规条文，最简便的方法，是在现有的《互联网视听节目服务管理规定》中增补有关加强对网络自制节目进行市场化管理的具体法制规定，以便于实施；同时要加强组织措施，各地宣传部、文广局、网宣办都应明确职责，有专人负责对网络自制节目的监管，对违法违纪违规者要按法制给予相应的处分甚至法办，监管才能行之有效。

参考文献：

[1] 张鑫：《网络自制节目对电视媒体的冲击和应对策略》[J]，载《视听研究》2016 年第 4 期。
[2] 数据来源于 CNNIC 第 45 次中国互联网络发展状况统计报告。
[3] 郭昱妍：《网络自制节目发展现状及监管对策》[C]，第 17 届全国互联网与音视频广播发展研讨会暨第 26 届中国数字广播电视与网络发展年会论文，济南，2018 年 4 月。
[4] 数据来源于《2019 年中国网络视听发展研究报告》[C]。
[5] 吕超：《我国网络自制节目内容的监管问题及对策研究》[J]，载《卫星电视与宽带多媒体》2020 年第 6 期。
[6] 温世君、张腾之：《监管升级带给网络视听行业的变革与机遇》[J]，载《中国广播电视学刊》2018 年第 7 期。

作者简介：

顾舜丽，上海市青浦区融媒体中心采访部副主任。
符王瑾，上海市青浦区融媒体中心实习生（上海政法学院研究生）。

“哪吒”沪语读音热引发对沪语传承发展思考

唐　亮

提　要：本文以“哪吒”标准沪语读音热这一社会现象作为切入点，顺势引出“为什么会产生这一社会现象?”“沪语读音是否有标准?”“‘哪吒’沪语读音热对沪语传承发展有什么启示?”“广播应该借此契机做点什么?”等方面问题的思考，以小见大，层层递进，合理分析，充分论证，对海派文化的重要载体——沪语的传承发展提出合理化建议。

关键词：沪语读音　沪语传承　合理化建议

2019年电影暑期档，一部国产动画影片《哪吒之魔童降世》大热，上映仅仅17天，票房就突破34亿元，稳居中国动画电影票房首位。不仅票房成绩喜人，各界对这部国产动画电影的艺术价值、创新手段，对国产动画电影带来的变革和引领作用也是交口称赞。与此同时，微信群、朋友圈悄然兴起:“哪吒”用沪语应该怎么读的大讨论。一时间，各种奇怪、好玩的读法让许多新老上海市民积极参与，相互转发，乐此不疲，讨论的热烈程度一点不亚于电影本身。直到上海人民广播电台第三代沪语播音员叶进最终一锤定音，“哪吒”的标准、正确的沪语读音应该是“nuo zuo”(“挪作”，两个字分别读第三和第四声)，上海电台话匣子App也为此专门制作了短视频发布，这场有趣的沪语交流活动才告一段落。

仅仅两个字的沪语读音，为什么会产生这么大的社会反响和共鸣? 沪语读音是否应该有标准? “哪吒”沪语读音热对沪语传承发展有什么启示? 作为沪语传播重要的传统媒介——广播应该借此机会做点什么? 本文试从这些问题和角度出发，对沪语传承发展做一些思考。

思考之一：沪语是上海这座城市的标志，应加以正确引导和积极传承。

“哪吒”沪语读音的探讨引发极大反响，充分说明沪语传承有着广泛群众基础，更是弘扬海派文化的重要载体。

上海大学教授丁迪蒙教授从事沪语研究多年，按照她的研究：从语言学上说，沪语属于吴语。具体来说属于汉藏语系——汉语语族——吴语——太湖片吴语(北部吴语)——苏沪嘉小片。以前吴语一直是以苏州话为代表，随着上海经济的发展，沪语从20世纪起逐渐成为吴语的代表，也成了北部吴语的一种通用语。

丁迪蒙教授提供的研究数据表明：以吴语为母语者的数量约为8 000万(1984年)，是世界上按母语人口数排列的第10大语言，在中国是仅次于北方话的第二大语言，人口数要大于粤语人口。在20世纪，沪语一度被视为吴语(至少是北部吴语)的通用语。在20世纪，越剧、评弹、沪剧、滑稽戏等吴语曲艺也曾兴盛一时，显示出吴语在长三角这片广袤土地上强大的文化魅力、影响力和广泛的群众性。

更进一步说，作为一种方言，沪语是中国56个民族129种语言宝库中的一颗明珠。沪语，是吴越历史的积淀，是海派文化的载体，是上海这座城市的灵魂，更是沟通心灵的桥梁。留住了沪语，就是留住了上海的历史；留住了沪语，就是留住了海派文化；留住了沪语，就是留住了上海这座城市的灵魂。

那么现状又是如何呢？

从1992年上海开始推广普通话这个时间节点开始，沪语逐渐式微。而随着沪语广播停播，外来人口逐渐增多，沪语的传播范围慢慢缩小，使用频率慢慢减少，大家相互之间的对话也逐渐变成了普通话。学校、工厂、公园、商场、饭店、菜市场、公交、地铁、宾馆等各种公共场所，甚至在很多市民家庭里，满耳听的都是普通话。突然有一天，大家发现，80后、90后地道上海小孩，说的是满口普通话，居然都不会说自己的母语——沪语了！照此发展，再过几十年，沪语就会彻底消失！和沪语息息相关的海派文化，诸如沪剧、滑稽戏等艺术形式也会随着消亡，这绝不是危言耸听！

提及现在上海小朋友居然都不会说沪语，想起2019年电影国庆档一部深受好评和欢迎的主旋律影片《我和我的祖国》。电影通过小人物反映大主题，7个故事都非常精彩、感人。作为上海人，一定会对其中徐峥执导的《夺冠》这个故事更能引起共鸣。石库门、弄堂房子、黑白电视机、穿着睡衣睡裤的阿姨、爷叔，一下子把观众带进那个难忘年代。尤其是演员们那一口地道沪语，最接地气，最能打动观众。但两位小演员，尤其是那位可爱的“东东”，却说着一口普通话。要知道，电影反映的那个年代的上海小朋友，即便在学校里学普通话，回到弄堂里，回到家里，肯定都讲沪语的。那么为什么不让小演员也同样说沪语呢？答案只有一个，现在的小朋友都不会说了，即便能说一些，也是非常"洋泾浜"的，与其这样，不如不说。这不得不说是这个故事美中不足之处。

也正是因为传承沪语的市民越来越少，所以，这次"哪吒"的沪语到底应该怎么读才能引发这么多各式各样甚至稀奇古怪的读法。实际上，老上海都能轻松读出"哪吒"的正确读音。在上海本土文化的代表滑稽表演中，滑稽戏名家袁一灵在 20 世纪 60 年代前后有一段著名的上海说唱《一百零八将》，里面有一位梁山好汉叫作"八臂哪吒项充"，这里就有"哪吒"的沪语正确读音。

类似"哪吒"这样比较冷僻的沪语读音的字、词还有不少，比如："直辖市"三个字沪语应该读什么？笔者专门向上海人民广播电台第三代沪语播音员叶进讨教过，"直辖市"这三个字中最难读的是这个"辖"字，相信很多人都不知道，应该读作"hua(第四声)"(至于为什么读这个音，笔者也不知道。按照叶进的说法，上一代沪语播音员传授下来的就是这个读音)，这个读音和普通话读音 xia(第二声)完全不一样，很多朋友大概都会读 ha 的音，是不是很有趣？

沪语逐渐式微这一现状，已经引起了各方面关注，并得到了很大改善。连续十多年，本市部分人大代表、政协委员在上海"两会"上提出保护沪语议案，引起有关部门重视。很多上海市民、家长也有意识地开始教孩子学习沪语，各种学习班、辅导班应运而生。前些年，上海沪剧院推出的沪语教学班，万元学费也挡不住家长培养孩子学习标准沪语的热情。很多沪语比赛都有小孩子们的身影。各种沪语兴趣班、沙龙组织也如雨后春笋般生长起来，形成一股传承沪语的潮流。可以说，这次"哪吒"的沪语读音热，为传承沪语又提供了一个很好的契机，起了一个很好的"蓬头"(起蓬头，沪语，意思就是开了个好头)。

还要再强调一点，1992 年推广普通话很重要，但推广普通话并不排斥甚至取消方言，两者不是矛盾的对立体，而是相辅相成的统一体，普通话和全国各地各民族的方言土语，都是中华民族优秀历史文化的体现。一枝独秀不是春，万紫千红才是春色满园。

思考之二："哪吒"沪语读音最终的一锤定音，再次说明，作为一种语言，沪语和其他方言一样，有着完整的发展规律，有着标准的读音和含义。

这次"哪吒"沪语读音热，以及得到大家一致认可的最终读音，明确说明，作为一种语言，不管是不是方言，当然有自己的标准读音和含义。

与时俱进，沪语，包括内容和读音是不是应该有发展、变化？这种观点有相当大的市场。笔者以为，语言，不管是方言、普通话，还是外语，与时俱进，更多的应该体现在语言的内容上。时下流行的各种新名词，包括"网络、计算机、微信、支付宝、扫码、快递小哥"等很多新说法，的确需要及时补充到语言中去，这就是与时俱进。而语言的读音、发声，是经过漫长岁月实践，不断总结、发展、吸收、修正，最终确定下来，得到一致认可的，一旦确定了，在相当长一段时期内是比较稳定的。

实际上，从长期来看，一些语言的读音的确有个变化的过程，比如普通话中，以前教室的室读 shi（第三声，现在读第四声），质量的质读 zhi（第三声，现在读第四声），星期的期读 qi（第二声，现在读第一声），危险的危读 wei（第二声，现在读第一声），这些现在看似错误的读音，在某一时代是正确的，都能在当时的字典中找到。随着时代发展，环境变化，上面讲到的这些字的普通话发音又有了新标准，而这个标准读音一旦确定，就具有唯一性和标准性。达不到标准，就是不标准。英语是如此，普通话也是如此，标准、要求极其严格，作为一种语言，沪语当然也是如此。

之所以出现这种读不准的现象，其实也是因为沪语传承出现很大的空当，甚至断代，导致偏差。比如"我"这个字，现在很多年轻人都读成"五"的发音，显然是不对的，这不是什么与时俱进，更不是什么"新派沪语"。按照丁迪蒙教授的说法：这种"想怎么读就怎么读"的现象，其实反映的正是不知道正确的发音，不知道究竟怎么读，只好想当然，脚踩西瓜皮，滑到哪里是哪里了。

说到一种语言的与时俱进，一方面，随着社会和时代发展变化，有很多新内容、新事物、新名词、新说法出现，要加入语言中去，要有一个规范的读音和解释。另一方面，随着社会和时代发展变化，很多落后的、过时的内容和说法也会慢慢淘汰出语言这座"大舞台"。普通话如此，沪语也是如此。

举例来说明："包打听""那摩温""老虎灶""灶披间""当当车""黄东道"等，这些都是带有特殊时代烙印的沪语，因为它们所代表的含义或者指代的具体内容，已经被时代淘汰，甚至不存在了，所以这些词语也就慢慢淡出大家的视线，年轻的朋友们可能根本都没有听说过。

解释一下其中一些沪语的意思。"包打听"，是指旧上海警察局里的密探或"线人"。不得不佩服前辈上海市民，创造的这个词语，非常形象，非常生动，远远比"密探""线人"更贴切，更有上海的味道。

再比如，"老虎灶"，是指旧时上海喝茶、洗澡和泡开水的店堂，炉灶口形似虎口而得名。现在随着大规模的城市建设和市民住房条件的极大改善，这样的店堂早已成为历史，"老虎灶"这个词语也成了历史博物馆里的"嘉宾"。

再比如"那摩温"，这个更不简单，在沪语里有三个意思：一个是洋泾浜英语里 NO.1 的译音；第二是指旧上海的包工头；三是指蝌蚪。现在年轻人知道的很少吧？

像这样的沪语还可以举出很多例子，很有趣味，实际上也是海派文化发展的一个缩影。说到沪语的读音标准，还有一个有趣的现象，就是“文读”和“白读”。所谓“文读”和“白读”，是指对同一个字，在口语和书面语词汇中读音不同的现象。

举例说明，比如，在沪语中“人家”的“家”和“家庭”的“家”，字面完全一样，读音就完全不同，前者就读“ga(第一声)”的音，是“白读”，后者在沪语中就读“jia(第一声)”，这就是“文读”。再比如：“上海人”的“人”和“人民”的“人”，沪语发音也不同，前者读“ning(第四声)”的发音，这是“白读”，后者在沪语中读“ren(第二声)”，这就是“文读”。还有：沪语中“开大兴”中的“大”，和“大肚皮”中的“大”，前者读“da(第四声)”的发音，这是“文读”，而后者在沪语中就读“du(第三声)，读作 dudupi”，这就是“白读”。这样的例子还有很多。

有点像普通话中的多音字，但也不一样。普通话都是书面语言，或者说，书面和口语基本一致，一个字有不同的读音，比如，银行的“行”，这里读“hang”，它还可以读“xing”，行驶，行为，书面和口语读音完全一样。而沪语中的“文读”和“白读”，“白读”就是沪语固有的读音，更口语化，“文读”就是以前受到所谓的官话，现在就是受到普通话语音影响形成的发音，更书面化。两者有着完全不同的读音，要是搭配不当，读起来就会觉得特别别扭。“人民”中的人(ren)，读成(ning)，不但别扭，旁人也听不懂。

思考之三：这次“哪吒”标准沪语读音之所以引起强烈反响，微信、朋友圈等新媒体作用举足轻重，沪语传承应该利用好新媒体的力量。

1998 年 5 月，时任联合国秘书长安南，在联合国新闻委员会上提出，在加强传统的文字和声像传播手段的同时，应利用最先进的第四媒体——互联网。自此，“第四媒体”的概念正式得到使用，现在更普及的说法就是“新媒体”。随着科技进一步发展，“第四媒体”，也就是“新媒体”内容不断扩展，依托于互联网的各种电脑、智能手机越来越普及，微信等各种社交平台交流越来越便捷，“新媒体”不仅短时间里异军突起，影响力越来越大，最近几年里更是把传统媒体远远甩在了后面。

笔者不是互联网、新媒体方面的专家，也没有做过这方面的系统研究，但是作为一个社会人，切切实实感受到了互联网、新媒体给我们的学习、生活、工作带来的极大变化和极大便利。比如：以前乘坐地铁，早晚高峰人手一张免费的《地铁 i 时代报》，也有拿着书籍看的。现在，地铁乘客不管坐着的、站着的，也不管高峰时段还是平常时候，不能保证每个人都在看手机，刷新闻，但肯定没有多少人再看报纸了。以智能手机、互联网、各大社交平台等组成的新媒体，图文并茂，音、视频丰富多彩，有时效，有趣味，想看什么就能看什么，想听什么就能听什么，想查找什么资料就能查找到，谁还会去看那些一成不变、没有时效、受到版面容量限制、只能被动接受的纸质媒体呢?

比如:现在购物都不用出门,窝在沙发上甚至温暖的被窝里,借助高科技、新媒体就能随意下单购物,叮咚一声,就会有快递小哥送上门来。点一碗牛肉面,送到手里还是热乎乎的,还有价格方面的优势。

再比如:现在有了电子货币,电子支付方式,上菜场买个葱姜大蒜都不需要带钞票了,只要用手机潇洒一挥,就完成了传统的交易流程。甚至连出国旅游都不用带现金和信用卡了,只要扫一扫,就能完成支付,拿到商品。说句玩笑话,有了这样基于互联网、智能手机的安全、便捷的电子支付方式,连小偷都要“失业”了。

面对如此强大、全方位冲击的“新媒体”,传统媒体都感受到了紧迫感,纷纷开办新媒体,紧跟时代潮流,不被时代淘汰。东方广播中心就有“话匣子”App和“阿基米德”App两大新媒体。而这次的“哪吒”沪语的标准读音,也正是通过“话匣子”App制作的音视频,传播到四面八方,最终一锤定音。

因此,必须借助高科技、互联网新媒体的力量,让沪语广播的传播方式、播出内容更创新、更出彩。传播方式上,借助互联网、新媒体,不但可以改变传统广播的我播你听的固定模式,还能把与听众间的互动无限延伸和扩展。还是以“哪吒”沪语读音为例,有了新媒体,不仅可以及时制作、播出标准读音的音视频传播,还可以就围绕这个“热点”,整合一些类似比较冷僻的沪语读音做成专题,随时与听众沟通、交流、学习、互动,激发大家了解沪语的兴趣,更好地推动沪语的传播。

比如,在沪语里,存在着很多发音相似的词,稍不注意就很容易产生误会!上海有这样四条马路:河南路、沪南路、湖南路、下南路。虽然在普通话里发音完全不同,读起来,听起来一目了然,但在沪语里读起来高度吻合,不信您可以读读看,是不是听起来傻傻分不清楚?是不是非常有趣?这样的内容就可以做成新媒体话题,邀请听众观众都来读读看。还可以发动大家一起来搜集整理类似这样的读音相近的上海马路、上海建筑等。这样的环节,既有趣味性,又有知识性、娱乐性,参与度还高,一定会起到推广沪语,弘扬海派文化事半功倍的效果。

通过新媒体,还可以联合更多沪语爱好者、传承者自发组建的各种网站、App、小程序,整合资源,互为补充,形成合力,编织起一张沪语推广的网络,达到传统媒体无法企及的效果。

总之,目前东方广播中心完善的新媒体传播机制和社会影响力,加上上海广播中地道沪语播音的悠久历史和广泛群众基础,沪语传播一定会产生1+1远远大于2的效果。

思考之四：广播曾经是传播沪语最主要、最便捷，也是最有实效的媒体，应该借助这次"哪吒"沪语热引发的讨论，趁势而为，重塑沪语广播辉煌。

沪语广播有着悠久的历史。实际上，广播在中国诞生，播音的时候用的就是各自地区特色的方言土语，因为那个时候还没有普通话，上海最早的广播就都是用沪语播音的。以上海人民广播电台第一代沪语播音员万仰祖为例，早在1937年他就进入当时上海的私营电台——大沪沪声电台当沪语播音员。20世纪40年代，他用沪语主持的《大百万金空中书场》是上海首创的评弹广播直播节目，轰动一时。1952年，万仰祖随大沪沪声电台并入上海人民广播电台，直至退休。万仰祖一直工作在沪语播音第一线，是上海人民广播电台1961年开播的沪语名牌节目《阿富根谈生产》的创始人之一和第一代播讲人，在上海听众中家喻户晓，影响很大。上海人民广播电台的沪语广播由此生根发芽，出现了以万仰祖为代表的第一代沪语播音员群体，包括钱英菲、金锡生、邓平生、王沂等。

随着时间推移，沪语广播得到了长足发展。首先是沪语播音员队伍得到很好的传承，以顾超、李征、朱慧为代表的第二代和以叶进、肖玲为代表的第三代沪语播音员，年龄梯度结构合理，播音质量不断提升。经过几十年的不断探索、实践和完善，沪语广播的播音也逐渐定型定位，形成自己的风格和体系，也得到广大听众认可。当时有一条不成文的规定，上海人民广播电台沪语广播播出的沪语，就是标准的沪语。其次是沪语播音的内容不断延伸拓展。从最初的评弹等戏曲节目、对农村广播，逐渐延伸到新闻类、谈话类等节目，甚至连气象预告都有沪语版。最兴盛时期，沪语广播占据了上海人民广播电台播出节目的"半壁江山"。

2002年7月15日，停播十年之久的沪语广播重新发声，全新定位包装的《谈天说地阿富根》节目亮相上海广播的主频率——中波990千赫、调频93.4兆赫新闻频率，由沪语广播仅存的，也是第三代沪语播音员中的代表人物叶进、肖玲主播。久违了的地道乡音一下子抓住了广大听众的耳朵。恢复沪语广播也成了当时各大媒体追逐的热点新闻，新闻晨报就以《上海人用上海话说新闻 把"阿富根"进行到底》的标题做了详细报道。

仅仅过去两三年，《谈天说地阿富根》这档沪语广播节目就显示了强大的生命力和在听众中间的号召力，尽管播出频率多次"动迁"，从新闻频率一直搬迁到戏剧曲艺频率，但节目搬到哪里，听众就跟到哪里。节目收听率也逐步上升，越来越稳定。2007年笔者开始参与该节目编辑、制作工作，在当时播出的中波792千赫、调频89.9兆赫都市广播频率所有节目里，《谈天说地阿富根》节目平均排名前三位。其中，2007年第48周、50周、51周、52周，和2008年第6周、7周，先后6次排进全网广播节目前20名，最高的是2008年第6周，收听率排在全网所有广播节目第9位。

不惜笔墨回顾这段历史，不厌其烦列举这些数据，主要是想说明，沪语广播不仅在广大听众中有着深厚的基础和得天独厚的地域优势，而且在上海广播业内有着悠久的历史和举足轻重的地位，更是传播沪语最主要、最便捷，也是最有实效的媒体。包括笔者在内的很多上海人、上海郊区人，都是听着广播里的沪语节目，如《阿富根谈生产》《阿富根谈家常》，听着广播里播出的姚周、"杨、张、笑、沈"等滑稽大师的独角戏、滑稽戏学会地道的沪语的。而此次"哪吒"沪语读音热，让市民在关注这一事件本身的同时，也让大家更多地关注到沪语的传承和发展，更多地关注到以"沪语"作为主要工具的海派文化的传承和发展，更多地关注到沪语广播这一传承、发展沪语的最佳媒介。从这个意义上说，"哪吒"沪语读音热看似是简单的个案，或许就成为上海沪语广播进一步做大做强的契机。

当前，广播正在进行新一轮改革。之前好几轮改革事业中，沪语广播一直没有机会做大。有很多客观原因，比如：1992年推广普通话，全面取消沪语广播，沪语广播的土壤没有了。再比如：沪语播音员人才培养出现断档，缺少合格、地道的沪语播音员、主持人。目前，仅有的第三代沪语播音员主持人，叶进、肖玲，叶进已经退休3年，肖玲也即将退休。沪语和普通话相比，有一个最大差别，不容易文字化，即便有专家在大力推广，也很难流传开来，更不用说流传下去了。这就使得沪语传承和教学，只能依靠老师和学生之间的口口相传。因此，一旦两位第三代沪语播音员正式退休，标准、地道沪语播音也将不再，实在太可惜了。

其实也有过很多好机会，都错过了。比如：2012年，沪语广播《谈天说地阿富根》节目所在的上海东方广播有限公司，举办"寻找第四代阿富根——上海话选秀"活动，短短一个月，吸引800多名选手报名参赛，最小的只有6岁，其中80后、90后占据绝大多数，还不乏高学历和海归精英人士。报纸、广播、电视、网络全媒体全程跟踪报道，引起社会强烈反响和热议。市语委2011年启动"寻找上海话发音人"活动，进行沪语有声数据采集保存工作。2011年12月5日，上海785路公交线路部分车辆率先进行沪语报站，受到市民欢迎。2013年开始，市教委在全市幼儿园开展沪语乡土文化教育，开展以上海城市为背景的各类主题活动。这些活动当时都取得了良好的社会效果，引起了全社会关注、重视，但不知为何都没有让沪语广播发展壮大借到力。

为此，笔者对沪语的传承发展提出以下合理化建议：

1. 建议开办一两档沪语节目，甚至进一步发展成为沪语专业频率。

这次新一轮改革，整合频率，整合节目，其中，原来的东广新闻台长三角之声和都市广播将整合成全新的长三角之声。笔者以为，做好"长三角一体化重大国家战略"的宣传,开办一两档沪语节目,甚至进一步发展成为沪语专业频率,或许是一个非常讨巧的抓手。首先,本文一开始就谈到,长三角地区是吴语地区,在语言上有着天然的亲近性,基本上长三角地区的方言能互通互用,开设这样的方言类节目,既非常接地气,也容易打动听众。

2. 以打造"上海文化"品牌为契机,开设沪语节目工作室,加大创新发展力度。

2018 年 4 月,上海市委市政府号召全力打响"四大品牌",也就是"上海服务""上海制造""上海购物""上海文化"。其中,"上海文化"品牌,又包含了"红色文化、海派文化和江南文化"。从这个角度出发,作为海派文化、江南文化的众多载体之一——沪语迎来大发展契机。开设沪语节目工作室,甚至开办整个沪语频率,用地道沪语,反映"海派文化""江南文化",传承"海派文化""江南文化",弘扬"海派文化""江南文化",两者之间一定会相辅相成,相互促进,相得益彰。

3. 整合分散在各频率的几档沪语节目,加强组织协调。

目前在上海广播节目中,有好几档沪语节目,分散在各频率中,比如:戏剧曲艺广播的《说说唱唱》,都市广播的《阿拉上海人》等,收听效果都不错。还有一些上海籍主持人,也经常在节目中秀秀沪语,也总能得到听众热烈响应。应该借此机会加以整合,加强组织协调,发挥出整体优势。

结　语

综上所述,沪语就是一座丰富的海派文化历史宝库,值得好好开发、挖掘、传承、发展。

2015 年 12 月,中央人民广播电台十套节目联合推出特别奉献《致我们正在消逝的文化印记》,以"广播纪录片"的形式雕刻文化印记。节目把方言纳入正在消逝的文化印记,充分说明传承方言的重要性和必要性。随着现代化进程不断推进,一些作为历史见证的文化印记却悄然消失在人们的视野中,当中有我们民族的血脉,有我们每个人的根。沪语就是每个上海人的根。把根留住,把沪语传承下去,需要实实在在的行动。

三国时期,"魏吴蜀"三国分别占据了"天时""地利""人和",就能称霸一方,若三者兼备呢?肯定一统天下。如果把上海市委市政府号召全力打响"四大品牌",努力弘扬"红色文化、海派文化和江南文化"看作"天时";把上海广播界与生俱来的沪语广播比作"地利",广大沪语广播听众群和具有悠久历史的地道沪语播音力量,包括这次"哪吒"沪语读音热在市民、听众中引起的反响和共鸣视作

"人和","天时、地利、人和",三者合一,无往而不利,一定会创造出沪语广播的新辉煌。

参考文献:

[1] 丁迪蒙主编:《上海方言词语使用手册》[M],上海教育出版社 2019 年 10 月版。
[2] 孟兆臣编:《老上海俗语图说大全》[M],上海社会科学院出版社 2004 年 6 月版。
[3] 钱程编著:《钱程带侬白相新上海》[M],上海教育出版社 2018 年 8 月出版。

作者简介:

唐亮,上海广播电视台(SMG)东方广播中心交通节目部主任编辑。

受众需求与媒体创新关系
——试论专业财经媒体视频产品创新路径

赵彦德

提　要： 在抗击疫情的非常时期，第一财经基于新媒体布局，以电视生产为基础的视频生产力量集中释放，新内容、新产品层出不穷，在短时间内实现新媒体产品的有效突破。这与第一财经在压力下，不断创新，积极响应受众核心信息需求、注重受众沟通需求、抓住细分市场需求、提升用户洞察能力密切相关。这些实践案例提示我们，需要重视传统媒体价值；建立多元链接，积极拥抱技术变革；强化用户需求洞察力。本文基于第一财经实践案例，观察受众需求与媒体产品创新之间的关系，尝试分析专业财经电视媒体的数字化价值及创新路径。

关键词： 财经媒体　视频产品　受众需求　媒体创新

2020 年初新冠疫情暴发，媒体抗击疫情报道在客观上进行了一场特殊的媒体传播实验。疫情形成的特殊考验，成为媒体对受众需求反应能力以及市场价值的试金石。

非常时期，第一财经基于新媒体布局，视频生产力量集中释放，在压力下不断创新，“视频专题”“云上会”“大直播”等形式层出不穷，在短时间内实现新媒体产品的有效突破。在此，撷取部分第一财经电视及视频报道的创新案例进行分析，以期观察受众需求与媒体产品创新之间的关系，尝试分析专业财经电视媒体的数字化价值及创新路径。

一、响应核心信息需求，加大视频报道，海量信息吸附更广受众

第一财经频道几乎是全直播频道。自2020年2月3日春节后股市开市交易首日起，第一财经频道顺利恢复交易日13小时大直播版面，每天快速反应，随时接入各路防控发布会；及时推出“激活产业链 复工抗疫情”“产业破疫大调研”“新基建引领高质量转型”等系列记者调查，中国机器一响，世界经济不慌；A股连阳成交破万亿元，科技概念轮番成热点……在最初大量受众居家办公炒股，企业复工复产，中小微急需帮助的阶段，第一财经几乎全程陪伴，主动在财经专业报道上叠加中央媒体的权威发布、行业媒体的医疗防控信息，这样投资者关心的核心信息都集成在第一财经，不用调台就都能看到。这一交易日大直播同步在第一财经网络和客户端呈现，并实时碎片化处理，平均每天推出抗疫相关报道超过60条，每周超过300条。

第一财经频道在做好电视端报道的同时，迅速增加短视频制作，在一财客户端上开出“非常战疫”“复工在即”“科技抗疫”“云上的日子”“激活产业链 复工抗疫情”“新基建引领高质量转型”等视频专题，观察特殊时期经济运行的方方面面，在新媒体端打开全新报道空间。其中，《非常战“疫”》关注各行各业“战疫情促经济”的生动事例；《全面上云》观察特殊时期人们工作生活的技术变化；《产业破“疫”大调研》聚焦各行业复工复产，发现中国经济的韧性；《企业有话说》广泛调研多地中小微企业在复工复产中遇到的困难，反映民企心声；《科技抗“疫”》展示科学技术在抗击疫情、恢复生产中发挥的核心作用。如，短视频《一天15幢，打印的隔离屋来了！》纪录3D技术为湖北打印隔离屋，迅速走红，多家媒体跟进，全网点击超1 000万，抖音点赞36万。

这些短视频首发移动端，形成视频瀑布流专题，电视端则从中选取案例作为系列报道，邀请专家深入分析，观察全行业，结合市场表现，给投资者提供参考。第一财经频道常年积累的嘉宾资源、专业能力得到集中释放，不但内容获得以投资者为主体的受众认可，而且在内部形成网台内容生产高效协同的良性循环。

第一财经在疫情期间的视频报道，相当于一个信息供给的底层基础，强化信息集成功能，为受众的核心信息需求提供了一站式解决方案，高频硬核的信息发布维持并扩大了第一财经新媒体产品的受众群。

二、注重用户沟通需求，推出多层次深度内容，增强媒体社交功能

特殊时期，信心比黄金更重要。第一财经敏锐地意识到特殊时期受众有强

烈的交流需求，除了大量及时的信息报道，以及在一个月内赶制十多期深度评论节目之外，还迅速推出特别节目、网络直播、网络应用社区互动等深度内容，不断用精品增强受众黏性。

1. 连推十余期深度电视评论

第一财经在北京常年积累政府决策、高校智库、研究机构等优质专家资源，迅速组织，沉淀思考，发出有价值的评论，尝试短视频和电视专题“云录制”，一个月内连推十多期电视评论。《经济战“疫”如何行动？》《云办公是短期刚需，还是长期趋势？》《科技如何以智为武？》《如何纾困民企危机》《资本市场的疫情大考》等，分别结合“抗疫”“复工”“中小微生存”“特征险”等热点进行评论，节目虽然角度各异，但都保持“理性积极”的基调，专家通过梳理信息、理性分析，从专业角度给出长远判断，帮助观众辨明方向。

2. 网台联推特别节目

2 月 2 日，第一财经频道在开市前一天推出特别直播“非常时期 开市在即”，同步在一财网端呈现和互动。选在这个时间节点，是因为整个春节期间，投资者由于隔离，面对负面信息过载，对开市后表现有诸多担忧，急需与同道交流，听权威专家和人气嘉宾分享观点，特别节目成为良好的沟通平台。专家普遍认为中国经济充满韧性，A 股长期向好趋势不变，投资者不安的情绪得到安抚舒缓，并凝聚了长期看好后市的共识。由于互动热烈，当晚节目直播从 90 分钟延长至 120 分钟，收视率同比提升七倍，网端直播流量突破 150 万。证券微信公众号、第一财经 App 及有看投 App 后台观众留言超过 300 条。

2 月 7 日，开市首周交易结束，又逢元宵节前夜。这个元宵节很特别，一方面现实生活中抗击疫情到了最吃紧的时候，另一方面虚拟交易中未来经济走向出现积极趋势。在这种一张一弛、一冷一热环境对比下，投资者有太多情绪需要交流。于是，第一财经频道再推特别节目《春语心愿》。当晚节目邀请资深投资者和人气嘉宾坐镇，评点市场首周热点、未来走势。万千投资者通过微信、有看投 App 等渠道隔屏互动，纷纷留言祝福武汉、祝福湖北、祝福中国，非常感人。节目中十佳春联评选，观众互动投票累计超过 8 万张。主持人嘉宾即兴作联，与观众互动，节目充满信息量，且暖意洋洋，陪伴投资者度过了一个特殊的元宵节。

3. 网络直播不间断

第一财经还在网端进行多场专题大直播。例如：《全球疫情防控阻击战 第一财经实时直播》自 1 月 23 日持续至今（注：6 月底），不间断地对各类防控抗疫、金融波动等信息进行图文直播，几乎是中国抗疫、全球抗疫、经济抗疫的全实录。同时转播多场国务院联防联控机制、湖北、上海、金融等相关专题新闻发布会，并组织多场与抗击疫情、复工复产相关的《直播课》《直击业绩会》等大直播。特别是，3月9日推出网络直播《11国连线，直击世界战"疫"第一线，剖析全球影响》，广泛连线在意大利、韩国、日本、新加坡、伊朗、英国、美国、法国、德国、西班牙等国的媒体人、华商、留学生等，描述当地疫情发展、政府防控、民众反应及商业运行等诸多方面情况，还不断连线驻纽交所现场记者，带来"美股开盘大跌，标普500指数触发第一层熔断机制，暂停交易15分钟"等第一手报道。3个半小时直播全网流量超过200万。

4. 网络社区互动忙

有看投App是第一财经面对投资者的垂直领域服务平台。疫情期间，团队全员远程在线，24小时响应用户和嘉宾的服务需求。平台具有深度渗透投资者群体的优势，能进行精准的产品服务。针对节后复杂的开市交易环境，持续不断地向投资者介绍市场动态和投资策略，提出"有看投始终和你在一起，大白与小编每天相伴左右"，着力介绍《大白说》和《复盘三段论》两个明星互动社区版块；组织"千位投顾时时在线发声"，引导投资者在平台上寻找专业投顾和相应产品；还快速推出"搏疫"系列直播，八大主题，每周两次，邀请人气嘉宾线上直播，给用户送去实用的市场分析和投资策略。应用中，小编贴心的社区互动，投顾们专业的系列直播，在特殊时期不但受到投资者欢迎，还促成实实在在的产品销售。

第一财经在电视和网端同步开出特别节目、网络直播，并注重运用电视走马灯、微信、网络、客户端等渠道，与受众沟通，变单向传播为双向互动、社区互动，媒体的交流平台功能凸显。多层次的对话交流空间，起到了疏导情绪、凝聚共识的作用，增强了第一财经数字应用的受众黏性。

三、抓住细分市场需求，形成有效供给，垂直领域开辟新市场

在复工复产阶段大量采访报道中，发现中小企业集中面临复工、风控、现金流等问题，急需专家咨询，而相应的，第一财经长期积累的专业嘉宾资源又有大量"干货"可以释放。在尝试嘉宾视频采访、专题云录制之后，第一财经在移动端推出媒体公益行动《云上会——企业抗疫生存指南》，通过社交平台成熟的视频会议系统，达成"多屏多人在线＋建群提问互动"效果，实现众多中小微企业与权威专家实时交流，产生了意想不到的传播力和影响力。

“云上会”聚焦企业切实需求，既有企业关心的“企业战疫的行动力”“数字化生存”等数字化转型热点话题，又有详解上海抗疫惠企 28 条、8 省 18 市稳外贸做法、金融科技推动银行数字化等关于扶持政策、金融助力等干货内容，深受中小企业、创业者欢迎。如，2 月 20 日第一场“云上会”特邀分众传媒创始人兼董事长江南春等嘉宾，与众多网友“云”上畅聊企业战疫“行动力”。直播前就有超过 600 名中小企业主、创业者扫码进群提问，直播及短视频 24 小时全网流量超过 500 万。网友纷纷留言：“感谢第一财经的爱心组织，感谢大咖的精彩分享，让我们共同战疫，互相温暖，一起加油。”

3 月 3 日，第三场“云上会”聚焦“数字化生存”，邀约著名的企业数字化战略专家北京大学陈春花教授与京东集团、天虹百货、林清轩三家大中小型企业代表对话，全网直播参与人数超过 110 万。这场直播对特殊时期企业关心的“加速数字化生存”问题，从战略、规划、执行等层面进行了条分缕析的阐释，而且从技术、平台、企业等不同市场主体的视角出发展示了丰富的实战案例，既有理论干货又有操作细节，网友直呼过瘾。直播中，“技术派”的京东集团技术委员会主席周伯文抛出“新零售进入下半场，即从‘人找货’变成‘货找人’”的新观点，并多次表示要通过第一财经平台，与同场对话的民族化妆品新秀“林清轩”深入交流，探索用人工智能技术加速货品标签识别，实现货品自动向顾客推送的功能。而“天虹百货”则向以“林清轩”为代表的产品方伸出橄榄枝，期待用自有数据搭建的“私域直播”模式帮中小品牌带货。在这场直播中，第一财经作为专业媒体变身为一个撮合的平台，触发技术与实务、平台与企业的交流，甚至交易可能。

“云上会”在第一财经客户端直播的同时，还通过今日头条、百度、新浪微博、斗鱼直播等平台全网推送，开播一个月内就推出六场，全网点击已超千万。有关注就有市场。第一财经频道抓住机遇，进一步细分受众需求，根据 C 端受众财富配置与管理、B 端受众专业视频定制服务等不同需求，迅速推出衍生产品——“理财云沙龙”“线上发布会”“线上论坛”等，与更多细分领域专业机构合作，触达更多垂直受众，不但走通了专业财经电视内容网络生产的路径，而且迅速得到市场认可，至今已获得包括 IBM、联想、华为等在内的多家世界 500 强用户合作意向。

媒体有一种独特的优势，就是拥有全面观察社会生活、宏观经济、细分行业的功能和视角，能够为细分领域找到更广客户群，也能为专业受众打开更宽产业视野。第一财经频道立足专业财经媒体定位，在扩大受众群、增强用户黏性的基础上，不断探索，破阈思维，创新出“云上会”这样的数字产品，实现了媒体链接平台与企业以及链接企业与用户的功能，在垂直领域开辟出一片新天地。

四、提升用户洞察能力，抓住专业财经媒体数字化转型的突破口

实践是最好的老师。经过春节以来一个多月的极限运作，第一财经频道不但在电视端、网络端放大资讯、证券专业内容产能，而且所有内容团队大大突破原有视频产品设计规划，在投教、商业、理财、企管等多个垂直领域走通了视频产品创作之路，既锻炼了整体视频内容生产和创新能力，又增强了专业媒体转型突破的信心，对财经媒体数字化发展产生新的认识。

1. 要重视传统媒体价值

在抗击疫情报道中，传统媒体的“地位授予”功能彰显。一条新闻只有经过传统媒介的集中报道，才能受到广泛关注，具有某种合法性。在抗击疫情报道中，有大量研究数据说明，在传统传播机制中居于主导地位的机构传播者再次回到社会的聚光灯下，赢得夺回市场的机会。以第一财经频道为例，开市首周(2/3—2/7)，频道平均每天观众数量达到2018年以来最高水平，白天直播时段(9:00—16:05)收视率比1月份增长一倍。晚间黄金时段三档证券节目收视率与2019年相比最高提升40%以上，晚间新闻提升60%。复工首周(2/10—2/14)，白天直播时段收视率比前一周提升11.5%，其中交易日13:00—14:30时段收视率是1月份的三倍。而且，传统媒体为自身数字化产品提供了源源不断的优质内容和基础受众，具有明显的“引流”效应。

在日常海量财经信息、评论等免费内容供给的基础上，让用户形成信息获取的路径依赖，进而用深度专业内容吸引目标受众参与，产生黏性，最终围绕热点事件“单点突破”创新内容，完成产品塑造，并迅速在垂直领域复制衍生，吸引用户付费、吸引客户定制。这条由受众需求产生内容创新，进而完成产品孵化的创新路径，第一财经频道在细分行业财经节目、视频定制项目、有看投App等电视端和网络端内容创新中，已反复证明是成功的。现在需要的是拥抱新技术，在互联网视频产品上大胆尝试。

2. 建立多元链接，积极拥抱技术变革

连接一切，是互联网改变世界的基本方式。互联网通过连接来增强功能，形成价值。第一财经频道在抗击疫情报道中，充分运用数字化手段赋予内容产品新特征，加速数字化转型。通过与技术团队合作，打通外部成熟社交平台视频会议系统与自建网端技术系统链接，打通多源外网视频输入与电视录制系统链接，形成视频内容与技术资源的全新组合。

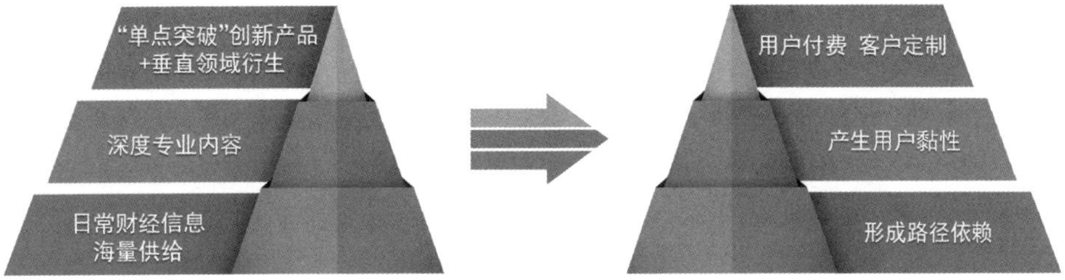

以"云上会"网端直播为例,在不到一个月时间内不断试验,已经在《第六交易日》节目中完成电视版"云上会"录制,并不断迭代产生网络 3.0 版本——可以实现"内容、技术团队集中+嘉宾离散在线""技术团队集中+内容团队、嘉宾离散在线",直至"内容团队、技术团队、嘉宾均离散在线"的极致直播模式。这也意味着,在极端情况下,即使与内容生产相关的编辑、字幕、技术、嘉宾等所有成员都处在不同空间,第一财经仍然能通过"网络视频会议系统+自建直播技术系统"实现网络直播顺畅执行。这大大突破了成熟的电视内容生产流程,极大地丰富了视频内容生产的想象空间,也促进财经电视模式创新,实现网台节目创新良性联动。

3. 强化用户洞察能力

在互联网出现之后,人们的需求不但是量的增加,还是层次的增加。对于媒体产业同样如此。受众除了获取信息的需求,还有交流观点的需求,细分群体受众还有专业领域的咨询需求、商机需求等。这为专业媒体数字化转型提供了富有想象力的市场空间。只要用心挖掘,就会发现惊喜。第一财经频道克服自身面临的复工复产困难,陪着投资者、创业者、企业家,走过开市、复工艰难之路,更深刻地体会到受众需求,并及时回应,摸索出在内容端、技术端、用户端不断发力,由"单点突破"到"创新产品"的路径。

疫情压力下,数字化受到空前重视,几乎所有行业都加快了数字化进程。陈春花教授在参与第一财经"云上会"直播时,强调企业实现数字化,要有"顾客主义"思维,要把所有努力都回归到顾客需求,为顾客创造价值。而媒体作为特殊的文化企业,生产的是内容产品,同样面临受众和市场的考验,同样需要提升用户洞察能力。媒体尤其是面对市场考验的专业财经媒体,在数字化转型的道路上,需要牢牢记住提升价值,为受众提供有价值的内容产品,并进而分析如何找到精准受众,如何洞察受众需求,如何形成有效供给,这值得我们时时慎思笃行。

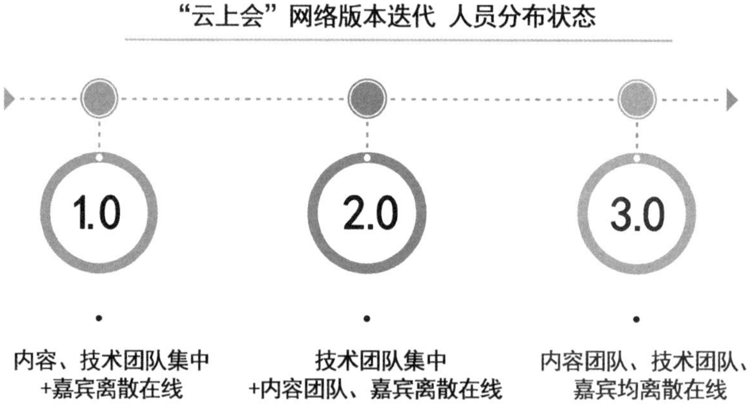

结　语

结语要回到主标题上,第一财经频道在特殊时期不断增长的受众需求,是推动专业财经媒体视频产品创新发展的基础与源源不竭的动力;而专业财经媒体视频产品创新发展,又切实满足了不断增长的受众需求。这两者相辅相成,通过专业财经媒体人的睿智与创造力而完满结合、成功达到效果。

第一财经频道在抗击疫情报道上的创新,以及得到的受众反响和市场反应,说明专业财经媒体数字化转型是可能的,是有市场空间的,是值得持续推动的。

数字化就是一种新的生产方式,它不只是技术手段,更是业务模式,是业务能力。传统媒体数字化变革不是简单地将生产系统数字化改造,或者通过自建平台或外发平台为内容找到网络出口，而是要推动每个业务板块走通数字化链路，改变原有业务和技术的组合模式，不断接受改变并且尝试，逐渐理解数字化对内容产业发展的帮助。也可以说，数字化就是推动媒体生产力迅猛发展的一种新生产方式。

数字化背景下，媒体除了传播信息、分享观点的核心功能，还可能变成投资者的吐槽对象、白领的投资顾问、企业的战略咨询、平台的市场拓展……看似媒体的面貌变模糊了，但只要发挥专业特长，产生有效价值，能够被受众认可、被市场需要，媒体在新生态中就具备了持久的生命力和竞争力。

参考文献：

[1] 喻国明：《传媒转型是一场革命》，人民网—舆情频道.2016 年 1 月 14 日发布。
[2] 陈春花：《云上会——企业抗疫生存指南》之《数字化生存》，第一财经.2020 年 3 月 3 日发布。

作者简介：

赵彦德，上海第一财经传媒有限公司编委、电视总监助理。

浅谈新闻播音的快速备稿方法

唐　勐

提　要： 本论文主要谈及播音员主持人在新闻备稿阶段，在时间不充裕的情况下，如何更加快速且高效完成准备稿件的相关工作。本论文主要目的是通过梳理新闻稿件备稿的重要性、影响备稿速度的原因等问题，以“备稿六步法”为基础探究更加快速高效的备稿方法，从而为播音员主持人快速备稿提供方法和建议。

新闻稿件备稿的重要性与常用方法这一部分主要阐述了：播音员主持人在新闻播读前进行备稿工作的重要性与意义以及日常备稿中普遍采用的“备稿六步法”大致步骤。备稿提速引擎“关键词意备稿法”这一部分主要阐述了：通过扩展视距与“关键词意备稿”这一方法更好地为播音员主持人在时间紧迫情况下快速高效备稿提供参考。

关键词： 播音员主持人　新闻播音　快速备稿　视距　关键词意备稿法

2020 年初以来新冠肺炎疫情在全球呈蔓延趋势，面对每时每刻都在不断更新的数据与消息，各地新闻媒体在保证新闻真实性的前提下，对新闻时效性的要求也越发严格。2020 年 2 月 12 日晚《新闻联播》主持人李梓萌在备稿时间紧迫的情况下，低头念稿且准确流畅播报新闻长达 7 分钟的视频引发网友点赞。笔者发现在疫情防控期间为求每条新闻内容更加准确及时，新闻节目播音员主持人因时间紧迫而缺少备稿时间的现象频频出现。

在单位时间内，记者与编辑在采写环节耗费的时间越长，留给播音员主持人准备稿件的时间就越短。为让编辑记者采写信息更准确及时，播音员主持人必须在时间紧任务重的情况下完成稿件准备工作，而拥有快速高效备稿的能力则显得尤为重要。本文从备稿的重要性与播音员主持人常用的“备稿六步法”出发，尝试探寻更加快速高效的“关键词意备稿法”，从而为播音员主持人在时间紧迫情况下，快速高效备稿提供笔者的思路与方法。

一、新闻稿件备稿的重要性与常用方法

（一）新闻稿件备稿的重要性

人们常说“不打无准备之仗”，任何事情都要在有准备情况下进行才能事半功倍。而对于播音员主持人来说，在新闻稿件播读前有的放矢做一些准备工作极有必要。在进行新闻播读前，我们必须清楚即将播读的这篇文章写的是什么内容。笔者发现，有些播音主持专业的初学者认为“字都是那些字，内容也是那些内容，备稿与不备稿没有多大区别”。当然这是非常致命的错误认识，连内容讲的是什么都不清楚，谈何对稿件内容进行更深层次的解读？笔者以 2019 年 4 月 8 日《新闻联播》节目中《格罗奇马大桥：架起中柬友谊桥》一文配音稿为例，来简析备稿的重要性。

（配音稿）

1. 每天清晨，格罗奇马县这个小型渡口就会挤满了人。乘坐这样的摆渡船到对岸工作或者贩卖农产品，是不少当地人一天生活的开始。但这并不是一件“说走就走”的容易事。

2. 这种依靠轮渡的日子已经接近尾声，由中国公司承建的、2017 年底开工的格罗奇马大桥工程正在加紧推进。这是中方在柬埔寨修建的第 3 座跨湄公河大桥，如果进展顺利，将于明年底竣工通车。

3. 柬埔寨中北部从上丁省到磅湛省，沿湄公河 300 多公里的路程，目前只有两座跨河大桥。格罗奇马大桥一旦建成，不仅极大地方便当地民众出行，而且将带动柬埔寨中北部地区经济发展。

4. 2018 年，柬埔寨遭遇罕见洪灾。工程现场，水位超过了警戒线，洪水没过桥墩。当时，中企员工留守在施工营地，看管着随时可能被洪水冲走的建材，避免了险情的发生。

5. 扎实的中国技术，牢靠的中国建材，还有中国员工的责任心，感染了一起工作的柬籍员工和当地居民。又到了芒果飘香的季节，柬埔寨村民摘下成熟香甜的芒果送到大桥施工队。柬埔寨首相洪森曾表示，中柬人民间的友谊将因横跨在湄公河上的格罗奇马大桥而进一步加深。

如果不备稿不浏览一遍该篇新闻的大致内容就开始张嘴播读，也许在播读第一段时就会产生困惑：这可能是一篇介绍格罗奇马当地人出行的新闻吧？也有可能讲述的是当地人贩卖农产品的与经济发展有关的新闻？如此一来一连串的疑问就伴随着播读者自己都不确定的内在语、对象感、重音、停连等播读技巧流露出来，播读语态与情感随着播读者错误的判断飘忽不定，受众听起来自然也会有不知所云之感。而如果认真备稿，细致了解整篇稿件的来龙去脉就会明白，这其实是一篇介绍由中国公司承建的格罗奇马大桥工程正在加紧施工，并将为当地居民带来极大便利的消息，再加以深度挖掘又会知道这是“一带一路”进行时的有力见证与重要标志之一。由此可见，播读前备稿与否，关系到受众接收信息有效性的高低，也直接影响着整档新闻节目的播出效果。

（二）备稿六步法

在大致浏览稿件内容之后，播音员主持人重点要解决的问题就是如何才能播好这篇稿件。“备稿六步法”是播音员主持人普遍采用的备稿方法，它详细罗列了备稿过程中的要求、方法。具体六个步骤是：划分层次，概括主题，联系背景，明确目的，找出重点，确定基调。笔者按照备稿六步的方法将《格罗奇马大桥：架起中柬友谊桥》一文备稿步骤大致归纳如下：

划分层次：第一自然段为第一层次，交代格罗奇马居民将摆渡船作为交通工具出行不便的事实，为下面的“修桥”埋下伏笔。第二自然段至第四自然段为第二层次，报道了中国承建公司解决困难并积极推进大桥建设的消息。第五自然段为第三层次，“中国制造”感动柬埔寨居民。

概括主题：中方承建的格罗奇马大桥明年通车，方便柬人民，增进中柬情。

联系背景：柬埔寨中北部目前只有两座大桥，而格罗奇马大桥的建成，将带动柬埔寨中北部地区经济发展，让当地百姓受益。这座大桥是中国公司承建，这也是“一带一路”倡议构想，积极发展与沿线国家经济合作伙伴关系的重要体现，同时也是我国桥梁与基础设施建设实力的体现。

明确目的：让受众了解格罗奇马大桥的建设之于中柬人民的意义，明白这座桥是当地民众的“梦想之桥”，也是中柬人民的“友谊之桥”。

找出重点：这篇稿件的重点部分在第二层次的前半部分和第三层次，从“接近尾声”起句开始，播读的情绪就要与第一层次区别开来，要有“欲扬先抑”的反差，表明建设大桥是一个新的开端，当地人民将拥有更好的出行方式。而第三层次的核心要牢牢锁定在这是中柬人民的“友谊之桥”这一落点上，中柬人民间的友谊因大桥的修建而进一步加深。

确定基调：自豪的、美好的、赞扬的。

纵观“备稿六步法”不难看出，它的主要目的是帮助播音员主持人解决“播什么”“为什么播”与“怎么播”这三个关键问题。笔者与同事按照备稿六步法的步骤简略走完整个过程大概耗时 5 分钟，这样的备稿速度在准备时间充裕的情况下是合适的，并且还可以更加细化地对稿件进行深度分析解读。但在稿件量大与备稿时间不充裕，尤其是面对一些“紧急”稿件时，播音员主持人可能没有如此充足的时间去备稿。甚至很多时候接过编辑递来的稿件，纸张还留有打印机的余热浏览一遍就要马上播读。在此情况下，我们如何才能于更短时间内高效简化备稿过程“三步并作两步走”呢？

二、备稿提速引擎“关键词意备稿法”

（一）提升阅读能力是快速备稿的关键

通常情况下，播音员主持人在备稿时都是逐字逐句边读边勾画，而影响播音员主持人备稿速度快慢的因素除了该播音员主持人专业基本功外，还取决于其阅读理解能力之高低。也就是说在单位时间内捕捉的稿件信息越多解码能力越强，则备稿效率越高。查阅了有关阅读理解能力等相关领域资料后，美国普林斯顿语言研究中心比尔教授提出的一个观点引起了笔者注意：逐字阅读并不比关键词意阅读好。

记得小时候刚识字时，老师与家长总是要求我们集中注意力，用手指着每个字依次划过去以防走神并且加深理解，而这样“小心谨慎”的阅读方式就慢慢形成了我们日后的阅读习惯。这样的阅读方式本身并没有错，但有没有想过，老师和家长为什么要教我们这样阅读？孩童在没有形成一定成熟认知系统和理解能力时较难对所读的内容产生“反应”，比如他们可能会遇到好几个字不认识，或者没有一定的人生经验为基础难以理解所读内容。但对于成年人来说，我们的认知系统有一定系统性、科学性，我们对于事物的理解与再组合能力有我们自身的优势，而在此基础上比尔就提出了一种更有效的阅读方法——关键词阅读。

什么是关键词阅读？比如以“备稿六步是中国播音学教学体系中普遍使用的一种稿件准备方法”这句话为例，一共 28 个字，可能我们通常就会从左到右在每个字上停留固定的时间然后结束阅读，而如果你只读下面这几个关键词“备稿六步、播音学、教学、普遍、方法”，您能大致明白意思吗？我想只要稍微在脑子里拼凑一下，大概就能猜出来完整的意思。再看看剩下部分的字词：“是、体系、使用、一种、稿件”等，与前面所提及的关键词意相比，它们并不能强烈呈现该句话的核心内容。而逐字阅读 28 个字对比关键词阅读 13 个字，是不是会节省更多时间而又不会造成理解上太多的偏差？

（二）扩展视距捕捉更多关键词

如何在时间紧迫的情况下，尽可能在稿件中快速找到更多关键词意？笔者认为将视距拓宽不失为快速寻找稿件中关键词意的方法。何为视距？比如您正站在一扇紧闭的窗前，此时眼前可能一片漆黑，这时窗户慢慢从两眼之间的位置向两旁打开。风景最初是呈一条极细的线，您想要看到更多的风景，这时就必然要把窗户最大限度地打开。而我们的眼睛就像是这扇窗户一样，所谓视距即眼睛停下时看到的视线范围。比如“英雄的武汉逐渐苏醒”这九个字，我们以“汉”字为视线聚焦中心点，通常情况下能轻松看见“武”与“逐”两个字，这就是初步的视距。如果我们有意识地再将视距拓展，则可以看到“的武”与“逐渐”四个字，当我们逐渐熟悉这种阅读方式后，我们甚至可以以“汉”字为中心拓展视距看到完整的九个字，而我们自始至终都没有采用像扫描仪一样从左到右依次阅读这九个字。

当然，关键词意在不同的文章或语句中可能以一个词或一个意群等不同样态出现，通常情况下我们又因为阅读经验不同的关系，对文章理解与关注点会有所不同。所以笔者认为，寻找到的关键词意数量和内容没有标准答案，但它们有一个共同特点：一定能准确反映该句子的核心意思。笔者以“迎着春光，英雄的武汉逐渐苏醒。英勇的城市建设者们吹响集结号，不辞辛劳鏖战一线”这句话为例，让两位不同的播音员依据关键词意备稿的要求捕捉关键词。甲播音员将视线停留在“着、武、的、吹、辛”五个字上，捕捉到的关键词为“春光、武汉、集结号、鏖战”。乙播音员将视线停留在“春、武汉、建、劳”五个字上，捕捉到的关键词为“武汉、苏醒、集结号、鏖战”。两位播音员都表示能通过以上几个关键词快速定位该句话的中心思想，并认为采用关键词意备稿的方式能加快备稿速度，节省不必要耗费的时间。

（三）让“关键词意备稿法”融入播音员备稿工作

播音员主持人对于新闻稿件进行备稿的过程大致可分为两步：读取信息与解码信息，而这其中的重点部分在于对信息的解码，这是决定下一步稿件播读高效与否的关键。如果在时间充裕的情况下备稿步骤大可采用“备稿六步”的方法去做相关准备工作，对于稿件的理解与播读细节处理也会更优化。但如今信息传递速度更加迅捷，新闻的时效性要求越来越严格，很多时候播音员主持人只能在节目开播前几分钟才能拿到刚更新的稿件，若要精细化地对稿件进行理解分析显然来不及，这时采用关键词意备稿法的优势便凸显出来。那么，如何将这一“提速引擎”更加高效地融入播音员主持人日常备稿工作中？笔者选取了2020年4月19日《新闻联播》节目中“高效推进春耕春管 打牢粮食丰收基础”一文试做分析，全文如下：

（标题）

高效推进春耕春管 打牢粮食丰收基础

（正文）

粮食生产稳字当头。各地从抓好奖补政策、田间管理、农技服务等着手，确保不误农时、种满种足、丰产高效，大力夯实全年农业生产丰收基础。

稳住粮食生产，春播面积是关键。在安徽芜湖县，当地统筹安排专项资金，将早稻种植补贴由去年的每亩34元提高到100元，对种植面积100亩以上的早稻示范片给予3万元的专项支持。今年，全县早稻种植面积同比增长10%。同时，当地130多名技术员深入田间地头，实施技术指导。

在云南绿春县，当地通过“企业＋合作社＋农户”的模式，给农户提供良种、化肥等补贴，极大提高农民种粮积极性。目前，当地梯田红米种植面积已接近1万亩。在陕西韩城，种植小麦的农户或者经济实体，每亩能够获得补贴120元，对连片种植超过100亩的，每亩还再增加补贴30元。今年，韩城将新增粮食种植面积3万亩。

粮食产量要提高，科技力量不可少。山西今年投入40多万台农业机械助力春耕生产。在壶关县，一台台旋耕机正在加紧作业，当地积极协调农机专业合作社与农户开展对接，让农机作业服务直达田间地头。

一篇新闻稿件通常采用倒金字塔结构形式写作，即按照重要程度、新鲜程度，以及读者感兴趣程度等依次将新闻事实写出。所以在时间紧迫情况下就需先浏览标题与导语部分，确定文章基调与主题等，其次可分两个方向走：第一，时间紧迫时，可只读剩下部分每段的第一句话大致了解每段所叙述的主要内容与方向。第二，时间相对充裕时，依次浏览并分析每段内容。笔者选取的这篇新闻稿件相对较短，因此可以采用先浏览标题与导语，再依次浏览剩下部分的内容。而在浏览这些内容的同时，我们还要留心是否有不认识或读音上模棱两可的字词，谨防出现字音读错的情况。

在按照关键词意备稿法的步骤进行备稿时，请一定记住不要用眼睛逐字扫描文字内容，那样会使阅读速度放慢达不到快速备稿的意义。最好将眼睛停留的点定位在视距可控的中心位置，以减少眼球逐字跳动的频率，并在此基础上快速捕捉关键词。按此步骤笔者捕捉到标题与导语的关键词为“春耕春管、粮食、稳字当头、丰收基础”，从这几个关键词中我们可以大致明确这篇文章报道的是关于粮食生产的内容，眼下正值春耕阶段，各地区都在集中力量做好春耕春种工作。再按照关键词意备稿方法继续浏览剩余内容，可以捕捉到“专项资金、技术指导、种粮积极性、科技力量”这四个关键意群，至此可以更加明确前文中对主要内容概括的准确性，同时也能判断在导语的引导下，主体部分分别介绍的是各地采用多种模式进行春耕春管的框架结构。并能联想到今年因为新冠肺炎疫情的影响，部分地区出现抢购粮食的现象，但实际上国家粮食储备充足，今年粮食种植也在稳步推进，我国不会出现缺粮问题。所以在这篇文章播读时我们不仅应该向受众传递春耕春管有序推进的消息，更应该传递出今年我国粮食储备充足并丰收有望的信心。以上文字也没有拿捏不准的字词，确定好基调与播读状态后即可结束时间紧迫情况下的快速备稿工作。

结　语

新闻稿件播读前播音员主持人备稿与否，是受众获取新闻信息质量高低的重要影响因素。只有播音员主持人在播读前对稿件内容完成了理解、分析等一系列前期的备稿工作后，才能起到“有稿播音锦上添花”的效果。反之则会对新闻内容、基调等把握飘忽不定，甚至直接影响新闻节目播出效果。在备稿时间充裕情况下，笔者建议仍采取“备稿六步”的方法进行准备，因为此方法对新闻内容的分析更加细致准确。但在备稿时间不充裕的情况下，“关键词意备稿法”就能发挥它的优势。通过平时多多练习拓宽视距，且每次有意识地将寻找关键词意的方法融入日常新闻备稿过程中，该方法一旦熟练上手，相信对播音员主持人提升新闻稿件备稿速度有一定帮助。当然万事开头难，可能刚开始采用该方法备稿时会不习惯甚至速度会偏慢，这也是相对正常的情况，学习一种新方法大脑也需要接受与反应的过程。所以前期我们可以将视距稍微收窄，眼球在每句话停留的位置稍微增多，速度与心理节奏也可适当放慢。当大脑逐渐适应这种新的备稿方式后再提速即可，因为在此过程中眼睛与大脑都需要不停相互配合运转。只要不断训练提升两者的配合程度，该方法就会对整个备稿过程速度的提升起到事半功倍的效果。

参考文献:

[1] 中国传媒大学播音主持艺术学院:《播音主持创作基础》,中国传媒大学出版社 2015 年版。
[2] 美国普林斯顿语言研究中心,艾比·马克斯·比尔:《如何阅读》,中国青年出版社 2017 年版。

作者简介:

唐勐,上海市嘉定区融媒体中心节目编播部播音员、主持人。

城市形象的国际推广与传播探讨

孙　伟

提　要：在国际传播领域，国家的行为和商业传播机构的行为已经被各种研究反反复探讨，但是作为国家的国际传播范畴下城市形象的国际推广不是与国家层面的国际传播完全混为一谈，就是被当作案例来支撑国家国际传播的种种立论。本文试图以城市形象为主题，综合运用传播学、公共关系学和市场营销学的方法，探讨其形成机制和传播路径。

本文主要对这一课题进行理论和规律探讨，并没有罗列大量案例，其意图在于力图使本文的研究成果在这一特定领域具有一定的普适性。

关键词：城市形象　国际传播　营销

随着经济全球化的进程日益深化，国家之间的经济、文化、人员和资金的流动越来越迅疾和便利，世界各个主要城市之间的联系也正以前所未有的速度变得紧密起来。相当一部分城市为了在全球竞争格局中获取更多的资源，争相提升自己的知名度，城市的国际传播不光是一个正在演化中的实践问题，也已经成为一个与国家的国际传播既密切相关、又不尽相同的具有内在规律性的课题。

一、以城市为本体的国际传播需求的提出

在跨国传播领域，除了商业传媒出于市场扩张的需求以区域甚至全球市场为目标进行的扩张活动之外，以国家为整体诉求对象、以国家的相关机构为实施

主体的有目的的国际传播行为，在相当长一段时间内构成了国际传播的主体。

一般而言，只要一个国家不是一个单纯的农业国家或者是一个单一的城邦国家，国家的国际传播离不开城市的元素，城市的国际传播自然也就是国家的国际传播的组成部分。同时，由于城市的体量、特色和诉求各不相同，各有特点，在城市和国家的国际传播中间并不能简单地画等号。城市不应简单地把自身的国际传播诉求简单地委托给国家，国家也难以完全把各个不同城市的国际传播诉求纳入国家范畴。因此，即便在国家为主体的国际传播领域中，把城市的国际营销作为一个单独的课题进行研究有其很强的现实性、必要性和指导性。

城市形象的国际推广过程就是城市本身的国际营销过程。它的需求建立在以下几个方面：

1. 拓展发展空间的需要

营销的目的在于提升品牌知名度和美誉度，最终是为了提高市场占有度和销量，从而减少并排除竞争者。作为普通产品是这样，城市也是这样。

在一个特定的空间中，对于一个城市发展所必需的外部资源并非取之不尽，城市之间为获取这些资源，必然会产生一定程度的竞争。排除不在本文讨论范围之内的非正常和不正当竞争手段，如何在竞争中处于更加被外界关注并且持续关注的有利地位，城市本身的推广和宣传就显得非常重要。

2. 提升市民满意度的需要

城市的发展，其本身的目的在于提升本地的发展水平，提升市民的生活满意度。无论是对城市形象的提炼还是后续推广，必须和本地市民的感知相匹配。通过城市形象的提炼，可以有效地引导公共投资和私人资本向有利于凸显城市形象的部门投入，这种投入带来的城市整体管理水平和发展水准的提升，将有助于市民满意度的提升。如果做不到这一点的话，那就是城市形象提炼被扭曲带来的偏差，是应该通过合理的程序加以避免的。

二、城市营销的既有研究成果

城市营销的系统阐述来自于著名营销大师菲利普·科特勒教授的“地方营销”理论。科特勒教授认为，“地方营销”是将地方视为企业，将地方的资源和未来视为产品，分析它的内部和外部环境，以及它在全球性竞争中的强项与弱项以及面临的机遇和威胁，确定它的目标市场，包括目标人口、目标产业以及目标区域，并针对目标市场进行创造、包装和营销的过程。如果将“地方”用“城市”代替的话，可以近似得出城市营销的基本含义。

科特勒的地方营销理论虽然形成于20多年前的20世纪90年代初，但是基本原理及其本人对研究的不断深化和推进，使得该理论具有强大的生命力。

科特勒在分析了地方在面临各种困境而重视营销的深层原因之后，提出了“战略性的地方营销”的概念，要求设计出一个社区以满足社区居民的需求。当诸如居民、就业者、厂家这些利益相关者对社区感到满意，当游客、新厂商和投资者发现他们的期望得以实现，那么地方营销就成功了。科特勒指出：“地方营销的核心包括4项内容：就社区特色和服务设计一个恰当的组合；为现有和潜在的产品和服务的购买者以及使用者制定有吸引力的激励措施；以有效而可达的渠道传递地方的产品和服务；推展地方的价值和形象以使潜在的使用者完全认识本地独特的优势。”

科特勒的贡献在于，他把每个地方（城市）的本地居民作为成功营销的首要核心内容而不仅仅是外部对象。作为管理学范畴的营销学家来说，这一重要的洞见无疑也是具有深刻的政治观察力和领悟力的，他用科学的语言表述了一个政治家的观点，就是政府所有的行为，本质上都是关于本地民众的福祉，其他所有的要素，归根结底，都是为了这个根本诉求服务的。

与此同时，科特勒还指出了地方营销跟纯粹的商务和商品营销的差别，就是“地方营销要求公共和私人机构、利益团体和居民的积极支持”。这里他指出了公共机构在地方营销中不可或缺的作用和地位，其原因是不言而喻的。而普通商品营销在本质上是局限于企业的行为。

除了科特勒，还有不少学者从多个方面对城市形象的国际推广进行了诸多研究。中国人民大学商学院教授郭国庆就认为，这一课题从学术角度而言是研究城市营销组合，怎样结合中国特色研究城市营销绩效的有效测量体系，研究在城市营销过程中城市治理结构的完善；同时，从某种意义上借助公民参与的方式、核心城市的发展都是值得讨论的问题。

三、城市形象国际传播的路径和实现手段

1. 城市形象的提炼与传播过程

无论是在什么国家和地区，主要城市的形成和发展既有共同的规律，又因发展过程中所经受的不同的文化、宗教、民族影响，以及经济形态和发展水平的差异，在各自区域中形成了各自不同的特点和风貌，而这些要素的差异，就构成了

不同城市的不同特点的物质、文化和心理基础。只有对这些特点加以梳理,城市的形象才能在其有形的基础上得以聚焦和符号化。脱离了城市自身特性的城市形象,不光会扭曲外界对相关城市的认知,反过来会对城市的正常发展形成负面反作用。这是不以人的主观意志为转移的。

通常而言,一个城市的国际形象的提炼有需求认知、专业机构研讨、民众参与、聚焦公众意见、形成相对共识并与国际传播机构和平台进行研判、发布并推广以及传播效果评估等八个阶段。

所谓需求认知,就是城市的行政与议事当局确定该城市的推广策略,是否需要提到国际层面。并不是所有的城市都具有跨国可传播性的,这也是由城市的区位特点、发展水准和现实可能决定的。根据城市的文化特性和产业特点,确定其国际推广必要性的过程就可以理解成是城市形象国际推广需求确认的行为阶段。

在形成需求认知之后,就要进行具体的工作来反映这种认知,适当的专家研讨和民众讨论是必要的,但是也要避免限于民粹主义陷阱,只有对来自公众的意见加以聚焦,在此基础上再形成广泛的共识,才能在最大公约数和最具代表性以及高度准确性方面达成必要的平衡。此时,对提炼的结果进行必要的发布并进行广泛的传播则是国际形象国际传播产生认受性的关键阶段。

城市形象的提炼及其国际推广不是一蹴而就的,“是一个连续的活动,必须不断调整以适应变化的经济条件核心机会”。在传播的过程中,主要相关部门应该跟踪传播效果,聘请专门机构来对传播效果进行评估,针对各方面的信息,考虑在下一轮传播之前进行必要的补充和修正。但是其中包含的基本信息应该是稳定的,因为城市的性格和特征具有相对的稳定性。需要经常改变的,更多是在外在形式和传播方式范畴,其目的首先是保持对受众的吸引力和新鲜感,促进良性的二次传播。

2. 城市形象的国际传播模式

(1) 政府的中心作用

科特勒还曾经指出:“一般而言,开展地方营销活动是当选官员的一项重要职责。”这在西方政治体制中是如此,在我国的社会主义政治制度下,政府毫无疑问承担着这一责无旁贷的使命。

作为国家传播的一个有机组成部分,城市形象的国际传播自然也要纳入整个国家的国际传播话语体系建设。习近平总书记 2016 年 2 月 19 日在党的新闻舆论工作座谈会上的讲话指出:“要加强对外话语体系建设,用中国理论阐释中国实践,用中国实践升华中国理论,更加鲜明地展现中国思想,更加响亮地提出中国主张。”

在城市形象国际传播范式打造的过程中，政府的作用在于根据城市发展的特定阶段明确城市定位和提炼形象。强调政府在城市形象的提炼及国际传播的核心作用的同时，我们也要避免政出多门，各自为政，应该有一个专业部门或者机构站在城市整体需求和定位的高度，统筹各方面的需求，协调各部门的行动。

（2）多元化和多向化

随着基于移动终端的高速互联网的迅猛发展，公共传播领域的手段也在发生翻天覆地的变化，呈现出传播手段多元化、信息流动方向多向化的趋势。

从手段来看，传统媒体平台在全球日渐式微，尤其是传统的报纸杂志和广播电视媒体，其受众总数逐年降低，美誉度日趋下降，以互联网尤其是社交网络平台为基础的新型数字化传播机构与平台不仅层出不穷，而且一些有代表性的平台，例如脸书（Facebook）、推特（Twitter）、Instagram 以及我国的微信、微博、抖音等已经在城市形象传播上扮演重要角色，各种“网红”城市在这些平台上吸引着众多眼球，相当一部分附着在这些平台上的自媒体账户已经把传统媒体的受众变成了他们的用户。

除了媒体传播外，城市同样可以利用事件营销在国际范围内打造自己积极正面的形象。1964 年的东京奥运会对于展现从二战战败废墟中重新崛起的东京以及日本的全新形象就起到了巨大的正面作用。近年来，我国也十分注重这一有效的实践。2008 年北京奥运会、2010 年上海世博会以及近年在杭州、厦门和青岛举办的多场高规格国际首脑峰会，都在客观上大大提高了东道主城市的国际知名度和关注度。这些城市也都着力在世界面前展现自己的特色。

与此同时，互联网的发展也在改变传统信息流动的向度。虽然欧美主要经济体依然在传媒和国际信息流动中保持优势地位，但是来自传统上属于信息边缘地区的各种影像也以比之前快捷迅猛得多的方式进入信息发达国家用户的移动终端上。这一双向乃至多向传播信息流的转换，对在国际传播中处于相对弱势的一方是有利的变化。

（3）商业化的运作

虽然我们强调城市形象的打造和传播是而且必须是以政府为核心来实施的，但这并不意味在诸多操作环节就只能是完全由政府来大包大揽。在政府的协调、策划和监督下，充分利用媒体公司、传播策划、图文影视制作、市场营销等商业机构所具备的专业能力为城市的推广服务，这使得公共需求能够以市场的方式将各方面资源加以更加有效的配置，从而大大降低了政府本身的负担和风险。

3. 提升城市文明水平和国际管理水平，提高传播效果

就城市而言，形象的打造是一方面，但是城市本身的治理水平才是其外在形象的物质基础，城市形象本质上是这个城市的人和管治水平决定的，再好的媒体传播，它所承载的信息难以超越城市本身的物质和精神文明状态和管理水平。提升城市各方面的文明水平是提升其国际形象的根本基础和必备条件。

不少有识之士认为，对于城市管理者来说，如果脱离城市发展水平和现状，主观上想要塑造一个完美的形象，客观讲传播上实际上是有问题的……过分地强调完美无缺，反而让人觉得你是在有意掩盖什么。同样道理，对于城市运营中必然存在的突发事件、事故，根本不必从损害城市形象的角度来对其信息传播加以屏蔽或者封锁。对于一个再美好的城市，尤其是人口众多的大型都市，事件事故的突发本质上是必然的，偶然的只是其发生的时间、地点和程度。城市管理者要着力避免大型恶性事故的发生，但是一旦发生此类事件，及时相应的救险和保持信息畅通透明同样能够提升城市的形象，至少不会使之更坏。

在全球化时代，国家形象不完全是客观存在的，而是这个国家通过各种传媒、各种文艺作品尤其是影视作品“重塑”出来的。当前中国国家形象的建构及其传播面临的突出问题是：迄今为止，中国国家形象的塑造呈现出严重的“他塑”现象，中国国家形象处于“被塑造”的不利境地。而在中国国家形象“自塑”的过程中，存在着缺乏文化自觉、文化自信、文化自强精神，存在着跨文化传播能力严重不足以及主体性缺失、“错位”等诸多问题。这一现象在城市形象的国际传播中也普遍存在。

正如我国传播学和公关关系学者居延安所指出的那样，“组织在进行整合大众传播活动时，特别需要揣摩目标公众的心理……尽可能地考虑到大多数人的心理，尽量使传播内容同大多数人的想法和爱好相吻合”，并且“在把握公众心理的基础上引导公众心理”。英国知名传播学者斯图亚特·霍尔提出了著名的影像传播编码—解码理论，认为影视语言流通过程中可以分为“编码”“成品”和“解码”三个阶段，其中，受众的“解码”阶段尤为重要。霍尔认为，当编码阶段完成，传媒文本通过传播送到受众手中时，会“产生非常复杂的感知、认知、情感、意识形态或者行为结果”，霍尔将此称为“解码”，认为编码者与解码者对于文化“文本”的意义并不是完美的对接，甚至会出现误读与错位。

由此可见，我们要高度关注传播诉求和传播效果之间的差距。既要解决好把握城市发展阶段和文化特性的“说什么”的问题，更要解决好“如何说”的问题，确保受众能够理解并感知我们发出的信息。

结　语

综上所述，城市形象的提炼和国际传播是城市发展到一定水平后必然会面对的需求，城市的国际推广与商品的国际销售有一定类似之处，但是政府在城市的形象形成和国际推广中具有关键的核心作用。政府做得好不好，首先取决于它是否把这一需求看作是一个需要应对的挑战，并为之确立战略性的愿景。与此同时，城市形象的国际推广应该成为国家整体国际推广的一部分，即便是科特勒也承认，营销地方"应置于整个国家对竞争挑战的一致性上"。在手段上，要充分利用最新最有效的传播方式，并在传播过程中评估传播效果，及时调整。对于中国城市形象的国际传播实践来说，我们要不断提高城市本身的建设和管理水平，更要把握好传播规律，提升并把握话语权，深入细致地研究受众心理和需求，从而使中国城市的国际影响更大，进一步提升中国国际传播的整体影响力。

参考文献：

[1] [美] 科特勒(Kotler, P.)等著，翁瑾、张慧俊等译：《地方营销》，上海财经大学出版社，2008年8月第1版。

[2] 饶曙光：《电影与国家形象：产业、文化与美学》，刊于《国家形象的影像建构与传播》，范志忠等主编，浙江大学出版社，2013年7月第1版。

[3] 居延安：《公共关系学》，复旦大学出版社，2016年6月第5版。

[4] [英] 斯图亚特·霍尔：《编码、解码》，王广州译，罗刚、刘象愚(编)，文化研究读本，中国社会科学出版社，北京，2000年第1版。

作者简介：

孙伟，上海广播电视台(SMG)香港办事处有限公司总经理。

影像"口述历史"的内容价值挖掘初探

王　颖

提　要： 影像"口述历史"是指通过影像和声音结合的方式，记录当事人的口述或表演，以直观的方式最大限度地将历史记录下来。近些年来，业界兴起以传播生态学考察媒介发展的新视角。从生态学角度来看影像"口述历史"项目，分析其发展的传播生态环境以及其发展要遵循的传播生态规律，无疑对其生存现状和可持续发展前景的分析有着积极的意义。

上海广播电视台版权资产中心"口述历史"项目利用自身的专业优势，走出了一条长期性、公益性的影像传承之路。笔者尝试以传播生态学为理论框架，结合自身在上海广播电视台"口述历史"项目多年的相关工作经验，简要分析了影像"口述历史"项目当前的生存环境，探寻口述内容价值挖掘和项目持续发展的方式和方法。

关键词： 口述历史　影像资料　传播生态学

笔者从2006年起一直参与上海广播电视台影像"口述历史"资料的采集和研发工作，本文将结合上海广播电视台影像"口述历史"资料的开发与利用，以传播生态学中生态系统的视角考察影像"口述历史"的生态，并找到内在逻辑联系，探寻影像"口述历史"内容价值的深度挖掘和可持续发展。

一、传播生态学与影像"口述历史"

1. 传播生态学

传播生态学是传播学和生态学交叉的产物，传播生态学认为任何传播行为和传播现象都离不开媒介生态的大环境。这种大环境包括政治生态、经济生态、人文生态以及媒介内生态。新闻媒体与新闻传播工作要获得可持续发展,就必须在传播内容和形式方面与时俱进,不断创新,并且在激烈的市场竞争中保持内部生态和平与协调。

2. 影像"口述历史"

影像"口述历史"是借助口头和录音等传播手段,从口述者的讲述中获取历史信息的特殊的传播活动。影像"口述历史"资料的魅力在于,它关注了个体的记忆、经历、体验和感受,历史不是由抽象的理论和统计数字组成,而是由活生生的个体组成的。

作为上海唯一的专业音像资料管理机构,上海广播电视台版权资产中心"口述历史"项目组,自 2006 年以来,已完成口述采访拍摄超过 1 000 多人,包括了上海音乐界、上海话剧界、戏曲曲艺界(越剧、京剧、昆剧、淮剧、杂技、滑稽等)、广播电视业的名家及前辈等,得到了全国人大原常委龚学平等许多老领导、老同志的支持鼓励甚至直接参与,上海主流媒体都做了正面报道。对"口述历史"项目取得的成果,市委宣传部原副部长陈东赞扬其积极主动地"修复文化链",并对项目给予充分的肯定;市委宣传部原副部长宋超赞扬"口述历史"项目"功德无量"。

二、影像"口述历史"传播生态的关键点

从传播生态学的角度来说,关键的两个着力点是内生态和外生态,它们同时也是良性传播生态的平衡点。影像"口述历史"的可持续发展也深受此影响,内生态和外生态是相对独立又互相制约的复杂系统,但其中各自有几个关键点在传播过程中尤显关键:

1. 内生态——加强自身团队建设和受众参与意识

影响"口述历史"生存和发展的内在生态因素包括两个方面:第一主要是物质层面的硬实力(机器设备、平台建设等);第二主要是软实力(团队建设),包括创作群体、管理意识与运营体制等。这些也是构成影像"口述历史"内生态的关键节点。

"口述历史"项目是一个非营利的、公益性质的项目,对于这项工作,用市委宣传部原副部长陈东的话说"是一种媒体人的文化自觉",上海电视台版权资产中心正是依靠台、集团在物质资源上强大的硬实力支撑,解决了口述项目组在物质层面上很大一部分的投入;同时,通过口述播映会、项目研讨会、项目成果新闻

发布会等成功案例和经验，以“不忘初心，留存历史”的理念夯实团队内部的思想基础，通过实践逐步形成一支有经验、有能力、有规划的专业的口述影像研发的队伍。

目前“口述历史”已拥有较广泛的受众关注度，但媒介对于受众的参与意识、参与行为的调动还明显不够。若不能进一步拉近与受众的紧密联系、调动起受众从意识到行为的全方位参与，长期下去将有损于受众生态环境的建设。为了增强受众的参与意识，笔者所在项目团队在2011年“辛亥后裔口述历史”项目中进行了一次有益的尝试：预先通过发布会等形式进行项目的前期工作，再通过各种媒体进行项目的宣传，广泛发掘潜在的线索。辛亥后人徐爱雪家人通过电视新闻了解到纪念“辛亥先贤先烈后裔口述历史”发布会的情况，慕名打来电话找到项目团队，项目组得知时年83岁的徐爱雪老人是辛亥元老徐绍桢最小的女儿。虽然老人一向低调，并不太愿意面对镜头，但是在笔者多次电话沟通和努力下，老人终于同意为项目讲述了她父亲不为人知的故事。这个意外的收获，可以说为“辛亥后裔的口述”添上了精彩一笔，为内容价值的深度挖掘添砖加瓦。(注：徐绍桢在辛亥革命后历任南京卫戍总督、孙中山广东军政府广州卫戍总司令、总统府参军长、广东省长、内政部长。)

2. 外生态——以组织保障和流程畅通为重点

影像“口述历史”的外生态层次涵盖了政策法律、技术经济和教育环境等若干要素，各种因素以及媒介之间的相互竞争构成了媒介的外生态，外生态的变化迫使内生态在体制、技术、理念等方面产生变革。

在外生态各个因子中，完善的组织保障是项目发展的坚强后盾，同时与项目相关的流程畅通也是项目持续发展的关键点之一。加强组织保障体系建设，可为“口述历史”优化发展保驾护航。首先，就“口述历史”建设的内部组织保障而言，专业的机构内部有具体的业务部门，它们可以承担起相应的建设“口述历史”职责。目前大多数“口述历史”项目秉承公益性原则，像上海广播电视台这样的媒体机构运作影像“口述历史”项目，有其天然的有优势，但媒体机构并不是完全公益性的组织，所以也存在明显的短板。笔者所在的“口述历史”团队对如何处理这样的矛盾做出了一些探索，比如，在规划组织口述业务时，力求将口述项目与业务部门主业融合，从项目中拓展主业，从主业中延伸口述项目，两者相辅相成，上海广播电视台版权资产中心设置的“口述历史”工作室即为这一思路的成果之一。就外部组织而言，可以加入诸如国际上的“国际口述历史协会(IOHA)”等团体，加强国内外交流和沟通。其次，由于“口述历史”项目的公益性原则，对各类文化类发展基金也可以积极进行争取，虽然经费额度不一定能全面覆盖项目预算，但从组织和流程保障上来看，其更大的意义在于对于“口述历史”项目的认可和定性，进一步提高“口述历史”项目在文化产业乃至广大受众心中的认可度和知名度。上海广播电视台版权资产中心自2006年起，在上海文化发展基金会的大力扶持下，陆续开展“上海老艺术家口述历史”系列的采访拍摄工作，不仅解决了项目中部分的制作费，也助推了“上海老艺术家口述历史”逐渐在老艺术家群体中的知名度，对该项目能够在后续工作中越来越顺畅起到了重要的作用。

三、影像“口述历史”的可持续发展和内容价值的深度挖掘

影像“口述历史”的生态系统作为整个传播及社会系统中的一个子系统，将受到其中各个因素的影响，只有系统地分析当中的各种因素，才能趋利避害，探寻修正优化生态环境的措施，使得影像“口述历史”生态系统趋向于可持续发展的理想态势，才能实现“口述历史”长效的持续发展和内容价值的深度挖掘。

1. 内容依材定题

“口述历史”项目的内容定位，主要指项目的宗旨、性质、文化品位等，是立足于受众需求和传播目的而对项目所做的决策，它所要解决的是为受众提供什么样的服务的问题。与传统的传播内容相比，口述历史形成过程迥异。在口述历史形成之前，先要制订一个整体的口述历史工作计划，包括项目选题、制订计划、开展访谈、口述历史形成等阶段。这样形成的口述历史资源，内容主题比较明确，具有很强的针对性。因此，口述历史内容资源与传统的档案内容资源开发依题选材不同，开展口述历史内容资源的创作工作要依材定题，这样才能为后续的深入挖掘提供夯实的基础。

2008—2009年，对于上海广播电视事业的发展来说具有特殊的意义，经历了50个春秋的上海电视事业和60年一甲子的上海广播事业已经走出一条不平凡的路。从这个题材出发，如何把握好广播电视人自己的“口述历史”，需要通盘考虑：其一，口述人物的选择。几十年的广播电视发展，且不说相关人物可谓成千上万，光是知名人物就上百位。因此口述人物的选择是第一位的，首先参考权威的《上海广播电视志》拟定领导名录和知名广电人物，然后再联系相关人物，进一步挖掘潜在的口述人物，逐渐织布出一个大概的人物框架图；其次，权衡人物的工作及所覆盖的业务范围，确保口述内容能全方面地覆盖上海广播电视发展以来从领导层面决策、业务发展到后期保障工作的方方面面；再次，在口述内容上，兼顾重要事业发展叙述和人物的广播电视情结表述，激发老同志心中一直拥

有的“广播电视情结”，通过一些细节内容让整个口述内容有血有肉，更加生动，把内容价值的深度挖掘尽可能地拓展。

为了更好掌握和采集关于上海解放时最早电台的播出情况，笔者所在项目组专程前往北京采访上海人民广播电台第一任播音组组长夏之平（她是上海人民广播电台第一任台长周新武的爱人）。在口述采访中，她详细讲述了 1949 年 5 月 27 日的晚上，第一次播出“上海人民广播电台”呼号的情形。原来解放区的各个广播电台都延续“延安新华广播电台”的呼号，定为“某某新华广播电台”，华东台当时的全称就是“华东新华广播电台”。因此，原以为今后上海台也会称为“上海新华广播电台”。但解放军在丹阳时，当时负责领导广播工作的李强同志从北京赶来，传达了北京有关领导的决定，进入上海后，把电台的名称定为“上海人民广播电台”。后来，全国的广播电台都冠以“人民”二字，而上海也是新中国第一家“人民广播电台”。夏之平老师是第一次这么详尽地在口述采访中完整讲述当年的这段经历，这些挖掘到的重要资料，在后来出版的《老广播电视人“口述历史”》丛书中作为“硬核”故事展现出来，给读者的感觉也是耳目一新。

这样的口述题材完整回顾了上海电视 50 年和人民广播 60 年的风雨历程，不仅成为整个“上海电视 50 年和上海人民广播 60 年”宣传活动的重要组成部分，而且就其内容的价值和用途而言，这部分广播电视人口述内容也可能成为《上海广播电视志》额外的内容补充，或者作为将来设想建立的上海广电博物馆的一份永久珍藏的音视频档案。

2. 合作主体多样

从口述历史的形成过程来看，传播中的主流媒体，如广播、电视只是参与其中的部分。口述历史一般是在具有历史学、社会学、民俗学等学科性质的项目中诞生的，而且部分开发成果都是由这些研究者利用手中的口述历史开发出来的。所以，口述历史内容资源的开发主体涉及很多领域的工作者，可以通过各方合作，发挥各自的专业特长，能更大程度地将口述历史项目做到精益求精，为口述历史内容价值挖掘的突破找到新的途径。

笔者所在口述团队与文艺出版集团合作的《巨变：上海城市重大工程建设实录》系列丛书项目就是其中的一个较好示范。作为纸媒出版集团，文艺出版社长于文字采编，但在影像采集方面相对薄弱，而笔者所在口述团队通过长期在影像口述历史方面的耕耘，逐渐形成了特色化的视频口述采访与摄制方法，两个团队的合作完美地填补了双方的缺陷，最终完成洋山深水港、长江隧桥、新外滩建设等 20 个项目多达 260 位参与者的口述影像资料，不仅留下了第一手的珍贵的影像资料，而且很多内容还是独家的，比如中国工程院院士刘建航讲述一号线在徐家汇站建设中发生的惊险幕后故事等。此外，这也是第一次这么完整和系统地对上海重大工程的项目进行梳理，这些口述内容也对后期文字编辑出版以及多屏资源开发提供了重要的支撑。

2015 年是世界反法西斯战争暨中国人民抗日战争胜利 70 周年。70 年间，非常遗憾的是经历过抗日战争的老兵们带着他们的故事一个个离去。可以说迄今仍然健在的每一位老兵，都是一部亟待挖掘的、活着的抗战史。由于老兵分散在全国各地，而且多数身处边远地区，要完成他们的口述历史，难度非常大。好在全国有多个寻找老兵的志愿者组织。笔者所在的口述团队通过与这些当地的团队或个人合作，从老兵寻找联系再到语言沟通，整个项目可谓事半功倍。最终制作完成的抗战老兵系列短视频，内容选取老兵口述中最精彩的战斗情节、最感人的故事，阐述短小精干、动情，语言画面感冲击力强，成为当年宣传的主要亮点之一。

3. 挖掘开发精品化

口述历史不是商品，但是开发口述历史内容资源的成果却具有商品的属性，因此，只有优秀的口述历史内容资源开发成果才能在激烈的市场竞争中处于不败之地，“树立品牌意识，创建档案信息的品牌，已成为档案信息资源开发发展的关键”。多年来，笔者所在的“口述历史”团队不遗余力抢拍珍贵口述视音频资料，深挖口述价值，并致力于产品的可持续多元化发展，在不同领域推动“口述”品牌的产业化、系统化、专业化。

在艺术名家的口述历史中，艺术大师在口述中不仅讲述自己的作品、更讲述了他们的生活和历史，其内容值得深度挖掘和开发利用。如果能从中选取一些独家的、第一手的“硬核”素材，再配合其他采访和资料，制作成精品的广播电视节目完全是可行的。在笔者的策划和制作下就诞生了一期“声音档案——闵惠芬和她钟爱的二胡艺术”广播专题节目。整个节目的内容就是通过对闵慧芬老师的“口述历史”采访素材拉出一条主线，并穿插闵惠芬老师演奏的几首大家耳熟能详的著名二胡曲(《江河水》《二泉映月》《长城随想》《洪湖主题随想曲》等)，来展现闵惠芬老师在艺术道路上的成长经历。在短短的 23 分钟的节目里，把她如何得到第一把胡琴、第一次登台演出、她与恩师王乙的患难之情，她与“二泉映月”的一段特殊渊源、她和日本著名的指挥家小泽征尔那段神奇的经历，她和“长城随想”背后的故事，以及闵惠芬老师为民族音乐普及而奔波的艰辛历程全部紧凑地串联起来，将她充满传奇的人生经历浓缩在一起让观众细细品味。同时，这期节目被安排在当年“闵惠芬女士数字化工程”的新闻发布会当天播出，起到了“双赢”的效果。

2014年，笔者所在的“口述历史”团队提出了《芳华——老艺术家谈艺录》系列短视频的方案。视频利用已采录的著名老艺术家口述资料，结合丰富馆藏资源，每集集中展示一位艺术家与他的代表作。通过经典艺术作品的主创或主要演员的讲述，与珍贵素材相结合，向观众再现曾经流行一时的经典作品的创作背景及幕后镜头，唤起“过来人”对经典作品的集体记忆。此系列推出后即获得广泛关注，小而全的微视频形式不仅适合当下传播的新态势，而且内容也易于引发观众的感慨与感动，向社会传递正能量。

结　语

在大众传播日益发达的今天，用影像“口述历史”的特殊方式回顾历史，显得尤为重要，这对当前和今后都具有深远的历史意义。笔者基于传播生态学的视角，对影像“口述历史”做了浅显的分析，探析影像“口述历史”如何在信息万变的传播环境中进一步发展壮大，进行内容价值的深度挖掘和探索，让前人的历史与精神在更广的范围里发扬光大，无限传播，为文化传承、文明发展添砖加瓦。

参考文献：

[1]［美］大卫·阿什德：《传播生态学——文化的控制范式》，华夏出版社，2003年版。
[2]［美］唐纳德·里奇：《大家来做口述历史影像资料》[M].北京：当代中国出版社，2006年版。
[3] 潘玉民：《档案信息资源开发应实施品牌战略》，北京档案，2005(6)。
[4] 杨雁斌：《口述史学百年透视(上)》[J].国外社会科学，1998(2)。
[5] 王俊义，丁东主编：《口述历史影像资料》，中国社会科学出版社，2003年版。

作者简介：
王颖，上海广播电视台(SMG)版权资产中心编研。

试分析媒体直播带货的守正创新

——以青浦区融媒体中心媒体+服务探索为例

魏阜龙

提　要： 疫情之下，全球经济遭遇重创，风口之上，移动互联网迎来了"万物皆可云"的全民直播带货时代。除了网红达人、企业老总、明星偶像和政府官员，主流媒体纷纷加入直播带货的阵容，在助力企业复工复产复市，带动地方经济发展中发挥了不可替代的作用。本文结合青浦区融媒体中心探索"媒体+服务"的实践，分析媒体直播带货的守正与创新，并提出意见建议，从而推动媒体融合更好地发展。

关键词： 移动互联网　媒体融合　直播带货　守正创新

毫无疑问，直播带货将成为2020年度最火热的关键词之一，和新冠肺炎防控一起被载入史册。疫情防控期间，实体经济举步维艰，互联网经济快速发展，直播带货作为一种网络消费新业态成为潮流。除了网红主播、娱乐明星、企业家和政府官员，主流媒体正在全面发力。与抖音、快手、淘宝、拼多多等社交媒体和电商平台相比，主流媒体直播带货的出发点、着力点和落脚点，有着明显区别。媒体直播带货，不是单纯追求经济利益，而是坚持媒体的社会责任，提升媒体传播的公信力，构建媒体与受众之间互动交流的平台。区级融媒体中心要坚持互联网思维方式的创新，积极拥抱"直播带货"等新型业态，主打公益性，深耕地方性，塑造品牌性，为媒体融合发展提供新路径，带来新启示。

一、此兴彼衰，直播带货与电视购物的发展简史

随着越来越多的媒体试水直播带货，很多人将曾经风靡一时的电视购物与

其进行比较，预测这个因疫情暴发而进一步崛起、火爆的新型消费方式将成为主流媒体的下一个产业增长点，甚至为媒体融合转型发展带来新机遇。

严格来讲，直播带货其实并不是个新鲜事物。在移动互联网普及之前，电视购物曾经大行其道，那时候打开电视机，各种电视购物频道扑面而来。过去的二十年是互联网风起云涌的时代，也是见证电视购物与直播带货发展此消彼长的时代。电视购物，兴起在 20 世纪 90 年代，曾创造了许多财富神话。2008 年东方购物节目全年销售额超过 20 亿元，稳居中国电视购物第一交椅。2015 年，湖南广播影视集团与湖南卫视联合注资成立的快乐购登陆创业板，高光时期曾经有过 70 亿元的年销售额业绩。据了解，在巅峰时期，全国的购物节目一度发展到 2 000 多个。但自 2015 年后，整个电视购物大市场便进入负增长状态。在节目数量上，2017 年，全国获得经营许可的单位只剩下 34 家。营收方面持续下降，风光不再。

与此同时，直播带货却伴随着移动互联网的蓬勃发展而逐渐崛起。草蛇灰线，伏笔千里。要厘清直播带货的前世今生，必须回顾移动互联网的发展历史。互联网的发展历程，实际上就是互联网、大数据、人工智能与实体经济融合发展过程。21 世纪以来，我国移动互联网伴随着移动网络通信基础设施的升级换代快速发展，尤其是 2009 年国家开始大规模部署 3G 网络，2014 年又开始大规模部署 4G 网络，两次移动通信基础设施的升级换代，有力地促进了中国移动互联网快速发展，服务模式和商业模式大规模创新。另一方面，移动智能终端的快速普及和技术革新，为直播带货的产生奠定了坚实基础。

乘着互联网技术的发展浪潮，以阿里、腾讯、百度为代表的互联网巨头脱颖而出，手机成为移动互联网时代信息流量的入口，引领、改变了年轻人的消费模式、生活方式。“新媒体环境下的信息传播打破了以往传统媒体传播的时空局限性，其信息传播的方式多种多样，能够为企业提供新的营销渠道和思路等选择”。

在网络直播的初级阶段，主要是草根自娱自乐的文娱直播，以社交、搞笑、才艺展示为主，网络主播的收入依靠“粉丝”刷礼物、打赏，与平台进行分成。2016 年，手机淘宝推出“淘宝直播”平台，拉开了电商直播带货的序幕。“在网红直播带货出现之前，传统货架式购物将商品信息单向传达给消费者，消费者的需求和疑问无处反馈，情感也无处表达，但网红直播的营销模式弥补了这一缺陷。网络直播搭建起一个交流互动的平台，消费者与网红之间、消费者与消费者之间都能通过直播平台进行线上互动交流、解答疑惑、释放情感”。

“媒介是人体的延伸”，这是加拿大传播学家麦克卢汉提出的一个经典理论。在此基础上，麦克卢汉提出了其媒介理论的中心命题——媒介即信息。媒介本身就是在“塑造和控制着人的组合和行为的尺度和形态”。传播媒介的每次创新,都带来了大众传播的大革命,每一次革命都给人类的政治、经济、文化和社会生活带来不可估量的影响,推动着人类的文明不断向更高层次迈进。

直播带货成为移动互联网时代传播媒介创新的一个成功典范。根据《2020淘宝直播新经济报告》相关数据显示,淘宝直播开播数量自2016年始快速增加,直播带货能力在2019年全面爆发,连续三年直播引导成交增速150%以上,成为近三年全球增长最快的电商形式。来自艾媒网的数据,2017年国内直播带货的市场规模为190亿元,到了2019年这个数字就增长到了4 338亿元,翻了近20倍。该机构预计,到2020年市场规模将增长到9 610亿元,再翻一番。

二、初心不变,媒体直播带货要把握好的关键点

主流媒体与电商直播平台能形成跨界合作,首先是因为它们之间价值观的同心同向,即为受疫情影响而停滞的地方经济复苏而带货,帮助当地企业、商户的复工复产复业。与传统电视购物相比,建立在新传播语境下的媒体直播带货有显著优势:伴随着移动互联网成长起来的年轻一代已经是网购经济消费的主力军,他们对于直播带货的接受度、参与度和分享度,远远高于其他受众群体;借助社交网络的即时性、互动性,平台、广告主对于带货效果的把握更加准确,因此也更青睐于这种新的传播互动方式;主流媒体和知名主持人天然的"光环"加持,权威性、公信力背书的背后,流量就有了保证。"即便如此,由于还需要通过淘宝或快手完成下单支付,中央媒体也存在着如何将内容消费者转化为产品消费者的问题。是自己为直播平台和社交电商引流,还是将直播平台的引流真正转化为自己的流量,还有待进一步的机制完善和流程再造。"

对于区级融媒体中心而言,所面临的主要问题,不是直播带货做与不做,而是怎么做的问题。

1. 坚守媒体的社会责任,创造社会价值,是区级融媒体中心选择直播带货的出发点

区级融媒体的优势在于接地气,拥有优质主播、专业技术和播出平台,可以整合地方特色资源,实现区域农产品从田头到餐桌,品牌产品从工厂到家庭的高效衔接,可以解决疫情影响下农产品销售难的问题,同时政府的推荐、监督,也保障了农产品的品质,提升了网友信任度。直播带货要凸显公益性,整合政府资源,服务地方发展。2020年5月10日,青浦区融媒体中心拓展媒体+服务的功能,首次试水直播带货。"咱们青浦练塘茭白有'水中人参'之誉,又叫'美人腿',希望大家尝尝青浦原生态的美味,再忙也要记得回家和妈妈吃饭哦!"青浦区委书记赵惠琴与绿地集团董事长、总裁张玉良共同走进直播间,向消费者推荐青浦

优质农产品和贸易港进博同款商品，引得消费者热情下单。蛙稻米 10 035 份、茭白 662 份、菌菇礼盒 356 份、北欧肉丸 984 包、捷克水晶制品 268 套……短短 15 分钟，销售额达 106.7 万元。台网联动，电商助力的直播方式，不仅带动了青浦特色农产品茭白的销售，而且展示了“上善之城”绿色青浦新形象。

2. 坚守媒体的公信力，扩大影响力，是区级融媒体中心参与直播带货的着力点

传统媒体从诞生至今，经过上百年不断发展演变，从报纸、广播、电视到网站、微博、微信、App，传播形式随着技术变革而不断变化，但“传播新闻”的功能没有变，“内容为王”的根基没有变。移动互联网时代，媒体融合核心功能就是适应社会发展变化，通过媒体＋服务，最大限度地满足人们丰富多样的信息需求、服务需求，以帮助人们实现美好生活的愿景，进而促进社会文明进步。

2020 年 5 月 20 日，青浦区融媒体中心携手上海新闻晨报，发起“千年‘茭’情，全城告白”直播带货活动，从茭白田头、乡村美术馆到古镇老街，全方位宣传、展示、推介练塘镇的历史文化，生态农业和发展现状。青浦区副区长金俊峰在镜头前与网友粉丝交流互动，为国家地理标志产品练塘茭白代言，线上线下气氛热烈活跃，送出粉丝福利练塘茭白 1 000 份。在网友见证下，区农业农村委与叮咚买菜，练塘镇分别与新闻晨报、叮咚买菜采购中心签署合作协议，共同推动乡村振兴，将青浦优质农产品通过线上形式，带到广大市民的餐桌，带动练塘茭白销售日超万斤，形成了良好的经济效益和社会效益。由单纯的直播带货，到促进地方农业与互联网到家服务的头部企业的合作，媒体＋服务功能得以最大程度拓展。媒体的公共属性决定了直播带货的终极目标是传播价值的最大化，社会影响力的最大化，这是传统媒体追求的目标，也是媒体融合追求的目标。

3. 提升媒体的专业素养，构建媒体与受众互动交流的平台，是区级融媒体中心直播带货的落脚点

绿色青浦 App 客户端整合了青浦电视台、广播电台、青浦报的强大功能，立足本地，积极做强融媒体新闻，成为青浦区新闻传播速度最快、容量最大、收看最便捷的新型融媒体平台。作为移动端媒体不应该只满足于做好“新闻”，还应做好服务，“媒体＋服务”的新型的媒体运行模式可以增加“用户”或者“粉丝”的黏合度，真正体现融媒体的特色。绿色青浦客户端在“服务”上做了有力的尝试，取得了较好的成果，得到广大受众的一致好评。

在抗疫情、稳经济的特殊时期，青浦区融媒中心联合区市场监督管理局，推出“大品牌在青浦，主播带你去发展”主题活动，通过“新闻＋短视频＋直播带货”的方式，探索大屏小屏互动，将媒体直播带货常态化、栏目化。八喜冰激凌、上好佳薯片、妮维雅护肤品、书香门第艺术地板、安硕文教马可彩铅、尤妮佳纸尿裤、青角薄稻香米等品牌企业的特色产品得到进一步的宣传,最大限度促进消费潜力释放,让企业受益得发展,消费者获利得实惠,区级经济撬动得增长,在上海五五购物节期间,打造青浦特色的消费购物嘉年华。

2020年六一儿童节当天,融媒体中心主持人联袂企业主播,通过直播带货的方式,宣传青浦品牌企业,助力企业复产复市,在全区范围内营造品牌发展的良好氛围,以在线宣传形式提升"品牌企业在行动"系列活动的知晓度和影响力。同时,参与直播互动的青浦品牌企业,推荐的所有产品质量安全和售后都由区市场监管局来保驾护航,让消费者买得实惠、买得安心。

三、守正创新,直播带货成为媒体融合的试金石

直播带货火了,主流媒体扎堆,央视、新华社、人民网等央媒纷纷入局,各省市的地方媒体也火力全开,花样带货,成为社会关注的热点现象。中国传媒大学新闻传播学院教授方毅华认为:"主流媒体直播带货不会影响主流媒体的公信力。不过需要提醒媒体注意的是,直播带货的目的要明确,要慎重选择产品。所卖商品既要符合媒体自身的定位,又要符合大众的期待;既不损害媒体的公信力、影响力,又不辜负网友的爱心,同时让购买者得到实惠。"需要明确的是,在淘宝、抖音、快手等直播电商,直播带货的关键不是带货,而是流量平台的争夺,缺少了流量平台这一关键渠道,再红的主播也难以带货。因此,对于区级融媒体中心来说,要积极适应互联网时代的变化,通过直播带货,实时与观众交流互动,发挥媒体融合的优势,做强内容,做优服务,做大影响力。

1. 思维方式要变,用互联网思维创新媒体融合,拓展媒体+服务

习近平总书记要求,面对互联网和新媒体发展,各级媒体要强化和运用互联网思维,推动传统媒体和新兴媒体融合发展。对"互联网思维",目前有多种理解。通俗易懂地理解,互联网思维是指在互联网技术与传播渠道基础上产生的全新的思维方式。大家形成共识的包括有:① 平台思维,即更加开放、包容、交流、共享共赢的思维方式;② 用户思维,即更好地为用户着想、为用户服务的思维方式;③ 跨界思维,即用多角度、多视野看待问题和提出解决方案的一种思维方式。笔者认为,所谓互联网思维就是要求树立移动大数据、人工智能意识,不断创新载体和内容。过去我写你读、我演你看、我播你听的单向传播方式在互联网时代发生了质的变化。人人都掌握麦克风,人人都是摄影者,人人都有话语权,人人都成了传播者。这些变化都要求媒体从业者要与受众互动起来,进行产品共享。区级融媒体在进行直播带货实践中,要关注市场的变化和受众的喜好。

市场在哪里，受众在哪里，媒体＋服务的探索就要覆盖到哪里。此外，区级融媒体还要转变思想观念，直播带货要从“领导满意”转到“受众满意”甚至“消费者满意”上来。区级融媒体在直播带货中有着明确的边际，媒体的优势还是在引流，是品牌宣传和传播，而不是实际的销售货品。如果离开了公益性而盲目追求经济价值，那就会变成“新瓶装旧酒”，重蹈电视购物失败的覆辙。直播带货火爆，随之而来的“质量门”“售后门”影响消费体验、损害消费者利益的行业乱象也引起专家学者和管理部门的关注。监管部门需制定更具针对性的管理规定，并借助消费者协会等组织，打击各种侵害消费者行为的带货行为，营造直播带货的良好氛围。直播平台应承担起相应的监管责任，规范直播带货行为，挤压不良商家的生存空间。

2. 营运方式要变，运用大数据，找到新用户，内容促消费

拓展媒体＋服务，要坚持只争朝夕，久久为功。真正要做好直播带货并实现可持续发展的话，一定要学会利用大数据，通过数据分析来了解你的用户在哪里，同时也要通过数据挖掘了解用户需求。面对抖音、快手、淘宝等电商巨头，区级融媒体做直播带货要有所为有所不为，在产品选择上可以采取差异化竞争策略。对于区级融媒体中心而言，没有李佳琦、薇娅这种头部主播超强的议价能力，也没有老网红罗永浩自带流量的巨大红利，但是有着整合地方资源的能力，有专业的技术保障团队，有全媒体播出平台和相对固定成熟的受众群体。直播带货适合选择那些还不太出名但又是便民利民的商品，让主流媒体的权威和公信力为企业品牌背书，为优质产品打开销路创造条件。同时，要充分利用好新媒体大数据，收集直播观看量、留言互动量、下单数量等市场数据，总结得失，分析受众群体、产品喜好，有针对性地开展交流互动，打造具有地方特色的直播带货品牌平台。

3. 体制机制要变，以直播驱动融合创新，以带货带动媒体转型

融媒体建设使媒体从单纯的新闻宣传向公共服务领域拓展，将媒体与政务、服务等业务紧密结合起来，提供多样化的综合服务，满足用户多样化的需求，开展“媒体＋政务”“媒体＋服务”等业务成了融媒体必备的功能。以用户为导向构建产品矩阵，就是从传播融合走向市场融合，走向市场融合的核心是通过跨界产品矩阵融入人们的生活方式。

直播带货虽然不是推动媒体转型的唯一路径，但它可以撬动媒体的体制改革和机制创新，对接瞬间万变的市场，服务千变万化的受众，形成人才培养、机制创新、运营平台、选货挑选、客服、售后等一个完整的体系和链条，打造媒体直播电商。从这个意义上看，直播带货更像一块检验媒体融合成功与否的试金石。

结 语

万物互联的时代已经到来，直播带货成为互联网经济发展的下一个“风口”。对于主流媒体而言，直播带货要遵循直播规律，严格把控产品质量关，不能为了追求经济利益而损伤自身公信力。对于区级融媒体中心，直播带货正确的打开方式，应该是坚持社会责任和公益属性，用“直播带货”的新形式，积极探索做强具有地域特色的“媒体＋服务”平台，宣传党委政府的中心工作、民生工作，回应受众的需求，整合辖区资源，助力地方经济发展。

参考文献：

[1] 常涛：《你不相信电视购物，为什么却为直播带货疯狂?》，人民网：http：//capital.people.com.cn/n1/2019/1101/c405954－31432317.html。

[2] 李杰夫：《当代传媒产业链及其协同效应的生成》[D].华南理工大学 201321－22。

[3] 张小强，李双：《网红直播带货：身体、消费与媒介关系在技术平台的多维度重构》[J].新闻与写作 2020(6) 58。

[4] 杨丹：《浅析麦克卢汉“媒介即信息”理论》[J].商情 2014 276。

[5] 王宇：《直播带货，要不要一拥而上?》[J].现代视听.2020(3)86。

[6] 陈历风：《媒体＋直播带货，有点儿意思》，网络传媒杂志：https：//www.sohu.com/a/393832775_181884。

[7] 秦朝森：《直播带货尚需引导规范》[N].经济日报.2020 年 5 月 8 日第 3 版。

作者简介：

魏阜龙，上海市青浦区融媒体中心移动媒体部副主任。

五星体育打造自主 IP 的实践研究

崔　东

提　要：体育电视领域，IP 赛事方拥有版权和转播权，可以对赛事进行深度开发和长期经营。论文以五星体育的《电竞欧锦赛》为例，探索五星体育打造自主 IP 的历史沿革、经验教训，认为五星体育打造自主 IP，有助于加速转型创新、在探索体育新业态中找寻市场空间。论文认为，传统电视媒体未来在打造 IP 实践过程中，要遵循“多、快、好、省”的策略，围绕数字产业特性，需要建立专业制作团队；同时结合线上，注重和新媒体平台的联合和互动。

关键词：五星体育　《电竞欧锦赛》　IP

新媒体时代，电视媒体在受众基础、节目形态、广告资源等方面都面临着新的挑战。推陈出新、守正出奇是电视媒体创新、创意的主要体现方式。五星体育在这方面做了积极的探索。

一、体育 IP 赛事概述

1. IP 概述

IP(Intellectual Property)直译是知识产权，在影视、传媒领域一般是指适合二次或多次改编开发的影视文学、游戏动漫，也指拥有自主版权并可以充分利用开发的项目。近年来，电视连续剧、综艺节目等都很注重打造自身的 IP。一般来说，IP 具有原创的特色，有一定粉丝数量，容易进行改编，从而进行深度开发，吸引消费者的注意。

国内外电视机构在综艺节目方面，IP 的培育、孵化和打造比较成熟，如连续剧、电影续集等。

对于传统媒体电视频道，特别是专业频道来说，开发打造属于自己的 IP 项目刻不容缓。因为国内体育赛事市场抢手的 IP 项目，要么被不对外分享，要么已被新媒体或更大的电视平台购买。因此，如果不打造出自主 IP，电视媒体没有品牌优势，也没有核心竞争力。

2. 体育 IP 赛事概述

在体育领域，IP 的打造也有相当的历史和成功的案例。例如国际奥委会就是一个大的 IP，目前夏季奥运会、冬季奥运会以及青奥会等都是奥林匹克运动赛事体系中的赛事。足球世界杯也是一个价值很高的 IP。其他单项 IP 包括铁人三项的 Ironman 系列赛事等。

对于体育电视媒体来说，IP 往往体现在赛事版权上。2008 年北京奥运会之后，国内外重要赛事版权已经被中央电视台和新媒体平台购买和拥有，大多数地方台只能在夹缝中求生存。例如，腾讯体育购买了国外篮球赛事在国内的独家版权；PPTV 以 3 年 7.21 亿美元总价拿下了英超 2019—2022 赛季的中国大陆及澳门地区全媒体版权；爱奇艺体育和 ATP 合作，成为 2017—2020 年中国大陆的独家新媒体合作伙伴。这些也对其他地方体育电视媒体提出了新的挑战。

二、五星体育打造 IP 的沿革

体育电视的一个特点是成本居高，这主要体现在赛事的版权费用水涨船高。另外，体育电视机构同样面临纯广告收益下降的挑战。因此，打造 IP 项目显得尤为必要。

体育电视的 IP，一般体现在版权和转播权方面。IP 拥有方因为拥有赛事的所以权限，包括版权和转播权，因此可以对赛事或项目进行自主开发、深度开发，从而做出特色。五星体育在打造 IP 项目方面，经历过培育期困惑期。

1. 培育期

2008 年奥运会后，国内外优质体育赛事资源大多在中央电视台和网络媒体。由于资本的加持，不少网络媒体推高了体育赛事的版权费，甚至出现了网络版权费高于电视版权的“倒挂”现象。

在这样的大环境下，五星体育开始求变。2011 年，五星体育自创了 IP 项目《弈棋要大牌》。当时还没有 IP 的概念，只是要打造创新节目。节目的样片侧重于棋类，请来象棋大师胡荣华，不过收视率一般。之后节目换为比较流行的军棋，收视率也平平。直到换了群众喜闻乐见的“斗地主”，《弈棋耍大牌》的收视率才一路高歌猛进，甚至成为一档现象级节目。有了收视保障，该节目影响力也迅速拓展出来，形成了线上线下的互动。《弈棋耍大牌》在线上节目之余，线下的“街道赛”“周周赛”“年终总决赛”也应运而生。

2. 困惑期

《弈棋耍大牌》之后，五星体育意图打造更多创新节目，即 IP 资源，不过总体上不尽如人意。《狗狗冲冲冲》《G 乐体育》《中国好足球》《拳力争胜》无论是收视率还是传播效应都不尽如人意，更谈不上“做大”IP 了。五星体育的创新节目，一度停滞。

由于传统媒体日渐式微，新节目开发成本太高，营收压力太大，五星体育近几年的 IP 项目由线上向线下转移。“五星运动汇”和“五星荣耀”是五星体育创办的群众体育品牌赛事 IP 和青少年体育品牌 IP。“五星运动汇”与市体育局和各区体育局合作，打造各类运动项目挑战系列，即普通市民挑战世界冠军，几年来挑战系列项目不断拓展，普及面越来越广，市民参与度也越来越高。“五星荣耀”通过举办青少年足球赛，2018—2019 年已经吸引全国近 70 支精英青训梯队参赛，有望打造成国内顶级青训赛事。这两个品牌 IP 线下开展影响力营收已颇为可观。虽然节目内容也在线上播出，但毕竟是群众体育和青少年体育，观赏性不强，只是作为线下活动的补充。

三、五星体育打造 IP 实践探索：以《电竞欧锦赛》为例

2020 年 1 月，新冠疫情爆发，国内外绝大多数赛事被按下了暂停键，最具有标志性的是原计划在东京召开的奥运会推迟 1 年进行。五星体育的“五星运动汇”和“五星荣耀”都按下了暂停键，五星体育面临新的困局。线上没有赛事资源，线下活动叫停，广告纷纷撤单，唯有“耍大牌”在苦苦支撑，如何破局，唯有一起开发新的 IP。

和赛事资源相伴而生的专题、新闻节目也面临着无米下锅的窘境。在这样的背景下，五星体育在比较被动的情况下，主动求变，寻找新的节目突破口。

1. 策划和准备

(1) 强强联手，重磅合作

五星体育在过去几年，注重对外合作，争取最大的社会支持和合作。2017

年 12 月 12 日，五星体育和上海久事集团强强合作。久事体育战略入股五星体育，成为五星体育的第二大股东。久事体育在场馆运营、赛事组织的资源和能力上有许多优势，并且拥有许多在上海举行的国际赛事的版权。因此双方的合作有效地构建了"内容创意＋渠道传播＋赛事组织＋场馆运营＋产业拓展"的产业生态闭环，有助于搭建更高层次的资源整合平台。如五星体育与拥有 F1 电竞中国冠军赛版权的久事智慧体育进行了多轮洽谈，促成了 F1 电竞在五星体育的落地。

(2) 赛事试水，积累经验

五星体育在足球、电竞等方面，进行了新节目的探索和尝试，也获得了一定的经验。

以电竞为例，五星体育在过去几年深夜时段播出《电竞杂志》，在白天时段直播电竞大赛。通过栏目和直播，五星体育不断试水，有了对电竞的认识和经验。2004 年欧锦赛，五星体育就已经制作过相关的游戏节目。只是多年来，受困于相关广电政策，加上有传统节目框架支撑，五星体育并未有开发电竞节目的紧迫感。

2019 年，上海出台了促进电子竞技产业健康发展 20 条意见，提出力争 3 年至 5 年内，全面建成"全球电竞之都"。电竞产业未来将成为上海的一张新名片。在这 20 条意见中，特别提到关于电竞的庞大产业体系中就有赛事品牌、直播平台、电竞资讯、电竞栏目、电竞体育等。

(3) 精心策划、搭建平台

打造电竞赛事品牌，搭建电竞直播平台，开设电竞资讯栏目，这些对于长年来一直以专业体育内容生产为主的五星体育来说，只要提早布局，应该不是难事。电竞 IP 整体开发对五星体育的带动效应不言而喻。

危中寻机，变中求生。当疫情来临时，五星体育迅速利用了"空窗期"，完全参照 2020 欧锦赛原定的分组和比赛赛程，自主创新《我们的欧锦赛——电竞欧锦赛》，自主技术设计搭建赛事运维系统和转播推流体系，自主运筹操盘组织赛事并带动相关内容和拓展经营，为普通球迷创造了一个能够报名参加、展示足球电竞技术、竞逐欧锦赛冠军的精彩舞台。

应该说，《电竞欧锦赛》有着比较好的时机。首先，随着足球欧锦赛确认延期，打造电竞欧锦赛，正好能制造话题，填补空窗。其次，体育电竞，特别是足球电竞，内容安全，不会涉及血腥暴力等敏感的不良内容，并且电竞的发展也有着政策的支持。再次，作为足球游戏，因为有相关授权，操作上不会有版权问题困扰。最后，疫情之下，选手即使不能到演播室比赛，也不会受太多影响，可以通过"云制播"来实现选手之间比赛。

2. 执行和效果

《电竞欧锦赛》没有更多的时间完善节目方案，不过有了技术做保障，方案立项后不到一个月，节目内容就上马了。作为五星体育首档线上开赛的足球电竞项目，《电竞欧锦赛》年初启动筹划，4 月 25 日鸣锣打响。

（1）两个阶段的赛制

通过宣传，800 多位选手网络海选报名，第一阶段是争夺 24 个席位的预选赛线下赛。选手根据自己报名的国家队进行单淘汰制的预选。例如法国队开放了 64 个报名名额，最终的胜利者才能代表法国队参加《电竞欧锦赛》。

6 月 13 日原定的欧锦赛开赛日，24 强将完全参照 2020 欧锦赛原定的分组和比赛赛程进行比赛，直到产生最后的冠军。所有比赛都把线上线下打通，采取新媒体端直播（五星体育微电视、五星体育微博、斗鱼、虎牙、哔哩哔哩等平台）以及电视频道录播的形式。从选手报名情况，新媒体端的直播点击量，以及电视平台的收视率来看，这个项目已经初具 IP 规模。

（2）两个播出的平台

在节目制作方面，五星体育做好两手准备：如果选手不能来到现场，就采用“云制播”，就是实现演播室与多个参赛选手之间现场连线、实时视频、多框同时上屏。尽管是隔空对话，也能让观众感觉身临其境。此前国内一些网络媒体完成了“客厅马拉松”以及“24 小时马拉松接力赛”，五星体育之前也完成了“云跑”马拉松、跑步亲子赛“云制播”等节目制作，应该说，已经积累了一定的“云制播”经验。如果选手能够来到现场，就把广电二十楼的五星会客厅打造成电竞演播室进行节目直播录制。最后，因为条件允许，五星体育采取了第二种制作方案。

在播出方面，五星体育根据实际情况，采取电视平台和网络平台播出。

电视平台的播出包括赛前的新闻、栏目等节目形式，为后续的比赛进行预热和铺垫。《我们的欧锦赛——我们的故事》从 6 月 2 日到 6 月 12 日的 10 天（除了周一）中，晚上 19:30 到 20:15 分，每天播出 45 分，内容包括介绍电竞选手、人物故事和他们的比赛表现。到了 6 月 13 日，《电竞欧锦赛》的比赛编排完全按照足球欧锦赛进行。电竞的比赛，一场比赛大概需要 15～20 分钟，每天 2～3 场比赛，6 月 13 日到 7 月 13 日 19:30—20:30 黄金时间，五星体育每晚播出一个小时的赛事节目。

电视平台播出的节目同步在网络平台播出。网络播出平台包括五星体育官方平台、虎牙、快手、B 站等的直播。整整一个多月的黄金时间，播出的比赛及相关节目赢得了平台方和电竞迷的广泛聚焦。

(3) 两个方面的收获

《电竞欧锦赛》节目在对内和对外方面,取得了较好的成效。

对内,五星体育和东方明珠新媒体的电竞游戏事业群、技术中心的电视制作部广电技术科以及网络工程部网络技术科形成合力,东方明珠新媒体提供电竞内容资源和专业协助,技术中心给予直播技术支持,五星体育拿出项目策划和制作团队,共同制作。在五星体育团队内部,采编、制作和新媒体中心的青年骨干力量茁壮成长,通过策划、执行,能力得到提高。五星体育的团队通过《电竞欧锦赛》的项目孵化,在内容制作、技术支撑、业务协同、团队合作方面得到了锤炼。

对外,五星体育和B站、斗鱼、虎牙等新媒体平台展开合作,在这些拥有千万精准体育爱好者的平台上迅速引爆网络人气。预选赛期间,即4月25日—5月31日,《电竞欧锦赛》的微博话题达到664.2万。这为后续的合作打下了良好的基础。五星体育李培红认为,五星体育主动联系了台内、台外的电竞内容资源方和技术团队,希望在资源、内容、技术上形成协同补位关系,共同实现良性发展。

四、五星体育打造自主IP赛事的思考

《电竞欧锦赛》的IP开发,是传统媒体的内容制作转型,也是打破惯性思维,不断探索云端新业态,亮出"内容+营销"组合拳的有效做法。

和此前五星体育《弈棋耍大牌》有更多的策划与试错的时间相比,《电竞欧锦赛》是在疫情之下,几乎是背水一战。

《电竞欧锦赛》打造IP,为专业频道的自主IP项目提供了某种思考。综合来说,未来体育电视的IP节目或项目,必须遵循"多、快、好、省"这四个字的原则。

(1) 多

多,就是参与人多,最好还是多次。因此,这个项目必须门槛低,最好老少咸宜。这点上,《弈棋耍大牌》做到了年龄层的全覆盖,而《电竞欧锦赛》更多面对的是青少年。当然,通过宣传联动、多平台互动,让节目有亮点,覆盖面更广。

(2) 快

快,节目从制作到播出要快。电视日播节目也要求制作要快。事实上电视节目要考虑到时效性,没有太多时间做后期的加工处理。直播可以最大程度发挥电视平台优势。如果是综艺类的节目,受到太多的牵制,有的是明星档期,有的是场地资源,只能做录播后期加工。"快"表现在决策快、落实快、制作到播出快,也可以让IP很快速传播形成效应。

（3）好

好，即内容好。《电竞欧锦赛》在线下的普及面显然不及《弈棋耍大牌》，毕竟一副牌的普及度远比一台游戏机要高。但作为线上播出来说，《电竞欧锦赛》尽管是非全人群的节目，但是因为网络基础设施的普及、手机小屏的广泛使用，在年轻人中，节目有较高的知名度，线上播出有一定的收视率，能够吸引广告客户。线下推广有相当的群众基础，可以一呼百应。如果渠道打通，有电竞产品愿意投入，前景就更好。

（4）省

省，就是省成本。电视媒体的节目制作，也需要考虑成本。一个 IP 的开发，如果前期投入太多，后期的回报又是未知的话，很容易胎死腹中。所以，当节目前期投入不大，未来预算可控，这个 IP 才能从小做到大。相比“真人秀”节目来说，电竞 IP 的开发成本还是在可控可承受的范围内。

结　语

《电竞欧锦赛》为五星体育的电竞 IP 项目跨出了第一步。从广电政策的支持到与多平台的合作，《电竞欧锦赛》节目效果达到预期。这也是一次合作探索体育新业态的机会。电竞赛事的落地、节目的制作，为五星体育凝聚了人气、找到了与更多年轻观众沟通的新形式，收获了口碑，同时也引领五星体育加速转型创新，在探索体育新业态中找寻更广阔的市场空间。未来制作同类节目，需要五星体育建立电竞节目的专业制作团队，结合线上开展的数字产业特性，围绕“云电竞”的优势，做大“电竞＋”的产业，实现“电竞＋电商”“电竞＋培训”等跨界领域的产业融合。

参考文献：

[1] 周丽君，李婷婷.互联网企业自创体育赛事 IP 的困境与突围[J].山东体育学院学报，2019，(35)5：44－48.

[2] 尚力沛，程传银.我国体育赛事 IP 发展研究[J].体育文化导刊，2017(4)：113－117.

[3] 高焱.腾讯体育赛事 IP 运营模式研究[D].成都体育学院，2019.

作者简介：

崔东，上海广播电视台(SMG)五星体育频道总编室主任。

广告经营转型期多元收入管理对策探究

——以上海文化广播影视集团有限公司为例

曹 俊

提 要： 近年来，广播电视集团的广告经营面临转型困境，如何应对，向广告收入管理者提出了新的挑战。本文通过对广播电视传统广告特性和非占屏多元收入特性的分析，提出了一个适合广播电视传统广告业务和非占屏多元经营业务的通用三层表达数据结构，这种结构能最大限度地把现有的传统广告业务和将来需要拓展的多元经营业务融合起来，在统一的管理平台上运行。在此基础上，本文提出了打通收入平台和支出平台的联系，构建整个集团经济信息管理平台的设想。

关键词： 广告经营转型　多元收入　线下活动　三层表达模式

一、广告经营转型期对收入管理提出的挑战

近几年来，广播电视集团在经营上遇到很大的困境，传统广播电视广告投放逐年减少，以广播电视为主导的非占屏线下经营类活动日益增多，这部分活动带来的收入在广播电视经营中所占的比重越来越多，广告经营面临转型。比如：在广播公司，有各类工作室的经营创收；在炫动卡通频道，有各类玩具的品牌授权收入、带货的销售分成收入等。

传统广播电视拓展多元收入，是市场倒逼的结果，由此催生出了各类新的经营模式。

传统的广播电视广告，有比较完善的运营管理体系和结算方式，在管理系统

建设上也投入了很多年。和传统广播电视广告相比,线下创收类活动的营收存在很大的不确定性,有比较大的想象空间,主要表现在如下几个方面:

1. 项目成本支出不确定性比较大,有的甚至是风险投资,因此,项目考核难度比较大;另一方面,有的项目考核周期也不固定,审计成本也比较高。如,销售分层类项目,如何及时准确知道合作方的销售数据是一个核心障碍。我们要么能对接对方的ERP系统,要么通过第三方审计才能获知。无论哪种方式,实际操作起来并不容易。

2. 管理分散粗浅。由于线下创收类经营活动对于传统的广播电视从业人员来说,还是新接触的行业,他们并没有流程管理的意识,大多数管理只停留在记流水账的模式,缺少项目执行的监督和成本核算。

3. 经营数据分散,收入统计缺乏统一口径。各个经营部门,有的不把线下创收类经营收入计入广告经营团队的创收,有的部分计入广告经营团队的创收。由于缺乏统一规范,各经营主体在上报经营数据时,给集团财务是一个数据,给集团广告管理部门是另外一个数据,给集团办公会议又是一个数据,给集团层面的分析决策造成误导。

4. 很多经营主体把线下经营收入这块认为是自己的自留田,对集团的风险防控、成本核算等要求存有抵触情绪,这无疑加大了经营风险,包括廉政风险。

鉴于上述原因,在集团管理层面上,有必要将现有的广播电视广告经营和各类线下活动营收纳入一个收入平台,来实现统一管理。

二、多元收入管理的对象分析

1. 线下活动的基本定义

目前对线下活动只是一个统称,只有一个可以意会、不能言传的说法,没有一个明确定义。为了能规范地用计算机系统来管理这类经营活动,有必要对线下活动给出一个明确的定义或划分。

根据对各个经营主体"线上""线下"经营类活动的观察和分析,我们可以这样定义"线上"和"线下":我们以经营主体为单位,定义经营主体在主要传播渠道上的经营活动称之为线上(活动),辅助传播渠道上的经营活动称之为线下(活动)。举例如下:

样例一:以电视传播渠道为主营,其他活动为辅助类营销活动。如,一个整合营销合同的主要营销活动包括电视硬广、内容植入、粉丝线下见面会这几项内容。如下图1所示。

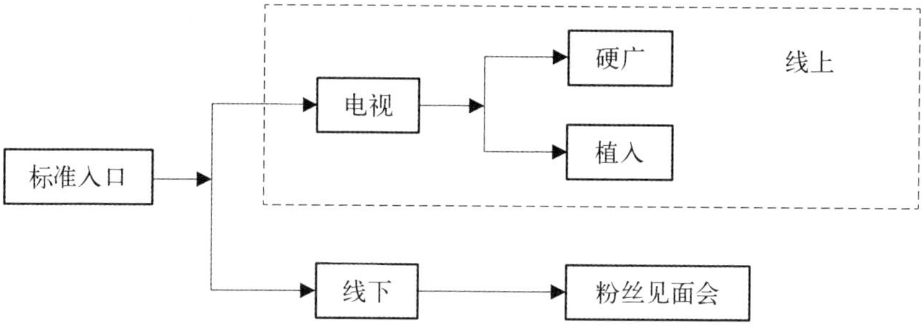

图 1

其中,虚线框内是电视媒体的主营业务,如,电视广告、内容口播、电视标板等,它们要占用屏幕资源,称为电视的线上经营活动;虚线框外的活动,不占用电视屏幕资源,这个经营性活动称为线下活动。

样例二:由平面报纸为主开展的经营活动。经营主体和客户签订的经营合同由下列几项活动组成:报纸平面广告+软文+电视宣传片,如下图 2 所示。

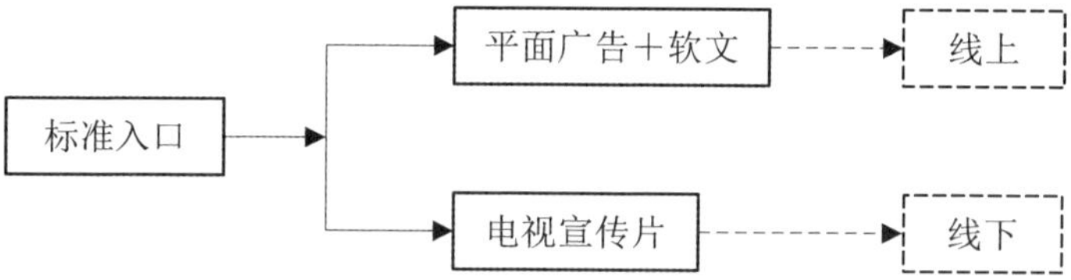

图 2

从这个例子可以看出,同样使用电视资源,在样例一中,电视资源是经营主体的主营业务,因此,可以称为线上;在样例二中,电视资源是平面报业的辅助营销渠道,只能称为线下。在样例一中,占用电视资源就直接产生收入;在样例二中,占用电视资源,一般来说报纸主办方要和电视资源所有方协商支付使用电视资源的费用,是一个资金投入活动。

因此,一个经营类活动,到底是线上的还是线下的,关键还是要看这个经营主体的主营是什么,根据其主营来判断其经营活动的类型。

为了管理上的方便,我们把广播电视广告收入和经营主体的各类其他经营活动的收入统称为多元收入。我们的目标就是要将这些多元收入纳入一个统一管理平台,便于集团今后全收入的管理和分析。

2. 多元收入的三层表达方式

多元收入包括电视广告收入、广播广告收入,这两项可以称为传统广播电视媒体的主营收入。他们的线下收入包括展会、产品营销、平面报纸、互联网、微博、微信、工作室、微视频等等各类收入。各种线下收入五花八门，各个线下活动特性各异，怎么把这些经营形态各异的收入纳入一个统一的收入管理平台中呢？

为此，我们抛开形式上的不同，用 Pressman《软件工程》的分析建模方法（参见 Pressman　211），从描述事物的特性中，建立“实体—关系图”，抽象出描述多元收入的三层表达结构。如表 1 所示。

表 1

层　　级	表　达　内　容
第一层	甲乙方参数＋收款参数
第二层	渠道参数
第三层	排期参数

说明如下：

第一层是甲乙方参数＋收款参数。任何经营活动都涉及甲方、乙方和应收款问题，我们把这些共有的要素放在第一层。比如，做电视广告，一般由电视平台方作为甲方，由广告投放方作为乙方，约定电视投放的价格；做展会，由主办方作为甲方，委托方作为乙方，并约定展会的费用等。

第二层是渠道特性参数，描述每个渠道的特性。如，对广播电视，渠道特性就是广告投放的段位（时间段）、长度等；对报纸就是版面、面积等。

第三层是排期参数。跟营销活动相关的日期参数放在第三层面。如，对于广播电视广告，排期参数就是播放日期；平面报纸就是刊登日期等。

上述举例如表 2 所示。

表 2

<table>
<tr><td>层　　级</td><td colspan="2"></td></tr>
<tr><td rowspan="4">第一层</td><td>渠　　道</td><td>相同的面单属性</td></tr>
<tr><td>广播/电视</td><td rowspan="3">甲乙方参数＋应收款参数</td></tr>
<tr><td>平面报纸</td></tr>
<tr><td>微信公众号</td></tr>
<tr><td rowspan="4">第二层</td><td>渠　　道</td><td>渠道特性描述</td></tr>
<tr><td>广播/电视</td><td>段位＋广告长度</td></tr>
<tr><td>平面报纸</td><td>版面＋占用面积</td></tr>
<tr><td>微信公众号</td><td>排位</td></tr>
</table>

续表

层　　级		
第三层	渠　　道	排　　期
	广播/电视	播放日期
	平面报纸	上版日期
	微信公众号	推送日期

根据这个三层表达方式形成的系统结构如图 3 所示。

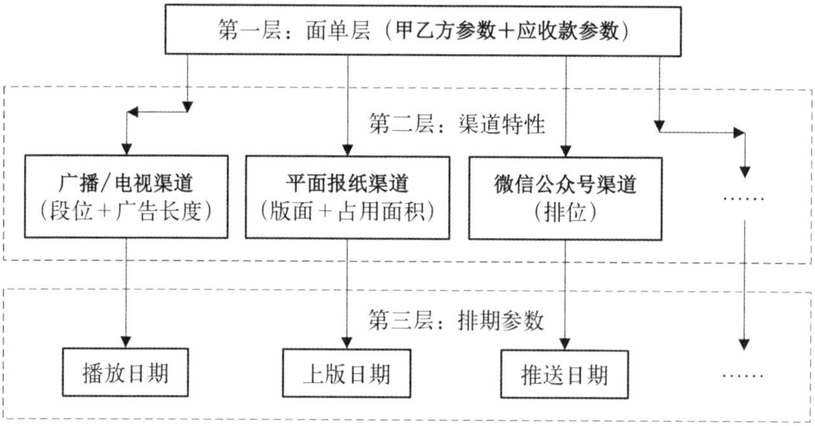

图 3

3. 三层表达的优势

(1) 各种传播渠道最重要的收入信息放在同一个层面，有利于收入统计。

(2) 描述业务特性的渠道参数放在第二、第三层，各类对象的表达十分灵活。

(3) 并不是所有渠道都要用到三层特性来表达，简单的如会展，用到一层就可以了。

(4) 全面融合现有的广播电视广告订单管理系统，也就是和现有的主营收入系统是融合的。

(5) 这种表达结构把财务和业务紧密地结合起来了。第二、第三层的业务变化，会影响到第一层的收入变化。

三、多元收入管理的实现方式

根据上面的三层表达结构，我们可以构造多元收入管理的理想模型。如图 4 所示：

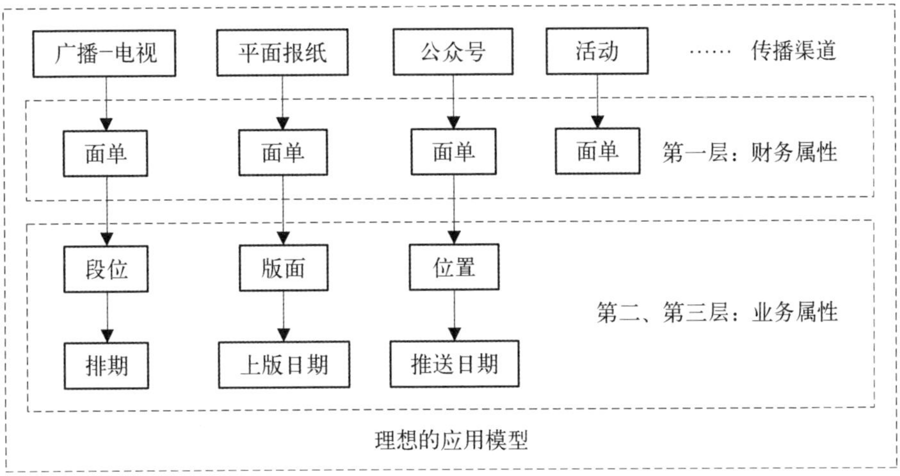

图 4

它将各种经营活动集成在一个管理平台上，每个经营主体根据自己的需要，选择应用组合来进行业务管理。如：某个经营主体，只有广播频率和各种地面活动，可以选择“广播—电视”+“活动”来完成经营活动的管理。

在实际应用中，一个用户到底应该进入哪个模块来完成自己的业务管理，取决于他选择的传播渠道，根据传播渠道的不同，系统自动切换到对应管理模块。也就是统一入口，自动切换。如图 5 所示。

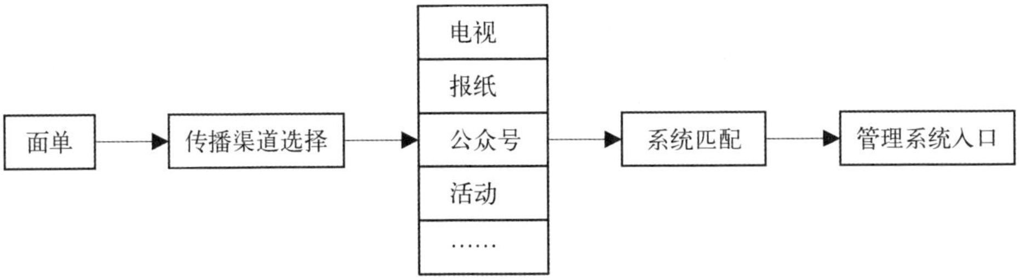

图 5

这就是我们构造的多元收入管理平台的完整架构。

四、多元收入平台的一个应用

经过上面的分析，我们构建了以传统广播电视广告为主的多元收入管理系统。下面我们给出了以广播广告为主，以网站、微博为辅的多元收入分析样例。如表3所示。

表3

2018年11月广播多元收入统计	
频　　率	收入(元)
东广流行101	4 661 989.53
东广流行103	3 354 374
第一财经频率	2 566 187.8
交通频率	2 052 124
新闻频率	1 959 992.36
东广经典947	114 550
东广新闻	23 400
欧美流行音乐	19 600
其他传播渠道	234 080
合　　计：	14 986 297.69

因为广告是广播各个频率的主渠道收入，所以，每个频率收入单列出来，辅助渠道的收入作为一个总项，列在表中。我们还可以细分辅助传播渠道的收入明细，如表4所示。

表4

其他传播渠道收入明细(2018年11月)			
订 单 号	传播渠道	客　　户	应收款(元)
2018110060	网站	上海西虹桥商务开发有限公司	94 080
2018110137	网站	上海傲德传媒广告有限公司	50 000
	小计		144 080
2018110061	微博	上海西虹桥商务开发有限公司	90 000
	小计		90 000
	总计		234 080

表 3 和表 4,体现了在三层结构模式下,把各类收入纳入统一管理平台后,经营主体的主营收入(线上收入)和辅助收入(线下收入)在一个平台上管理的实际效果。它们能反映经营主体收入结构的变化,为今后的经营活动提供决策依据。

五、多元收入平台的拓展

广播电视的主营收入为广播电视的广告收入,其成本相对固定,大部分是设备、人力资源等的消耗,因此计算项目盈亏相对容易。但是,一旦入局非主营的各类线下活动,如带货、线下展会、销售分成等,各种成本就会急剧上升,掌控不好,收益就会大幅缩减,甚至是负收益。我们既要支持各个经营主体的开拓创新,扭转目前广告经营收入不断下降的被动局面,又要严格管理,防范在创新过程中的经营风险。

线下活动因为成本难以控制,也就有了很多利益操控的空间,如果管控不好,不仅原来的广播、电视广告创收会受到影响,甚至还会出现线下收入蚕食传统线上收入的情况。如,对于既有线上、又有线下活动的混合类经营活动,把线上收入做低,线下成本做高,通过虚高的成本来转移收入;也有可能出现线下经营活动的品牌冲击线上正常广告品牌投放等。因此,对于线下类经营活动,必须以项目为单位,进行成本考核和经营监管。这就要打通收入平台和支出平台的联系,获取项目支出信息,形成项目成本考核体系。为此,在集团层面,必须有一个经济信息管理平台来统筹项目收入和项目支出的管理,形成一个经济信息管理平台。如图 6 所示。

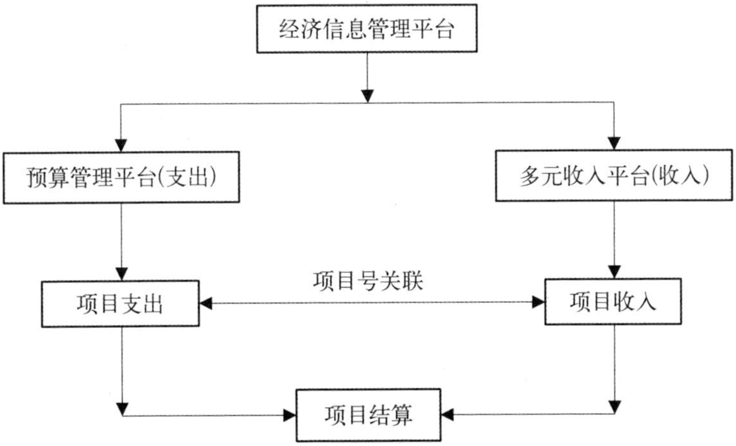

图 6

这是一个理想的经济信息管理平台的构架。通过这个构架，集团的每项活动的营收都可以准确及时获得，那么，集团就可以有的放矢地管控每个项目，支持优势项目，及时叫停亏损项目。在当下经济形势愈发严峻的情况下，这个平台的构建对于集团的经营甚至生存具有重大意义。

当然，广播电视集团现有的管理体制并不完全支持这种构架的充分实现。主要表现在下面两个方面：

1. 预算支出归财务部门管理，由财务总监负责；多元收入却是多头管理，难以统一。法国著名管理专家亨利·法约尔认为，“管理就是实行计划、组织、指挥、协调、控制”。要把这两个系统打通，首先要将收入的多头管理变为统一管理，然后构建“法约尔桥”(Fayol bridge)，让财务体系中负责支出的相关层级与负责收入管理的相关层级，通过这个桥梁建立联系，从而打通收入与支出管理的瓶颈。这需要集团层面的规划和统筹。

2. 管理水平和理念有待提高。广播电视集团的首要任务是搞好宣传，其次是经营。这就导致在经营管理上重视程度不够。无论是在人力还是物力上，对管理的投入并不多，尤其在经营管理的系统建设上，投入更是稀少。懂专业、懂管理的人才，一方面是稀少，另一方面是没有合适的发展空间，这样就很难构建高质量的经济管理体系。

总之，集团的体制和机制还有待完善和发展，才能适应未来经营形势的变化。

六、多元收入管理对策

前面我们系统地讨论了多元经营的情况下，如何利用现有的广告收入管理平台，构建多元收入平台的方法，并引申出打通收入管理平台和支出管理平台的联系，构建集团层面的经济信息管理平台的构想。事实上，这个经济信息管理平台的建设，在技术上并没有多少难度，最关键的还是体制机制上存在壁垒。要消除这些壁垒，势必引发集团层面的结构性改革。为稳步推进这种改革，进而推动集团经济信息管理平台建设的总体战略，我们需要做如下几个基础性的工作：

1. 统一多元收入管理的口径，变多头管理为统一管理，使经营数据有效真实。

2. 成立由集团财务部门和集团主管收入的部门组成的联合工作小组，建立统一的收入、支出项目信息标志体系，为今后收入管理系统中项目收入与支出管理系统中项目支出对接提供信息交换标准。

3. 建立项目收入、项目支出统一的管理粒度标准。项目收入的管理粒度，应该与项目支出的管理粒度标准相统一。如，在支出方，为管理方便，会把几个小项目的支出打统账，一起计算支出；那么，在收入管理方，也要把相应的几个小项目的收入打包成一个大一点的项目统一计算收入。当然，理想的状态是每个小项目单独计算，但在实际工作中，有可能因为小项目过多而且简单，每个都单独计算效率反而差。比如，有的活动就是主持人出场讲几句话，几千块的收益，成本也非常简单，这类活动也每次在流程上设项目，就给基层工作带来不少麻烦。因此，如何建立合理的管理粒度，需要在实践中加以规范和调整。

4. 重新定位各个经营主体经营管理费的收取标准。目前集团规定，广告创收要收取3%的管理费用。如果把经营主体的非广告创收也一起收取3%管理费，这样势必加重经营主体的费用负担，因此，在管理费问题上，要有新的思路。

5. 由于目前进入多元收入平台的收入还只能开具广告发票，这也是经营主体多元收入进入系统的障碍。这涉及集团的经营范围、发票税率等多方面的问题，需要各方协同解决。

对文广集团来说，多元经营才刚刚起步，多元收入管理还在实践中摸索，本文在现有实践的基础上对多元收入的管理进行了探讨，希望以此抛砖引玉，共同应对新的经营形势。

参考文献：

[1] 亨利·法约尔：《工业管理与一般管理》，周安华译。北京：中国社会科学出版社，1999年。

[2] Pressman, Roger S.：《软件工程——实践者的研究方法》，黄柏素、梅宏译。北京：机械工业出版社，1999年。

作者简介：

曹俊，上海文化广播影视集团有限公司广告管理中心财务核算部主管。

我国动漫衍生品行业市场绩效研究
——基于 SCP 分析模型

王　军

提　要： 作为政府扶持文化创意产业的核心之一，中国的动漫产业近年来飞速发展，作为其中一个环节，动漫衍生品也面临着巨大的市场空间。然而，通过数据分析，我国动漫衍生品行业的发展并未借着这股东风扶摇直上，反而市场表现不佳。本文基于产业组织理论的 SCP 研究框架，对阻碍动漫衍生品发展的影响因素进行分析，并基于此提出建议。同时，自新冠疫情爆发以来，动画制作也受到影响，大批国产动漫纷纷停更，选择延更。但是，疫情毕竟只是短期的，而且疫情期间人们的娱乐活动需求也正在激增，因此这次疫情既给动漫行业带来了冲击，同时也提供了难得的机遇。

关键词： 动漫产业　动漫衍生品　疫情期动漫行业

在中国经济飞速发展的进程中，文化创意产业是优化经济结构的核心力量，并逐步成为中国经济增长的新引擎，信息和知识成为第三产业的推动力。随着 80 后、90 后这一代进入社会，年轻人的消费观念、版权意识给文化市场发展带来机遇，而作为其中不可或缺的一部分，动漫产业被誉为 21 世纪最具创意的朝阳产业，其市场在不断扩大。

一、研究背景及问题的提出

我国动画行业发展已有百年历史，20 世纪 90 年代，国外动画代工业大量进入国内，受高制作价格吸引，很多动画人员开始大量涌入代工行业，造成原创人才流失，我国逐渐丧失了原创动画的积累。2004 年以来，国家广电总局出台系列奖励政策，旨在拓宽国产动画片播出平台和鼓励原创动画作品，使中国动画产业进入一个前所未有的发展黄金期；2012 年，广电总局提出，支持我国动画片创作从数量增长向质量提高进行转变，增加作品的影响力、创新力，创造中国动画品牌。彼时我国动画产量逐渐减少，但质量逐渐提升；2015 年以来，随着动漫版权进一步得到相关政策的保护，以及视频平台的崛起，资本开始大肆布局动画行业，这解决了动画创作的资金问题，我国动画行业由此进入快速发展阶段。

动画产业的发展也让市场看到了动漫衍生品的巨大空间。随着衍生品成为动漫产业收入增长的主要环节，我国的动漫衍生品不断发展。当前动漫产业 70%至 80%的消费市场来自于衍生品，并在 2016 年市场规模达到 450 亿元。根据中国产业信息网统计，预计 2018 年我国动漫衍生品行业的市场规模近 650 亿元，至 2020 年我国动漫衍生品行业的市场规模有望突破 1 000 亿元。

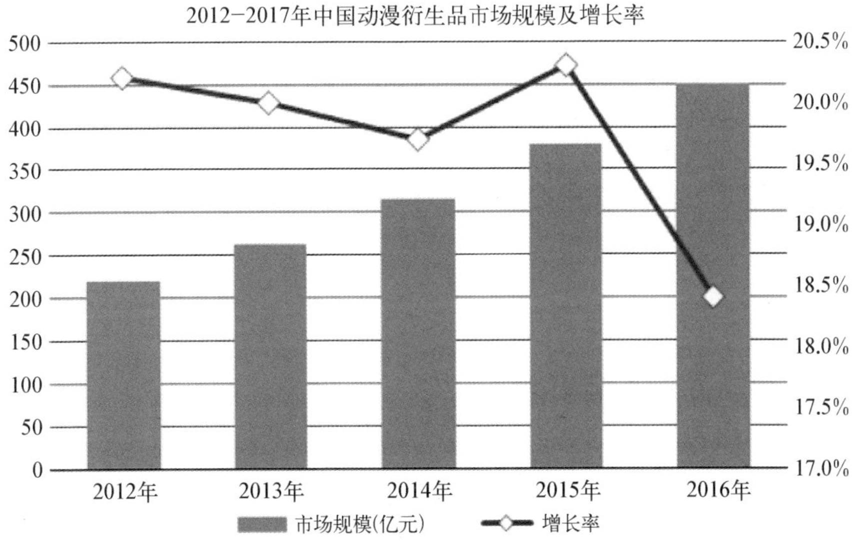

图 1

然而对比日本，2016 年日本动漫行业市场规模达到 20 009 亿日元，其中各类版权销售额占市场份额最高，达到 7 676 亿日元，份额排名次席的就是动漫周边产品，销售额达 5 627 亿日元。根据下图可以看到，日本的衍生产品基本是播映市场的 8～10 倍。而美国，仅就迪士尼一家公司来说，根据 License Global 公布的全球最大 150 家授权商榜单显示，迪士尼于 2016 年的授权产品全球零售额达到 566 亿美元，衍生品收入达动画片播映收入的近 10 倍，而我国 450 亿元的衍生品市场规模只是播映市场的 1.5 倍。

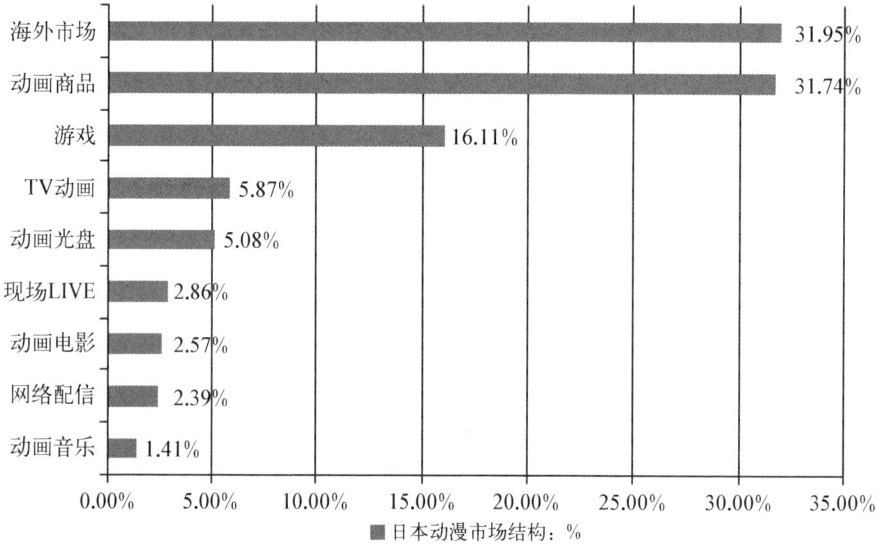

图 2

基于此，我们提出本文的研究问题，面对庞大的市场和发展空间，我国动漫衍生品为何市场绩效表现不佳？在市场规模不断扩大的情况下为何呈现增速放缓趋势(图 1)？是什么因素阻碍了我国动漫衍生品的发展空间？

二、文献综述

(一) 国外动漫衍生品研究

欧美地区对于动漫衍生品的产业研究并不多，大多是根据行业和公司年报，通过多年的成功经营经验对未来发展进行预测。例如电子传播学教授巴里·利特曼在《大电影产业》的著作中，以产业经济学的专业视野和研究方法，系统探讨了美国电影产业的历史、产业结构、产业行为和业绩，提出通过电影产业链向外扩张和延伸发展的边际价值。而国际授权业协会(The International Licensing Industry Merchandiser's Association)每年发布的《授权产业市场规模研究的年度报告》，会为产业发展提供经验和指导。

日本基于其特殊的动漫产业发展模式，使得日本学术界对于动漫衍生品的研究十分丰富。其中涵盖内容创意、市场营销等各种类别，例如中野晴行的《动漫创意产业论》，考察了动漫产业对符号形象产业、游戏娱乐产业以及版权相关产业的牵引作用；增田宏道在《日本动漫产业的商业运作模式》一书中，则是重点探讨了动漫产业的经营运作战略;日本动画协会每年刊发的《动画产业报告》等,都从产业的角度对衍生品的发展进行了分析和预测。

(二)国内动漫衍生品研究

动漫衍生品作为文化创意产业的新生事物,国内学界对其的研究从2011年之后才逐渐丰富起来,我国对于动漫衍生品的研究主要集中在以下几个方面:

一是我国动漫产业发展的研究。动漫衍生品作为整个产业链中的一环,不少学者在对动漫产业整体进行研究时,提到衍生品在其中的重要作用。这方面的著作包括:王传东教授的《动漫产业分析与衍生产品研发》、刘浩东主编的《中国电影产业研究报告》系列。

二是动漫衍生品的市场营销研究。例如中南民族大学郑敏的《动漫产业衍生品经营模式研究》以《小猪佩奇》为例,对其经营模式进行深入探析;北京师范大学张伦、侯筱雨的《动画内容衍生品消费行为影响因素研究》从心理学领域,探究了用户对于动画衍生品消费行为的影响因素。不过这类研究大多局限于衍生品的具体营销模式,缺乏整体行业和外部视角。

三是动漫衍生品的内容设计和创意研究,这类也是衍生品研究的热点所在。例如,浙江传媒学院申宁涛的《动画角色设定与动漫衍生产品设计开发的关系探究》分析了我国动漫衍生产品设计开发环节出现的问题,以及动画角色设定对动漫产业链各个环节的相互关联作用;廖思逸的《动漫IP热潮下的衍生产品设计研究》分析了衍生产品设计造型趣味、材质特性、情感共鸣等设计要素。以上研究为产品设计提供了思路,但仍然局限于产品本身,同样缺乏整体行业和外部视角。

通过以上梳理,发现目前国内研究存在的问题一方面是对于动漫衍生的专门研究并不多,另一方面在现有研究中大多集中于产品的设计或营销本身,缺少对整个产业的总体把握,因此,本文将引入产业组织理论中的SCP框架,从产业视角对我国动漫衍生品的市场现状进行分析,以解答前文中提出的问题。

三、理论框架

SCP分析模型(Structure-Conduct-Performance Model)由现代产业组织理论的先驱之一、哈佛大学产业经济学权威乔·贝恩(Bain)、谢勒(Scherer)等人于20世纪30年代建立。该模型从市场结构(Structure)到市场行为(Conduct)再到市场绩效(Performance),提供了一个既能深入具体环节,又有系统逻辑体系的产业分析框架。SCP 框架的基本含义是，市场结构决定企业在市场中的行为，而企业行为又决定市场运行在各个方面的经济绩效。

市场结构、市场行为与市场绩效是相互关联的一个整体，在短期内三者之间的关系是单向的因果关系，即市场结构从根本上制约市场行为，市场行为又直接决定了市场绩效；但长期来看，三者之间是双向因果关系，市场绩效受到市场结构和市场行为的共同制约，反映了市场运行的效率。同时市场绩效的状况和变化，反过来又影响市场结构和市场行为。

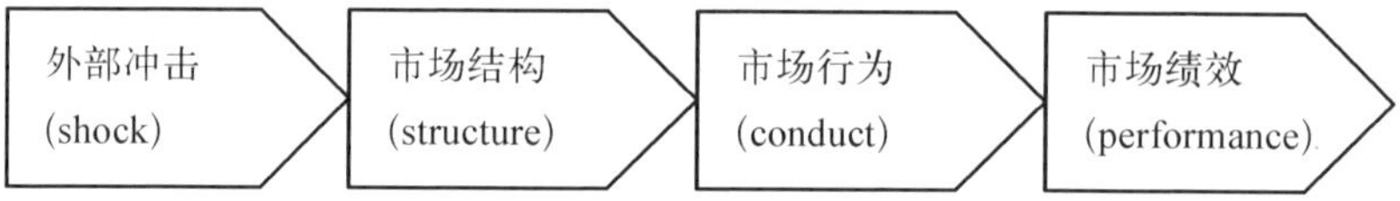

图 3　SCP 分析模型

因此，本文将基于此分析逻辑，在已知市场绩效不佳的情况下，通过对中国动漫衍生品产业的外部冲击、市场结构、市场行为的分析，找出其影响因素并提出建议。

四、中国动漫衍生品产业 SCP 分析

理想的动漫产业链不仅仅局限于产品本身，而是将品牌、概念、产品形成一个完整的体系。根据日本的发展经验，采用以漫画为基础、以市场为产业链导向发展产业的模式：漫画出版—动画制作播出—版权授权—衍生品生产及销售—部分动漫作品外销授权—成功动漫产品的深度开发及新动漫产品开发的良性再循环。

在中国，目前动漫产业并未形成完整的产业链。在衍生品生产的前一环节版权授权上，2016 年我国漫画出版、影视动画、互联网动漫、手机动漫等动漫作品制作的产值仅占总产值的 26.25%，动漫版权授权收入约占总产值的 19%。而在国际上，影视产品的制作产值与授权值平均为 1∶10。品牌授权市场未彻底打开，进一步影响了下面的衍生品生产环节。

在衍生品生产销售的下游，中国绝大部分动漫作品收入都来自于内地。根据国际授权业协会（LIMA）提供的数据显示，2015 年全球授权产品零售额达 2 500亿美元，其中娱乐/角色形象类(包括电影和电视节目)的衍生品年收入1 132 亿美元。而中国整体授权产品零售为 76.05 亿美元，仅占全球零售额的 3%。

可以说，目前我国动漫衍生品产业在整个行业的产业链上处于较为孤立状态，无法和整个产业链结合，形成良性循环，各环节间也没有达到互利共赢的产业链效应。

（一）外部冲击

1. 日本和欧美市场的占有率高

提到动漫人物，大家首先想到的是迪士尼的米老鼠唐老鸭、日本的火影忍者海贼王等等，日美韩等国家占据了我国动漫衍生品利润的80%，瓜分了我国动漫产业大部分的市场份额。

2. 投资强劲但跟进不足

2015年以来，随着视频行业迎来上升期、大量盗版作品的下架及二次元用户的崛起，动画公司开始受到资本的关注。尤其是2016年，动画行业融资事件达68起，创历史新高。但自2017年以来，资本市场对动画企业的投资明显放缓，呈现出后劲不足的趋势，也是导致衍生品增长放缓的原因之一。

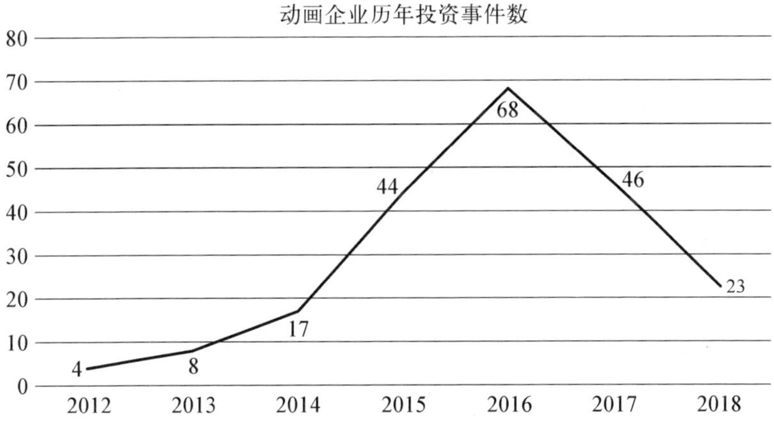

图4

3. 技术进步对衍生品制作要求更高

技术的进步和消费升级，带来的结果就是消费者市场对于产品的质量要求更高。材质和制作方式对于衍生品的制作也至关重要。例如变形金刚手办，一般价格在700～2 000元不等，采用的材质为ABS或PVC材料，这样的材料对于设计者来说更强调精细度，而也因为其可塑性强、质量轻、耐磨等特点，便于爱好者们自我动手组装，更加受到喜爱。因此设计师在设计时，必须对不断推陈出新的新材料有所了解，才有利于产品的销售。

4. 版权保护不够,盗版层出不穷

目前我国对于盗版打击的力度不够,正版公司也没有精力一个个去核查举报,导致盗版衍生品市场庞大。而且,盗版产品由于不需要支付授权费用且材质较差,往往价格低廉,更加吸引普通消费者。例如,目前市场喜羊羊的衍生品 90%都是翻版,导致其原创动漫衍生品的收入仅占公司总收入的 40%。同时,由于产业链并未形成,由上游公司授权至中游衍生品生产需要时间,与日本美国先正版后盗版不同,我国大量动漫衍生品反倒是盗版先出现在市面上,抢占了市场份额。

5. 产业政策扶持失衡

产业政策扶持从其出发点来看,对国内动漫是好事,但复旦大学教授朱春阳在其研究中认为,目前的政策扶持导致国内动漫产业盲目生产,生产链的各环节市场地位不平等,以及各行政区域的不同扶持方式反而分割了产业的各环节,导致无法形成规模效应。我国目前的产业扶持政策多集中于产业链上游的投资和动画制作环节,对衍生品生产关注不够,反而造成了"规模不经济"的结果。

(二)市场结构

面对外部冲击,我国动漫衍生品产业的市场结构形成以下格局:

1. 规模分布

据统计,目前我国共有动漫企业 5 400 余家,专业人员近 22 万人,从业人员 50 余万人,年产值在 3 000 万元以上的动漫企业 24 家,年产值超过 1 亿元的大型企业 13 家。

目前国内已有 30 多个动漫产业园,但 20 多个国家级动漫基地中,长三角占了 11 家;5 400 多家动漫企业长三角占了三分之一,有 1 600 多家。仅江苏一个省份,就有苏州、无锡、常州、南京四个国家级动画产业基地。就地区而言,这些企业多是因为政策福利扎堆聚集,企业间没有联系,主营业务及发展模式类似,无法形成产业链,也并未形成全国的格局。

2. 产品差异化

我国目前动漫衍生品以动漫玩具、动漫服装和动漫出版物为主,其中动漫玩具占比最高,其市场规模达到我国动漫衍生品整体市场的 51%,动漫服装和动漫出版则分别占 16%和 4%。2017 年规模比 2016 年扩大了近 100 亿元,却无法满足市场上消费者丰富的购买需求。

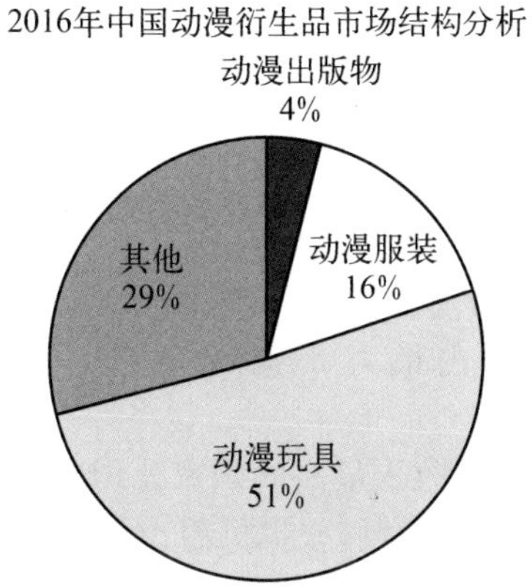

图 5　数据来源于《2016—2020 年中国动漫产业发展前景预测投资战略规划分析报告》

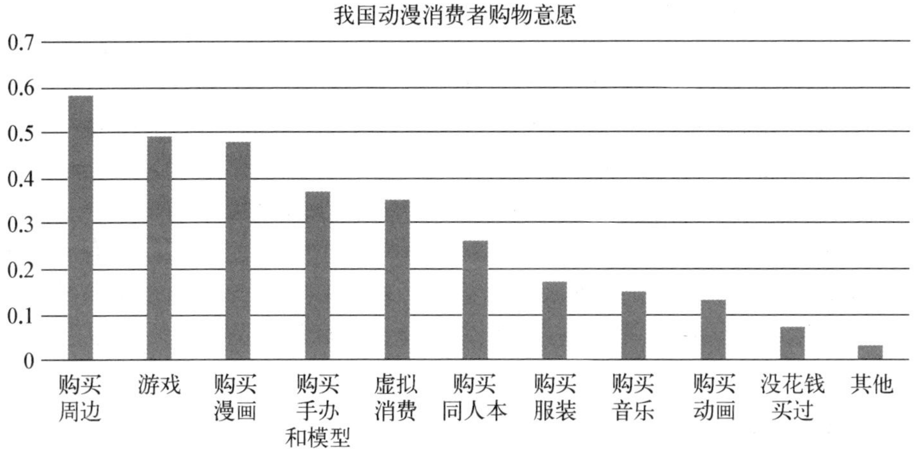

图 6　数据来源于《2018—2023 年中国动漫产业发展前景预测投资战略规划分析报告》

相比之下，日美等动漫发达国家衍生品消费市场广大，产品生命周期长，且有多种盈利模式(参考图 2)，衍生品也丰富多样。

3. 市场集中度

根据三文娱统计，2013 年动漫行业投资并购案例仅有 11 起，到 2015 年已有 77 起，投资并购热潮出现。截至 2016 年 4 月，2016 年动漫行业投资并购案例已有 27 起。随着资源的整合，部分动漫企业的价值得以显现。比如，2015 年，奥飞动漫以 9 亿元收购有妖气，哔哩哔哩获得掌趣科技 1 222.72 万元的投资，哔哩哔哩估值超过17亿元。这说明大企业的财力和支配能力不断提升，市场集中度也在不断提升。

但放在国际范围内，我国动漫衍生品产业的市场集中度依然较低。通常我们按照行业集中度测量公式：$CR_n = \frac{\Sigma(X_i)_n}{\Sigma(x_i)_N}$（N>n），即行业内规模最大的前n位企业的有关数值（可以是产值、产量、销售额等）占整个市场或行业的份额，来衡量市场集中度。取产业内最大4家或8家企业的相关数值，简称CR_4或CR_8。

根据2017年国内衍生品收入最高的四家公司（奥飞娱乐、星辉娱乐、美盛文化、高乐玩具）算得CR_4为12.07%，根据贝恩市场结构分类属于"竞争型"，说明市场集中度很低。我国动漫衍生品目前处于产业小、散、弱的分散竞争局面。

4. 进入壁垒

根据SCP模型，规模障碍系数能够反映产业的可进入程度。若系数在10%～25%之间，属于高规模经济壁垒；当系数在5%～10%之间时，规模经济壁垒较高；若低于5%则属于低规模经济壁垒。

根据规模障碍系数=（最优规模/市场容量）×100%的公式，2016年国内动漫衍生品收入最高的主要8家公司的平均产值为12.35亿元，除以660亿元的动漫衍生品市场产值规模，得出的系数为1.8%，属于低规模经济壁垒。

说明企业想要进入动漫衍生品产业并不困难，而现实也证明我国有大量中小企业参与动漫衍生品例如服装、玩具、文具等的加工制作，加剧了衍生品产业的不稳定性，这也导致大型企业进入衍生品生产销售环节没有太大的竞争力。

（三）市场行为

市场结构的形成对企业的市场行为造成影响，在前文分析的结构下，我国动漫衍生品产业目前呈现以下市场行为：

1. 品牌行为

经过长时间的累计发展，我国动漫行业已出现一批领军企业在衍生品上打开了知名度。但目前80后、90后看漫画的一代进入社会，而国内主要动漫产业依然将受众目标定位在少年儿童，使得品牌在青年群体中并未得到认可。

2. 价格竞争

在销售环节上，由于缺乏统一的行业标准，网站、实体店等各种渠道销售的动漫衍生品在质量、品牌、价格等方面也有很大的差异，严重影响了整个行业的声誉，打击了消费者的购买热情。产品生命周期短，盈利不高，没有形成价格垄断机制，受到盗版影响大，这些都导致大型动漫企业在高价授权进入衍生品市场后，因为价格高、耗时长反而不容易受到消费者的青睐。

3. 人才竞争

对于人才培养而言，我国并不缺乏动漫相关专业学生，2002 年开设动画专业的高等院校仅北京电影学院、中国传媒大学等几家；而到目前为止，全国开设动漫专业的本专科院校已经有 1 279 所，设置动漫相关专业 1 877 个，动漫专业在校学生达到 45 万多名。

但据中国传媒大学《中国动画高等教育与动画人才培养规范研究报告》数据显示，目前我国高校培养的动画专业人才与用人单位的需求存在出入。高校更多注重审美、理论的培养，而动画公司需要的是能够快速上手、实践性强的应用型人才。此外还有一些学生毕业后出国留学，之后留在国外动漫机构工作，或者将国内工作经历作为向国外跳槽的跳板，这些都导致了动漫人才流失率较高。

五、疫情对动漫行业利弊皆有，是冲击更是机遇

2020 年初新冠肺炎疫情爆发，有不少动漫制作公司纷纷选择了以远程办公的形式继续工作，但是动漫制作对于技术设备、网络条件、电脑性能、员工间的配合等方面要求相当高，毕竟不是所有的员工家里都有数位板等动画制作的必要电子设备。即便前期的剧情、分镜讨论等可以通过线上讨论进行，但进行到制作部分的时候还是比较困难的，中期制作基本处于停滞状态。

但是从短期来看，动漫行业因为生产方式特殊受到疫情的直接负面影响还是相对较小的，毕竟疫情期间，由于无法外出，人们的娱乐活动将主要通过互联网进行，因此网络平台的用户将持续增长，动漫作品的观众也会不断增加，带来一波波流量高峰。

而且，动画、漫画等二次元领域的主要受众是以学生为主的年轻群体，在这样一个人人都是自媒体的时代，这群年轻人更是内容创作的主力军。疫情期间，宅家也刺激了他们的创作欲望，各种类型的创意作品数量与日俱增，各网络平台的浏览、用户数据均有了明显增长。此外，通过这次历练，制作组成员们的远程沟通协作能力必然能得到显著提升，也势必会将许多传统动画制作公司的转型升级提上日程。因此，这次疫情给动画行业带来的绝不仅仅是冲击那么简单，动画产业领域就此出现转型，这或许也将是整个行业一个变相的发展机遇。

六、反思与建议

总体来看，影响我国动漫衍生品行业市场绩效的因素是多元化的。首先，外部受到日美市场挤占、政策扶持不均、盗版横生的冲击。在这种冲击下，使得衍生品行业形成企业分散、产品差异化小、市场集中度低、进入壁垒低的市场格局，从而影响市场行为。品牌知名度未打开，低价竞争，人才流失，这些都使得我国动漫衍生品发展增速放缓、市场规模小。

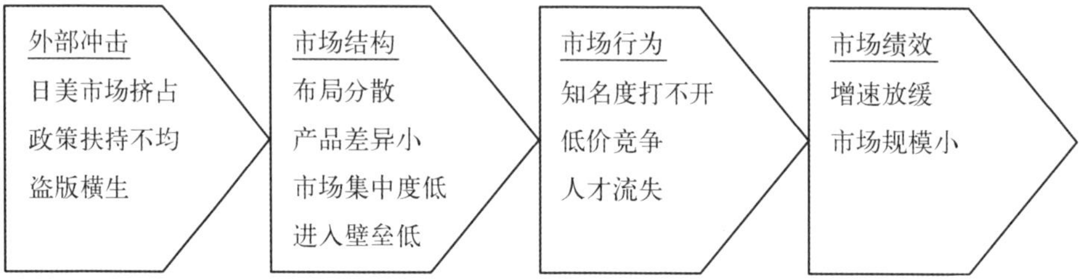

针对以上问题，本文对我国动漫衍生品未来发展提出以下建议：

1. 从企业角度，提升产品创新能力

文化创意产品最重要的依然是内容取胜。要想占领市场份额，吸引受众，根本还是在于了解受众心理与需求。在拓展流行产品的同时，也可以深度挖掘本土文化。近年来，“国产”“国货”逐渐进入消费者视野，并受到支持。在此基础上，动漫衍生品可以多注重对中国传统文化的传承。例如美国动画电影《花木兰》《功夫熊猫》等都取得了好的成效，而我国一批优秀的神话传说也可以成为作品题材，并且具有广泛的认知度。

深度来看，还需要加强人才培养。学校在审美和理论培养的同时，也要和行业前沿接轨，了解洞悉最新的技术和手段，例如最新的材料技术、数据分析能力等，可以和企业贯通，让学生在实践中了解市场的最新动态，以便提升研发能力。

2. 从行业角度，调整产业结构，形成规模效应

针对目前我国动漫衍生品进入壁垒低、市场集中度低的问题，要解决目前产业链各环节分散发展的现状，首先要从调整产业结构入手，行业内几大公司加快产品授权和资金流通，吸引衍生品生产的中小企业在周边聚集，形成集群效应，提升效率节省资源。同时形成行业联盟，调整珠三角、长三角等动漫产业集聚地的重点产业，明晰重点，打造遍布全国的动漫产业网。规范行业行为，提升行业

内的维权意识，帮助保护知识产权。

3. 从政府角度，规范市场行为，均衡政策扶持

政府首先应该引入更加完善和细化的法律法规，对快速发展的动漫产业进行知识产权维护，加大处罚力度，严惩盗版行为，对授权、生产、销售各个环节进行法律规范。同时，政策的扶持理应放眼全产业链而非聚焦某一环节，当前提升资源配置效率的最有效方式便是形成完整的产业链，政府通过设置各层次的政策福利，吸引全产业链上的各环节企业集聚，支持规模发展。

总而言之，我国动漫衍生品未来的发展必须适应新的市场理念和技术背景，加速形成产业链和规模效应，让动漫产业链上的每个环节的发展都不再是“孤立无援”，才能在巨大的市场空间下产生出应有的效益。

参考文献：

[1] 中野晴行.动漫创意产业论[M].国际文化出版公司中国传媒大学出版社，2007.

[2] 增田弘道.日本动漫产业的商业运作模式[M].龙门书局，2012.

[3] 郑敏.动漫产业衍生品经营模式研究——以《小猪佩奇》为例[J].记者摇篮，2018(08)：101-103.

[4] 申宁涛.动画角色设定与动漫衍生产品设计开发的关系探究[J/OL].戏剧之家：1-5.

[5] 廖思逸.动漫 IP 热潮下的衍生产品设计研究[J].科技传播，2017(22)：138-139.

[6] 中商研究院.2018—2023 年中国动漫行业市场前景及投资机会研究报告[R].2018.

[7] 智研咨询.2018 年中国动漫衍生品行业发展现状及行业发展趋势分析[R].2018.

[8] 刘利.2018 动画行业研究报告[R].鲸准研究院.2018.

作者简介：

王军，SMG 五星体育传媒有限公司独立品牌工作室主任。

图书在版编目(CIP)数据

探究真谛：上海广播电视论文选.第八辑 / 上海市广播电视协会编.—上海：文汇出版社，2020.10
ISBN 978-7-5496-3317-3

Ⅰ.①探… Ⅱ.①上… Ⅲ.①广播工作—中国—文集 ②电视工作—中国—文集 Ⅳ.①G229.2-53

中国版本图书馆 CIP 数据核字(2020)第 168913 号

探究真谛

——上海广播电视论文选·第八辑

上海市广播电视协会编

责任编辑 / 熊　勇
封面装帧 / 张　晋

出版发行 / 文匯出版社
上海市威海路 755 号
(邮政编码 200041)
经　　销 / 全国新华书店
排　　版 / 南京展望文化发展有限公司
印刷装订 / 上海颛辉印刷厂有限公司
版　　次 / 2020 年 10 月第 1 版
印　　次 / 2020 年 10 月第 1 次印刷
开　　本 / 720×1000　1/16
字　　数 / 580 千字
印　　张 / 32

ISBN 978-7-5496-3317-3
定　　价 / 98.00 元